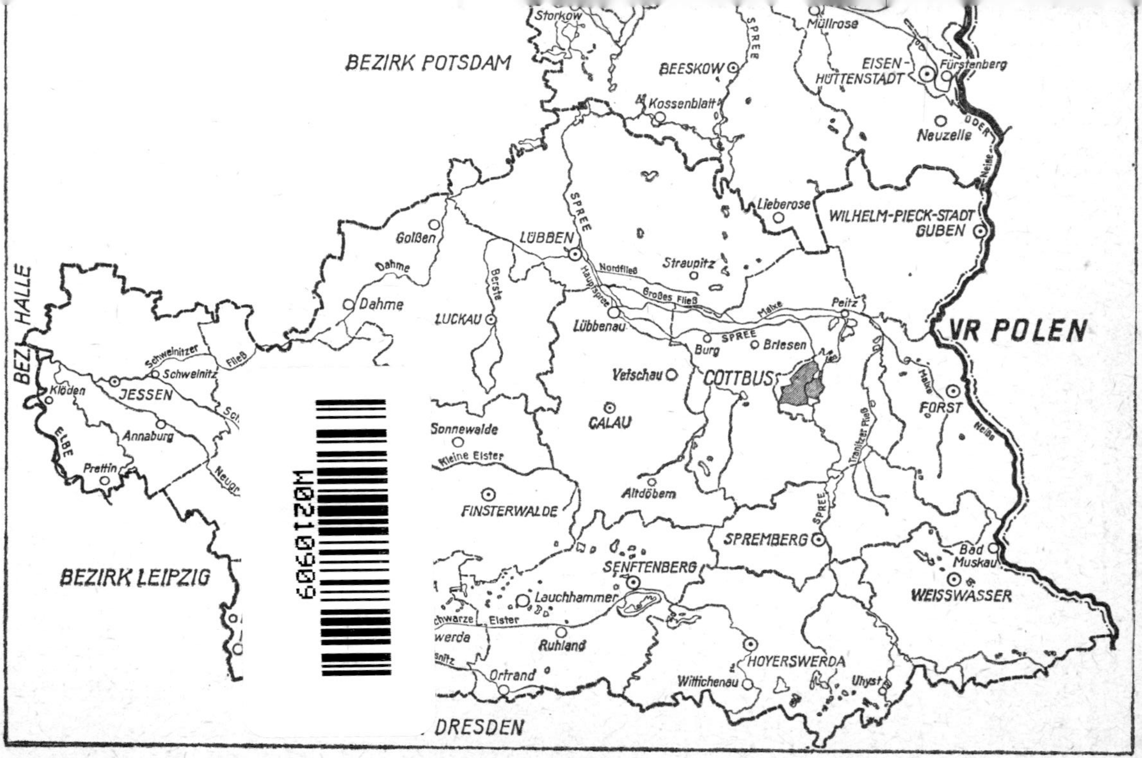
BEZIRK POTSDAM
Storkow
Müllrose
SPREE
BEESKOW
EISEN-
HÜTTENSTADT
Fürstenberg
Kossenblatt
ODER
Neuzelle
Neiße
Lieberose
WILHELM-PIECK-STADT
GUBEN
Golßen
LÜBBEN
Nordfließ
Straupitz
Dahme
Berste
Hauptspree
Großes Fließ
Peitz
Malxe
VR POLEN
Dahme
LUCKAU
Lübbenau
Burg
Briesen
BEZ. HALLE
Schweinitzer
Fließ
Schweinitz
Vetschau
COTTBUS
Kloden
JESSEN
FORST
CALAU
Annaburg
Sonnewalde
Tranitzer Fließ
ELBE
Kleine Elster
Prettin
Neugr
Altdöbern
FINSTERWALDE
SPREMBERG
Bad
Muskau
BEZIRK LEIPZIG
SENFTENBERG
WEISSWASSER
Lauchhammer
Elster
Ruhland
HOYERSWERDA
Ortrand
Wittichenau
Uhyst
DRESDEN

Georg Dehio

Handbuch der Deutschen Kunstdenkmäler

Die Bezirke Cottbus und Frankfurt/Oder

Bearbeitet im
Institut für Denkmalpflege

1987
Deutscher Kunstverlag München Berlin

Georg Dehio
Handbuch der Deutschen Kunstdenkmäler
Begründet vom Tag für Denkmalpflege 1900

Neubearbeitung
im Institut für Denkmalpflege
im Einvernehmen mit der Dehio-Vereinigung
(Wiss. Vereinigung zur Fortführung des
Kunsttopographischen Werkes von Georg Dehio e. V.)

Bearbeitet von
Ernst Badstübner Horst Büttner Horst Drescher †
Gerda Herrmann Ilse Schröder Christa Stepansky
und weiteren Mitarbeitern

CIP-Kurztitelaufnahme der Deutschen Bibliothek

Handbuch der deutschen Kunstdenkmäler / Georg Dehio.
Begr. vom Tag für Denkmalpflege 1900. — Neubearb. /
besorgt durch d. Dehio-Vereinigung (Wiss. Vereinigung zur Fortführung d. Kunsttopograph. Werkes von
Georg Dehio e. V.]. — München ; Berlin : Deutscher
Kunstverlag
Teilw. Neubearb. im Inst. für Denkmalpflege im Einvernehmen mit d. Dehio-Vereinigung zur Hrsg. d.
Dehio-Handbuches. — Teilw. fortgef. von Ernst
Gall

NE: Dehio, Georg [Begr.]; Gall, Ernst [Hrsg.];
Dehio-Vereinigung; Institut für Denkmalpflege der
DDR ⟨Berlin, Ost⟩

Die Bezirke Cottbus und Frankfurt/Oder / bearb. im
Inst. für Denkmalpflege. [Bearb. von Ernst Badstübner ... u. weiteren Mitarb.]. — 1987.
ISBN 3-422-00384-3

NE: Badstübner, Ernst [Mitverf.]

Vorwort

Der sechste Band der Neubearbeitung des Dehioschen Handbuchs für das Gebiet der DDR enthält die Kunstdenkmale der Bezirke Cottbus und Frankfurt/Oder. Beide sind nicht reich an erstrangigem Kunstgut, aber sie besitzen bedeutendere Denkmale, als man ohne genauere Kenntnis erwartet.

Ein Teil des Gebietes ist bisher von keinem Inventar erfaßt worden. Deshalb lag es nahe, die große Mühe der vollständigen Neubereisung zu etwas ausführlicheren Texten zu nutzen, als die Anlage des Gesamtwerkes erfordert, um wenigstens im Überblick erfaßbar zu machen, was eigentlich in extenso zur Verfügung stehen sollte. Größere Ausführlichkeit empfahl sich aber auch deshalb, weil – insbesondere im Bezirk Cottbus – durch den Braunkohlen-Tagebau tiefgreifende Veränderungen unvermeidlich sind. Das Dehio-Handbuch kann hier in einigen Fällen die letzten kunstgeschichtlichen Beobachtungen des Bestands vermitteln. Die Texte geben daher grundsätzlich den Zustand wieder, der bei der Bereisung vorgefunden wurde, auch dann, wenn der Abbruch der Objekte bereits beschlossen oder gar begonnen war. Bei Erscheinen des Bandes werden also mehrfach Veränderungen oder Verluste eingetreten sein, die nicht mehr festgehalten werden konnten.

Die Erarbeitung des Bandes verteilte sich auf rund sechs Jahre. Redaktionsschluß war der 30. 11. 1984. Spätere Veränderungen sind nur in Ausnahmefällen berücksichtigt worden.

Die Ausarbeitung der Texte besorgten:

Dr. Ernst Badstübner: Stadtkreis Frankfurt/Oder

Horst Büttner: Stadt- und Landkreis Eisenhüttenstadt (ohne Neuzelle) sowie die Landkreise Fürstenwalde, Cottbus, Forst, Liebenwerda (ohne Kloster Mühlberg), Spremberg und Weißwasser

Dr. Horst Drescher †: Stadtkreis Schwedt

Gerda Herrmann: die Landkreise Angermünde, Eberswalde (ohne Chorin) und Strausberg, wobei Dr. Beate Becker Vorarbeiten für diese drei Kreise geleistet hatte

Ilse Schröder: die Landkreise Beeskow, Bernau, Calau, Finsterwalde (ohne Doberlug), Guben, Herzberg (ohne St. Marien in Herzberg) und Lübben

Christa Stepansky: die Landkreise Freienwalde, Seelow, Hoyerswerda, Luckau (ohne die Sakralbauten) und Senftenberg sowie den Stadtkreis Cottbus (ebenfalls ohne die Sakralbauten).

Der Landkreis Jessen sowie die führenden Denkmale, d. h. Chorin, Neuzelle, Doberlug, St. Marien zu Herzberg, das ehemalige Kloster zu Mühlberg sowie die Kirchen in Luckau und Cottbus, wurden gemeinsam von Prof. Dr. Ernst Schubert und dem Unterzeichneten bearbeitet. Für diese großzügige Freundeshilfe sage ich Herrn Prof. Dr. Schubert auch an dieser Stelle meinen herzlichsten Dank.

In kollegialer Hilfe wurden die Texte für den Bezirk Frankfurt/Oder von Frau Dr. Hannelore Sachs, Berlin, und die für den Bezirk Cottbus von Herrn Dr. Heinrich Magirius und Herrn Steffen Delang, beide Dresden, durchgesehen sowie für den Text zum Park in Branitz von Herrn Dr. Detlef Karg, Berlin, wichtige Hinweise gegeben. Ich habe ihnen dafür sehr zu danken. Ebenso danke ich Frau Christa Stepansky für ihre tatkräftige Unterstützung bei der formalen und technischen Endredaktion des Manuskripts. Ein besonderer Dank gilt Herrn Otto Haikenwälder, Berlin, der auch für diesen Band mit unermüdlicher Sorgfalt die Zeichnungen anfertigte.

Zu danken habe ich nicht zuletzt dem Akademie-Verlag für die Übernahme der mühevollen Drucklegung und dem Ministerium für Kultur für die Bereitstellung der Mittel im Etat des Instituts für Denkmalpflege, die den kontinuierlichen Fortgang der Arbeit an dem Handbuch ermöglichten.

Der Unterzeichnete ist sich bewußt, daß bei einem solchen Unternehmen Irrtümer, Fehler und Lücken unvermeidlich sind. Er bittet daher erneut alle Benutzer, das Institut für Denkmalpflege auf wünschenswerte Zusätze und Verbesserungen hinzuweisen. Sie werden dankbar entgegengenommen und sollen bei künftigen Auflagen Berücksichtigung finden.

Berlin, im Dezember 1984 Edgar Lehmann

Verzeichnis der Abkürzungen

A.	Anfang	Ldkr.	Landkreis
Bar., bar.	Barock, barock	M.	Mitte
beg.	begonnen	Ma., ma.	Mittelalter, mittelalterlich
Dat., dat.	Datum, datiert	N, n	Norden, nördlich
E.	Ende	O, ö	Osten, östlich
ehem.	ehemalig	polyg.	polygonal
erh.	erhalten	Quadr.	Quadrat
fr.	früh	quadr.	quadratisch
gegr.	gegründet	Rck., rck.	Rechteck, rechteckig
gen.	genannt	Renaiss.	Renaissance
geschl.	geschlossen	Rest.	Restaurierung
Got., got.	Gotik, gotisch	rest.	restauriert
Gr.	Grundriß	Rom., rom.	Romanik, romanisch
H.	Hälfte	S, s	Süden, südlich
hl.	heilig	1sch., 2sch. usw.	einschiffig, zweischiffig usw.
Inschr.	Inschrift	sign.	signiert
inschr.	inschriftlich	sp.	spät
Inv.	Inventar	Stkr.	Stadtkreis
Jh.	Jahrhundert	urk.	urkundlich
K.	Kirche	V.	Viertel
Kap.	Kapelle	W, w	Westen, westlich
klassizist.	klassizistisch		
Klst.	Kloster		
kr.	kreisförmig ($^1/_2$kr. = halbkreisförmig usw.)		

Vorbemerkung für den Benutzer

Die im Handbuch aufgenommenen Orte sind in alphabetischer Reihenfolge angeordnet. Alle Orte sind mit Bezirks- und Kreisangabe sowie mit einem Hinweis auf den amtlichen Inventarband versehen, in dem sie behandelt wurden. In der alphabetischen Anordnung gelten ä, ö und ü als ae, oe und ue. Die mit C beginnenden Ortsnamen sind unter K eingeordnet, ausgenommen solche, die mit Ch anfangen. Ortschaften mit der amtlichen Bezeichnung „Bad" sind nur unter dem Ortsnamen eingeordnet.

Nicht mehr selbständige Gemeinden erscheinen unter dem Ort, dem sie eingemeindet sind. Verweisungen auf diese Ortsteile sind der alphabetischen Reihenfolge eingeordnet. Maßgebend war im allgemeinen das von der Staatlichen Zentralverwaltung für Statistik herausgegebene Verzeichnis der Gemeinden und Ortsteile der Deutschen Demokratischen Republik, Stand 1. Januar 1968.

Die Beschreibung nicht erhaltener Denkmale, soweit sie aufgenommen wurden, steht in eckiger Klammer.

Als Anhang sind dem Band angefügt ein Ortsverzeichnis, geordnet nach Kreisen, ein Verzeichnis der benutzten amtlichen Inventare sowie ein Künstlerregister.

A

AHLSDORF Bez. Cottbus, Ldkr. Herzberg. – Inv. Prov. Sachsen, Schweinitz

Dorf-K. Rck. Feldsteinbau des 14.Jh., umgebaut 1710, der quadr. 2geschossige WTurm mit Laterne aus Ziegelfachwerk und Schweifhaube 1717 angefügt. Das SPortal dat. 1710, das WPortal mit Inschr.Tafel und Dat. 1717. Von der Rest. 1908 die Putzgliederung des Turmes außen und die geputzte Muldendecke innen, zugleich die Emporen samt Orgel und die Patronatslogen im Chor unter Verwendung einzelner bar. Teile erneuert; von 1908 auch die Wappenscheiben und der Taufstein. – Der *Altaraufsatz* 1710 unter Einbeziehung eines *Renaiss.Retabels* mit Bildtafeln von 1624 (inschr.) neu aufgebaut; 2geschossig mit Weinlaubsäulen und Akanthuswangen mit Wappen, in der Mittelbahn 4 Gemälde: Abendmahl, Kreuzigung, Auferstehung und Himmelfahrt. Das Hauptfeld flankiert von hochrck. Feldern mit Verkündigung und Geburt Christi. *Kanzel* um 1710, am Korb die Gemälde des Salvators und der 4 Evangelisten zwischen gedrehten Ecksäulchen, an der Kanzelrückwand Mosesbild. Am Kanzelaufgang und am s Patronatsstuhl Gemälde von 5 Aposteln. Schwebender *Taufengel* 18.Jh., Holz, gute Arbeit. *Grabstein* 1683, mit 4 Wappenreliefs. Hölzerner *Totenschild* für W. Heinrich †1699, auf dem gerundeten Gesims 2 trauernde Putten. 2 große figürliche *Epitaphien* als Gegenstücke, Holz, z.T. Stein, von bemerkenswerter Qualität: 1. für v. Köckeritz †1736, das Ovalporträt des Verstorbenen über der Vitentafel von Engel und Putten gehalten. 2. für A.F. v.Seiffertitz †1782, die Büste des Verstorbenen über der Vitentafel umgeben von den allegorischen Figuren Glaube und Hoffnung sowie einem Engel, darunter Putto und militärische Embleme. – Außen an der OWand *Grabstein* für H.Loser, sp.15.Jh., mit eingeritztem Wappen und Minuskelinschr.; an der SWand *Inschr.Grabstein* dat. 1769; 2 weitere *Inschr.Grabsteine* des 18.Jh. verwittert.

Ehem. **Schloß** (Konsum, Gaststätte u.a.). Winkelförmige 2Flügelanlage, verputzt, mit Mansardwalmdach, schlicht mit Rck.Fenstern in 2 Geschossen. 1709 der von O nach W gerichtete Hauptflügel errichtet bzw. erneuert, der Nebenflügel vielleicht etwas jünger, beide möglicherweise auf älterer Grundlage. An der Rückfront des Hauptflügels, nachträglich asymmetrisch angefügt, ein 4achsiger, 3geschossiger Risalit mit eigenem Mansarddach. An der Hofseite Sandsteinportal mit Wappenschlußstein und Dat. 1709, ein weiterer Wappenstein dat. 1859. Der Wintergarten an der Stirnseite des Nebenflügels von 1910. – Innen einige Räume mit Stuck und Malereien erh. In der Vorhalle unter der Voute umlaufender gemalter *Fries*: Landschaftsausschnitte zwischen korinthischen Säulchen, im Flur des Nebenflügels sich fortsetzend, 1.V.18.Jh.? Wohl gleichzeitig an der SWand der Vorhalle 3 größere *Landschaftsbilder*, Schloßansichten und Parkstaffagen. Im Kopfsaal des Nebenflügels (Gastraum) schöne *Stuckdecke* der Régencezeit um 1730 mit aufwendigem, zugehörigem *Kamin* an der NSeite. Das Treppenhaus etwas aus der Achse verschoben, sehr verwinkelt. Im Obergeschoß des Hauptflügels 2 größere Räume an der SSeite, der ö mit *Stuckrahmung* an der Decke, Initialen und großer Jahreszahl 1709 (1910 erneuert?). Im w Raum die Wandgliederung wohl urspr. architektonisch, im 3.V.18.Jh. durch Bespannung mit einer reich bemalten *Leinwandtapete* verändert: In zerfaserten Rocaillerahmen Landschaften und gesellschaftliche Szenen von differenzierter, guter Arbeit. Im nw Eckraum unter der Voute ein *Medaillonfries* mit Landschaften; weiter ein *Kachelofen* E.18.Jh. sowie ein geschnitztes *Schrankunterteil* etwa M.17.Jh.

Vor der OFassade des Nebenflügels der in der 2.H.19.Jh. angelegte **Park** sich ausbreitend; das Parterre erh. bzw. erkennbar. Im NO ein *Teepavillon* von 1910, Holz mit reicher Schnitzerei und Schweifdach; im SO das steinerne *Erbbegräbnis* der Familie Siemens aus der gleichen Zeit, beschädigt. An der Hofmauer *Relief* eines trinkenden Knaben, um 1910.

AHLSDORF (HOHENKUHNSDORF)

Dorf-K. Kleiner Fachwerkbau von 1732, im O und W 3seitig geschl., die WSeite massiv verblendet. Hochrck. Sprossenfenster; die einzige Tür im S erneuert. Rest. 1908. Im SO frei stehender, verbretterter Glockenstuhl, quadr. mit Zeltdach. Im Inneren 3seitige WEmpore aus der Erbauungszeit. – Die Ausstattung einheitlich um 1732: *Altaraufsatz*, zwischen Säulen und vegetabilischen Gehängen gemalte Stadtkulisse, ehem. hinter plastischem Kruzifix, im gesprengten Giebel der glorifizierte Gottesname. Hölzerne *Kanzel* auf Palmbaumfuß, der polyg. Korb mit Spruchfeldern und Fruchtgehängen an den Ecken. Kronenartiger Schalldeckel, mit Himmelskugel abgeschlossen. *Taufe* auf pflanzlichem Balusterfuß, auf dem Deckel 8 konkave Volutenspangen, von Granatapfel bekrönt. *Pfarr-* und *Patronatsgestühl.*

AHRENSDORF Bez. Frankfurt/Oder, Ldkr. Beeskow

Dorf-K. Flachgedeckter rck. Putzbau mit verbrettertem w Dachturm, 18.Jh. Rest. 1934. An der NSeite Sakristeianbau. Innen davor der schlichte *Altar*, dazu hölzerne *Emporen* an der W-, S- und OSeite aus der Erbauungszeit.

AHRENSFELDE Bez. Frankfurt/Oder, Ldkr. Bernau. – Inv. Prov. Brandenburg, Niederbarnim

Dorf-K. Rck. flachgedeckter Putzbau von 1768, unter Einbeziehung eines ma. Feldsteinbaues. Gefugte Pilastergliederung mit hohen Rundbogenfenstern. WTurm und Verlängerung nach

O (Sakristei) 1875/76. Rest. außen 1933, innen 1967. Hölzerne WEmpore sp. 18.Jh. – *Kreuzigungsrelief* (ehem. Altarbild), Holz, 2.H.17.Jh., mit gemalter Stadtsilhouette im Hintergrund.

ALLMOSEN Bez. Cottbus, Ldkr. Senftenberg

Kapelle. Kleiner gotisierender Bau aus Raseneisenstein und Backstein, mit polyg. Apsis und Glockengiebel im W, um M.19.Jh.

ALTBARNIM Bez. Frankfurt/Oder, Ldkr. Seelow

Dorf-K. Rck. Fachwerkbau mit 3seitigem OSchluß und s vorgelegtem quadr. Turm, 1776. Die rck. Fenster 2reihig übereinander. Im Inneren die Hufeisenempore bis zur OWand durchlaufend. – *Kanzelaltar* um 1776, der polyg. Korb wohl nachträglich in einen 2geschossigen Altaraufsatz eingefügt, seitlich in Nischen die Figuren von Moses und Johannes, unter dem Kanzelkorb Abendmahlsrelief; schmale Rankenwerkwangen, als Bekrönung des Aufbaues, hinter dem Schalldeckel, Kruzifix. 2 hübsche *Altarleuchter*, Messing, 1777, die Grundplatte, auf Löwenfüßen ruhend, trägt 3 Adler.

ALTBELGERN Bez. Cottbus, Ldkr. Liebenwerda

S. MARTINSKIRCHEN

ALTDÖBERN Bez. Cottbus, Ldkr. Calau

Pfarr-K. Großer neubar. Bau, errichtet 1918–21 von Curt Steinberg auf dem Gelände einer ehem. Wasserburg. Das Innere klassizierend im Sinne der Zeit mit Tonnengewölbe. – Schöne hölzerne *Taufe* 1.H.18.Jh., achtseitige Kelchform mit ornamentierten Voluten und großem Eierstab an der Kuppa, am Fuß Engelsflüchte; auf dem akanthusgeschmückten Deckel die Figur Johannes d.T. *Opferkasten* mit Bandbeschlägen, dat. 1770.

Ehem. **Schloß** (in Verfall, Sicherung für neue Nutzung beg.). Großzügige Anlage mit symmetrischen Kavaliershäusern seitlich der Zufahrt und ausgedehntem Park. Das Schloß selbst urspr. 2geschossige verputzte, von Wassergraben umzogene 3Flügelanlage von 1717, die Flügel rückwärts zum Garten gewendet; Bauherr der sächsische General v.Eickstedt. 1749/50 unter dem neuen Besitzer v.Heinecken ein 3. Geschoß mit ausgebautem Mansardgeschoß von Christian Conrad Francke hinzugefügt. Das heutige Erscheinungsbild bestimmt von einem eingreifenden Umbau 1880–91 unter dem Grafen v.Witzleben von Heinrich Kayser und Karl von Großheim, Berlin: Verblendung der Fassaden durch historisierende Dekorelemente, Anbau einer Vorhalle an der s Eingangsfront mit Balkon und 1achsigem Mittelrisalit mit Wappenbekrönung, weiterhin Anfügung von 2 Türmen und Schließung des Hofraumes durch eine

Galerie mit Terrasse an der n Parkseite sowie Auffüllung des Wassergrabens. Im fr.20.Jh. im O ein Flügel mit Rundturm (Kindergarten) durch Nicolai, Altdöbern, angebaut; die w Terrasse auch von 1910. – Die innere Raumaufteilung aus der Zeit nach dem Umbau 1749/50 großenteils erh., von der dekorativen Ausgestaltung dagegen nur noch Reste. Sie wurde von führenden Dresdner Künstlern der Zeit ausgeführt, die Malereien von Stefano Torelli und Christian Wilhelm Ernst Dietrich, die Stuck- und Holzarbeiten von Pierre Coudray und Joseph Deibel. Die Tapeten im „Affen-" und im „Chinesenzimmer" wohl auf Entwürfe von Franz Xaver Karl Palko für die Tapetenmanufaktur in Pförten (heute Brody, VR Polen) zurückgehend. Im kreuzgratgewölbten *Vestibül*, das von S winkelförmig zum neuen *Treppenhaus* an der OSeite umbiegt, sowie in diesem selbst die qualitätvolle Ausmalung von 1750 nur wenig beschädigt erh.; das Vestibül in der Art eines Gartensaales in den Farben schwerer gehalten, mit Puttenszenen, weiblichen Allegorien in Rocaillerahmen mit Kartuschen und farbigen Blumengehängen. Die geschwungen geführte Treppe mit zartem Rokokogitter; die Ausmalung hier lichter mit Scheinarchitekturen und Parkdurchblicken, Putten, Allegorien und Büsten; sign. und dat. Joseph Krinner 1750. Neben dieser Treppe M.18.Jh. die ältere, zweiläufige von 1717 als Nebentreppe belassen. Im Obergeschoß des ö Flügels der ehem. *Marmorsaal* mit Resten von schönem Stuckmarmor relativ intakt bewahrt; Rocaillerahmen, über den Türen Musikinstrumente, weiter 6 ovale Stuckmedaillons mit Puttenszenen, die 4 Jahreszeiten und die 4 Elemente (davon je 2 in einem Medaillon) darstellend; die Türen mit geschnitzten Füllungen; an der s Schmalseite ein Kamin in Stuckmarmor, darüber Büste der Minerva mit Attributen der Wissenschaften und Künste.

Seitlich der Zufahrtsstraße zum Schloß 2 ehem. **Kavalierhäuser** (Wohnungen), 18.Jh., 2geschossig mit 1geschossigen Seitenflügeln und Mansarddächern. Durch vorgebaute Baracken z.Z. entwertet.

Der um 1750 angelegte **Park** 1881–90 von Eduard Petzold als Landschaftspark umgestaltet. Von der bar. Anlage ö des Schlosses ein achsial angelegtes Wasserparterre mit vorzüglichen *Sandsteinfiguren* erh., diese um 1750–55 von Gottfried Knöffler und seiner Werkstatt: Am längsoblongen Wasserbecken Putten auf Delphinen reitend, wasserspeiender Wolf sowie Bacchus und Hygieia; nach O die Achse abgeschlossen von halbrunder Brunnenanlage aus 4 übereinander gestellten, nach oben kleiner werdenden Muschelschalen mit bekrönender Neptunfigur, seitlich Kindergruppen auf Delphinsockel. Weitere *Sandsteinplastiken*: In der Nähe des Neptunbrunnens 2 Putten als Flora (sign. und dat. Gottfried Knöffler 1755) und Amor sowie Apollo, am Schloßportal Venus und Merkur, am Hoftor vor dem Rondell Diana und Apollo, an der w Schloßachse Bacchus und die Nymphe Syrinx mit Hirtenflöte.

ALTENAU Bez. Cottbus, Ldkr. Liebenwerda

ALTENAU (BORAGK) – Inv. Prov. Sachsen, Liebenwerda
Dorf-K. Spätrom. 1sch. Backsteinbau E.12./A.13.Jh.; der eingezogene, urspr. rck. Chor wohl spätgot. verkürzt und durch 3/8Schluß aus Mischmauerwerk verändert. Im 17.Jh. quadr. WTurm mit Quersatteldach und verschiefertem oktogonalem Dachreiter angefügt. Die rundbogigen Schiffsfenster hochsitzend, z.T. bar. erweitert, auch die stichbogigen Chorfenster bar. Im S gestuftes rundbogiges rom. Portal, urspr. von übergiebelter Mauervorlage gerahmt. Die s Chorpforte spätgot. Im flachgedeckten Inneren rundbogiger Chorbogen. Hufeisenempore mit modern bemalter Brüstung. – Hölzernes *Altarretabel* inschr. 1621, Doppelsäulenaufbau mit Beschlagwerk, an den Wangen Adlerköpfe; im Hauptfeld Kreuzigungsgemälde aus der Werkstatt des Meisters vom Altar in der Friedhofs-Kap. zu Mühlberg; in der Predella Gemälde des Abendmahls flankiert von den Bildnissen Luthers und Melanchthons, im Aufsatz Auferstehungsbild. Hölzerne *Kanzel* mit Schalldeckel A.17.Jh., am polyg. Korb gemaltes Beschlagwerk. Am Triumphbogen *Grabmal* für den Pfarrer Chr. Clarus †1721, Inschr.Stein bekrönt von Gethsemanerelief zwischen Putten und Gottesauge, auf dem kartuschenförmigen Sockel allegorische Figürchen der Spes und Fides. – Außen am Chor 2 *Grabmäler* 18.Jh., beschädigt.

ALTFRIEDLAND Bez. Frankfurt/Oder, Ldkr. Seelow
Ehem. **Kloster-K.** des um 1230 gegr. Zisterzienser-Nonnenklosters. Langgestreckter rck. Feldsteinbau im Typ der frühen Nonnen-Klosterkirchen der Altmark. Im Kern wohl 2.H.13.Jh., jedoch nach Verfall um 1734 eingreifend erneuert. Der neugot. Dachturm aus Backstein und die Mitte der WWand 19.Jh. Rest. 1936/38 mit Ausmalung der Decke und neuem Orgelprospekt. Die umlaufende Empore auf hölzernen toskanischen Säulen, den Kanzelaltar einschließend. Der Hauptraum mit Flachdecke auf Voute, die Seitenräume über den Emporen flachgedeckt. – *Kanzelaltar* um 1734, der bauchige Korb zwischen Säulen-Pilaster-Stellung, auf den Giebelsegmenten Vasen und bekrönende Strahlensonne; angeblich das Modell aus Holz für den massiven Kanzelaltar der Garnison-K. zu Potsdam, tatsächlich diesem jedoch nur ähnlich. Wohl gleichzeitig die 6eckige hölzerne *Taufe*. Spätgot. *Kelch*. *Taufschale* mit Englischem Gruß, Messing, 16. Jh. Gegenüber der K. das ehem. **Pfarrhaus**. Schlichter 1geschossiger Fachwerkbau mit Krüppelwalmdach, 2.H.18.Jh.

ALTGLIETZEN Bez. Frankfurt/Oder, Ldkr. Freienwalde
Dorf-K. Rck. Backsteinbau mit polyg. Apsis und quadr. WTurm mit Pyramidendach, vor 1850. Rundbogige Öffnungen, unter den Schiffsfenstern zusätzlich Kreisfenster. Das Innere durch

hölzerne Arkaden auf hohen Pfosten 3sch. unterteilt, in der Apsis Kreuzgratgewölbe. WEmpore. – Die *Ausstattung* aus der Erbauungszeit. 2 *Altarleuchter* 15.Jh., Bronze, auf 3 sitzenden Löwen ruhend.

ALTGOLSSEN Bez. Cottbus, Ldkr. Luckau. – Inv. Prov. Brandenburg, Luckau

Dorf-K. Rck. Feldsteinbau des 14.Jh. Aus dieser Zeit je 1 Spitzbogenfenster in der S- und OWand sowie die STür erh. Die WWand von schweren Strebepfeilern gestützt. Die breiten Rundbogenfenster von der eingreifenden Rest. 1899–1901. Die Anbauten im S teils bar., teils 19.Jh. Das Innere mit Balkendecke; die urspr. Öffnungen der Patronatsloge an der SWand jetzt vermauert. Im W gotisierende Orgelempore. – Schlichter *Kanzelaltar* 1.V.19.Jh., als Tempelfront auf 4 toskanischen Säulen mit gerundetem Kanzelkorb (vgl. Golßen, Ldkr. Luckau). An der NWand unterlebensgroßes *Kruzifix* 17.Jh. Die übrige Ausstattung von der Erneuerung 1901. In der Vorhalle bar. *Inschr.Grabstein* der M.E.v.Langen †1725. – Ähnlich, doch reicher im Dekor 2 *Grabsteine* außen an der Vorhalle bzw. an der SWand der K.: für die Frauen E.S.v.Stutterheim †1730 und H.S.v.Lietzau †1743.

W der K. verbretterter **Glockenturm**, wohl 18.Jh. – Auf dem **Friedhof** mehrere Grabdenkmäler des 18./19.Jh., besonders erwähnenswert: ö der K. *Grabmal* für Frau J.C.Ch.Schneider †1799, Stele mit Inschr.Tafel, an ihrem Fuß 3 etwa lebensgroße allegorische Gestalten lagernd, Glaube, Hoffnung und Chronos. N der K. *3 Grabdenkmäler* in Sarkophagform für Mitglieder der Familie v.Haberkorn; stark beschädigt (E.E.Ch.J.v.H. †1794; F.M.v.H. †1785; Frau G.E.v.H. †1788).

Ehem. **Gutshaus** (Kinderheim). A.20.Jh. aufwendig umgebauter Putzbau.

ALT HERZBERG Bez. Cottbus, Ldkr. Herzberg

S. HERZBERG

ALTHÜTTENDORF Bez. Frankfurt/Oder, Ldkr. Eberswalde. – Inv. Prov. Brandenburg, Angermünde

Dorf-K. Rck. gotisierender Feldsteinbau mit w verbrettertem Dachturm 1803–1810. Das flachgedeckte Innere durch Holzstützen 3sch., 1973 rest.

ALTKÜNKENDORF Bez. Frankfurt/Oder, Ldkr. Angermünde. – Inv. Prov. Brandenburg, Angermünde

Dorf-K. Rck. Feldsteinbau mit WQuerturm von Schiffsbreite und spitzbogigem WPortal, 2.H.13.Jh. 1870/90 gotisierender

Umbau mit hohem w Turmaufsatz, WVorhalle und polyg. Apsis. Innen offener Dachstuhl auf Stützen. — *Taufe*, Dreifuß mit Taufschale, Berliner Eisenguß 1.H.19.Jh.

ALTLANDSBERG Bez. Frankfurt/Oder, Ldkr. Strausberg. — Inv. Prov. Brandenburg, Niederbarnim

Verkehrsgünstige Lage und natürlicher Schutz durch Sumpfgelände begünstigten die Entwicklung einer deutschen Marktsiedlung s der um 1230 errichteten Burg mit Suburbium. Vor 1257 brandenburgisches Stadtrecht. Das Bernauer Viertel im N, das alte Suburbium s der Burg und das Berliner Viertel im S (die Marktsiedlung) durch einen später bebauten Bereich verbunden. 2 N-S-Straßen. Am NEnde des Stadtkerns die Kirche. Nach Brand 1684 Begradigung und Verbreiterung der Straßen und Verlegung des Marktes aus dem Berliner Viertel nach N auf einen größeren, neu geschaffenen Platz. Die ma. Burg 1657—62 neu errichtet, 1709 als Residenz für König Friedrich I. prachtvoll ausgebaut; nach seinem Tode Verfall, 1757 ausgebrannt und abgebrochen. W vom Schloß seit 1671 die Schloß-K. (Reformierte K.). Große Teile der Stadtmauer aus Feldstein, 14.Jh., erh., von den 3 Toren im N, S und O nur 2 Türme.

Stadt-K. Der Kernbau eine flackgedeckte Pfeilerbasilika M.13.Jh. aus Feldstein mit eingezogenem gestrecktem Rck.Chor und mächtigem WQuerturm von der Breite des Langhauses (vgl. die K. im benachbarten Strausberg). Das spitzbogige 3fach abgetreppte Turm-WPortal original erh., darüber urspr. Kreisfenster, heute korbbogige Blende; im urspr. Zustand sonst nur noch 2 Fenster in der SWand des Chores (durch Anbau verdeckt), außerdem erkennbar Reste einer 3Fenstergruppe im O, darüber Rundfenster. — Nach der Zerstörung durch die Hussiten 1432 Wiederaufbau und Einwölbung der K. in Art einer Stufenhalle, daher einheitliches Dach über dem Langhaus. Der WTurm damals nur noch als quadr. Aufsatz hochgeführt mit steilen seitlichen Pultdächern; 2teilige Schallöffnungen mit Kreisblende unter Spitzbogen. 1725 Anbau von Sakristei und Bibliothek durch Verlängerung des s Seitenschiffs bis zum Chorschluß. Etwa gleichzeitig Aufstockung des Turmes, der gestufte Pyramidenhelm 1772. 1846 und 1893 Veränderung der Fenster. — Im Inneren die spitzbogigen Mittelschiffsarkaden über quadr. Pfeilern vom Erstbau erh. Der Eindruck vor allem durch die spätgot. Wölbung bestimmt. Tief ansetzend, verdeckt sie den ehem. Obergaden (seine kleinen spitzbogigen Fenster im Dachboden noch sichtbar). Im Mittelschiff 4jochiges Sterngewölbe, im Chor und im s Seitenschiff Kreuzrippengewölbe, im n 1801 das Gewölbe entfernt. Im Langhaus die Rippen ohne Auflager aus der Wand entwickelt, die der 3 Chorjoche auf Konsolen, kleine Schlußsteine. Die spitzbogige Öffnung zum Turm durch hölzerne Orgelempore des 17.Jh. verstellt. — *Kanzel*, Holz, um 1600, am 5seitigen Korb in Muschelnischen Christus und die Apostel (2 Figuren fehlen);

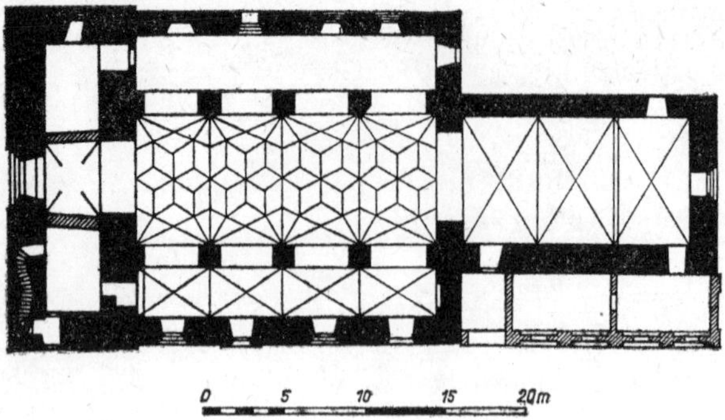

Altlandsberg, Stadtkirche

reiches Beschlagwerk. *Taufstein* sp.15.Jh., Sockel und Schaft reich profiliert, an der flachen Kuppa Reliefs, u.a. Wappen. *Kreuzigungsgemälde* um 1700. *2 Pastorenbildnisse* 2.H.17.Jh. und 17[illegible]7, dazugehörig *2 Damenbildnisse* (das spätere rückseitig 1837 dat., Kopie?). Ein 3. *Damenbildnis,* Öl auf Kupfer, vermutlich die Pastorin C.E.Campe, M.18.Jh. *Kelch,* Silber vergoldet, dat. 1452, am 6Paßfuß Gravuren, an Knauf und Kuppa schöne Maßwerkauflagen. Ein 2. vergoldeter *Kelch* aus Silber A.16.Jh., am Knauf Ranken und Fischblasen, die Inschr. von 1643 nachträglich. Figürlicher *Grabstein* für Pastor N.Leutinger †1581. Geschnitztes *Wappenepitaph* für G.v.Waldburg 2.H.17.Jh. – Außen *Inschr.-Grabstein* für C.F.Zander† 1799.

Reformierte K. (Schloß-K.). Quadr. verputzter Saalbau mit w Sakristei, auf den Grundmauern des w Kopfbaus des s Schloßflügels 1768 neu errichtet, dabei Teile des Mauerwerks und die Portale des 1757 abgebrochenen Schlosses von 1657–69 wiederverwendet. Der Turm vor der SSeite 1802. 3 schmuckreiche Portale im N, S und W, hervorzuheben das s mit Flammenvasen und einem Engel mit Gesetzestafeln im Aufsatz. Die doppelreihige Fenstergliederung 1896 verändert. Auch die aufwendige *Stuckierung* innen und die *Ausstattung* aus dieser Zeit. Im *Orgelprospekt* bar. Teile wiederverwendet. *Glocke* um 1300.

Stadtbefestigung. Große Teile der den alten Stadtkern umschließenden Feldsteinmauer des 14.Jh. erh. Von dem Berliner Tor im S und dem Strausberger Tor im O nur noch 2 quadr. *Türme* vorhanden. Beide mit gemauerten Helmen, am Berliner Torturm zur Stadtseite in halber Höhe Blenden.

ALTLANDSBERG (SEEBERG)

Dorf-K. Im Kern Feldsteinbau des 13. Jh. 1896 Verlängerung nach O mit neuer Apsis unter Verlust der urspr.; gleichzeitig WTurm, neue Fenster und Ausbau des Inneren. – *Glocke* mit 7 Reliefmedaillons, um 1300.

ALTLEWIN Bez. Frankfurt/Oder, Ldkr. Freienwalde

s. ALTTREBBIN

ALTLIEBEL Bez. Cottbus, Ldkr. Weißwasser
Ehem. **Gutshaus** von 1818. Schlichter 2geschossiger Putzbau, Mansarddach mit Krüppelwalm.

ALT MADLITZ Bez. Frankfurt/Oder, Ldkr. Fürstenwalde. — Inv. Prov. Brandenburg, Lebus
Dorf-K. Rck. 1sch. Feldsteinbau mit quadr. WTurm, sp. 13. Jh., modern verputzt. Die Fenster bar. verändert. Neugot. SVorhalle von 1821. Innen Holzbalkendecke und WEmpore. — *Altarwand* mit Pilastergliederung um 1900 von Franz Schwechten, darin eingepaßt großes Altargemälde, freie Wiederholung der Kreuzabnahme von P. P. Rubens 2.H.17.Jh. Hölzernes *Kruzifix* um 1500. *Ofenplatte* dat. 1598 (in der Turmhalle), mit Vanitasallegorie und Szenen aus dem Gleichnis vom ungerechten Knecht, Gußeisen. Große *Wappenkartusche* derer von Finckenstein 1734, Stuck. Hölzernes *Epitaph* J.F.R.v.Wulffen †1721 mit dem Bildnis des Verstorbenen, umgeben von Trophäenschmuck. 2 *Reliefgrabsteine* derer v.Wulffen, beide †1612, die Verstorbenen ganzfigurig in Rüstung. *Inschr.Grabstein* für Curt v. Wulffen †1620 und seine Frau Elisabeth.
Ehem. **Gutshaus** (Wohnungen). Spätbar. 3geschossiger Bau unter Walmdach mit sparsamer Putzgliederung, 2.V.18.Jh. Innen gewendelte Holztreppe mit gesägten Docken. Ein Seitenflügel unter Mansardwalmdach M.18.Jh. asymmetrisch angefügt. — Großer **Landschaftspark** 4.V.18.Jh. unter F.L.K. Finck von Finckenstein angelegt mit antikisierenden Parkarchitekturen eines Rund- und eines Antentempels.

ALTMÄDEWITZ Bez. Frankfurt/Oder, Ldkr. Freienwalde
Dorf-K. Rck. klassizist. Putzbau mit quadr., z.T. in das Schiff einbezogenem WTurm, 1837. Die Öffnungen rck., der niedrige WTurm mit flachem Pyramidendach und Pfeilerstümpfen mit Akroterien an den Ecken. Innen Flachdecke auf Voute, die Hufeisenempore zwischen kannelierte Holzpfeiler gespannt, die bis zur Decke durchlaufen. — Die schlichte hölzerne *Ausstattung* (Kanzelaltar, Taufe, Emporen) aus der Bauzeit. *Orgel* 1845.

ALT MAHLISCH Bez. Frankfurt/Oder, Ldkr. Seelow. — Inv. Prov. Brandenburg, Lebus
Dorf-K. Flachgedeckter Granitquaderbau aus kurzem rck. Schiff, eingezogenem längsrck. Chor und WQuerturm in Schiffsbreite,

E.13.Jh. Der verbretterte quadr. Turmaufsatz wohl von der Erneuerung 1723. An der SSeite des Chores das urspr. Rundbogenportal erkennbar. Nach Kriegsschäden Wiederherstellung um 1960.

ALT-PETERSHAIN Bez. Cottbus, Ldkr. Calau

S. NEUPETERSHAIN

ALTRANFT Bez. Frankfurt/Oder, Ldkr. Freienwalde
Dorf-K. Rck. Putzbau von 1752, mit Ecklisenen und stichbogigen Fenstern, die mittleren durch zarte Risalite betont. Der neubar. WTurm von 1901, dem Schiff in seinen Formen angeglichen. Innen Flachdecke auf Voute. Letzte Rest. 1973. – Die *Ausstattung*, Holz, von 1752: schlichter Kanzelaltar mit seitlichen Durchgängen und geschwungenem Korb, auf dem Schalldeckel Auge Gottes in Strahlenglorie. 3seitige Empore, im N dazu verglaste Patronatsloge; beide auf toskanischen Säulen.
Ehem. **Schloß**. Im 16. Jh. durch Jacob II.v.Pfuel erbaut, 1678 umgebaut, dieses wohl der jetzt parkseitig gelegene Anbau des dreiflügeligen Neubaues von 1910.

ALTREETZ Bez. Frankfurt/Oder, Ldkr. Freienwalde. – Inv. Prov. Brandenburg, Königsberg/Neumark
Dorf-K. 1828. Rck. Putzbau mit quadr. WTurm; hohe, schmalrck. Öffnungen. Innen Flachdecke mit Kassettenbemalung. – Die Ausstattung, Holz, aus der Erbauungszeit: *Hufeisenempore*, deren Stützpfeiler zur Decke durchlaufen. Hoher *Kanzelaltar* zwischen 4 Kolossalpilastern unter glattem Gebälk runder Korb und Schalldeckel. Der *Orgelprospekt* durch Pilaster 3geteilt. 2 hübsche *Kronleuchter* aus Bronze, 1709, 8armig mit bekrönender Justitia, und 1775, 6armig.

ALTROSENTHAL Bez. Frankfurt/Oder, Ldkr. Seelow

S. WORIN

ALTTREBBIN Bez. Frankfurt/Oder, Ldkr. Freienwalde
Dorf-K. und ehem. **Schule** (Kindergarten) in einem 1geschossigen, rck. Fachwerkbau vereint, 1820. Die Schule 1970 völlig verändert. Vor dem Kirchenteil quadr. Treppenturm mit Pyramidenhelm. – SÖ der Kirche und aus gleicher Zeit der niedrige rck. **Glockenturm**, Fachwerk, die obere Gefachreihe offen.

ALTTREBBIN (ALTLEWIN)
Dorf-K. Kleiner neuromanischer Backsteinbau von 1883.

ALTWRIEZEN-BEAUREGARD Bez. Frankfurt/Oder, Ldkr. Freienwalde

Dorf-K. (Altwriezen) Der Fachwerkbau von 1769/71 wegen Sturmschäden 1972/73 abgetragen. Im heutigen Gemeinderaum 4 gute *Schnitzfiguren*, Apostel, von einem ehem. Altar, letztes V.15.Jh.

ALT ZESCHDORF Bez. Frankfurt/Oder, Ldkr. Seelow

ALT ZESCHDORF (HOHENJESAR) — Inv. Prov. Brandenburg, Lebus

Dorf-K. Backsteinbau 1721/23. Das rck. Schiff mit 3/8Schluß und quadr. n Anbau seit 1945 Ruine. Der eingezogene quadr. WTurm mit 8eckigem Aufsatz und Schweifhaube nach Kriegszerstörung wiederhergestellt. — Auf dem angrenzenden Friedhof mehrere klassizist. *Grabsteine*.

Friedhofs-Kap. (Gemeinderaum). Blockhausartiger Bau um 1920. — Der Altartisch und die doppelflüglige Eingangstür aus bar. *Sarkophagen* zusammengesetzt.

AMT CHORIN Bez. Frankfurt/Oder, Ldkr. Eberswalde

S. CHORIN

ANGERMÜNDE Bez. Frankfurt/Oder, Ldkr. Angermünde. — Inv. Prov. Brandenburg, Angermünde

An der von Berlin über Schwedt zum Stettiner Haff führenden Straße in fruchtbarer Niederung s des Münde-Sees gelegen. Vermutlich noch vor 1250 Anlage einer Grenzburg gegen Pommern in der 1232/50 von den Askaniern erworbenen s Uckermark. Kernsiedlung wahrscheinlich ein wendisches Straßendorf sö der 1263 urk. erwähnten Burg. Eine Marktsiedlung mit Kirche am SO-Rand entwickelte sich wohl schon bald zwischen Burg und Dorf; 1284 civitas. Gleichzeitig mit Entstehung der Stadt Gründung eines Franziskaner-Klosters s vom dörflichen Kernbereich. Schon A.14.Jh. hatte die Stadt die bis ins 19.Jh. bewahrte Ausdehnung. Befestigte Anlage auf annähernd quadr. Gr. mit leicht gekrümmter, dem Mauerverlauf folgender Ringstraße und sich rechtwinklig kreuzenden Straßenzügen. In der Mitte großer rck. Marktplatz. Die Stadtbefestigung mit 3 Toren im Zuge der Hauptverkehrsstraßen, sw das Berlinische oder Finowsche Tor, nw das Prenzlauer oder Kerkowsche Tor und sö das Schwedter oder Hohe Tor; die Tore schon 1292 erwähnt. Das Hohe Tor 1694, die übrigen 1.H.19.Jh. abgetragen. Von der Stadtbefestigung nur Fragmente im Burgbereich und der sö Mauerzug mit einem Rundturm erh.

Pfarr-K. St.Marien. M. bis 3.V.13.Jh. in Granitquaderwerk errichtet, bestehend aus breitem Schiff mit eingezogenem gestrecktem Chor (Schluß unbekannt), Sakristei mit Spitztonnenwölbung an der NSeite des Chores von dessen Länge und einem

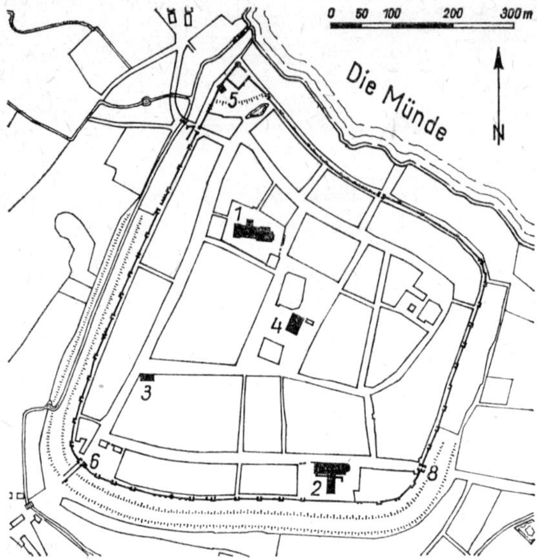

Angermünde um 1724

1. St. Marien 2. ehem. Franziskaner-Klosterkirche 3. Heilig-Geist-Kapelle 4. Rathaus 5. ehem. Burg 6. Berliner Tor 7. Prenzlauer Tor 8. Schwedter Tor

leicht vortretenden WQuerturm. Davon erh. der WBau in Höhe des Langhausdachfirstes, durchbrochen nur von Schlitzfenstern und dem gestuften spitzbogigen WPortal, außerdem die Schiffswände, die Chornordwand und die Sakristei. Ringsum im ehem. Schiff wie in der n Chorwand oberhalb der Sakristei (jetzt vermauert) hochsitzende Lanzettfenster; unversehrt ein Langhausfenster im N mit geschrägter, von Kehlung und Rundstab umschlossener Leibung erh., in der Langhaussüdwand ein breites spitzbogiges Portal erkennbar. Putzreste auf der Innenseite am s Teil der OWand des Schiffes, oberhalb der spätgot. Gewölbe, zeigen, daß der Ursprungsbau eine Flachdecke besaß. – Alle späteren Veränderungen desselben in Backstein. Wohl 1.H.15.Jh. die beiden oberen Turmgeschosse aufgeführt; erh. der n Teil mit breitrückigen, gekuppelten Schallöffnungen zwischen Spitzbogenblenden und der n reich geschmückte Stufengiebel, der s Teil im fr.16.Jh. und 1868 in etwas abweichenden Formen erneuert. 1868 auch der Einbau der Turmvorhalle. In der 2.H.15.Jh. der Bau insgesamt grundlegend umgestaltet. Das Langhaus 3sch. erneuert durch Einfügung von Achteckpfeilern mit Kanten-

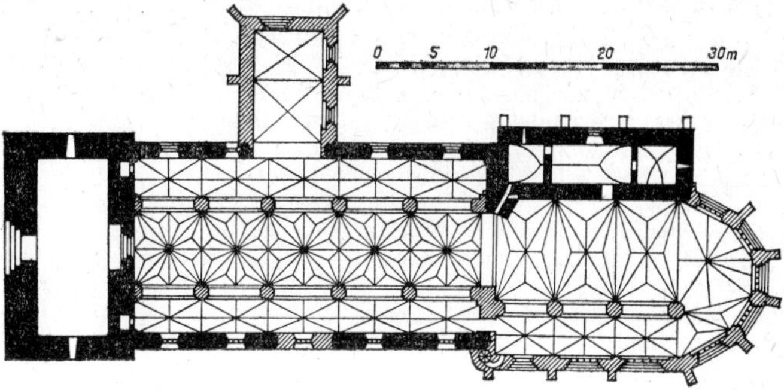

Angermünde, St. Marien

stäben unter rck. profilierten Arkaden, dazu Vergrößerung der Schiffsfenster. Weiterhin ein neuer Chor angefügt und die Sakristei aufgestockt; der 3jochige Obergeschoß-Raum mit Kreuzrippengewölben auf derben Kopfkonsolen in spitzbogigen Arkaden zum Chor geöffnet. Das asymmetrisch 2sch. Sanktuarium mit 5/12Schluß führt das Mittelschiff des Langhauses achsial etwas verbreitert fort und reicht mit seinem s Seitenschiff über die Flucht der Langhaussüdwand hinaus. Zusammen mit der Sakristei im N erscheint die OAnsicht des Baukörpers dennoch etwa symmetrisch. Zwischen einfachen Strebepfeilern 3- und 4teilige Fenster, in ihren Leibungen feingliedrig profiliert. Unter dem Kranzgesims Putzblende mit eingeritzter Weinlaubwellenranke. Überraschend altertümlich das s Portal, in einer Mauervorlage von einem Vierpaßfries rck. gerahmt. Vor 1470 auch der Anbau einer 2jochigen Marienkap. an der Langhausnordseite, urspr. breit zum Schiff geöffnet, der Raum 1470 als „neue Kap." bezeichnet. Die Kapellennordwand als Schmuckfassade gestaltet (teilweise erneuert), mit schönem Stufengiebel und asymmetrisch angeordnetem Portal, ganz ähnlich dem Chorportal, das Stabwerk der Fenster hier sich rautenförmig überkreuzend. — Für die Erscheinung des Inneren entscheidend der Umbau zur 3sch. Halle, der Eindruck breiträumig gedrückt. Die Einwölbung vermutlich im sp. 15. Jh.: im Mittelschiff reiche Sterngewölbe, in den Seitenschiffen Kreuzgewölbe mit Scheitelrippen, nirgendwo durch Dienste vorbereitet. Wohl mit einiger Verzögerung, aber ähnlich, die Chorwölbung, die Sterne im Hauptschiff einfacher. Nach der wiederaufgedeckten Inschr. am Triumphbogen die Arbeiten erst 1520 durch Baumeister Klaus Höppener abgeschlossen. — Die *Ausmalung* des sp. 15. Jh., soweit verblieben, 1978 freigelegt und rest.: Die Wände weiß getüncht, Fensterrippen und Konsolsteine glatt oder gemustert ziegelrot, Gurtbögen, Schlußsteine und Gewölbescheitel farbig mit Laub- oder Maßwerk und derb gemalten Köpfen von Fabelwesen verziert. Von besserer Qualität einige figürliche Malereien im Chor: In den Gewölbezwickeln des Polygons die Evangelistensymbole sowie Michael als Drachentöter und St. Cyriakus. Über der Durchgangsarkade vom Chorseitenschiff ins Langhaus-SSchiff gute Kreuzigungsgruppe. 1868 einheitliche Neuausstattung in gotisierenden Formen: 3teiliges *Altarretabel* mit Gemälde der Auferweckung des Lazarus nach Rubens, *Kanzel*, *Gestühl* und *WEmpore*. Der schön geschnitzte *Orgelprospekt* 1742/44, das Werk von Joachim Wagner aus Berlin. Von der älteren Ausstattung nur Reste erh.: 2 Tafeln eines *Altarretabels* von 1601 in kräftigem Relief, Abendmahls- und Himmelfahrtsszene, sowie ein ungerahmtes Kreuzigungsrelief; zugehörig zu diesem Altar auch die Schnitzfigur eines Guten Hirten. *Bronzetaufe*, wohl 2.H.14.Jh.; die Fünte von 3 Männern in eng anliegenden Kurzröcken getragen, mit Relieffries in „Ritztechnik", unter Arkaden die thronende Madonna, Petrus, Paulus und 11 weitere Heilige. Am oberen Rand Inschr. mit dem Namen des Gießers, Johannes Justus. Große ma. *Baumtruhe* mit reichem Eisenbeschlag. 2 *Bronzeleuchter* 16.Jh. 2 ganzfigurige *Pastorenbildnisse* 18.Jh. Steinernes *Epitaphrelief* der Familie Krumkrüger von 1619, das Ehepaar unter dem Stammbaum kniend. 2 *Figurengrabsteine* 17.Jh., für eine Frau und ein Ehepaar. Mehrere *Inschr.Grabsteine* 17./18.Jh.

Ehem. **Franziskaner-Klst.** Um M.13.Jh. gegr., 1543 säkularisiert. Die Klostergebäude 1760/75 abgerissen. Die Anlage 1933 ergraben und durch verbliebene Fragmente bezeugt: An der SWand der Kirche Spuren vom Dachansatz des 2geschossigen Kreuzgangflügels und vom Giebelansatz eines von der Kirchenmitte nach S gerichteten Klausurtraktes. Die Außenwand des Klausursüdtraktes, zugleich Stadtmauer, zeigt vermauerte Spitzbogenfenster über kleinen spitzbogigen Wandnischen. — Die ehem. **Klst-K.** St.Paul (z.Z. Lagerhalle, museale Rekonstruktion geplant) urspr. ein Saalbau aus Feldstein, wohl bald nach M.13.Jh. errichtet, um 1300 zur asymmetrischen 2sch. Halle in Backstein erweitert. Nach Aufhebung des Klst. verfallen, 1698 rest. und 1735—1788 als reformierte Kirche genutzt. 1802 die Gewölbe entfernt. 1841 und 1934—39 teilweise rest. Der hochgot. Neubau in Backstein eine der bedeutendsten Leistungen der märkischen Bettelordensarchitektur; viele Einzelformen in enger Anlehnung an die Choriner Klst.-K. Das Langhaus von 6 Jochen mit 4½-jochigem Chor von Hauptschiffsbreite und ö 5/10Polygon; an der Chorsüdseite, ö an das Seitenschiff und an einen schmalen aus der Klausur ins w Chorjoch führen Vorraum anschließend, ein doppelgeschossiger Anbau, im Untergeschoß die 4jochige ehem. Sakristei, das hohe Obergeschoß wohl ehem. „Armarium". Wie beim wenig älteren Erweiterungsbau der Berliner Franziskaner-K. Teile vom Ursprungsbau aus regelmäßigen Feldsteinquadern in den Neubau einbezogen und zwar die durch den anschließenden Kreuzgang urspr. verdeckte SWand mit hochsitzenden Lanzettfenstern in schlicht geschrägten Gewänden sowie ein

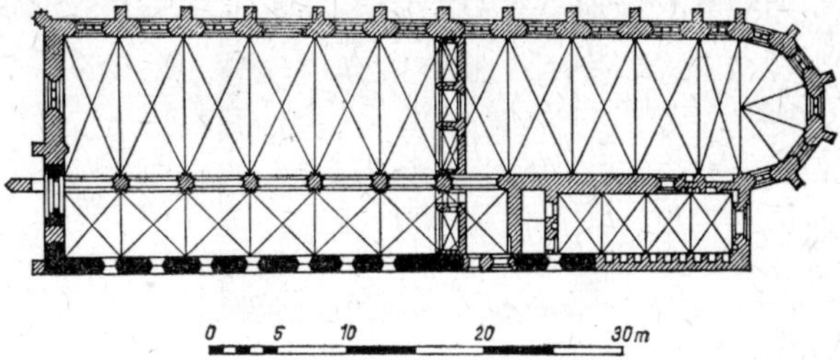

Angermünde, ehem. Franziskaner-Klosterkirche

Stück WWand mit 3fach gestuftem Spitzbogenportal und Fensteransatz s davon. Der hochgot. Umbau beträchtlich größer als die Saalkirche. Die SWand mit niedrigen 3teiligen Spitzbogenfenstern aufgestockt. N- und OFront der Kirche got. schlank, die 11achsige NFront von Langhaus und Chor einheitlich gegliedert: zwischen rücksprunglos aufsteigenden, eng gestellten Strebepfeilern hohe 2teilige Fenster (vgl. auch Neuruppin!). Nach Choriner Vorbild die kleinen Aufsätze auf den Strebepfeilern, das nur in Resten erh. rosettenförmige Fenstermaßwerk sowie der unter dem Kranzgesims des Chores umlaufende Plattenfries mit Weinblattwellenranke. Die Profile gegenüber Chorin jedoch gratig geschärft. Das vermauerte Langhausportal im 4. Joch der NSeite mit tiefem feingestaffeltem Gewände aus glasierten und unglasierten Backsteinschichten im Wechsel; das rck., von 4Pässen durchbrochene Rahmenfeld sicher erst dem 14. Jh. zugehörig; im Tympanon ehem. eine Maßwerkrosette, der jetzige korbbogige Abschluß mit Zwillingsnische spätma. Die STür zum ehem. Kreuzgang kämpferlos, fein profiliert. Im WGiebel wie auch in den beiden rechtwinklig aneinander stoßenden ö Halbgiebeln schlichte ansteigende Spitzbogenblenden. Auffallend der mittlere Strebepfeiler vor der WWand zwischen 2 hohen Spitzbogenfenstern; zusammen mit dem Rest eines entsprechenden Dienstes innen der Beweis für eine urspr. Planung als 2sch. symmetrische Halle. Der die jetzigen Arkaden abstützende w Strebepfeiler muß daher in origineller Weise der Tür des 13. Jh. ausweichen. — Das Innere wegen der fehlenden Gewölbe von steilräumiger Wirkung. Die Wände durch schlanke, scharfgratig gebrochene Dienste (mit den Gewölbeansätzen) gegliedert, ähnlich wie im WTeil des Choriner Mittelschiffs aus der Bauphase nach 1290. Der bauplastische Schmuck z.T. ebenfalls nach Choriner Vorbildern, aber geschärft oder auch erstarrend. Die Dienste an den Chorwänden in Höhe der Fenstersohlbänke von prismatischen Konsolen abgefangen. Die Langhausdienste mit Sockeln und Kämpfern in Form von Halbsäulenstümpfen, z.T. mit aufgelegten Stengelkränzen, z.T. rein geometrisch. Die Freipfeiler 8eckig mit Kantenstäben auf runden Sockeln, ohne Kämpfer;

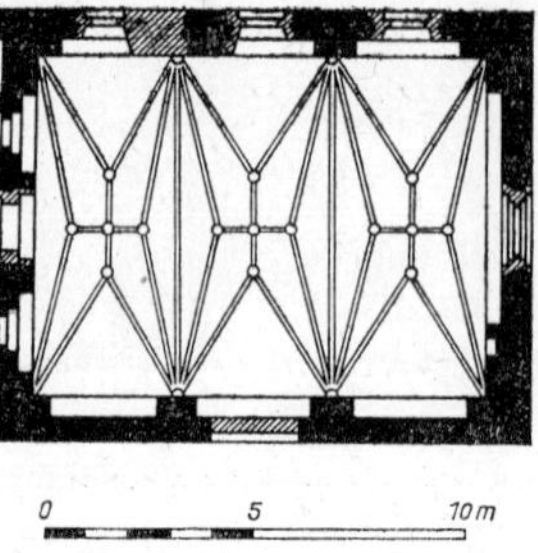

Angermünde, Heiliggeist-Kapelle

die Arkaden schlicht 3seitig gebrochen. Die Sakristei und ihr Obergeschoß wie ehem. die Kirche kreuzrippengewölbt, in der Sakristeisüdwand reiche Nischengliederung. An den Gewölbekonsolen der Sakristei neben schönem Laubwerkschmuck der Choriner Schule als eigenständiges Motiv Eichenkränze aus breitlappigen Blättern. Die Sitznische an der Chorsüdseite, mit Blendenbekrönung aus gestaffelten Vierpässen, gerahmt von zierlicher Wellenranke, folgt wiederum deutlich Choriner Anregung, steigert aber zugleich Schmuckaufwand und zeichnerische Präzision. Der im 7. Langhausjoch erh. *Hallenlettner* aus 3 kreuzgewölbten, zum Langhaus offenen Nischen gebildet, die Seitennischen für Altäre, die mittlere für den Durchgang; die Brüstung verloren. – Reste von *Wandmalereien* an der w Langhaussüdwand: eine Stadtsilhouette und die Kreuztragung, sp.15.Jh., in den Sakristeigewölben spätgot. Musterung aus Lilien und Sternen.

Heiliggeist-Kap. (Ev.-methodistische K.). Urspr. Kap. des 1336 gegr., im 30jährigen Krieg zerstörten Heiliggeist-Spitals, das sich nach S, an die Stadtmauer gelehnt, anschloß. Die M.14.Jh. errichtete Kap. im 15.Jh. gewölbt; letzte Rest. 1977. Vom rck., urspr. flachgedeckten Kernbau im wesentlichen die Umfassungsmauern erh. mit paarig angeordneten Schmuckblenden und abschließendem Vierpaßfries auf der W- und NWand sowie Blendengiebeln nach W und O. Der OGiebel dem Schaugiebel der Franziskaner-K. antwortend, innerhalb derselben Straßenflucht, ähnlich wie dieser durch schlanke gestaffelte Spitzbogenblenden gegliedert und von Zierpfeilern bekrönt. Im 15.Jh. die Kap. mit 3 schmaljochigen Sterngewölben gedeckt, dabei das urspr. NPortal durch wandverstärkende Schildbogenvorlagen von innen verstellt und durch ein WPortal ersetzt. Das SPortal zum Spital vermauert. Im W ein Dachturm aus Fachwerk mit hölzerner Laterne von 1775. Die n Maßwerkfenster 1868 erneuert. – Einheitliche klassizist. Ausstattung 1841 mit *WEmpore*, *Orgel* und *Altarwand* mit Kanzel.

Martins-K. (Pfarr-K.). Neugot. kleiner Saalbau aus Backstein 1854/55, mit polyg. Apsis. Innen offener Dachstuhl, WEmpore und einheitliche Ausstattung der Erbauungszeit.
Rathaus an der NSeite des Marktplatzes, 1828. Rck. doppelgeschossiger Putzbau von 7:5 Achsen unter Walmdach mit hölzernem Dachreiter, dieser bekrönt von geschwungener Haube. Die Mittelachse der Schauseite und die Gebäudekanten durch Lisenen betont, Gurt- und Kranzgesims schaffen zwischen ihnen vertiefte Rck.Felder. 1923 Erweiterung durch rückseitige Flügel mit niedrigem Verbindungstrakt.
Ehem. **Ratswaage** Brüderstraße 20. Langgestreckter 1geschossiger Fachwerkbau mit vorkragendem Walmdach, vermutlich 18.Jh., 1905 verändert.
Vom **Wohnhausbau** des 18./19.Jh. einige Reihen schlichter doppelgeschossiger Fachwerkhäuser am Markt, am Kirchplatz und an der NSeite des August-Bebel-Platzes sö der Kirche erh. Daneben mehrere klassizist. Putzbauten in der Brüderstraße und der Berliner Straße.
Von der **Stadtbefestigung** aus der Zeit um 1300 ausgedehnte Partien der s und ö Stadtmauer aus Backstein auf Feldsteinsockel erh. Im S in den Mauerzug einbezogen ein schwerer Rundturm, Pulverturm, mit erneuertem Zinnenkranz; ö davon eine vermauerte Spitzbogenpforte und Fundamente eines Weichhauses. In Seenähe, angelehnt an die ö Stadtmauer, ein Weichhaus mit Pforte zur Stadt erh. An der NSpitze des Stadtmauergevierts Reste der ehem. **Burg** aus der Zeit vor 1250. Die NSpitze selbst ehem. von 8seitigem Eckturm eingenommen, Reste davon erh.; sw daneben, ein wenig aus dem Mauerzug vorspringend, mächtiges vermauertes Spitzbogenportal, dahinter Kellerreste und ein Brunnenschacht.
Heimatmuseum

ANGERMÜNDE (DOBBERZIN)

Dorf-K. Flachgedeckter rck. Feldsteinbau 3.V.13.Jh., w verbretterter Dachturm von 1827. Das Innere 1960 rest. Die originalen Lanzettfenster weitgehend erh., das abgetreppte stumpfspitzbogige WPortal beschädigt. An der SWEcke Quader mit rautenförmiger Musterung (vgl. Schmargendorf, Ldkr. Angermünde). Das Innere mit w *Hufeisenempore* und *Gestühl* von 1691. — *Kanzelaltar* mit seitlichen Aufgängen und Altarschranken, 1699 von Christoph Schurig aus Angermünde: Überaus reicher Akanthusdekor am gesamten Aufbau, mit gerundetem Kanzelkorb und Schalldeckel zwischen Doppelsäulen unter Schweifgiebel und kartuschenförmigen Aufsatz mit Strahlensonne. Fuß eines spätrom. *Taufsteins.*

ANNABURG Bez. Cottbus, Ldkr. Jessen

In der Niederung zwischen Elbe und Schwarzer Elster am Rande eines ausgedehnten Waldgebiets an der Straße von Herzberg nach Wittenberg gelegen. Bei dem im 12.Jh. entstandenen Dorf Lochau wohl im 13.Jh.

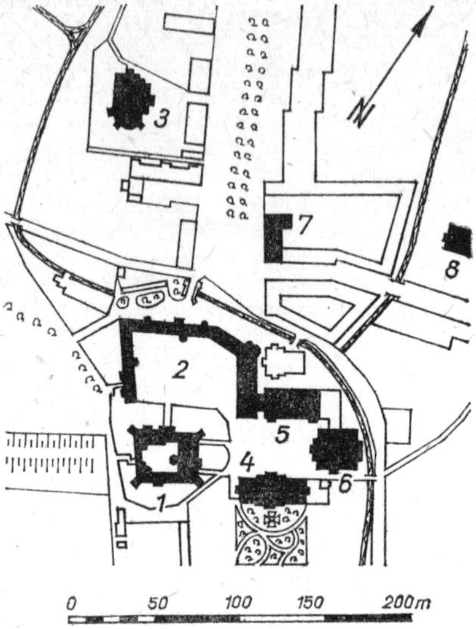

Annaburg im späten 19.Jh.
1. ehem. Hauptschloß 2. ehem. Vorderschloß 3. Stadtkirche 4. Kommandantur 5. Betsaal 6. Speisesaal 7. Amtshaus 8. Oberförsterei

eine Burg errichtet, die im späten Ma. als kurfürstlich-sächsisches Jagdschloß diente. Seit 1572 großzügiger Neubau des Schlosses. Der Flecken Lochau 1573 abgebrannt, der Ort danach näher am Schloß neu angelegt und Ort und Schloß in Annaburg umbenannt. Seit 1939 offiziell Stadt, in älterer Zeit das Stadtrecht zeitweise nicht anerkannt. Unbefestigt, die 3 Tore – im S Torgauer Tor, im NW Mühlentor, im NO Herzberger Tor – 1.H.19.Jh. abgetragen. Unregelmäßige Anlage aus mehreren Dorfkernen und Vorstädten.

Ehem. **Wasserschloß** (Wohnungen). An der Stelle der ehem. Burg Lochau, die 1571 abgebrochen wurde, entstand unter Kurfürst August von Sachsen ein großzügiger Neubau als Witwensitz für seine Gemahlin Anna, eine dänische Prinzessin. Hauptbauzeit 1572–73 mit Nacharbeiten bis 1578, erst 1585 die große Reitertreppe im Hof ergänzt. Architekt Christoph Tendler, Bauleiter Wolf v.Kanitz. Das Material z.T. aus dem Abbruch der Schlösser Schweinitz und Prettin gewonnen. Das Schloß im 17.Jh. in Verfall, da Anna bereits seit 1580 die Lichtenburg als Wohnort bevorzugte. 1762–1920 als Militärschule genutzt. – Stattliche Anlage, in ihrer Einheitlichkeit ein bedeutender Vertreter der deutschen Spätrenaiss. Bestehend aus dem 4flügligen Hauptschloß und einem 3flügeligen Vorderschloß im W. Durch die jahrhundertelange zweckentfremdete Nutzung leider nur noch das Äußere den alten Zustand zeigend, dieses jedoch von großer Wirkung. Das Hauptschloß aus 3geschossigen Flügeln annähernd symmetrisch angelegt, die Baumassen durch 4geschossige, diagonal gestellte Eckrisalite zusammengefaßt, weitere turmartige rck. Risalite nach W, N und O vortretend, davon 2 am WFlügel; in dem breiteren von beiden die Einfahrt zum Hof. Die großen verputzten Mauerflächen nur durch die meist paarig angeordneten, rck. Kreuzstockfenster belebt und von Traufgesimsen abgeschlossen. Die Silhouette bereichert durch zahlreiche Schweifgiebel mit straffer Geschoßteilung und doppelten Okuli. Die elegante Schweifung der Giebel und ihre Fenster ähnlich wie danach am benachbarten Schloß Lichtenburg bei Prettin, das auf den gleichen Architekten zurückgeht. – Der Hof von 2 Treppentürmen und einem Zwerchhaus über dem w Tor beherrscht, die Lücke im SFlügel durch eine 2geschossige Loggia geschlossen. Diese nach dem Vorbild derjenigen des Dresdner Schlosses gestaltet; im Untergeschoß Segmentbögen auf kurzen, kräftigen Säulen, die ionischen im Geschoß darüber, zwischen der Brüstung stehend, gestreckt und dünn, ein hohes Gebälk stützend. Die beiden Treppentürme polyg., mit hohen runden Aufbauten und schönen Hauben; auch dieses wie in Schloß Lichtenburg. Im breiten Treppenturm am NFlügel der Aufgang als Reitertreppe vollständig erh., ein kleinerer Treppenturm in der SO-Ecke. Die zahlreichen Pforten rundbogig und profiliert. Die Steinmetzarbeiten, vor allem die Fenster- und Türstöcke, von C a s p a r R e y n w a l d aus Torgau. Am OFlügel 2 gleichartige *Ofenplatten* aus Gußeisen mit Wappenhaltern und Wappen 2.H.17.Jh.

Die 3 Flügel des Vorderschlosses einen weiten Vorhof bildend, 2geschossige Putzbauten mit hohen Mansardwalmdächern und wiederum zahlreichen rundbogigen Pforten. Im leicht geknickt geführten WFlügel 3geschossiger, 2achsiger Mittelrisalit mit der Torfahrt; das hübsche 8eckige Türmchen mit Haube und Laterne, letztere 1786 erneuert. Neben dem Tor runder Wendelstein. An der nach W gewendeten Außenseite des Vorderschlosses 3 halbrund vortretende Türmchen, an der NW-Ecke mächtiger Rundturm. Vor der Brücke über den Schloßgraben 2 schwere Polygonpfeiler.

Pfarr-K. 1sch. Backsteinbau um 1500 mit 3seitigem OSchluß und quadr. Turm an der NSeite, bar. verändert. Am Turm kleines spätgot. *Kreuzigungsrelief* aus Ton eingesetzt. Der Turm in seinem unteren Teil spätgot., sein Aufbau mit Haube und Laterne von 1729. Beiderseits des Turmes 1787 2geschossige Fachwerkanbauten hinzugefügt. Spitzbogige NPforte. Im Inneren Kassettendecke um 1700 mit ornamentaler *Schablonenmalerei* sowie Hufeisenempore. Das Turmuntergeschoß als Sakristei genutzt, darüber verglaste *fürstliche Empore*, in 2 Segmentbögen zum Schiff geöffnet. – Qualitätvoller *Flügelaltar* von 1602 mit Gemälden: Die Kreuzigung im Hauptfeld gerahmt von Gethsemaneszene und Dornenkrönung auf den Flügeln, in der Predella

das Abendmahl, im Auszug die Auferstehung; im geschlossenen Zustand Verkündigung und Geburt Christi. Hölzerne *Kanzel* A.17.Jh., mit Eckpilastern, in den Feldern des Korbes in qualitätvoller Malerei die Evangelisten; Schalldeckel. Große *Sandsteintaufe* von 1674, die runde Kuppa mit üppigem vegetabilem Schmuck auf Balusterfuß. Vorzüglicher *Orgelprospekt* sp.18.Jh. Hölzerner Corpus eines *Kruzifixus* 4.V.15.Jh., die Arme fehlen. *Gemälde* der Geburt Christi in aufwendigem hölzernem Ädikularahmen, fr.17.Jh. *4 Pastorenbildnisse*, 1688, 1725, 1760, 19.Jh. Geschnitztes *Lesepult* mit Astwerkdekor, um 1510. Im Chor spätgot. *Gestühlsbrüstungen*. Mehrere *Bar.-Stühle*, davon 4 mit geprägten Lederbezügen. *Antependium* mit plastischer Stickerei eines Kruzifixus, dat. 1685. *Epitaphgemälde* mit Kreuzigung und Stifterfamilie, fr.17.Jh. *Epitaph* um 1620, im Ädikularahmen Gemälde der Auferweckung des Lazarus mit Stifterpaar. *Inschr.Grabstein* für Frau B.v.Kittelde von 1581, mit Wappen. – Auf dem Friedhof eine Reihe von skulptierten *Grabdenkmälern* 18./19.Jh. Am Friedhofsportal Inschr. von 1708.
Wohnhausbau. Am Karl-Marx-Platz mit einer auf das Schloß zuführenden Lindenallee eine Reihe hübscher, z.T. alter Fachwerkhäuser. An der NO-Ecke des Platzes das ehem. **Amtshaus**, stattlicher 9achsiger Bau von 1580, im sp.17.Jh. tiefgreifend bar. umgebaut, mit Fachwerkobergeschoß und 2 rückwärtigen Flügeln. In der Fassadenmitte flacher Eingangsraum hinter 3 Arkaden auf toskanischen Säulen, an den Postamenten *Reliefs*; die Arkaden angeblich von einem Gartenpavillon übernommen. – Ehem. **Oberförsterei**, Holzdorfer Str. Großer Rck.Bau 2.H.17.Jh., mit Fachwerkobergeschoß und Mansardwalmdach.
Für die Nutzung des Schlosses als Militärschule um 1876–86 n von ihm ein aufwendiges Bau-Ensemble errichtet: vor allem ö die sog. **Kommandantur** (1876), n der neue **Speisesaal** (nach 1886), w der **Betsaal** (1866, umgebaut aus dem alten Speisesaal von 1877; die **Schloßkap.** des 16.Jh., die durch alle 3 Geschosse reichte, 1874 dafür aufgegeben und verbaut).

ANNAHÜTTE Bez. Cottbus, Ldkr. Senftenberg
Im Ortsbild (Lindenstr., Karl-Liebknecht-Str.) eine größere Anzahl **Reihenhäuser**, z.T. Doppelhäuser, gelber Backstein, erh.; um 1870 für die Arbeiter des um diese Zeit beginnenden Braunkohlentagebaus der Gegend errichtet.

ARENSDORF Bez. Frankfurt/Oder, Ldkr. Fürstenwalde. – Inv. Prov. Brandenburg, Lebus
Dorf-K. Granitquaderbau 2.H.13.Jh. aus Schiff, eingezogenem Rck.Chor mit ö Dreifenstergruppe und stattlichem WQuerturm, sein Oberteil spätgot. mit Walmdach und Dachreiter von 1887. Spitzbogiges, doppelt gestuftes WPortal, die übrigen Öffnungen bar. verändert, gleichzeitig der Sakristeianbau an der s Chorwand

mit Ziergiebel von 1887. Im flachgedeckten Inneren spitzbogiger Triumphbogen und Hufeisenempore. – *Sandsteintaufe* 16.Jh., mit facettierter Kuppa auf oktogonalem Schaft. *Ritzglocke* mit Reliefs und Inschr., 13./14.Jh.

ARENZHAIN Bez. Cottbus, Ldkr. Finsterwalde. – Inv. Prov. Brandenburg, Luckau
Dorf-K. Im Kern 1sch. Granitquaderbau mit eingezogenem Rck.Chor, M.13.Jh. Der WTurm von Schiffsbreite jünger, sein Obergeschoß in Backstein, 15.Jh., mit spitzbogigen Schallöffnungen zwischen stichbogigen Blenden, abgeschlossen durch Quersatteldach mit Dachreiter. 1865 durchgreifende Rest. unter Hinzufügung von Kreuzarmen und Erneuerung der Fenster in Backstein. Aus der gleichen Zeit die hölzerne Tonnenwölbung innen, mit dünner Rippen- und Dienstgliederung in der Vierung. – Die Ausstattung 19.Jh., außer dem bar. *Altaraufsatz*, 1.V.18.Jh., mit den 3 Gemälden von Abendmahl, Kreuzigung und Auferstehung zwischen Weinlaubsäulen.

ARNSNESTA Bez. Cottbus, Ldkr. Herzberg. – Inv. Prov. Sachsen, Schweinitz
Dorf-K. Langgestreckter Fachwerkbau wohl um 1700, mit 5seitigem OSchluß und quadr. WTurm von 1748, dessen Obergeschoß 8seitig mit Schweifhaube. Kleine Rck.Fenster in 2 Geschossen, nur im O große Stichbogenfenster des 19.Jh. Die ehem. STür zugesetzt, Eingang jetzt im N. Im Inneren Hufeisenempore aus der Bauzeit. Ausmalung von der Rest. 1914/15. – *Kanzelaltar* in klassizist. Formen, 1.H.19.Jh., 1914 verändert und ergänzt. Schöner *Taufstein* inschr. 1604 (aus Lebusa, Ldkr. Herzberg), 8seitige Kuppa auf 4seitigem Balusterfuß mit Beschlagwerk und vergoldeten Wappen. Der zugehörige hölzerne *Deckel* im Turmraum, am Rand urspr. die Figuren der 12 Apostel, in seiner Laterne geschnitzte Gruppe der Geburt Christi. *Kruzifix*, Holz, nahezu lebensgroß, durch Bemalung entstellt, spätgot. oder frühbar.? *Pastorenbild* inschr. 1717, lebensgroß. *2 Grabsteine* (im Turm), einer von 1701 zerbrochen, der andere für M.G.Glasewald †1706.

ATTERWASCH Bez. Cottbus, Ldkr. Guben
Dorf-K. Im Kern rck. Feldsteinbau E.13./A.14.Jh., mit rundbogiger 3Fenstergruppe im O. Wohl 1686 bar. umgebaut, dabei die urspr. Holztonne (Ansätze auf dem Kirchenboden nachweisbar) durch eine Balkendecke ersetzt und die Fenster verändert. 1840 Erweiterung des Schiffes nach W und Anbau des quadr. 5geschossigen WTurmes in Backstein mit Schweifhaube. Wohl gleichzeitig die SVorhalle sowie die hölzerne Tonne über dem w Anbau. – Innen Bar.Emporen an der W- und NSeite, mit ge-

malten Wappen und Sprüchen an der n Brüstung. In der OWand spätgot. *Sakramentshäuschen* 15.Jh., von spitzbogigem Wulst in Backstein gerahmt; im bemalten Bogenfeld Darstellung des Schmerzensmannes. *Altaraufsatz* um 1700, mit reich geschnitzten Akanthuswangen; im rundbogigen Hauptfeld plastische Kreuzigungsgruppe vor gemalter Landschaft, gerahmt von korinthischen Säulen. In der Predella Relief des Abendmahles, im gesprengten Giebel bewegte Figur des Auferstandenen. *Kanzel* sp. 16.Jh., an Kanzelaufgang und polyg. Korb reiche Intarsienornamente in Rundbogenblenden zwischen kannelierten Säulen. Die Kanzeltür um 1700, der Kanzelfuß modern. *Pfarrstuhl* 2.H.18.Jh. Vergoldetes *Holzrelief* 1.H.18.Jh., mit den schreibenden Evangelisten Lucas und Johannes. 2 *Grabsteine* 18.Jh., der eine mit der ganzfigurigen Reliefdarstellung des Verstorbenen, fr.18.Jh.

AXIEN Bez. Cottbus, Ldkr. Jessen

Dorf-K. Stattlicher spätrom. Backsteinbau, wohl 2.V.13.Jh., aus hohem WQuerturm, kurzem Schiff und eingezogenem Chor mit Apsis. An Schiff, Chor und Apsis Kreuzbogenfries und Deutsches Band auf Lisenen, diese an der Apsis gerundet. Priesterpforte im S und NTür vermauert; die Fenster um 1680 bei der Barockisierung der K. erweitert, nur die rundbogigen Apsisfenster noch original; ein rom. Fenster in der NWand vermauert. Der Turm mit w Kreisfenster urspr. niedriger, das Glockengeschoß über dem Kreuzbogenfries mit rundbogigen Schallöffnungen wohl spätgot.; das Quersatteldach mit bar., haubenbekröntem Dachreiter. Sakristeianbau an der n Chorwand. Innen das flachgedeckte Schiff durch stumpfspitzbogigen Triumphbogen vom Chor getrennt, bar. Hufeisenempore, im W vorschwingend. Chor und Turmhalle kreuzgratgewölbt, die Turmhalle 2jochig und zum Schiff im Doppelbogen geöffnet. Über ihr ein ehem. ebenso zum Schiff geöffneter, kreuzgratgewölbter Emporenraum, jedoch durch die *Orgel* mit *Prospekt* des sp.18.Jh. verstellt. — In Chorquadrat und Apsis qualitätvolle *Gewölbe- und Wandmalereien* des Weltgerichts, 2.V.13.Jh., neben Pretzien (Bez. Magdeburg, Ldkr. Schönebeck) die wertvollsten Wandmalereireste dieser Zeit im sächsischen Gebiet, nach Schrift und Details schon frühgot. beeinflußt; 1913 freigelegt und rest. In der Apsiskalotte Christus in der Mandorla auf dem Thron, flankiert von Maria und Johannes d.T. als Fürbitter, in den Zwickeln neben der Mandorla die 4 Evangelistensymbole; in der Fensterzone der Apsis 8 Apostel in Säulenarkaden als Beisitzer des Gerichts. In der Mitte des Chorgewölbes Medaillon mit Agnus Dei, konzentrisch von Feldern mit den Figuren von 8 Propheten umgeben, in den Zwickeln lebensgroße, posauneblasende Gerichtsengel. Am Gewölbefuß im N Hölle und Seelenwägung, im S die Auferstehung dargestellt. Im Langhaus nur geringe Freskenreste. — Zylindrische *Sandsteintaufe* sp.17.Jh. *Kelch* von 1591, Silber vergoldet, mit reichem Pflanzendekor. *Altarkruzifix* sp.17.Jh. – Außen an der K. *Grabdenkmal* in Ädikula 3.V.18.Jh., Engel neben Obelisk mit Schrifttuch. Auf dem Friedhof weitere *Grabmäler*, beschädigt.

B

BABBEN Bez. Cottbus, Ldkr. Finsterwalde. – Inv. Prov. Brandenburg, Luckau

Dorf-K. Kleiner flachgedeckter Putzbau mit 3seitigem OSchluß und hölzernem Dachturm im W, 1733. – Innen verkürzte Hufeisenempore und schlichter *Kanzelaltar* aus der Erbauungszeit. 3 kleine *Schnitzfiguren*, 4.V.15.Jh., von einem Schnitzaltar: St.Georg, St.Hieronymus und weibliche Heilige.

BÄRWINKEL Bez. Frankfurt/Oder, Ldkr. Seelow

s. QUAPPENDORF

BAHNSDORF Bez. Cottbus, Ldkr. Herzberg

Wohnhaus Dorfstr. 4. Eingeschossiger Fachwerkbau von 1832, die Giebel z.T. verbrettert. Das zugehörige **Stallgebäude** in Lehmfachwerk mit hölzernem korbbogigem Futtergang.

BAHNSDORF (NEUDECK)

Ehem. **Schloß** (VP-Schule). Im Kern 2geschossiger Putzbau von 1521 mit vortretenden, schweren Rundtürmen an den Ecken der Gartenfront und asymmetrischem polyg. Treppenturm an der Hofseite. 1711 Erweiterung und Umbau unter Hinzufügung eines 4achsigen Mittelrisalits an der Gartenseite mit schöner Terrassen- und Treppenanlage. Aus dieser Zeit das stichbogige Hauptportal mit Wappenschlußstein und Pilasterrahmung; über dem geraden Sturz Tafel mit Inschr. des Bauherrn I.F.Patow und Dat. 1521 bzw. 1711. Auch die *Türblätter* mit schwerer Schnitzerei noch original. Der s Eckturm von hohem, gerundetem Giebel schildartig abgeschlossen, von Rck.Feldern und halbrunden Aufsätzen renaissancehaft geziert; an der s Stirnseite des Schlosses filigranhaft durchgebildeter Giebel aus Kielbögen und Fialen, eher noch spätgot. anmutend. Die n Giebel schlichter bzw. glatt. Um 1711 der Treppenturm durch geschweifte Schieferhaube mit Laterne abgeschlossen. Eine weitere Wendeltreppe in der SW-Ecke. Der gartenseitige Mittelrisalit um 1910 verändert, der Giebel ganz neu; gleichzeitig der Abschluß des Gartenparterres durch Gitter, Vasenpfeiler und Eckpavillons. – Im Inneren Rundbogentür von 1521 und Turmstube mit Kreuzgratgewölbe erh., ebenso ein quadr. Eckraum in der SO-Ecke mit ornamentaler *Malerei*, diese A.20.Jh. – Neben dem Schloß runder *Ziehbrunnen*, 17.Jh.

BASDORF Bez. Frankfurt/Oder, Ldkr. Bernau. – Inv. Prov. Brandenburg, Niederbarnim

Dorf-K. Spätgot. verputzter Bau aus Mischmauerwerk mit 3seitigem OSchluß und quadr. WTurm, dieser mit hölzernem Aufsatz von 1737. Die s Vorhalle 1860. Rest. 1964. Auf dem Grunde der Vorhalle das spätgot. spitzbogige SPortal mit 3fach gestuftem Backsteingewände. In der NWand des Schiffes eine ähnliche Tür vermauert. Das Innere nachträglich, aber noch spätgot. auf Birnstabrippen sterngewölbt; die spitzbogigen Fenster ohne Beziehung zu den Gewölbejochen. Im Chor Sakramentsnische mit Krabbengiebel. – *Altaraufsatz* 1707, Ovalgemälde des Abendmahls von Christian Krueger, in reich geschnitztem Akanthusrahmen. *Kanzel* 1690, mit Moses als Trägerfigur. Dem Stil nach vom Meister des Altars in Wensickendorf (Ldkr. Oranienburg), Peter Krantz.

BATTIN Bez. Cottbus, Ldkr. Jessen. – Inv. Prov. Sachsen, Schweinitz

Dorf-K. Neurom. Backsteinbau mit WTurm, 1901. – Guter *Schnitzaltar* von 1430/40, im Schrein Maria mit dem Kind begleitet von Katharina und Nikolaus, in den Flügeln die Heiligen Petrus und Barbara; die Figuren nicht in der urspr. Anordnung. Das Schleierwerk im Schrein, die gemalte Verkündigung auf den Außenseiten der Flügel und die kleine geschnitzte Kreuzigungsgruppe wohl von der Erneuerung des Schreins A.16.Jh.; die Predella neu.

BATZLOW Bez. Frankfurt/Oder, Ldkr. Strausberg

Dorf-K. Rck. Feldsteinbau mit WQuerturm, im Kern fr.14.Jh. Im 19.Jh. alle Öffnungen des Schiffes und das WPortal erneuert. Die flachbogigen Klangarkaden im Turm bar. Nach 1945 Rest. der K. – *Kreuzigungsgemälde* 1.H.16.Jh. von Jan Mostaert (z.Z. Oderlandmuseum Freienwalde).

BEERFELDE Bez. Frankfurt/Oder, Ldkr. Fürstenwalde. – Inv. Prov. Brandenburg, Lebus

Dorf-K. Granitquaderbau 2.H.13.Jh. aus Schiff, eingezogenem Rck.Chor mit ö rundbogiger Dreifenstergruppe und querrck. WTurm von Schiffsbreite, modern verputzt. Der quadr. Turmaufbau mit geschweifter Haube nach 1671. Vermauerte ma. Pforte in der SWand, die übrigen Öffnungen bar. umgestaltet. Das flachgedeckte Innere mit spitzbogigem Triumphbogen, 1960–66 rest. – Vom ehem. Altaraufsatz von 1713 die 2 *Tafelbilder* der Kreuzigung (Mitteltafel) und des Abendmahls (Predella) erh. Hölzerner *Kanzelkorb* mit Beschlagwerk 1.H.17.Jh., in den Feldern gemalt die 4 Evangelisten. *Taufe*, Eisenguß bronziert, 1.H.19.Jh., kleine Schale auf reichem Kandelaberfuß.

BEESDAU Bez. Cottbus, Ldkr. Luckau. – Inv. Prov. Brandenburg, Luckau

Dorf-K. Rck. Feldsteinbau mit leicht eingezogenem querrck. WTurm, im Kern 14.Jh. Aus dieser Zeit erh. die 3 schlanken Lanzettfenster der OWand und das spitzbogige SPortal. Die übrigen Öffnungen spätbar. erneuert. Aus dem fr.16.Jh. in Backstein der ö Schiffsgiebel mit Blendengliederung sowie der Turmoberteil mit Zwillings-Schallöffnungen unter Spitzbogenblende an allen 4 Seiten, Walmdach mit Dachreiter. Die 2geschossige SVorhalle von 1869. Im Inneren urspr. Holztonne des 16.Jh., jetzt Putzdecke. WEmpore; der Schiffsteil darunter als Winter-K. abgetrennt. An der NWand got. Sakramentsnische. An der OWand Reste von *Wandmalerei*, Marter des hl. Laurentius, gegen M.15.Jh. Rest. des Inneren um 1970. – *Altaraufsatz* gegen 1600, Sandstein, Ädikula-Aufbau mit 3 Reliefs im Mittelstreifen: Abendmahl, Grablegung und Auferstehung Christi, vor den Volutenwangen die kniende Stifterfamilie, auf Hauptgesims und Wangen die Figuren der 4 Evangelisten (beschädigt); als Bekrönung Kartusche mit Phönix, darüber posauneblasender Engel; die urspr. Fassung bei der Rest. 1873 übertüncht. *Sandstein-Kanzel* inschr. 1566, der runde Kanzelkorb von Engel getragen, an der Brüstung des Korbes vorn Relief des Paradiesgartens mit vielen Tieren und Gottvater links oben, die Inschr.-Tafel umrahmend, über der Inschr. Wappen; seitlich in die Brüstung eingelassen *2 Kindergrabsteine*. – Mehrere reiche *Sandstein-Epitaphe*, sämtlich mit den Relieffiguren der Verstorbenen: An der NWand ö der Kanzel *Epitaph J.v.Polentz* †1549, vor breitem, architektonisch gerahmtem Feld der stehende Verstorbene mit seiner Familie, den Gekreuzigten anbetend, im Aufsatz Abendmahlrelief; der Sockel durch Erhöhung des Fußbodens verstümmelt. Westlich der Kanzel *Kindergrabstein J.v.Polentz* †1620. *Doppelgrabstein* für *H.v.Polentz* †1564 und Frau, geschaffen 1565 von Georg Schröter aus Torgau; das Ehepaar unter wappenbesetzten Arkadenbögen, darüber Vita der Verstorbenen unter Flachgiebel. *Doppelgrabstein* für 2 Frauen, *E.v.d.Schulenburg* und *A.v.Ziegesar*, beide †1563, ähnlich dem vorigen Epitaph und ebenfalls von Georg Schröter, dat. 1564, die Details reicher, im Aufsatz mittlerer Wappenhalter mit 2 Wappen. An der SWand *Grabstein* für *Sarah v.Loß* †1609, von Wolf Mönch aus Torgau; außerdem an der Chor-SWand *Kindergrabstein* 17.Jh. sowie *Inschr.Grabstein* mit Wappen, um 1700 (stark abgenutzt). An der OWand *Figurengrabstein* eines *Ritters v. Polentz* †1587 sowie für Frau *E.v.Polentz* †1620, wohl zugehörig.

Ehem. **Schloß** (Wohnungen). Dreiflügelanlage um einen schmalen Hof, im Kern 15./16.Jh. Aus dieser Zeit noch einige Gewölbe in den Kellerräumen sowie die Umfassungsmauern eines quadr. Turmes im SFlügel erh. Eingreifende Erneuerung als Putzbau M.19.Jh., dabei Verlängerung des NFlügels und Anlage des runden neurom. Treppenturmes im Hof. – Die urspr. Wallanlagen der ma. Vorgängerburg noch im W in den gerundet um das Schloß angelegten Wirtschaftsgebäuden erkennbar.

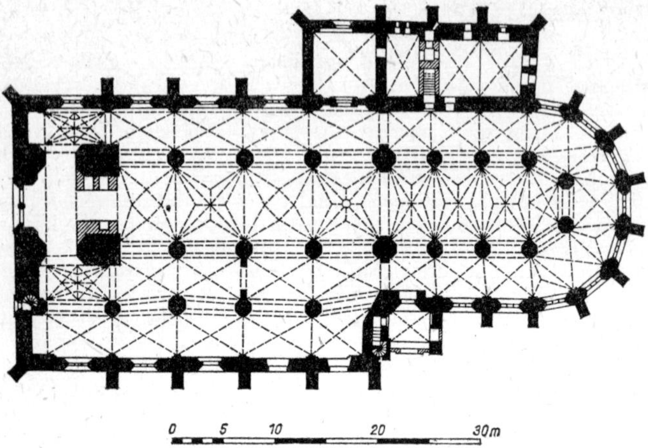

Beeskow, St.Marien

BEESKOW Bez. Frankfurt/Oder, Ldkr. Beeskow
Am WUfer der Spree in der 1.H.13.Jh. kleine Marktsiedlung mit Kirche am Übergang der Straße Leipzig–Frankfurt/Oder neben einer urspr. slawischen Burg mit Fischersiedlung (Kietz) auf der dem Übergang dienenden Spreeinsel. Vor 1272, der ersten Erwähnung als civitas mit Planken und Gräben, Erweiterung der Stadt; 1321 Sicherung durch Mauern auf den 3 Landseiten. Im Gr. als ältester Kern w des Flußübergangs kleiner 4eckiger Bezirk um die Kirche mit kurzen Quergäßchen erkennbar, auf 3 Seiten von der Marktstadt mit geraden, breiteren Straßen und rck. Häuserblocks umschlossen. Der rck. Markt zwischen Hauptstraße und Kirchsiedlung, ö davon die Pfarr-K. Von der spätma. Umwehrung ansehnliche Reste erh., von den 3 Toren jedoch nur der Turm des Luckauer Tores im S; das Frankfurter Tor im O und das Fürstenwalder Tor im N 1843 abgebrochen. 1722–25 Erweiterung der Stadt durch die Fürstenwalder und die Luckauer Vorstadt im N und S. Schon seit dem 14.Jh. das Tuchmachergewerbe herrschend, seit E.16.Jh. im Rückgang. Nach M.19.Jh. Hebung der wirtschaftlichen Lage durch Ausbau von festen Straßen und Anschluß an das Eisenbahnnetz.

Pfarr-K. St.Marien. 1945 kriegszerstört, Langhaus und Chor nur in den Umfassungsmauern erh., allein das äußere s Seitenschiff und der doppelgeschossige Sakristei-Anbau im N 1951/52 wieder ausgebaut. Bedeutende Hallen-K. aus Backstein, das 5jochige Langhaus asymmetrisch 4schiffig mit Hallen-Umgangschor und schwerem quadr. WTurm, dieser von den Seitenschiffen begleitet. Der Chor um 1380–1420 errichtet, einer der frühesten Hallen-Umgangschöre in der Mark. Während des Chorbaues Planänderung: Erhöhung der Wände und dadurch überlange Fenster; die

Änderung vermutlich nach dem Vorbild von Luckau, dieses gegen 1380 vollendet. Erst in der 2.H.15.Jh. bis 1511 Bau von Langhaus und WTurm mit gleichzeitiger Einwölbung der gesamten K. Das 4. Schiff im S wesentlich niedriger, urspr. basilikal angefügt und wohl von vornherein geplant. 1834–36 Rest. unter Beteiligung Karl Friedrich Schinkels, durch die Schäden von 1945 nichts mehr davon sichtbar. – Der Chor innen 3seitig, außen 7seitig schließend. Heute nur noch seine Außenwände erh., in ihrer außerordentlichen Steilheit noch immer eindrucksvoll. Die Strebepfeiler glatt aufsteigend, unter dem Taufgesims durchbrochener Vierpaßfries. Dieser umzieht auch die vermutlich zum 1. Chorplan gehörige n angefügte Sakristei und die – jüngere – w folgende Vorhalle. Das Obergeschoß der Sakristei, der sog. Märtyrerchor, vielleicht die urspr. beabsichtigte Chorhöhe widerspiegelnd. Sakristei und Märtyrerchor 2jochig mit 1jochigem Zwischenbau ö der Vorhalle. Am Langhaus die Strebepfeiler gestuft, unter dem Hauptgesims ein Rhombenfries. Die Fenster 3geteilt mit profilierten Gewänden. Im S darunter Ovalfenster, einen bar. Emporeneinbau bezeugend. Je 1 Portal nach N und S im 3. Langhausjoch von O, mit Birnstäben zwischen tiefen Kehlen, das Portal neben der Sakristei dagegen mit flauen Rundstäben. Die mächtige, breite WFassade wenig gegliedert, in einer Art basilikalen Querschnitts aufsteigend und in der Mitte in den Turm übergehend. Unten ein mittleres Doppelportal mit einer Art Wimperg darüber und ein kleines Seitenportal in einer Mauervorlage, zu einer Wendeltreppe führend, seitlich eine große Blende bzw. ein (vermauertes) Fenster. Der Turm im freistehenden Teil 8eckig, mit Zinnenkranz abgeschlossen, seine Spitze zerstört. – Das Innere ehem. steil proportioniert, die Arkaden auf hohen Achteckpfeilern, die des ehem. Triumphbogens in Längsrichtung gestreckt und nach N und S mit Rck.-Vorlagen versehen. In Mittelschiff und Chor urspr. Sterngewölbe, in den Seitenschiffen Kreuzgewölbe, in den seitlichen Turmhallen Sternnetz-Figurationen, auf der NSeite diese erh. Auf der SSeite des Langhauses zwischen 1. und 2. Seitenschiff ebenfalls Achteckpfeiler und in der Hochwand über den Arkaden (jetzt vermauerte) kurze Fenster, ehem. über einem gesonderten Pultdach des 2. Seitenschiffs ins Freie gehend, später durch ein einheitliches Satteldach für alle 4 Schiffe zwecklos geworden. – Sakristei, Märtyrerchor und anhängende Räume kreuzrippengewölbt, die Sakristei noch aus dem sp.14.Jh. In einem Fenster die alte Piscina mit Ausguß erh. Hier auch Reste ma. *Wandmalerei*, 2.H.15.Jh.: schreibende Kirchenväter auf dunkelrotem Grund, Hieronymus, Gregor d. Gr. und Augustinus oder Ambrosius, der 4. fehlt. – *Schnitzaltar* um 1470, Madonna mit 4 Heiligen, Schrein und Predella im 16.Jh. ergänzt. Bar. *Altarkruzifix* (beide aus Herzberg, Ldkr. Beeskow).

Ehem. **Burg** (Museum, Wohnungen), auf einer Spreeinsel am Flußübergang ö der Stadt gelegen; auf dem s Teil der Insel die wendische Siedlung. Urspr. annähernd quadr. Wasserburg

A.13.Jh. Im 15.Jh. verfallen, jedoch 1519–24 durch den Bischof von Lebus, Dietrich von Bülow, als weiträumiges Wohnschloß neu errichtet. Auch davon jedoch nur wenig erh.: Teile der Umfassungsmauern, Backstein auf Feldstein (vielleicht z. T. noch ma., an der Spreeseite 19.Jh.); der mächtige 5geschossige Bergfrit in der Mitte des Gevierts, Backstein, wohl auf Fundamenten der älteren Burg, quadr. mit abgeschrägten Ecken und Pyramidendach; weiter das sog. Alte Amt, urspr. Wohnteil, seit 1556 Sitz des Kurfürstlichen Amtes, jetzt Museum: Backstein, 2geschossig, darin 3 Räume mit Renaiss.Balkendecken, rest. 1968/69. Aus späterer Zeit bar. Putzbauten und Fachwerkhäuser des 19.Jh.

Wohnhausbau. Meist 2geschossige Fachwerkhäuser in Traufenstellung, größtenteils verputzt. Ältestes Fachwerkhaus *Kirchgasse 2*, erbaut nach dem Stadtbrand von 1513, der Oberstock in niedersächsischer Art vorkragend auf Konsolen mit Treppenfries. *Kirchplatz 4*, bis 1862 Schule, Fachwerkhaus mit Walmdach von 1714; ähnlich *Brandstraße 34* (Superintendentur) A.18.Jh. Ehem. Heilig-Geist-Spital vor dem Luckauer Tor, *Breitscheidstraße 12* (Klinik), erwähnt 1603, 1geschossiger Fachwerkbau, im 18.Jh. straßenseitig verputzt und mit Mansardwalmdach versehen. Hervorzuheben das Pfarrhaus *Brandstraße 35*, um 1780, ein 5achsiger Putzbau mit Krüppelwalmdach, das Untergeschoß genutet, die Mittelachse als zartes Risalit hervorgehoben, mit hübscher Haustür.

Stadtbefestigung. Die ma. Stadtmauer weitgehend erh., Backstein auf Feldstein-Unterbau, 14. und 15.Jh., mit Resten von Weichhäusern. Von den ehem. 9 Türmen heute noch 6 erh., die Mehrzahl rund mit steinernem Kegeldach und Zinnenkranz: Pulverturm an der Spreegasse, Münzturm (die seitliche Durchfahrt von 1934), sog. Dicker Turm vom ehem. Luckauer Tor (Durchfahrt von 1906), Storchenturm; ferner ein halbrunder (Darrturm) und ein 8eckiger Turm an der NSeite. Im S und W zwischen Dickem Turm und Storchenturm die alten Wallanlagen z.T. erh.

Heimatmuseum

BEHLENDORF Bez. Frankfurt/Oder, Ldkr. Fürstenwalde

s. HEINERSDORF

BEIERSDORF Bez. Frankfurt/Oder, Ldkr. Freienwalde

Dorf-K. Rck. Feldsteinbau mit tonnengewölbter Sakristei im N und WQuerturm in Schiffsbreite, M.13.Jh.; jetzt Ruine. Die rundbogige Priestertür im S und die urspr. Spitzbogenfenster noch erkennbar. Das w Stufenportal nachträglich verengt. Von einer Erneuerung 1738 die Korbbogenfenster und der Turmaufsatz, dieser teilweise Fachwerk, mit hölzerner Laterne und Schweifhaube. Das Turmuntergeschoß urspr. mit Spitzbogen zum flachgedeckten Schiff geöffnet. – Außen an der OWand *Inschr.Grabstein* M.18.Jh.

Bockwindmühle 19.Jh.

BERKENBRÜCK Bez. Frankfurt/Oder, Ldkr. Fürstenwalde. – Inv. Prov. Brandenburg, Lebus

Dorf-K. Relativ rein erh. kleiner Rck.Bau mit polyg. Apsis von 1832, ein Typenbau mit Putzgliederung im Rundbogenstil der Schinkel-Schule. Der quadr. WTurm 1869–70 hinzugefügt. Das flachgedeckte Innere durch Rundbogen von der rippengewölbten Apside getrennt. Die schlichte *Ausstattung* aus der Erbauungszeit.

BERKHOLZ Bez. Frankfurt/Oder, Ldkr. Angermünde. – Inv. Prov. Brandenburg, Angermünde

Dorf-K. Gotisierender Backsteinbau mit Apsis und WTurm 1887; das Schiff unter Verwendung von Feldsteinquadern des ma. Vorgängerbaues. Das Innere einheitlich 1887.

BERNAU b. Berlin. Bez. Frankfurt/Oder, Ldkr. Bernau. – Inv. Prov. Brandenburg, Niederbarnim

Deutsche Siedlung aus wilder Wurzel an der Straße Berlin–Stettin. Wohl von den askanischen Markgrafen Johannes I. und Otto III. um 1230 als Stadt gegr., zum Land Barnim gehörig. Erst 1296 als civitas genannt. Der Gr. in Gitterform von etwa kreisförmigem Umriß, in der höhergelegenen Stammsiedlung bei der Kirche jedoch unregelmäßig. Der rck. Markt urspr. wesentlich größer, an seiner NSeite die Pfarr-K. St.Marien, s das Rathaus. Die Wohnhausbebauung aus 2geschossigen Traufenhäusern, zumeist des 19. Jh., seit 1975 durch Flächenabbrüche z.T. beseitigt. Die Stadtmauer aus Feldsteinen fast ganz, doch nicht in urspr. Höhe erh. Von den 3 Toren, dem Mühlentor im N, dem Berliner oder Zepernicker Tor im W und dem Steintor oder Königstor im O, nur das Innentor des letzteren erh., von den 3 Hospitälern vor den Toren nur das Georgshospital vor dem Mühlentor.

Pfarr-K. St.Marien. Stattliche spätgot. Backstein-Hallen-K. um 1400 und 2.H.15.Jh., bestehend aus dem asymmetrisch 4sch. Langhaus von 4 Jochen und dem 2jochigen, polyg. Hallenumgangschor, ein spätes Beispiel dieses Typus in der Mark. Gleichzeitig mit dem Chor die Sakristei an dessen NSeite; der Anbau am ö Joch der Langhaus-SSeite dagegen zusammen mit diesem entstanden. Der hohe quadr. WTurm mit Spitzhelm 1846 von J. Manger neu errichtet an Stelle eines spätrom. Querturms aus Feldstein. – Die K. angeblich schon in der 2.H.12.Jh. errichtet, ein Bau der Zeit um 1230 durch die Reste des w Querturms nachgewiesen. Erh. die OWand des Turmes mit den Ansätzen seiner Seitenwände, in der OWand 2 Öffnungen von der charakteristischen stumpfspitzbogigen Form vermauert erh. Ob der zugehörige Bau 1sch. oder 3sch. war, ohne Grabungen nicht zu entscheiden. Ein rundbogiges Granitportal im n OJoch des jetzigen Langhauses wiederverwendet, wohl auch 1.H.13.Jh. – E.13./A.14.Jh. dieser Bau erneuert. Davon über den spätgot. Gewölben im 1. bis 3. Joch der NSeite Teile der n Hochschiffswand erh., darin 6 Spitzbogen-

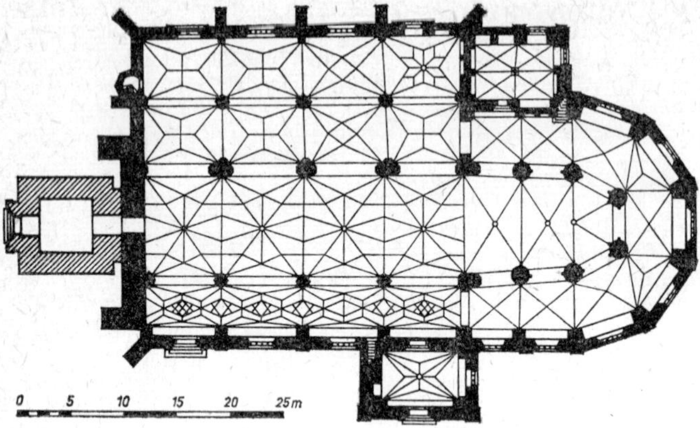

Bernau, St. Marien

fenster mit Backsteingewänden aus einfach geschrägten Leibungen im umgebenden Feldsteinmauerwerk erkennbar. Dieser Bau nun gewiß als 3sch. Basilika zu denken, deren Mittelschiff nach der zugehörigen Dachschräge am Turm etwa die Breite des heutigen gehabt hat. Ein 7seitiger, gewölbter Chorraum innerhalb der 2 geraden Joche im Mittelschiff des heutigen Chores ergraben, wohl zur angeblichen Gründung des Hochaltars von 1339 gehörig. – E.14./A.15.Jh. das n Seitenschiff, möglicherweise unter Einbeziehung eines n Kreuzarmes, zur 2sch., 4jochigen Halle ausgebaut. Die K. in dieser erweiterten Form eine Zeitlang benutzt, wie durch neuere Untersuchungen der Raumfassungen nachgewiesen werden konnte. Der entscheidende Umbau zur heutigen Form nach M.15.Jh. beg. und bis etwa 1480 vollendet. Den Anfang machte man offenbar mit dem s Seitenschiff und der SVorhalle mit Kap. darüber, es folgte der Umgangschor mit dem 2geschossigen Sakristeianbau, den Abschluß bildete wohl die Wölbung des Mittelschiffs und des s Seitenschiffs sowie eine einheitliche Ausmalung des gesamten Baues. Diese letzten Arbeiten inschr. 1519 abgeschlossen; die 1846 erneuerte Inschr. auf einer Kappe im ö Gewölbe des Mittelschiffs nennt als ausführenden Meister Peter Hinrich (der 2. Name unsicher!) von Luckau. Die verspätete Einwölbung mindestens des STeils im Langhaus vielleicht durch den Stadtbrand von 1485 verursacht.
Das Äußere von einheitlicher Wirkung. 3 Schiffe und der Chor unter einem großen Satteldach, nur über dem 2. n Seitenschiff 4 quergerichtete Satteldächer mit schlichten Pfeilergiebeln. Die NSeite, Außenwand der 2sch. Halle der Zeit um 1400, mit 4teiligen Fenstern zwischen kräftigen Strebepfeilern. Die Fensterleibungen wechselnd zwischen Schrägen und breiten Kehlen. Im WJoch kämpferloses, profiliert gestuftes Portal in Mauer-

vorlage, die den Eingang weit überragt und mit einem Giebel schließt, der 3 Spitzbogenblenden umfaßt. Auf der SSeite des Langhauses die Streben nach innen gezogen, außen nur breite Mauerbänder. Die reiche Profilierung der ebenfalls 4teiligen Fenster ständig wechselnd, unter dem Traufgesims ein Fries aus Fischblasenmaßwerk, der auch den s Anbau umzieht. Das System des Langhauses im Chor fast unverändert fortgeführt, die Fenstergewände weiterhin variiert, jedoch statt des Gitterfrieses als oberer Abschluß ein Putzfries. Unterhalb des Kaffgesimses vielfältig spitz- und segmentbogige Blendnischen. Das Portal im SW-Joch dem nw ähnlich, aber mit anderer Profilierung, das sö im Anbau bis auf die Vertauschung zweier Profile mit dem sw identisch. Die SWand des Anbaus fassadenartig gestaltet, sein Stufengiebel mit sich durchkreuzenden Kielbögen wohl erst A.16.Jh., ebenso der nach O gerichtete Giebel der Sakristei mit gereihten Kielbögen, die eine Art Schuppenmuster ergeben. — Das Innere von eindrucksvoller Weite, aus 3 etwas unterschiedlichen Raumeinheiten zusammengesetzt: die 2 n Seitenschiffe, Mittelschiff und schmales s Seitenschiff sowie der Hallenumgangschor. Die n Pfeilerreihe des Hauptschiffs aus 3 wandhaft gestreckten 8Eckpfeilern, die nur nach N Gewölbedienste besitzen, denen gleiche an der n Außenwand entsprechen; die breiten Scheidbögen nicht allzu steil. Die 3 Mittelpfeiler der n Halle altertümlich aus 8Eckpfeilern mit kräftigen Halbrunddiensten an allen 8 Seiten, ähnlich den Pfeilern der Berliner Marien-K. Die längsgerichteten Gurtbögen breit profiliert, die quergerichteten nur von Rippenstärke; einfache Sterngewölbe, nur im nö Joch bereichert. Die s Freipfeiler denen in der n Halle nachgebildet, aber die Halbrunddienste hier noch schwerer, auch Basen und Kapitelle verändert, die Sockelflächen gekehlt, an die obersächsischen Pfeiler der Spätgotik erinnernd. Die Gewölbe auf Konsolen ruhend, die meist als derbe Köpfe gebildet sind, im Hauptschiff 4 Sterne netzartig zusammengezogen, im s Seitenschiff phantasievoll variierte Sternnetz-Figurationen, die Jochteilung verschleifend. Die Freistützen im Chor schwere Rundpfeiler, mit 4 dünnen Diensten besetzt, die über den Scheidbögen tauförmig gedreht sind. Die Arkadenbögen einfach getreppt, nur der ö reich profiliert. Überall schlichte Kreuzgewölbe, allein in den ö Zwickeln je 1 Dreistrahlgewölbe. Auch hier recht primitive Kopfkonsolen, kleine runde Schlußsteine.

Im SAnbau unten Vorhalle, oben der sog. Mönchschor mit großer Öffnung zum Schiff, die Brüstung ein Formsteingitter. Das Gewölbe rautenförmig auf parallelen Birnstabrippen, die mittlere Raute nochmals durch Parallelrippen unterteilt. Die lichte farbige Fassung 1978/79 nach alten Resten wiederhergestellt, ebenso die rote Abfärbung der Wände. Im Untergeschoß schönes Sterngewölbe, von fratzenhaften Konsolen in den Raumecken aufsteigend. — In der Sakristei auf der NSeite 4 Kreuzrippengewölbe von tauförmig gedrehter, 12passiger Mittelsäule getragen, an ihrem Kämpfer ein Laubstab; die Birnstabrippen auf

Blattkonsolen, die Schlußsteine mit zierlichem Maßwerk. In den Wänden Schranknischen. Im Obergeschoß (seit 1584 Schülerchor, später „Rüstkammer"), das sich in 2 Spitzbögen zum Chorumgang öffnet, 2 Kreuzrippengewölbe. Die Brüstung 1846 nach dem Muster des „Mönchschors" ergänzt.

Im 2. n Seitenschiff hölzerne *Emporen*, 1614 als Tuchmacher-, Schuster- und Knechtechor auf z.T. gewundenen Stützen errichtet. An der Brüstung 75 *Gemälde* aus dem Alten Testament. Der Orgelchor 1864 umgebaut, an seinen Seitenbrüstungen ein Teil der obenerwähnten Gemälde wiederverwendet. Unter der Orgel eine Zwischenempore des 18.Jh., der sog. „Bürgerchor".

Die Innenausstattung — trotz großer Verluste im 18. und 19.Jh. — noch immer ungewöhnlich reich. Von besonderer Bedeutung der mächtige, etwa 8 m hohe spätgot. *Hochaltar* mit 4 beweglichen und 2 feststehenden Flügeln, um 1520. Die zahlreichen szenischen Malereien der Flügel und der Predella aus dem Umkreis Lucas Cranachs d.Ä., im Schrein und Gesprenge qualitätvolle Schnitzereien. Im 2zonigen Mittelschrein oben die von Posaunenengeln begleitete Marienkrönung, unten 4 große Standfiguren der Heiligen Laurentius, Nikolaus, Johannes d.T. und Constantius in rankenverzierten Nischen. Auf den Flügeln je 12 Heiligenfiguren in 3 Zonen angeordnet. Im reich verschlungenen Gesprenge in 2 Geschossen die Figuren Christi zwischen Petrus und Paulus, über ihren Baldachinen der hl. Georg zwischen Andreas und Jakobus. In der 1. Wandlung zeigt die Mitte 16 Bilder aus der Leidensgeschichte Christi, die Flügel je 8 Bilder aus dem Marienleben und der Kindheit Jesu. Bei geschlossenem Zustand erscheinen in gleicher Bildanordnung 32 Wunderszenen und Martyrien verschiedener Heiliger, dazu auf der Predella 4 Szenen aus der Nikolauslegende. Polyg. hölzerne *Kanzel* 1609; auf dünner Stütze mit Engelshermen, am polyg. Korb Ohrmuschelwerk und toskanische Ecksäulchen, in den Muschelnischen 4 Evangelisten und Propheten sowie Christus und Maria; auf dem kronenartig durchbrochenen Schalldeckel der wiedergeborene Phönix. Pokalförmiger polyg. *Taufstein*, spätgot. (hinter dem Altar). Hölzerne *Taufe* 1606, die breite 8seitige Kuppa mit Ecksäulchen und Muschelnischen ähnlich der Kanzel, die kleinen Nischenfiguren 1933 ergänzt. Der zugehörige Deckel ein Türmchen aus 2 offenen Arkadengeschossen, als Bekrönung Beschlagwerkspangen und Pelikan. Am nw Umgangspfeiler gemauertes *Sakramentshaus* um 1480, in seinem rck. Hauptteil eingebauter hölzerner Schrank mit schönen eisenbeschlagenen Türen und gemaltem Schweißtuch der Veronika darüber; die äußeren Türblätter älter, A.15.Jh., gegen 1500 übermalt: die Malerei in 4 Felder geteilt, oben das Christuskind mit dem Kreuz über dem Kelch stehend, von Maria angebetet, unten Petrus und Paulus. An der NSeite des Sakramentshauses in lanzettförmiger Nische gemalter Schmerzensmann, im fialenbekrönten Aufsatz Gemälde der Gregorsmesse, beide um 1480. Gute *Triumphkreuzgruppe*, angeblich 1520 dat., auf Laubkonsolen über kielbogigem

Sprengwerk, das Kreuz mit Krabben und in Medaillons mit den Evangelistensymbolen endigend, die Figuren fast lebensgroß, der Christus besonders ausdrucksvoll; etwas kleiner ein Jakobus, seitlich auf dem Balken (zugehörig?). *Sitzmadonna* unter Baldachin, Holz, um 1520, ähnlich den Altarfiguren; desgl. die beiden schönen knienden *Leuchterengel* (jetzt in der Sakristei). *Altarkruzifix* 1.H.16.Jh. 2 *Schnitzfiguren*, die Heiligen Margarete und Stephanus, um 1500 (im Schülerchor, z.Z. im Pfarrhaus). 3 große und 3 kleine *Musikengel* von 2 Orgeln, wohl E.16.Jh. bzw. A.17.Jh., dazu eine geschnitzte Wange und Pfeifen von einem älteren Orgelprospekt. Diese ehem. *Orgel* von 1572/73, rest. u.a. 1673 (im Schülerchor). Gutes *Sandsteinrelief*, Christus am Ölberg, 2.V.15.Jh., farbig gefaßt mit gemalter Gefangennahme und Stadtlandschaft im Hintergrund. Darüber bemerkenswertes *Holzrelief* der Geißelung Christi 1591, Buchsbaum. *Tafelbild*, Auferstehung Christi, M.16.Jh. (in der Sakristei). 2 *Gemälde*, Abendmahl (z.Z. in Rest.) und Auferweckung der Tochter des Jairus, 17./18. Jh. (im Schülerchor). *4 Pastorenbildnisse*, 1710, 1741, 1744 und 1833. *Altarbehang* der 2.H.15.Jh., gemusterter Seidendamast italienischer Herkunft mit gesticktem französischem Wappen und Kruzifix des 16.Jh., dazu ein älterer Fürleger (eine Borte) mit Stickerei und Applikation 14./15.Jh. (im Schülerchor). Das *Chorgestühl* A.17.Jh., an der SSeite *Bürgermeisterstuhl* E.16.Jh., in den Rundbogenfeldern zwischen korinthischen Säulen schöne Intarsien, im Mittelfeld perspektivische Architektur, an der Schmalseite plastisch durchgebildete Tür; an der hohen Sitzwange Löwenmaske und Engelsherme, außerdem 2 ältere Kopfstücke vom A.16.Jh. mit männlichem Halbporträt und Bernauer Wappen daran wiederverwendet. Entsprechend an der NSeite *Diakonatsstuhl* A.17.Jh. mit Hermenpilastern und Freipfeilern. Das Gestühl des 16. und 17.Jh. fast vollständig erh., an dem 1676 dat. *Kastengestühl* im Schiff ein Aufsatz mit Knorpelwerk und Ranken. 2 *Sitzlauben* 1.H.17.Jh. und um 1700. *Beichtstuhl* mit ovalen Spruchkartuschen, dat. 1729. Ehem. *Sakristeitür* A.16.Jh. mit schmiedeeisernen Beschlägen. 2 *Opfergeldtruhen* 16./17. Jh. — EPITAPHIEN und GRABDENKMÄLER: Im s Chorumgang großes *Wandepitaph* der Familie M.Rüchker, dat. 1607, mit Gemälde des Abendmahls; links daneben architektonisch gerahmtes *Epitaph* der Familie J.Belinck, dat. 1618, mit Gemälde der Gefangennahme Christi, beide mit der knienden Stifterfamilie im Vordergrund. *Figurengrabstein* einer Frau Anna †1597. 4 *Inschr.Grabsteine* im Chor: M.Polack †1675, D.Damen †1596 (beschädigt) und A.Damen †1597 sowie für 4 Kinder T.Seilers, gesetzt 1731. 2 *Inschr.Grabsteine* in der s Vorhalle: G.Mauß †1666, D.Schultze und Frau †1677 bzw. 1678. 3 *Inschr.Grabsteine* an der s Außenwand, davon einer für B.Hilberner und Frau †1719 bzw. 1725, gerahmt von draperiehaltenden Putten. *Epitaph* für A.Schultheiß †1540 und Familie, gesetzt 1561, das zugehörige *Gemälde* Christus als Sieger von 1558, jetzt getrennt in der Sakristei aufbewahrt. Ebenda: *Gemälde*, Brustbild des segnenden Christus mit gläserner

Weltkugel, vom Epitaph B.Rundt, gesetzt 1602. Hölzerne *Denktafel* für Th.Werwyck (Warbigk) †1521, mit der knienden Stifterfamilie.

Kath. Pfarr-K. Neugot. Backsteinbau mit hohem WTurm, 1907–08 von Ueberholz. – *Gemälde*, Maria mit Kind, Kopie 2.H.18.Jh. nach einem Original von Lucas Cranach d.Ä.

Ehem. **Hospital** St.Georg (Wohnungen). Angeblich 1339 von den Tuchmachern gestiftet, nw vor dem ehem. Mühlentor gelegen, von Mauer umgeben mit spätgot. zinnenbekröntem Tor. Die **Kapelle**, 1sch. Backsteinbau des 15.Jh. mit 4seitigem Chorschluß und schlanken hölzernem Dachreiter, w ein Pfeilergiebel mit 5 gestaffelten Blenden. Das 2jochige Schiff mit Kreuzgewölben auf Birnstabrippen; Konsolen und Gewölbeschlußsteine frei ergänzt. – Kleine *Kreuzigungsgruppe* E.15.Jh., Holz mit erneuerter Fassung. Das **Hospital** ein langgestreckter Fachwerkbau von 1738.

Rathaus. 1805 nach Plänen des Bauinspektors Dornstein aus Wriezen. 2geschossiger klassizist. Bau von 9 Achsen mit Krüppelwalmdach. Die 3 Mittelachsen und die breiten Eckpilaster durch Putzfugung hervorgehoben. Die Freitreppe vor dem Mittelportal von 1849.

Ehem. **Bundesschule** des ADGB (Gewerkschaftshochschule) 5 km nw an der Straße nach Wandlitz. Erbaut 1928–30 von Hannes Meyer, dem zeitweiligen Leiter des Dessauer Bauhauses. 2- und 3geschossige Flachbauten in Glas- und Eisenbetonkonstruktion mit Verblendsteinmauerwerk aus gelb-braunen Klinkern.

Wohnhausbau. Im wesentlichen einheitliche Bebauung der 1.H.19.Jh. mit 2geschossigen Fachwerkhäusern in Traufenstellung, zum großen Teil verputzt. Von den älteren Häusern erwähnenswert: Gasthaus *Schwarzer Adler*, Berliner Str. 33 (ehem. Sitz der Kalandsgilde), 15./16.Jh., aus 2 spätgot. 2geschossigen Häusern zusammengefügt, durch einheitliche spätklassizist. Fassade verdeckt. Im Erdgeschoß Räume mit Stern- und Netzgewölben erh., z.T. auf Kopfkonsolen, dazu Wappenschlußsteine. *Tuchmacherstr. 13–15*, ältestes Fachwerkhaus, inschr. 1583. *Berliner Str. 13*, Fachwerk verputzt, M.18.Jh., mit schöner Rokoko-Haustür.

Befestigung. Die ma. Wehranlage weitgehend erh., teilweise mit Wällen und Gräben. Annähernd kreisförmige Ummauerung, urspr. von 7–8 m Höhe, vorwiegend Feldstein vor 1340, Verstärkung nach der Hussitenzeit in Backstein 2.H.15.Jh., mit vorwiegend rck. Weichhäusern, runden Türmen und Toren. Von den ehem. 42 Weichhäusern nur wenige erh., dagegen noch 2 runde Mauertürme. Von den urspr. 3 Toren nur das **Steintor** im O erh., 4geschossiger quadr. Backsteinbau 2.H.15.Jh. mit spitzbogiger Tordurchfahrt und übereck gestellten Streben; das Mansarddach mit hölzernem Uhrtürmchen von 1752. Innen die sog. untere Rüstkammer mit Kreuzgewölbe auf Birnstabrippen (Hussitenmuseum), die oberen Geschosse jetzt ohne Wölbung. N

angeschlossen Treppenaufgang und Fußgängerpforte sowie die Mauer mit 2 übereinanderliegenden Wehrgängen, die das Steintor mit dem **Hungerturm** verbinden. Dieser ein Rundbau aus Backstein auf hohem Feldsteinsockel E.15.Jh., der 8seitige Steinhelm mit 1886 erneuertem Zinnenkranz. Der untere Wehrgang tonnengewölbt, der obere holzgedeckt. Der stärkste und besterh. Teil der Mauer n vom ehem. Berliner Tor (1790 abgebrochen) zwischen Berliner- und Grünstr. Bei diesem stadtseitig offenen Weichhäusern Absätze für 2 Balkenböden und eingebaute Steintreppen mit rundbogiger Zugangspforte nachweisbar. Am Ende dieses Mauerabschnitts der **Pulverturm** w der Altstadt, Backstein, 2.H.15.Jh., urspr. mit 8eckigem Spitzhelm, 1891 als massives Kegeldach erneuert; im Innern gewölbtes „Verließ". Die 3fachen Wälle und Gräben nö der Kirche noch als Promenaden erh.
Stadtmuseum (Hussitenmuseum)

BETTEN Bez. Cottbus, Ldkr. Finsterwalde. – Inv. Prov. Brandenburg, Luckau
Dorf-K. Granitquaderbau 2.H.13.Jh., aus Schiff und eingezogenem Rck.Chor. Der quadr. WTurm im 18.Jh. angefügt, Backstein verputzt. Sein Obergeschoß ins Achteck übergehend mit Schweifhaube und Laterne. Neben dem Chor n bar. tonnengewölbte Sakristei. In urspr. Form erh. die seitlichen Öffnungen der 3Fenstergruppe im O, ein Fenster im N und das spitzbogige Stufenportal im S. Das Innere mit Balkendecke und bar. Hufeisenempore, im WTeil die Balusterbrüstung vorspringend. – Der große ma. *Blockaltar* erh., darauf *Kanzelaltar* 2.H.17.Jh., auf einen *Schnitzaltar* aus 3.V.15.Jh. aufgesetzt. Im Mittelschrein des letzteren Anbetung der Könige, auf den bemalten Flügeln die Ganzfiguren der Heiligen Barbara und Ursula. Die polyg. Kanzel mit Knorpelwerk 2.H.17.Jh., seitlich anschließend *Pfarrstuhl* M.17.Jh. Gedrungener *Taufstein* 2.H.15.Jh., 8seitige Kuppa mit got. Majuskeln „INRI" und Maßwerkfries, der hölzerne Deckel 18.Jh. *Orgelprospekt* 18.Jh. *2 Kruzifixe*, A.16. und 18.Jh. In der Turmhalle *2 Inschr.Grabsteine*, für M.M.March †1730 und aus dem sp.18.Jh. – Auf dem Friedhof *Inschr.Grabstein* 1714.

BEYERN Bez. Cottbus, Ldkr. Herzberg
Dorf-K. Im Kern 1sch. Bau aus Raseneisenstein 2.H.13.Jh., davon nur die w Mauerteile erh. 1861 eingreifender Umbau in Backstein: 1/2kr. Apsis angefügt, große rundbogige Öffnungen im Sinne der späten Schinkelschule eingebrochen, die Portale an den Langseiten unter vergiebelten Wandvorlagen. Gleichzeitig der 8seitige verschieferte Turmaufsatz mit aufwendiger Kupferhaube und Laterne. Das flachgedeckte Innere mit Hufeisenempore und *Ausstattung* aus der Zeit um 1861. – An der NWand außen *Inschr.Grabstein* um 1662 für 3 Kinder, darüber Inschr.Kartusche, dat. 1676. An der SWand *Rokoko-Doppelgrabstein* dat. 1792, mit 2 Inschr.Schilden.

BIEGEN Bez. Frankfurt/Oder, Ldkr. Fürstenwalde. – Inv. Prov. Brandenburg, Lebus

Dorf-K. Granitquaderbau 2.H.13.Jh. aus Schiff und eingezogenem Rck.Chor mit vermauerter Dreifenstergruppe im O; der quadr. WTurm spätgot., sein Oberteil E.18.Jh. in Backstein. Die Fenster bar. verändert, die spitzbogige NPforte vermauert. 1945 Kriegsschäden, 1949–59 rest. Im Inneren Balkendecke, spitzbogiger Triumphbogen und Hufeisenempore. – Reste von *Wandmalereien* im Chor und am Triumphbogen um 1400, freigelegt 1934 und z.T. erneuert. Im Chor Szenen der Passion, u.a. Abendmahl und Gefangennahme, darüber Heiligenfiguren, benennbar Andreas und Hedwig, auf der SSeite 2 Wappen; am Triumphbogen in der Leibung und auf der WSeite großzügige Blütenranken sowie rechts oben Posaunenengel mit niederdeutscher Inschr. und links an der Wand Weltgerichtschristus in der Mandorla. – Bemerkenswerter *Altaraufsatz* E.16.Jh., Spätrenaiss.-Arbeit mit gefaßten Sandsteinreliefs in der Art eines Flügelaltars, 1959 rest. Im Mittelfeld der Gekreuzigte mit Maria und Johannes, umgeben von Passionsszenen (Geißelung, Gethsemane, Dornenkrönung, Kreuztragung), in der Predella das Abendmahl. *Taufe* 1.H.18.Jh., Holz, kelchförmig mit Deckel. *Epitaph* für H.v.Gelnitz †1601, Sandstein gefaßt, die lebensgroße Relieffigur des Verstorbenen von ungewöhnlicher Plastizität in Zeittracht, von Rollwerk umgeben.

BIESDORF Bez. Frankfurt/Oder, Ldkr. Freienwalde

Dorf-K. Spätma. Feldsteinbau mit polyg. OSchluß und eingezogenem WTurmunterbau; 1719 barockisiert. – *Kanzelaltar*, *Gestühl* und *Empore* von 1719.

BIESENBROW Bez. Frankfurt/Oder, Ldkr. Angermünde. – Inv. Prov. Brandenburg, Angermünde

Dorf-K. Geräumiger flachgedeckter Rck.Bau M. bis 3.V.13.Jh. aus Feldstein mit Dachturm im W. 1909 ausgebrannt und danach von Baurat Böttger aus Dessau erneuert, 1976 rest. Original erh. 3 Lanzettfenster in der OWand, das gestufte WPortal und 2 Spitzbogenportale in der SWand. – Qualitätvoller *Schnitzaltar* aus Crussow (Ldkr. Angermünde), der Schrein mit stehender Madonna zwischen 2 Heiligen und 4 szenischen Reliefs aus der Kindheitsgeschichte Christi, um 1420, durch Predella mit Abendmahlsgemälde und Aufsatz mit kleinem Kruzifix in Spätrenaiss.Formen A.17.Jh. verändert. Auch die hölzerne *Kanzel* von 1620 aus Crussow; der polyg. Kanzelkorb mit Ecksäulchen und den gemalten Evangelisten; an der Kanzelrückwand Reliefbild Christi. Der kronenförmige Schalldeckel mit Akanthus und Engelsköpfen. *Inschr.Grabstein* F.J.Schmoll 1.H.18.Jh.

BIESENTHAL Bez. Frankfurt/Oder, Ldkr. Bernau
In hügeliger wasserreicher Landschaft gelegen. Die vom Sydow-Fließ umflossene Askanierburg, vermutlich um 1230 angelegt, an der Straße von der Havelfeste Bötzow (Oranienburg) zur Oderfeste Oderberg. An der Stelle der ehem. Burg später Arnimsches Schloß (1632 zerstört), heute Aussichtsturm von 1874. Im Schutze der Burg lag im NZipfel der Fischerstr. der Kietz, erst 1848 eingemeindet. Sö der Burg entwickelte sich nach M.13.Jh. ein deutsches Straßendorf und erweiterte sich ostwärts zum Marktort: 1258 erste Erwähnung, 1315 civitas, 1317 oppidum. Kein planmäßiger Stadt-Gr., neben der w-ö Durchgangsstraße nur noch eine Längsstraße und die von S darauf stoßende Berliner Straße. Am Kreuzungspunkt 4eckiger Markt. B. stets ohne Stadtmauer, die wallartig umbauten Tore (Kietzer-, Berliner-, Grünthaler Tor) bereits im 18.Jh. verschwunden. Die Kirche auf der höchsten Stelle, am NRand des langgestreckten Ortes. 1756 Totalbrand, der den alten Stadt-Gr. zerstörte.
Pfarr-K. Neubau 1764—67 unter teilweiser Einbeziehung der Umfassungsmauern eines spätrom. Feldsteinbaues 2.V.13.Jh. Stattlicher flachgedeckter Putzbau mit eingezogenem, 3seitig geschl. Chor, über dem rom. WTeil quadr. Turm mit Spitzhelm, in seiner jetzigen Form von 1858/59. Gleichzeitig der ö Sakristeianbau. Im W das spitzbogige Stufenportal erh., die Portale an den Langseiten des Schiffes mit spätbar. Verdachung und Kartusche. Steile korbbogige Fenster mit Archivoltendekor. — Innen hufeisenförmige, bis in den Chor reichende hölzerne Empore auf toskanischen Säulen, an den Langseiten doppelgeschossig. Über der ausschwingenden WEmpore die *Orgel*, 1859. Im innen gerundeten OAbschluß hoher stattlicher *Kanzelaltar* um 1770, Holz, der runde Rokoko-Kanzelkorb zwischen schräg nach außen gewendeten Doppelsäulen.
Kath. Pfarr-K. Aufwendiger neubar. Zentralbau 1908—09 von Ueberholz, mit Kuppelaufbau und hoher Laterne. — 3 bar. *Schnitzfiguren*: kleiner auferstehender Christus von guter Qualität, Johannes Ev. und hl. Paulus, sämtlich 18.Jh. Moderne Kopie der *Madonna* aus dem Ursulinenkloster in Erfurt (um 1460). Ausstattung aus der Bauzeit.
Rathaus. Gut proportionierter, 2geschossiger, verputzter Fachwerkbau von 6:4 Achsen mit Mansardwalmdach und hölzernem Dachtürmchen, 1760. Daneben Erweiterungsanbau von 1874.

BIRKHOLZ Bez. Frankfurt/Oder, Ldkr. Beeskow
Dorf-K. Flachgedeckter Putzbau mit hölzernem w Dachturm, 1.H.18.Jh., rest. 1836. *Kanzel, Taufe* und *Orgelprospekt* aus der Erbauungszeit. 5 spätgot. *Schnitzfiguren*, z.Z. in Buckow (Ldkr. Beeskow). Ehem. *Predella* mit Abendmahlsgemälde, wohl fr.17.Jh. *Gemälde* der A.v.Burgsdorf, kniend als Stifterin, E.16.Jh.

BIRKHOLZ Bez. Frankfurt/Oder, Ldkr. Bernau. – Inv. Prov. Brandenburg, Niederbarnim
Dorf-K. 1sch. Feldsteinbau 2.H.13.Jh., ehem. aus WTurm, Schiff und eingezogenem Rck.Chor bestehend. Turm und Schiff durch Sprengung 1972 zerstört. Auch der Chor z.Z. Ruine, jedoch seine Kreuzrippengewölbe des 15.Jh. erh., ebenso die Sakristei n am Chor mit spätgot. Netzgewölbe.

BISCHDORF Bez. Cottbus, Ldkr. Calau
Dorf-K. Got. Rck.Bau in unregelmäßigem Feldsteinmauerwerk, entsprechend den drei ö Lanzettfenstern wohl noch 14.Jh. Der quadr. WTurm sp.19.Jh. aus Backstein, gleichzeitig die übrigen Öffnungen erneuert. Innen Bretterdecke, WEmpore und Orgel aus der Bauzeit des Turmes. – *Altaraufsatz* dat. 1713, in Ädikulaform mit vegetabilem Dekor an den Wangen und Wappenmedaillons, im Hauptfeld guter plastischer Kruzifixus vor gemalter Landschaft. Weitere Wappen im geschwungenen Giebelfeld. Rest. 1947. Gute polyg. *Kanzel* dat. 1712, mit Pfarrstuhl verbunden, die Malereien der Evangelisten E.19.Jh. erneuert. Reich geschnitzte *Taufe* 1.V.18.Jh., auf Baluster mit 3 Akanthusfüßen und runder Kuppa.

BLIESDORF Bez. Frankfurt/Oder, Ldkr. Freienwalde
Dorf-K. Neugot. Backsteinbau 1881/82. Abschluß des WTurmes nach Zerstörung 1945 neu errichtet. – Rck. tafelförmiger *Altaraufsatz* 2.V.18.Jh., kartuschenförmiges Schnitzrelief einer „Fürbitte Mariä für die im Fegefeuer brennenden Seelen", gerahmt von Rokoko-Ornamentik. – *Kanzelaltar* (aus der Georgen-Kap. Freienwalde hierher versetzt) 1698 von Samuel Liebenwald, der polyg. Korb flankiert von gedrehten Säulen und Akanthuswangen, auf dem Schalldeckel der Auferstandene zwischen Engeln.

BLOISCHDORF Bez. Cottbus, Ldkr. Spremberg
Dorf-K. Spätgot. 1sch. Bau mit 3seitigem OSchluß aus Feldsteinmauerwerk. Im Chor und in der NWand Spitzbogenfenster; das s Portal 1.H.18.Jh., gleichzeitig der verbretterte WTurm. Im Inneren Balkendecke und WEmpore; im Chor Sakramentsnische. – Frühbar. hölzerner *Altaraufsatz* in verspäteten Formen, in der Predella Abendmahlsrelief; auf dem im 19. Jh. erneuerten Altarblatt Josef mit dem Jesusknaben, im 18.Jh. vier Schnitzfiguren, Maria und Johannes Ev. sowie 2 Engel mit Leidenswerkzeugen, hinzugefügt. Hölzerne *Kanzel* mit Schalldeckel sp. 17.Jh., am polyg. Korb Gemälde der 4 Evangelisten, am Kanzelaufgang 2 gemalte alttestamentarische Szenen; an der Kanzeltür Christus und Maria 18.Jh. *Kruzifix* wohl 19.Jh. 2 *Schnitzfiguren* 1.H.18.Jh.: hl. Nepomuk, Mondsichelmadonna (z.Z. in Rest.).

2 gemalte *Altarflügel* mit 4 Heiligen, 4.V.15.Jh. 2 *Tafelbilder:* Auferweckung des Lazarus 1.H.16.Jh. und Jacobus d.Ä. vor Landschaftskulisse um 1530. *Grabstein* für Th.Gode †1590, mit Inschr. und Wappen.

BLUMBERG Bez. Frankfurt/Oder, Ldkr. Angermünde. — Inv. Pommern, Reg.Bez. Stettin, Randow

Dorf-K. Großer flachgedeckter rck. Feldsteinbau M. bis 2.H.13.Jh., mit WTurm von Schiffsbreite; der hohe Turmaufbau mit Haube und Laterne 1735. SVorhalle E.17.Jh. Alle Öffnungen verändert, die urspr. spitzbogigen Portale und Fenster z.T. erkennbar. — Innen 3seitige Orgelempore 18.Jh. Der *Orgelprospekt* mit Akanthusrahmung und figürlichem Schmuck 1773. Der *Altaraufsatz* von 1708 mit Säulen und geschnitzten Akanthuswangen, über halbrundem Abschluß Gottesauge in Strahlenglorie; im Zentrum Gemälde der Kreuzigung von 1772, in der Predella Abendmahlsbild. *Kanzel* 1695, Holz, mit 4 Evangelistenreliefs.

Ehem. **Schloß*** (Wohnungen). Breitgelagerte Dreiflügelanlage von 1806 im Stil der preußischen Landbauschule, der 9achsige Hauptbau 2geschossig, im Mezzaningeschoß der Kopfbauten Halbrundfenster.

BLUMBERG Bez. Frankfurt/Oder, Ldkr. Bernau. — Inv. Prov. Brandenburg, Niederbarnim

1254 erstmalig als Stadt erwähnt. Fundamente der Stadtmauer und zweier Tore durch Grabungen nachgewiesen. 1696 abgebrannt, im 18.Jh. Verlust des Stadtrechts.

Pfarr-K. Stattlicher Granitquaderbau 2.H.13.Jh., aus Schiff mit eingezogenem gestrecktem Rck.Chor und querrck. WTurm von Schiffsbreite. Der Turm im Aufbau 14.Jh. mit Quersatteldach, die K. im 15.Jh. kreuzgewölbt. Im S ein Anbau mit Patronatsloge von 1724. Die bei der Wölbung eingebrochenen Fenster 1878/81 vergrößert, nur das mittlere OFenster original erh. Spätgot. auch das breitspitzbogige SPortal mit profiliertem Backsteingewände; das WPortal 19.Jh. Rest. des Inneren 1957. Der spitzbogige Triumphbogen des 13.Jh. erh., die Öffnung vom Turm zum Schiff dagegen bis auf eine Tür zugesetzt. Der angenehme Raumeindruck durch die Wölbung im sp.15.Jh. bewirkt: Auf 3 Rundpfeilern 2sch. mit Kreuzgewölben gedeckt, der Chor 2jochig kreuzgewölbt, überall Birnstabrippen. Im Schiff die Rippen auf figürlichen Konsolen ruhend, im Chor in Form von Tierköpfen und Masken, die runden Schlußsteine mit Reliefs von Sonne und Mond. Die ehem. Patronatsloge an der s Chorwand heute durch die Orgel verstellt. 1957 Reste eines figürlichen *Wandgemäldes* des 16.Jh. im Chorgewölbe freigelegt, St.Markus darstellend. — 5 gemalte *Porträts* (2 z.Z. in Rest.): R.v.Winterfeldt 1596, ein Ehepaar v.Löben 2.V.17.Jh., Freiherr v.Canitz 17.Jh., die letzteren wohl Kopien, sowie lebensgroßes Damenporträt E.M.v.Hagen, 1730 von Emanuel Dubuisson, Öl auf Kupfer, der Rahmen mit 32 Alabasterwappen. *Inschr.Grabstein* K.Morner †1596. *Epitaph* Ph.L.v.Canstein †1708, in der Art des Johann Georg Glume d.Ä. mit Trophäenschmuck und Fama, die Büste des Verstorbenen, auf einen Sarkophag gestellt, durch Gipskopie ersetzt. *Epitaph* H.J.v.Goldbeck und Frau †1818 bzw. 1816, die Reliefmedaillons der Köpfe aus Marmor 1820 von Johann Gottfried Schadow. — Außen 2 *Inschr.-Grabsteine* 1734 und 1744. Hübsches *Urnengrabmal* im Zopfstil für C.W.Börger †1793.

BLUNO Bez. Cottbus, Ldkr. Hoyerswerda

Dorf-K. Reizvoller Fachwerkbau dat. 1673, mit 3seitigem OSchluß und quadr. verbrettertem WTurm sowie kleiner n Vorhalle. Die Fenster, außer den beiden nö, in 2 Reihen übereinander. Im Inneren Balkendecke auf 2 hölzernen Mittelstützen; die Hufeisenempore bis zur SO-Wand des Chorpolygons vorgezogen. — Die Ausstattung aus der Erbauungszeit: *Kanzelaltar* mit polyg. Korb zwischen Halbsäulen und Akanthuswangen, an der Kanzeltür gemalt die Kreuzigung, in der Predella das Abendmahl. 8seitige hölzerne *Taufe* auf Säulenschaft, mit Ecksäulchen, Schriftkartuschen und Beschlagwerkdekor (z.Z. in Rest.). *Beichtstuhl* und *Sakristeiverschlag* mit Gitteraufsatz; die Rückwand des *Pfarrstuhls* mit schlichter Blendarkatur. Gute *Schnitzfigur* einer stehenden Madonna, um 1420/30. Geschnitzte *Marienkrönung* A.16.Jh. (beschädigt), wohl von einem Altar.
Das Ortsbild entlang der Dorfstraße geprägt durch **Gehöfte** in Giebelstellung mit mittlerer Toreinfahrt, vorwiegend Backstein, wohl M.19.Jh.

BOCKWITZ Bez. Cottbus, Ldkr. Senftenberg

S. LAUCHHAMMER

BÖLKENDORF Bez. Frankfurt/Oder, Ldkr. Eberswalde. — Inv. Prov. Brandenburg, Angermünde

Dorf-K. Flachgedeckter 1sch. Granitquaderbau 2./3.V.13.Jh. mit Apsis; verbretterter w Dachturm mit Schweifhaube von 1767. Wohl gleichzeitig die hohen Stichbogenfenster im Schiff. Original erh. das gestufte spitzbogige WPortal, Reste zweier SPortale und vermauerte schlanke Spitzbogenfenster. Entsprechend schlank spitzbogig der Apsisbogen. Das Innere mit Decke auf Voute und WEmpore 17.Jh. — Pokalförmiger *Taufständer* aus Holz, 17.Jh. Hübsche *Wappenscheibe* mit Reiterdarstellung, 1664.

BÖNITZ Bez. Cottbus, Ldkr. Liebenwerda. — Inv. Prov. Sachsen, Liebenwerda

Dorf-K. Kleiner flachgedeckter Putzbau mit 3seitigem OSchluß, inschr. 1545, die Fenster bar. verändert. SVorhalle von 1629. Im

W verbretterter rck. Glockenstuhl, wohl 19.Jh. – Einheitliche Ausstattung aus Holz um 1628: Hufeisenempore mit ornamental bemalter Brüstung, im W vorschwingend; *Kanzelaltar* mit Beschlagwerk, der polyg. Korb von Säulen flankiert, zwischen den Ecksäulchen des Korbes gemalt 3 Evangelisten, in der Predella Abendmahlsgemälde; oktogonale *Taufe* mit Beschlagwerk, dat. 1628, ohne Fuß; *Pfarrstuhl.*

BÖRNICKE Bez. Frankfurt/Oder, Ldkr. Bernau. – Inv. Prov. Brandenburg, Niederbarnim

Dorf-K. Spätrom. Feldsteinbau aus hohem WQuerturm mit quergestelltem Satteldach, Schiff und eingezogenem Rck.Chor; das kurze Schiff im 16.Jh. 2sch. eingewölbt. Rest. des Inneren 1957. Im W breit spitzbogiges Stufenportal, die übrigen Öffnungen verändert. Die backsteinernen Turmgiebel mit Fialen spätgot. Im Schiff 4 Kreuzgewölbe mit Birnstabrippen auf rundem Mittelpfeiler, ein 2. Pfeiler unter dem Triumphbogen. Das Chorgewölbe von 1883. Die Öffnung zum Turm bis auf eine Tür zugesetzt. – *Kirchenältestenbank* 1679, in den Rundbogenfeldern der Rückwand die gemalten Halbfiguren von 10 Aposteln.

BOLLENSDORF Bez. Frankfurt/Oder, Ldkr. Strausberg

S. NEUENHAGEN

BOLLERSDORF Bez. Frankfurt/Oder, Ldkr. Strausberg

BOLLERSDORF (PRITZHAGEN)

Dorf-K. Im Kern ma. rck. Feldsteinbau, E.18.Jh. umgebaut; der leicht eingezogene WTurm mit Quersatteldach. Innen Holztonne und WEmpore. – *Altaraufsatz* um 1700, geschnitztes Kruzifix zwischen gedrehten Säulen und Akanthuswangen, hoher Aufsatz aus Akanthus und Inschr.Kartusche. Schlichter die etwa gleichzeitige polyg. *Kanzel* mit Inschr.Feldern; Schalldeckel.

BOMSDORF Bez. Frankfurt/Oder, Ldkr. Eisenhüttenstadt

Dorf-K. Im Kern ma. 1sch. Feldsteinbau mit 3seitigem OSchluß und quadr. WTurm mit Pyramidendach. 1737 bar. umgebaut, die Fenster vergrößert und ein s Anbau hinzugefügt. Im Inneren flache Holzdecke um 1820. Die Ausstattung in der Art des Neuzeller Bar. inschr. 1737, im Zusammenhang mit der dortigen Werkstatt. Die WEmpore mit reich geschnitzter Dockenbrüstung, die Mitte vorschwingend. – Reicher *Altaraufsatz*, die Fassung von Johann Friedrich Mattharsio aus Guben; korinthischer Säulenaufbau mit üppigen Akanthuswangen, im Mittelfeld vollplastische Kreuzigungsgruppe vor gemalter Landschaft, darüber im gesprengten Giebel Kartusche mit Auferstehungsgemälde. In der Predella Abendmahlsgemälde. Hölzerne polyg. *Kanzel*, in den Arkaden des Korbes Schnitzfiguren der 4 Evangelisten, auf dem kronenartigen Schalldeckel Pelikan; am Treppenaufgang 2 gemalte alttestamentarische Szenen. Hölzernes *Kruzifix* dat. 1674 (im Gemeinderaum). – Außen *Inschr.Grabstein* Ch.G. Wagner †1740.

BOOSSEN Bez. Frankfurt/Oder, Stkr. Frankfurt/Oder

s. FRANKFURT/ODER

BORAGK Bez. Cottbus, Ldkr. Liebenwerda

s. ALTENAU

BORNOW Bez. Frankfurt/Oder, Ldkr. Beeskow

Dorf-K. Neugot. Backsteinbau von 1889 mit polyg. Apsis und WTurm.

BORNSDORF Bez. Cottbus, Ldkr. Luckau. – Inv. Prov. Brandenburg, Luckau

Dorf-K. Im Kern spätgot. Feldsteinbau. Um 1700 eingreifender Umbau mit Zufügung des 3seitigen OSchlusses und der stichbogigen Fenster bzw. Ochsenaugen. 1750 im N und S des Schiffes 2geschossige Logen angefügt, die s mit Rest einer skulptierten Portalrahmung. Der w Fachwerk-Dachturm mit massiver WWand und Längssatteldach von 1836. Im Inneren flache Putzdecke; an der N- und SWand kurze 2geschossige Emporen, die w Orgelempore ins Schiff vorschwingend, an den Brüstungen gemalte Spruchkartuschen und Musikengel in der Mitte. – *Altaraufsatz* 1730, Sandstein, 2geschossiger Aufbau mit doppelter Säulenstellung, in der Predella gemalte Abendmahlsszene flankiert von den Reliefs der Verkündigung und Geburt Christi, im Hauptfeld Kreuzigungsrelief (der vollplastische Kruzifix fehlt) vor gemaltem Hintergrund, darüber Grablegung, seitlich in den säulengerahmten Nischen Gethsemane-Szene und Kreuztragung. Als Aufsatz Rollwerkkartusche mit Jüngstem Gericht, flankiert von den Freifiguren der Caritas und Fides und bekrönt von Trinitätssymbol in Strahlenglorie. Die *Schnitzfiguren* von Moses und eines Evangelisten in den Rollwerkwangen wohl nicht zugehörig. Seitlich vor dem Altar 2 lebensgroße *Sandsteinskulpturen*, in ewiger Anbetung kniend in der Tracht des hohen 17.Jh., angeblich ein Herr v.Wolfersdorff und dessen Frau. *Kanzel* mit *Aufgang* und anschließendem *Pastorenstuhl*, A.18.Jh., alles reich mit Akanthusschnitzwerk verziert, in den Füllungen des Korbes gemalt die Evangelisten, am Aufgang die Propheten Jesaias, Jeremias, Ezechiel und Daniel sowie am Pastorenstuhl Christus mit der Sünderin und das Gleichnis vom verlorenen Sohn; an der Kanzelrückwand Salvatorbildnis; der Schalldeckel mit Allianzwappen, bekrönt von Pelikan, an der Unterseite die Heiliggeist-Taube; das Ganze vor gemalter Vorhangrahmung. *Sandstein-Taufe* in Kelchform, wohl gleichzeitig mit dem Altaraufsatz und aus dessen Werkstatt, auf rundem mit Fruchtgehängen und Engelsflüchten verziertem Fuß das 8eckige Becken mit Schriftkartuschen und Wappen. *Gestühl* vor der s Patronatsloge M.17.Jh., in den Brüstungsfeldern gemalte Apostelpaare. Bemaltes *Kastengestühl* 1.H.18.Jh. An den Wänden des Chorpolyg. die *Bildnisse* des C.S.v.Langen und seiner Frau A.E.v.Langen geb. v.Stutterheim, gerahmt von ionischen Säulen mit Gebälk vor gemalter Draperie, um 1730; sowie *Pfarrerbildnis* M.18.Jh. – Im W der K. frei stehender hölzerner *Glockenstuhl.*

Ruine einer ehem. Dorf-K. auf dem Friedhof n des Ortes an der Straße nach Luckau. Vom Feldsteinbau des 14.Jh. nur noch die WWand mit den Ansätzen der seitlichen Schiffsmauern erh., im Giebelfeld eine hübsche Blendrosette mit Rahmung aus verschiedenfarbigen Steinen, am Giebelfuß seitlich Kreisblenden (für Stuckreliefs ?).

Vom ehem. **Schloß**, eines im Kern spätma., um 1734 zur Dreiflügelanlage umgestalteten Baues, nur der spätma. Rundturm mit Zinnenkranz des 19.Jh. erh.

BRAHMOW Bez. Cottbus, Ldkr. Cottbus

s. WERBEN

BRALITZ Bez. Frankfurt/Oder, Ldkr. Freienwalde

Dorf-K. Stattlicher, gewölbter neugotischer Backsteinbau E.19. Jh., mit polyg. Apsis und hohem WTurm.

BRANITZ Bez. Cottbus, Stkr. Cottbus

s. COTTBUS

BREITENAU Bez. Cottbus, Ldkr. Finsterwalde. – Inv. Prov. Brandenburg, Luckau

Dorf-K. Rck. Granitquaderbau 1.H.14.Jh., der quadr. verbretterte WTurm und die s Fachwerkvorhalle bar. Frühgot. 3Fenstergruppe in der OWand und spitzbogige SPforte noch in urspr. Form erh., die übrigen Öffnungen bar. vergrößert. – Im Inneren Holztonne und 3seitige Empore, die w 2geschossig. Im O *Wandmalereien* 1.H.14.Jh.: auf der n Chorwand Leben und Leidensgeschichte Christi in Rck.Feldern 3zonig übereinander, auf der OWand Christus in der Mandorla mit Evangelistensymbolen (weitgehend zerstört). Zwischen den Fenstern große Heiligenfiguren, auch die Leibungen der Fenster ornamental behandelt. Auf der s Chorwand weitere Heiligenfiguren, u.a. Maria mit Kind (von einer Anbetung der Könige?).

BRIESEN Bez. Cottbus, Ldkr. Cottbus. – Inv. Prov. Brandenburg, Cottbus

Dorf-K. Spätgot. rck. Backsteinbau 3.V.15.Jh., rest. 1952ff. Im S spätgot. Vorhalle mit Tonnengewölbe, der Pfeilerstaffelgiebel darüber z.T. moderne Rekonstruktion. Der schieferverkleidete w Dachturm von 1804. Die Außenwände durch schwarzglasierte Backsteine in Rautenmusterung dekoriert. Die beiden spitzbogigen SPforten in Rck.Vorlagen, vermauert, nur die WTür erh. Hohe Spitzbogenfenster; im O Dreifenstergruppe, darüber 7teiliger Staffelgiebel mit gekoppelten Zwillingsblenden. Im W Vorhalle sp. 19. Jh. Im Inneren hölzerne Flachtonne, im WTeil Flachdecke, der OTeil in der Sockelzone mit gepaarter Nischengliederung verschiedener Formung. Der jetzige 3seitige Empореneinbau von 1965. – Umfangreiche *Wandmalereien* an allen 4 Schiffswänden, dat. 1486, freigelegt und rest. 1954–58. Sie sind mehr durch die relative Vollständigkeit ihrer Erhaltung und die Eigenart ihres Programms als durch hohe Qualität bemerkenswert, dennoch sind die Halbfiguren z.T. sehr eindrucksvoll. Die Malerei gliedert sich in 3 Zonen, dabei die Wandnischen unten deutlich ausnützend, ebenso die rundbogigen Blenden in der Oberzone des n Chorbereichs. Die mittlere Hauptzone bringt vor allem die Passion Christi von N über O nach S laufend, mit dem Ölberg beginnend, zwischen den Fenstern der OWand Kreuzigung und Kreuzabnahme, im S mit dem – weitgehend zerstörten – Jüngsten Gericht endigend. Im N 3 Stifterwappen und Christophorus w der Ölbergszene. Schräg darüber die Verkündigung mit Stiftungs-Inschr. und Dat., sonst in der Oberzone Heilige dargestellt, in den oberen Blenden als Standfiguren, sonst oft Martyrien. In den unteren Nischen eine Reihe von Brustbildern, Mönche und weltliche junge Männer, in der Einzelnische ein älterer Gelehrter. Die Deutung unsicher: Disputation, reale Porträts? Auf dem WTeil der SWand und im W die Welt des Antichrist: Mischwesen, Fratzen, „wilde" Männer und Frauen, von besonderer Erfindungskraft, dazu Ranken. Die stilistische Herleitung schwierig, die böhmische Komponente wohl überwiegend. Die Ausmalung der s Vorhalle weitgehend erloschen.
Altaraufsatz von großartiger Schnitzarbeit 1701 aus der Werkstatt Dreißigmark in Muskau, rest. 1963/69. 2geschossiger Aufbau mit Weinlaubsäulen, von Balustern flankiert, üppige Akanthuswangen. In der Predella Abendmahlsrelief, im Hauptfeld vollplastische Kreuzigungsgruppe, im Auszug Auferstehungsrelief, als Bekrönung von Lorbeer umrahmtes Johanniterkreuz. *Kanzel* nur in Teilen 18.Jh. 3 qualitätvolle hölzerne *Totenschilde* für H. v. Klitzing †1709 und C. Ph. v. Klitzing †1717 sowie 1.H.18.Jh., die krönenden ovalen Porträts der Verstorbenen

über militärischen Emblemen. *Grabplatte* für J. v. Schönfeldt auf Burg †1630, vorzügliches Sandsteinrelief, der Verstorbene gerüstet mit Ahnenprobe. – Außen *2 Grabsteine*, 2.H.18.Jh. und A.19.Jh.

BRIESEN Bez. Frankfurt/Oder, Ldkr. Fürstenwalde. – Inv. Prov. Brandenburg, Lebus

Dorf-K. Kleiner flachgedeckter klassizist. Putzbau um 1835, Saal mit quadr. WTurm. Das Äußere durch Putzquaderung und Rundbogenfenster bestimmt. Innen kurze Hufeisenempore auf hölzernen Säulen.

BRIESKE Bez. Cottbus, Ldkr. Senftenberg

BRIESKE (BRIESKE OST)

Planmäßig angelegter Ortsteil, 1910–12 nach Entwurf von Georg Heinsius von Mayenburg, Dresden, im „Heimatstil" für die Betriebsangehörigen der damaligen Ilse-Bergbau AG.: Zentraler Platz mit Kirche, Schule, Kulturhaus und Geschäftsgebäuden; an der OSeite des Platzes die

Kirche. 1914 ebenfalls nach Entwurf von Mayenburg errichtet. Aufwendiger Putzbau mit hohem WTurm; vom Jugendstil beeinflußt. Das weiträumige Innere mit Hufeneisenempore und tonnengewölbtem Chor. *Ausmalung* und *Ausstattung* einheitlich aus der Bauzeit.

BRIEST Bez. Frankfurt/Oder, Ldkr. Angermünde. – Inv. Prov. Brandenburg, Angermünde.

Dorf-K. Stattlicher Feldsteinbau 3.V.13.Jh. aus Schiff mit eingezogenem Rck.Chor und eindrucksvollem WTurm von gleicher Breite. In der WFassade 3stufiges, gedrückt spitzbogiges Portal unter gestuftem Kreisfenster. Im O 3Fenstergruppe aus schmalhohen Lanzetten; ähnlich auch die Fenster im Schiff. Hinter moderner Vorhalle an der Chorsüdseite die Priesterpforte erh., die übrigen Portale zugesetzt. Der Turm von quadr. Glockengeschoß zwischen kurzen seitlichen Satteldächern bekrönt. Die Giebel und Öffnungen in Backstein frühgot.: seitlich Drillingsöffnungen über einer Art Plattenfries, nach W Zwillingsöffnung (erneuert). Der mittlere Aufsatz in Backstein wohl spätgot. Die Turmhalle sowie, ungewöhnlicherweise, auch das Glockengeschoß mit Pendentivkuppeln aus Backstein gewölbt (letztere unvollendet); bis ins erste Turmgeschoß eine unvollendete Mauertreppe angelegt. Das flachgedeckte Innere mit breitem zugespitztem Triumphbogen und entsprechender Öffnung vom Turm ins Schiff. Deckenbemalung in Schiff und Chor von 1933 bis 1939. – Große *Backsteinmensa* mit gemaltem spätrom.-frühgot. Ornamentfries. *Altaraufsatz* aus gutem spätgot. *Schnitzaltar* der Zeit um 1500 und einem 1600 dat. Aufsatz zusammengesetzt,

1939 rest. Im Mittelschrein des Schnitzaltars Maria zwischen Johannes d.T. und hl. Bischof, von Engeln umgeben. In den Flügeln Reliefs der Kindheitsgeschichte Jesu. Auf den Flügelrückseiten 4 gemalte Passionsszenen. Auf den Standflügeln Christophorus und Michael als Seelenwäger. In der Predella die 12 Apostel zwischen gemalten Darstellungen der Heiligen Michael und Martin. Im 2geschossigen, 3teilig durch Säulchen gegliederten Aufsatz Kreuzigungsgruppe, im Aufsatz darüber hl. Georg, seitlich gemalt die 4 Evangelisten. Hölzerne *Kanzel* 1598, am polyg. Korb in diamantierten Nischen die Reliefs der Evangelisten. Die übrige Ausstattung aus *Orgelempore* und *Gestühl* 19.Jh. Kleines *Kreuzigungsrelief* A.16.Jh. *Kronleuchter* aus Messing 1697.

BRITZ Bez. Frankfurt/Oder, Ldkr. Eberswalde. – Inv. Prov. Brandenburg, Angermünde.
Dorf-K. Rck. Granitquaderbau, der w Fachwerkdachturm mit Laterne 1768. Im Kern 13.Jh., heutige Erscheinung 1895, innen hölzernes Muldengewölbe und Hufeisenempore. – Schlichter *Kanzelaltar* und *Taufständer*, 2.H.18.Jh.

BRODOWIN Bez. Frankfurt/Oder, Ldkr. Eberswalde. – Inv. Prov. Brandenburg, Angermünde.
Dorf-K. 1850/60 von Friedrich August Stüler. Stattlicher neugot. Feldsteinbau mit polyg. Apsis, schlankem 8eckigem WTurm auf quadr. Sockelgeschoß und durchbrochenen Schmuckgiebeln über der O- und WFassade. Das Innere mit offenem Dachstuhl und WEmpore. Die Ausstattung 1960 vereinfacht.

BRODOWIN (PEHLITZ)
Reste des ehem. **Zisterzienser-Klst.** Mariensee auf dem Pehlitzwerder des Parsteiner Sees. 1258/60 durch die Markgrafen Johann I. und Otto III. als Filiation von Klst. Lehnin gestiftet und zur Begräbnisstätte der Johanneischen Linie des askanischen Hauses bestimmt. Noch unvollendet wurde die Anlage 1270/72 aufgegeben und nach Chorin verlegt. Die Reste der K. 1939 ergraben. Dabei nachgewiesen die 4 ö Joche der 3sch., gerade geschlossenen Chorpartie. In ihrer OWand, wohl nach dem Vorbild der Lehniner WFassade, die mittleren Strebepfeiler als Treppentürme angelegt. Heute sichtbar Feldsteinfragmente der Umfassungsmauern und 2 Rck.Pfeilersockel mit attischen Basisprofilen aus Backstein, denen an der OWand innere und äußere Wandpfeilervorlagen entsprechen.

BRONKOW Bez. Cottbus, Ldkr. Calau
Dorf-K. Rck. Feldsteinbau des 13./14.Jh., im OGiebel der gestufte Okulus erh., sonst die Öffnungen bar. stichbogig, vielleicht um 1746. Aus dieser Zeit vermutlich auch der niedrige,

8seitige w Dachturm in verputztem Fachwerk mit Haube und Laterne, seine Kanten nach den Hauptseiten gerichtet. Im Inneren Balkendecke; Hufeisenempore, im N bis zur OWand reichend, neu bemalt 1935. – *Kanzelaltar* 2.H.17.Jh., Ädikula mit Weinlaubsäulen, s mit Pfarrstuhl und Empore darüber verbunden, am gerundeten, wohl jüngeren Korb Ecce-Homo-Bild. *Flügelaltar* um 1430, mit guter Malerei auf den Flügeln, auf den Innenseiten 4 Szenen aus dem Marienleben (Verkündigung, Begegnung, Geburt, Anbetung der Könige), außen Maria und Maria Magdalena in Ganzfigur gleichsam unter dem Kreuz; der Mittelschrein mit plastischem Kruzifixus darin modern. Hölzerne 6seitige *Taufe* 2.H.17.Jh., Kelchform mit hohem Dekkel, von Pinienzapfen abgeschlossen. Schwebender *Taufengel* mit Wappen, inschr. 1758. *Schnitzfigur* einer Madonna, 15.Jh. (z.Z. in Rest.).

BRUCHHAGEN Bez. Frankfurt/Oder, Ldkr. Angermünde. – Inv. Prov. Brandenburg, Angermünde.
Dorf-K. Rck. Feldsteinbau 2.H.13.Jh. In der OWand 3Fenstergruppe. Das Innere mit Balkendecke, *WEmpore* von 1680 und ehem. *Patronatsloge* 18.Jh. – *Altaraufsatz* 2.H.18.Jh. mit Kruzifixus in Säulenarchitektur; in der Predella Abendmahlsrelief. Hölzerne *Kanzel* A.18.Jh., mit kräftigem Akanthusornament am Fuß und Evangelistenstatuetten an den Kanten des polyg. Korbes; der aufwendige Schalldeckel mit Wolkenberg, Engelsflüchten und Strahlenglorie.

BRUNOW Bez. Frankfurt/Oder, Ldkr. Freienwalde
Dorf-K. Rck. Feldsteinbau mit eingezogenem WTurm, im Kern 13./14.Jh. Nach Brand 1834 Erneuerung und Errichtung des Turmaufsatzes in Backstein durch Landbaumeister Neubarth, Wriezen. – Schlichter *Kanzelaltar* 1834.

BUCHHAIN Bez. Cottbus, Ldkr. Finsterwalde. – Inv. Prov. Brandenburg, Luckau (Buckowien)
Dorf-K. Rck. Feldsteinbau mit eingezogenem WQuerturm. Das Schiff im Kern frühgot., etwa E.13.Jh., der Turm in spätgot. Zeit unter Benutzung der Schiffs-WWand angefügt, auf seinem Quersatteldach hölzerner Dachreiter. In der OWand 3 schmale Lanzettfenster, an der SSeite 2 spitzbogige Stufenportale mit ma. Türblättern und Beschlägen erh. Die übrigen Öffnungen in bar. Zeit flachbogig vergrößert, im 19.Jh. die Gewände in Backstein erneuert. Das Innere 1977 rest., mit Holztonne und Hufeisenempore, sp.17.Jh. – *Kanzelaltar* 1785 von Johann Gottfried und Christian Friedrich Gottlob Winckler aus Sorno,

mit halbrunder Kanzel zwischen Säulen und schmalen Wangen. Schöner *Orgelprospekt* 1.H.18.Jh., von bewegtem, mehrtürmigem Aufbau. – An der s Außenwand *Rokoko-Grabstein* J.G.Pröller †1750.
Im Ort **Blockhaus** Mittelstr. 3, um 1800.

BUCHHOLZ Bez. Frankfurt/Oder, Ldkr. Fürstenwalde. – Inv. Prov. Brandenburg, Lebus
Dorf-K. Im Kern ma. rck. Feldsteinbau, flachgedeckt, um 1895 umgebaut, verputzt und w ein quadr. neurom. Backsteinturm hinzugefügt. – Gute *Bar.Kanzel* A.18.Jh., Holz, in den Feldern des Korbes 4 Evangelistenreliefs; ornamentierte Treppenwangen und kronenartiger Schalldeckel.

BUCHHOLZ Bez. Frankfurt/Oder, Ldkr. Strausberg
Dorf-K. Im Kern ma., im 19.Jh. weitgehend verändert. Rck. Schiff mit leicht eingezogenem spätgot. WTurm. – *Altaraufsatz* 1.V.18.Jh., der geschnitzte spätgot. Kruzifixus im Mittelteil, die urspr. Bekrönung, jetzt anstelle eines Gemäldes; seitlich gedrehte Säulen und Akanthuswangen; zu seiten des gesprengten Giebels Putten. Gleichzeitig der gebauchte polyg. *Kanzelkorb* mit Inschr.Feldern und Akanthus.

BUCKOW Bez. Cottbus, Ldkr. Calau
Dorf-K. Rck. Feldsteinbau mit schwerem quadr. WTurm, 14.Jh. Eingreifender Umbau 1898–1904 mit Anbau einer Apsis und Einbruch neuer Öffnungen. Der Turm mit schöner, in doppeltem Anlauf konkav geschwungener Spitze wohl von 1671. – Innen 3seitig in Muldenform gebrochene Bretterdecke. Die neugot. *Ausstattung* einheitlich aus der Zeit um 1900.

BUCKOW Bez. Frankfurt/Oder, Ldkr. Beeskow
Dorf-K. Flachgedeckter rck. Putzbau mit quadr. WTurm, seine beiden Obergeschosse in Holz, M.18.Jh. – Bar. *Kanzelaltar* und *Hufeisenempore* aus der Erbauungszeit; der polyg. Kanzelkorb in Ädikularahmung mit großen seitlichen Voluten. *Kreuzigungsgemälde* 18.Jh. – Im Pfarrhaus 5 *Schnitzfiguren* (aus Birkholz, Ldkr. Beeskow): Madonna, hl. Elisabeth und ein Bischof 2.V.15.Jh. eine weitere Madonna und ein Bischof 2.H.15.Jh.

BUCKOW Bez. Frankfurt/Oder, Ldkr. Strausberg. – Inv. Prov. Brandenburg, Lebus
In der „Märkischen Schweiz“ gelegen. Frühe Fischerei-Siedlung zwischen 3 Seen; schlesische Grenzfeste (1249 castrum), 1253 villa; erst 1848 beschränkte städtische Verfassung. – Kleiner stadtähnlicher Kern um die

hochgelegene Kirche im N. Der übrige Ort längs der Hauptstraße und einer ö Abzweigung, die sich vor der K. zu einem kleinen 3eckigen Markt vereinigen (seit 1890 dort Rathaus). Keine Ummauerung, aber ehem. 3 Tore.

Pfarr-K. Im Kern ma. Feldsteinbau, nach Bränden von 1665 und 1686 umgebaut. Verputzter Saal mit flachem 4seitigem Polygon im O, die Sakristei an der SSeite ebenfalls polygonal nach S geschlossen. Der WTurm 1890 neugot. Das SPortal durch dorische Pilaster und schweres Gebälk hervorgehoben. — Die Kirche 1945 ausgebrannt; wiederhergestellt. — Die *Taufschale* moderne Kopie der Halberstädter Weihbrotschale. *Oblatendose*, Silber vergoldet, 1681 gestiftet, gearbeitet von Daniel Männlich in Berlin.

BUCKOW (HASENHOLZ)

Dorf-K. Spätrom. rck. Feldsteinbau gegen M.13.Jh., mit verbrettertem Türmchen über dem WGiebel. Im O, N und S je 1 Lanzettfenster original erh. Innen flache Bretterdecke, Ausstattung modern.

BURG/SPREEWALD Bez. Cottbus, Ldkr. Cottbus. — Inv. Prov. Brandenburg, Cottbus

Pfarr-K. Stattlicher frühklassizist. Saal von 1799—1804 mit einbezogenem quadr. WTurm. Die Vorhallen in der Mitte der Langseiten und die Sakristei im O von 1904, zugleich durchgreifend erneuert. Die Langseiten durch flache Putzbänder und die WWand durch Pilaster gegliedert. Der Turmaufsatz von flachem Zeltdach, Laterne und Haube abgeschlossen. Im flachgedeckten Inneren allseitig Emporen, längsseitig in 2 Geschossen. — Strenger *Kanzelaltar* und *4 Kronleuchter* von 1865. *Orgel* um 1970. In der Turmhalle *Inschr.Grabsteine* für B.Metzrad †1619 und für G.Matting †1849. — Auf dem Kirchhof *Grabmal* für M.Schorradt †1829, Sandsteinpfeiler mit bekrönender Urne.

Der sog. **Schloßberg**, einst ein befestigter Sitz wendischer Fürsten, durch zahlreiche Funde belegt.

Mehrere charakteristische **Wohnhäuser** des 18./19.Jh., weiß getünchte Blockbauten unter Strohdach mit bretterverschaltem Giebel und urspr. Schwarzer Küche; vielfach einst auch der Stall unter dem gleichen Dach.

BURG/SPREEWALD (BURG KAUPER)

Gut erhaltenes typisches Spreewald-Dorf, **Streusiedlung** mit Gehöften, die auf niedrigen Erhebungen, den sog. Kaupen, zwischen den zahlreichen Fließen (Spreearmen) stehen.

BURXDORF Bez. Cottbus, Ldkr. Liebenwerda. — Inv. Prov. Sachsen, Liebenwerda.

Dorf-K. Relativ gut erh. frühgot. Backsteinbau 2.V.13.Jh., aus kurzem Schiff und leicht eingezogenem Rck.Chor. Die ö Dreifenstergruppe in Lanzettform, darüber im Giebel Deutsches Band und hoher Rautenfries ähnlich wie am Langhaus der Klst.-K. in Mühlberg. Der ö Giebel noch vom Firstkreuz bekrönt; im W 6eckiger Dachreiter des 19.Jh. WVorhalle E.19.Jh. Vermauerte rundbogige Portale: im S mit urspr. übergiebelter Vorlage, im N mit rck. Vorlage. In der s Chorwand ein Lanzettfenster erh., die übrigen Fenster bar. erweitert. Im Inneren bar. Balkendecke und Hufeisenempore; der urspr. gewölbte Chor mit rundbogigem Triumphbogen, an der Chordecke reliefierter *Christuskopf*. Reste bar. *Rankenmalereien* um die Schiffsfenster. – Hölzerner *Altaraufsatz* 3.V.17.Jh., einfacher Säulenaufbau, Wangen und Bekrönung aus üppigem Ohrmuschelwerk. In der Segmentbogennische des Hauptfeldes spätgot. *Schnitzfiguren* 4.V.15.Jh.: Anna selbdritt zwischen den Heiligen Martin und Georg. Hölzerne *Kanzel* 3.V.17.Jh., am polyg. Korb Ecksäulchen und in den Muschelnischen gemalt die 4 Evangelisten und Paulus in Grisaillemalerei. An der n Chorwand 5 spätgot. *Schnitzfiguren*: Madonna im Strahlenkranz sowie die Heiligen Andreas, Barbara, Katharina und Sebastian, wohl aus dem Gesprenge des gleichen Altars wie die Figuren im Retabel.

C

(Die übrigen Orte mit C s. unter K)

CHORIN Bez. Frankfurt/Oder, Ldkr. Eberswalde. – Inv. Prov. Brandenburg, Angermünde

Dorf-K. Flachgedeckter, rck. Granitquaderbau E.13.Jh. Am OGiebel eine spitzbogige Drillingsblende, flankiert von gekuppelten Spitzbogenblenden. Vermauertes spitzbogiges NPortal. Die Fenster bar. erweitert. – *Ausstattung* mit WEmpore und guter Altarwand mit Kanzel, dat. 1688. Vorzüglich geschnitzter großer *Holzkruzifixus* (aus dem Klst.?), M.15.Jh.

CHORIN (AMT CHORIN)

Ehem. **Zisterzienser-Klst.**, 1258 von den askanischen Markgrafen Johann I. und Otto IV. gestiftet als Grablege der johanneischen Linie, nachdem sich die Brüder ihren Herrschaftsbereich geteilt hatten. Vom Klst. Lehnin, Grablege der ottonischen Linie, besiedelt. Das Klst. urspr. unter dem Namen Mariensee auf dem Pehlitzwerder im Parsteiner See gegründet (s.S. 000), 1270/72 aber nach Chorin verlegt. 1273 Bestätigung der Verlegung durch die Markgrafen, seitdem der Bau des Klosters wohl von Markgraf Otto IV. (1266–1309) selbst gefördert und zügig vorangekommen. Markgraf Johann II. und Markgräfin Konstanze schon 1281 in der K. beigesetzt. Damals stand vermutlich die eigentliche Mönchs-K. bereits zu großen Teilen, also die OTeile einschließlich der 5 ö Langhausjoche, dazu der n Abschnitt des

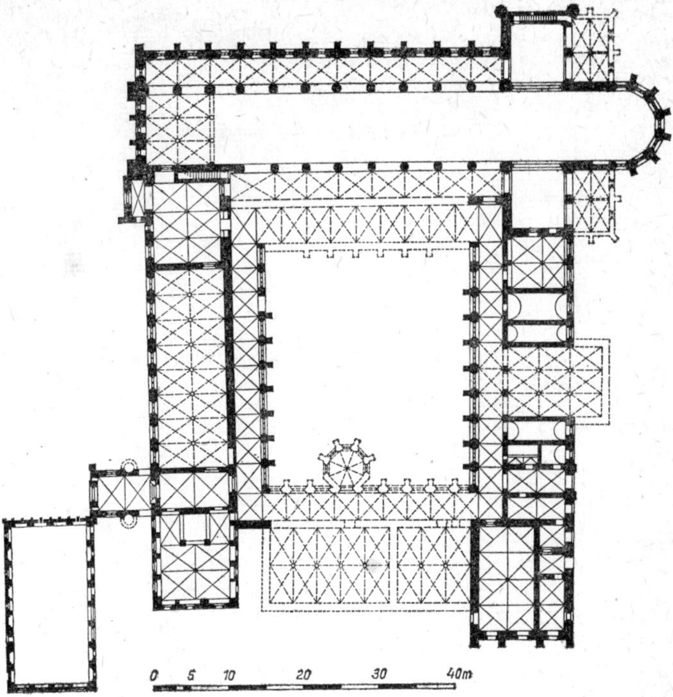

Chorin, ehem. Kloster

OFlügels der Klausur mit dem Kapitelsaal. Danach erst der WFlügel der Klausur von S her begonnen und das freistehende Brauhaus im SW errichtet. Dann erfolgten die Schließung des Klostergevierts mit dem STeil des OFlügels und dem SFlügel sowie der Bau des Abtshauses im SO. Gleichzeitig, z.T. auch unmittelbar danach, der w Teil der K. für die Konversen und Laien aufgeführt und der WFlügel der Klausur mit dem „Fürstensaal" bis zur K. nach N verlängert. Alle diese Arbeiten vielleicht schon 1309 beim Ableben Markgraf Ottos IV. abgeschlossen, wohl sicher aber vor 1319; denn damals erlosch das askanische Haus. Die überlieferte Weihe von 7 Altären einschließlich des Hochaltars im Jahre 1334 wahrscheinlich eine Neuweihe nach Beschädigung der K. während der Kämpfe um die askanische Erbfolge.

Nach der Säkularisierung des Klosters im Jahre 1543 die Gebäude in Verfall und im sp.17.Jh. als Steinbruch benutzt; dabei das s Seitenschiff der K., N- und S-Flügel des Kreuzgangs sowie der

SFlügel der Klausur vollständig abgetragen. Die Ruine durch die Romantik als Kunstwerk wiederentdeckt und seit 1828 auf Veranlassung des späteren Königs Friedrich Wilhelm IV., damaligen Kronprinzen, unter wesentlicher Beteiligung Karl Friedrich Schinkels gesichert. Die gärtnerische Gestaltung der Umgebung 1831/32 von Peter Joseph Lenné. Durch Grabungen 1833 und 1884/85 Teile der ma. Fußbodenfliesen, Schrankenfragmente und Reste von Grisaillefenstern geborgen, diese inzwischen aber nicht mehr auffindbar. Im Anschluß an die Grabungen umfassende Rest. der Ruine unter Architekt Walther Schleyer. Dabei das Fenstermaßwerk weitgehend erneuert. Seither die ihrer Gewölbe beraubte K. mehrfach neu überdacht, zuletzt 1966. 1960–68 auch Rest.Maßnahmen im Klausurbereich, damals u.a. die Einbauten im ö Kreuzgang entfernt; seit 1976 Rest.Arbeiten in den Räumen des WFlügels.

Die **Kloster-K.** St.Marien eine turmlose, kreuzförmige Pfeilerbasilika mit 11jochigem Langhaus, queroblongem Chor mit 7/12 Schluß und doppelgeschossigen Chorseitenkapellen von der Breite der Kreuzarme; im WTeil des Mittelschiffs, ungewöhnlich für eine Zisterzienser-K., urspr. eine große Empore von 2 Jochen Tiefe. Das Material Backstein auf Feldsteinfundament, aber Granitquader auch für das Aufgehende verwendet, besonders innen und z.T. bis in beachtliche Höhe. Außen meist ein Feldsteinsockel mit schmalem Sockelprofil aus Backstein. – Baubeginn im O; die Unterbrechung nach dem 5. (im N nach dem 4.) Langhausjoch am Materialwechsel und an einer von O nach W fallenden Baunaht in der NWand kenntlich; auf der SSeite auch im jetzigen Zustand der Ruine der Formwechsel der tiefen Blendnischen zur Erleichterung der Langhauswände über den Arkaden offenkundig: die ö spitzbogig, die w etwa rundbogig. Trotz dieser Unterbrechung der Bau vollkommen einheitlich, ein Höhepunkt der märkischen Backsteinarchitektur in ihrer hochgotischen Phase. Die Klarheit der Anlage, der straffe Aufbau und der zurückhaltend angewandte Schmuck machen die Kirche zu einem architektonischen Kleinod höchsten Ranges. Der Gr. der STeile weitgehend dem Vorbild Lehnins entsprechend: querrck. Vierung mit überquadr. Kreuzarmen, auch der Chor querrck., in den Chorwinkeln quadratische, doppelgeschossige Kapellen, in ihrem Untergeschoß durch Zungenmauern von der OWand zur Mittelstütze zweigeteilt, das Obergeschoß der n Kap. durch eine Mauertreppe in der Querschiffs-NWand zugänglich. Der Aufbau jedoch ganz anders als in Lehnin, hier rein hochgotisch. Statt der Apsis ein 7/12 Polygon; damit im märkischen Backsteinbau erstmalig der 1sch., 1geschossig aufgebaute, polyg. geschlossene Chorraum verwirklicht, möglicherweise von dem 1251–68 errichteten Chor der Zisterzienser-K. zu Pforta angeregt, dort jedoch ein frühgot. Werksteinbau mit 5/8Schluß. Die geistreiche Verschmelzung von Baugedanken des Hausteins mit Traditionen der märkischen Backsteinarchitektur kennzeichnet den Bau auch sonst. – Im Äußeren das Chorhaupt von den schlanken, 2teiligen Maßwerkfenstern, die nur wenig Mauermasse bestehen lassen, und den steil aufsteigenden, erst im oberen Viertel gestuften Strebepfeilern bestimmt. Diese enden in Kämpferhöhe der Fenster und sind mit dünnen Aufsätzen bekrönt, die z.T. Tierköpfe tragen. Jedes 2. Fenster durch zartere Profilierung hervorgehoben, das Maßwerk erstmalig überall aus Backstein: schön gestaffelte Figurationen aus Dreipässen und Kreisen. Die Horizontalakzente auf eine schmale Traufleiste in Höhe der Fenstersohlbänke und ein gekehltes Kranzgesims über einem Plattenfries beschränkt. Letzterer schon an den jüngeren Teilen der Klosterkirche zu Lehnin verwendet. In Chorin, wo der Fries am ganzen Bau wiederkehrt, zeigt sein Reliefdekor Spitzbögen, die stehende Lilien einschließen. – Die freistehende n Querhausfassade richtungweisend für die Fassadengestaltung norddeutscher Backsteinarchitektur. Beherrschend das große 4teilige Mittelfenster mit reichem, von einem 6Paß bekröntem Maßwerk und die polyg., turmartig in Steinhelmen endigenden Eckstreben; zwischen beiden kürzere, 2geteilte Blendfenster. Der Giebel mit schlichten Blendenreihen verziert, dazwischen zarte horizontale Bänder aus Plattenfriesen mit einer dünnen Weinlaubwellenranke, diese ähnlich schon an einem Kapitell in der Bunten Kap. des Brandenburger Doms nachweisbar. Der gleiche Fries begleitet die Schrägen des Giebels; diese wie auch die der (erneuerten) Turmhelme zudem durch Krabben aufgelockert. An der klausurseitigen s Querhausfassade wie üblich nur der Giebel geschmückt: Die Ecklisenen in kräftigen Fialen endigend, die Blenden etwas zierlicher als im N, kleeblattbogig und auf Säulchen ruhend. – Das LANGHAUS auf der NSeite zisterziensisch schlicht und monumental: Die 2teiligen Fenster relativ schmal, viel Wandfläche bestehen lassend. Die Strebepfeiler am Seitenschiff mit Pultdach abgeschlossen, am Obergaden fialenartig dünn und mit Giebeln bekrönt. Das Strebewerk, wohl in dem Wunsch nach ruhiger Gesamterscheinung, unter dem Seitenschiffsdach versteckt. Einziger Schmuck das Maßwerk der Fenster im Obergaden, nach W an Kompliziertheit zunehmend; die Maßwerkfüllungen der Seitenschiffsfenster verloren. – Höhepunkt des Äußeren der K. die WESTFASSADE, die Vorläufer in Lehnin und Mariensee (geplante OFassade) zu neuer bildhafter Schönheit steigernd. Für den modernen Betrachter liegt ein besonderer Reiz in den leichten Unregelmäßigkeiten bei anscheinend vollendeter Symmetrie und Harmonie der Fassade; diese Asymmetrien aber offenbar bautechnisch bedingt. Der Gesamteindruck durch helle Putzblenden urspr. von größerer Festlichkeit. Ein WPortal fehlt, nur eine Tür führt s zum Klosterbereich. Ein Feldsteinsockel, der im s Teil abbricht, hebt die Schauseite gleichsam in die Höhe. Grundprinzip des Aufbaus die Dreiteilung. Zwei turmartige Strebepfeiler, die Treppen bergend und in 8eckigen Aufsätzen mit pyramidenförmigen Backsteinhelmen endigend, ähnlich wie urspr. in Lehnin, fassen die Mitte mit der beherrschenden Dreifenstergruppe ein, diese von schlanken, nicht abgetreppten Streben nochmals geteilt. Die Fenster setzen wegen der Empore relativ hoch an, im Untergeschoß nur 3 Schlitzfenster. Die Fassade des n Seitenschiffs tritt etwas zurück, die entsprechende des Portalvorbaus im S dagegen leicht vor; die steilen Ziergiebel erreichen die Traufhöhe des Mittelschiffs, doch nur der n verdeckt das – wesentlich niedrigere – Seitenschiff; hinter dem s das steile Dach der Klausur. Beide sind wie die Hauptstrebepfeiler von schlanken Blenden gegliedert und von einem 3teiligen, in der Mitte aufgipfelnden Blendgiebelmotiv bekrönt, das sich am mittleren Hauptbau vergrößert wiederholt. Nur als Blende erscheint dort die zisterziensische Rose, mit 3 Sechspässen gefüllt. Die Horizontale an der Fassade allein durch je 2 Friese in der Höhe der Traufe angedeutet: Deutsches Band und Plattenfries, dieser nur am Mittelschiff mit der stehenden Lilie, am n Teil mit der Wellenranke, am s dagegen mit Hufeisenbögen.

Das INNERE steilräumig, nicht nur wegen der fehlenden Gewölbe. Ehemals das Licht hauptsächlich im O und W einfallend, so daß der Eindruck außerordentlicher Gestrecktheit noch verstärkt wurde. Dieser jedoch weniger wirksam, solange die liturgische Ausstattung des Raumes durch Empore, Schranken und Niveaustufen noch vorhanden war. Hellster Teil der Altarraum mit seinen 7 Steilfenstern und weiteren 2 kurzen, im unteren Teil nur als Blenden herabgeführten Lichtöffnungen. Im Unterschied zu Lehnin die Seitenkapellen hier nicht zum Chor geöffnet, ihre Mittelpfeiler ehemals für die Gewölberippen 5teilig paßförmig gegliedert. In der s Chorwand spitzbogige Sediliennische, an ihrer Rückwand Maßwerk aus schönen, gerundeten Formen auf Säulchen. Daneben 4 Wandschränke. Im s Kreuzarm 3 Türen zur Klausur: unten zur Sakristei, die beiden höher gelegenen aus dem Schlafsaal in die K. führend, der Abgang urspr. durch ein hölzernes Podest und eine Treppe vermittelt. Der Zugang zum Obergeschoß der s Seitenkapellen erfolgte, wie die erh. Tür zeigt, ehem. vom Dormitorium aus direkt. – Die Gewölbe im Chor auf Runddiensten ruhend, die vom Boden an aufsteigen, ihre polyg. Basen mit flach aufgelegten Laubkränzen, an den Kapitellen stilisiertes Blattwerk. Chor- und Triumphbogen nicht hervorgehoben, so daß die Vierung in der Längsrichtung nicht in Erscheinung tritt; zu den Kreuzarmen dagegen breite Vierungsbögen auf je 2 schweren Halbrunddiensten, die eine schlanke, 3teilige Dienstgruppe zwischen sich nehmen. Diese, aus einem kantigen, seitlich gekehlten Stab zwischen begleitenden Rundstäben gebildet, trägt dann im Langhaus allein die relativ schmalen Gurtbögen zwischen den betont schmalrck. Jochen. Damit nochmals die Wirkung der Längsrichtung unterstrichen. In den Seitenschiffen die Joche leicht längsrck., die Gewölbe hier ehem. auf Runddiensten wie im Chor. Im OTeil des Mittelschiffs, wo das Chorgestühl stand, die Dienste oberhalb der Pfeilerkämpfer auf Konsolen abgefangen. Die ö meist mit Blattwerk belegt, die w vielfach nur tektonisch. – Auffällig die differenzierte Pfeilerbildung: In den 5 ö Jochen wechseln 3 Bündelpfeilerpaare verschiedenartigen Querschnitts mit 2 Quadratpfeilern mit eingezogenen Ecken. Die Variation von Bündelpfeilern schon in der Berliner Franziskaner-K., sogar in ähnlichen Formen, vorgebildet, vielleicht auf eine spätrom. Tradition in der Altmark (vgl. Sandau, Ldkr. Havelberg) zurückgreifend. Sie ist etwas wesenhaft anderes als der Stützenwechsel rom. Kirchen und bleibt im Gewölbe ohne Echo. Die Bündelpfeiler tragen eine ausladende Kapitellzone mit flach aufgelegtem, jeweils variiertem Laubwerk, die Quadratpfeiler haben nur schmale, zart profilierte Leisten, den Kapitelldeckplatten entsprechend. Mit den aufwendigen Bündelpfeilern wird der Mönchschor hervorgehoben, im w anschließenden Konversenchor werden nur noch Quadratpfeiler verwendet. Dazwischen urspr. eine Schranke. – Der Anschluß der zerstörten, 2sch., 3jochigen WEmpore an die W- und SWand wie an die Mittelschiffspfeiler der NSeite noch klar ablesbar. Sie war durch eine Mauertreppe vom WEnde des um die Emporentiefe verkürzten s Seitenschiffs aus zugänglich, das wiederum durch eine Tür daneben mit dem s anschließenden „Fürstensaal" in Verbindung stand. Von dort führte eine dritte Tür in den Raum unter der Empore. Es dürfte kaum zweifelhaft sein, daß die Empore für die Familie der askanischen Stifter bestimmt war, der Raum darunter für ihr Gefolge. Das Nachgeben der Zisterzienser gegenüber den Wünschen der weltlichen Obrigkeit wird hier ebenso deutlich wie in der Zulassung der fürstlichen Gräber in den OTeilen der K. Diese durch Grabungen ihrer Lage nach bekannt. – Außer einem *Abtsgrabstein* mit Ritzzeichnung aus dem 3.V. 15.Jh., im Querhaus an der NWand, keine Ausstattung erh. Auf dem stimmungsvollen Friedhof n der K. kleiner Obelisk, das *Grabmal* für Frau *E. Nobbe* †1826 sowie das *Grabmal* für *Max Taut* †1967, aus 3 schlichten Granitkuben.

Das **Kloster** s der K. etwas überquadr. in N-S-Richtung angelegt, die Baufolge aus den Unterschieden in Material und Ornamentik zu erschließen (vgl. S. 50f). Vom KREUZGANG nur O- und WFlügel erh., auch vom 8eckigen Brunnenhaus am SFlügel nur die Fundamente übrig. Der Flügel neben der K. wohl urspr. 2sch. Der OFlügel erst seit 1966 im ganzen wieder freigelegt, dabei im mittleren Teil 4 der Kreuzrippengewölbe neu hergestellt; die Gewölbe im Gr. quadr. und auf Konsolen ruhend, das Birnstabprofil der Rippen und Gurte nicht unterschieden. Die Konsolen nach Entwürfen von Waldemar Grzimek – vielfach figürlich – ergänzt, die ma. mit Laubwerk oder Fabelwesen. Zum Hof steile Arkaden, ihre ehem. Füllungen fehlen. Am NEnde des Ganges das Portal zur K., 1968 rest.; mit seinen tiefen Kehlen zwischen 3/4Säulen das älteste im Klst., die Kapitelle mit Blattwerk oder Ranken. – Wenig jünger und dem ö im wesentlichen gleichend der w Kreuzgangflügel; an seinen Konsolen ebenfalls z.T. figürliche Motive. – Der *OFlügel* der KLAUSUR enthielt von N nach S: Sakristei, Bibliothek, Kapitelsaal – dieser beiderseits gerahmt von je einem schmalen, tonnengewölbten Raum (Bußzellen?) –, Treppe zum Dormitorium mit Karzer darunter, ODurchgang und Brüdersaal; letzterer auf zwei Seiten gerahmt von 4 kleinen Räumen unbekannter Bestimmung, alle nur vom ODurchgang aus und dann untereinander betretbar und urspr. wohl zur Latrine führend. Das Obergeschoß des OFlügels mit dem Dormitorium 1769 abgetragen, auch der wichtigste Raum des Flügels, der Kapitelsaal, seiner Stützen und Gewölbe beraubt, urspr. etwas nach O vorspringend, vgl. Jerichow. Allein der Brüdersaal (ev. Kirche) in der alten Form erh., seine Fenster jedoch neugot. vergrößert. Sein Gewölbe, an den Wänden auf Konsolen, trotz des gestreckten rck. Gr. im Raum auf einem einzigen Pfeiler ruhend, nimmt Wirkungen der Sterngewölbe voraus: 2 übereck gestellte Quadrate werden in den Zwickeln von Zweigrippen gestützt. Von der alten Ausstattung nur 2 hübsche *Kronleuchter* des 17. Jh. erh. – Die gleiche Gewölbelösung wie im Brüdersaal, jedoch halbiert und daher stützenlos, in einem Raum des ehem. Abtshauses. Dieses sonst im 18./19. Jh. als Forstamt völlig umgestaltet. – Der zerstörte *SFlügel* enthielt das Kalefaktorium, dessen Heizung auch den Brüdersaal erwärmen konnte und das 2sch., 5jochige Refektorium, das, relativ klein, parallel zum Kreuzgang angeordnet war. – Im *WFlügel* lagen Küche, Pforte, Konversenrefektorium und „Fürstensaal". Sein größerer Teil ist unterkellert, das flachbedeckte Obergeschoß diente in voller Länge als Konversenschlafsaal. Der SGiebel des Traktes mit steigenden Blenden gleichmäßig geschmückt, seine Schrägen durch kleine Giebelmotive zwischen Pfeilerchen aufgelöst. Die Küche eigenartigerweise nur über den Pfortenraum von den Refektorien aus zu erreichen. Ihr mächtiger Kamin auf quadr. Pfeilern gut erh., der Restraum auf runder Mittelstütze 4jochig kreuzrippengewölbt. Die Wände durch tiefe Nischen erleichtert. Zum 2jochigen Pfortenraum je 1 Tür neben dem Kamin. Das Portal zwischen Kreuzgang und Pfortenraum noch ähnlich dem Kirchenportal mit dünnen Säulen zwischen tiefen Kehlen, am urspr. Außenportal dagegen die Säulen mit geschärften Stäben wechselnd; dieses besonders feine Portal zudem von Wimperg mit Krabben und Rosenfenster bekrönt und von schmalen Beobachtungsfenstern gerahmt. Unmittelbar nach Vollendung des Gesamtbaus ein 2jochiger Vorbau der Pforte vorgelegt, der seitlich die – jetzt zerstörten – Wendeltreppen zum Konversenschlafsaal aufnahm; die neue Fassade aufwendig mit Motiven der Kirchenschaufront gestaltet, am Portal die jüngere Form mit flachen Kehlen zwischen den Säulen. – Die SW-Ecke des Portalvorbaus mit der NO-Ecke des (älteren) *Brauhauses* verschmolzen. Dieses wegen seiner Giebel bemerkenswert: Der n ein Staffelgiebel mit Spitzbogenblenden über einem Maßwerkfries aus Dreipässen; an der Wand darunter gereihte Spitzbogenblenden, das Ganze wohl eine spätgot. Erneuerung. Der SGiebel dagegen ein Pfeilergiebel der Zeit um 1280/90 (im 19. Jh. rest.) mit großen, einfachen Maßwerkblenden über einem hübschen Plattenfries, dessen Relief eine Wellenranke mit gehetzten Hasen und Füchsen zeigt. – Nördl.

der Pforte der größte Teil des WFlügel-Erdgeschosses vom 2sch. Konversenrefektorium eingenommen. Seine 8 Joche von 8 Maßwerkfenstern erhellt, das Dormitorium darüber dagegen zwar an allen freien Seiten, aber nur von kleinen Rundbogenfenstern in gleichen Abständen. Die Kreuzrippengewölbe des Refektoriums und die Stützen um 1780 eingestürzt. — Die Bebauung n des Konversenrefektoriums erst nachträglich eingeführt. Hier entstanden anscheinend nach einer Planänderung gleichzeitig mit dem WEnde der K. der 2sch., 3jochige „Fürstensaal" und sein Portalvorraum. Dieser mit dem nw Joch des „Fürstensaals" durch eine breite Arkade verbunden, seine WWand Teil der Kirchenfassade. Die Tür darin nachträglich eingesetzt, mit den flachen Kehlen der jüngeren Entwicklungsphase der Portale angehörig. Der „Fürstensaal" auf 2 schlanken Rundpfeilern kreuzrippengewölbt, von der vorauszusetzenden vornehmen Haltung der Klausurräume noch eine Vorstellung vermittelnd. In der OWand des Saales 2 tiefe Kaminnischen, die in einer gemeinsamen Esse münden. An seiner NWand im w Schildbogen Reste von *Fresken* des 14. Jh.: links die Anbetung der Heiligen Drei Könige, rechts das Urteil Salomonis. Zusammen mit der Heizbarkeit des Raumes und der überlegten Anordnung der Türen spricht auch diese Ikonographie für die Richtigkeit der Benennung „Fürstensaal".

CHOSSEWITZ Bez. Frankfurt/Oder, Ldkr. Beeskow
Dorf-K. Kurzer rck. Fachwerkbau mit Dachturm und schmalerem, niedrigerem Vorbau im W, 18. Jh. Das Satteldach im O abgewalmt, der hölzerne Turm ins Polygon übergehend mit Spitzhelm. — *Hufeisenempore* und *Kanzelaltar*, sp. 18. Jh.

D

DAHLWITZ-HOPPEGARTEN Bez. Frankfurt/Oder, Ldkr. Strausberg. — Inv. Prov. Brandenburg, Niederbarnim
Dorf-K. Schmuckloser verputzter Saal von 1733 unter Einbeziehung der spätrom. WWand. Im W Dachturm von 1748 mit eingezogenem Aufsatz und Spitzhelm. In der SVorhalle Emporenaufgang. 1902 Fenster und Türen teilweise verändert. — Innen Flachdecke und einheitliche spätbar. Ausstattung aus Holz: Geschwungene gefelderte *WEmpore* mit nach S anschließender *Patronatsloge*, *Gestühl* und *Kanzelaltar* mit säulengerahmtem polyg. Korb und kräftig geformten Akanthuswangen; kronenartiger Schalldeckel.
Ehem. **Schloß** (Rat der Gemeinde). Malerisch gruppierter Putzbau von 1856 im italianisierenden Stil der Schinkel-Nachfolge mit loggienartig geöffneten Risaliten an der Eingangs- und Gartenfront (vorn zugesetzt) sowie Belvedereturm.

DAHME Bez. Cottbus, Ldkr. Luckau

Am Übergang der Straße Jüterbog-Luckau über eine ehem. Sumpfniederung der Dahme gelegen. Urspr. slawische Siedlung, seit dem 12.Jh. deutsche Burg, 1164 erstmals gen. In ihrem Schutz der Ort entstanden, 1265 „civitas“. Die Burgherren, die Ritter v.Dahme, seit 1185 Lehnsleute des Erzbistums Magdeburg; nach wechselvollen Streitigkeiten ab 1635 Dahme sächsisch, von 1657 bis 1746 das Schloß Residenz der Herzöge von Sachsen-Weißenfels. Ort und Schloß seit 1815 preußisch. — Die Markt- und Handwerkersiedlung von etwa ovalem Gr., mit 3 Längs- und mehreren Querstraßen. Der ehem. große Marktplatz n der Hauptstraße später weitgehend bebaut, ein Restplatz im N der ehem. Töpfermarkt. An der n Längsstraße die Haupt-K. St.Marien, unweit nö von ihr das Schloß. An der Hauptstraße ehem. die Nikolai-K. (ohne Pfarrrecht), ihr Platz jetzt vom Rathausneubau eingenommen. Nahebei am SRand der Hauptstr. das ehem. Karmeliter-Klst., seit 1811 Hospital. — Die Stadt mit Mauer, 3 Wällen und Graben befestigt; 2 Tore, im W das Jüterboger, im O das Luckauer Tor. Die Mauer weitgehend erh., die Tore 1830—35 abgetragen, die Wälle schon früher eingeebnet. 1666 die Stadt bis auf die Burg und 6 Häuser abgebrannt.

Stadt-K. St.Marien. Langgestreckter 1sch. Bau mit WQuerturm und querflügelartigem Anbau im S. Urspr. offenbar eine Basilika mit Rck.Chor und WTurm. Von diesem wohl in mehreren getrennten Abschnitten errichteten Bau nur wenig erh. Am ältesten, 2.V. bis M.13.Jh., Teile der Umfassungsmauern des Chores aus Granitquadern mit einem steilspitzbogigen Rücksprungportal an der SSeite. Die rck. Sakristei an der Chornordseite vermutlich gleichzeitig; ihr Tonnengewölbe wohl bar. Vom basilikalen Langhaus nur Teile der jetzt vermauerten, weiten spitzbogigen Mittelschiffsarkaden auf niedrigen, quadr. Backsteinpfeilern erkennbar, demnach 2.H.13.Jh. Das Untergeschoß des WBaues aus unregelmäßigem Feldsteinmauerwerk mit w Stufenportal wohl erst 14./15.Jh. Der kapellenartige Anbau an der SSeite vermutlich im Kern gleichzeitig. Damals die Seitenschiffe wohl schon aufgegeben, sicher 1512 bei Errichtung des n Gegenstücks, einer Annenkap., die spätestens seit dem 17.Jh. nur noch an ihren Abbruchspuren erkennbar ist. — Eingreifender Umbau seit 1671 nach dem Stadtbrand von 1666: Ausbau zum T-förmigen Emporensaal mit Mansardwalmdach, sowie 1697/98 Errichtung der Obergeschosse des WTurms mit ins Achteck übergehendem Aufsatz, Abschluß mit kupferbedeckter origineller Haube mit Laterne. Für die Emporen je 1 dreiseitiger Treppenanbau an der Chorostwand, der Chorsüdwand und der Querbauwestwand, getrennt zu den Choremporen im O und N, zur Hofloge im Chor und zu den Emporen in Schiff und Querbau führend. — Im Inneren verputzte Holztonne, belichtet durch die Dachgaupen. Der Eindruck von den 2geschossigen Emporen mitbestimmt, die — in Chor und Schiff getrennt — jeweils hufeisenförmig umlaufen und im Schiff den s Anbau einschließen, ihm gegenüber am freien Stück der NWand die Kanzel. Die *Emporen* 1678 inschr. dat., mit Altaraufsatz und Kanzel aus dem gleichen Jahr eine einheitliche Ausstattung bildend. Im Chor auf der NSeite nach W noch schmuckvolle verglaste *Loge*, auf der SSeite die prunkvolle *Hofloge* der Herzöge von Sachsen-Weißenfels auf Balusterstützen mit geschnitzter Wappenkartusche. Die Emporen in Schiff und SAnbau einfacher, im W auf der unteren Empore der *Orgelprospekt* von 1906. Von der Rest. 1905/06 auch die Fassung der Emporen, der Raum dadurch malerisch vereinheitlicht. — *Altaraufsatz* von 1678, im Hauptfeld, von Weinlaubsäulen flankiert, Relieffiguren einer Kreuzigungsgruppe vor Gemälde der Stadt Jerusalem, in der Predella Abendmahlsbild, im kartuschenförmigen Aufsatz Gemälde mit dem Engel am leeren Grab, das Retabel bekrönt von triumphierendem Christus. Bar. *Taufstein* in Form einer Balustervase, 1.H.18.Jh. *Kanzel* 1678, an Aufgang und Korb zwischen schlanken Säulchen Brüstungsmalereien, Propheten und Evangelisten; der Schalldeckel bekrönt von Laterne, am Aufgang durchbrochenes Rankenornament. Im Chor *2 Tafelbilder*, Adam und Eva im Paradies sowie Arche Noah, wohl sp.16.Jh. In der NO-Ecke des Chores ebenerdig eine weitere *Loge* eingestellt, vielleicht schon M.17.Jh., an der geschnitzten Attika Engel in Ranken (aus der Spital-K. ?). Drei schöne *Kronleuchter*, einer von 1682. Im s Querarm *Doppelgrabstein* für C.F.Meyer †1765 und A.M.Meyer †1726, über Felsensockel 2 Inschr.-Kartuschen unter bekrönendem Volutengiebel mit Wolkenglorie. In der Turmhalle *2 Inschr.Grabsteine*, der ältere 1674, der jüngere für H.H.v.Wiesenrodt †1692 (?), mit wappenhaltendem Engel. — Außen an der K. bzw. auf dem ehem. Friedhof eine größere Anzahl *Grabdenkmäler*, vorwiegend 2.H. bis E.18.Jh., darunter auch für J.Chr.Cranach †1686 (?), die jüngeren in klassizist. Formen als Säulenstumpf oder mit bekrönender Vase. — Aufwendiges *Friedhofsportal* von 1913.

Ehem. **Hospital** (Wohnungen) an der angerartigen Erweiterung der Hauptstraße (jetzt Wilhelm-Pieck-Str.). An dieser Stelle ehem. das Karmeliter-Kloster, bereits 1304 gen., nach Brand 1563 an die Stadt gefallen, erst 1734 die ehem. Klst.-K. und das Klst. als einheitlicher Bau neu erstellt, seit 1811 Hospital. — Großer 3geschossiger Putzbau mit Mansardwalmdach; im w Teil Wohnungen, im ö Teil die **Hospital-K.**, außen nur durch die hochrck. Fenster erkennbar. Das Innere eine flachgedeckte 3sch. Halle von 4 Jochen, die korbbogigen Arkaden auf schlichten Rck.Pfeilern; die w Emporeneinbauten A.20.Jh. — Qualitätvoller bewegter *Kanzelaltar* 1.H.18.Jh., Holz, steile Ädikulaform mit tulpenförmigem Korb zwischen flankierenden, schräg gestellten Säulen und seitlichen allegorischen Figuren mit Kelch, bzw. Lamm, auf den Giebelsegmenten Engelsputten.

Schloß-Ruine auf dem Gelände der ehem. Burg. Nach deren Abriß Neubau 1713—19 durch sächsische Baumeister für die Herzöge von Sachsen-Weißenfels: Bewegte mehrteilige Anlage, die Seitenflügel zum erhöhten Mittelteil einen stumpfen Winkel bildend. Die Eingangsachse durch Kolossalsäulen, gesprengten Giebel und Wappenkartusche betont.

An der NSeite des Schloßhofes ein **Kavalierhaus** (Schule) erh. 1geschossiger Putzbau mit Mansardwalmdach und 2geschossigem Mittelrisalit mit Dreiecksgiebel, die Ecken durch Zwillingspilaster betont. – S des Schlosses mächtiges 3geschossiges **Speichergebäude** aus schlichtem Fachwerk mit hohem Mansardwalmdach, 18. Jh.

Schloßpark. 1719 als Barockgarten angelegt. 1924 Neugestaltung im Sinne des Englischen Landschaftsparks. Die Schloßbrücke von 1736 führt zur nach N gerichteten Hauptachse des Parkes als Rest des bar. Gartens.

Rathaus. Roter Backsteinbau mit phantasievollem Rundturm. Errichtet 1894 an der Stelle der ma. Nikolai-K., einem kreuzförmigen Granitquaderbau. Diese nach Brand 1563 der Stadt zur Nutzung als Rathaus geschenkt, ein Neubau des 17. Jh. abgebrochen 1892.

Wohnhausbau. Durch den großen Brand von 1666 keine älteren Bauten erh. Aus dem sp. 18./A. 19. Jh. einzelne Straßenzüge mit schlichten Traufenhäusern einheitlich bewahrt. Außerdem einzelne Fachwerkhäuser des 18. Jh., darunter *Töpferstraße 76/Ecke Thälmannplatz* (Heimatmuseum), ehem. Brauhaus, und *Thälmannplatz 4*, beide mit schöner Barocktür. Zu nennen auch die *Adler-Apotheke*, Wilhelm-Pieck-Str. 56, ein 2geschossiger Putzbau um 1800, die ausgebaute Mansarde mit Lünettenfenster, das Mittelportal säulengerahmt mit Giebelbekrönung.

Städtischer Friedhof. Um 1800 vor der Stadtmauer am SW-Ende der Stadt angelegt. Vor der Kap. am Hauptweg eine größere Anzahl Grabsteine, vorwiegend 1. H. 19. Jh. in klassizist. oder neugot. Formen.

Von der **Stadtbefestigung** der größte Teil der *Stadtmauer* aus Feld- und Raseneisenstein erh., außerdem der sog. *Vogelturm* neben dem ehem. Jüterboger Tor, ein runder Feldsteinturm mit Backsteinaufsatz und Zinnenkranz des 19. Jh.

Heimatmuseum

DAHMSDORF Bez. Frankfurt/Oder, Ldkr. Beeskow

Dorf-K. Rck. spätgot. Feldsteinbau, wohl 15. Jh. Der urspr. WTurm abgebrochen, im W jetzt Fachwerk-Dachturm von 1719. Original erh. die OWand mit 3 schmalen, leicht gespitzten Fenstern von gleicher Höhe und 2 Rundöffnungen im Giebel, desgleichen 2 spitzbogige Granitportale an der SSeite. Schlichte hölzerne *Emporen*, im W auf neuer Stütze, im N verkürzt.

DAHMSDORF Bez. Frankfurt/Oder, Ldkr. Strausberg

s. MÜNCHEBERG

DAMITZOW Bez. Frankfurt/Oder, Ldkr. Angermünde. – Inv. Pommern, Reg.Bez. Stettin, Randow
Dorf-K. Kleiner rck. Feldsteinbau, verputzt, im Kern 13.Jh., der WTurm von 1694 mit dat. *Stifterwappen* über dem WPortal. Gleichzeitig Veränderung der Öffnungen und Einziehung einer Holztonne. Das Innere nach Beschädigungen 1945 rest. Ungewöhnlich großer *Grabstein* für 2 Frauen der Familie v.Rehberg, 1369, die Verstorbenen unter Baldachinen in guter Ritzzeichnung.

DANEWITZ Bez. Frankfurt/Oder, Ldkr. Bernau
Dorf-K. Rck. Feldsteinbau mit eingezogenem Chor und Apsis, 1.H.13.Jh. Der WTurm aus Backstein 19.Jh. Rest. des Inneren 1969. Die urspr. rundbogigen Öffnungen verändert.

DANNENBERG Bez. Frankfurt/Oder, Ldkr. Freienwalde
Dorf-K. Neugot. Bau 1894 von Bräutigam aus Freienwalde, Feld- und Backstein, mit großen Spitzbogenfenstern und WTurm. Die *Ausstattung* aus der Bauzeit.

DAUBITZ Bez. Cottbus, Ldkr. Weißwasser. – Inv. Prov. Schlesien, Reg.Bez. Liegnitz, Rotenburg
Dorf-K. Emporensaal mit Chor und WTurm, 1914–16 von Baumgärtl. Die Ausmalung aus der Bauzeit, die Ausstattung aus dem Vorgängerbau von 1651. – Hölzerner *Altaraufsatz* von 1651, die Fassung von 1912; strenger Architekturaufbau: im Hauptfeld Kruzifix, flankiert von den stehenden Evangelistenfiguren beiderseits der toskanischen Säulen, in der Predella Abendmahlsgruppe, im doppelten Auszug der Auferstandene und die Himmelfahrt, abschließend Salvatorfigur. Hölzerne *Kanzel* von 1678 mit Ecksäulchen am polyg. Korb. Hölzerne 6eckige *Taufe* M.17.Jh. Qualitätvoller schwebender hölzerner *Taufengel* 1.H. 18.Jh. Großer bar. *Orgelprospekt* um 1700. Über der Empore: *Wappenepitaph* für A.C.L.v.Pentzig E.17.Jh.; *Epitaphgemälde* für die Schwestern E.E. und J.A.v.Ziegler †1740 bzw. †1742, emblematische Darstellung auf Kartusche. *Wandepitaph* für G.R.v.Nostiz von 1738 mit Wappen, dieses von schwungvollem Adler gehalten und mit kriegerischen Emblemen umgeben. Verzierter *Inschr.Grabstein* für C.G.v.Pentzig †1708. *Kindergrabstein* mit Relieffigur für J.L.H.v.Pentzig †1695. *Kelch* von 1713, Silber vergoldet. – Außen an der N- und OSeite eine Reihe von bar. *Inschr.Grabsteinen* mit Reliefschmuck. Auf dem Friedhof klassizist. *Grabdenkmal* für J.B.Kläbisch †1824: 2 stelenartige Tafeln mit dem Relief eines Todesgenius und gleicher Inschr. zu Seiten einer freiplastischen Frauenfigur angeordnet. – Unweit das **Pfarrhaus** von 1767, mit Fachwerkobergeschoß und Krüppelwalmdach.

Ehem. **Gutshaus** (Kindergarten) von 1720, zweigeschossiger Putzbau von 9:5 Achsen unter Mansardwalmdach. Schwacher 3achsiger Mittelrisalit an der Hofseite, Sandsteinportal mit Allianzwappen. An der Gartenseite Altan 2.H.19.Jh. – Der **Park** aus der M.19.Jh. in seinem Grundgefüge erkennbar, insbesondere die Hauptachse erh.

DEMNITZ Bez. Frankfurt/Oder, Ldkr. Fürstenwalde. – Inv. Prov. Brandenburg, Lebus

Dorf-K. Spätgot. rck. Feldsteinbau, ein WQuerturm in Schiffsbreite war vorgesehen; jetzt w hölzerner Dachturm mit Spitzhelm, wie die WVorhalle von einer Rest. 1909. An der blendengegliederten OSeite Gruftanbau aus Backstein E.16.Jh. An der SSeite 2 spitzbogige Pforten, sonst die Öffnungen bar. verändert. Das Innere von guter Wirkung, im sp.16.Jh. auf Wandpfeilern 2jochig kreuzgratgewölbt; etwa gleichzeitig die hölzerne *Empore* im O und S, die s 1594 dat., mit Wappenreliefs. WEmpore und Orgel von 1909. – Hölzerner *Altaraufsatz* E.16.Jh., mehrgeschossiger Säulenaufbau, in der Mittelbahn übereinander 4 Reliefs: Abendmahl, Kreuzigung, Auferstehung und Himmelfahrt, seitlich des Hauptfeldes je eine alttestamentliche (?) Figur in Muschelnische, neben den Wangen mit Adlerköpfen je eine Apostelfigur. Auf dem Dreieckgiebel Pelikan. Hölzerne *Kanzel* A.17.Jh., am polyg. Korb zwischen kannelierten Ecksäulchen gemaltes Akanthuswerk. *Porträts* des Patronatsherrn Ch.v.Röbel und seiner Ehefrau, dat. 1604. Gutes *Pastorenporträt* 1764. *Inschr.Grabsteine* mit Wappen und Putten: für F.E.v.Burgsdorf †1745 und U.H.v.Burgsdorf †1756.

DEULOWITZ Bez. Cottbus, Ldkr. Guben

Ehem. **Gutshaus** (Pflegeheim). 2geschossiger Putzbau mit Mansardwalmdach, durch moderne Zutaten entstellt. Über dem Eingang Wappenrelief mit Inschr. und Dat. 1788.

DIEDERSDORF Bez. Frankfurt/Oder, Ldkr. Seelow. – Inv. Prov. Brandenburg, Lebus

Dorf-K. Romanisierender Backsteinbau, teilweise verputzt, nach 1870. Der eingezogene quadr. WTurm, Feldstein mit Resten bar. Putzgliederung, von 1739; nach Kriegsschäden Turmoberteil abgetragen und Abschluß durch Pyramidendach. Instandsetzung des Inneren 1956/57. In der Altarnische *Inschr.Grabplatte* C.F.v. Burgsdorff †1713 und seiner Frau †1722.

Ehem. **Gutshaus** (Rat d. Gemeinde). Eingeschossiger Putzbau von 9 Achsen mit Seitenflügeln und Krüppelwalmdach, um M.18.Jh. Die Halbkreisfenster der Giebel an den Stirnseiten der Flügel von einer klassizist. Erneuerung um 1800. Das aufwendige Mittelportal mit Freitreppe 1876. – Großer **Park**.

DIEDERSDORF (NEUENTEMPEL)

Dorf-K. Eine Gründung des Templerordens (vgl. Lietzen Nord). Rck. flachgedeckter Feldsteinbau, wohl noch 13.Jh.; der WQuerturm von Breite des Schiffes etwas jünger. An der SSeite des Schiffes 1 Rundbogenportal (vermauert) und 1 Spitzbogenportal erh. Von einer Erneuerung M.18.Jh. die Fenster und die s Vorhalle. Nach Kriegsschäden Wiederherstellung um 1950. – *Altargemälde* aus Friedersdorf (Ldkr. Seelow) von 1612 mit Darstellung Christi mit dem Kreuz als Spender des Sakraments.

DISSEN Bez. Cottbus, Ldkr. Cottbus. – Inv. Prov. Brandenburg, Cottbus

Dorf-K. Stattlicher Fachwerkbau von 1778 mit 5seitigem Schluß. Hohe Rck.Fenster. Der quadr. WTurm aus Backstein mit Spitzhelm und die Fachwerkvorhallen an den Längsseiten 1868 hinzugefügt. Rest. 1936/37. Im Inneren Hufeisenempore. – Hölzerner *Kanzelaltar* aus der Erbauungszeit, der gebauchte Kanzelkorb von Pilasterpaaren gerahmt, primitive Gemälde des Abendmahls unter und der Himmelfahrt über der Kanzel. *3 Kelche*, Silber vergoldet: 2.H.15.Jh., auf dem Sechspaßfuß eingravierte Halbfiguren von Christus und Heiligen; 4.V.15.Jh.; 1581.

DOBBERZIN Bez. Frankfurt/Oder, Ldkr. Angermünde

S. ANGERMÜNDE

DOBERLUG-KIRCHHAIN Bez. Cottbus, Ldkr. Finsterwalde. – Inv. Prov. Brandenburg, Luckau

DOBERLUG

Am ö Ufer der Kleinen Elster gelegen. Der Ort schon 1005 als slawische Siedlung erwähnt. Vor 1165 hier ein Zisterzienser-Klst. gegr., das 1541 von den sächsischen Kurfürsten säkularisiert wurde. Anstelle des Abtshauses errichteten die Grafen von Gersdorff um 1550 ein Schloß. Nachdem dieses 1657 an den Herzog Christian I. von Sachsen-Merseburg gekommen war, begann dieser 1661 einen Umbau des Schlosses und die Anlage einer zugehörigen Handwerker- und Beamtensiedlung, die er 1664 zur Stadt erhob. Der nur 2½ km vom älteren Kirchhain entfernte Ort planmäßig angelegt mit sehr breiter Hauptstraße von NO nach SW zum Schloßtor. Zusammen mit dem Schloßbezirk von etwa elliptischem Gr., der Ort durch Mauer und Graben geschützt. Ehem. 3 Tore: Soldatentor im W und Hirtentor im O der Hauptstraße, dazu das Koblickstor im NO. Kein Rathaus. Garten- und Tabakbau, zeitweise Tuchfabrikation. Seit 1738 wieder kursächsisch, 1815 preußisch. Erst 1929 der Schloßbezirk eingemeindet, 1945 mit Kirchhain vereinigt.

Ehem. **Zisterzienser-Klst.** Um 1160 von Dietrich von Landsberg, 2.Sohn des Markgrafen Konrad von Meißen, gegr. und 1165 von Volkenrode in Thüringen (Ldkr. Nordhausen) besiedelt. Um

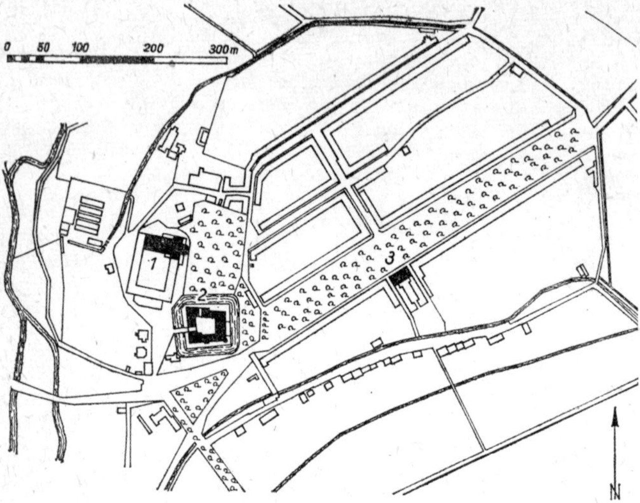

Doberlug im 19. Jh.
1. ehem. Klosterkirche 2. Schloß 3. Gasthaus zum Rautenstock

1178/1180 Slawenaufstand, deshalb 1184 wohl neuer Anfang. Die bestehende Kloster-K. vermutlich erst danach beg. 1209 die Markgräfin Elisabeth, eine Tochter des Stifters, in der K. begraben, die 1228 angeblich geweiht wurde. 1212 der Ort von Walter von der Vogelweide besucht und wegen seiner Armut verspottet. Aber schon 1234 das Klst. im Besitz von 18 Dörfern, im späten Ma. noch bedeutend reicher. 1541 durch Kurfürst Johann Friedrich von Sachsen säkularisiert. Das sö gelegene Abtshaus M.16.Jh. von Graf Heinrich von Gersdorff, seit 1623 von den sächsischen Kurfürsten zum Schloß umgebaut. 1657 bis 1738 das Klst. im Besitz der Herzöge von Sachsen-Merseburg, die den weiteren Ausbau des Schlosses und die Einrichtung der Kloster-K. zur Hof-K. veranlaßten. Seit 1815 das Klst. nur noch Verwaltungszwecken dienend; 1852 großer Brand, seitdem außer der K. nur noch ein Teil des SFlügels erh., dieser spätklassizist. verändert.

Ehem. **Zisterzienser-Kloster-K.** St. Marien. Neben Lehnin und Chorin der bedeutendste Backsteinbau der Zisterzienser und zugleich einer der frühesten gewölbten Großbauten in der Lausitz wie auch in der ö Mark Brandenburg. Die übliche Datierung 1184–1228 urk. nicht gestützt. Nach der Säkularisierung 1541 die K. lange Zeit ungenutzt, 1622 die Nebenchöre abgebrochen. 1673–76 die K. zur Hof-K. der Herzöge von Sachsen-Merseburg umgestaltet; daher das Äußere verputzt. Nach dem Brand des

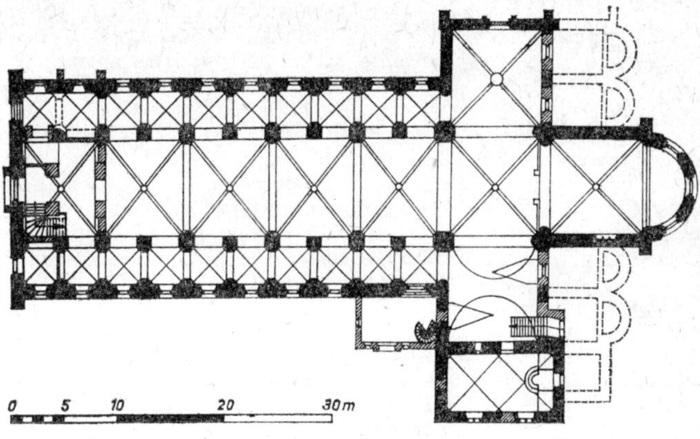

Doberlug, ehem. Klosterkirche

Klst. 1852 die K. 1859 puristisch rest. Eine weitere durchgreifende Rest. unter Carl Weber 1905–06 mit dem Ziel, im Sinne der Stilvorstellungen jener Zeit eine Synthese der ma. und der bar. – inzwischen verlorenen – Gestaltung zu erreichen. 1960 bis 1962 Einrichtung der Sakristei für den Gottesdienst, 1965–67 Instandsetzung des Daches und Verglasung der Seitenschiffsfenster, 1967 Abschachtungen um den Bau.

Die K. mit geringen Planänderungen E.12. bis spätestens Mitte 13.Jh. errichtet. Kreuzförmige Pfeilerbasilika im gebundenen System von 5 Mittelschiffsjochen; das Querschiff aus 3 Quadraten mit ausgeschiedener Vierung. Das Chorquadr. mit kaum eingezogener $^1/_2$kr. Apsis urspr. von je 2 wenig kürzeren, nicht gestaffelten Nebenchören mit Apsiden begleitet, diese durch Grabungen nachgewiesen. Der Gr. des Chorschlusses also ähnlich Zinna, dort jedoch der Chor querrck. Die Apsis durch Bauschmuck hervorgehoben: 2 Lisenen und ihnen vorgelegte kräftige Halbsäulen mit Würfelkapitellen teilen das Halbrund in 3 Abschnitte, darin je 1 großes Rundbogenfenster mit tiefer Gliederung der Gewände, deren je 2 schlanke Säulchen mit dekorierten Kapitellen als Rundstäbe um die Archivolten geführt sind; die Fensterbögen außerdem von Flachschicht und Deutschem Band umzogen. Die Apsis von Nischenkranz, Kreuzbogenfries, Deutschem Band und kräftigem Kranzgesims bekrönt. Dieser Dekor von den Halbsäulen überschnitten, z.T. an oberitalienische Vorbilder erinnernd. Kreuzbogenfries und Deutsches Band an Querschiff und Langhaus wiederholt bzw. erneuert, auch die Giebelschrägen – in Schräglage – damit geschmückt. Die Fenster, bis auf die 3 der Apsis, im Bar. verändert und 1905–06 neu gestaltet; die des Obergadens mit Rücksicht auf die Wölbung

gepaart. Zwischen ihnen am Langhaus, erstmalig in der Zisterzienser-Architektur der Mark, schlanke Strebepfeiler; urspr. Streben auch am n Seitenschiff nachzuweisen. Das aufwendige 3stufige Säulenportal zur ehem. Klausur im s Seitenschiff in den Details wohl 1905–06 weitgehend kopierend rest.; das schlichtere, breitspitzbogige Portal im n Kreuzarm mit kämpferlosen Rundstäben ebenfalls z.T. erneuert. Die Verkleidung des WPortals in den Formen der deutschen Spätrenaiss. von 1905–06; damals auch die SVorhalle neben dem Querschiff und der Vierungsturm hinzugefügt sowie der w Dachturm neu hochgezogen, zugleich wohl der großräumige, nüchterne Sakristeianbau am s Kreuzarm errichtet. Die 1980 im urspr. Sinne farbig gefaßte WFassade mit ihren 3 Portalen im Ma. unten in voller Breite von einer Vorhalle verdeckt; die rundbogige Dreifenstergruppe darüber und das hochgestellte Mittelfenster in einer großen flachen, breitspitzbogigen Blendnische wiederum 1905–06 erneuert; ganz neu damals der Giebel mit seinen Rosetten.
Das Innere nicht zuletzt durch die relativ niedrigen Spitzbogenarkaden zu den Seitenschiffen verhältnismäßig steil wirkend. Die zisterziensische Gestrecktheit des Langhauses reduziert, seitdem das w Halbjoch 1676 durch eine Wand für den Dachturm abgetrennt wurde und das folgende Halbjoch von einer 2geschossigen Empore mit mächtiger Orgel besetzt ist. Die Hochschiffe kreuzrippengewölbt, die Gewölbe im OTeil etwas höher ansteigend als im Langhaus; in den Seitenschiffen dagegen busige Gratkreuzgewölbe zwischen schweren, gedrückt spitzbogigen Gurten. Nur der Apsisbogen rundbogig, alle anderen Bögen spitz, meist als elegante, doppelte Schwellbögen. Die Apsisfenster innen der äußeren Gliederung entsprechend; die Apsiskalotte durch den Unterzug des Apsisbogens und 2 Rippen, sämtlich auf Konsolen, dreigeteilt; ihr Rippenprofil, 2 Rundstäbe zu seiten eines Dreiecksstabs, auch in Lehnin und Treuenbrietzen vielfach verwendet. In Chor und Querhaus die Rippen aus starkem mittlerem Wulst, begleitet von dünnen seitlichen Wülsten, gebildet. An den ö Vierungspfeilern schwere Halbrundvorlagen mit Würfelkapitellen, der Eindruck ähnlich wie in Lehnin oder St. Lorenz zu Salzwedel. An den w Vierungspfeilern die Halbrundvorlage nur an einer Stelle, im SO, wiederaufgenommen. Im Langhaus die Gurte von gestuften Rck.Vorlagen mit eingestellten Diensten für die Rippen getragen, die Dienste mit Würfelkapitellen, die Rck.Vorlagen oberhalb der Arkadenkämpfer abgekragt. Die Schildbögen flach, die Rippenprofile wechselnd, aber sämtlich schwer, z.T. mit abgeplattetem Birnstab. Durch die kräftige Ausbildung der Pfeilervorlagen die Einteilung des Langhauses in einzelne Kompartimente betont; der Eindruck der Seitenschiffe in dieser Hinsicht ähnlich, der Aufriß jedoch steiler und die rck. Gurtvorlagen hier sogar 3fach gestuft. Die eigenartige Abfangung der Seitenschiffsarkaden samt ihrer Unterzüge auf breiten Konsolen wohl eine Maßnahme des 17.Jh., seit dem 19.Jh. die rck. Pfeiler unten mit Holz ummantelt. Der räumliche Gesamteindruck

des Langhauses den jüngeren Teilen in Lehnin verwandt, jedoch durch die polychrome Fassung von 1905–06 überlagert.
AUSSTATTUNG: Die ma. Ausstattung 1859 bis auf geringe Reste entfernt, die bar. 1905–06 z.T. beibehalten, jedoch zugleich weitgehend ergänzt. Damals auch das Chorgitter mit der Triumphkreuzgruppe, die Kanzel, die Orgel über der veränderten WEmpore und die aufwendige Taufe im n Kreuzarm entstanden. Im s Kreuzarm auf schwerem Tonnengewölbe die *Fürstenloge* von 1673–76, 1859 vereinfacht und 1906 frei ergänzt. – Großer *Blockaltar* der Bauzeit aus Backstein mit Sandsteinplatte. Darauf *Altaraufsatz*, 1905 aus Senftenberg übernommen und neu gefaßt. Der hölzerne Aufbau 2.H.17.Jh. unter Verwendung ma. Teile. In der Predella ausdrucksvolle Figurengruppe der Anbetung der hl. 3 Könige, um 1520. Aus der gleichen Zeit die lebensgroße Mondsichelmadonna im Hauptfeld und die Apostelfürsten in den Seitenfeldern; die Wurzel Jesse und die krönenden Engel im Hauptfeld von 1905; alle anderen Teile bar.: Relief des Abendmahls im Sockel, Gemälde der Kreuzigung mit plastischem Kruzifix und Himmelfahrtsbild im Auszug, dazu Putten und der Auferstandene als Bekrönung. Ebenfalls aus Senftenberg: 1. der *Passionsaltar* in der Sakristei. Kleiner gemalter Flügelaltar um 1490, mit 5 Passionsszenen (ohne die Kreuzigung), im mittleren Hauptfeld die Geißelung. 2. unterlebensgroße *Schnitzfigur* einer Mondsichelmadonna um 1500, bar. gefaßt. 4 kleine *Tafelbilder* des 17.Jh. mit alttestamentlichen Szenen. *Tafelbild* des Abendmahls, urspr. Predella eines Altars, ebenfalls 17.Jh. *Tafelbild* einer Kreuzigung, 18.Jh. *Pastorenbild*, M.18.Jh.; alle Gemälde im n Kreuzarm. Im Chor: Über dem Apsisbogen *Stuckrelief* eines großen Doppelwappens von Kursachsen, von Löwen gehalten, 1906–08; gleichzeitig das schlichte *Chorgestühl* in frühbar. Formen. Prächtiger *Schmuckfußboden*, in großen Teilen vielleicht ma. – Zahlreiche *Epitaphien und Grabmäler*, die meisten im n Kreuzarm aufgestellt, einige mit einer auf die Wand gemalten Hintergrundsdraperie versehen. *Wandepitaph* mit Gemälde von Jakobs Traum über dem Bild der knienden Familie, M.17.Jh. (im Langhaus). *Grabmal* F.Meintz †1679, mit Engelsflüchten. Zwei *Wandepitaphe* aus Marmor: 1. für B.H.v.Kardorff †1688, Inschr. in ovalem Wappenrahmen unter Ädikula, flankiert von Justitia und Fides, bekrönt von Wappen und Putten; 2. daneben für C.v.Willemsdorf E.17.Jh., mit dem Ölbild des Verstorbenen in Rüstung, gerahmt von Wappen, Putten und allegorischen Figuren. *Grabmal* für Frau M.S.Hanschkel †1726, die Kartusche von 2 Putten gehalten. *Epitaph* ihres Gatten Pastor Chr.Hanschkel †1745, mit Ölbild des Verstorbenen auf Kupfer in geschnitztem Akanthusrahmen. *Grabmal* für A.H.Chr.v.Pfuhl †1755, mit Rocaillerahmen. Weiter die *Epitaphe* für C.E.v.Metzradt um 1770, Sarkophag, darauf Putten neben wappengeschmücktem Obelisk; für Frau C.Chr.E.Heun †1776, in den Formen der Zopfzeit mit Rundbild der Verstorbenen; für Pfarrer J.G.Werner †1781, im n Seitenschiff, auf sarkophagähnlichem Unterbau

Säule mit Urne; für A.K.F.v.Schirnding †1812, mit Ovalbild des Verstorbenen in manieristischem Rahmen der Zeit um 1610, im Auszug Auferstehungsgemälde (im Langhaus). Im Boden des n Kreuzarms 2 *Inschr.Grabsteine*, 1683 und 1691. *Wappentafel* mit Trophäen, fr.18.Jh. – An der SWand außen *Inschr.Grabstein* der S.E.v.Schlieben †1733.

Ehem. **Schloß** (NVA). Nach 1547 unter Heinrich v.Gersdorff als Wasserschloß errichtet, Veränderungen und Ergänzungen seit 1623 unter Kurfürst Johann Georg I. von Sachsen und nach 1664 unter Herzog Christian von Sachsen-Merseburg; 1981/82 das Äußere rest. Stattliche kastellartige Vierflügelanlage auf leicht verschobenem Rck.Gr., in der Mitte der S- und NSeite turmartig vorgezogene Risalite, 2achsig im S, 1achsig im N; diese Flügel 3geschossig, die Verbindungstrakte der O- und WSeite 2geschossig. In der SW- und NO-Ecke des Hofes je ein Treppenturm; der sw mit abschließendem Sterngewölbe 2.H.16.Jh., seine schöne Zwiebelhaube mit Laterne und hoher Spitze von 1667. Die Fassaden mit profilierten Rck.Fenstern schlicht, ihr imposanter Schmuck die 3 Schweifgiebel mit Pyramidenaufsätzen auf allen 4 Seiten (der nw fehlt); die Giebel insgesamt ähnlich denen im Hof des Merseburger Schlosses, meist 2.V.17.Jh., z.T. im 3.V. ergänzt. Auch zum Hof je ein Giebel gleicher Art. Die Steinmetzarbeiten des 3.V.17.Jh. von Heinrich Weinhardt aus Pirna. Das rustizierte Hauptportal an der WSeite 2.V.17.Jh., die Bekrönung mit dem Wappen von Sachsen-Merseburg zwischen dem gesprengtem Giebel jedoch 1663 erneuert. – Die steinerne Galerie im Hof vor dem NFlügel auf Konsolen mit Balusterbrüstung von 1666, der anschließende quadr. Treppenturm in der NO-Ecke 1667. Der steinerne runde *Hofbrunnen*, mit Ädikula auf toskanischen Säulen und dem sächsischen Wappen, wohl 2.V. 17.Jh.

Das Stadtbild mit 1- und 2geschossigen Traufenhäusern z.T. bewahrt. Im Mittelpunkt sog. „*Rautenstock*“, der ehem. Gasthof des Ortes, ein stattlicher 2geschossiger Putzbau von 9 Achsen mit Mansardwalmdach und mittlerem Einfahrtstor, von eindrucksvoller Schlichtheit. Auch sonst eine Reihe einfacher Wohnhäuser des 17./18.Jh. erh.

KIRCHHAIN

Im Tal der Kleinen Elster ca. 2 km n von Doberlug gelegen. Deutsches Angerdorf, wohl vom Klst. Dobrilugk gegr., 1234 als in dessen Besitz erwähnt und seitdem politisch mit dessen Geschicken verbunden. Um 1235 mit Marktrecht versehen. Die Anlage folgt der von N nach S führenden Straße, der Markt eine angerartige Erweiterung derselben. Keine Stadtmauer, nur Wall und Graben. Die 2 Tore im N und S vor M.19.Jh. beseitigt. Erst seit 1680 unter Herzog Christian I. von Sachsen-Merseburg ein gewisser Aufschwung: Gerber- und Kürschnerhandwerk, später Lederindustrie. Seit 1945 mit Doberlug vereinigt.

Stadt-K. St.Marien. Breite Backsteinbasilika 2.V.13.Jh. mit 5seitigem got. Chor und, etwas schmaler als das Mittelschiff,

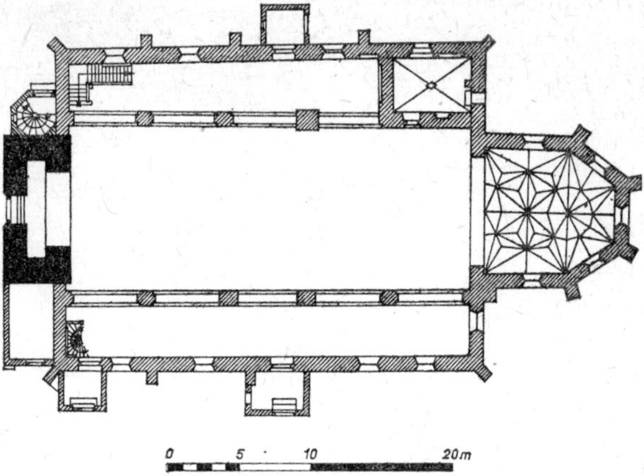

Kirchhain, St. Marien

rom. WQuerbau von geringer Tiefe; dieser gewiß zu einer 1sch. Dorf-K. gehörig. Der Turm erhöht durch ein spätgot. Glockenhaus mit spitzbogigen Schallöffnungen und bekrönt von 2 verschieferten Spitzen von 1737. Der untere Teil des ungegliederten WTurms durch eine rundbogige Zwillingsschallöffnung auf Backsteinsäule in die 1.H.13.Jh. dat., die erh. Öffnung auf der SSeite liegend, 2 gleiche im W rekonstruierbar. Das urspr. basilikale Langhaus ein Schulbau von Doberlug. Die je 5 Arkadenbögen breitspitzbogig als glatte Wanddurchbrüche angelegt, die Obergadenfenster gepaarte, spitzbogige Lanzetten. Das Mittelschiff ungewöhnlich breit, an eine Wölbung der K. gewiß nicht gedacht, die Streben am n Seitenschiff nachträglich. Der Chor 1380 (Weihedatum) angefügt, mit hohen Lanzettfenstern zwischen Strebepfeilern, seine Zellengewölbe erst 1.H.16.Jh. Gleichzeitig mit der Erneuerung des Chores Umbau der K. zur Pseudohalle. Die Seitenschiffswände erhöht, die Obergadenfenster geschl. und auf der NSeite innen durch eine Blendarkadenreihe kaschiert. 1.H.18.Jh. diese Veränderung auf der SSeite rückgängig gemacht, die Obergadenfenster hier wieder freigelegt, die Fenster im Seitenschiff korbbogig vergrößert; neues WPortal. Im 19.Jh. weitere Veränderungen an den Öffnungen sowie Anbau von Vorhallen und Treppenturm im NW.

Im Inneren breitspitzbogige Öffnung zwischen Turm und Schiff sowie spitzbogiger Triumphbogen. Im Mittelschiff hölzerne Tonne, in den Seitenschiffen Halbtonnen, alle 1741 mit *biblischen Szenen* bemalt: Im Mittelschiff Gottvater von Engeln umgeben, Christus von Propheten umrahmt, dazu der Prophet Jesaja, in den Seitenschiffen die Passion Christi sowie Szenen des Alten Testaments und Illustrationen zu Psalmentexten. Das ö Joch des n Seitenschiffes im 14.Jh. als Sakristei abgetrennt, kreuzrippengewölbt. WEmpore, 18.Jh., 2geschossig mit Balusterbrüstung. NEmpore etwa gleichzeitig, die Brüstungsmalerei erneuert. – *Altaraufsatz*, inschr. 1743 von J.N.Schneider und J.H.Löwe. Plastische Kreuzigungsgruppe vor gemalter Landschaft, gerahmt von korinthischen Säulen, seitlich die Figuren der beiden Johannes. In der Predella Abendmahlsbild, auf dem Gebälk Putten, dazwischen Gottesauge im Strahlenkranz. *Kanzel* A.18.Jh., in den Brüstungsfeldern des polyg. Korbes Gemälde der 4 Evangelisten zwischen gedrehten Säulen, unten Fruchtgehänge. An der Kanzelrückwand, gemalt, Christus als Sieger; auf dem hohen Schalldeckel Gerichtsengel. Hölzerne *Taufe*, sp.17.Jh., Kelchform mit stilisierten Blättern. Im Chor *Sakramentsnische*, 14.Jh., Gittertür mit Rosetten. Kleine *Schnitzfigur* eines Diakons, 2.H. 15.Jh. *Triumphkreuzgruppe* A.16.Jh. Lebensgroßes *Kruzifix* von 1597 und kleines *Kruzifix* 1.H.18.Jh. (letzteres auf der n Empore). *Kopie* eines Gemäldes in St.Nicolai zu Luckau: Abendmahl der protestantischen Fürsten mit den Reformatoren, E.16.Jh. 3 *Pastorenbildnisse*: J.W.Becker †1763, J.G.Kronbiegel †1773, W.Hoffmann †1873, letzteres gemalt 1859 von A.Werner aus Dobrilugk. *Patronatsloge* im n Seitenschiff, dat. 1663; bemalte Brüstungsfelder mit biblischen Gleichnissen, gegliedert durch Pilaster mit Beschlagwerk. Vergitterte hölzerne *Loge*, 1.H.18.Jh. – *Grabmäler* und *Epitaphien*: Großer *Doppelgrabstein* für H.v.Gersdorf †1557 und seine Frau †1554, ganzfigurige bemalte Reliefs der Verstorbenen in Rundbogennischen zwischen Balustersäulen, auf dem Gebälk 2 Dreiecksgiebel mit Halbrosetten. Daneben 2 *Inschr.Grabplatten* aus der Gersdorffschen Gruft, Eisen, M.16.Jh. *Figurengrabstein* der S.v.Hersfelt E.16.Jh., Ganzfigur in Relief. 2 weitere *Figurengrabsteine*, der Mann †1619, die Frau †1572. *Sandstein-Epitaph* A.17.Jh. (stark beschädigt), Relief mit anbetender Familie, darüber Rollwerkkartusche mit Grablegungsrelief. Reste des Grabmals für den Amtsschösser Chr.Pöling †1677: *2 Reliefs* an den n Arkadenpfeilern, Auferstehung und Jüngstes Gericht (letzteres beschädigt). Darüber an der n Schiffswand *Epitaph* für Chr.Pöling, ovale Holztafel in Ohrmuschelrahmen, die Inschr. 1734 erneuert. *Epitaph* J.Linder †1709, ovale Inschr.Tafel in Akanthusrahmen. *Grabmal* J.G.Kronbiegel †1773, Inschr. in reichem Rokokorahmen über Felsensockel. *Grabstein* für M.S. König verw. Heyne †1846 (dafür ein Rokoko-Grabstein 3.V. 18.Jh. wiederverwendet). *Doppelgrabstein* für J.Chr.Heyne †1845 und Frau M.J.G. †1849 mit 2 Inschr.Tafeln. Gußeiserne *Grabplatte* für Pastor Chr.A.Müller †1837 und Frau Chr.W. †1848. – An der SWand der K. außen weitere *Grabsteine*: für M.Schreber †1606 mit Relieffigur des Verstorbenen. 3 *Inschr.Grabsteine* mit plastischer Bekrönung, davon 2 für Pfarrer L.Emmerich †1669 und seine Frau B. †1680 sowie ein Doppelgrabstein für J.Simon †1701 und N.Paner †1700. Des weiteren *Inschr.Grabstein* für J.Liesaeus †1704 und seine Frau M. †1712 (stark zerkratzt).

Rokoko-Doppelgrabstein der Familie Posigt-Streh um 1770 (im 19. Jh. wiederverwendet für Chr.E.Mönch). An der NO-Wand *Inschr.Grabstein* für G.B.Wittich †1794. In der SO-Ecke des Friedhofs *Denkstein* für J.C.Richter †1838 und seine Frau M.E., mit vasenbekröntem Dreieckgiebel.

Rathaus. Ein Spätrenaiss.Bau der 2.H.17.Jh. Von Carl Weber 1905 weitgehend um- bzw. neugebaut.

Kursächsische **Postmeilensäule** am Karl-Liebknecht-Platz. Errichtet 1736.

Wohnbauten. Das Stadtbild durch Um- und Neubauten im allgemeinen stark gestört. Nur die Potsdamer- und Gerberstr. etwas einheitlicher mit 1–2geschossigen Traufenhäusern des 18. und 19. Jh. und einigen guten Einzelheiten erh.

Weißgerber-Museum Potsdamer Str. 18. Verputzter Fachwerkbau von 1787.

DOBRA Bez. Cottbus, Ldkr. Liebenwerda. — Inv. Prov. Sachsen, Liebenwerda

Dorf-K. Kleiner Putzbau mit 3seitigem OSchluß, im unteren Teil spätgot., im 17. Jh. die Wände oben schwächer erneuert, die Fenster korbbogig erweitert und im W der verbretterte Dachturm mit Schweifhaube hinzugefügt. Im Inneren Stuckrahmendecke und WEmpore. — Qualitätvoller *Schnitzaltar* um 1520, im Mittelschrein die Heilige Familie, Anna selbdritt flankiert von 3 Halbfiguren, in den Flügeln 2zonig je 4 männliche Heilige (Hieronymus, Antonius, Martin, Sebastian, Fridolin und Franz v.Assisi, 2 Figuren fehlen), auf den Flügeln außen gemalt insgesamt 8 Heilige vor Landschaft: Margarethe, Benedictus, Cyriacus, Dionysius, Katharina, Barbara, Erasmus und Blasius. In der Predella Vesperbild vor gemalter Landschaft, durch Flügel verschließbar, diese bemalt, auf den Innenseiten mit den Heiligen Lucia und Maria Magdalena sowie außen mit der Verkündigung. Hölzerner *Kanzelkorb* mit Ecksäulchen A.17. Jh., auf modernem Sockel. Kleines hölzernes *Kruzifix* 2.H.15. Jh.

DÖBERN Bez. Cottbus, Ldkr. Forst. — Inv. Prov. Brandenburg, Sorau/Forst

Slawische Siedlung im Schutze einer 1443 gen. Wasserburg. Erst im 18. Jh. Herausbildung eines Marktfleckens sw der ehem. Burg. Ab 1850 Braunkohlenabbau, seit 1867 Glasindustrie. 1969 zur Stadt erklärt.

Kath. Pfarr-K. Neugot. Backsteinbau von 1905/06.

Ev. Pfarr-K., Kirchstr. Barockisierender Putzbau mit stattlichem Turm, 1908.

Ehem. **Gutshaus** (Wohnungen), Ringstr. 46. Auf dem Terrain der ma. Burg 2geschossiger Putzbau mit hohem Walmdach, inschr. 1750. Über dem Portal Allianzwappen.

DÖLLINGEN Bez. Cottbus, Ldkr. Liebenwerda. – Inv. Prov. Sachsen, Liebenwerda
Dorf-K. 1739. Kleiner bar. Putzbau, rck. von 3:2 Achsen mit korbbogigen Öffnungen. Das Mansardwalmdach von Dachreiter mit Schweifhaube bekrönt. An der NSeite Anbau für Sakristei und Patronatsloge. Im Inneren Stuckrahmendecke mit Wappenkartusche in der Mitte. Hufeisenempore. – Hölzerner *Kanzelaltar* in Ädikulaform aus der Bauzeit, leicht sich vorwölbend. Oktogonale *Sandsteintaufe* in Kelchform 16.Jh. Hölzerne *Verkleidung* der Patronatsloge M.18.Jh. *Inschr.Grabstein* mit Wappen für M.v.Heunitz †1668. – Außen an der SWand qualitätvoller *Grabstein* für H.O.v.Dallwitz †1773, die Rocaillekartusche von Wappen umgeben.

DÖRGENHAUSEN Bez. Cottbus, Ldkr. Hoyerswerda
Dorf-K. Kleiner Putzbau mit eingezogenem Rck.Chor und WTurm, um 1955. – *Schnitzaltar* fr.16.Jh. (Schrein z.T. ergänzt), mit großen Relieffiguren von guter Qualität, in der Mitte Pietà, in den Flügeln die Heiligen Nikolaus und Barbara; die Felder rundbogig.
Ehem. **Dorfkrug** (Gaststätte „Elstergrund"). Dat. 1641. Zweigeschossiges Fachwerkhaus mit massivem Erdgeschoß, verbretterten Giebeln und Satteldach.
Bockwindmühle s des Ortes.

DÖRRWALDE Bez. Cottbus, Ldkr. Senftenberg
Dorf-K. Flachgedeckter Putzbau mit 3seitigem OSchluß, 1766/67. Schlichte einheitliche *Ausstattung* aus Hufeisenempore, Kanzelaltar und Taufe, um 1800.

DOLGELIN Bez. Frankfurt/Oder, Ldkr. Seelow. – Inv. Prov. Brandenburg, Lebus
Dorf-K. Feldsteinbau mit eingezogenem, gestrecktem Rck.Chor 2.H.13.Jh.; seit 1945 Ruine. In der WWand abgestuftes Rundfenster und seitliche Kreisblenden mit guten figürlichen *Putzritzungen* aus der Bauzeit: Halbfigur zweier Heiliger, eines Bischofs und einer gekrönten Gestalt, ein wichtiges und interessantes Beispiel dieser im Hochmittelalter offenbar nicht ganz seltenen Technik; erst durch den Einsturz des WTurmes aus dem 19.Jh. zutage getreten.

DOLLENCHEN Bez. Cottbus, Ldkr. Finsterwalde. – Inv. Prov. Brandenburg, Luckau
Dorf-K. Rck. flachgedeckter Granitquaderbau 2.H.13.Jh. Über dem WTeil schmaler spätgot. WQuerturm mit Quersatteldach, darauf 8seitiger Bar.Aufsatz mit geschweifter Haube von 1698.

Wohl gleichzeitig die Fachwerkvorhalle an der SSeite sowie die teilweise Vergrößerung der Fenster. In urspr. Form erh. die pyramidale 3Fenstergruppe im O und die spitzbogigen Portale im N und S mit einfach gestuftem Gewände, über dem n plastische Flachschicht mit Scheitelkreuz. – Die *Ausstattung* innen aus dem sp.18.Jh.: Hufeisenempore auf Balusterpfosten, im W mit geschwungener Brüstung. Einfacher Kanzelaltar. Spätgot. *Taufstein* 1.H.15.Jh., an der 8seitigen Kuppa Maßwerk. Ausdrucksvoll geschnitzter *Taufengel* mit Kranz in der Linken, 18.Jh.

DRACHHAUSEN Bez. Cottbus, Ldkr. Cottbus. – Inv. Prov. Brandenburg, Cottbus

Dorf-K. 1894–95, gewölbter neurom. Backsteinbau mit quadr. NW-Turm.

DRAHNSDORF Bez. Cottbus, Ldkr. Luckau. – Inv. Prov. Brandenburg, Luckau

Dorf-K. Rck. Feldsteinbau des 14.Jh., mit WQuerturm von gleicher Breite. Von den Öffnungen in urspr. Form noch 1 spitzbogiges OFenster, die gekuppelten Schalluken sowie die beiden SPortale erh.; das Türblatt des ö SPortals mit altem Beschlag; alle übrigen Öffnungen bei der Rest. wohl um 1700 erweitert. Das Innere mit Balkendecke und WEmpore. An der N- und OWand Reste ma. *Wandmalerei*: n Fragment eines Passionszyklus, ö Rest eines hl.Laurentius, 15.Jh. – *Altaraufsatz* 1619 von Bartholomäus Böttger aus Beeskow, straffer, reich verzierter Architekturrahmen, im Mittelfeld schöne *Schnitzmadonna* mit Kind, um 1440. Im predellenartigen Sockel Brustbild des J.F. v.Stutterheim †1616, flankiert von theologisch-kämpferischen Inschriften. Im Aufsatz aus Rankenwerk und Engelsflüchten das Stifterwappen. Hölzerne *Kanzel* A.18.Jh. von E.Zimmermann aus Luckau, ungefaßte und derb handwerkliche Schnitzerei, an den Ecken die karyatidenförmigen Schnitzfiguren der 4 Evangelisten auf Konsolen mit ihren Symbolen; in den Feldern Wappentafeln; sternförmiger Schalldeckel. Ungewöhnlich qualitätvoller, schwebender *Taufengel* 1.V.18.Jh., mit Muschelschale. Orgel mit bar. *Prospekt* von 1787 aus Liedekahle (Ldkr. Luckau), 1848 hierher versetzt und von Orgelbauer Moschütz aus Herzberg der neuen Aufstellung angepaßt. Got. *Weihrauchgefäß* 15.Jh., Bronze, z.Z. Heimatmuseum Luckau. *Glocke* dat. 1479. – Außen an der OWand der K. *Grabstein* des J.F.v.Stutterheim †1616.

DRASDO Bez. Cottbus, Ldkr. Herzberg. – Inv. Prov. Sachsen, Liebenwerda

Dorf-K. 1sch. Feldsteinbau des 15.Jh. mit 3seitigem OSchluß und eingezogenem WQuerturm mit Satteldach. Um 1692–95

durch Maurermeister Christian Klengel aus Kirchhain und Zimmermeister Hanns Frantz(en) aus Liebenwerda erneuert (große Inschr. über dem inneren SPortal). Der Turm wohl spätgot., sein Obergeschoß in Backstein 1895. Die Öffnungen der K. teils bar., teils 1895. Innen Putzdecke, schlichte W- und NEmpore. — Bescheidener *Altaraufsatz* um 1700, das Altarblatt verloren, in der Kartusche des Aufsatzes Gemälde der Himmelfahrt Christi. *Taufstein* inschr. 1594, sechsseitige Kuppa auf kurzem Säulenfuß mit Beschlagwerk und Lorbeerkranz, in den Wandungsflächen der Kuppa je 3 Schriftkartuschen bzw. Reliefs: Durchzug durch das Rote Meer, Arche Noah, Taufe Christi.

DREBKAU Bez. Cottbus, Ldkr. Cottbus

Im Gebiet der flachwelligen Cottbuser Platte an alter Handelsstraße zwischen Berlin und Schlesien gelegen. Burg und oppidum 1301 gen., 1358 Ort mit gitterförmigem Straßennetz. Kleines offenes Städtchen. Seit 1635 kursächsisch, seit 1815 preußisch. Erst nach 1900 Aufschwung durch die Glasindustrie.

Pfarr-K. 1810. Schlichter, flachgedeckter Putzbau, gestreckt mit 3 seitigem OSchluß, der WTurm unter Einbeziehung des spätbar. Vorgängerbaues mit quadr. Unterteil und oktogonalem Aufsatz, bekrönt von Laterne und Doppelhaube. Am Äußeren flache Putzvorlagen zwischen Korbbogenfenstern. Innen Hufeisenempore und *Orgelprospekt* aus der Erbauungszeit.

Ehem. **Schloß** (Wohnungen). E.17.Jh., Rck.Bau von 7 Achsen unter Walmdach, die SW-Seite 3geschossig, an der NO-Seite durch Aufschüttung nur 2geschossig mit abschließender Feldsteinmauer, Rest der ma. Burg; die Anbauten mit Turm 2.H. 19.Jh.

Rathaus. 1853. Kleiner neugot. Backsteinbau mit quadr. Mittelturm.

Wohnhaus Straße der Freundschaft 32, spätklassizist. 2geschossiger Putzbau von 5 Achsen, M.19.Jh., die Seitenachsen von Kolossalpilastern gerahmt.

DREHNA Bez. Cottbus, Ldkr. Luckau. — Inv. Prov. Brandenburg, Luckau (Fürstlich Drehna)

Dorf-K. Kreuzförmiger Backsteinbau mit polyg. OSchluß, 1895. Der quadr., ins Achteck übergehende WTurm mit kurzem Spitzhelm wenig älter. — Im Chor *4 Grabsteine* für Angehörige der Familie v.Minckwitz 1.V.17.Jh., einer figürlich, Todesdatum 1619, die 3 anderen mit Inschr. und Wappen. 2 spätgot. *Kelche*, Silber vergoldet, 1.V.16.Jh.

Ehem. **Wasserschloß** (Jugendwerkhof). Große Vierflügelanlage um fast quadr. Innenhof, vorwiegend 2.H.16.Jh. durch die v. Minckwitz errichtet. Nach Besitzerwechsel 1697 sowie im 18.Jh. umgebaut. Putzbau mit unterschiedlicher Flügelhöhe, im NW und SW die Ecken durch mächtige Rundtürme betont, im NO

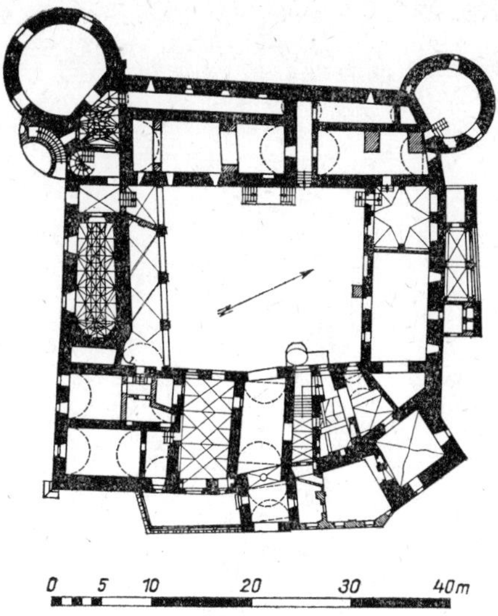

Drehna, ehem. Schloß

ein quadr., z.T. eingebauter Eckturm, im SO ein 2geschossiger Baublock mit w Backsteingiebel in reichen spätgot. Schmuckformen. Vor der ö Eingangsseite quadr. Torturm mit hohem 8eckigem Fachwerkaufsatz und Laterne; der Aufsatz wohl E.18.Jh. Vor der NSeite ein 2achsiger Altan zwischen 2 rck. Vorbauten mit kleinen Schweifgiebeln in Spätrenaiss.Formen. Der kreuzgratgewölbte Laubengang der s Hofseite jetzt verglast. Der WFlügel zwischen den Rundtürmen erst im 18.Jh. ausgebaut. – Im Inneren in den Erdgeschoßräumen noch größtenteils die urspr. Gewölbe erh.: Tonnen-, Rippen-, Grat- und Zellengewölbe. In der Mitte des SFlügels die ehem. Kapelle mit 3seitigem OSchluß und reizvollem Zellengewölbe; ein weiteres in einem Raum vor dem SO-Turm. In den unregelmäßigen Räumen der NO-Ecke vielleicht Reste eines ma. Vorgängerbaues einbezogen. Im Obergeschoß *Stuckdecken* aus der Zeit der Erneuerung nach 1697. – Im Hof neben der Zufahrt *Renaiss.-Brunnen.*
Am Eingang zum Schloßbezirk **Torpfeiler.** Hohe Postamente mit liegenden steinernen Hirschen, 2.H.19.Jh. – Südlich des Schloßeinganges und wohl urspr. zum Schloßbezirk gehörig das **Gasthaus zum Hirschen,** stattlicher 2geschossiger Putzbau von 9 Achsen mit hohem Walmdach, 1.H.18.Jh.
Schloßpark. Angelegt um 1807 nach Erhebung des Grafen v.Lynar in den Fürstenstand; vielleicht unter Mitwirkung von Lenné 1819 unter Otto Rochus v.Lynar weitere Gestaltung zum groß-

zügigen Landschaftspark mit Waldsee. Nach Übergang des Besitzes an den Bremer Reeder Wätjen seit 1877 Erweiterung durch Einbeziehung der Umgebung als „äußerer Park", ehem. auch die jetzt abgebrochene „Wüste Kirche" (Ruine einer Dorf-K.) einbezogen.

DRESKA Bez. Cottbus, Ldkr. Liebenwerda. – Inv. Prov. Sachsen, Liebenwerda

Dorf-K. 1797. Bar. Putzbau mit 3seitigem OSchluß und rck. WTurm, dieser mit oktogonalem Oberteil und Haube. Die Öffnungen stichbogig. Innen Putzdecke, Hufeisenempore und *Orgelprospekt* 18.Jh. – Hölzerner *Kanzelaltar* aus der Bauzeit in der Art derjenigen in Gorden und Döllingen (beide Ldkr. Liebenwerda). An der OWand *Schnitzfigur* des hl. Nikolaus um 1470.

DREWITZ Bez. Cottbus, Ldkr. Guben. – Inv. Prov. Brandenburg, Cottbus

Dorf-K. 1820–27. Flachgedeckter rck. Putzbau mit quadr. WTurm, dieser mit geschweiftem Zeltdach und Laterne. Flachbogenfenster, von breiten Putzstreifen umrahmt. Im Inneren Balkendecke auf 2 Unterzügen, von je 3 achteckigen Holzsäulen mit kelchförmigen Kapitellen gestützt; dazwischen die 3seitige Empore gespannt. – Schlichter *Kanzelaltar* aus der Bauzeit, Sandstein, der polyg. hölzerne Korb zwischen schweren Säulen. Hölzerne *Taufe* und *Pfarrstuhl*, sämtlich aus der Bauzeit. Spätgot. *Kelch*, Silber vergoldet. – An der s Außenwand 2 *Inschr.Grabsteine* für J.Krausin †1667 und H.G.Rehdantz †1705.

DUBEN Bez. Cottbus, Ldkr. Luckau. – Inv. Prov. Brandenburg, Luckau

Dorf-K. Kleiner verputzter Fachwerkbau, sp.17.Jh., mit 3seitigem OSchluß, Vorhallen an der S- und WSeite sowie verbrettertem w Dachturm. Die rck. Fenster 2zonig übereinander. Im Inneren schlichte Hufeisenempore. – *Altaraufsatz* dat. 1684, Ädikulaform mit den Bildern des Abendmahls in der Predella und der Auferstehung im Aufsatz; im 18.Jh. mit der *Kanzel* aus M.17.Jh. zum Kanzelaltar umgestaltet; das Hauptfeld mit Kreuzigungsdarstellung für die Kanzeltür wiederverwendet.

DUBRAU Bez. Cottbus, Ldkr. Forst. – Inv. Prov. Brandenburg, Sorau/Forst

Dorf-K. 1818. Kleiner rck. Fachwerkbau; s Vorhalle und WFront in Backstein von 1861. Empore im W und N. – *Kanzelaltar* 1738 und *Taufe* A.17.Jh., beide aus Holz.

DUBRO Bez. Cottbus, Ldkr. Herzberg. – Inv. Prov. Sachsen, Schweinitz

Dorf-K. Gut erh., rck. Granitquaderbau um 1300, Formteile in Backstein. Nach Brand 1876 Rest. und Anfügung des neurom. quadr. WTurms mit oktogonalem Aufsatz (vgl. Turm in Kölpin, Ldkr. Herzberg) sowie der SVorhalle. Hauptschmuck der K. die gut erh. frühgot. Dreifenstergruppe der OWand, ihre Lanzetten in 2fach gestuften Blenden, darüber Okulus. In der SWand ein zugesetztes Rundbogenportal erkennbar. – Das Innere mit einheitlicher *Ausstattung* aus der Zeit um 1876, u.a. Hufeisenempore und steiler Kanzelaltar.

DÜBRICHEN Bez. Cottbus, Ldkr. Finsterwalde. – Inv. Prov. Brandenburg, Luckau

Dorf-K. Neubau von 1908. – In neugot. Schrein kleine *Schnitzfigur* eines hl. Stephanus, um 1440. Kelchförmige 8eckige *Taufe*, Holz (aus Hilmersdorf, Bez. Halle, Ldkr. Merseburg), 1.H.18.Jh., mit reichem Reliefdekor aus Vasen, Engelsköpfen und Blattranken zwischen Volutenbändern.

DÜSSNITZ Bez. Cottbus, Ldkr. Jessen. – Inv. Prov. Sachsen, Schweinitz

Dorf-K. Bar. Saal-K. mit got. Kern, der WTurm A.20.Jh. Im flachgedeckten Inneren 3seitige Empore sp.17.Jh. – Schlichter *Kanzelaltar* sp.18.Jh. Achtseitige spätgot. *Taufe* in Kelchform. *Sakramentsnische* fr.16.Jh.

E

EBERSWALDE-FINOW Bez. Frankfurt/Oder, Ldkr. Eberswalde.

Im Mündungsbereich der Schwärze in die Finow, an der Furt der Straße Berlin–Stettin (Szczecin). 1261 eine markgräfliche Burg mit Suburbium Ebersberg und dörflicher Siedlung Jakobsdorf jenseits der Finow erwähnt, die 1276 zur Marktsiedlung „Everswolde" verschmolzen sind. Um 1300 „civitas". 1378 erstmals „Neustadt" genannt, vom 15.Jh. bis 1876 „Neustadt-Eberswalde". Planmäßige gitterförmige Anlage. Im Zentrum rck. Marktplatz. Im SW im ansteigenden Gelände Kirchplatz mit Backsteinkirche um 1300. Stadtmauer 1307–1322, bis auf Reste 1.H.19.Jh. beseitigt. Tore ehem. nach S (Ober- oder Berliner Tor), N (Unter- oder Mühlentor), W (Neues Tor) und O (als Nottor seit 1773). Das A.14.Jh. erbaute Rathaus 1693 eingestürzt. Im 14.Jh. drei Hospitäler; erh. nur die Kapelle des Georgs-Hospitals, ehem. vor dem Untertor. Die markgräfliche Burg seit dem 14.Jh. verfallen. Ein Jagdschloß, später Ritterhaus des Heiliggeist-Hospitals, nach Brand 1663 als Wohnhaus mit Apotheke (Adler-Apotheke) erneuert. In der Um-

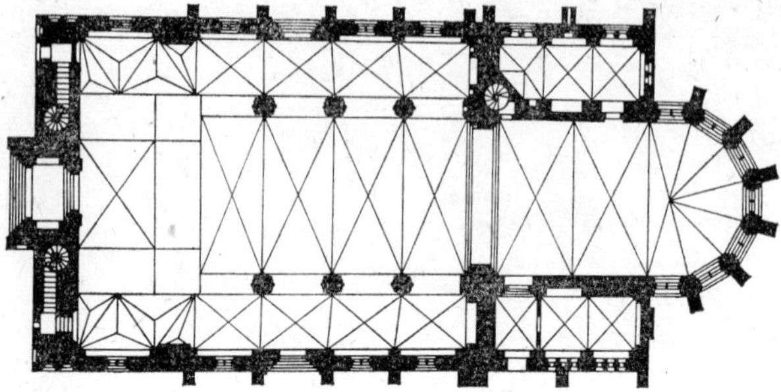

Eberswalde, St. Maria Magdalena

gebung der Stadt das älteste Industriegebiet der Mark mit Eisen- und Kupferhämmern. Daher 1752 Gründung einer Vorstadt auf dem Kienwerder w der Altstadt durch Friedrich II. zur Ansiedlung Thüringer Metallarbeiter. 1908 Stadtteil Westend. In jüngster Zeit neuer Wohnbereich an der nw Altstadtgrenze und Erweiterung der Industrieanlagen. 1970 Zusammenschluß mit den w gelegenen Industrieorten bis Finowfurt zum Ort Eberswalde-Finow.

Stadt-K. St. Maria Magdalena. 3sch. kreuzrippengewölbter Backsteinbau mit 2jochigem, polyg. geschlossenem Chor, niedrigen Chorseitenkapellen und WTurm von Mittelschiffsbreite mit vorspringender offener Eingangshalle. Der Bau mit markgräflicher Förderung errichtet, nachdem Albrecht III. 1284 den Landesteil um Eberswalde als Alleinherrscher erhalten hatte; bis gegen 1300 unter Einflüssen der Klst.-K. von Chorin wie auch der älteren märkischen Backsteinarchitektur vollendet. 1294 bzw. 1300 vier von Albrecht III. gestiftete Altäre geweiht. Die Pfeiler des Langhauses so altertümlich, daß die Vermutung, die K. sei urspr. für ein von den Askaniern geplantes exemptes Stift beg. und gegen M.13.Jh. auch bereits einmal geweiht worden, nicht ganz unwahrscheinlich erscheint. Das Langhaus urspr. basilikal mit niedrigen Seitenschiffen, die auch den Turm einfassen. 1499 Beschädigungen des Baues, 1502/03 Wiederherstellung. Gleichzeitig die Chornebenkapellen durch Logen mit breiter Spitzbogenöffnung ins Innere aufgestockt. Das Langhaus 1726 durch Hinzufügung von Emporen über den Seitenschiffen und Vergrößerung der Langhausarkaden bis knapp unter die 3teiligen frühgot. Obergadenfenster zur Pseudohalle umgebaut. 1874/76 im Zuge einer gotisierenden Rest. unter Blankenstein und Düsterhaupt die Langhausarkaden spitzbogig umgestaltet, über den Seitenschiffs-WFronten und den Seitenwänden der Chornebenkapellen Schmuckgiebel nach Choriner Muster ergänzt sowie der Turmabschluß erneuert. 1976/77 Rest. des Inneren.

Das Langhaus entspricht in seiner Anlage als Pfeilerbasilika weitgehend der Berliner Franziskaner-Klosterk., seine Pfeiler könnten sogar noch etwas älter sein. Sie zeigen Stützenvariation wie in Berlin, da das ö Pfeilerpaar reicher gegliedert ist als die schlichteren Kreuzpfeiler im w Teil. Ihr Kämpferschmuck aus schwerblättrigen Ranken und primitiven Figurenkompositionen verrät die Kenntnis von Schmuckformen der frühen märkischen Baukunst in Brandenburg und Berlin. Das vermutlich jüngere Turmjoch in den Raum einbezogen, nur durch breite Gurtbogen vom Langhaus-WJoch abgesondert. Die relativ gedrückte Proportionierung der urspr. Seitenschiffe durch tiefe Blenden an den Seitenwänden dokumentiert. Die Kreuzgewölbe des Mittelschiffs auf dünnen Runddiensten aufruhend, die erst über den Arkadenkämpfern ansetzen; die Seitenschiffsgewölbe aus dem 19.Jh. Die für märkische Pfarrkirchen ungewöhnlich reiche Ausstattung der Langhausportale mit Bauplastik wohl der markgräflichen Bauförderung zu danken. Die 3 Portale im S, N und W und das größere Vorhallengewände in Anlehnung an Choriner Portalformen flachkehlig gestuft und durch dünne Rundstäbe und Birnstäbe gegliedert, das SPortal mit Sternen und Blütenrosetten in den Archivolten. Von guter Qualität die Terrakottareliefs in den Kämpferzonen: Am WPortal die Passion, am äußeren Vorhallengewände alt- und neutestamentliche Szenen, am SPortal Fabelwesen und Symboltiere; etwas derber die Klugen und Törichten Jungfrauen am NPortal. – Das Chorhaupt mit 7/12 Schluß in seiner Durchbildung angelehnt an die Klosterk. von Chorin. Die schmalen Maßwerkfenster 2teilig, unter dem Hauptgesims umlaufender Plattenfries aus stehenden Lilien, dazu absatzlose Strebepfeiler mit kurzen runden Aufsätzen. An der NSeite des Chores die 3jochige ehem. Sakristei, an der SSeite die 2jochige sog. Brautkap. In der urspr. Kranzgesimshöhe der Kapellen Plattenfriese, an der OWand der NKap. Reste der Außengliederung aus Deutschem Band, einem Friesfragment aus stehenden Lilien und einigen gestafffelten Spitzbogenblenden des Giebeldreiecks erh. Innen der Wandsockel des Hauptchors durch tiefe spitzbogige Blendnischen gegliedert. Das schöne 7teilige Rippengewölbe des Chorschlusses auf dünnen Runddiensten mit blattgeschmückten Kapitellen. Die Kreuzgewölbe der Chorseitenräume auf Blattwerkkonsolen nach Vorbildern des w Bauabschnitts in Chorin. Ebenso in Choriner Spätformen die Chorpforte zur Brautkap., die Gewände flach gekehlt, mit Rundstäben vor den Kanten und mit Scheitelblume; in der durch Rundwülste begrenzten Kämpferzone aufgelegtes Blattwerk. – In der Loge über der ehem. Sakristei *Wandmalereien* des fr.16.Jh., im ö Arkadengewände monumentale Christophorusfigur, auf den Kappen der Kreuzgewölbe großformiger Blütenschmuck; rest. 1976. – Prächtiger *Altaraufsatz* in urspr. Fassung von 1606. Dreigeschossige elegante Säulenarchitektur mit Muschelnischen und aufwendigem Beschlagwerkdekor, davor, z.T. freiplastisch, der Gekreuzigte, begleitet von Propheten und Aposteln, darüber die Auferstehung und bekrönend der Weltenrichter. In entsprechenden manieristischen Formen die *Emporenbrüstungen* der Chorseitenlogen und im Chor erhaltene *Gestühlswangen. Kanzel* und *Orgelprospekt* gotisierend von 1876. Schöne pokalförmige *Bronzetaufe*, wohl letztes V.13.Jh., getragen von 3 Männern mit Judenhüten; an der Kuppa 2 Schriftbänder und ein Band von Wappenschilden mit Adlern; alles in flachem Relief. Zwei *Schnitzfiguren* E.15.Jh., hl.Martin und Schmerzensmann. Großer *Inschr.Grabstein* für J.Fuchs †1670 und seine Frau †1684. Zwei *Inschr.Grabsteine* mit reicher plastischer Rahmung für J.Chr.Fr.v.Itzenplitz †1766 und Frau S. †1764. Außen an der Kirche *Kindergrabstein* 1590. *Kelch*, Silber vergoldet, 1604, am Fuß Signaculum sowie Evangelistenmedaillons in Renaiss.Formen.

Kath. Pfarr-K. St.Peter u. Paul. Kreuzförmiger gotisierender Backsteinbau mit WTurm, 1876/77 von Vinzenz Statz. 1945 teilweise zerstört, Wiederherstellung 1962/63. Das Innere 1968 bis 1973 neugestaltet.

Ev. Pfarr-K. St.Johannis. Basilikal angelegter, asymmetrisch 2sch., neugot. Backsteinbau nach dem Vorbild der Maria-Magdalenen-K., 1892 von Thiem und Milde, mit quadr. Turm an der SSeite. Im Inneren offener Dachstuhl über dem Hauptschiff.

Ehem. **Hospital-Kap.** St.Georg (Vortragssaal). 2jochiger, 3seitig geschlossener Backsteinbau, noch 1.H.14.Jh., mit eingezogenem, schlankem WTurm über offener Portalnische; die Details in Anlehnung an Chorin und die Pfarr-K. der Stadt, Strebepfeiler, Kranzgesimskehle mit Rundstab sowie gekehlte Spitzbogenfenster. W- und SPortalgewände flachgekehlt mit aufgelegtem Rundstab, das SPortal in Rck.Vorlage. Das Innere mit flachbogigen Wandnischen, darüber umlaufender Gitterfries; die Kreuzrippengewölbe auf kelchförmigen Konsolen mit rosettenförmigen Schlußsteinen.

Ehem. **Rathaus** (Sparkasse) am ORand des Marktplatzes. Im Kern Wohnhaus von 1775; seit 1824 anstelle des 1693 zerstörten got. Rathauses für die städtische Verwaltung genutzt. 2geschossiger Putzbau aus 2 rechtwinklig aneinander gefügten Flügeln von je 7 Achsen mit Krüppelwalmdach. Mittel- und Seitenachsen der Marktfassade durch Quaderputzlisenen risalitartig hervorgehoben. Kartusche mit Stadtwappen über dem Eingang 1866 von W. Koch aus Potsdam. Im Winkel zum s angeschlossenen Rathausneubau, in einer Wandnische, bar. Zwergenfigürchen. — Das neue **Rathaus** 1903/05 von Ferdinand Kohler und Paul Kranz in Formen der deutschen Renaiss. — Gegenüber, an der SO-Ecke des Marktplatzes rck. **Marktbrunnen** mit Stadtemblem eines liegenden Löwen aus Gußeisen, 1836 von Christian Daniel Rauch, ähnlich dem Löwen am Grabmal Scharnhorst, anstelle älterer Löwenfiguren einer ehem. Wasserkunst.

Ehem. **Stadtschule** (Kreisheimatmuseum) Goethestr. Eingeschossiger Putzbau von 7 Achsen mit Krüppelwalmdach, um 1740. — In der umgebenden Parkanlage **Bronzeplastik**, Amazone, 1909 von Franz Stuck.

Forstakademie Schicklerstr. 1830 eingerichtet im ehem. Wohnhaus des Bankiers Schickler. Eingeschossiger 7achsiger Putzbau mit Mansarddach, 1795 in klassizist. Formen, mit mittlerer von Säulen flankierter Portikusnische, bekrönt durch Segmentbogengiebel mit Wappenkartusche. Der benachbarte Neubau 1874/76 nach Plänen von Cornelius und Düsterhaupt in Formen der italienischen Renaiss.

Wohnbauten. Im Altstadtbereich nur noch einzelne Grundstücke in der urspr. Bebauung mit 2geschossigen Fachwerkhäusern des 17./19.Jh.: Ehem. *Adler-Apotheke*, Ecke Steinstraße/An der Friedensbrücke, behäbiges Eckhaus von 7:9 Achsen, im Kern markgräfliches Jagdschloß und späteres Ritterhaus des Heiliggeist-Hospitals, nach Brand 1663 mit hölzerner Hofgalerie erneuert. – Schlichte Bar.Bauten: Straße der Jugend 25, Salomon-Goldschmidt-Straße 7 und Brautstraße 33. – Die Schickler-Vorstadt im W noch weitgehend in der urspr. eingeschossigen Bebauung des 19.Jh. – Am bewaldeten s Stadtrand seit M.19.Jh. Villenkolonie angelegt. Ein charakteristisches Beispiel die für J.Fr.Dictus erbaute Villa (Haus der Jungen Pioniere), spätklassizist. Putzbau von 1833, mit mittlerer Freitreppe. Der Park durch *Plastiken* 18./19.Jh. belebt, darunter Amazone, Bronze, 1840 von August Kiss.

Reste der **Stadtmauer** aus Backstein auf Feldsteinsockel im Bereich von Nagel- und Goethestraße. Davor in der Goethestraße die **Glocke** Barbara, 1518 von Heinrich v. Kempen für die Maria-Magdalenen-K. gegossen.

Heimatmuseum

Im ehem. dörflichen Ortsteil Finow nach der Industrieansiedlung A.20.Jh. bemerkenswerte Kommunal- und Wohnbauensembles einheitlicher Planung von Paul Mebes: **Arbeitersiedlung** als Platzumbauung n der Hauptstraße (Roter Platz) 1916. Zwei doppelgeschossige Reihenhausblocks aus Klinkern sind durch einen niedrigen Fachwerktrakt mit Wirtschaftsgelassen zu einem intimen Wohnbereich zusammengeschlossen. – **Schulensemble** 1922/26. Hufeisenförmige Anlage aus unterschiedlichen Putzbauten, im Zentrum Turnhalle, seitlich langgestrecktes Schulhaus und kubisches Lehrerhaus. – Am Hauptstraßenende **Friedhof** von 1925, symmetrisch gestaltet mit zentral gelegenem Kapellenbau aus Klinkern. – Am n Ortsrand als markante Höhendominante schlanker rck. **Wasserturm** aus Backstein.

EGGERSDORF b. Müncheberg. Bez. Frankfurt/Oder, Ldkr. Strausberg. – Inv. Prov. Brandenburg, Lebus

Dorf-K. Spätma. Bau aus Feldstein und Backstein, verputzt. Rck.Chor mit spitzbogigem Portal an der SSeite, das breitere Schiff im W erheblich verkürzt, die Fenster M.18.Jh.; der quadr. WTurm mit Zeltdach 1.H.19.Jh. – *Kanzelaltar* inschr. 1746 von J.C.Martin, am polyg. Korb die Bilder Christi und der Evangelisten, gerahmt von dünnen Säulchen und ausgesägten Wangen.

EGSDORF Bez. Cottbus, Ldkr. Luckau. – Inv. Prov. Brandenburg, Luckau

Dorf-K. Rck. Feldsteinbau des 14.Jh. Aus dieser Zeit noch das spitzbogige w NPortal erh. sowie die 3Fenstergruppe in der OWand erkennbar. Der verbretterte w Dachturm mit massiver WWand und Schweifhaube sowie der s Gruftanbau von einer Erneuerung um 1700, ebenso die Erweiterung der Fenster. Im Inneren Bretterdecke, von 4 Balusterstützen, um 1700, getragen; N- und OEmpore mit gesägten Balustern und Konsolfries an der Brüstung, 16.Jh., die ö als Orgelempore genutzt; die WEmpore, mit verglaster Patronatsloge, 2.H.17.Jh. In der OWand Sakramentsnische mit schmiedeeiserner Gittertür. – *Altaraufsatz* 1.H.18.Jh., Holz ungefaßt, das Mittelfeld mit geschnitztem Kruzifixus flankiert von je 3 gekuppelten Säulen, die den segmentbogigen Abschluß tragen; in den Rankenwangen Engel mit den Leidenswerkzeugen; die 4 Schnitzfiguren der Evangelisten urspr. wohl an anderer Stelle. 6eckige hölzerne *Taufe* mit rustikaler Schnitzerei, um 1700; *Taufschale* mit Verkündigung, Messing, wohl 16.Jh. Hölzernes *Lesepult* auf pyramidenförmigem Fuß, gleichzeitig mit der Taufe. – Außen an der OWand *Inschr.Grabstein*, sp.17.Jh.

Ehem. **Gutshaus** (Wohnungen). 2geschossiger Putzbau, im Kern 18.Jh., seine heutige Gestalt mit Flachdach von einer Umgestaltung in Neurenaiss.Formen gegen 1870.

EICHE Bez. Frankfurt/Oder, Ldkr. Bernau. – Inv. Prov. Brandenburg, Niederbarnim

Dorf-K. Spätgot. rck. Feldsteinbau mit quadr. WTurm von Schiffsbreite, sein einspringendes Oberteil in Backstein E. 19.Jh. mit hoher Schieferspitze. An der NSeite bar. Sakristei. Ihr Inneres mit 2 spätgot. Kreuzgewölben, das ö Joch mit Sternnetzgewölbe. Rest. 1958. – *Inschr.Grabstein* C.v.d.Schulenburg †1767.

EICHHOLZ Bez. Cottbus, Ldkr. Finsterwalde. – Inv. Prov. Brandenburg, Luckau

Dorf-K. Granitquaderbau 2.H.13.Jh. mit eingezogenem Rck.-Chor und WQuerturm von gleicher Breite, 1906 erneuert. In der OWand 3Fenstergruppe und ähnlich gestaffelte Blendengruppe im Giebel. N des Chores Sakristeianbau. Im Schiff Spitzbogenfenster, w und s Stufenportale, das w mit umrahmender Flachschicht und Scheitelkreuz. Der Aufbau des Turmes in Backstein 1906. Das Innere 1906 erneuert: aus dieser Zeit der Triumphbogen, das Kreuzgratgewölbe im Chor wie auch die hölzerne Tonne im Schiff mit Wolkenmalerei und segnendem Gottvater. – *Altaraufsatz* A.18.Jh., Ädikula mit Weinlaubsäulen und Akanthuswangen; die Gemälde zeigen Abendmahl, Kreuzigung und Auferstehung übereinander, bekrönend Engel und der Auferstandene. Polyg. hölzerne *Kanzel* 2.H.17.Jh., in den Füllungen der Brüstung die gemalten Figuren der 4 Evangelisten und des Apostels Paulus sowie das Christuskind als Überwinder. *Taufe* aus Holz, gleichzeitig, in spitzer Kelchform.

EICHHORST Bez. Frankfurt/Oder, Ldkr. Eberswalde. – Inv. Prov. Brandenburg, Angermünde

Ehem. **Burg** Werbellin am SW-Ufer des Werbellinsees, auf einer kleinen Anhöhe. Urk. zwischen 1273 und 1319 als Sitz der askanischen Markgrafen nachgewiesen. Seitdem in Verfall und bis auf Spuren, an der Einmündung des Werbellin-Kanals in den See, verschwunden. – Der **Askanierturm** 1879 von Oskar Büscher im Bereiche der Burg errichtet. Romanisierender Rundturm aus Feldstein unter Verwendung von Backstein, mit Zinnenkranz und Balkon zum See; jetzt Ruine.

EICHWEGE Bez. Cottbus, Ldkr. Forst

Dorf-K. Rck. Feldsteinbau mit quadr. WTurm 14./15.Jh. Dieser nur bis in Traufhöhe ma., sein Aufsatz 1791–92 in Fachwerk. Die Öffnungen der K. bis auf die spitzbogige Pforte verändert. Der n Anbau und die s Vorhalle aus dem 19.Jh. Im Inneren hölzerne Tonne und 2seitige Empore im W und N. – Polyg. hölzerne *Kanzel* mit Fruchtgehängen, sp. 17.Jh. Sechseckige *Taufe* mit Figurenschmuck, Metallguß, 3.V.19.Jh. – Außen an der SSeite: *Figurengrabstein* 1600, der gerüstete Verstorbene im Hochrelief; *Sandsteinepitaph* für D.Krafft †1716, mit fast lebensgroßer Engelsfigur und Inschr.Tafel; 3 *Inschr.Grabsteine* 17./18.Jh.

EISENHÜTTENSTADT Bez. Frankfurt/Oder, Stkr. Eisenhüttenstadt

1950 Bau des Eisenhüttenkombinats Ost an der Einmündung des Oder-Spree-Kanals in die Oder beg., die dazugehörige Siedlung 1953 zur Stadt erklärt, bis 1961 Stalinstadt genannt, seitdem als Eisenhüttenstadt mit der Stadt Fürstenberg/Oder vereinigt. – Der urspr. Eingang zum Werk mit der Stadt durch eine achsial angelegte Magistrale (Leninallee) städtebaulich verknüpft, in diese der Zentrale Platz, gesellschaftliche Bauten und eine Wohnhochhausgruppe eingebunden, 1959 vollendet; die anschließenden Wohnbezirke 1960–75. Erste neugegründete Stadt der DDR.

EISENHÜTTENSTADT (FÜRSTENBERG/ODER)

Auf dem erhöhten WUfer der Oder gelegen, eine slawische Burg und Siedlung in der Nähe des alten Flußübergangs zu vermuten. Wohl nach 1250 eine deutsche Burg hier errichtet, ihr vermutlicher Standort in der SO-Ecke der E.13.Jh. gegr. deutschen Stadt. 1286 civitas mit Magdeburger Recht, 1316 oppidum. Gitterförmiges Straßennetz, der große rck. Markt fast in Randlage. Stadtmauer und Oderbrücke unter Kaiser

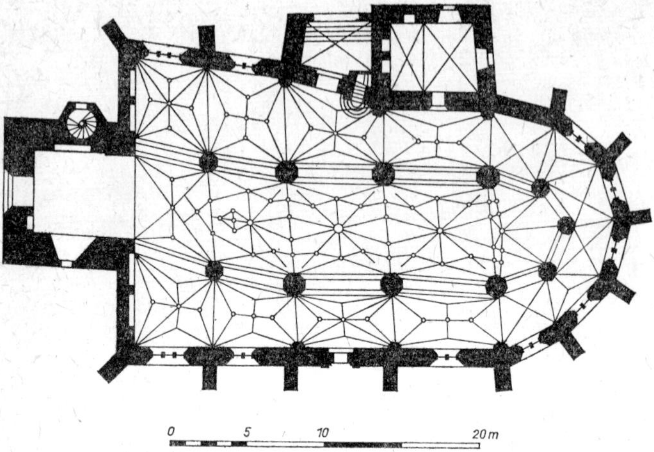

Eisenhüttenstadt (Fürstenberg), St. Nikolai

Karl IV. um 1370 errichtet bzw. beg., beides verschwunden. Die Stadt jahrhundertelang (1316–1817 mit 2 kurzen Unterbrechungen) in Abhängigkeit von Kloster Neuzelle stagnierend. 1635 kursächsisch, seit 1815 preußisch. Wirtschaftlicher Aufschwung nach 1846 durch Anschluß an das Eisenbahnnetz und 1891 durch Eröffnung des Oder-Spree-Kanals. 1925 Anlegung des Oderhafens. Stadterweiterungen nach N und W seit E.19.Jh. Mit der neuangelegten Wohnstadt des Eisenhüttenkombinats seit 1961 zu Eisenhüttenstadt vereinigt.

Pfarr-K. St.Nikolai. Im SO der Altstadt auf dem Steilufer der Oder gelegen. Stattlicher Backsteinbau des 3.V.15.Jh. Die 3sch. Halle von 5 Jochen in der Achse stark nach N verschoben, wohl wegen des Baugrundes. Der Hallenumgangschor innen 4seitig, außen 6seitig geschlossen. Der hohe quadr. WTurm im Unterteil noch vom spätgot. Bau, sein Oberteil inschr. von 1565, in Anlehnung an ma. Formen aufgeführt mit großzügiger Blendengliederung durch breite Lisenen und Rundbogenfriese, die Ecken zu einem ungleichseitigen Oktogon abgestumpft, von Steinhelm über Blendenkranz abgeschlossen. — Die K. 1945 ausgebrannt, das Inventar vernichtet, der Wiederaufbau 1952–63 eingeleitet, die Seitenschiffe neu mit Sterngewölben gedeckt. Der Bau schwer und gedrückt wirkend. Das Äußere von kräftigen Strebepfeilern und relativ schmalen Fenstern bestimmt. Diese 2teilig, nur im WJoch breiter, 3geteilt; die Gewände profiliert. Unter dem Hauptgesims Putzfries. Das WPortal mit gedrücktem Spitzbogen relativ klein, darüber Teile der Inschr. über die Erbauung des Turmes seit dem 19.Jh. (?) eingesetzt. Der Haupteingang auf der NSeite im 4.Joch von W. Davor tiefe Vorhalle, der Raum dar-

über, jetzt mit unter dem großen Satteldach der K., unbeleuchtet. Ö daneben die Sakristei mit dem „Sängerchor" darüber, der Giebel dieses Anbaus E.15./A.16.Jh. – Das Innere z.Z. noch im Rohbau ohne die Netzgewölbe im Mittelschiff, in diesem Zustand seltsam ungefüge wirkend. Die 8Eckpfeiler niedrig und auf hohe runde Sockel gestellt, nur das w Paar ohne Sockel. Die Turmhalle in hohem Spitzbogen zum Schiff geöffnet, daneben in den w Wänden der Seitenschiffe je 2 steile Spitzbogenblenden. Die Arkaden in Langhaus und Chor dagegen weitgespannt, in den Seitenwänden des Chorumgangs korbbogige Nischen regelmäßig angeordnet. Sakristei und „Sängerchor" mit den gleichen Sterngewölben wie die Seitenschiffe gedeckt, der „Sängerchor" in Doppelarkade zum Chorumgang geöffnet.
Das Straßenbild durch 1- und 2geschossige **Wohnhäuser** des 19. und 20.Jh. bestimmt; Löwenstr. 4, Ecke Oderstr. (Städtisches Museum), 2geschossiger Putzbau in reichen Jugendstilformen von 1906.
Städtisches Museum

ELSTER/ELBE Bez. Cottbus, Ldkr. Jessen
Dorf-K. Neurom. Backsteinbau E.19.Jh., mit WTurm und 3 Apsiden im O. Ausstattung der Bauzeit. – Außen an der K. 3 große *Grabsteine*, 2 davon figürlich von 1600 bzw. 1611, der 3. von 1705. Auf dem Friedhof mehrere skulptierte *Grabmäler* des 18./19.Jh., meist beschädigt.

ELSTERWERDA Bez. Cottbus, Ldkr. Liebenwerda. – Inv. Prov. Sachsen, Liebenwerda
Wohl im sp. 12.Jh. eine Burg auf dem Ufer der Schwarzen Elster als Stützpunkt des Burgwards Strehla zur Sicherung des Flußübergangs der Straße Dresden–Berlin errichtet. Im Schutze der Burg im 13.Jh. auf dem n Ufer planmäßig eine deutsche Marktsiedlung angelegt. Ihr Gr. rck. mit leiterförmigem Straßennetz, die Katharinen-K. in Randlage; der Ort 1343 erstmals gen. Keine Stadtmauer, nur Palisadenzaun. Bis 1367 unter der Oberhoheit des Domstifts Naumburg, 1372 im Besitz der Markgrafenschaft Meißen, seit 1815 preußisch und wohl damals erst Stadtrecht. Bis E.19.Jh. Ackerbürgerstadt. Seit 1874–75 Eisenbahnanschlüsse und Verkehrsknotenpunkt; im Zuge des wirtschaftlichen Aufschwunges Stadterweiterungen in Richtung der n und w gelegenen Bahnhöfe.
Stadt-K. St.Katharinen. Von einem ma. Backsteinbau im Kern die Umfassungsmauern mit Strebepfeilern und quadr. WTurm erh. 1696 Brand, danach 1718 tiefgreifender Umbau zum 3seitig geschlossenen Saal bei Erhöhung der Schiffswände, Vergrößerung der Öffnungen in Korbbogenform und Verputz des Äußeren, gleichzeitig die quadr. Sakristei an der NSeite umgebaut und mit gratigem Kreuzgewölbe geschlossen sowie an der SSeite die 2geschossige Patronatsloge hinzugefügt. Der Turmaufsatz mit

oktogonalem Glockengeschoß, Schweifhaube, Laterne und Zwiebel 1710 erneuert. 1903–04 der Bau rest., dabei das neubar. WPortal und die seitlichen Treppenanbauten hinzugefügt. Das Innere in seiner Einheitlichkeit vom Umbau von 1718 bestimmt: Stuckrahmendecke, 3seitige 2geschossige Empore mit Dockenbrüstung, *Orgelprospekt*. – Hölzerner *Kanzelaltar* 2.V.18.Jh., einfacher, leicht vorschwingender Pilasteraufbau mit stark vorkragendem, von Engelsflüchten getragenem Gebälk unter gesprengtem Volutengiebel, dazwischen bekrönende Vase. Auffällig die seitlichen Tuchgehänge; 4eckiger Kanzelkorb. Gute *Sandsteintaufe* um 1520–30, oktogonales Becken mit gekreuztem Maßwerk, am gewundenen Schaft Wappenschild mit Lilien. In der Sakristei spätgot. *Sakramentsnische* mit Stabwerkrahmung und Gittertür, wohl versetzt. *Patronatslogen* auf der Chor-SSeite von 1650, mit geschnitzten Kartuschenaufsätzen auf dem verglasten rck. Aufbau. *Glasmalereien* 1.H.16.Jh., 2 Rundscheiben mit Taube des hl.Geistes und Lamm Gottes; Ornamentrahmen neu. An den Wänden 9 *Grabsteine* der Familie v.Maltitz mit den Relieffiguren der Verstorbenen: Chr.v.M. †1547 mit antikisch aufgefaßter, lebensgroßer Standfigur im Prunkharnisch vor rundbogiger Nische, qualitätvolle Arbeit; Br.v.M. †1550, kniende Frauenfigur vor dem Kruzifix; G.v.M. †1565, der Verstorbene im Plattenharnisch in Rundbogennische; Ehepaar H.v.M. und Frau, beide †1575, der Verstorbene in Rüstung, gute Arbeiten; A.v.M. †1582 als Wöchnerin; 3 Frauengrabsteine †1585, †1591 und †1599. *Kindergrabsteine* für M. und E.v.Rohr, beide †1615. – Außen an der OWand 5 bar. *Inschr.Grabsteine* mit Reliefschmuck, darunter für Frau Chr.Morgner †1723. Auf dem ehem. Kirchhof 2 klassizist. *Urnengrabdenkmäler* für J.Chr.Klingner †1799 und für J.G.Hein †1826.

Ehem. **Schloß** (Oberschule). Anstelle der ma. Burg wohl 1616 ein Schloß von Joachim Bernhart v.Rohr errichtet; ein Inschr.-Stein mit dieser Jahreszahl und den Namen des Bauherrn und seiner Ehefrau jetzt innen neben dem Portal zum Garten eingesetzt. Umbau 1720 beg., seit 1727 unter Kurfürst Fr. August I. zur Dreiflügelanlage umgestaltet, die Seitenflügel 1732 vollendet. 1776–96 Sommerresidenz des Herzogs Karl v.Kurland, seit 1857 für Schulzwecke verwendet. – Schlichte 2geschossige Anlage, dennoch reizvoll in seiner Gesamtsituation am leichten Hang und in dem geschickten Einsatz der wenigen dekorativen Mittel; wesentlich der echt dresdnerische Uhr- und Glockenturm in der Mitte über dem Corps de Logis, dieses vielleicht in seinen Umfassungen von 17:3 Achsen dem Bau von 1616 zugehörig, wie die profilierten Fensterstöcke im Gegensatz zu den glatten der Seitenflügel ausweisen könnten. Der Bau mit hohen Walmdächern und schönen Sandsteinportalen in der Mittelachse, über dem hofseitigen ein Schlußstein mit Satyrmaske und Balkon, über dem Gartenportal Wappenkartusche. – Im Inneren die Flure hofseitig, die Treppen in den Schnittpunkten der Flügel. Im Erdgeschoßflur noch eine *Stuckrahmendecke* erh., im Oberge-

schoß w ein Eckraum mit Deckenschmuck: Stuckrosette und ovale Kartusche – urspr. zu 2 Räumen gehörig – und weiter ö ein schöner *Stuckkamin*, alles dem 4.V.18.Jh. zugehörig, der Residenzzeit des Herzogs v.Kurland. – Ehem. **Schloßpark**, jetzt verwilderter Landschaftsgarten mit Blickachse nach S.
Wohnhaus (Kleine Galerie Hans Nadler) Rathausstr. 2geschossiger Fachwerkbau A.19.Jh., rest 1981; Hofflügel mit Holzgalerie.
Postmeilensäule 1738. Schlanke Pyramide mit sächsisch-polnischem Doppelwappen.

ERKNER Bez. Frankfurt/Oder, Ldkr. Fürstenwalde. – Inv. Prov. Brandenburg, Niederbarnim
Genezareth-K. 1896–97, neugot. Bau aus Backstein und Kalkstein nach Entwurf von Ludwig von Tiedemann, ausgeführt von Robert Leibnitz.

EULO Bez. Cottbus, Ldkr. Forst
s. FORST/LAUSITZ

F

FALKENBERG/ELSTER Bez. Cottbus, Ldkr. Herzberg. – Inv. Prov. Sachsen, Liebenwerda
Im Elbe-Elster-Urstromtal gelegen. Bis M.19.Jh. kleines Dorf, seit 2.H.19.Jh. wichtiger Eisenbahnknotenpunkt. Erst seit 1962 Stadt.
Pfarr-K. 1912–13. Großer kreuzförmiger, nach S ausgerichteter Putzbau mit hohem quadr. Turm an der ö Langseite. – Die aufwendige *Ausstattung* des tonnengewölbten Saales im Jugendstil relativ gut erh. Aus der Fachwerk-K. von 1713 Teile eines spätgot. Retabels erh.: *3 Schnitzfiguren* um 1470/80, die Heiligen Katharina, Margaretha und Magdalena in modernem Holzschrein. Im Turm Kuppa eines spätrom. *Taufsteines* mit Fries aus Hufeisenbögen, Fuß modern.

FALKENBERG Bez. Cottbus, Ldkr. Luckau. – Inv. Prov. Brandenburg, Luckau
Kap. von 1914, mit Jugendstilelementen. – Auf dem Friedhof *Grabmal* für P.F.v.Barettig, gen. „Türck“ †1704, sog. Türkengrab, in Backsteinnische großes Wappenrelief umgeben von kriegerischen Emblemen.
Bockwindmühle n des Dorfes.

FALKENBERG Bez. Frankfurt/Oder, Ldkr. Freienwalde
Dorf-K. 1820. Großer rck. Fachwerkbau mit Stichbogenfenstern. Der querrck. WTurm, Backstein, gotisierend mit Satteldach und verschieferter Laterne. Nach Zerstörungen 1945 wiederhergestellt. Das Innere durch hölzerne Pfosten 3sch. unterteilt, das Mittelschiff mit hölzernem Tonnengewölbe. Hufeisenempore von 1820.

FALKENBERG (CÖTHEN)
Dorf-K. (Lagerraum). Rck. Saalbau mit einbezogenem quadr. WTurm, 1830 unter Schinkel-Einfluß errichtet. – Im frei stehenden Glockenstuhl *Ritzglocke* mit Inschr., um 1300.

FALKENBERG Bez. Frankfurt/Oder, Ldkr. Fürstenwalde. – Inv. Prov. Brandenburg, Lebus
Dorf-K. Spätgot. flachgedeckter Feldsteinbau mit polyg. OSchluß aus Backstein, teilweise verputzt; die Öffnungen verändert. Der quadr. Dachturm mit Schweifhaube und Laterne im 18.Jh. hinzugefügt.

FALKENHAGEN Bez. Frankfurt/Oder, Ldkr. Seelow. – Inv. Prov. Brandenburg, Lebus
An wichtigem Paß der Straße Fürstenwalde-Lebus auf einer Halbinsel im See ma. Burg anstelle einer slawischen Befestigung, 1313 genannt, nach M.17.Jh. verfallen. Der Ort wahrscheinlich schlesische Gründung vor M.13.Jh., 1321 oppidum, seit dem 17./18.Jh. dörflich.
Dorf-K. Der früheren Bedeutung als Stadt entsprechend außergewöhnlich große Basilika, M. bis 2.H.13.Jh. errichtet. Granitquaderbau, urspr. aus w Turmfront, 3sch. Langhaus und langgestrecktem Rck.Chor in Mittelschiffsbreite bestehend, der Chor mit Achsenknick nach N ansetzend. Die Seitenschiffe 1801 abgebrochen; die spitzbogigen Arkaden des Mittelschiffs jedoch in der Vermauerung erkennbar, die quadr. Pfeiler mit gekehlten Kämpfern wie in Strausberg. Die breitspitzbogigen kurzen Obergadenfenster z.T. vermauert. An den Langseiten des Chores je 1 schmales Lanzettfenster in urspr. Form erh., desgl. 2 in der OWand, ein großes Mittelfenster in Backsteinrahmung wohl des sp.15.Jh. flankierend; die übrigen Chorfenster 1801 vergrößert. Vom WBau im 13.Jh. nur das Untergeschoß mit dem großen 3stufigen, stumpfspitzbogigen WPortal fertiggestellt. Der schwere querrck. Turmaufbau spätgot. mit Walmdach. Das Turmuntergeschoß urspr. kreuzgratgewölbt. Schiff und Chor flachgedeckt und durch breiten spitzbogigen Triumphbogen geschieden; die WEmpore von 1801. – Polyg. *Kanzel* A.18.Jh., auf gedrehter Säule, die Ecksäulchen des Korbes mit Weinlaubschmuck. Achteckige hölzerne *Taufe* mit quadr. volutengeschmücktem Fuß, 1.H.17.Jh. An der SWand des Chores kleines *Sandsteinepitaph* für A.v.Barfuß †1574, der Verstorbene kniend

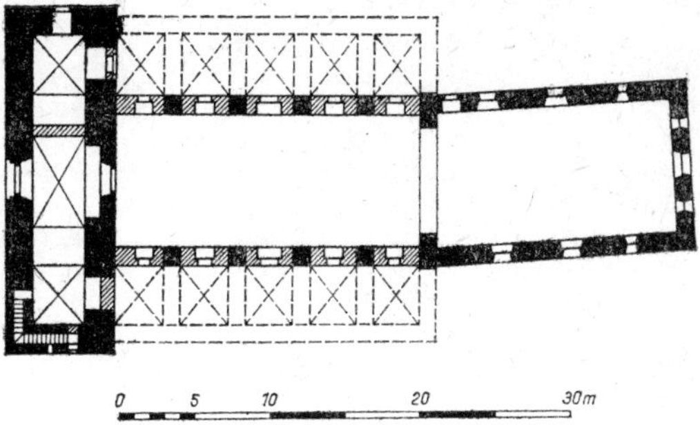

Falkenhagen, Dorfkirche

vor dem Kruzifix mit Landschaftshintergrund, im Giebelfeld Gottvater. An der NWand *Epitaph* für E.L.v.Burgsdorff †1604, Sandstein, mit Relieffigur des Verstorbenen in reicher Rollwerkrahmung.

FALKENHAIN Bez. Cottbus, Ldkr. Luckau. – Inv. Prov. Brandenburg, Luckau

Dorf-K. Spätgot. rck. Feldsteinbau des 14.Jh. mit nachträglich vorgesetztem WTurm von leicht querrck. Gr., von Walmdach abgeschlossen. Die stichbogig geschl. Fenster bar., die NSeite fensterlos. Das Innere flachgedeckt. In der OWand spätgot. *Sakramentsnische* mit ornamentaler Bemalung der Türinnenseite. *Hufeisenempore* 18.Jh., im W als Orgelempore vorschwingend; an der NSeite anschließend die ehem. *Patronatsempore*, sp.17.Jh., mit Rankenmalerei in den Brüstungsfeldern. – Die Ausstattung aus Holz sp.17.Jh.: *Altaraufsatz*, durch Einfügung eines Kanzelkorbes 2.H.19.Jh. zum Kanzelaltar umgestaltet; Ädikula-Aufbau mit Weinlaubsäulen, kartuschenförmigen Knorpelwerkwangen und bekrönender Strahlensonne, an der Kanzeltür das ehem. Altarblatt mit Kreuzigungsgemälde; der vergitterte *Pfarrstuhl* in der SO-Ecke mit Aufgang zur Kanzel. Kelchförmige *Taufe* mit 8eckiger Kuppa auf kurzem gedrehtem Fuß. – Außen an der OWand *6 Inschr.Grabsteine* der Familie Leopard, vorwiegend 17.Jh., z.T. mit kartuschenförmiger Rahmung und Wappen.
Ehem. **Schloß** (Rat der Gemeinde). Im Kern wohl 18.Jh. Klassizierend umgebaut A.20.Jh. Zweigeschossiger Putzbau unter Walmdach. Die SFront 3fach gestaffelt, davor Rampe mit mittlerer Freitreppe, deren Wangen in Voluten auslaufen.

FELCHOW Bez. Frankfurt/Oder, Ldkr. Angermünde. – Inv. Prov. Brandenburg, Angermünde

Dorf-K. Flachgedeckter Feldsteinbau 2.H.13.Jh., mit eingezogenem Rck.Chor und WTurm von Schiffsbreite; der Turmaufsatz 1.H.18.Jh., die Fenster bar., die originalen z.T. erkennbar, die 3 spitzbogigen Portale erh. Das Innere 1965/66 rest. – Auf ma. *Altarblock* das *Retabel*, zusammengestellt aus verschiedenen ländlichen Schnitzereien des 16. und 17.Jh. und modernen Ergänzungen: In den Flügeln Geburt und Taufe Christi, in der Mitte 2 alttestamentliche Figuren neben modernem Kruzifix, bekrönend Pelikan und Phönix, in der Predella Abendmahlsrelief. Hölzerne *Kanzel* von 1630, am polyg. Korb, getragen von Moses und 4 schwebenden Engeln, zwischen Ecksäulchen Figurennischen mit 4 Apostelfigürchen, 2 weitere Apostel in ähnlicher Nischenrahmung und von Hermen flankiert an der Treppenwange. Vorzüglich geschnitzter *Taufengel*, 1732 von Heinrich Bernhard Hattenkerell aus Morin/Neumark, aufgehängt unter geschnitztem Tondo mit Auge Gottes, Engelswolke und Strahlenkranz. *Gestühlsprospekte*, sp.16. und 17.Jh., mit diamantierten Rundbogenarkaden. *WEmpore* mit Balustergitter, sp. 17.Jh. Schöner *Orgelprospekt* 1745, mit reichem Bandelwerkdekor, bekrönt von musizierenden Putten. Gute *Verglasung* von 1905 größtenteils erh.

FERMERSWALDE Bez. Cottbus, Ldkr. Herzberg. – Inv. Prov. Sachsen, Schweinitz

Dorf-K. Spätgot. Bau aus Raseneisenstein und Backstein, verputzt, flachgedeckt mit eingezogenem Rck.Chor und quadr. WTurm. Dieser im Obergeschoß 8seitig aus Fachwerk mit Schweifhaube und Laterne. Der Oberteil 1933 erneuert. Aus dieser Zeit wohl auch die s Turmvorhalle. Die Öffnungen rundbogig verändert. Im Inneren der rundbogige Triumphbogen im 17.Jh. mit angeputzten Rustikaquadern versehen. – *Altaraufsatz* in moderner Umformung, von 1676 (Inschr.) nur die beiden Gemälde, Kreuzigung und Abendmahl. Schöner *Taufstein* M.16.Jh., Kelchform, an der zylindrischen Kuppa Inschr. und plastische Wappen, an ihrer Bodenwölbung und am konischen Fuß Akanthusdekor in Relief. Die übrige *Ausstattung* aus Holz 18.Jh.: Hufeisenempore, Kanzel, Pastorenstuhl und Gestühl. *Grabstein* der H.Falk, geb.v.Salhausen †1542, unter der Vita ganzfiguriges Relief der Verstorbenen, zu ihren Füßen ein Kind kniend. – Außen an der SWand *Rokoko-Doppelgrabmal*, inschr. 1778, mit bekrönendem Obelisk (beschädigt).

FICHTENBERG Bez. Cottbus, Ldkr. Liebenwerda. – Inv. Prov. Sachsen, Liebenwerda

Dorf-K. 1808–10, wohl mit Benutzung ma. Mauerteile, Putzbau mit 3seitigem OSchluß und quadr. WTurm, dieser bekrönt von oktogonalem Oberteil mit Schweifhaube und Laterne; im N Sakristei und im S Patronatsloge. Im Inneren Putzdecke auf Voute und Hufeisenempore, längsseitig 2geschossig. – Die *Ausstattung* aus der Bauzeit, Holz. Schlichter steiler Kanzelaltar,

3teiliger Orgelprospekt, Herrschaftsloge und Gestühl. Auf dem Gebälk des Altars 3 spätgot. *Schnitzfiguren* 1.H.16.Jh., Maria mit Kind sowie Johannes Ev. und Georg. – Außen an der SWand figürlicher *Grabstein* für v.Tauba †1686 und *2 Pastorengrabsteine* 1.V.19.Jh.

FINOW Bez. Frankfurt/Oder, Ldkr. Eberswalde

S. EBERSWALDE-FINOW

FINSTERWALDE Bez. Cottbus, Ldkr. Finsterwalde. – Inv. Prov. Brandenburg, Luckau

Auf einer Senke s des „Lausitzer Grenzwalls" zwischen 2 Urstromtälern gelegen. Wohl bald nach 1200 Errichtung einer deutschen Sumpfburg an der Salzstraße Torgau–Breslau. Im Schutze dieser Burg Gründung einer Marktsiedlung (1282?). 1301 Burg und Herrschaft genannt, der Zeitpunkt der Stadtrechtsverleihung unbekannt. Schloß und Stadt bis 1425 in wechselndem Besitz von Adelsfamilien, danach sächsisch, seit 1625 in unmittelbarem kurfürstlichem Besitz, ab 1815 preußisch, erst 1832 Schloß und Stadt rechtlich vereinigt. – Der Ort von etwa ½kr. Gr. n des Schlosses. Die Straßen in Gitterform um den weiten Marktplatz angeordnet, in seiner Mitte das Rathaus, s davon, durch eine Häuserzeile getrennt, die Stadt-K. Keine Stadtmauer, nur Zaun und Graben (1903 zugeschüttet). Ehem. Luckauer Tor im N und Cottbuser Tor im O. Urspr. Ackerbürgersiedlung, seit dem 16.Jh. Schafzucht und Tuchmacherei. Im 30jährigen Krieg fast ganz zerstört. Erst nach 1800 die Stadt über die Grabenstraße nach N erweitert. Seit der Industrialisierung gegen M.19.Jh. und dem Bau der Eisenbahnlinie Falkenberg–Cottbus 1871 Aufschwung und Entstehung neuer Vorstädte im O, S und N.

Pfarr-K. St.Trinitatis. Erbaut um 1584–93 von Maurermeister Martin (Merten) Piger aus Dresden, wohl unter Beibehaltung wesentlicher Teile eines ma. Vorgängerbaus St. Marien, da bereits 1585 mit der Wölbung begonnen wurde. Der quadr. WTurm mit oktogonalem Oberteil schon 1575–78 erbaut. Rest. der K. 1911 (innen) und 1978. 3sch. Emporenhalle aus Backstein mit Formteilen aus Sandstein, verputzt, ein interessantes Zeugnis der Nachgotik. Das Langhaus 3jochig mit 2jochigem Chor von Mittelschiffsbreite und 3seitigem OSchluß. Das ö Joch des n Seitenschiffs durch einen Anbau zum Quadrat erweitert, darüber die Herrschaftsempore angelegt, unten Sakristei. Im Winkel zwischen Chor und Sakristei Wendeltreppe zur Loge. Ein 2.Treppenhaus, quadr., im 18.Jh. w von ihr ergänzt. Der Turm mit rundbogigem WPortal, ebensolchen Fenstern und einem Kranz von rautenförmigen Luken dicht unterhalb der Schweifhaube. Der s angefügte Treppenturm aus der Bauzeit, der n 19.Jh. Die rundbogigen Fenster im Chor und Langhaus mit spätgot. anmutendem, gerundetem Maßwerk, rundbogig auch die kleinen Fenster unterhalb der inneren Emporen. Strebepfeiler

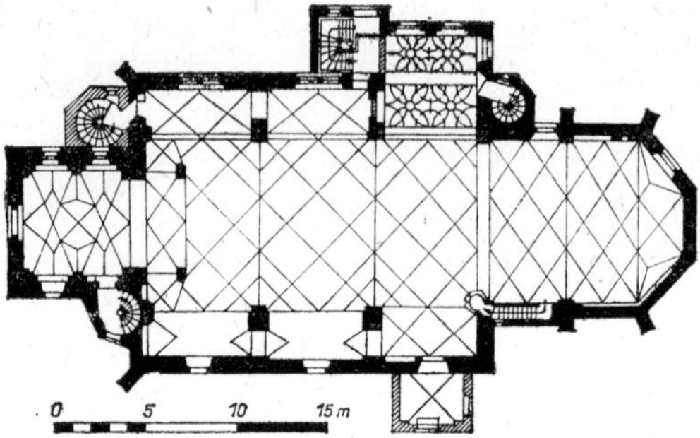

Finsterwalde, St.Trinitatis

nur an den Langseiten des Chors. – Das Innere relativ gedrückt durch die Wölbung mit schweren, kantigen Rippen und die Emporen dennoch von reicher Wirkung. Vorhalle, Langhaus und Chor einheitlich netzgewölbt, in Sakristei und Herrschaftsloge schöne Doppelsterngewölbe. Die Pfeiler eigentlich nach innen gezogene Strebepfeiler mit rundbogigen Durchbrüchen unten und in Emporenhöhe, daher im Raumeindruck protestantischen Schloßkapellen sich nähernd. In den Seitenschiffen, vom sö Joch abgesehen, steinerne Emporen auf breiten stichbogigen Arkaden, die durch eine schmale Empore im W verbunden werden. 1881 eine schmuckreiche Holzempore für die Orgel mit reichem neubar. Prospekt davorgesetzt. – Hölzerner *Altaraufsatz*, inschr. 1594 von Tischler Martin Brauer und Maler Samuel Heber. Großer 2geschossiger Architekturaufbau mit Beschlag- und Rollwerk. Im Hauptfeld plastisches Kruzifix vor Gemälde mit Stadtansicht in Anlehnung an Dobrilug (rest. 1911), im Auszug Inschr.Kartusche, als Bekrönung der sich opfernde Pelikan. *Kanzel*, 1613–15 von Melchior Kuntze aus Meißen. Qualitätvolle Arbeit aus Sandstein und Marmor. Mosesfigur als Träger des 5seitigen Korbes, an seinen Ecken manieristische Evangelistenfiguren, in den Brüstungsfeldern Sandsteinreliefs mit Darstellungen aus dem Neuen Testament: Geburt, Abendmahl, Kreuzigung, Auferstehung und Pfingsten über Inschr.Tafeln. Obere Kanzeltür mit Wappenrahmung, daneben je 1 Tafel mit Stifterinschr. (3 Brüder v.Dieskau). Der prächtige Schalldeckel aus Holz, mit Darstellung der Verklärung Christi und der Trinität, an den Rändern sitzend Engel mit den Leidenswerkzeugen. 2 *Pfarrerbildnisse*: C.Schilling, 1592, und C.Röting †1679 (beide z.Z. in Rest.). *Inschr.Tafel* in geschnitztem Rahmen, nach 1584, betr. Stiftung M.Frost für den Kirchenbau. – *Grabsteine*, meist mit der Ganzfigur des Verstorbenen, die älteren für die Familie von Dieskau: J.v.D. †1552, dessen Bruder O.v.D. †1553, dessen Frau M.v.D. †1571, dazu 4 *Kindergrabsteine* für M.v.D. †1555,

O.R.v.D. †1585 und O.v.D. †1615 sowie für A.v.Lindena †1591. Weiterhin die *Grabsteine* für D.v.Teckwitz †1561 und dessen Frau †1573, schließlich *Inschr.Grabstein* für Dietrich von Dieskau †1621. *Gemälde-Epitaphien*: O.v.Dieskau †1553, mit Gemälde des Jüngsten Gerichts; D.v.Teckwitz und Geschwister †1561, der Verstorbene vor dem Kruzifix kniend, im Hintergrund Christus als Kinderfreund mit den Geschwistern des Verstorbenen; Pfarrer Fabian †1569, mit dessen Porträt; Frau M.v.Dieskau †1571, mit Gemälde von Judith und Holofernes (diese Epitaphien sämtlich z.Z. in Rest.). B.Koßwig †1576 und Frau †1599, in hölzernem Ädikularahmen 3 Gemälde, im Vordergrund des Hauptfeldes 5 Propheten, darüber die Verkündigung, rechts und links Mariensymbole, in der „Predella" Gemälde der Stifterfamilie, im Flachgiebel Putten. H.Krappe †1647, *Inschr.Epitaph* mit Knorpelwerkrahmen. Frau E.Salisch †1665, mit gutem Kreuzigungsgemälde. Steinernes *Wandepitaph* für C.Grebitz †1610, gesetzt 1613, gute Arbeit mit manieristischem Dekor; vermutlich vom Meister der Kanzel: In Ädikularahmung Relief der Geburt Christi, darunter kniend die Freifiguren der Stifterfamilie; auf dem Gebälk Rollwerkkartusche mit Relief der Auferstehung, seitlich die Figuren von Glaube und Hoffnung. Das Epitaph der Erbauer der Kirche O.v.Dieskau und Frau U.v.D. †1597 verloren bis auf 2 *Bronzemedaillons*, an der SWand des Chores. *Bar.Kelch* von 1634, Silber vergoldet. – Außen an der K. 18 *Inschr.Grabsteine* sp.17. bis 2.H.18.Jh., z.T. mit Reliefschmuck, viele stark verwittert. Hervorzuheben für M.Reitling (Rötling) †1643 und für C.Albardt †1629, beide mit schöner Inschr. und Rollwerkrahmen.

Ehem. **Schloß** (Rat der Stadt). Als Wasserburg wohl bald nach 1200 gegr., während des Ma. in wechselndem Besitz von Adelsfamilien, seit 1531 denen v.Dieskau gehörig. Diese veranlaßten einen großzügigen Neubau, etwa zwischen 1531 und 1597. Seit dem Übergang an Kursachsen, 1625, das Schloß nur noch Verwaltungszwecken dienend. Weitläufiger Komplex aus langgestrecktem Vorderschloß für Wirtschaftszwecke und etwa quadr. Hinterschloß, dem ehem. Wohnteil der Burg. Baumeister des Hinterschlosses möglicherweise auch Martin Piger aus Dresden, da die Sterngewölbe im Erdgeschoß des WFlügels denen in der Herrschaftsloge in der Stadt-K. ähneln. Das Vorderschloß schlicht. Die breite Eingangsseite im N mit mittlerer stichbogiger, kreuzrippengewölbter Durchfahrt, gereihten Kreuzstockfenstern und seitlichen erkerartigen Ausbauten. Eine figürliche Konsole, ehem. mit Jahreszahl 1572, für einen Unterzugsbalken im Vorderschloß bestimmt, jetzt im ö Seitenflügel des Vorderschlosses, im Vorraum zum Kulturraum. Die Gebäude des Vorderschlosses sonst verändert oder erneuert. Das architektonisch reicher gestaltete Hinterschloß 4flügelig einen leicht rck. Hof einschließend. Gegen das Vorderschloß durch einen schweren, vortretenden, quadr. Turm gesichert; dieser von Zeltdach und offenem Glokkentürmchen bekrönt. Die ehem. Volutengiebel seitlich von ihm

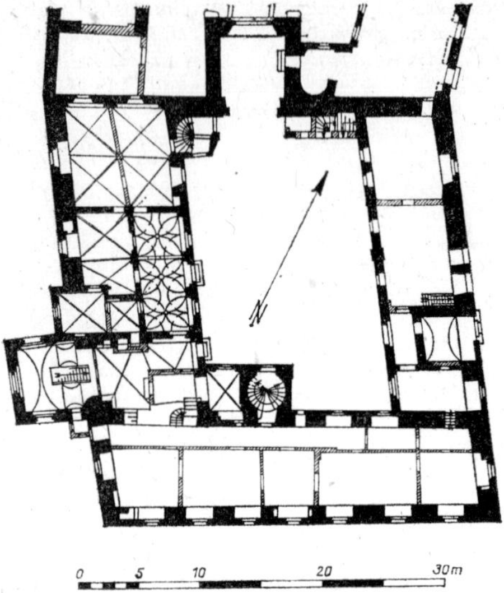

Finsterwalde, ehem. Hinterschloß

beseitigt. Das korbbogige, stark erneuerte Portal zur kreuzgratgewölbten Durchfahrt von Ornamentfriesen gerahmt. Darüber das Dieskauische Wappen. Im Hof ein quadr. Wendelstein vor dem SFlügel und ein oktogonaler in der NW-Ecke. Der urspr. malerisch lockere Eindruck des Hofes durch die Vermauerung der Erdgeschoßarkaden im OFlügel gestört. Der NFlügel ein reiner Verbindungsbau, seine 3 Geschosse als stichbogige Arkaden geöffnet. In der Wand des SFlügels *Kreuzigungsrelief* mit Wappen und Dat. 1554. Im Erdgeschoß des WFlügels ein 3jochiges Sterngewölbe sowie Kreuzgratgewölbe. Unter dem SFlügel tonnengewölbte Keller in 2 Geschossen. Das Innere sonst verändert.

Rathaus. 1739 von Maurermeister Georg Christian Haubtmann und Zimmermeister Martin Günther aus Kirchhain erneuert unter Benutzung älterer Umfassungsmauern von 1492. 2geschossiger Putzbau von 8:4 Achsen mit hohem Krüppelwalmdach, darauf quadr. Uhrtürmchen mit offener Laterne und Schweifhaube. An der NSeite 2 breite Portale mit Sitznischen, beide 1928 verändert.

Doppelturnhalle August-Bebel-Str. 16. Klinkerbau mit strenger Vertikalgliederung und Walmdach, erbaut 1928 von Kurt Vogeler, Berlin.

Wohnhausbau. Nach zahlreichen Bränden im 17. und 18.Jh. im 19.Jh. neubebaut. Der rck. Markt von relativ geschlossener Erscheinung. Beispiele älterer Bebauung: Die ehem. sog. „*Curdsburg*" Schloßstr. 6, 1572 von Curd von Dieskau aus einem Bürgerhaus umgebaut. 2geschossiger, modern veränderter Putzbau mit Sitznischenportal in strenger Ädikularahmung, das geschnitzte Türblatt M.17.Jh. mit Knorpel- und Ohrmuschelwerk. Im Erdgeschoß Kreuzgratgewölbe und profilierte Balkendecke erh. *Markt 22*, 2geschossig, erh. das Sitznischenportal E.16.Jh. mit Putzrahmung von 1748; in der Durchfahrt Kreuzgratgewölbe.
Kreismuseum

FINSTERWALDE (FINSTERWALDE-SÜD, ehem. Nehesdorf)
Dorf-K. Flachgedeckter Granitquaderbau aus kurzem Schiff, eingezogenem Rck.Chor und WQuerturm von Schiffsbreite, M. bis 2.H.13.Jh. Der verbretterte w Aufsatz mit Dachreiter M.18.Jh. Aus dieser Zeit wohl auch die Vergrößerung der Fenster und Türen. WVorhalle 19.Jh. Im Inneren 3seitige Empore. – *Altarretabel* E.17.Jh. Das Hauptbild der Kreuzigung von Weinlaubsäulen gerahmt. Neben dem ovalen Abendmahlsgemälde der Predella Engelsflüchte als Konsolen, in der bekrönenden Kartusche die Auferstehung. Schlichte polyg. *Kanzel* A.18.Jh., mit den gemalten Figuren von Philippus, Paulus und dem Gekreuzigten. *Orgelprospekt* 18.Jh.

FISCHWASSER Bez. Cottbus, Ldkr. Finsterwalde. – Inv. Prov. Brandenburg, Luckau
Dorf-K. Rck. Fachwerkbau um 1700, mit SVorhalle und frei stehendem verbrettertem Glockenturm im O. Die K. 1970 rest. Innen WEmpore. – *Kanzelaltar* dat. 1789, Säulenädikula mit schmalen Rankenwangen. Runder *Taufstein* auf kurzem Schaft, am Rand got. Majuskelinschr. mit Dat. 1300.
Unter den **Wohnhäusern** bemerkenswert: Nr. 7, eingeschossiges *Blockhaus* mit Fachwerkgiebel von 1791, eine Langseite verputzt. Nr. 52, ehem. *Dorfkrug*, 2geschossiges Traufenhaus von 1834, das Obergeschoß in Fachwerk.

FLEMSDORF Bez. Frankfurt/Oder, Ldkr. Angermünde. – Inv. Prov. Brandenburg, Angermünde
Dorf-K. Sauber gequaderter rck. Feldsteinbau 2.H.13.Jh. Der WTurm von gleicher Breite mit 2fach gestuftem spitzbogigem WPortal und schmaler Pforte zur Turmtreppe; die kreuzgratgewölbte Turmhalle mit spitzbogigem Durchgang zum Schiff. Der quadr. Turmaufsatz 19.Jh. In der SWand des Schiffes 2 originale spitzbogige Portale, auch die Lanzettfenster erh. In der OWand 3Fenstergruppe, im Giebel darüber Kreisfenster und 3 Blendenreihen. Innen Balkendecke (Bemalung 1910) und WEmpore von 1691. – Dekorativer hölzerner *Kanzelaltar* von

1691. Beiderseits der reich ornamentierten Kanzel laubumwundene Säulen, der Schalldeckel von schwebenden Putten getragen, darüber vor hohem Auszug der Auferstandene; seitlich christliche Allegorien. *Taufengel* wohl 1720. Ausgezeichnete *Pietà*, Holz mit Resten der urspr. Fassung, E.14.Jh. (jetzt im Pfarrhaus zu Criewen, Ldkr. Angermünde). *Orgelprospekt* 1745. *Patronatsgestühl* mit Gitterwerk, 18.Jh.

FORST Bez. Cottbus, Ldkr. Forst. – Inv. Prov. Brandenburg, Sorau/Forst

Am WUfer der Neiße gelegen, am Flußübergang der Straße Halle–Glogau, die von der N-S-Straße entlang der Oder gekreuzt wird. Urspr. wohl eine slawische Siedlung, später „Alt-Forst" s der Furt. Wohl 2.H.13.Jh. deutsche Stadtgründung im Schutze einer Burg s von Alt-Forst, von der Neiße und dem künstlichen Mühlgraben geschützt. 1346 erstmalige urk. Erwähnung; regelmäßig mit gitterförmigem Straßennetz um den fast quadr. Marktplatz mit der K. darauf angelegt. Keine Stadtmauer, nur das Euloer Tor im W und das Mühltor im O. Die 1888 in ihren letzten Resten verschwundene Burg auf dem „Haag" im SO der Stadt, von Wassergräben umgeben. Seit dem 14.Jh. im Besitz verschiedener Adelsgeschlechter, die politische Zugehörigkeit zwischen Brandenburg und Kursachsen wechselnd, seit 1815 preußisch. Nach dem Stadtbrand von 1748 Wiederaufbau nach begradigtem Plan von Johann Christoph Knöffel auf Veranlassung des Grafen Brühl. Haupterwerbsquelle seit dem 15.Jh. das Tuchmachergewerbe; im 17.Jh. Zuzug niederländischer und schlesischer Tuchmacher, seit M.19.Jh. rasche Entwicklung zu einem bedeutenden deutschen Textilzentrum. Daher Ausbau zum Verkehrsknotenpunkt und städtebauliche Entwicklung durch Fabriken, Mietshäuser und Villen. 1945 große Teile des Zentrums kriegszerstört.

Stadt-K. St.Nikolai. Im Kern stattliche spätgot. Backsteinhalle mit eigenartig reduziertem Umgangschor und WTurm, E.14./A.15.Jh. beg. Die Halle nur 3 Joche lang, der Chor außen 7seitig, innen 5seitig geschl., die Einwölbung 1516, der eingezogene quadr. WTurm 1570 vollendet. 1686 nach Einsturz der n Pfeilerreihe Umbau des Inneren mit verbreitertem, flachgedecktem Mittelschiff. Durch diesen Umbau wohl auch erst der nach O schmaler werdende Chorumgang entstanden. 1750–53 Umgestaltung nach Entwürfen von Johann Christoph Knöffel: die Fenster 2zonig verändert, das Äußere verputzt, Einbau von Emporen, für diese Treppenanbauten beidseits des WTurmes. Auf der SSeite an 2 Jochen Sakristei und Taufkap. angebaut, auf der NSeite entsprechend, jedoch 2geschossig, die Patronatsloge; ihr Obergeschoß zur Empore geöffnet; im ö Teil des Erdgeschosses die Wände der Sakristei von 1508 einbezogen, ihr Kreuzgratgewölbe eher sp. 17.Jh. Das Innere der Halle mit spitzbogigen Arkaden auf Oktogonpfeilern, die Seitenschiffe urspr. fast von Mittelschiffsbreite, seit 1686 ungewöhnlich schmal, die Wandpfeiler als Halbpfeiler gebildet. Im Mittelschiff jetzt Flachdecke mit umlaufender Kehle, in den Seitenschiffen rekonstruierte

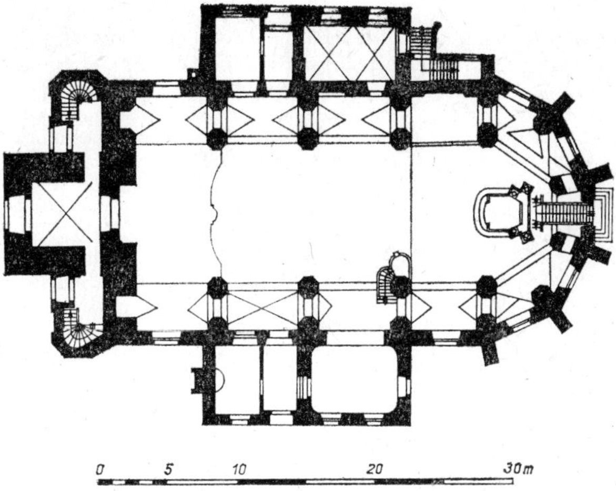

Forst, St. Nikolai

Kreuzgratgewölbe. Die K. samt Inventar 1945 ausgebrannt und bis 1954 vereinfacht wiederaufgebaut, der ehem. 8eckige Turmaufsatz nicht erneuert. Die 2-, teilweise 3geschossigen Seitenschiffsemporen des 18. Jh. auf ein Geschoß reduziert. – In der Sakristei *Gedenkstein* von 1690 für Martin Canabäus und seine Frauen. In den Grüften mehrere *Zinn-* und *Kupfersärge* der Familie v. Biberstein, u.a. für J.W.v.Biberstein †1624 und seine Frau A. †1641, bemalt mit Wappen, Ornamenten und Bibelsprüchen.

Johann-Sebastian-Bach-K. in der SVorstadt. Notkirche aus Holz und verputztem Backstein, 1950 von Otto Bartning. – *Kelch* 3.V.15. Jh., Silber vergoldet, aus der Nikolai-K. Auf dem Sechspaßfuß figürliche Gravierungen des Schmerzensmannes und 5 weiblicher Heiliger. Am Unterfang der Kuppa durchbrochenes Astwerk.

Herz-Jesu-K. (Kath. Pfarr-K.). Neugot. Backsteinbau 1876 von Friedrich Schmidt.

Ehem. **Amtshaus** (Pflegeheim) Planckstr. 4. An der Stelle des Schlosses derer v. Biberstein 2geschossiger Putzbau mit hohem Walmdach A.18. Jh., 1945 ausgebrannt. Das Innere verändert.

Ehem. **Ortskrankenkasse** (Rat der Stadt, Kreissparkasse) Promenade 9. Klinkerbau mit straffer Pfeilergliederung, 3geschossig, 1924/25 von Rudolf Kühn, Bauplastik von Johann Ernst Born.

Ehem. **Gymnasium** (Jahn-Oberschule) Jahnstr. Stattlicher Putzbau mit sparsamen expressionistischen Formen 1928/29 von Rudolf Kühn.

FORST (EULO)

Dorf-K. Verputzter ma. Feldsteinbau des 15.Jh., urspr. gewölbt, aus kurzem Schiff und 5seitigem OSchluß mit Strebepfeilern. Der quadr. WTurm mit hohem Pyramidenhelm von 1854. Im S kreuzrippengewölbte Vorhalle vor gestufter spitzbogiger Pforte, an der NSeite quadr. Sakristei mit hohem Bandrippengewölbe. Die Fenster bar. verändert. Im Inneren Putzdecke und 3seitige Empore. — *Altaraufsatz*, aus verschiedenartigen Teilen zusammengesetzt; die hohe Sandsteinpredella vermutlich Dresdener Herkunft E.16.Jh., mit oberem Reliefstreifen aus schönem Rankenwerk und Engelsflüchten, flankiert von 2 Engelsfiguren mit Spruchbändern, als Predellenbild Kopie des Leonardoschen Abendmahles. Darüber reich geschnitzter Altarbildrahmen mit Fruchtgehängen und Putten um 1700, seitlich gleichzeitige Schnitzfiguren des Petrus und Johannes Ev. Das Altargemälde mit der Halbfigur Christi 1827 von H. Hadank. Der Aufsatz wiederum aus Stein mit Rollwerkkartusche. Glockenförmige *Sandsteintaufe* sp.16.Jh., am unteren Rand Rollwerkkartuschen mit Bibelsprüchen, oben schöner Rankenfries; hölzerner Volutendeckel. 2 spätgot. *Kelche* mit Emails, beide A.15.Jh., der eine mit aufgelöteter Kreuzigungsgruppe als Signaculum, der andere reicher, an seinem Knauf Figürchen in Baldachinen zwischen turmartigen Fialen, auf dem Fuß gravierte Blattornamente. — Außen an der SSeite *Inschr.Grabstein* für J.Korn und Frau, †1739 bzw. 1727.

FORST (NOSSDORF)

Dorf-K. Spätma. 1sch. Bau mit 5seitigem OSchluß, Feldstein. Der quadr. WTurm mit Spitzhelm und die s Vorhalle aus Backstein von 1885. Spitzbogige Pforten in der S- und NWand, die n vermauert. Die Fenster erweitert. Im Inneren Flachdecke und Empore im W und N. — Hölzerner *Altaraufsatz* mit gewundenen Weinlaubsäulen und Akanthuswangen, um 1700; das Altargemälde der Himmelfahrt Christi von Fr. Krüger aus Jethe. Achteckiger *Taufstein* 1840. Hölzerner bar. *Taufengel* E.17.Jh. *Kelch* 16.Jh., Silber vergoldet, auf dem runden Fuß pflanzliche Gravuren. *Wandepitaph* aus Stein für H.D.Groß †1742. — Außen an der SSeite einige *Inschr.Grabsteine* 2.H.18.Jh.
Unweit der K. das **Pfarrhaus** von 1802, gefälliger Putzbau mit Mansarddach und betonter Mittelachse.
Wohnsiedlung zwischen Friedrich-Engels-Straße und Schwerinstr., 1925/26 von Rudolf Kühn. Kubische Zwei- und Vierfamilienhäuser mit Flachdach; durch Mauer miteinander verbunden.

FORST (SACRO)

Dorf-K. Großer flachgedeckter Rck.Bau, wohl 1.H.14.Jh., im unteren Teil aus Feldstein, der obere sowie die Ecken und Öffnungen aus Backstein. In der OWand Dreifenstergruppe, darüber schöner, 4fach gestufter Pfeilergiebel gegen 1500, die Mittelpfosten seiner rundbogigen Zwillingsblenden aus gedrehten

Taustäben. An der SSeite Rautenmuster aus Glasursteinen, gestuftes SPortal mit eingelegtem kräftigem Rundstab (in Vorhalle des 19.Jh.), darüber rundbogige Blende mit Inschr. von 1590. Die stumpfspitzbogige NPforte vermauert, die Fenster vergrößert. Der quadr. WTurm von 1894. Innen ö in der SWand 2teilige Sitznische unter übergreifendem Blendbogen, in spätrom. wirkenden Formen. Empore an der W- und NSeite. – Hoher *Altaraufsatz* aus Holz, gestiftet 1739, Säulenaufbau mit den Gemälden des Abendmahls, der Kreuzigung und der Auferstehung, das letztere von Glorie bekrönt, seitlich Allegorien des Alten und Neuen Testaments sowie Putten. In den Altarwangen ovale Gemälde der Arche Noah mit und ohne Taube. Der Altarstipes z.T. auch 1.H.14.Jh. Hölzerne *Taufe* 1.H.17.Jh., in polyg. Vasenform. – Außen an der SSeite *Inschr.Grabstein* für G.Stein †1701.

FRANKENA Bez. Cottbus, Ldkr. Finsterwalde. – Inv. Prov. Brandenburg, Luckau

Dorf-K. Gut erh. Granitquaderbau M.13.Jh. von eindrucksvoller Staffelung der Bauteile: Kurzes Schiff mit eingezogenem quadr. Chor und WQuerturm von Schiffsbreite, dieser um 1488 in Backstein erhöht, sein Walmdach mit 8seitigem Dachreiter und Schweifhaube. Um 1906 Rest. der K., dabei Veränderung der Fenster, Einbruch des WPortals sowie Errichtung der SVorhalle. In urspr. Form erh. die gestaffelte 3Fenstergruppe in der OWand mit dem getreppten Giebel darüber sowie 2 (vermauerte) spitzbogige Stufenportale in der SWand von Schiff und Chor, das im Schiff mit Scheitelkreuz. Das spätgot. Turmobergeschoß reich dekoriert: An der WSeite große, sich durchdringende Blendarkaden, im S Kreisblenden unter Kreuzfries, erst darüber die Schallöffnungen und weitere Blenden. Das flachgedeckte Innere mit spitzbogigem Triumphbogen. – *Altaraufsatz* E.17.Jh. mit gedrehten Säulen und Knorpelwerkwangen, die Gemälde, Abendmahl, Kreuzigung und Auferstehung, inschr. 1696 von Michael Scharben aus Lübben. 3seitige Empore, Kanzel und Orgelprospekt von 1906. Ma. *Kirchenkasten*, Eiche, mit reichem Beschlag.

FRANKENDORF Bez. Cottbus, Ldkr. Luckau

s. GÖRLSDORF

FRANKENFELDE Bez. Frankfurt/Oder, Ldkr. Freienwalde

Dorf-K. Flachgedeckter rck. Granitquaderbau M.13.Jh., mit 2 spitzbogigen NPortalen und 1 vermauertem OFenster aus dieser Zeit. Der eingezogene, leicht querrck. WTurm von 1776, Putzbau mit Pilastergliederung und reichem plastischem Dekor, von flacher Schweifhaube bekrönt. Von 1893 die rundbogigen

Schiffsfenster. Das Innere nach 1945 erneuert. – *Altaraufsatz* um 1610, neu gefaßt 1927; 4geschossiger architektonischer Aufbau mit seitlichen Säulenstellungen im Hauptgeschoß. In der Predella Relief des Abendmahls, im Hauptfeld Kreuzigung, darüber Auferstehung und Himmelfahrt; als Wangen 2 weibliche Figuren. Wohl gleichzeitig und vom gleichen Meister die hölzerne *Kanzel* mit Ecksäulchen und Beschlagwerk, am Kanzelaufgang zwischen Hermenpilastern auf Voluten 3 Schnitzreliefs: Moses, Christi Geburt, Kreuzigung. Schlichte *WEmpore* auf gedrehten Stützen dat. 1610. Spätgot. *Kelch*, Silber vergoldet.

FRANKFURT/ODER Bez. Frankfurt/Oder, Stkr. Frankfurt/Oder. – Inv. Prov. Brandenburg, Stadt Frankfurt

Gelegen an einem Oderübergang am w Flußufer auf einer hochwasserfreien Talsandinsel unterhalb der zum Odertal steil abfallenden Lebuser Hochfläche. Schon bronzezeitliche Besiedlung bezeugt, slawische Burgwälle im N bei Kliestow und im S bei Lossow nachgewiesen, nicht aber im eigentlichen Stadtgebiet; ein Kietz zwar überliefert, jedoch bis jetzt nicht lokalisiert. Spätestens im fr. 13. Jh. eine deutsche Kaufmannssiedlung mit der Nikolaikirche angelegt, Markt- und Niederlagerecht vermutlich durch Herzog Heinrich I. von Schlesien 1226 bestätigt, der Stadtname wohl schon damals durch fränkische Siedler aufgekommen.

1253 askanische Neugründung durch Markgraf Johann I., als Lokator Gottfried von Herzberg genannt, große Erweiterung der vorhandenen Siedlung nach S, eine geplante Schwesterstadt auf dem ö Flußufer nicht angelegt; aus Berlin Magdeburger Recht übernommen. Das gitterförmige Straßennetz regelmäßig und im älteren und neuen Stadtteil einheitlich, was auf eine Neuanlage der Gesamtstadt nach 1253 schließen läßt, die dann auch auf etwa rck. Gr. einheitlich von einer Stadtmauer mit Wall und Graben umgeben wurde. 3 Tore: Gubener Tor im S, Lebuser Tor im N, Brücktor im O; zum Bau der Brücke 1253 die Erlaubnis erteilt. Nach der Neugründung verlor der alte Stadtteil an Bedeutung, und an Stelle der Nikolai-K. wurde die Marienkirche zur Hauptpfarr-K. Inmitten des n vom Marienkirchplatz gelegenen Marktes das Rat- und Kaufhaus (Vermutungen über einen Vorgängerbau an anderer Stelle spekulativ), die geplante Errichtung in der Stadtgründungsurkunde von 1253 angezeigt; die Unterteilung des Marktplatzes durch Häuserzeilen („Sieben Raben" auf dem w Teil) und die Trennung vom Kirchplatz (unter Wahrung einer direkten Wegeverbindung zwischen Rathaus und Kirche) erst nachträglich erfolgt. Im alten Stadtteil Niederlassung der Franziskaner nahe der Oder, das Kloster möglicherweise an der NO-Ecke der Stadt in das Befestigungssystem einbezogen. Im späteren Ma. wurden durch die spätgot. Neubauten des Chors an St. Nikolai und des Langhauses der Franziskaner-K. neue Akzente in der Stadtsilhouette gesetzt, Ausdruck der Rivalität zwischen Marien- und Nikolaiviertel. Außerhalb der Mauern entstanden im N die Lebuser Vorstadt mit dem Georgenhospital (1312 „domus Leprosorum") und im S die Gubener Vorstadt mit dem Heilig-Geist-Hospital und der Gertraudkirche (1368 gegründet).

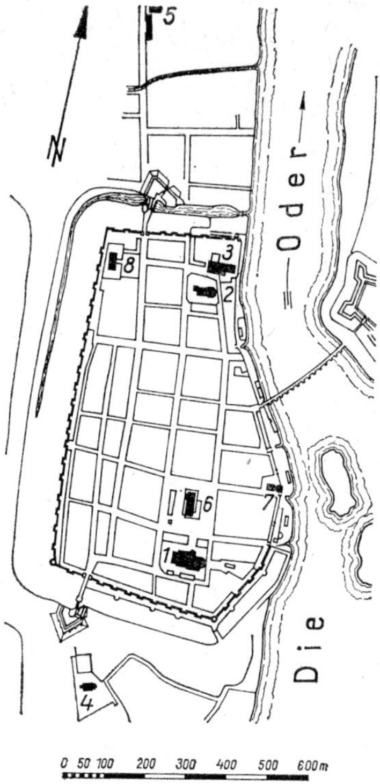

Frankfurt/Oder

1. St.Marien 2. St.Nikolai (Friedenskirche) 3. ehem. Franziskaner-Klosterkirche 4. St.Gertraud 5. St.Georg mit Hospital 6. Rathaus 7. Junkerhaus (Bezirksmuseum) 8. Universität

Nach dem Aussterben der brandenburgischen Askanier 1319 hielt die Stadt fest zu den Wittelsbachern als Markgrafen bis zum Übergang der Landesherrschaft an Karl IV.; die kaiserliche Protektion an der Baugeschichte der Kirchen und ihrer Ausstattung ablesbar. Gleichzeitig höchste wirtschaftliche Blüte der Stadt, Beherrschung der Oderschiffahrt und des Binnenhandels zu Lande, Mitglied der Hanse von 1368 bis 1518, seit 1355 drei Jahrmärkte, aus denen später die Messen hervorgingen, erst E.18.Jh. von den Leipziger Messen an Bedeutung übertroffen. Im 15.Jh. Schwächung der Monopolstellung durch die politische Entwicklung in Polen (Niederlage des Deutschen Ordens, polnischer Ostseehandel über die Weichsel). 1506 Einweihung der auf kurfürstlichen Erlaß hin ge-

gründeten Universität (sie bestand bis 1810/11, Kollegiengebäude nicht erh.), in ihren Anfängen eine der besuchtesten deutschen Universitäten, bald aber Hauptort des scholastischen Widerstandes gegen die Lehren Luthers, was sich erst in der 2.H.16.Jh. änderte; seit dem 17.Jh. Ausbildungsstätte reformierter Theologen. Von 1702–1710 einer der berühmtesten deutschen Architekturtheoretiker, Leonhard Sturm, Lehrer an der „Viadrina".

Von den nachweislich zahlreich vorhandenen spätma. und Renaissance-Häusern mit z.T. stattlichen Giebeln (am bekanntesten das Ecciushaus am Markt) und den charakteristischen Meßhöfen (z.B. in der Großen Scharrenstraße) nichts erh. Dagegen sind als Zeugen einer bürgerlichen und kommunalen Bautätigkeit vom E.17.Jh. und aus 2.H.18.Jh. (Bauinspektor war ab 1764 bis zu seinem Tode 1791 Friedrich Knoblauch) noch bedeutende Beispiele überkommen (Professorenhäuser, Schulen, Altersheime). Das gilt auch für die Zeit des Klassizismus, in der das Beamtenbürgertum Träger des privaten und öffentlichen Bauens gewesen ist, nachdem Frankfurt 1815/16 Provinzialregierungshauptstadt geworden war: Tätigkeit von Christian Gottlieb Cantian und Emil Karl Alexander Flaminius, dessen Theater, in enger Anlehnung an Schinkelsche Entwürfe 1840/42 erbaut, der bedeutendste Bau des Klassizismus in Frankfurt, leider nicht erh. ist. Seit 1816 allmähliche Beseitigung der ma. und bar. Stadtbefestigungen, an ihrer Stelle ein Parkgürtel um die Altstadt gelegt, die Anlagen von Peter Joseph Lenné gestaltet. Schon im 18.Jh. Erschließung des Geländes s der Gubener Vorstadt durch Gärten und eine Lindenallee, die zum „Karthausbad" an der Stelle eines 1396 gegründeten Karthäuserklosters (1797 durch Brand völlig zerstört, Reste nicht erh.) führte.

Erst gegen E.19.Jh. und nach 1918 entscheidende Ausdehnung auf die angrenzenden Hochflächen (Beresinchen, Nuhnen Vorstadt) mit z.T. interessanten Bebauungskonzeptionen, unter denen die Gartenstadtsiedlungen im Heimatstil überwiegen (Architekt Martin Kießling); zahlreiche bemerkenswerte Bauten für Bildung, Handel und Industrie. — Im April 1945 die Innenstadt zu rund 70% zerstört, beim Wiederaufbau der Gr. der Altstadt nur z.T. beibehalten, als Magistrale die Karl-Marx-Straße im Zug der früheren Richtstraße; Punkthäuser als neue Dominanten der Stadtsilhouette.

KIRCHEN

St.Marien, ehem. Hauptpfarr-K., 1945 schwer beschädigt, seit 1980 Ausbau zum „Kunstforum". Urspr. gewölbte Hallenkirche aus Backstein (Formsteine z.T. aus Sandstein, Kalkstein und Granit) mit 5sch. Langhaus, Querschiff, 3sch. Umgangschor und w Doppelturmfassade, der „räumlich bedeutendste Bau der Mark Brandenburg" (Georg Dehio). Die K. in 5 gut trennbaren Abschnitten entstanden, diese für die Baugeschichte der Mark z.T. von besonderem Gewicht. Baubeginn nach der Stadtrechtsverleihung 1253, 1360/70 Chorerweiterung (1367 Weihe des Kreuzaltars) und Anbau der Eingangskapelle am n Querschiff (urspr. inschr. dat. 1376), die äußeren Seitenschiffe des Langhauses 15.Jh., Anbau der Sakristei am s Chor-

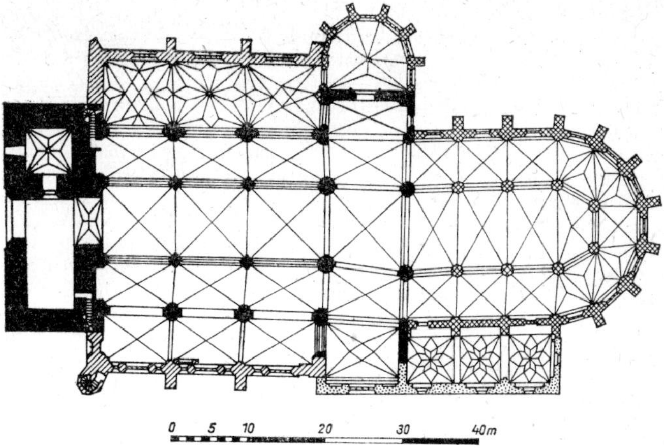

Frankfurt/Oder, St.Marien

seitenschiff mit Empore (Martyrchor) 1521/22. Rest. 1828—30 und 1922—27.
Erstbau eine 3sch. Hallenkirche mit Querhaus, 3jochigem Langhaus und doppeltürmiger Westfassade. Der OSchluß noch nicht sicher ermittelt, doch ist nach Grabungsergebnissen unter der Sakristei ein 3sch. Chor schon im 13.Jh. vorauszusetzen, im ganzen einer der frühesten städtischen Backsteinbauten der Mark, in Material und Gestalt abweichend von den üblichen Typen der Pfarrkirchen in den askanischen Gründungsstädten des 13.Jh. Der Gr. mit quadr. Mittelschiffsjochen und längsrck. Seitenschiffsjochen könnte einen urspr. geplanten basilikalen Aufbau vermuten lassen, die Pfeilerform, kreuzförmig mit ein- und vorgestellten Runddiensten, im Charakter spätrom.; Gr., Pfeilerform und Hallenschema machen westfälischen Einfluß wahrscheinlich. Die ma. Kreuzrippengewölbe sämtlich zerstört. — Die Turmfront zeigt am querrck. Unterbau bis in Schiffshöhe Blendgliederungen nur an den Schmalseiten und über dem spitzbogigen mittleren WPortal (jetzige Erscheinung das Ergebnis der Rest. um 1925), erst über einem umlaufenden Gesimsband steigen die im Gr. quadr. Türme auf (STurm 1826 eingestürzt), durch Gitterfriese in Geschoßwürfel gegliedert und mit großen, teilweise zur Bausicherung vermauerten spitzbogigen Öffnungen versehen; in der ersten Bauphase nur bis zum 3.Geschoß geführt, wobei die Maßwerkformen im unteren Geschoß — mit solchen im Chor der Klosterkirche von Chorin verwandt — auf eine Entstehung noch vor 1300 hinweisen. Die beiden letzten Geschosse mit abschließendem Zinnenkranz und kupfergedeckter Spitze

erst in Zusammenhang mit den Erweiterungen des Gründungsbaues im sp.14. und 15.Jh. entstanden (1983/84 erneuert). Das Untergeschoß des NTurmes mit hohem Bandrippengewölbe, die jetzige Doppelgeschossigkeit erst durch Einzug eines tieferliegenden spätgot. Sterngewölbes hervorgerufen. Zugang zu den Obergeschossen durch eine Wendeltreppe im Mauerwerk der NO-Ecke. In halber Höhe des Schiffes ein Laufgang an der OSeite des Turmbaues in Resten erh. Die oberen Turmgeschosse nach 1826 und nach 1945 durch Mauerverstärkungen und Anker gesichert, Einbauten aus Holz. Die Ruine des STurmes nach 1826 abgetragen und entgegen dem Vorschlag von Karl Friedrich Schinkel nicht wieder aufgebaut. Das Sterngewölbe zwischen Turmvorhalle und Schiff 1544 dat. – Vom Erstbau unter den Dächern der Anbauten und Erweiterungen die Giebelfronten der Querschiffarme erh.; an der NSeite noch deutlich die Reihung von 3 Wimpergen mit Maßwerkrosetten erkennbar, an den trennenden Pfeilern senkrechte Vierpaßfriese, unterhalb des Giebelansatzes ein Plattenfries mit Lilienrelief (zu vergleichen ein ähnlicher in der Klosterkirche Lehnin) und ein kleeblattbogiger Blendenfries mit figürlicher Bemalung, diese noch 13.Jh., der Wimperggiebel wohl etwas jünger, Auswirkungen auf die Giebelgestaltung des Rathauses in Frankfurt deutlich.
Nach M.14.Jh. (Ablaß 1360) ö an das Querschiff ein neuer Chor angebaut, als Vollendungsdatum die Weihe des Kreuzaltars von 1367 anzunehmen. 3jochige Halle von der Breite des Langhauses mit polyg. Umgang, der Binnenchor mit 3, die Umfassung mit 7 Seiten geschl. Die Wände außen mit kräftigen Strebepfeilern, die unterhalb eines umlaufenden Gitterfrieses enden, die Fenster dreigeteilt mit profiliertem Gewände, an der Scheitelwand des Polygons zwischen den Strebepfeilern 3 Wimpergnischen (jetzt mit Inschr.Grabplatten von 1635, 1652 und 1678). Das mächtige Chordach bis zu seiner Zerstörung ein charakteristischer Bestandteil der Stadtsilhouette. Im Inneren die Pfeiler 8eckig mit dünnen Eckdiensten. Die Gewölbe bis auf 3 im n Seitenschiff zerstört, urspr. im Umgang 3strahlige Springgewölbe, bezeichnend für die Entstehungszeit und Herkunft: Der 1361 beg. Chor der Nürnberger Sebalduskirche vielleicht als Vorbild anzusehen. Die bedeutenden *Glasmalereien* dreier Chorfenster, u.a. mit Genesis- und Antichrist-Zyklus um 1370, nach 1945 verschollen. – 1376 (das Datum urspr. inschr. überliefert) Anbau eines Polygons an den n Querhausarm, die Formen denen des Chores verwandt, unterschiedlich die glatten Schrägen der Fensterleibungen; das Dach verdeckt seitdem den alten Querhausgiebel. Trotz der Kapellenform wohl als repräsentative Eingangshalle gedacht: Das *figurengeschmückte Sandsteinportal* unter einem baldachinartigen Kreuzrippengewölbe zwischen den Strebepfeilern im Scheitel des Polygons liegt in der Achse einer Straße zwischen Kirchplatz und Markt, das Figurenprogramm weist auf die Epiphanie hin: im Gewände Moses, König David und 2 Propheten, im Bogenscheitel segnende Christusbüste, seitlich der Engel der Ver-

kündigung und Maria, darüber die 3 Könige der Anbetung, die zugehörige Madonna auf der Kreuzblume der Scheitelfiale; es ist also das Programm für den Einzug eines Herrschers; als Anreger Karl IV. anzunehmen, seine Landesherrschaft durch die Wappen des Reichs, Böhmens und der Mark in Kreisblenden über dem Portal angezeigt. An den Strebepfeilern 5 Reliefs, Apostel und Johannes d.T. mit Wappen, offenbar Stiftungen der Bürgerschaft. Im Innern flachbogige Blendnischen unter den Fenstern, an der OSeite ein *Reliquienbehältnis* (Ostiarium) in Form eines Fialenturmes aus Sandstein, um 1400. Unter der Eingangskapelle ein kryptenartiger, auf einer Mittelstütze rippengewölbter Raum mit Wandnischen, möglicherweise ebenfalls zur Aufbewahrung von Reliquien.
A.15.Jh. Erweiterung des Hallenlanghauses um ein zweites n Seitenschiff von nahezu doppelter Breite. Die reichen Stern- und Netzgewölbe der 3 quadr. Joche zerstört, die großen Fenster der neuen NWand 4teilig, oberhalb über einem Sägeschnittband eine mit fensterartigen Rck.Feldern 2geschossig gegliederte Giebelwand, die ein nach innen geneigtes Pultdach verdeckte. Am w Joch ein kleineres Sandsteinportal, darüber in Blendfeldern *Reliefs*: Pietà mit Stifterpaar und berittener St.Georg, über der Scheitelfiale eine Baumeisterbüste. — Auf der SSeite eine gleichartige Erweiterung durchgeführt, jedoch hier schmalere kreuzrippengewölbte Joche (noch erh.) und eine dreiteilige Anordnung der Fenster von altertümlichem Charakter aus größerem 4geteiltem Hauptfenster und begleitenden Lanzettfenstern (Angleichung an die Fensteranordnung der frühgot. Halle?). An der SW-Ecke polyg. Treppenturm, daneben Pforte mit reich profiliertem Gewände aus Backstein, an einem Strebepfeiler *Kreuzigungsrelief* mit Stifterfigur M.15.Jh.?. Das Pultdach wie an der NSeite durch eine hohe Giebelwand verdeckt. Das Satteldach des 3sch. Kernbaues war so bewahrt, aber nicht sichtbar: Das erweiterte Langhaus bot sich als ein von Giebelwänden mit Wimpergreihen bekrönter mächtiger Baublock dar; die Putzflächen der Giebelwände urspr. bemalt, metallene Nimben von Heiligenfiguren an der SSeite noch vorhanden. — Abschluß der ma. Bautätigkeit durch die Verlängerung des s Querhausarmes (Portal und Maßwerkfenster 19.Jh.) und die Errichtung des doppelgeschossigen Anbaues 1521/22, am s Chorseitenschiff mit der in 3 Jochen sterngewölbten Sakristei und dem steilräumigen, urspr. zum Chorraum mit 3 hohen Bögen geöffneten Martyrchor darüber. Die Sakristei anstelle eines kleineren, aber ebenfalls 3jochigen und zweigeschossigen Vorgängers. In der Sakristei symbolische florale *Malerei* des 16.Jh., im Martyrchor Figürchen als Gewölbekonsolen. Malerei, Rippenfiguration und nach innen gezogene Strebepfeiler hat der Sakristeianbau mit der ehem. Franziskanerkirche (vollendet 1525), gemeinsam.
Spuren der bar. Bautätigkeit an der WWand und am Martyrchor feststellbar. 1828—30 Bausicherung, Rest. und Neuausstattung unter Anleitung von Karl Friedrich Schinkel, die stilver-

einheitlichende Stuckierung – u.a. neugot. Blendgliederungen der Wände, pflanzlicher Dekor an den Pfeiler- und Dienstkapitellen – ebenso wie die gleichzeitige Farbfassung nur in Resten erh. Um 1925 eine weitere Rest. des Äußeren; Zerstörung im April 1945, danach als Ruine gesichert, seit 1981 erneute Rest. und Teilausbau. – Die erh. *Ausstattungsstücke* seit 1980 in der Gertraud-K.

St.Gertraud auf dem „Anger" in der Gubener Vorstadt. Backsteinbau von Carl Christ und Wilhelm Kinzel, 1878 geweiht (in der Nachfolge einer 1368 gegr. Kap. der Gewandschneider). Urspr. basilikale Emporenanlage nach Vorbildern aus der Schule Friedrich August Stülers in schlichten neugot. Formen, mit polygonaler Apsis, flankierenden Anbauten im O und quadr. Turm im W., die Details außen einschließlich der Turmspitze später vereinfacht. Das Innere 1978–80 durch den Einzug einer Zwischendecke in Höhe der ehem. Emporen verändert. – Seit 1980 hier die Ausstattungsstücke aus der Marienkirche, die noch etwas von der Bedeutung der Stadt im Ma. ahnen lassen: *Hochaltar*, großer Schrein mit geschnitzten Figuren und urspr. 6 bemalten Flügeln, Predella und Gesprenge; auf der Rückseite ehem. dat. 1489, 1830 rest. und ergänzt, dabei angeblich 12 Flügelbilder wegen zu hohen Zerstörungsgrades und mangelnder Qualität entfernt, nach 1945 ständige, durch mehrfache Standortänderungen bedingte Rest. Im Schrein die annähernd lebensgroßen Figuren der durch Engelsfigürchen gekrönten Madonna sowie der Heiligen Hedwig und Adalbert – Hinweise auf die urspr. Zugehörigkeit zum Erzbistum Gnesen – unter Maßwerkbaldachinen und auf reich verzierten Sockeln, an den einfassenden Pfosten Statuetten der 12 Apostel. Von den Flügeln zeigen die inneren bei geöffnetem Zustand 4 großfigurige Bilder vor flächigem, gemustertem Goldgrund: die Szenen der Verkündigung und Heimsuchung, Geburt Christi und Anbetung der Könige; bei geschlossenem Zustand auf den äußeren Flügeln figurenreichere bewegte Szenen der Passion vor detaillierten Hintergrundstaffagen, z.T. nach Stichvorlagen von Martin Schongauer und Israhel van Meckenem. Im Predellenschrein Podeste mit durchbrochenen Maßwerkfronten, vielleicht zur Aufstellung von Reliquienbüsten; das Gesprenge in seiner Originalität nicht sicher. Die faltenreiche knittrige Gewandbehandlung der Schnitzfiguren, die statuarische Figurenauffassung der Marientafeln, die raumgreifende Bewegung der Figuren auf den Passionstafeln und ihre in die Raumtiefe gestaffelte Anordnung deuten ebenso wie die prononciert angewendete Perspektive auf einen oberdeutschen Einfluß. – *Bronzetaufe* aus 6seitigem Becken und pyramidenförmigem Deckel, insgesamt 4,70 m hoch, inschr. von einem Meister Arnold 1376 vollendet; zusammen mit dem großen Bronzeleuchter Hauptwerke monumentaler deutscher Metallkunst ihrer Zeit. Die Taufe 1830 erneuert und ergänzt, nach schwerer Beschädigung durch den 2.Weltkrieg 1979–81 wiederhergestellt, bei der Rest. unter der

Vergoldung von 1830 eine ältere nachgewiesen. Der Taufkessel von den Evangelistensymbolen getragen, für die 2 überzähligen Ecken der Matthäusengel wiederholt (urspr.?), die Wandungen außen in 2 Bildstreifen übereinander mit spitzbogigen Blendenreihen gegliedert, Felder für szenische Darstellungen aus dem Alten und dem Neuen Testsment bildend, an den Ecken unter Wimpergen Zyklus der Klugen und Törichten Jungfrauen mit Ecclesia und Synagoge; ferner stehende Heilige, u.a. die hl. Hedwig. Der Deckel in 4 ähnliche Streifen gegliedert, am unteren Rand die Inschrift, von Eckfialen mit je 3 Heiligenfiguren umstanden. Die inhaltliche Abfolge der szenischen Bildfelder – unter Einschluß der am Kessel – von unten nach oben zu lesen, umlaufend auf dem obersten Bildstreifen am Deckel die Apostel der Himmelfahrtszene, der zugehörige auffahrende Christus im unteren Baldachin der abschließenden Laterne, im oberen Marienkrönung, an den Pfosten, die die bekrönende Fiale tragen, musizierende Engel. Das Bildprogramm von breit erzählendem Charakter, der Stil fast naiv-volkstümlich; der durch den Jungfrauenzyklus gegebene eschatologische Bezug mehrfach an norddeutschen Bronzefünten (Rostock, Wismar, Lübeck). Die stilistische Herkunft wie auch der Ort der Werkstatt nicht eindeutig bestimmt, auffallend die Verwandtschaft mit den verlorenen Glasmalereien des Marienchores, vor allem mit dem Genesisfenster. – Monumentaler *Leuchter*, vergoldetes Bronzewerk von 4,70 m Höhe, in Einzelstücken gegossen und zusammengesetzt, immer als mit der Taufe gleichzeitig entstanden gedacht, obwohl Daten fehlen und eine engere stilistische Verwandtschaft nicht besteht, auf jeden Fall durch die Adlerwappen an den Leuchterarmen als landesherrliche (markgräfliche) Stiftung ausgewiesen, wobei offen bleiben muß, ob wittelsbachisch (vor 1373) oder luxemburgisch-böhmisch (nach 1373); 1830 erneuert und ergänzt. Als Leuchterbaum gebildet; der von Adlern getragene kegelförmige Sockel durchbrochen gearbeitet, auf Architekturgliedern und Weinranken biblische Szenen. Der Stamm durch Weinlaubkränze in 7 Abschnitte geteilt, von denen jeder mit mehreren Szenen der Jugend und Passion Christi unter Baldachinen umzogen ist, am obersten unter dem mittleren Kerzenteller die Versammlung der gen Himmel blickenden Apostel, wohl als Pfingstszene gemeint; zwischen dem 5. und 6. Abschnitt zwei sich wellenförmig ausbreitende Äste ausgehend, die weitere 6 Kerzenteller tragen. Stilistisch stehen fortgeschrittenere Formen neben altertümlichen, so daß der Guß nach Modellen aus unterschiedlichen Entstehungszeiten vorausgesetzt werden muß, eine Bestimmung der Herkunft ist bisher ebensowenig erfolgt wie bei der Taufe.

Von besonderem Rang auch die Tafelbilder und Epitaphien aus der Marien-K.: *Tafelbild* von hervorragender Qualität, Maria mit Kind auf Goldgrund, im Charakter der Halbfigurenmadonnen der 1.H.15.Jh., als Mitteltafel eines Altars belegt, 1980 rest. *Tafelbild* 1.H.16.Jh., hl. Wolfgang und hl. Onofrius (fälschlich als büßender Hieronymus und Bonifatius angesprochen) vor landschaftlichem Hintergrund, die baumartige Rahmung der Figuren vermutlich stark erneuert. *Tafelbild* (Epitaph), in der lat. Umschrift dat. 1517, nach 1830 zeitweilig an der Rückseite des Hochaltarschreins angebracht, Mariae Himmelfahrt, links unten die kniende Stifterfigur, verwandt dem auf 1518 dat. Epitaph Schmitburg von Lucas Cranach d.Ä. (Leipzig, Museum der bildenden Künste). *Rosenkranzbild* (Epitaph Wins), angeblich aus der Werkstatt des Meisters des Hildesheimer Johannesaltares stammend und nicht vor 1535 entstanden. Daten der Gedächtnisinschrift von 1460 bis 1546; im oberen Bildteil der Kranz aus 63 Rosen, darin 7 Medaillons mit Szenen der Passion, er schließt 2 weitere Kreise ein, von denen der äußere die 7 Schmerzen, der innere die 7 Freuden Mariä in Medaillons zeigt, im Mittelfeld Marienkrönung, darunter Schutzmantelmadonna; in den Randzwickeln Hieronymus, ein hl. Bischof sowie die Franziskanerheiligen Antonius von Padua und Bernhard von Siena, im unteren Bildteil vor zart gemalter Landschaft drei Generationen der Familie Wins. Die deutlichen Hinweise auf den Franziskanerorden machen wahrscheinlich, daß die Tafel für die ehem. Franziskanerkirche gestiftet worden ist. – Die folgenden Epitaphgemälde sind als Zeugnisse der Lehrhaftigkeit früher protestantischer Bildkunst von großem ikonographischem Interesse: *Epitaph J. Jobst* †1544, mit Darstellung des Gleichnisses vom ungerechten Haushalter vor reicher niederländisch beeinflußter Architekturstaffage, im unteren Bildfeld Bildnisse der Familienangehörigen. *Epitaph M. Pruchmann* †1540, Ölbergszene, im Vordergrund Familienmitglieder. *Epitaph M. Wins* †1550, Szene mit Christus und dem ungläubigen Thomas in einer Renaissance-Bogenhalle. *Epitaph A. Gros* †1527, dat. 1553, in Renaissance-Rahmen Trinität in traditioneller Komposition, aber mit deutlichen Hinweisen auf die lutherische Rechtfertigungslehre von Gesetz und Gnade: In der unteren Bildzone die Zeichen des Alten und des Neuen Bundes in der entsprechenden Konfrontation. *Epitaph Chr. Wins*, dat. 1554, Erlösungsallegorie in einer dem Prager Rechtfertigungsbild von Lucas Cranach d. Ä. folgenden Form: der sündige Mensch (Adam) am Fuße des Baumes von Leben und Tod zwischen den Zeichen des Alten (linke Bildhälfte: Gesetz) und des Neuen Bundes (rechte Bildhälfte: Gnade), von Jesaias und Johannes d.T. auf den gekreuzigten Christus hingewiesen. *Epitaph H. Schreck* †1554, dat. 1555, Michael Ribestein zugeschrieben, mit der Darstellung der Auferweckung des Jünglings zu Nain vor turmreichem Stadtprospekt und Landschaftsausblick niederländischen Charakters. *Epitaph Ribe*, angeblich dat. 1564, mit der Darstellung des nächtlichen Gespräches Christi mit Nikodemus, im Hintergrund schlafende Jünger und Szenen mit Bezug auf den Gesprächstext im Johannes-Evangelium: Taufe, Erhöhung der Ehernen Schlange und Kreuzigung. *Epitaph M. Brugk* †1575, bewegungsreiche Figurenkomposition der Auferstehung Christi; zeitgenössischer Rahmen. *Epitaphgemälde*, wohl 1579, Todesallegorie unter Zuhilfenahme des ma.

Totentanzmotivs und humanistischer Emblematik, im Hauptfeld Darstellung eines Ehepaares in prächtiger Renaissancegewandung mit zwei tanzenden Skeletten hinter sich, im unteren Bildfeld der Tote im Leichentuch auf einer Bahre, im oberen Bildfeld ein nacktes Kind mit den Attributen der Vergänglichkeit (Totenschädel, Stundenglas, Fluß) und dem Motto „Hodie michi cras tibi" (Heute mir, morgen dir). – Zwei spätgot. *Kelche*, Silber vergoldet, mit Patenen. *Oblatendose und -teller*, 1676, Silber vergoldet, reiche Treibarbeit. Silbernes *Taufgerät*, reiche Treibarbeiten von 1713. Silbergetriebener *Lesepultbeschlag* E.17.Jh. – Aus anderen Kirchen übernommen: *Holzrelief* A.16.Jh., Szene mit Christus und dem ungläubigen Thomas im Kreise der Apostel, ein kniender Ordensgeistlicher als Stifter, jetzt in einem Holzschrein als Retabel verwendet. 2 *Tafelbilder*, Dornenkrönung Christi, E.15.Jh., von bemerkenswerter Qualität, und Maria zwischen Agathe und Gertrud, 1.V.16.Jh. *Predigerbildnis* F.Ebert †1680. *Ölbild*, Auferweckung des Lazarus, sign. Michael Cunrad Hirt und dat. 1661. Ein weiteres *Gemälde* mit dem gleichen Thema 1.H.18.Jh. Prächtiger *Kelch*, 1572, Silber vergoldet.

St.Georgen. Urspr. Spitalkirche in der Lebuser Vorstadt, anstelle der mehrfach erneuerten und umgebauten Kapelle, zuletzt 1787 nach Entwürfen von Friedrich Knoblauch, 1926–28 Neubau in der Bergstraße von Curt Steinberg. Zentralbau aus unverputzten Klinkern, großformig gegliedert, mit Kuppeldach und quadr. WTurm an der Eingangseite; seitlich aufgestellt eine Säule mit *Reiterfigur* des hl.Georg. Der Innenraum mit flacher Kuppel gedeckt. – Von der alten Ausstattung erh.: *Tafelbild* der Grablegung, 17.Jh. *Gemälde*, Zinsgroschen, 17.Jh. *Pfarrerbildnis* Chr.Seyffart, nach 1735. Unter dem Gerät 3 silberne vergoldete *Kelche*, zwei dat. 1587 und 1709, der undatierte E.16.Jh., mit zugehöriger Patene.

Friedens-K., ehem. St.Nikolai, älteste Pfarrkirche der Stadt. Die Entstehung des Erstbaus vor der Stadtrechtverleihung von 1253 möglich. Von ihm originale Details aus Backstein erh.: Bogenfries auf Platten, danach der jetzt am Außenbau sichtbare im 19.Jh. angefertigt. Der unzerstört gebliebene ma. Neubau eine gewölbte 3sch. Halle, das Langhaus mit 4, der Chor mit 2 Jochen und Umgang, an der WSeite Doppelturmfront. Baubeginn um 1300, davon erh. das Langhaus mit Kreuzrippengewölben auf Bündelpfeilern, deren Form im Grundriß den frühgot. Pfeilern der Marien-K. nachgebildet ist; charakteristisch die profilierten Scheidarkaden. Der urspr. 1sch. Chor im 15.Jh. durch einen 3sch. Umgangschor mit 3seitigem OSchluß und Sterngewölben auf 8eckigen Pfeilern ersetzt, dabei der OGiebel der Langhaushalle des 14.Jh. durch das neue höhere Chordach verdeckt, darunter die figürliche *Bemalung* der Giebelblenden aus dem sp.14.Jh. esh., die neue Giebelwand durch polygonale turmartige Strebepfeiler im N und S eingefaßt, sonst die Strebepfeiler einfach abgetreppt und unterhalb durchlaufender Friese endend: am Langhaus leicht gespitzte Bögen, am Chor reicheres Maßwerk-

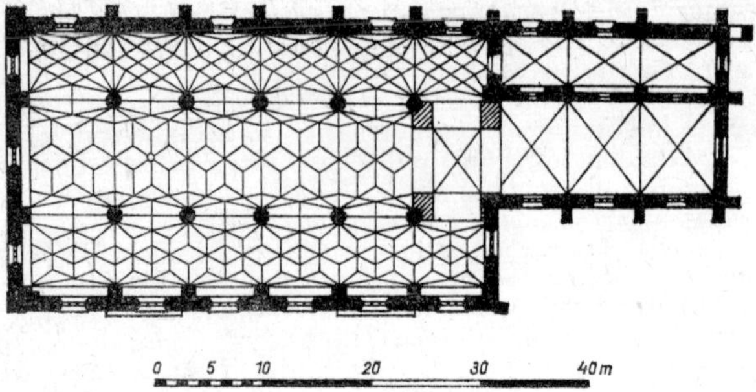

Frankfurt/Oder, ehem. Franziskaner-Klosterkirche

gitter, beide in jetziger Ausführung 19. Jh. Am nö Chorumgangsjoch die Fensteranordnung aus 3teiligem Hauptfenster und flankierenden Blenden in der Form von Lanzettfenstern der Wandgliederung am s Seitenschiff der Marienkirche sehr ähnlich. Seit 1881 Rest. und Neuausstattung durch Friedrich Adler, aus dieser Zeit wesentlich die Formen des Äußeren, ebenso die polyg. Kap. am sö Chorumgangsjoch; 1891–93 Errichtung der Doppelturmfassade an der WSeite.

Ehem. **Franziskaner-K.**, seit 1966 Konzerthalle „Carl Philipp Emanuel Bach". Turmlose 3sch. Backsteinhalle von 6 Jochen und 1sch. platt geschl. Chor von 3 Jochen mit einem urspr. Kapellenanbau von gleicher Länge und Höhe auf der NSeite; dieser jetzt für Verwaltungszwecke mehrgeschossig unterteilt. Nach glaubhafter Überlieferung bald nach 1270 beg., daher der Chor noch mit ungegliederten Strebepfeilern, die an den OEcken nicht diagonal gestellt sind, sondern die Wandfluchten fortsetzen. Das 3geteilte ö Maßwerkfenster erneuert; der Giebel mit verputzten Blenden nach der nur wenig späteren Anfügung des n Seitenraumes für ein gemeinsames Satteldach verbreitert und erhöht; 2geteilte Maßwerkfenster in den Formen der Zeit um 1300 mit abgetreppter Leibung auch in der O- und NWand des Chorseitenschiffes. Die Kreuzrippengewölbe im Innern urspr. Das zugehörige Langhaus möglicherweise asymmetrisch 2sch. und erst in einer weiteren Bauphase (2.H.14.Jh.?) um ein drittes s Schiff erweitert und gleichzeitig von 3 auf 5 Joche nach W verlängert; Reste in der NWand des Langhauses erh. einschließlich hoher Fenster und eines Treppenturmes in der NW-Ecke. Der Anschluß der urspr. an der NSeite gelegenen Klausurgebäude unklar. 1516–25 Umbau zum jetzigen Hallenlanghaus sowie Erweiterung um das WJoch durch Andreas Lange, mit Gewölben auf schlanken 8eckigen Pfeilern, das Sternnetzmuster zwar in der Tradition märkischer Spätgot., jedoch die Art der Rippenansätze an Pfeilern und Wänden sowie das scheinbare Fehlen der Scheidbögen, so daß die Pfeiler durch die Gewölbe hindurchzustoßen scheinen, nicht landschaftstypisch und wohl auf obersächsische Einflüsse zurückgehend. Florale *Gewölbemalerei* des 16. Jh. 1970 freigelegt. Pfeiler und Bögen des ö Mittelschiffsjoches beim Umbau zur Garnisonkirche 1730/40 unter Christoph Gottlieb Hedemann verstärkt (bar. Stuckierungen), wohl zur Aufnahme eines Glockenturmes. Strebepfeiler an den Umfassungen im S und W nach innen gezogen, so daß die Außenwände, über einem umlaufenden Sockelprofil aus Kalkstein, nur durch die hohen schlanken 3geteilten Fenster mit geputzten Gewänden gegliedert werden. Die untere flachbogige Fensterreihe und die beiden symmetrisch angeordneten Portale mit ihrer bossierten Umrahmung wohl erst vom Umbau des 18. Jh., lediglich die spitzbogigen Sandsteingewände mit Stabwerkprofilen älter. Die *Bronzetüren* 1970 von Axel Schulz. Das äußere Bild beherrscht von dem hohen Satteldach und dem Giebel an der WSeite (1978 neu gefaßt), dessen kurvige Zierrippengliederung auf Vorbilder mitteldeutscher Backstein- und Hausteinbauten weist. – Die bar. Ausstattung bei der Einrichtung zur Konzerthalle entfernt. – Außen am sö Strebepfeiler *Inschr.Grabstein* von 1625.

Kath. Pfarr-K. In erhöhter Lage w der Halben Stadt 1897–99 von Engelbert Seiberts als Ersatz für einen Vorgängerbau des sp. 18. Jh. errichtet. Anspruchsvoller Backsteinbau des späten Historismus in klassischen got. Formen, 3sch. kreuzrippengewölbte Halle mit Querschiff, polygonalem Hauptchor und ebensolchen Nebenchören sowie hohem quadr. WTurm. Daneben das Ensemble der Gemeindehäuser. – Vom alten Gerät bewahrt: Bar. *Kelch*, Silber vergoldet, mit Edelsteinbesatz, und mehrere *Paramente*, von Kloster Neuzelle übereignet; *Kelch* 1790 und *Kreuzreliquiar* 18. Jh., beide Silber vergoldet.

ÖFFENTLICHE GEBÄUDE

Rathaus. Inmitten des Marktes ein rck. Baublock in N–S-Richtung, zur s benachbarten Marienkirche also um 90° gedreht, die Giebelfront seiner Schmalseite mit deren hoher NGiebelwand korrespondierend und die Gestalt des innerstädtischen Raumbildes entscheidend bestimmend. Baubeginn gleichzeitig mit dem der Marienkirche nach der Stadtrechtverleihung von 1253 wahrscheinlich, jedoch der ma. Bauablauf nicht sicher festlegbar: Vermutlich in einer ersten Bauphase nur das Kellergeschoß zum Abschluß gebracht; der Baubefund in der sog. Gerichtslaube, im Erdgeschoß des kleineren n, dem Rat vorbehaltenen Teiles des Gebäudes, legt die Annahme einer Bauunterbrechung nahe. Fortführung wohl erst um M. 14. Jh. mit der Errichtung des größeren s, als Kaufhalle dienenden Teils, mit der jetzigen Einwölbung der Gerichtslaube und der Hinzufügung des sog. Archivbaues, eines schmalen rck. Anbaues an der WSeite, sowie der allmählichen Aufführung der Prunkgiebel an den Schmalseiten; davon der n, der als der ältere gilt, in verschiedenen Bauabschnitten nach offenbar mehrfach verändertem Plan errichtet. Eine genaue Datierung

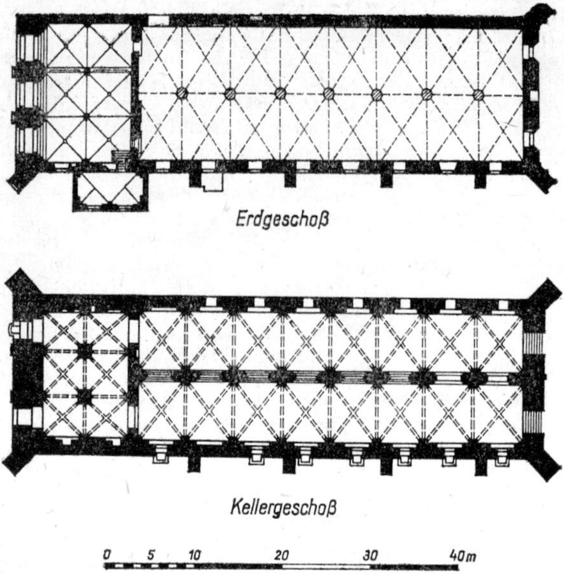

Frankfurt/Oder, Rathaus

wird durch die verhältnismäßig freien Detailergänzungen von 1906 und 1912 erschwert. Eindeutig belegt dagegen die Umbauphase 1607–09 unter Thadäus Paglion mit dem Einbau zweier gewölbter Hallen im größeren s Teil und der Errichtung des Turmes über dem NGiebel. Etwa gleichzeitig der Spätrenaissancegiebel über dem Archivanbau und die 1864 beseitigten Scharren oder Meßgewölbe entstanden, eingeschossige Handelsbuden an den Langseiten, 1461 erstmalig erwähnt; durch Paglion die manieristischen Putzkronen auf die Strebepfeiler der Prunkgiebel aufgebracht, aber alle gotischen Details beseitigt. Regotisierung des SGiebels durch Otto Stiehl 1906, des NGiebels 1912 durch Carl Schwatlo. Anstelle älterer Anbauten an der OSeite 1911/13 Erweiterung von Fritz Beyer: Backsteinbau mit Schmuckformen aus Kalkstein, 3 Flügel um einen gemeinsamen Hof mit dem historischen Gebäude. Nach schweren Kriegsschäden Wiederherstellung 1952 und 1976–78; gleichzeitig innerer Umbau des Erweiterungsbaues. – Der historische Teil als einheitlicher Baublock über gestreckt rck. Gr. von Anfang an in der jetzigen Ausdehnung angelegt, kein allmählich zusammengewachsener Gruppenbau; die unterschiedlichen Funktionen von Rat- und Kaufhaus heute nur noch im Inneren, aber vom Kellergeschoß an, kenntlich. Urspr. markierte ein Trenngiebel in der n Dachhälfte auch außen die Teilung in den kleineren n Teil für die Verwaltung und den beträchtlich größeren s Teil für den Handel, die einheitliche Firsthöhe des Gesamtdaches erst eine Folge der Wiederherstellungen nach 1945. An den Schmalseiten im N und S got. Prunkgiebel mit den charakteristischen — hier 2geschossig angeordneten — Wimpergreihen (vgl. den Giebel über der n Querschiffwand der Marienkirche), die unteren Maßwerkrosetten ergänzt, die oberen, am NGiebel aus Haustein, original, die Abfärbung nach Befund am SGiebel erstmals 1906 durch Otto Stiehl, mit geringen Korrekturen 1976—78 erneuert und analog am NGiebel wiederholt; an den Pfeilern des NGiebels Konsolköpfe aus Kalkstein, 2.H.14.Jh. Über den Strebepfeilern des NGiebels rck. Turmaufsatz, der über einer auskragenden Plattform mit schmiedeeisernem Ornamentgitter eine achteckige kupfergedeckte Haube mit Laterne trägt; Rekonstruktion 1976 bis 1978. Die w Langseite durch den Abriß der Scharren eines wesentlichen Gestaltungselementes beraubt, einziger Akzent der Volutengiebel des Archivanbaus, Rekonstruktion 1976—78, die 2geschossige Anordnung hochrck. Fenster und vermutlich auch die Strebepfeiler 17.Jh. Die mehrgeschossige ma. Gliederung mit flachbogigen Eingängen zum Erdgeschoß (vgl. die Eingänge an der SSeite) und flachbogigen Fenstern in den Obergeschossen nachgewiesen: Blende an der SW-Ecke als sichtbarer Rest. — Innen das Kellergeschoß durchgängig kreuzrippengewölbt, 2sch. im STeil, 3sch. im NTeil, von 8 + 2 Jochen, auf starken Pfeilern und abgetreppten Bogenleibungen, die kantigen Rippen im Querschnitt polyg. Über dem n Teil die Gerichtslaube, urspr. nach N in 3 Arkaden geöffnet und erst in einer späteren Bauphase geschlossen, die Profile der Rippen ihres Gewölbes ohne Unterbrechung an den mittleren Pfeilern bis zum Sockel geführt, das Obergeschoß als Ratsstube urspr. flachgedeckt und erst spätgot. eingewölbt (zerstört). Eine ma. Wölbung des Kaufhausteiles nicht belegt. Die jetzigen 2sch. Hallen im Erd- und im Obergeschoß mit Kreuzgratgewölben auf toskanischen Säulen von Thadäus Paglion 1607—09, das Erdgeschoß noch in voller Ausdehnung erhalten (Galerie „Junge Kunst"), das Obergeschoß verbaut.

Ehem. **Junkerhaus** (Bezirksmuseum „Viadrina") Carl-Philipp-Emanuel-Bach-Str. 11. Erstmals 1567 erwähnt, im 16.Jh. Wohnung für adlige Studenten, später für Professoren der Universität, erst seit 1748 in städtischem Besitz (Packhof, Steuer- und Zollamt). Um- bzw. Neubau seit 1675 unter Leitung von Cornelis Ryckwaert, 3geschossiger Putzbau von 7 Achsen mit ebenfalls 3geschossigem, pavillonartigem Anbau zur Oder, die heutige Putzgliederung wie auch die Dachform (mit Ausnahme der des Oderpavillons) wohl nicht mehr die urspr., aber eine ähnlich schmucklose vorauszusetzen; die Proportionen verleihen dem Bau trotzdem eine vornehm-hoheitsvolle Wirkung. Hochrckt Fenster in allen Geschossen, die Rahmung des Hauptportals mi.

Madonnenrelief in der Giebelverdachung eine Kopie des ehem. Universitätsportals von 1694; zur Oderseite von Konsolen getragener Balkon. – Im Innern stattliche Treppe und prächtige *Stuckdecken* in allen 3 Geschossen. Seit 1683 italienische Stukkateure hier tätig, genannt werden Giovanni Belloni (Jean Bellon), Giovanni Battista Tornelli und Giovanni Simonetti; sehr unterschiedliche Dekorationsmuster in bisweilen noch recht strengen Feldergliederungen bei Verwendung der zeittypischen Detailformen, Akanthuswedel, Festons und Muscheln, nur vereinzelt figürliche Elemente, eine urspr. Farbigkeit nicht nachgewiesen, vorauszusetzende Plafondgemälde (evtl. auf Leinwand, vgl. Komturei Lietzen, Ldkr. Seelow) nicht erh. *Kaminverkleidungen* im 2. und 3. Obergeschoß.

Ehem. **Garnisonschule** (Kleist-Gedenk- und Forschungsstätte) Faberstraße 7. 1777 von Friedrich Knoblauch; schmuckvoll wirkender 2geschossiger Bau unter hohem Mansardwalmdach mit 7 Fensterachsen zur Straße, die mittlere mit flachbogigem, kartuschenbekröntem Portal von kannelierten Pilastern eingefaßt und durch leichtes Vorschwingen betont; an den Eckpilastern zopfiges Detail, dazu spätbar. Putzgliederung, das Erdgeschoß rustiziert. 1968/69 rekonstruiert, dabei das Innere modern ausgebaut.

Ehem. **Heilig-Geist-Hospital** Oderallee 4–7. Urspr. vor dem Gubener Tor außerhalb der Stadt gelegen, 1432 durch die Hussiten, 1631 durch die Schweden zerstört, 1668 wiederaufgebaut. Die jetzige Gestalt aber erst 1787 durch Friedrich Knoblauch, Erweiterungen 1820 und 1834. Langgestreckter 2geschossiger Putzbau mit 7achsigem Mittelteil unter Mansard-Walmdach und symmetrischen Seitenflügeln unter Satteldächern, die mittlere übergiebelte Achse und die Ecken des Hauptbaues von Pilastern eingefaßt, die Portale in der für Knoblauch typischen flach-korbbogigen Form, das mittlere unter geschwungener Verdachung, im übrigen die Putzgliederung schlicht. Im Inneren die Treppen und der Mittelgang im Obergeschoß mit den Kochnischen für die Bewohner z.T. noch im urspr. Zustand.

Ehem. **Georgen-Hospital** Karl-Marx-Str. 47. Erstmals 1312 urk. erwähnt, 1794 angeblich nach Entwurf von Friedrich Knoblauch erbaut. Anlage in Form eines 2geschossigen Doppelhauses von insgesamt 16 Achsen, nur die 2 Portalachsen von Pilastern eingefaßt, unter einheitlichem Satteldach. Das Innere in beiden Geschossen von durchgehenden Mittelkorridoren erschlossen, die urspr. Einrichtung mit Öfen und Kochnischen noch z.T. vorhanden.

Ehem. **Badehaus** Herbert-Jensch-Str. 1–3. Klassizist. Putzbau des fr. 19. Jh., 2geschossig bei 7 Achsen, die 3 mittleren als flach vorgezogener Risalit behandelt, über dem mittleren Fenster halbkreisförmiges *Relieffeld*, inhaltlich auf die urspr. Bestimmung des Hauses bezogen; Dachform und Seitenflügel nachträglich.

Ehem. **Loge** Wilhelm-Pieck-Str. 337. Spätklassizist. Putzbau 1844–46, mit qualitätvoll gegliederter Fassade, der Einfluß des

Stüler-Umkreises deutlich. Der 3achsige Mittelteil etwas erhöht und mit flachem Dreiecksgiebel abgeschlossen, die seitlichen Flügel urspr. 2geschossig, das 2.Obergeschoß und die flachen Satteldächer nachträglich.

Lessing-Schule am Lenné-Park (Rosa-Luxemburg-Str. 43). Spätklassizist. Putzbau 1861/62, auf winkelförmigem Gr., 3geschossig mit hervorgehobenen Eckbauten und mittlerer Portalachse, diese durch Pilaster- und Säulenstellungen, die einen Balkon tragen, betont.

Hauptpost Wilhelm-Pieck-Str., Ecke Oderallee. 1899–1902 nach Entwurf von Freiherrn Anton von Rechenberg historisierend in den Formen der märkischen Backsteingotik des 15. Jh.

Ehem. **Regierungsgebäude** (Rat des Bezirkes) Wilhelm-Pieck-Str. 3/4. Nach Vorentwurf von Heinrich Klutmann 1899 bis 1904 von Traugott von Saltzwedel erbaut in aufwendigem Neubarock mit Jugendstilelementen, die Repräsentationsfront mit Eingangsrisalit zur Scharrenstraße, die urspr. Dachgestaltung nach Kriegsbeschädigung reduziert wiederhergestellt. Im Inneren das Treppenhaus und der Festsaal in eleganten Neu-Rokokoformen (rest.) hervorzuheben.

Bibliothek an der Stelle des 1906 abgebrochenen Leinwandhauses (ehem. Bischofstr. 17/18), 1909/10 nach Entwurf von Fritz Beyer errichtet. Gut gegliederter Backsteinbau mit Hausteindetails des ausgehenden, zum Klassizismus neigenden Jugendstils. An der OSeite kleiner Platz mit dem **Oderbrunnen** (Steinbockbrunnen), granitenes Becken und hohe Säule nach Entwurf von Hans Bernoulli 1912, die Bronzefigur als Oder-Allegorie von Adolf Amberg.

Warenhaus Konsument Karl-Marx-Str. 40, ehem. Ausstellungsgebäude einer Möbelfabrik. Hausteinbau 1910/11 nach Entwurf von Paul Renner, mit den charakteristischen Formen des Kaufhausbaues der Zeit.

Schulkomplex August-Bebel-Straße. 1925/26 nach Entwurf von Josef Gesing; unverputzter Klinkerbau, Kombination von Schulhaus und Wohngebäuden auf ehrenhofartiger Anlage.

Ehem. **Baugewerbeschule** (Berufsschule „Ernst Thälmann") Puschkinstraße 7/9. Von Josef Gesing 1929/30. Unverputzter Klinkerbau in den Formen der allein auf die Wirkung ungegliederter Kuben gestellten Architektur der Neuen Sachlichkeit.

Ehem. **Pädagogische Akademie** Friedrich-Ebert-Str. 51/52. Nach Entwurf von Regierungsbaurat Petersen 1930/34 errichteter Putzbau unter dem Einfluß der Bauhausarchitektur, die glatten Wandflächen dreier rhythmisch gestaffelter Baukörper durch die bandartige Reihung der Fenster in 2 Geschossen belebt.

WOHNHÄUSER

Vom urspr. reichen Bestand an Bürgerhäusern sind nur geringe Reste erh. Aus dem Ma. stammt noch der Kern der Häuserreihe *Forststr. 1–2* mit gewölbten Kellern sowie das Haus *Große Oderstr. 42* mit 2sch. gewölbter Kellerhalle aus dem 14. Jh. und spät-

got. stern- und netzgewölbten Räumen im Erdgeschoß; unter der klassizist. Putzfassade sind 2 ma. Giebelhäuser nachgewiesen. Ein gutes Beispiel gehobeneren Wohnhausbaues aus dem 18. Jh. das ehem. Predigerhaus der Nikolai- und der Garnisonkirche *Collegienstr. 8/9* (Stadtarchiv), Doppelhaus nach einem Entwurf 1737 bis 1739 von Christoph Gottlieb Hedemann errichtet. Langgestreckter 2geschossiger Putzbau mit einheitlichem Mansarddach, von den 14 Achsen die beiden mit den Toreinfahrten leicht vorgezogen; kräftiges geschoßteilendes Gesimsband. 1975/76 rekonstruiert, innen modern ausgebaut.
Im Bereich der Vorstädte noch einige Wohnhäuser des Spätbarock erh. In der Gubener Vorstadt 2 urspr. frei stehende, jetzt in Häuserzeilen einbezogene Landhäuser aus der 2. H. 18. Jh., die Friedrich Knoblauch zugeschrieben werden, im Gesamthabitus noch durchaus bar., im Detail aber schon zopfig: *Oderallee 28* (sog. Türmchenhaus), nach 1765, Putzbau mit Mansarddach, der 3geschossige, 3achsige Mittelbau mit leicht nach vorn geschwungener Fassade und bekrönendem Belvederetürmchen von Kolossalpilastern gegliedert, die Seitenflügel nur 2geschossig bei je 2 Achsen, zum Hof kurze Querflügel. *Fischerstraße 6*, um 1770/80, 2geschossiger Putzbau von 7 Achsen, die mittleren als Risalit mit abgerundeten Ecken vorgezogen und mit ausgebautem Mansarddach pavillonartig erhöht, die mittlere Eingangsachse nochmals abgesetzt und leicht vorschwingend, das rundbogige Portal in tiefgekehlter Nische unter geschweifter Profilverdachung, der „Perspektivkämpfer" ein charakteristisches Element des Berliner Spätbar. und auch typisch für Knoblauch. *Paul-Feldner-Str. 13*, um 1770/80 mit späteren Veränderungen, 1geschossiger Putzbau unter hohem Mansardwalmdach, breites mittleres Portal in der charakteristischen, hier flachbogigen Nische mit „Perspektivkämpfer", darüber 2achsiger Dacherker mit Attika und Vasenbekrönung, im Detail noch Rokoko-Elemente. Das benachbarte Haus *Paul-Feldner-Str. 11/12* mit klassizistischer Putzfassade, im Kern jedoch älter.
Von der klassizistischen Bautätigkeit aus der 1. H. 19. Jh. noch verhältnismäßig geschlossene Bereiche in den peripheren Zonen der Altstadt (Halbe Stadt, Karl-Ritter-Platz) und in der Gubener (Oderallee) und der Lebuser Vorstadt (n Teil der Karl-Marx-Straße) erh. Hervorzuheben der Straßenzug *Halbe Stadt*, dessen einseitige Bebauung überwiegend wohl erst in Zusammenhang mit der seit 1833 betriebenen Umgestaltung des gegenüberliegenden Geländes der ehemaligen Stadtbefestigung in eine Parkanlage entstanden ist; Park und Häuserzeile bilden eine Wohnzone von hohem Reiz. Der klassizistische Charakter des Hausbaues wurde bis weit ins 19. Jh. hinein beibehalten, bedingt durch die von der ministeriellen Gewerbeförderung Preußens hervorgerufene Festschreibung des Stils. Besonders zu nennen: *Halbe Stadt Nr. 8*, 1geschossig mit 7 Achsen unter Krüppelwalmdach mit Fledermausgaupen, Fassade mit Pilastern gegliedert und putzgequadert, in dieser Form ein zwar älterer, aber häufig wiederholter Grundtyp

des mittelständischen Wohnhausbaus (vgl. Oderallee 8). Die benachbarten Häuser *Nr. 7 und 9*, 3geschossig mit übergiebelten Risaliten, kennzeichnen dagegen ebenso wie das Haus Nr.30 (Kindergarten) einen gehobeneren Stand von Bauherren; an *Nr.30* ein von dorischen Säulen getragener Balkon über dem Freitreppenpodest vor dem mittleren Eingang.
Als gutes Beispiel des bescheideneren Haustyps, aber in exponierter städtebaulicher Stellung, das Gertraud-Pfarrhaus *Oderallee 8*, A.19.Jh., 1geschossig, 5achsig mit mittlerem Eingang; die große Fledermausgaupe darüber im hohen Krüppelwalmdach fungiert als Dielenoberlicht. Aufwendiger das sog. Kettenhaus *Oderallee 14*, um 1840/50, 2geschossig mit 7 Achsen, über den 3 mittleren flacher Dreiecksgiebel, symmetrische Seitengebäude und Durchfahrten zum Hof, im kleinen Park älteres Gartenhaus, A.19.Jh., 1geschossig mit Pilastergliederung und sparsamem Dekor, der Mittelrisalit mit Halbkreisfenster in der Oberlichtattika und abschließendem Dreiecksgiebel; innen Saal mit flacher Kuppel. *Karl-Ritter-Platz 1*, dat.1814, 2geschossiges Eckhaus, die Eckrundung mit übergiebeltem Eingang, geschoßteilende Stuckornamentfriese, hohes Satteldach mit gestalterisch äußerst wirksamen Fledermausgaupen. *Karl-Marx-Str. 33*, um 1810/20, 2geschossig bei 4 Achsen, zwischen den Geschossen Stuckornamentfries, das Dachgesims auf Konsolen, charakteristisch wieder die Fledermausgaupen. *Karl-Marx-Str. 135*, um 1830/40, der Tätigkeit von Christian Gottlieb Cantian zugeschrieben, am Hang gelegen, 2geschossig mit 7 Achsen, die 3 mittleren zur Straße um ein Geschoß mit Giebel erhöht, der urspr. Rankendekor verloren; Veränderungen um 1930. Im Charakter ähnlich die Villen *Gubener Str. 14/15* (1852) und *16* (M.19.Jh.).

SIEDLUNGEN

Vom sozial-kommunalen Wohnsiedlungsbau der 20er Jahre des 20.Jh. die Anlagen von Martin Kießling im Stile älterer Gartenstädte bemerkenswert, die ausgedehnteste s der August-Bebel-Straße mit *Kießling-Platz*, *Hermann-Boian-Straße* und *Tschaikowski-Ring* 1922–24. Kleinere Komplexe *Gertraudenplatz 1–5*, den „Anger" der Gubener Vorstadt im N begrenzend, in der *Bergstraße*, am *Grünen Weg* und in der *Karl-Sobkowski-Straße*, dort das hügelige Gelände gestalterisch nutzend.

PARKANLAGEN

Lenné-Park, benannt nach seinem Schöpfer Peter Joseph Lenné, nach dessen Plänen 1833/45 das Gelände der Stadtbefestigung unter Ausnutzung des Hanges der w angrenzenden Hochfläche in einen Landschaftsgarten mit Wasserlauf umgewandelt wurde; am s Ende künstlicher Wasserfall, in der n Hälfte *Denkmal*, ein roter Sandsteinobelisk über Granitblöcken mit den Namen der an der Schaffung und späteren Umgestaltung der Anlage beteiligten Personen. An der den Park teilenden Rosa-Luxemburg-Straße sog. *Mythologische Figurengruppe* aus dem ehem. Finckensteinschen Garten, sp.18.Jh.

Park am Zehmeplatz, an der Stelle des ehem., 1800 aufgehobenen Friedhofs der Getraud-K.; erh. u.a. die *Grabdenkmäler für E.Chr. v.Kleist* †1759, 1778 von Johann Melchior Kambly, in Form eines 3seitigen Obelisken mit Porträtmedaillon, und *für J.G.Daries* †1791, 1796 von Johann Gottfried Schadow, eine marmorne, von einer Säule getragene Urne mit Porträtmedaillon zwischen den Allegorien von Philosophie und Wohltätigkeit auf ovalem Postament. 1910 Aufstellung des *Denkmals* für den 1777 in Frankfurt geborenen Dichter *Heinrich v.Kleist*, nach Entwurf von Gottlieb Elster, gegossen von Robert Martin, Bronzefigur auf Steinsockel mit bronzenen Reliefszenen aus Kleists Werken.
Bezirksmuseum „Viadrina“
Kleist-Gedenk- und Forschungsstätte
Galerie „Junge Kunst“

FRANKFURT/ODER (BOOSSEN) – Inv. Prov. Brandenburg, Lebus
Dorf-K. Innerhalb eines ummauerten Friedhofes erhöht gelegener, mehrfach umgebauter und verputzter Feldsteinbau. Der gestreckte 1sch. Chor mit geradem OSchluß 2.H.13.Jh. – die halbkreisförmige Lünette im OGiebel wohl A.19.Jh. –; das breitere, aber kürzere Schiff wohl erst 14.Jh. Der jüngere WTurm aus der Achse nach N verschoben, sein Obergeschoß aus Backstein mit Walmdach, das WPortal mit abgetrepptem Ziegelgewände wohl nicht urspr. Am Chor Anbauten: tonnengewölbte Sakristei an der NSeite mit Blendengiebel A.16.Jh., Vorhalle an der SSeite neuzeitlich. Innen das Schiff mit flacher Putzdecke und Emporen an der N- und SSeite, der Chor mit hölzernem Tonnengewölbe. – Lebensgroßes *Kruzifix* um 1500. 2 gute *Tafelbilder*, Kreuzigung und Grablegung, um 1700, von einem Altarretabel, wohl zugehörig die *Relieffiguren* der Evangelisten Johannes und Matthäus mit ihren Symbolen sowie die *Figur* eines Christus, den Drachen überwindend. *Sakristeitür* mit spätgot. Beschlägen.
Ehem. **Schloß** (Feierabendheim). Spätestklassizist. Putzbau in Anlehnung an Berliner Villenbauten aus dem Umkreis von Strack, Hitzig u. a., qualitätvolle Gliederung der 11achsigen Fassade, die 3 mittleren als Risalit behandelt, das Untergeschoß mit Halbsäulen, das Obergeschoß mit Pilastern, mit Giebel abgeschlossen; an der w Schmalseite giebelverdachte Figurennischen, an der ö charakteristische Dreiergruppe von Rundbogenfenstern. Flaches Satteldach über Holzkonsolen weit vorkragend. Im Treppenhausanbau an der w Schmalseite üppig geschnitztes *Geländer* und reiche *Stuckdekorationen*. Trotz starker Reminiszenzen an den Schinkelschen Spätstil, der in Frankfurt durch Christian Gottlieb Cantian und Emil Karl Alexander Flaminius tradiert wurde, legt das dekorative Detail eine relativ späte Datierung nahe.

FRANKFURT/ODER (GÜLDENDORF) – Inv. Prov. Brandenburg, Lebus (Tzschetzschnow)
Dorf-K. Im Ursprung frühgot., 2.H.13.Jh. Relativ großer und gestreckter Rck.Saal aus Backstein, sein umlaufendes Sockel-

profil in Formsteinen aus Schräge und Wulst. In der OWand schöne Blendenkompositionen: Zu seiten des vermauerten, großen, mittleren Spitzbogenfensters mit Gewändeprofil aus Kehle und Wulst je zwei schlanke Blenden, von denen die beiden inneren höher sind und das Sägeschnittband unter dem Giebel durchschneiden; der Giebel selbst mit steigenden Blenden. Die spitzbogigen Fenster an den Langseiten von Blendfeldern flankiert, an der NSeite nicht mehr original. Der schmalere quadr. WTurm, 15.Jh., verdeckt das frühgot. Portal, dieses mit kräftigem Gewändeprofil aus einem Wulst zwischen zwei Birnstäben in vortretendem rck. Wandfeld als Rahmen (vgl. das Portal an der n Querhauswand der Frankfurter Marienkirche). Nach Kriegszerstörung Wiederaufbau, dabei Abriß der Vorhalle im N und der Sakristei im O; Turm mit Satteldach in Längsrichtung erneuert. — Das Innere flachgedeckt und neu ausgestattet.

FRANKFURT/ODER (HOHENWALDE) — Inv. Prov. Brandenburg, Lebus

Dorf-K. A.17.Jh. unter Verwendung von Resten eines spätgot. Vorgängerbaues als Putzbau errichtet, 1607 geweiht. Rck.Saal. mit quadr. WTurm, der obere Turmteil gotisierend mit Maßwerkblenden wohl von 1794. Der hohe Innenraum mit Balkendecke, an der WWand große *Stuckwappen* v.Röbel (Ehrentreich v.Röbel seit 1581 im Besitz von Hohenwalde), zum Stuck vgl. Biegen, Ldkr.Fürstenwalde, und Lüdersdorf, Ldkr. Freienwalde. — *Altaraufsatz*, qualitätvoller hölzerner Architekturaufbau um 1607, rest. 1976/77, dabei die reiche Polychromie der originalen Fassung von einer weißen Übermalung befreit. 3geschossige Säulengliederung, in der Mittelachse Gemälde, übereinander Abendmahl, Allegorie nach Jes.63 — ein verwandtes Bild in Neuentempel, ehem. in Friedersdorf, Ldkr.Seelow — und Trinität; der reiche Figurenschmuck umfaßt Moses und Jesaias, Petrus und Paulus sowie die Evangelisten mit ihren Symbolen und Christus als Auferstandener, an der Predella die Wappen der Röbel und Göllnitz. *Kanzel* gleichzeitig mit dem Altaraufsatz, in denselben Formen und mit den gleichen Wappen, am polyg. Korb Gemälde: Taufe Christi, Guter Hirte, Verklärung Christi; zeitweilig anstelle des Altarblattes mit dem Altaraufbau zu einem Kanzelaltar verbunden.

FRANKFURT/ODER (KLIESTOW) — Inv. Prov. Brandenburg, Lebus

Dorf-K. 3.V.13.Jh., unverputzter Feldsteinbau auf rck. Gr., in der OWand nicht gestaffelte Dreifenstergruppe (vermauert), an der s Langseite ein frühgot. Lanzettfenster und ein spitzbogiges Portal, dessen abgetrepptes Gewände mit Kehle als Kämpfermarkierung. Der quadr. WTurm im Unterteil aus Feldstein spätgot., 15.Jh., der Oberteil aus Backstein einschließlich der verputzten und durch Säulchen reich gegliederten Volutengiebel über jeder Turmseite um 1580, eine mit dem Archivanbau des Rathauses und dem nicht erh. Ecciushaus in Frankfurt/Oder zu vergleichende Spätrenaiss.Form; als Dachform zwei sich durchkreuzende Satteldächer. Innen flache Decke; die Holzempore an der SSeite auf gedrehten Stützen, um 1700, die Brüstungsfelder mit geschnitzten Akanthusrahmen. – Spätklassizist. *Altarretabel*, *Kanzel* und *Orgelprospekt* wohl gleichzeitig. Schwebender *Taufengel* 18.Jh. *Leuchterpaar*, Zinn, dat. 1751.

FRANKFURT/ODER (LICHTENBERG) – Inv. Prov. Brandenburg, Lebus

Dorf-K. (Ruine). Im Kern frühgot. rck. Feldsteinbau mit späteren Anbauten im N und S sowie quadr. WTurm von 1597. Entscheidender Umbau und Neueinrichtung um 1700, davon die Stuckdecke sowie die Reste der Ausstattung im Pfarrhaus: Vom Altar u.a. das *Ecce-Homo-Gemälde*, auf der Rückseite sign. und dat. Johann Allardt 1703, ferner Teile der *Kanzel* und ein *Taufengel*.

FRANKFURT/ODER (LOSSOW) – Inv. Prov. Brandenburg, Lebus

Dorf-K. Ruine eines spätbar. kreuzförmigen Zentralbaues mit quadr. WTurm von 1741/46; nur die Umfassungsmauern des 1945 zerstörten Putzbaues erh.

Burgwall auf der „Steilen Wand“ bei Lossow, mit zahlreichen Opferschächten; die Grabungen 1926–29 ergaben eine Besiedelung wohl schon um 1000 v.u.Z., die der Deckung eines Oderüberganges diente. Die Burgwallsiedlung um 500 v.u.Z. aufgegeben. Neuerrichtung einer ausgedehnten slawischen Burganlage um 800; im 10.Jh. ähnlich wie die von Reitwein durch Brand zerstört.

FRANKFURT/ODER (ROSENGARTEN)

Dorf-K. und ehem. **Gutshaus** (Kinderheim). Gründerzeitliches Beispiel gutsherrlicher Bautätigkeit; beide Gebäude in historisierenden Barockformen: das Herrenhaus 1898, die Patronatskirche, ein kreuzförmiger Zentralbau mit Emporen und WTurm, um 1905 bereits mit Jugendstilelementen; außerhalb des Dorfes eine Verbindungsallee zwischen Gutspark und Kirche.

FRAUENHAGEN Bez. Frankfurt/Oder, Ldkr. Angermünde. – Inv. Prov. Brandenburg, Angermünde

Dorf-K. Feldsteinbau mit eingezogenem Rck.Chor, im Kern 13.Jh., 1916 umfassend erneuert und mit hohem w Dachturm versehen. Ausstattung nach 1916.

FRAUENHORST Bez. Cottbus, Ldkr. Herzberg. – Inv. Prov. Sachsen, Schweinitz

Dorf-K. Flachgedeckter Rck.Bau aus Raseneisenstein, Formteile in Backstein, E.13.Jh., der quadr. WTurm in Backstein 1910, mit origineller Schieferhaube. Die Öffnungen des Schiffes im 18.Jh. verändert; in urspr. Form nur die beiden seitlichen Fenster der ö Dreifenstergruppe, der Okulus im Giebel darüber und das spitzbogige Stufenportal im S. Innen W- und NEmpore. — Spätgot. *Schnitzaltar* A.16.Jh. von guter Arbeit, im Mittelschrein Maria mit Kind zwischen der hl. Elisabeth und dem hl. Martin. Auf den Flügeln, gemalt, die Ganzfiguren der Heiligen Nikolaus und Hubertus, auf den Außenseiten die der Heiligen Barbara und Katharina. In der Predella, ebenfalls gemalt, das Schweißtuch der Veronika, von Engeln gehalten. Der kleeblattförmige Abschluß mit Deesis-Gemälde 2.V.16.Jh. hinzugefügt. *Kanzel* M.17.Jh., auf Balusterfuß, am polyg. Korb schlanke Ecksäulchen; Schalldeckel.

FREDERSDORF Bez. Frankfurt/Oder, Ldkr. Angermünde. — Inv. Prov. Brandenburg, Angermünde

Dorf-K. Flachgedeckter Feldsteinbau mit eingezogenem Rck.Chor 2.H.13.Jh., rest. 1978. Über dem WGiebel mit Spitzbogenblenden verbretterter Dachturm von 1793, seine WWand massiv. Unveränderte Fenster nur in der OWand, an der WSeite das abgetreppte Spitzbogenportal, innen der spitzbogige Triumphbogen erh. — *Schnitzaltar* 2.H.15.Jh., mit guten Figuren von Anna selbdritt zwischen Katharina und hl. Bischof im Schrein, auf einem Flügel gemalt 4 Heilige erh.; der Aufsatz mit Beschlagwerk 1.H.17.Jh., darüber spätgot. Kruzifix. Einfache hölzerne *Kanzel* mit anschließendem *Pfarrgestühl*, 2.H.17.Jh. Gleichzeitig die w *Hufeisenempore*.

FREDERSDORF Bez. Frankfurt/Oder, Ldkr. Strausberg. — Inv. Prov. Brandenburg, Niederbarnim

Dorf-K. 1sch. Putzbau mit 4seitigem OSchluß und w **Dachturm** mit geschweiftem Helm, 1710. Korbbogige Fenster. Im flachgedeckten Inneren einheitliche Ausstattung aus der Bauzeit. Die Brüstung der *WEmpore* bemalt mit Szenen aus dem Leben Christi, hübsch geschnitzte Ranke als unterer Abschluß. — *Kanzelaltar*, geschweifter Korb mit den Bildern der Evangelisten und des Guten Hirten, flankiert von gedrehten Weinlaubsäulen und Pilastern. Auf dem Gebälk Vasen, auf den Giebelsegmenten Putten. Auf der Vorderseite des Altartisches Gemälde des armen Lazarus. Zum Altar gehörig 2 jetzt gesondert gehängte, geschnitzte *Wappen* v.Götzke/Beeren, dat. 1710. Zwei *Gemälde*: Christus mit Kreuz, auf die Schlange tretend, und Luther mit Bibel und Schwan, A.18.Jh., übermalt. Ein 3. *Gemälde* „Ecce Homo“, etwa gleichzeitig; hinter der Kanzel. — Außen an der SWand *Grabstein* mit Wappen und Totenkopf für D.v.Wallwitz †1712 und seine Frau †1704. — N der Kirche **Mausoleum.** 1780 von George Schlötzer für den Grafen H.v.Podewils, kleiner, wohlproportionierter Rundbau mit Haube, von Urne bekrönt. Innen Flachkuppel auf 10 rippenartigen Wandvorlagen.

FREIENHUFEN Bez. Cottbus, Ldkr. Senftenberg

Dorf-K. Im Kern spätgot. 1sch. Bau mit querrck. WTurm in Breite des Schiffes, Feld- und Backstein, 15.Jh.; barock umgebaut und mit großen Stichbogenfenstern und -portalen versehen. Um 1899 Anbau des Rck.Chores und Erneuerung des Turmoberteils. Das Innere flachgedeckt; Empore im N und W. Reste ma. *Wandmalerei* an der N- und SWand, u.a. Fragment einer Kreuzigung, M.15.Jh. — *Altaraufsatz* 1656/57 von Andreas Schultze, Fassung von Martin Henschel aus Cottbus, im Hauptfeld plastischer Kruzifix vor gemaltem Landschaftshintergrund, flankiert von den Schnitzfiguren Moses und Johannes d.T., in der Predella Abendmahlsdarstellung in Hochrelief, als Bekrönung Kartusche mit Auferstehungsrelief, begleitet von Engeln mit Leidenswerkzeugen; reicher Knorpelwerkdekor sowie Inschr.Kartuschen als Seitenwangen, darauf Phönix und Pelikan. Gute *Kanzel*, wohl 1683 von Abraham Jäger, die Fassung von Christoph Birnbaum, beide aus Doberlug; am Korb und Aufgang zwischen Freisäulen die Bilder der Evangelisten und des Petrus, an der Kanzelrückwand Salvatorgemälde; Schalldeckel. 8eckige *Sandsteintaufe* 15.Jh., mit breitem Fries aus Vierpässen und Rosetten.

FREIENWALDE Bez. Frankfurt/Oder, Ldkr. Freienwalde

Am NO-Rand der Barnimer Hochfläche an der Straßenkreuzung Berlin —Stargard und Eberswalde—Frankfurt gelegen. Der deutsche Ort zwischen 2 älteren slawischen Siedlungen, Kietz und Tornow, 1316 erstmals erwähnt, 1373 oppidum; von einer Burg der Askanier auf dem Schloßberg geschützt, die Burg schon im späten Ma. zerstört. — Der urspr. kleine Ortskern bis 1632 allmählich nach SO vergrößert, die Hauptstraße (Marktstraße) angerartig erweitert mit der Pfarr-K. w davon und dem Rathaus an der NSeite (1.Bau 1414, heutiges Gebäude spätklassizist. von 1854/55). Gegenüber der K. das ehem. Freihaus des Stadtherrngeschlechts v.Uchtenhagen. Am sog. Apothekerberg seit 1798 das königlich-preußische Schloß. Vor dem ehem. Berliner Tor im S das Georgenhospital, seine Kap. erh. — Keine Stadtbefestigung, die 3 Tore (Wasser-, Kietzer- und Berliner Tor) nicht erh. Starke Zerstörungen des Ortes im 30jährigen Krieg und durch Stadtbrand 1664. — Der Ort seit 1924 offiziell „Bad". Seine eisenhaltigen, radioaktiven Heilquellen wohl schon im 14.Jh. bekannt, seit 1683 genutzt. Die Bevorzugung des „Gesundbrunnens" durch den Großen Kurfürsten und König Friedrich I. förderte die Bautätigkeit (Badehäuser); seitdem Entstehung der Berliner Vorstadt im S und der Wriezener Vorstadt im SO.

Stadt-K. St.Nikolai. Spätgot. Backsteinbau, begonnen um M.15.Jh. unter Verwendung der N- und WWand eines 1sch.

Feldsteinbaues wohl des sp.13. oder fr.14.Jh. Der spätgot. Neubau im O begonnen: kurzer Chor mit 5/10Schluß, zart profilierte Fenster im Polygon und gestufte Strebepfeiler. Anschließend das 1sch. 4jochige Langhaus von fast der gleichen Breite mit schönem blendengeschmücktem WGiebel. S des 1.Jochs im W schwerer quadr. Turm mit dem reich profilierten Hauptportal. Seine beiden blendengegliederten Obergeschosse mit spitzbogigen Schallöffnungen wohl 1518–22, gleichzeitig mit dem 3jochigen s Seitenschiff von 2 Geschossen; dessen halber OGiebel mit Kielbogenblenden. Der Spitzhelm des Turmes von 1867, ebenso die Sakristei s des Chores. – Im Inneren der sterngewölbte Chor durch spitzbogigen Triumphbogen vom Schiff getrennt, dessen engmaschiges Sterngewölbe gegen M.16.Jh. Zum s Seitenschiff 3 umgestaltete Öffnungen. Rest. des Inneren 1972; dabei die Bemalung der Gewölbe wiederhergestellt. – Reste von *Wandmalerei*, Bischofsfigur, an der n Chorwand, E.15.Jh. – Qualitätvoller *Altaraufsatz* 1623 von Antonius Engelhammer aus Wriezen (Tischler) und dem einheimischen Daniel Ribbecke (Maler), 4zoniger architektonischer Aufbau, die mittleren Gemälde zeigen Abendmahl, Ecce Homo, Kreuzigung und Grablegung, in den seitlichen Nischen die Schnitzfiguren der 4 Evangelisten, als Bekrönung der Auferstandene; reicher Beschlagwerkdekor. Wohl gleichzeitig das *Chorgestühl*. *Kanzel* 1620, in den Feldern des polyg. Kanzelkorbes die Bilder Christi und der 4 Evangelisten, als Bekrönung des Schalldeckels Pelikan. Spätrom. *Taufstein* in runder Pokalform, wohl M. bis 2.H.13.Jh.; die zugehörige *Messingschale* mit Reliefdarstellung der Kundschafter 16./17.Jh. *Taufengel* 1704 (aus der Pfarr-K. Wriezen). Hufeisenförmig ins Schiff vorgezogene *WEmpore* und 3teiliger *Orgelprospekt*, 1.H.18.Jh., das Werk von Joachim Wagner aus Berlin. *Opferkasten* mit Beschlagwerkdekor 1.H.17.Jh.; ein zweiter 18.Jh. *2 Porträts* des C.v.Uchtenhagen: Kinderbild von 1597 und Gedächtnisbild auf dem Sterbebett von 1603. Mehrere *Pastorenbildnisse*, 17.Jh. *2 Gemälde*, Luther und Melanchthon, wohl gleichfalls 17.Jh. *Gemälde* einer Madonna mit Kind und Engeln 17./18.Jh., wohl italienisch (aus der Georgen-Kap.). *Kronleuchter*, Messing, 17.Jh. *3 Epitaphe* des 18.Jh.: für S.C.v.Schröder †1728, Holz, säulengerahmte Inschr.Tafel begleitet von 3 allegorischen Frauenfiguren (an der NSeite des Chores); für L.F.v.Borck †1751, Sandstein, kartuschenförmige Vitentafel mit Kriegstrophäe, von guter Qualität (im Chorpolygon); für J.N.Holtorff und Frau, beide †1779, mit gutem Porträtmedaillon des Verstorbenen.

Georgen-Kap. in Hanglage. Kleiner Fachwerkbau von 1696 mit 3seitigem OSchluß und 2geschossigen Vorbauten im S und N. In Mitte des Walmdaches quadr. Dachreiter mit Schweifhaube und Laterne. Innen Flachdecke; Empore auf toskanischen Säulen. Die Ausstattung jetzt in der Nikolai-K. und in Bliesdorf (Ldkr.Freienwalde).

Schloß (Kreiskulturhaus) in Hanglage. Frühklassizist. Putzbau,

1798/99 von David Gilly für Königin Friederike-Luise v.Preußen als Witwensitz erbaut. Rck. 2geschossige Anlage von 5:4 Achsen mit Pilastergliederung und flachem Terrassendach. Das Mittelfenster der Beletage von einem reizvoll ornamentierten Bogenfeld bekrönt. 1909 als Wohnsitz für W.Rathenau rest. unter Anfügung des Halbrundbalkons an der ö Schmalseite und Anlage eines durchlaufenden Altans über dem Sockel der Gartenfassade. Das einst prächtig ausgestattete Innere seit 1945 verändert. In urspr. Form erh. das Treppenhaus mit gewundener Stiege und Oberlicht. Darin an den Wänden *Gipsabgüsse* nach antiken Vorlagen, u.a. Grabrelief eines Jünglings, 4.Jh.v.u.Z., und Apollo mit Muse, 2.Jh.u.Z. — Vor der Eingangsseite *2 Marmorbüsten* um 1800. Auf der Gartenterrasse vor dem Schloß *2 Sandsteinfiguren*, Flora und Diana, 2.V.18.Jh.; seitlich *Denkmal* (urspr.Ofen) „Schlaf und Tod" A.19.Jh., Nachbildung der spätantiken „Ildefonso-Gruppe" im Prado zu Madrid, Frühwerk des Eisenkunstgusses von Lauchhammer.

Ehem. **Schloßpark** (Volkspark). Um 1800 angelegt. Nach 1820 von Peter Joseph Lenné im Landschaftsstil umgestaltet. — Darin **Teehäuschen** (Klubhaus). Als kleines Schauspielhaus 1795 für Friederike-Luise v.Preußen erbaut. Schlichter, etwa quadr., 1geschossiger Bau unter vorspringendem Zeltdach auf hölzernem Säulenumgang. Das Innere verändert.

Landhaus (Internat) am Rande einer Anhöhe in Nähe des Kurhauses. Als Logier- und Badehaus 1789/90 von Carl Gotthard Langhans entworfen (später nur Gästehaus). Frühklassizist. 2geschossiger Putzbau von 9:3 Achsen mit Mansardwalmdach. Die Mitte der Eingangsfront durch zartes 3achsiges Risalit betont, dazu große säulengerahmte Portalnische mit wabenförmig ornamentierter Halbkuppel unter flachem Dreiecksgiebel.

Kurhausbauten. [Um 1960 abgebrochene, ehem. unregelmäßige Baugruppe aus verschiedenen Gebäudetrakten von 1722 und 1777, dazu 1817/18 ein Saalbau nach Entwürfen Karl Friedrich Schinkels, ein Gesellschaftshaus für die Kurgäste.]

Im angrenzenden **Kurpark** *2 Marmorskulpturen*: „Der Winter" 1862 von Josef v.Kopf, Rom; und „Stier" A.20.Jh. von Louis Tuaillon (letztere aus dem Schloßpark Hirschfelde, Ldkr. Strausberg).

Ehem. **Freihaus** v.Uchtenhagen (Oderlandmuseum) Uchtenhagenstr. 2. Zweigeschossiges Fachwerkhaus des 18.Jh.; die vorgelegte Putzfassade von 1760 mit Lisenengliederung.

Wohnhausbau. Aufleben der Bautätigkeit durch die Entwicklung zum Bad, besonders im letzten V.18.Jh. Aus dieser Zeit eine Anzahl 2geschossiger, meist 5achsiger Putzbauten in Traufenstellung und mit Mansarddach erh., besonders erwähnenswert: *Uchtenhagenstr. 22*, mit leicht vorgezogener Mittelachse, Ecklisenen und zartem Dekor, 1787. *Johannisstr. 5*, Eck- und Mittenbetonung durch Kolossalpilaster, 1793. *Kurze Str. 4*, von 1795, die 3 mittleren Achsen mit Putzquaderung, im Untergeschoß reiche Fensterverdachungen. *Karl-Marx-Str. 14*, mit

Kolossalpilastern und Dekor im Zopfstil, um 1796. *Neue Bergstr. 4*, ähnlich Johannisstr. 5, von 1797.
Oderlandmuseum

FREIWALDE Bez. Cottbus, Ldkr. Lübben. – Inv. Prov. Brandenburg, Luckau
Dorf-K. Kleiner neugot. Backsteinbau von 1871 mit quadr. WTurm.
Scheune und **Stallgebäude** Dorfstr. 12. Fachwerk, E.18.Jh., 2flügelig, 2geschossig mit Laubengang auf Balusterstützen.

FRIEDERSDORF b. Brenitz. Bez. Cottbus, Ldkr. Finsterwalde. – Inv. Prov. Brandenburg, Luckau
Dorf-K. Rck. flachgedeckter Feldsteinbau des 15.Jh. mit 8eckigem hölzernem Dachturm im W. Der ehem. eingezogene WTurm abgetragen. OGiebel in Backstein A.16.Jh. mit breitspitzbogigen Putzblenden. Die Fenster bar. Spitzbogiges SPortal in bar. Fachwerkvorhalle, das Türblatt mit got. Eisenbeschlägen. Innen 3seitige Empore, die s verkürzt. – *Kanzelaltar* mit seitlichen Durchgängen, inschr. 1716; in den Brüstungsfeldern der polyg. Kanzel die Figuren Christi und der Evangelisten gemalt, in der Predella das Abendmahl, an der Kanzeltür die Kreuzigung, auf dem säulengetragenen Gebälk 2 Engel mit den Leidenswerkzeugen.
Ehem. **Schule** (Wohnhaus) Hauptstraße, A.19.Jh. Stattliches 1geschossiges Fachwerkhaus mit Satteldach, die Giebel verbrettert.

FRIEDERSDORF b. Oppelhain. Bez. Cottbus, Ldkr. Finsterwalde. – Inv. Prov. Brandenburg, Luckau (Fr. b.Dobrilugk)
Dorf-K. Gut erh. Bau aus Raseneisenstein, 2.V.13.Jh., von schöner Staffelung der Bauteile: Schiff mit eingezogenem Chor und Apsis sowie WQuerturm von Schiffsbreite. E.17.Jh. dessen Oberteil in Backstein und Fachwerk mit kleinem Dachreiter auf dem Walmdach. Gleichzeitig die Sakristei n des Chores sowie Vergrößerung der Fenster und Türen. In urspr. Form nur die spitzbogige STür im Chor mit schönen got. Eisenbeschlägen am Türblatt. Das große rundbogige WPortal zugesetzt. – Das flachgedeckte Schiff in breitem Spitzbogen zur Turmvorhalle und zum Chor geöffnet. Der Chor mit kuppligem Kreuzgewölbe auf $^1/_2$kr. Schildbögen und Bandrippen. Auch der Apsisbogen rund. Der Schlußstein im Chor mit Relief der Heilig-Geist-Taube, vielleicht spätgot. Zutat. Das Apsisgewölbe verloren, jetzt hölzerne Halbkuppel. Reste von *Wand- und Gewölbemalerei* des 13.Jh.: Der Triumphbogen farbig gerahmt, auch Schildbögen und Rippen farbig gefaßt, in den Gewölbezwickeln schöne Rosetten mit verschiedener Füllung. An der s Schiffswand Malerei eines

Teufels mit Weihwasserkessel erh., wohl 14.Jh., ebenso die Anbetung der Könige an der WWand (?, fast erloschen); viele Weihekreuze. Emporen von 1600 auf der N- und SSeite. — Polyg. *Kanzelkorb* M.17.Jh., in den diamantierten Arkaden Gemälde der 4 Evangelisten. Bar. *Kruzifix*. Großer runder *Taufstein* 13.Jh., kelchförmige Kuppa auf kurzem Schaft und Fuß. Hölzernes *Epitaph* für Frau R.Wolffermann †1626. *Inschr.Grabstein* J.Hebenstreit †1683.

FRIEDERSDORF Bez. Frankfurt/Oder, Ldkr. Seelow. — Inv. Prov. Brandenburg, Lebus

Dorf-K. Im Kern Feldsteinbau des 13.Jh. aus rck. Schiff, eingezogenem Rck.Chor (dieser seit 1945 Ruine) und querrck. WTurm. Eingreifender Umbau 1702, dabei Errichtung des schmaleren Turmobergeschosses mit 8eckiger hölzerner Laterne und Schweifhaube. — Durch die Kriegszerstörungen 1945 auch die Ausstattung vernichtet, bzw. stark beschädigt. In Resten erh. der polyg. *Kanzelkorb* von 1617 und die einheitlichen, mit reichem Schnitzwerk versehenen *Emporen* vom A.18.Jh. (w Orgelempore und n Patronatsempore). An der SWand 2 aufwendige *Epitaphe* (beschädigt): 1. für H.G.v.d.Marwitz †1704, vor großer Draperie über aufwendigem Unterbau Sarkophag mit rck. Vitentafel, darauf sitzend 2 weibliche allegorische Figuren, die Bildnisse der Frauen haltend, dazwischen das Bildnis des Verstorbenen von 2 Putten getragen; das Ganze in seiner reichen Form an Schöpfungen Johann Friedrich Eosanders erinnernd. 2. für A.G.v.d.Marwitz †1753, über Kronosbüste und sarkophagähnlicher Vitentafel Obelisk-Aufsatz mit Kartusche für das (verschollene) Bildnis des Verstorbenen, das Ganze vor geraffter Draperie. — Im ehem. Chorraum sowie an der NSeite der K. noch mehrere z.T. figürliche *Grabsteine*. Die beiden Grabmäler für J.E.v.Görtzke und seine Frau seit 1979 in Lietzen Nord (Ldkr.Seelow).

FRIEDLAND/N.L. Bez. Frankfurt/Oder, Ldkr. Beeskow

Niederlausitzer Ackerbürgerstädtchen im Schutze einer Burg am Schnittpunkt der Straßen nach Lieberose, Beeskow und Neuzelle. 1301 erstmals urk. erwähnt, nur mit einem Wall befestigt. Der Marktplatz mit der Kirche zwischen den 2 Hauptstraßen.

Pfarr-K. Langgestreckter flachgedeckter Putzbau des 18.Jh. mit WTurm, 1809 und 1825—29 gotisierend umgebaut, 1846 das Chorpolygon angefügt. Die großen Spitzbogenfenster mit mehrfach gestuftem Gewände und gotisierendem Maßwerk aus Holz. Das Obergeschoß des Turmes verbrettert, darauf Spitzhelm. — Innen hölzerne *Hufeisenempore*, in der Apsis Umgang mit Balustrade und seitlich anschließender *Kanzel*, M.19.Jh. *Kelch*, Silber vergoldet, 1515.

Ehem. **Burg** (Kulturhaus) n der Stadt. Urspr. Anlage des 13.Jh. als Wasserburg von fast quadr. Gr. mit doppelten Umfassungsmauern. Seit 1523 Sitz des Johanniterordens, nach Brand 1623 und mehrfachen Umbauten nur Reste erh., u.a. Teile der ma. Umfassungsmauern in Backstein, ein schwerer quadr. Turm von 3 Geschossen, daran n angrenzend ein 9achsiger Mittelbau und ein rechtwinklig anschließender kurzer NFlügel. Die 3 Gebäude durch Putz und neuere Fenster ihrer originalen Wirkung beraubt. Im NFlügel 2 gewölbte Keller. Das äußere Tor am Zwinger 1935 erneuert.

FRIEDRICHSTHAL Bez. Frankfurt/Oder, Ldkr. Angermünde. — Inv. Pommern, Reg.Bez. Stettin, Randow
Dorf-K. Rck. Putzbau unter Walmdach mit Lisenengliederung, 1765. — Hölzerne *Kanzel* A.18.Jh., aus der Marienkirche Stettin; am bauchigen Korb und Treppenwange prächtig geschnitzte stehende Akanthusblätter.

FRIEDRICHSWALDE Bez. Frankfurt/Oder, Ldkr. Eberswalde. — Inv. Prov. Brandenburg, Angermünde
Dorf-K. Flachgedeckter rck. Backsteinbau von 1782/83 mit quadr. schlankem WTurm und seitlichen Vorhallen; romanisierend umgebaut 1890, die OWand 1960 erneuert. Im Inneren hölzerne Hufeisenempore 1783.

FÜNFEICHEN Bez. Frankfurt/Oder, Ldkr. Eisenhüttenstadt
Dorf-K. Im Kern 1sch. Feldsteinbau mit 3seitigem OSchluß und quadr. WTurm 15.Jh., im 18.Jh. rest., damals der verbretterte Turmaufsatz mit Haube und oktogonaler Laterne sowie die Eingangshalle an der SSeite hinzugefügt. Im O Sakristei 19.Jh. Im Inneren Holztonne und umlaufende doppelgeschossige Empore, im O 1geschossig. Die urspr. Spitzbogenöffnung der Turmhalle zum Schiff vermauert. Rest. 1972/74. — Qualitätvoller hölzerner *Altaraufsatz* dat. 1626, rest. 1880, 3geschossig aufgebaut mit seitlichen Säulen vor Nischen; in der Mittelachse Reliefschnitzereien: im Hauptfeld Kreuzigungsgruppe vor Muschelnische, darüber Grablegung und, im Dreiecksgiebel, der erwachende Adam; oben seitlich die 4 Evangelisten, bekrönend der Auferstandene; in der Predella Abendmahlsgemälde (vgl. Altaraufsatz in Rießen, Ldkr. Eisenhüttenstadt). Seitlich vom Altar Durchgänge angefügt, an der SSeite darüber *Kanzelkorb* mit Schalldeckel 17.Jh., 2 Felder bemalt mit Evangelisten.

FÜRSTENBERG/ODER Bez. Frankfurt/Oder, Stkr. Eisenhüttenstadt

s. EISENHÜTTENSTADT

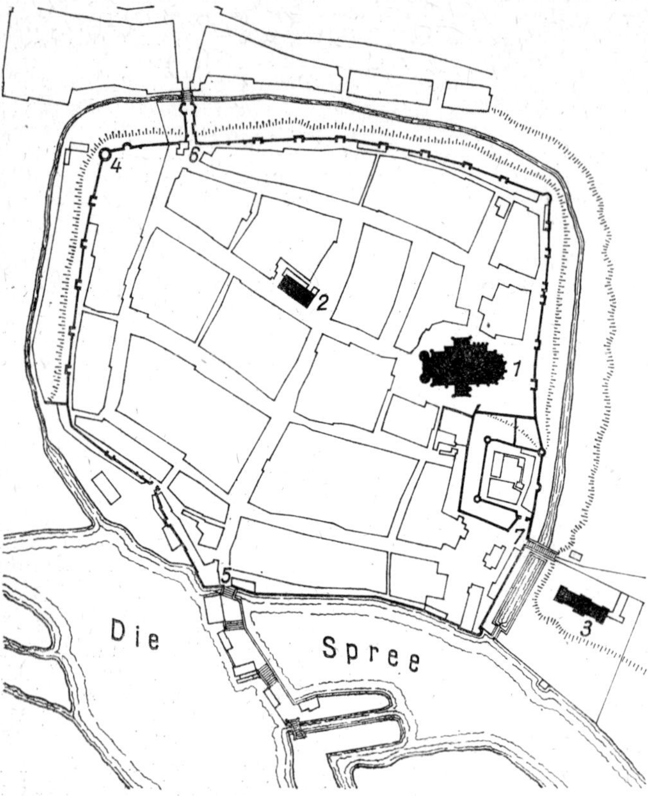

Fürstenwalde um 1725
1. St.Marien 2. Rathaus 3. Jagdschloß 4. Bullenturm 5. Spreetor 6. Berliner Tor 7. Frankfurter Tor

FÜRSTENWALDE/SPREE Bez. Frankfurt/Oder, Ldkr. Fürstenwalde. – Inv. Prov. Brandenburg, Lebus
Am NUfer der Spree im verengten Urstromtal zwischen 1252 und 1258 als deutscher Brückenkopf von den Askaniern gegr. Die planmäßig angelegte deutsche Marktsiedlung von annähernd rck. Gr. mit gitterförmigem Straßennetz. Markt und Rathaus n des dafür hier erweiterten Hauptstraßenzuges der Mühlenstraße gelegen, am ORand der Stadt Kirche und Burg; letztere nach Verlegung des Lebuser Bischofssitzes um 1373 zur bischöflichen Residenz ausgebaut, 1576 ausgebrannt und im 18.Jh. abgetragen. Die Stadt schon im 13.Jh. stark befestigt; 3 Tore:

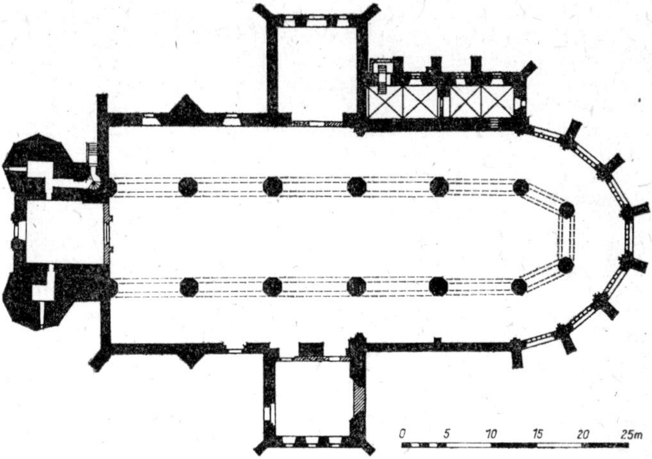

Fürstenwalde, St.Marien

im S das Spree- oder Mühlentor, im N das Müncheberger oder Berliner Tor, im SO das Frankfurter Tor, im SW nur eine Pforte, sämtlich abgebrochen. Die Stadt war wichtiger Umschlagplatz für den Handel, besonders von Berlin nach Frankfurt/Oder, im 18.Jh. auch ein Zentrum der Tuchmacherei. Seit dem 16.Jh. Erweiterung der Vorstädte im N und O, 1749 Webersiedlung vor dem Frankfurter Tor. Seit M.19.Jh. rasche industrielle Entwicklung und damit Erweiterung der Stadt, begünstigt durch die Eisenbahnbauten, den Oder-Spree-Kanal, den Vorortverkehr mit Berlin sowie durch die Autobahn. 1945 schwere Kriegsschäden. 1950 Eingemeindung des s der Spree gelegenen Ketschendorf.

Pfarr-K. St.Marien (1373 bis 1555 Kathedral-K. des Bistums Lebus). Spätgot. 3sch. Backsteinhalle von stattlicher Größe mit Hallenumgangschor und WTurmgruppe, jedoch von schlichter Formgebung. Anstelle des 1432 durch Hussiten zerstörten Feldsteinbaues aus der 2.H.13.Jh. der jetzige Bau inschr. 1446 beg. und 1470 vollendet. 1769–71 nach Brand im Jahre 1766 durchgreifende spätbar. Umgestaltung des Inneren und des Turmes durch Johann Boumann d.Ä., 1908–10 Regotisierung des Inneren durch Ludwig Dihm. Die K. 1945 ausgebrannt und bis auf die Außenmauern und ein Teil der Pfeiler zerstört. Der Wiederaufbau 1949 beg., die Ruine unter Dach, der Ausbau beabsichtigt. – Die Halle 5jochig mit 3seitigem Binnenchor und 7seitigem Chorumgang. Umlaufend abgetreppte Strebepfeiler. Die hohen spitzbogigen Fenster außen und innen doppelkehlig profiliert, 4teilig, an der SWand 5teilig. Der hohe quadr. WTurm mit flankierenden Seitentürmen wohl im Anschluß an den Hauptbau letztes Drittel 15.Jh. begonnen; das hohe Untergeschoß aus Feldstein, die Seitentürme innen quadr., außen 8seitig ummantelt. Die Turmgruppe 1769–71 verputzt und verändert, das oberste Geschoß des höheren Mittelturmes mit gekoppelter korinthischer Pilasterordnung, darauf doppelt geschweifte Haube, 1953–56 frei rest. An den Langseiten der Halle vor dem 3. w Joch quadr. Anbauten von 2 Geschossen, der s von 1475, der n vermutlich etwa gleichzeitig, beide bar. umgebaut und innen modern verändert. Im N vor den 2 ö Jochen schmale 4jochige Sakristei, z.T. in Feldstein. Das Innere kreuzgewölbt mit Birnstabrippen, z.T. über Kopfkonsolen, wohl sp. 14.Jh., die Sakristei also älter als der Hauptbau. Darüber ein 2jochiges Obergeschoß, urspr. Bibliothek, ehem. mit Sterngewölben 2.H.15.Jh., die Dachzone außen durch attikaartige Schildwand mit gereihten fensterartigen Rck.Blenden verdeckt; ähnlich wie an der Marienkap. in Frankfurt/Oder. Der Innenraum der Halle urspr. von hohen guten Proportionen. Die spätgot. Sterngewölbe schon nach 1766 durch flache Stuckdecken ersetzt, seit 1945 auch die neugot. Gewölbe von 1908–10 zerstört. Die schweren 8Eckpfeiler größtenteils erh., im Langhaus auch die kräftig profilierten Arkadenbögen sowie die Gewölbeansätze. An den inneren Schiffswänden teilweise Feldsteinmauerwerk. Im Chorschluß mehrere Konsolfratzen. – Die wertvolle Ausstattung zum größten Teil noch vermauert. Qualitätvolles spätgot. *Sakramentshaus* dat. 1517, Inschr. mit dem Meisterzeichen F.H.M., Kalkstein; hoher 4geschossiger Aufbau mit reichem figürlichem und ornamentalem Dekor, der Abschluß durch schlanke Pyramide. *Gedenkstein* für die Neugründung der Dom-K. 1446 mit dem Reliefbildnis des Bischofs J.v.Deher. *Grabstein* für Chr.v.Rotenhan †1436, Sandstein mit Bronzeeinlagen für Figur, Wappen und Inschr. *Grabplatte* für J.v.Deher †1455, Bronze, in vertiefter Zeichnung der Verstorbene segnend unter Baldachinarchitektur, seine reiche Gewandung noch in der Art der Spätphase des Weichen Stils gestaltet. *Wandepitaph* für Dietrich v.Bülow †1523, Sandstein, in Hochrelief die lebensgroße Figur des Verstorbenen kniend unter dem Gekreuzigten neben Wappen. Mehrere *Grabsteine* und *Epitaphien* des 16./17.Jh., u.a. für Bischof Dietrich v.Bülow in Ritzzeichnung; für Domherrn H.v.Coppen †1544, die Figur im Flachrelief. – Beachtliche Bibliothek.

Kath. Pfarr-K. St.Johannis Baptist. Neugot. 3sch. Backsteinhalle mit WTurm 1905–06 von Engelbert Seiberts. Gleichzeitig Pfarr- und Gemeindehaus.

Rathaus. 2geschossiger Rck.Bau aus verputztem Feldstein mit Backsteineinfassungen, um 1500. Die Zwillingsfenster mit Vorhangbögen. Das Erdgeschoß urspr. Kaufhalle, die offene 2jochige Laube (ehem. Gerichtslaube) an der OSeite mit reichem Rippengewölbe, inschr. 1511. Der Keller 2sch. mit Stichkappen gewölbt, unter der Laube spitzbogiges Tonnengewölbe. Über der WSeite schöner spätgot. Ziergiebel mit kielbogigem Maßwerk. Der ö Giebel geschweift mit Pilastergliederung von 1624, gleichzeitig der vorgesetzte quadr. Uhrturm mit plastischem Stadt-

wappen und seine 1geschossigen Nebenbauten. Das Rathaus 1945 bis auf die Außenmauern ausgebrannt, bei der Wiederherstellung 1961–68 die Veränderungen von 1906–07 beseitigt; neu die Form der 4giebeligen Turmhaube.
Ehem. kurfürstliches **Jagdschloß** Schloßstr. 13. Außerhalb des ma. Mauerringes im SO der Stadt gelegen, 1699–1700 nach Entwurf von Martin Grünberg errichtet; seit 1750 Magazin. Gestreckter Einflügelbau mit Walmdach, rückseitig von 3 Geschossen. Beidseitig kräftiger übergiebelter Mittelrisalit sowie schwache einachsige Seitenrisalite. Die Risalite durch Eckquaderung betont; im übrigen das Äußere verändert. Am Hof langer mehrgeschossiger **Speicher** in den Formen der preußischen Landbauschule.
Oberschule Ernst-Thälmann Str. 19. Putzbau von 1865 mit kräftigem Mittelrisalit.
Von dem ehem. durch **Wohnhäuser** des 18. und 19. Jh. geprägten Straßenbild wenig erh. Bemerkenswert: Stattliches spätbar. Eckhaus *Mühlenstr. 26* um 1790, mit korinthischen Kolossalpilastern, stuckierten Girlanden, Konsolen und Schlußsteinköpfen. *Domstr. 1* (Stadt- und Kreismuseum) um 1800, mit schlichter Putzgliederung, die stichbogige Durchfahrt bei Rest. 1979–80 zum Portal mit Freitreppe verändert.
Von der **Stadtbefestigung** mit Mauer, Wall und Graben nur geringe Reste des Mauerringes im W und SW erh., vorwiegend aus Feldstein 14./15. Jh. Im NW sog. *Bullenturm* 15. Jh., Backsteinrundturm mit Zinnenkranz und gemauerter Kegelspitze; im SW Ruine der Wasserpforte (Niederlagetor). Die 3 Stadttore im 19. Jh. abgebrochen.
Stadt- und Kreismuseum

FÜRSTENWALDE (FÜRSTENWALDE SÜD, ehem. KETSCHENDORF)

Martin-Luther-K. 1909–10. Das Innere mit hölzerner Spitztonne gedeckt. Die vollständige Ausstattung der Bauzeit erh.

G

GABLENZ Bez. Cottbus, Ldkr. Weißwasser. – Inv. Prov. Schlesien, Reg.Bez. Liegnitz, Rotenburg

Dorf-K. Im Kern spätgot. 1sch. Bau mit eingezogenem, 5seitigem Chor und quadr. WTurm. Die heutige Erscheinung vom bar. Umbau, Inschr. von 1759 über dem WPortal: Außen Putzgliederung und Stichbogenfenster im Schiff, der oktogonale Turmaufbau mit Doppelhaube. An der N- und SSeite des Chores bar. Anbauten. Im Inneren geputzte Flachdecke über Voute. Hufeisenempore, im W 2geschossig und unten in der Mitte vorschwingend. – Schlichter hölzerner *Kanzelaltar* mit Doppelsäulen und bauchigem Korb, um 1760. – Auf dem Friedhof s klassizist. *Grabdenkmal* in Art einer Stele für das Ehepaar Halke †1833 bzw. †1845.

GADEGAST Bez. Cottbus, Ldkr. Jessen. – Inv. Prov. Sachsen, Schweinitz

Dorf-K. Granitquaderbau mit eingezogenem Chor und Apsis, 1.H.13.Jh., die Fenster spätbar. verändert; der schlanke quadr. WTurm M.19.Jh. angefügt. Im Chor s rundbogige Priesterpforte, im Schiff der leicht spitzbogige Haupteingang vermauert. Im flachgedeckten Inneren rundbogiger Triumphbogen. – Einheitliche *Ausstattung* um 1800: Hufeisenempore, Kanzel, Gestühl und Sandsteintaufe; zuletzt die neugot. Altarwand mit seitlichen Durchgängen, um 1820.

GAHLEN Bez. Cottbus, Ldkr. Calau

s. MISSEN

GAHRO Bez. Cottbus, Ldkr. Finsterwalde. – Inv. Prov, Brandenburg, Luckau

Dorf-K. Rck. flachgedeckter Feldsteinbau, 14.Jh., mit hölzernem Glockenturm im W, 18.Jh., im 19.Jh. erneuert. Im OGiebel das mittlere Lanzettfenster und das Kreisfenster darüber in urspr. Form erh., ebenso das spitzbogige WPortal; alle übrigen Öffnungen bar. vergrößert. Innen 3seitige Empore. – *Kanzelaltar* 2.H.18.Jh., in der Predella Gemälde des Abendmahles, Kopie nach Leonardo da Vinci, 19.Jh., auf dem Gebälk Strahlenkranz mit Taube zwischen Voluten. *Sakramentsnische*, auf den Innenseiten der Türflügel des Holzeinsatzes die gemalten Ganzfiguren des Schmerzensmannes und der hl. Maria Magdalena, gegen M.15.Jh. *Johannesschüssel* E.14.Jh., Holz farbig gefaßt, der Kopf im 19.Jh. übermalt. *Orgelprosekt* mit musizierenden Putten, inschr. 1733.

GARTZ/ODER Bez. Frankfurt/Oder, Ldkr. Angermünde. – Inv. Pommern, Reg.Bez. Stettin, Randow

Marktsiedlung am linken Oderufer, 1249 Magdeburger Stadtrecht durch Herzog Barnim I. von Pommern. – Gitterförmiges Straßennetz mit fast quadr. Markt. Schon 1305 eine Brücke über die Oder. Ma. Stadtbefestigung, 1830/60 an der Wasserseite der Stadt beseitigt. Die Stadt 1945 stark zerstört.

Pfarr-K. St.Stephan. Stattlicher Backsteinbau auf Feldsteinsockel, sp.14.–1.V.15.Jh., aus 3sch. 4jochigem Hallenlanghaus mit schmalerem WTurm und 1sch. 1jochigem, polyg. geschlossenem Chor. Seit 1945 Ruine. Erh. die Umfassungsmauern von Langhaus und Turm, der Chor mit Gewölbe. Dieser nach 1945 neu überdacht; mit dem OJoch des Langhauses zur Rest. vorgesehen,

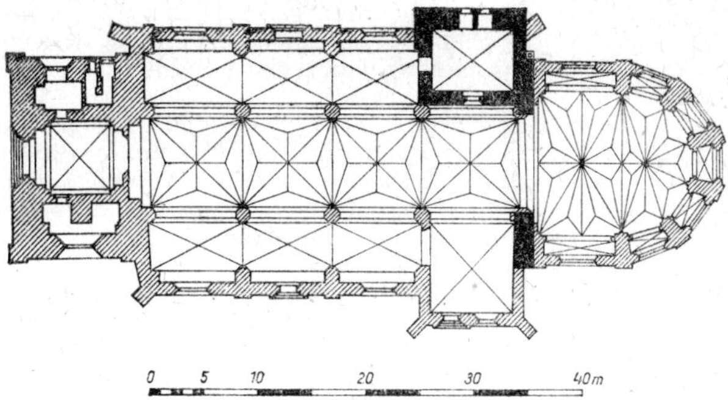

Gartz, St.Stephan

gleichzeitig mit der Sicherung der übrigen Bauglieder. Der spätgot. Backsteinbau vermutlich anstelle eines 1259 erwähnten Vorgängerbaues in W-O-Folge errichtet. Der mächtige WTurm 3geschossig mit umlaufenden Maßwerkbändern. Breit gelagert das querrck. Untergeschoß mit großem mehrstufig profiliertem WPortal in Rck.Rahmung. Darüber Fenstergruppe aus 2 Stabwerkfenstern und 8teiliger Fensterrose, von Spitzbogenblende und eng anschließender Rundbogenblende zusammengefaßt. Giebelschrägen vermitteln zum schlank proportionierten quadr. Obergeschoß des 15.Jh. mit lanzettförmigen Öffnungen nach allen Seiten, begleitet von schlanken Spitzbogenblenden. Das Langhaus mit querhausähnlicher Erweiterung der Seitenschiffsostjoche; im n „Kreuzarm“ die Sakristei aus Feldsteinquadern, wohl ein Rest des Vorgängerbaues, dgl. ein Feldsteinwandstück der s Langhausostwand vor dem s Choransatz. Breite Stabwerkfenster zwischen lisenenartigen Streben, die innen stärker vortreten. Fassadenartig gegliedert die vorspringende SWand des OJoches mit reich profiliertem Portal in Rck.Rahmung mit Gitterfries, überschnitten von der kielbogigen Portalbekrönung mit Krabben- und Kreuzblumenbesatz. Darüber ein 4teiliges Fenster zwischen schlanken gekuppelten Spitzbogenblenden. Mit rahmendem Gitterfries auch die Portale im Schiff. Der Chor wohl fr.15.Jh. breiter als das Mittelschiff des Langhauses, einer veränderten Planung der Schule Hinrik Brunsbergs folgend, mit 5/8Schluß, eingezogenen Strebepfeilern zwischen breiten, im Polygon 4teiligen, an den Jochseiten 5teiligen Fenstern. Außen die Strebepfeiler wie an der Brandenburger Katharinenkirche als flache Bänder mit Doppelnischen für Figuren vortretend, das Stabwerk im Wechsel aus glasierten und unglasierten Zigeln; die Dekoration der Streben wohl unvollendet geblieben. Der Chor innen umgeben von einem Kranz raumhoher kreuzgewölbter Einsatzkapellen zwischen den Strebepfeilern, mit reichem Stern-

gewölbe aus Dreistrahlrippen auf fein profilierten Vorlagen; in der Mittelachse Scheitelrippen. Entsprechende Sterngewölbe ehem. auch im Langhausmittelschiff, über den Seitenschiffen Kreuzgewölbe.
Ehem. **Hl.Geist-Kap.** (Wohnungen). Backsteinbau gegen 1400. Urspr. gewölbter 2jochiger, 3seitig geschlossener Saalbau mit schlankem Rck.Turm vor der WFassade. Der OAbschluß 1793 begradigt. In den Turmobergeschossen wie an den Giebelseiten steile, spitzbogig gerahmte Zwillingsblenden mit Kreisblenden darüber.
Am NRand der ehem. Altstadt Reste der ma. **Stadtbefestigung**, Feldsteinmauern des 13./14.Jh. mit mehreren Türmen, Wall und Graben. Seit 1945 als Ruine erh.: **Stettiner Tor** mit rck. Torturm. Unterteil aus Feldstein 13.Jh., mit spitzbogiger Durchfahrt. Die beiden oberen Geschosse und der rck. Schaugiebel der NSeite E.14.Jh./A.15.Jh. in Backstein, der Giebel schön gegliedert durch Zwillings- und Kreisblenden in Spitzbogenrahmung. Von den 3 Wachtürmen, Storchennest, Blauer Hut und einem Rundturm, nur das **Storchennest** ganz erh. Über quadr. Unterbau des 14.Jh. 8eckiger Aufsatz mit Zinnenkranz und steinernem Kegelhelm, wohl bereits 15.Jh.

GARZAU Bez. Frankfurt/Oder, Ldkr. Strausberg
Dorf-K. Feldsteinbau des 13.Jh. mit eingezogenem Rck.Chor. Über dem WGiebel quadr. Turmaufsatz mit Zeltdach. In der ö Chorwand 3 vermauerte rundbogige Fenster, die übrigen Öffnungen verändert. Innen Flachdecke und WEmpore. – *Kanzelaltar*, Holz, A.18.Jh., der polyg. Korb zwischen Säulen und geschnitzten Wangen.

GARZIN Bez. Frankfurt/Oder, Ldkr. Strausberg. – Inv. Prov. Brandenburg, Lebus
Dorf-K. Spätrom. rck. Feldsteinbau M.13.Jh., mit WQuerturm von Schiffsbreite. In der OWand schmalspitzbogige 3Fenstergruppe, die Schiffsfenster im 19.Jh. erweitert, im S spitzbogiges Portal. Der Turmoberteil mit abgewalmtem Satteldach und unregelmäßigen Schallöffnungen spätma. Innen Balkendecke und NEmpore. – *Schnitzaltar* um 1480, Schrein erneuert. Im überhöhten Mittelteil Kreuzigungsgruppe, in den Flügeln je 6 Apostel doppelreihig angeordnet.

GEBERSDORF Bez. Cottbus, Ldkr. Luckau
Dorf-K. Gut erhaltener spätrom. Granitquaderbau mit eingezogenem Chor und OApsis, fr.13.Jh. Aus dieser Zeit noch das rundbogige Apsisfenster und die beiden SPortale in urspr. Form erh. Der hohe WQuerturm spätgot., nur an der NSeite fluchtend. Nach teilweiser Zerstörung der K. 1642 Erneuerung 1678. Aus

dieser Zeit die korbbogigen Öffnungen sowie der Turmoberbau mit gekuppelten Schallöffnungen unter Korbbogenblende und abschließendem Walmdach. Letzte Rest. 1940/42. Das Innere flachgedeckt, nur die Apsis mit Halbkuppel. Breiter rundbogiger Triumph- und Apsisbogen. Empore im W und N, der WTeil als Orgelempore vorschwingend, der bar. *Orgelprospekt* erh. Die *Brüstungsmalerei* der Emporen 1678 dat., wechselnd Sprüche und 4 Szenen der Heilsgeschichte im N, Paradies und Hölle im W. – Die *Ausstattung* im wesentlichen bald nach 1678: *Altaraufsatz* mit Gemälden des Abendmahls in der Predella und der Kreuzigung im säulenflankierten Hauptfeld; die Gemälde 1940/42 rest. von Conrad Felixmüller. Die hölzerne *Kanzel* mit den Bildern der 4 Evangelisten und des Salvators zwischen gedrehten Ecksäulchen. Die got. *Sakramentsnische* mit bar. Tür. *Epitaph* für W.D.v.Zerbst †1711, wappengerahmte ovale Inschr.Tafel mit Trophäenbekrönung, gesetzt 1712.

GEHMEN Bez. Cottbus, Ldkr. Jessen. – Inv. Prov. Sachsen, Schweinitz

Dorf-K. Kleine Saal-K. des 18.Jh. mit 3seitigem OSchluß, im W oktogonaler Dachturm mit Haube und Laterne. Im flachgedeckten Inneren spätbar. *Ausstattung* in Holz: Kanzelaltar mit Pfarrstuhl, WEmpore und Gestühl; die *Sandsteintaufe* auf Säulenfuß und das *Tafelbild* der Kreuzigung gleichzeitig.

GEHREN Bez. Cottbus, Ldkr. Luckau. – Inv. Prov. Brandenburg, Luckau

Dorf-K. Großer rck. Putzbau mit eingezogener 3seitiger Apsis und leicht vortretendem WTurm, 1823–25 nach Entwurf von C.Mens unter Verwendung ma. Teile von Maurermeister Jacob, Jüterbog, errichtet. Von dem 1810 durch Brand zerstörten Vorgängerbau erh. die Umfassungsmauern der 3 w Schiffsachsen und der querrck. Turmunterbau bis Firsthöhe. Vom Neubau 1825 der ö Schiffsteil mit der Apsis, die sehr hohen rundbogigen Öffnungen sowie der quadr. Turmoberteil mit dem über der Plattform eingerückten 8eckigen Aufsatz. Die Portale im W und N als Fensterportale hochgezogen, in der Apsis 1 Kreisfenster mit hölzernem Maßwerk in Sternform; von 1825 auch die Sprossenbildung in den übrigen Fenstern. Am Turmoberteil dünne, durch Kleeblattbogen verbundene Pilaster. Innen Flachdecke; Hufeisenempore. Rest. in den späten 50er Jahren. – Die *Ausstattung* vorwiegend 1. Drittel 19.Jh. Die *Kanzel* ungewöhnlich hoch auf 8eckiger Stütze mit Rundbogenfries unter dem Kranzgesims. – Außen ö der K. *Grabmal* für H.Balke †1869, in Stelenform.

GEIERSWALDE Bez. Cottbus, Ldkr. Hoyerswerda
Dorf-K. Verputzter Feldsteinbau mit 3seitigem OSchluß, kreuzgratgewölbter NSakristei und quadr. WTurm, 15.Jh. Der 8eckige Turmoberteil mit stichbogigen Schallöffnungen und geschweifter Haube von der bar. Erneuerung 1678/79. Im Inneren Balkendecke mit *Rankenmalerei* E.17./A.18.Jh. Die mittlere Holzstütze des Unterzuges mit Dat. 1678. Letzte Rest. und Verputz 1954. – Die Ausstattung um 1700: *Altaraufsatz* inschr. 1697 von Hanns Taber aus Laubusch, Kreuzigungsgemälde zwischen gedrehten Säulen und wangenartigen Schriftkartuschen, in der Predella Abendmahlsbild. Schlichte *Kanzel*. 8seitige hölzerne *Taufe* in Pokalform mit kuppelförmigem Deckel. Die hufeisenförmige *Empore*, an der NSeite bis hinter den Altar gezogen, und das *Gestühl* rings um den Altar z.T. mit gemalten Rankenkartuschen an den Brüstungsfeldern.

GELLMERSDORF Bez. Frankfurt/Oder, Ldkr. Angermünde. – Inv. Prov. Brandenburg, Angermünde
Dorf-K. auf leichter Anhöhe. Urspr. ein Feldsteinbau mit eingezogenem Rck.Chor M.13.Jh., 1826 ausgebrannt und anschließend erneuert. Vom rom. Bau erh. der Chor und der untere Teil der Langhauswände mit abgetrepptem Rundbogenportal in der WWand und gerundetem Triumphbogen. Der Neubau einheitlich in den Formen des Rundbogenstils der Schinkel-Nachfolge; w Dachturm, ö Gruftanbau. – Im Inneren bemalte Kassettendecke auf 2 Reihen schlanker 8Eckpfosten; WEmpore. Hohe *Altarwand* mit Kanzelaltar zwischen kannelierten Pilastern und seitlichen Durchgängen. – In der Kirchhofsmauer frühbar. Portal mit Nebenpforte.

GENTHA Bez. Cottbus. Ldkr. Jessen. – Inv. Prov. Sachsen, Schweinitz
Dorf-K. Fachwerkbau mit 3seitigem OSchluß und w Dachturm von 1655. Rest. 1965. Im N 2geschossige Herrschaftsloge. Im Inneren W- und NEmpore. Die Balkendecke mit erneuerter *Schablonenmalerei*. – Reizvoller hölzerner *Altaraufsatz* in Ädikulaform mit Wangen und Abendmahlsgemälde, aus der Bauzeit. Gebauchte *Kanzel* 18.Jh. Verglaste *Herrschaftsloge* und *Pfarrstuhl*. – Außen große got. *Sandsteintaufe* in Kelchform.

GERBISBACH Bez. Cottbus, Ldkr. Jessen
Dorf-K. Rck. spätgot. Backsteinbau, wohl A.20.Jh. nach W mit quadr. Turm verlängert. Das Äußere aus dieser Zeit. Das Innere um 1500: 2sch., auf 2 sechsseitigen Pfeilern mit hohen Sockeln 3jochig kreuzgratgewölbt; das OJoch länger. Dürftige *Ausstattung*: 3seitige Empore auf Säulen, der Kanzelaltar modernisiert, Sandsteintaufe auf gemauertem Schaft. 2 *Grabsteine* von 1791 und 1793.

GIELSDORF Bez. Frankfurt/Oder, Ldkr. Strausberg
Dorf-K. Feldsteinbau M.13.Jh., mit eingezogenem Rck.Chor und Apsis, die Bauteile klar gestaffelt. Die WWand aus Backstein, darüber erneuertes Fachwerktürmchen. Die 3 rundbogigen Fenster in der Apsis erh., die übrigen Fenster im 19.Jh. erweitert. Im N und S des Schiffes zugesetzte Portale. Innen Triumph- und Apsisbogen stumpfspitzbogig, eine gleiche Öffnung im W zum beabsichtigten Turm. Im W und N des flachgedeckten Schiffes hölzerne *Empore* von 1610, gleichzeitig *Patronatsgestühl* im Chor. – *Schnitzaltar* um 1500, im Mittelschrein Maria mit dem Kinde auf der Mondsichel zwischen Anna selbdritt und Jakobus d.Ä., in den Flügeln je 6 Figuren (Christus und 11 Apostel) 2reihig angeordnet; 1958 rest. (aus Wilkendorf). Polyg. *Kanzel* M. 17.Jh., Holz, 1959 rest., zwischen Ecksäulchen Muschelnischen mit Beschlagwerk. *Taufstein* dat. 1551, in Pokalform. Guter figürlicher *Grabstein* des F.v.Pfuel †1527 (gefunden 1880 bei der Ausgrabung der Dominikaner-K. in Berlin).

GIELSDORF (WILKENDORF)
Dorf-K. Spätma. Feldsteinbau mit 1/2kr. OSchluß und WQuerturm mit Walmdach. Nur das Achsfenster im O noch in urspr. Form, die anderen neugot. vergrößert. Innen Balkendecke und WEmpore. – Pokalförmiger spätrom. *Taufstein.*

GIESENSDORF Bez. Frankfurt/Oder, Ldkr. Beeskow
Dorf-K. Rck. flachgedeckter Putzbau mit hölzernem Dachturm im W, 1717, der WGiebel im 19.Jh. verändert, Rest. des Inneren 1966. WEmpore. – *Grabstein* H.v.Maltitz †1615, mit der gerüsteten Figur des Verstorbenen. *Inschr.Grabstein* A.v.Maltitz †1616.

GIESENSDORF (WULFERSDORF)
Dorf-K. Kleiner rck. Putzbau mit hölzernem w Dachturm, 1670 aus einem ma. Feldsteinbau umgebaut. In der OWand alte 3Fenstergruppe erh. – Einheitliche *bar. Ausstattung* mit ornamentaler Bemalung einschließlich der Balkendecke, der Emporenbrüstung und der Türen; dazu hoher Kanzelaltar, Orgel, Gestühl und Taufe. Hölzernes *Kruzifix* 18.Jh.

GIESSMANNSDORF Bez. Cottbus, Ldkr. Luckau. – Inv. Prov. Brandenburg, Luckau
Dorf-K. Rck. Feldsteinbau mit querrck. WTurm von Schiffsbreite, A.14.Jh. Der Turmoberteil mit den Schallöffnungen spätgot., darauf Walmdach mit Dachreiter. Die Öffnungen, bis auf eine spitzbogige STür, bar. erweitert. Die s Fachwerk-Vorhalle M.18.Jh. – Das Innere flachgedeckt; der Turmunterbau urspr. mit 2 breiten Spitzbogen zum Schiff hin geöffnet. In der OWand *Sakramentsnische* mit spitzbogiger Backsteinrahmung und schmiedeeiserner bar. Gittertür. *Emporen* an der N- und WSeite, die

w als Orgelempore halbrund vorspringend, wie der *Orgelprospekt* von 1803; der leicht vorgezogene OTeil der *NEmpore* durch Schnitzerei reicher ausgebildet, sp.17.Jh. – Schlichter, steiler *Kanzelaltar* A.19.Jh., zugehörig der *Pfarrstuhl* in der SO-Ecke. – Außen an der SWand *Inschr.* – *Grabstein* für M.Exs †1712, die Vitentafel als Gehänge zwischen Engelsflüchten an den 4 Ecken.

GLAMBECK Bez. Frankfurt/Oder, Ldkr. Eberswalde

s. PARLOW-GLAMBECK

GLIECHOW Bez. Cottbus, Ldkr. Calau

GLIECHOW (MALLENCHEN)

Ehem. **Gutshaus** (Konsum, Wohnungen). Schmuckloser 2geschossiger Putzbau von 1780 unter Mansardwalmdach, 9:5 Achsen, mit schwachem 3achsigem Mittelrisalit. Anbau 1858.

GLIENICKE Bez. Frankfurt/Oder, Ldkr. Beeskow

Dorf-K. Flachgedeckter rck. Feldsteinbau mit eingezogenem Rck.Chor und verbrettertem Dachturm mit Schweifhaube im W; im Kern ma., im 19.Jh. verändert. Wohl noch urspr. die OWand mit 3Fenstergruppe sowie Kreisfenster und 3 spitzbogigen Blenden im Giebel. Empore im W und S. – *Altaraufsatz* 1650 unter Einbeziehung eines Schreines der Zeit um 1450/60 mit 5 *Schnitzfiguren*: Maria mit Kind und kleinere Heilige.

GÖHLEN Bez. Frankfurt/Oder, Ldkr. Eisenhüttenstadt

Dorf-K. Klassizist. Rck.Bau mit einbezogenem quadr. WTurm von 1823–25, Bruchstein verputzt. Die Langseiten durch schwaches Mittelrisalit mit Rck.Tür und korbbogigem Fenster darüber betont; schmale hohe Rundbogenfenster. Im flachgedeckten Inneren 3seitige Empore. – Unweit w das **Pfarrhaus** von 1808, 1geschossiger Putzbau mit Krüppelwalmdach.

GÖLLNITZ Bez. Cottbus, Ldkr. Finsterwalde. – Inv. Prov. Brandenburg, Luckau

Dorf-K. Im Kern frühgot. Feldsteinbau 2.H.13.Jh. aus Schiff und eingezogenem Rck.Chor sowie quadr. WTurm. Die Mauern der K. spätgot. erhöht. Dem WTurm 1842 ins 8Eck übergeführte Obergeschosse aufgesetzt. An der NSeite bar. Sakristei mit Patronatsloge, inschr. 1761. SVorhalle in Fachwerk 1.H.18.Jh. Von den urspr. schmalen Lanzettfenstern nur 2 zugesetzte in der NWand und 1 in der OWand erkennbar, über letzterem 2 spitzbogige Blenden; an der SSeite 2 spitzbogige Portale. Alle übrigen

Öffnungen bar. vergrößert. – Innen flache Holztonne mit *Malerei* 2.H.17.Jh.: Engel mit den Seligpreisungen in Wolkenhimmel mit Gottesnamen. Die Logenöffnung an der n Chorwand mit *Wandmalerei* aus rahmenden Tuchgehängen, inschr. 1761. 3seitig Emporen, an der N- und WSeite doppelgeschossig. Der bemalte *Orgelprospekt* E.18.Jh. – *Altaraufsatz* dat. 1663, 2geschossiger Aufbau mit Säulen, im Hauptfeld plastisches Kruzifix vor den gemalten Figuren von Maria und Johannes sowie Stadtsilhouette, im Auszug Ovalbild der Dreieinigkeit. *Kanzel* M.17.Jh., in den rundbogigen Brüstungsfeldern des Korbes gemalt die 4 Evangelisten, Johannes d.T. und Christus, 1.H.18.Jh., am Kanzelaufgang gemalte Engel 2.H.17.Jh. 3 vergitterte *Logen* gleicher Zeit. Mehrere ma. *Schnitzfiguren*, z.T. mit erneuerter Fassung: 2 Kruzifixe, der eine von lebensgroßem Triumphkreuz, M. bis 3.V. 15.Jh., der andere kleinere von 1568. Mondsichelmadonna um 1460. Maria mit Kind, um 1470/80. Petrus und Paulus, um 1400 (z.Z. im Pfarrhaus). Hl. Sebastian 4.V.15.Jh. *Taufengel* 18.Jh. *Kelch* 1.V.16.Jh., Silber vergoldet, auf dem 6Paßfuß getriebene Medaillons der 4 Evangelisten, dazu Kreuzigung und Himmelfahrt, am Schaft gravierte Apostelfiguren, am Nodus Blattauflagen. – In der Feldsteinmauer des Friedhofs *Backsteinportal* mit Fußgängerpforte, rundbogig, 16.Jh.

GÖRLSDORF Bez. Cottbus, Ldkr. Luckau. – Inv. Prov. Brandenburg, Luckau

Dorf-K. Im Kern spätgot. rck. Feldsteinbau, davon das w spitzbogige Stufenportal, verputzt, erh. Die K. 1782/83 nach O erweitert und 1891 durch Logenanbauten an der N- und SSeite zum kreuzförmigen Putzbau umgestaltet. Gleichzeitig auch die SVorhalle. Der verbretterte w Dachturm wohl von 1869. Das Innere mit Putzdecke und kurzer Hufeisenempore. – *Kanzelaltar* E.18.Jh., einfache steile Ädikulaform mit Strahlensonne vor dem Segmentgiebel; seitlich *Pfarrstuhl.* An der SWand qualitätvolles *Sandstein-Epitaph* für H.A.v.Stammer †1753 und dessen Frau J.S.E.geb.v.Pflug †1755; große Inschr.Tafel in Rokokoformen zwischen den Allegorien von Glaube und Liebe, bekrönend die Ovalgemälde der Verstorbenen auf Kupfer, umgeben von Kriegs- und Todesemblemen, darüber die Krone des Lebens. Der Unterhang ornamental besonders reich, mit Spruchkartuschen und Putten. *Kelch*, Silber vergoldet, 1.H.16.Jh., auf Sechspaßfuß. – Außen an der WWand 2 figürliche *Kindergrabsteine* 17.Jh., stark zerstört.

GÖRLSDORF (FRANKENDORF)

Dorf-K. Spätgot. rck. Feldsteinbau, 14.Jh. Im N und W profilierte Spitzbogenportale, das n Türblatt dat. 1574. Die ö Dreifenstergruppe mit abgestuftem Backsteingewände; der Backsteingiebel darüber mit Blenden und fragmentierten Fialen 15.Jh. Die großen Rundbogenfenster im S und N bar. Der verbretterte

WTurm mit quadr. Dachreiter wohl um 1711. Die n Backsteinvorhalle um 1900. Im Inneren Balkendecke; Empore im W und N, fr.18.Jh. – In den OFenstern ma. *Glasmalerei-Fragmente* 2.V. 15.Jh.: Kreuzigung und Schmerzensmann. In der NO-Ecke *Grabstein* der A.E.v.Gersdorff †1690, in Hochrelief die Verstorbene mit Kind im Arm.

GÖRLSDORF Bez. Frankfurt/Oder, Ldkr. Angermünde. – Inv. Prov. Brandenburg, Angermünde

Dorf-K. Verputzter Saalbau mit Krüppelwalmdach 1804. Vor der Mitte der NFront der Turm 1854 hinzugefügt; gleichzeitig die Fassaden neu gestaltet; SFront und Giebelseiten mit risalitartig betonten Mittelachsen. Breite rundbogige Öffnungen. – Die Ausstattung mit *Kanzelaltar*, *Gestühl* und *Orgel* einheitlich klassizist. von 1804. Hölzerner *Kruzifixus* 18.Jh. 2 gußeiserne *Standleuchter* M.19.Jh. *Grabmal* der Gräfin von Redern †1788, Urne auf drapiertem Säulenstumpf mit Reliefbildnis der Verstorbenen.

GÖRLSDORF Bez. Frankfurt/Oder, Ldkr. Seelow

s. WORIN

GÖRSDORF Bez. Cottbus, Ldkr. Luckau

Dorf-K. Rck. Feldsteinbau des 14.Jh. Von einer Erneuerung des 18.Jh. die korbbogigen Öffnungen, WPortal; Rest. der K. um 1980. Das Innere flachgedeckt; WEmpore, der Raum darunter als Winterkirche abgetrennt. – Qualitätvoller *Altaraufsatz* von Georg Schröter aus Torgau, dat. 1581 und sign. G S mit Meisterzeichen, auf der Rückseite erläuternde zeitgenössische Inschr., gestiftet gleichzeitig als Epitaph für M.v.Schlieben †1572 und dessen beide Frauen: Sandstein-Aufbau noch in der Art feststehender ma. Flügelaltäre mit Renaiss.Dekor, in der Predella Abendmahlsrelief, im Mittelfeld vollplastisches Kruzifix vor perspektivisch angedeutetem Innenraum, Christus von knienden männlichen Stifterfiguren angebetet; in den Seitenfeldern die weiblichen Mitglieder der Stifterfamilie unter Wappentafeln; im geschwungenen Aufsatz Relief der Opferung Isaaks. Hölzerne *Kanzel* fr.18.Jh., mit gedrehten Ecksäulchen am Korb; Schalldeckel; der anschließende *Pastorenstuhl* mit geschnitztem Rankengitter. Schlichte hölzerne *Taufe*.

GÖRSDORF b. Beeskow. Bez. Frankfurt/Oder, Ldkr. Beeskow

Dorf-K. Rck. verputzter Feldsteinbau mit hölzernem Glockenstuhl über dem WGiebel; im Kern spätgot., 1704 umgebaut. Innen 3seitige hölzerne Empore. – *Altaraufsatz* 1602, architektonischer Aufbau mit Doppelsäulen und Beschlagwerkdekor, neu gefaßt. Polyg. *Kanzel* etwa gleichzeitig. Gestühl und *Taufe* A.18.Jh. Bar. *Orgelprospekt.*

GÖRSDORF b. Storkow. Bez. Frankfurt/Oder, Ldkr. Beeskow

Dorf-K. Rck. flachgedeckter Feldsteinbau, im Kern spätgot., A.18.Jh. umgebaut. Im W Dachturm in Fachwerk, 19.Jh. Innen bar. hölzerne *Emporen* an der W- und NSeite. An der N- und SWand des Chores *Wandmalereien* um 1430, in den 30er Jahren stark rest.: Erh. ein Passionszyklus von der Geißelung bis zur Höllenfahrt in 8 hochrck. Szenen, dazu in den Leibungen des SFensters die Heiligen Georg und Hedwig. Bar. *Altarkruzifixus* – Vor dem WEingang gußeisernes *Grabmal* für W.L.H.Wahrenberg †1819.

GÖRZIG Bez. Frankfurt/Oder, Ldkr. Beeskow

Dorf-K. Kurzer flachgedeckter Putzbau, 18.Jh., im O 3seitig geschl., mit quadr. w Dachturm aus Fachwerk, verputzt. – Hoher *Kanzelaltar* um 1800.

GOLLMITZ Bez. Cottbus, Ldkr. Calau

Dorf-K. Rck. Feldsteinbau, wohl 14.Jh. Die jetzigen Einzelformen sämtlich neugot. von 1890, gleichzeitig der neurom. quadr. WTurm aus Backstein. – Innen Bretterdecke und Empore im W und N. Ausstattung im wesentlichen A.18.Jh. *Altaraufsatz* 1704 von Georg Wolschke aus Calau. Gedrehte Säulen zwischen hübschen geschnitzten Akanthuswangen, in der Mitte übereinander die Bilder von Abendmahl und Kreuzigung, im Aufsatz Spruchkartusche, seitlich 2 Engel mit den Leidenswerkzeugen. Polyg. *Kanzelkorb* mit den Gemälden der 4 Evangelisten, 18.Jh. Gedrungener spätgot. *Taufstein*, runde Kuppa, oben 8eckig endend. Kleiner *Altarkruzifixus*, Elfenbein, 18.Jh.(?).

GOLM Bez. Frankfurt/Oder, Ldkr. Angermünde. – Inv. Prov. Brandenburg, Angermünde

Dorf-K. Qualitätvoller rck. Granitquaderbau E.13.Jh. Schiff und WTurm von gleicher Breite. Im Schiff abgetreppte Portale nach N und S (das n vermauert), auch die Lanzettfenster erh., in der OWand nur 2 angeordnet. Alle Öffnungen mit kräftigen eingelegten Rundstäben aus Backstein. In der Chorsüdwand ein Fensterpaar, der mittlere Rundstab als Säule gebildet. Im Turmunterbau Quertonne und Mauertreppe. Der quadr. verbretterte Turmaufsatz 1711. Gleichzeitig der s Fachwerkanbau und der Innenausbau mit flacher Balkendecke und w *Orgelempore.* – *Kanzelaltar*, Holz, 1711. Hoher Aufbau mit seitlichen Durchgängen; am Korb Abendmahlsbild, seitlich Schnitzfiguren von Petrus und Paulus. Über dem Gebälk Segmentgiebel, dazu Kartusche mit Gemälde der Opferung Isaaks, begleitet von allegorischen Figuren des Alten und Neuen Bundes; bekrönend ehem. der Kruzifixus, Maria und Johannes über den Durchgängen erh. *Kruzifixus*, Holz, 17. Jh.

GOLSSEN Bez. Cottbus, Ldkr. Luckau. – Inv. Prov. Brandenburg, Luckau

Am SO-Rand des Niederen Fläming an der Straße Luckau—Baruth gelegen. Eine Burg, Gründung der Wettiner, bereits 1276 erwähnt und zeitweilig wichtige Lausitzer Feste. In ihrem Schutze Entwicklung eines dörflichen Suburbiums. Der Ort, erstmals 1346, dann 1397 als Stadt gen., blieb jedoch stets bescheidenes Landstädtchen. Förmliches Stadtrecht wohl erst 1832. – Dörfliche Anlage beiderseits der Straße, urspr. mit großem Anger in Ortsmitte, dieser später bebaut, geblieben ein viereckiger Markt mit dem Rathaus an seiner SO-Ecke und ein n Teil mit der Pfarr-K. Auf einem Hügel n des Ortes das ehem. Schloß, wohl anstelle der ma. Burg. Auf eine Befestigung mit Wall und Graben deutet nur noch die Straße „Am Stadtwall" hin.

Stadt-K. Neubau vor 1811 bis 1820 von Maurermeister Jacob aus Jüterbog, unter Benutzung eines Entwurfs des Berliner Baurats Colberg. Rck. Putzbau mit eingezogener 5seitiger Apsis, innen 1/2kr. geschl.; die K. durch hohe Rundbogenfenster in rck. Putzfeldern gegliedert, in der Mitte der Längsseiten schlichte Stichbogenportale. Der quadr. w Dachturm mit flachem Pyramidendach von 1845. – Das Innere ein Emporensaal, durch die Emporen auf 2 Reihen übereinandergestellter dorischer Säulen 3sch. unterteilt und mit 3 Tonnengewölben abgeschlossen. Die WEmpore halbrund vorschwingend für die *Orgel* mit hübschem, vasenbekröntem Prospekt. 1963/64 die Raumfassung auf Grund der originalen zarten Farbbefunde wiederhergestellt. – Die *Ausstattung* mit *Kanzelaltar*, als Tempelfront mit halbrundem Kanzelkorb gebildet, aus der Erbauungszeit um 1820. *Marmor-Taufe* von 1859. – Im Pfarrhaus 2 *Tafelbilder* (aus Altgolßen, Ldkr. Luckau) von 1586, Cranach-Schule, Porträts des Chr.v.Stutterheim und seiner Frau K.v.St., geb.Löser.

Ehem. **Schloß** (Landambulatorium). Erbaut um 1720; durch seitliche symmetrische Anbauten nach 1788 unter der Gräfin Fontana (†1810) erweitert und im Inneren umgebaut. Langgestreckter 2geschossiger Putzbau mit Walmdach. Der urspr. Bau 11achsig, seitlich durch jeweils 4achsige Anbauten erweitert, ihre urspr. Flachdächer jetzt erhöht. Die nach der Stadt blickende Schmalseite von Balustrade mit Vasenaufsätzen bekrönt. Die Gliederung einheitlich: breites Gesimsband zwischen den Geschossen mit gleichmäßigen Rck.Fenstern. Beidseitig je 1 schönes Mittelportal mit Marmorgewände, das auf der Hofseite rck., streng klassizist., das zum Park spätbar., segmentbogig mit Doppelwappen. Im Inneren durchlaufender Mittelflur sowie einfacher rck. Vorraum mit schlichter spätbar. *Stuckdecke*, links die einläufige, klassizist. hölzerne *Treppe*, rechts ein schöner spätbar. *Marmorkamin*. – Zum Schloß ein weitläufiger **Landschaftspark** gehörig. An seiner Mauer nahe der Hoffront des Schlosses ein kleiner klassizist. *Rechteckbau* (Eiskeller ?) mit Satteldach und Muldennische in der Stirnwand. Im Park das nobel gestaltete, gußeiserne *Grabmal* der A.S.H. Gräfin Fontana, geb. v.Redern †1810, ein hohes Postament mit Inschr. in römischer Kapitale, von Urne bekrönt.

Rathaus. Neugot. roter Backsteinrohbau mit Turm, 1904/05.

GOLZOW Bez. Frankfurt/Oder, Ldkr. Eberswalde. – Inv. Prov. Brandenburg, Angermünde

Dorf-K. Im Kern flachgedeckter Feldsteinbau mit eingezogenem Rck.Chor M.13.Jh. Nach Entwurf von Schröder, Berlin, 1894/98 unter Verwendung von Backstein gotisierend umgebaut und durch gedrungenen WTurm ergänzt. Das Innere mit reicher ornamentaler Bemalung und einheitlicher Ausstattung E.19.Jh. *Kanzelaltar* mit flankierenden Säulen und geschnitzten Wangen, 1705.

GORDEN Bez. Cottbus, Ldkr. Liebenwerda. – Inv. Prov. Sachsen, Liebenwerda

Dorf-K. Kleiner Putzbau mit 3seitigem OSchluß von 1749, im W oktogonaler Dachreiter mit Schweifhaube. Im Inneren Balkendecke und Hufeisenempore, die Mitte vorschwingend. Die hölzerne *Ausstattung* in Rokokoformen aus der Bauzeit; mit Patronats- und Pfarrstuhl sowie Orgelprospekt. – Außen an der OSeite *Grabstein* des 18.Jh. in Kartuschenform.

GORSDORF Bez. Cottbus, Ldkr. Jessen. – Inv. Prov. Sachsen, Schweinitz

Dorf-K. Kleiner verputzter Backsteinbau um 1620 mit eingezogenem 5seitigem OSchluß und quadr. WTurm, dessen Glockengeschoß mit Spitzhelm von 1911. An der NSeite des Chores tonnengewölbter Sakristeianbau mit Patronatsloge im Obergeschoß. Zwischen den erweiterten Schiffsfenstern Strebepfeiler. Nach Brand 1832 das Innere 1838 mit flacher Putzdecke und 3seitiger Empore auf Eisenstützen wiederhergestellt. Gleichzeitig die *Ausstattung*; in der Altarwand großes nazarenisches *Gemälde* von 1834, Christus als Kinderfreund. An der NWand vor der zugesetzten Herrschaftsloge das ehem. hölzerne *Altarretabel* 1.H.17.Jh., mit Gemälde des Abendmahls und des leeren Grabes Christi. Große spätrom. *Sandsteintaufe*, an der runden Kuppa profilierter Rundbogenfries; der Fuß modern.

GOSSMAR b. Sonnewalde. Bez. Cottbus, Ldkr. Finsterwalde. – Inv. Prov. Brandenburg, Luckau

Dorf-K. Langgestreckter rck. Feldsteinbau mit WQuerturm von gleicher Breite, 1.H.14.Jh. Im S 2 spitzbogige Portale. In der OWand 3Fenstergruppe in Backstein. Rest. 1672: Erweiterung der Schiffsfenster, Anbau der Sakristei im N und einer Vorhalle im S sowie des Turmoberteils mit Quersatteldach und polyg. Dachreiter. Am Türblatt der Priesterpforte Inschr. von 1626. Im Turm unten Quertonne. Im Inneren der K. Holztonne und 2geschossige Hufeisenempore, 18.Jh. – *Kanzelaltar* um 1650; der 2geschossige Hauptteil mit Doppelsäulen und Ohrmuschelwangen, darüber gedoppelter Auszug. In der Predella Abendmahlsbild, im Auszug die Gemälde der Auferstehung und Himmelfahrt, bekrönt von freiplastischer Kreuzigungsgruppe. In den diamantierten Feldern der Kanzel gemalt: Opferung Isaaks, Anbetung der ehernen Schlange und die gekreuzigte Ecclesia (?). *Kruzifix*, 18.Jh. In einer Brüstungsfüllung der WEmpore *Kreuzigungsbild*: Plastisches Kruzifix vor gemalter Stadtsilhouette mit Maria und Johannes, bäuerliche Arbeit. *Gemälde* der Familie Dubigk, 1759 von J. Hauck, Aachen. *Orgelprospekt* um 1750. – Auf dem Friedhof *Grabmal* A.F.Teubner †1800, Säulenstumpf mit ovaler Inschr.Tafel, beschädigt.

GOSSMAR Bez. Cottbus, Ldkr. Luckau. – Inv. Prov. Brandenburg, Luckau

Dorf-K. Spätgot. Bau mit 3seitigem OSchluß, leicht eingezogenem querrck. WTurm und SVorhalle. Der w Schiffsteil aus Feldstein, A.15.Jh. Erweiterung nach O um 1500 in Backstein mit 3seitigem Schluß und – nach Ausweis der Strebepfeiler – für Wölbung vorgesehen. Der relativ hohe, ungegliederte WTurm aus Feldstein, die WWand des Schiffes mitbenützend, also jünger als diese, aber wohl älter als der Backsteinchor, mit schmalen, z.T. gepaarten Schallöffnungen und Walmdach; rundbogige Tür im S. Die gestuften Lanzettfenster im Chorpolygon in urspr. Form erh., alle übrigen Öffnungen bar. korbbogig erweitert. Die SVorhalle mit Stichbogenfenstern und Schweifgiebel 17.Jh., vielleicht vor 1622; darin spitzbogiges Stufenportal, in seinem oberen Teil die Ecken für geschrägte Archivolten abgefast. Die Tür im WTeil des Schiffes einfach gestuft, ihr *Türblatt* mit eisernen Beschlägen. Innen Putzdecke und Empore im W und S auf gedrehten Holzsäulen, fr.18.Jh. An der s Schiffswand Reste von *Wandmalerei*: 2 weibliche Heilige, wohl 2.V.15.Jh. – Über spätgot. *Altarblock* der *Kanzelaltar* vom A.18.Jh., in der Predella Abendmahlsbild, polyg. Kanzelkorb, in den ihn flankierenden Flügeln die *Schnitzfiguren* eines spätgot. Altares vom E.15.Jh. wiederverwendet: Anbetung der Könige und 3mal je 2 Heilige sowie vor den Wangen der Kanzeltür die größeren Figuren einer Madonna und einer weiblichen Heiligen. An den Wänden des Chorpolygons: im NO kleiner bar. *Kruzifixus*; im SO *Pfarrstuhl* mit vergittertem Aufsatz, 17.Jh. – Außen neben dem SPortal *Grabstein* für J.Ch.Adam †1776 und seine Frau †1767, mit Rokoko-Dekor.

GRABO Bez. Cottbus, Ldkr. Jessen. – Inv. Prov. Sachsen, Schweinitz

Dorf-K. Großer 1sch., wohl bar. Putzbau mit 3seitigem OSchluß. Der äußere Eindruck von der Rest. im Jahre 1913 bestimmt. Aus dieser Zeit der hohe Turm vor der SO-Ecke samt dem 1geschossigen Anbau daneben. Innen Bretterdecke auf Voute und Hufeisenempore auf Säulen. – *Kanzelaltar* mit gewundenen Säulen, schöner 3türmiger *Orgelprospekt*, 4 *Herrschaftsstühle* und das *Gestühl* einheitlich A.18.Jh. Große got. *Sandsteintaufe* in 8seitiger Pokalform. *Kruzifixus* 2.H.17.Jh.

GRÄFENDORF Bez. Cottbus, Ldkr. Herzberg. – Inv. Prov. Sachsen, Schweinitz

Dorf-K. Einschiffiger Backsteinbau mit Apsis, gegen M.13.Jh., eine der seltenen alten Backstein-Dorfkirchen in diesem Gebiet. Der quadr. WTurm mit 8seitigem Obergeschoß erst 1847 im Rundbogenstil der Schinkel-Nachfolge hinzugefügt. Die urspr. schmalen spitzbogigen Öffnungen z.T. in Spuren erkennbar, stichbogig verändert. Unterhalb der Traufe umlaufend Deutsches Band. Im Schiff flache Putzdecke, die Apsis gewölbt. – Die bescheidene *Ausstattung* mit Kanzelaltar, Empore und Kastengestühl wohl M.19.Jh.

GRANO Bez. Cottbus, Ldkr. Guben

Dorf-K. Rck. Backsteinsaal von 1854 im Rundbogenstil der Schinkel-Nachfolge. Vor dem WGiebel hölzerner Glockenturm, 1810. – Innen flachgedeckt, 4seitige Empore, im N und S doppelgeschossig. Steiler *Kanzelaltar* M.18.Jh., Sandstein mit erneuerter Fassung; zwischen doppelten korinthischen Säulen polyg. hölzerner Kanzelkorb vom A.17.Jh., an seiner Brüstung gemalt die Evangelisten Matthäus, Markus und Lukas; auf dem verkröpften Gebälk Vasen. Hölzerne *Taufe* M.19.Jh., mit Voluten (vgl. Taufe in Groß Breesen, Ldkr. Guben). *Orgelprospekt* 1861. – Außen 2 *Inschr.Grabplatten* für H.M.v.Kracht †1808, Sandstein, und für H.A.G.v.Rex †1804, Eisen.

GRASSAU Bez. Cottbus, Ldkr. Herzberg. – Inv. Prov. Sachsen, Schweinitz

Dorf-K. Flachgedeckter rck. Feldsteinbau, 2.H.13.Jh. In der SWand 2 Spitzbogenportale aus Raseneisenstein, das sö mit Rücksprung. Sämtliche Fensteröffnungen im 18.Jh. stichbogig vergrößert. Innen Hufeisenempore, im W gerundet, 18.Jh. –

Kanzelaltar 2.H.18.Jh., Ädikulaform mit gedrehten Säulen, der Korb mit Doppelsäulchen 1.H.17.Jh., Strahlensonne als Abschluß. Vergitterter *Pfarrstuhl* 18.Jh. – Im S der K. quadr. hölzernes Glockenhaus aus jüngerer Zeit, rest. 1959; darin *Glocke* 1.H.14.Jh.

GRAUSTEIN Bez. Cottbus, Ldkr. Spremberg

Dorf-K. 1.V.20.Jh. Großer 1sch. Bau mit hohem hölzernem WTurm und Vorhalle, Rck.Chor sowie rundbogigen Fenstern. Bar. Hufeisenempore um 1700. – *Schnitzaltar* sp.15.Jh., die Einteilung und die Fassung offenbar erneuert und verändert. Im zurückspringenden Mittelteil Kreuzigungsgruppe über Auferstehung, seitlich Heiligenfiguren. In der Turmhalle die urspr. in den Mittelschrein des Altars gehörende *Mondsichelmadonna*, um 1430/40.

GREIFFENBERG Bez. Frankfurt/Oder, Ldkr. Angermünde. – Inv. Prov. Brandenburg, Angermünde

An der Straße Angermünde–Prenzlau auf einer Bodenwelle der Sernitzniederung. Kern des Ortes die wohl vor 1250 gegr., 1261 gen. Burg ö der parallel zum Fluß verlaufenden Straßensiedlung von dörflichem Charakter; ehem. mit 3 Toren (Angermünder, Prenzlauer und Templiner Tor), aber unbefestigt, ohne Marktplatz und bis 1860 ohne Rathaus. Im N auf einer Anhöhe die

Stadt-K. Einfacher rck. Putzbau, 1723/24 unter Verwendung von Teilen eines ma. Vorgängerbaues, mit SVorhalle und w Dachturm. Innen Voutendecke mit Stuckprofilen, im W *Orgelempore*. – *Kanzelaltar* aus Holz, um 1725, bauchiger Korb zwischen Doppelsäulen und Akanthuswangen; auf dem Schalldeckel Gottesauge in der Strahlenglorie. Schöne *Sandsteintaufe* E.16.Jh., auf neuem schmiedeeisernem Fuß. Am 6eckigen Becken zwischen Hermen biblische Szenen in qualitätvollem Relief: Sintflut, Untergang der Ägypter im Roten Meer, Taufe des äthiopischen Kämmerers durch Philippus, Taufe Christi im Jordan, Jesus als Kinderfreund und Jakobs Segen; die Beckenunterseite mit zartem Beschlagwerk (ganz ähnlich die Taufe in Günterberg, Ldkr. Angermünde). *Orgelprospekt* 1742. Kleiner hölzerner *Wappenschild* der Familie Sparr 18.Jh. Mehrere *Grabsteine*, beachtenswert vor allem die schönen *Figurengrabsteine* des Ehepaares O. und A.v.Sparr von 1576.

Von der **Burg** auf einer Anhöhe im O des Ortes Reste einer kastellförmigen Anlage aus Backstein 14./15.Jh., Teile des Ringgrabens, ein rck. Torturm im W und ein ö Rundturm als Ruinen erh., Fundamente von Wohn- und Wirtschaftsgebäuden im N und S erkennbar.

GRIESSEN Bez. Cottbus, Ldkr. Guben

Dorf-K. Rck. flachgedeckter Feldsteinbau des 15.Jh. mit quadr. WTurm, dieser mit vorkragendem Glockengeschoß aus verbrettertem Fachwerk und 4seitiger Spitze, wohl 16.Jh. Die Fenster bar. vergrößert. An der SSeite 3 spitzbogige Pforten erh., im steilen OGiebel got. Backsteinluken. Rest. 1980. – In der OWand *Sakramentsnische* mit eisenbeschlagener bar. Holztür. *Altaraufsatz* (aus Henzendorf, Ldkr. Eisenhüttenstadt), als Mittelteil ein spätgot. *Schrein* 3.V.15.Jh. verwendet, darin Madonna zwischen den Heiligen Maria Magdalena und Nikolaus unter Maßwerkschleiern. Der Aufsatz im übrigen aus M. bis 3.V.17.Jh. mit Beschlagwerkwangen, daran Engelsköpfchen und Fruchtgehänge. In der Predella Abendmahlsgemälde, in der Bekrönung Allianzwappen, von Putten gehalten, und der Auferstandene zwischen Vasen. (Der ehem. Grießener Schnitzaltar z.Z. im Pfarrhaus Kerkwitz, Ldkr. Guben.) *Kanzel* E.16.Jh., am polyg. Korb gemalte Rundbogennischen mit den Bildern der Evangelisten. *Kruzifix*, Holz, 1.V.16.Jh., gute Arbeit, die Fassung des Gesichts entstellend erneuert. *Schnitzfigur*, Maria mit Kind, 2.H.15.Jh. – Auf dem Friedhof stelenförmiges *Grabdenkmal* für J.E.Budich †1821, mit Flachrelief der aufschwebenden Seele.

GRÖDEN Bez. Cottbus, Ldkr. Liebenwerda. – Inv. Prov. Sachsen, Liebenwerda

Dorf-K. Verputzter Feldsteinbau aus Schiff und quadr. Chor von gleicher Breite sowie quadr. WTurm; das Schiff im Kern sicher ma., der Chor sp. 16.Jh., der Turm 1582–94. Gleichzeitig an der n Chorwand 2geschossiger Anbau für Sakristei und Herrschaftsempore, urspr. tonnengewölbt. Die Fenster bar. erweitert. Oktogonaler Turmaufsatz von 1799 mit Schweifhaube und Laterne. Das Schiff innen mit Flachdecke und 3seitiger Empore, zum Chor in großem Rundbogen geöffnet. Der Chor mit Flachtonne über kleinen Stichkappen und angeputzten Graten. Die Herrschaftsloge zum Chor in 2 Rundbögen geöffnet. Das Sakristeiportal mit überkreuztem Stabwerk und tiefen Doppelkehlen. Rest. 1978. – Qualitätvoller *Mittelschrein* eines spätgot. Schnitzaltars A.16.Jh., Maria mit Kind zwischen den Heiligen Martin und Petrus unter Filigranbaldachin, vermutlich aus einer Großenhainer Werkstatt. Hölzerner polyg. *Kanzelkorb* 2.H.16.Jh., mit gequaderten Arkaden in der Brüstung. An der OWand *Corpus* eines Triumphkreuzes um 1400, gute Qualität. Spätrom. kelchförmige *Sandsteintaufe*. Im Chor *Grabstein* der Familie Glasewald mit Wappen der sächsischen Oberförster, 2.H.17.Jh.

GROSS BADEMEUSEL Bez. Cottbus, Ldkr. Forst. – Inv. Prov. Brandenburg, Sorau/Forst

Dorf-K. Ma. 1sch. Feldsteinbau mit 3seitigem OSchluß, verputzt. Der quadr. WTurm von 1800, Backstein. SVorhalle

18.Jh. Im Inneren Balkendecke und 3seitige Empore. – Hölzerner *Altaraufsatz* A.18.Jh., einfacher Säulenaufbau mit Abendmahlsgemälde in der Predella, das Altarbild Noli-me-tangere von 1960. An der NEmpore *Schnitzfiguren* Moses und Johannes Ev. von den demontierten Altarwangen, 18.Jh.

GROSS BEUCHOW Bez. Cottbus, Ldkr. Calau

Ehem. **Jagdhaus** (Kinderkrippe). Gestrecktes 1geschossiges Fachwerkhaus von 1746/47, 9achsig mit Mansardwalmdach, beidseitig von niedrigeren 2achsigen Flügelanbauten begleitet. Rückseitig kurzer Seitenflügel.

GROSS BREESEN Bez. Cottbus, Ldkr. Guben

S. WILHELM-PIECK-STADT GUBEN

GROSS BUCKOW Bez. Cottbus, Ldkr. Spremberg

Dorf-K. (abgebrochen). Guter neurom. Backsteinbau mit Apsis und WTurm von 1896–97. Das Innere als Halle gewölbt. *3 Schnitzfiguren*, z.Z. in Rest. *Kelch* des 15.Jh., Silber vergoldet.

GROSS DÖBBERN Bez. Cottbus, Ldkr. Cottbus. – Inv. Prov. Brandenburg, Cottbus

Dorf-K. 1sch. mit 3seitigem OSchluß und Unterteil eines WQuerturmes aus Feldstein und Backstein, die Mauern z.T. 16.Jh. Die Öffnungen bar. verändert; der w Dachturm mit Zeltdach und Zwiebelaufsatz von 1818. Im Inneren bar. Flachdecke und Hufeisenempore inschr. 1717, im W gebaucht. – Hölzerner *Kanzelaltar* von 1818, inschr. von J.G. Just d.Ä. und d.J. sowie A. Crüger; Säulenaufbau mit Wappen am kräftigen Gebälk, bekrönt von Gottesauge mit Strahlenkranz. *Kelch* E.15.Jh., Silber vergoldet. – Unweit ö der K. das **Pfarrhaus**, Nr. 76, 2geschossiger Putzbau mit Krüppelwalmdach E.17.Jh.

Wohnhaus. Dorfstr. 54, Blockbau mit Umgebinde an der Giebelseite, dat. 1816.

GROSS GAGLOW Bez. Cottbus, Ldkr. Cottbus. – Inv. Prov. Brandenburg, Cottbus

Dorf-K. Großer historistischer Backsteinbau von 1891. Innen offener Dachstuhl und Hufeisenempore. Ausstattung aus der Bauzeit. Dazu qualitätvolles, vergoldetes hölzernes *Wappenepitaph* für W.F.v.d. Heyde †1742, das ovale Bildnis des Verstorbenen von Akanthusrahmen und reichem Trophäenschmuck umgeben, als Sockel Inschr.Tafel. *Kelch*, Silber vergoldet, 15.Jh., auf dem Sechspaßfuß Signaculum.

GROSS JEHSER Bez. Cottbus, Ldkr. Calau

Dorf-K. 1 sch. Feldsteinbau mit schwerem quadr. WTurm, 15.Jh. Durchgreifend erneuert um 1700: aus dieser Zeit das 5seitige Chorpolygon mit Stichbogenfenstern und der doppelgeschossige Logenanbau auf der SSeite. Jetzt einheitlich verputzt. Auf dem Turm verbretterter Aufsatz des 18.Jh. mit 8seitiger gebrochener Spitze. — Innen verputzte Holztonne mit Kreuzgewölbe andeutenden Profilen. Der Chorraum von besonders lichter Wirkung. Im W doppelgeschossige kurze Hufeisenempore der Umbauzeit, die Mitte unten vorschwingend. Der *Orgelprospekt* rest. 1784, neu gefaßt 1908. — Mächtiger *Altaraufsatz* aus Holz, 1.V.18.Jh., Ädikulaform mit Doppelsäulen und schwerem Gebälk. In der Mittelbahn Gemälde des Abendmahls, der Kreuzigung und — in Kartusche vor dem Gebälk — der Auferstehung. Vor den Säulen Freifiguren des Alten und Neuen Testaments, schmale Akanthuswangen, in der kartuschenartigen Bekrönung Gottesname, daneben 2 Engel mit Leidenswerkzeugen auf den Giebelsegmenten gelagert. Hölzerne *Kanzel* 1.V.18.Jh., mit Weinlaubsäulchen und Pinienzapfen am Unterhang. An der Brüstung bemalte Füllungen: das Paradies und die Evangelisten, am Aufgang Jesaja und Jeremia; mit geschnitztem *Pfarrstuhl* der gleichen Zeit verbunden. An der Kanzelrückwand Christus- und Mosesbild, von geschnitzter und gemalter Draperie umgeben; hölzerner Schalldeckel. — Die Decke im Untergeschoß der s Loge mit Stuckrahmen, 1.H.18.Jh. Darin *Gemälde* der Kreuztragung, fr.18.Jh. *Ölbild*, Kreuztragung, 18.Jh. Vorzügliches *Wandepitaph* des J.Patow †1705 und Frau S.D. †1737, Marmor vor gemalter Draperie, sicher Dresdener Arbeit. Die Vitentafel flankiert von je einem Sockel, der die Büsten der beiden Verstorbenen trägt, seitlich und zwischen ihnen je eine weibliche Tugendallegorie. Die Konsolen des Sockels von Engelsflüchten getragen. Unter der Vitentafel Medaillons der Kinder und Enkel, als Bekrönung Allianzwappen und Urne, von 2 Putten begleitet. Weiter 3 geschnitzte *Wappenepitaphien*, 2 davon in der n Loge: für J.Schwantes †1661, mit 2 seitlichen Kriegergestalten; für v.Minkwitz sowie für H.C.v.Polenz †1681. — An der K. außen 3 beschädigte *Grabsteine*, 1.H.18.Jh.

Ehem. **Gutshaus** (Rat der Gemeinde). Großer 2geschossiger Fachwerkbau unter hohem Mansarddach, wohl ein Neubau des 19.Jh. auf bar. Sockel.

GROSSKMEHLEN Bez. Cottbus, Ldkr. Senftenberg. — Inv. Prov. Sachsen, Liebenwerda

Dorf-K. Kreuzförmiger Putzbau mit 3seitigem OSchluß und quadr. WTurm mit oktogonalem Aufsatz, Schweifhaube und Laterne. Das langgestreckte Schiff im Kern spätgot., die jetzige Kreuzform von der eingreifenden Erneuerung um 1720/30 durch Anbau der n 2geschossigen Loge und der s 2geschossigen Sakristei. Der WTurm um 1617, sein 8seitiger Aufsatz um 1908 erneuert. Im Inneren Flachdecke auf Voute mit zarten *Bandelwerk-Stukkaturen.* Hufeisenempore auf Stützen mit ionischen Kapitellen, im W mit einschwingender Balusterbrüstung. — *Altaraufsatz* aus 2 spätgot. Schnitzaltären, um 1620 in Renaiss.-Rahmung mit Säulen neu aufgestellt, dabei die Freifiguren von Maria und Johannes sowie der Auferstandene zwischen Posaunenengeln hinzugefügt; Beschlag- und Knorpelwerk. Als Hauptfeld ein *Schnitzaltar* um 1520 aus der Werkstatt des Jan Bormann, Brüssel, mit Reliefs aus der Georgslegende; im überhöhten Mittelteil der Drachenkampf (die Hauptgruppe nicht mehr vorhanden). Die zugehörigen Flügel, jetzt getrennt aufbewahrt, mit Gemälden, die die Georgslegende fortsetzen; auf ihren Außenseiten die Kreuzigung Petri und die Enthauptung Pauli. Als Aufsatz der Mittelschrein eines weiteren *Schnitzaltars* mit der Darstellung einer vielfigurigen Kreuzigung, um 1520 und wohl gleichfalls aus der Bormann-Werkstatt. Spätgot. *Sakramentshaus,* polygonartig in die OWand der Sakristei eingesetzt, das eiserne Türblatt flankiert von den Schrägen des Polygons, vor ihnen Engel unter kielbogigen Baldachinen. *Sandstein-Kanzel* um 1620, ein Engel als Kanzelträger, der 5seitige Korb mit Evangelistenreliefs und dem Kruzifix in Muschelnischen; auf dem hölzernen Schalldeckel der Auferstandene zwischen Engeln mit Leidenswerkzeugen und den Grabeswächtern. *Taufe* 1718, Holz, auf dem Fuß aus Akanthuswerk mit Draperie über freitragenden niederen Voluten 8seitige Schale mit wiederum volutenverziertem Deckel, ähnlich der Taufe in Kroppen, Ldkr. Senftenberg. *Orgel* 1717 von Gottfried Silbermann, der 3teilige Prospekt mit Akanthusdekor. Im Altarraum 2 *Pfarr-* bzw. *Patronatsstühle* fr.18.Jh. Geschnitztes *Lesepult* fr.18.Jh. (auf der Mensa). 2 *Altarleuchter,* Silber vergoldet, auf reich geschnitztem hölzernem Volutenfuß, fr.18.Jh. *Doppelepitaph* für E.v.Bernstein und A.E.v.Carlowitz, beide †1677, Sandstein: 2 Inschr.Tafeln, durch gedrehte Säule getrennt, im Giebelaufsatz Putten, die flankierenden allegorischen Figuren, Glaube und Hoffnung, verloren. *Sandstein-Epitaph* für G.v.Lüttichau †1699 und Frau †1682, die kartuschenförmigen Vitentafeln getrennt durch Pilaster mit Blumengehänge und flankiert von solchen mit Ahnenprobe, im Aufsatz die Familie des Verstorbenen kniend das Kruzifix anbetend, als Bekrönung Caritas, seitlich des Aufsatzes Wappen und Wappenhalter. — Außen am s Kreuzarm bzw. am Chor 2 *Inschr.Grabsteine,* 18.Jh.

Gegenüber der K. das **Pfarrhaus.** 2geschossiger Putzbau mit Walmdach, im Kern M.16.Jh. Das Obergeschoß 1717 in Fachwerk erneuert.

Ehem. **Schloß** (Pflegeheim). Von Wassergraben umgebene, imposante 3geschossige Anlage auf quadr. Gr. mit 3 runden Ecktürmen (der 4. im NO fehlt); im Kern M.16.Jh. Eigentlich bestehend aus 2 unmittelbar aneinanderstoßenden längsrck. Flügeln, die innen urspr. ohne Verbindung waren, der Zusammenschluß der Flügel außen durch je 1 rck.Vorbau (urspr. Aborterker) verdeckt, an den beiden anderen Seiten die Eingangsportale mit

Brücken über den Graben. Auf der OSeite der Eingang durch einen Mittelrisalit hervorgehoben. Aus M.16.Jh. die schlichten Rck.Fenster, die niedrigen Schweifhauben der Rundtürme, die mit einem Halbgeschoß das Gebäude überragen, wie auch die seitlich z.T. noch an sie anschließenden kurzen Giebel-Halbvoluten. Die schweren Schweifgiebel auf den Rck.Erkern und die – teilweise – zwischen ihnen und den Rundtürmen befindlichen wohl A.17.Jh. ergänzt. Sie ergeben zusammen mit den Hauben der Ecktürme eine abwechslungsreiche Silhouette. – Innen im Erdgeschoß die Gratgewölbe des 16.Jh. weitgehend erh., in 2 Räumen mit zarten *Stuckauflagen* aus Blattbüscheln und Bändern vom sp.17.Jh. versehen. Letztes V.17.Jh. das Schloß auch sonst umgebaut, davon erh. vor allem reiche *Stukkaturen* im 1.Obergeschoß, sicher von italienischen Künstlern. Hervorzuheben der Raum, der den sö Turmraum einschließt: Alkoven, von Hermenpilastern flankiert, darüber Götterhalbfiguren mit Wappenkartusche, charakteristisch die aus Blüten herauswachsenden Halbfiguren zwischen schweren Akanthusranken. In einem Raum die etwas jüngeren Kartuschenbildungen des fr.18.Jh. – Der urspr. im unteren Hof grottenartig angelegte Brunnen, 1.H.18.Jh., jetzt in Lindenau (Ldkr. Senftenberg).

GROSS KÖLZIG Bez. Cottbus, Ldkr. Forst. – Inv. Prov. Brandenburg, Sorau/Forst

Dorf-K. Spätgot. 1sch. Feldsteinbau mit 3seitigem OSchluß, verputzt; der quadr. WTurm später ohne OWand angesetzt, sein Oberteil in Backstein mit Pyramidenhelm von 1879. Im N und S Anbauten des 17. und 18.Jh. in voller Schiffslänge, die n Herrschaftsempore von 1782. WPortal und Chorfenster wohl gleichzeitig. Im Inneren stuckierte Flachdecke und weit vorgebauchte WEmpore; die Ausmalung von 1934. An den Schiffsseiten 5 verglaste Logen, 18.Jh. – Hölzerner *Altaraufsatz*, 1785 zusammengestellt, der Hauptteil sp. 17.Jh. Einfacher Säulenaufbau, in der Predella Abendmahlsgemälde, im Hauptfeld das der Auferstehung; als Bekrönung Strahlenglorie über einem kleinen *Schnitzaltar* der Zeit um 1530: im Mittelschrein die hl. Familie, ergänzt durch weitere Mitglieder der Sippe auf den gemalten Flügeln; der Altar vermutlich aus der ma. Wallfahrtskap. auf dem nahegelegenen Marienberg. Hölzerne *Kanzel* mit Schalldeckel, A.18.Jh., in den gemalten Feldern des polyg. Korbes Christus, Moses und die 4 Evangelisten. In der Turmhalle *Inschr.Grabstein* für das Ehepaar G.W. und J.E.v.Berge, †1798 bzw. 1797, Postamente mit Säulenstümpfen, flankiert von Urnen. – Außen an der K. mehrere bar. *Inschr.Grabsteine* und 2 figürliche *Reliefgrabsteine*.

GROSSKOSCHEN Bez. Cottbus, Ldkr. Senftenberg

Dorf-K. Neugot. Bau mit WTurm 3.V.19.Jh., aus Backstein und Raseneisenstein. Die *Ausstattung* aus der Erbauungszeit.

GROSSKRAUSNIK Bez. Cottbus, Ldkr. Finsterwalde. – Inv. Prov. Brandenburg, Luckau
Dorf-K. Kleiner spätgot. Feldsteinbau mit 3seitigem OSchluß, im W 8eckiger bar. Dachreiter in Fachwerk mit Schweifhaube, auch die Fenster bar. Im vernachlässigten Inneren (ruinös) das Chorpolygon flachgedeckt, sonst Holztonne. Bar. Hufeisenempore, an der SSeite verkürzt. – *Altaraufsatz* 2.H.17.Jh., mit gedrehten Säulen und Knorpelwerkwangen mit Engelsköpfen; als Altarbild die Kreuzigung. *Kanzel* mit Grisaillemalerei, E.18.Jh. Bar. *Vortragekreuz*. – Im Pfarrhaus 3 kleine *Schnitzfiguren* von guter Qualität, 4.V.15.Jh., Maria, Jakobus major und Andreas.

GROSS LEINE Bez. Cottbus, Ldkr. Lübben
Dorf-K. Im Kern 1sch. spätgot. Feldsteinbau mit quadr. WTurm. 1906–10 durchgreifend von Blaue umgebaut, dabei die Vorhallen im N, O und S angefügt und die K. gewestet. Vom Vorgängerbau nur die spitzbogigen gekuppelten Schalluken am Turm erh., dieser mit Pyramidendach und hölzernem Aufsatz. – Das Innere vom Umbau 1910: Bemalte Holztonne, barockisierende S- und WEmpore mit Orgel. Dabei die Ausstattungsstücke vom 3.V.17.Jh. neu gefaßt. *Altaraufsatz* unter Verwendung von Teilen eines ma. Schnitzaltars vom 1.V.15.Jh.: im Hauptfeld (Mittelschrein?) figurenreiches Relief der Beweinung Christi, flankiert von 4 kleineren Passionsszenen zwischen weinlaubumrankten Säulen; schwere Knorpelwerkwangen. In der Predella Gemälde des Abendmahls, im Auszug Ovalbild der Auferstehung, darüber die Figur des Auferstandenen zwischen Engeln. Hölzerne *Kanzel*, polyg. Korb auf Brettfüßen, an der Brüstung zwischen Ecksäulchen gemalt die 4 Evangelisten, der phantasievolle Schalldeckel mit Knorpelwerkkrone. Am Kanzelaufgang *Pfarrstuhl* mit geschnitztem Oberteil. In der ö Vorhalle figürlicher *Grabstein* der S.v.Zitwitz †1625.

GROSS LEUTHEN Bez. Cottbus, Ldkr. Lübben
Dorf-K. Flachgedeckter Bau aus Raseneisenstein mit Backsteingliederung von 1857 im Rundbogenstil der Schinkelschule, 1sch. mit eingezogenem Chor und Apsis, diese begleitet von seitlichen Anbauten. Vom Vorgängerbau der verputzte quadr. WTurm in Backstein von 1748, sein 8seitiges Obergeschoß mit Schweifhaube und Laterne. – *3 Figurengrabsteine*: In der Turmhalle von vorzüglicher Qualität der für W.Schenk †1559 in Rundbogenarkade, weiter in der sö Patronatsloge für M.v.Reussen †1571, Ehepaar A.Schenk und E.Schenk, beide †A.17.Jh., sowie prächtiger *Wappengrabstein* für G.Wrabsky †1557, die Inschr. auf Rollwerkschild.

Friedhof am sw Ortsausgang. *Erbbegräbnis* für J.L.Hordt †1798 und Frau S.D.C. †1802, quadr. Kap., daran Marmor-Inschr.Tafel mit drapierter Urne.

Ehem. **Schloß** (Spezialkinderheim). Mehrfach umgebaute Anlage auf den Fundamenten einer in den See hineingebauten Wasserburg des 12./13.Jh. Bestimmend zunächst der Neubau im 2.Drittel 16.Jh. unter Wilhelm Schenk von Landsberg (Inschr.Stein am OFlügel mit Dat. 1551). Im Kern 2geschossige 3Flügelanlage mit asymmetrisch angesetztem, rundem Treppenturm und Schweifgiebeln der Spätrenaiss. an der s Hofseite. 1712–25 unter Otto Wilhelm Schenk von Landsberg und Generalfeldmarschall v.Flemming Instandsetzung des Baues und Modernisierung der NFassade durch Putzgliederung (Wappenschlußstein mit Dat. 1717). 1748 Instandsetzung unter Graf Georg Anton v.d.Schulenburg. Rest. 1.Drittel 19.Jh. unter dem Grafen Haeseler und Inneneinrichtung im Stile des Klassizismus. 1912–14 eingreifender Um- und Erweiterungsbau durch Bodo Ebhardt: Errichtung eines neuen Seeflügels im O mit s anschließendem mächtigem Rck.Turm mit doppeltem Schweifdach, gleichzeitig Bereicherung des NFlügels durch einen Säulenvorbau mit Balkon und vereinheitlichende Fassadengestaltung in den Formen der deutschen Renaiss. (Giebel), am neuen OFlügel mit Elementen des Jugendstils. In seinem Inneren ausgezeichnete neuklassizist. *Stuckdekorationen* und ein *Jugendstil-Deckengemälde* im ehem. Musikzimmer erh., ovaler Deckenplafond mit der Darstellung tanzender und posauneblasender Mädchen, sign. und dat. Paul Herrmann 1914. Das ehem. Königin-Luise-Zimmer (Raucherzimmer) mit Kamin und Nischen sowie der ehem. Speisesaal mit zartem Stuck und Büfett durch moderne Nutzung verändert. Oben 2 Schlafzimmer mit Umkleideraum. – Im Hof *Marmorbrunnen* um 1914 in Neurenaiss.Formen, 4 Sitzfiguren und Medaillon des Besitzers J.A.v.Wülfing.

GROSS LIESKOW Bez. Cottbus, Ldkr. Cottbus. – Inv. Prov. Brandenburg, Cottbus

Dorf-K. (1984 abgebrochen). Im Kern spätgot. 1sch. Backsteinbau mit 3seitigem OSchluß und quadr. WTurm, sein Abschluß durch oktogonales Oberteil mit abgesetztem Zeltdach 18.Jh. Von 1859/60 Erneuerung des Langhauses und Erweiterung des OTeils durch 3seitig geschlossene Querarme mit w anliegenden Treppentürmchen. Im Inneren Balkendecke. – *Ziborium* (z.Z. in Jänschwalde, Ldkr. Guben), Kupfer vergoldet, M.15.Jh., mit eingravierten Passionsdarstellungen am 6seitigen Behälter, der Deckel zeltartig spitz. Spätma. hölzerne *Truhe* (z.Z. Cottbus, Oberkirche) mit schmiedeeisernen Beschlägen.

GROSS LINDOW Bez. Frankfurt/Oder, Ldkr. Eisenhüttenstadt

Dorf-K. Um 1850. Neugot.Backsteinbau mit polyg. Apsis und w Dachturm. Im Inneren Holzbalkendecke und Hufeisenempore.

– Die gotisierende Ausstattung mit Kanzel, Taufstein und Gestühl aus der Erbauungszeit. Großes niederländisch beeinflußtes *Altarbild*, urspr. Epitaphgemälde der Familie des Bürgermeisters M.Wins, dat. 1553, Michael Ribestein zugeschrieben (Leihgabe aus der Gertraudkirche in Frankfurt/Oder). Christus bei Maria und Martha, im Hintergrund Renaiss.Säulenhalle und Landschaft, im Feld darunter Darstellung der Stifterfamilie und Inschr. Gußeiserner *Ofen* um 1870 in Zylinderform mit Renaiss.-Dekor aus der Paulinenhütte in Neusalz/Oder.

GROSS LUBOLZ Bez. Cottbus, Ldkr. Lübben

Dorf-K. 1692–94; Rest. um 1968. Fachwerkbau mit 3seitigem OSchluß und querrck., verbrettertem Dachreiter über dem WGiebel. SVorhalle, darin rundbogige Tür mit Kastenschloß und Dat. 1694. Die Rck.Fenster erweitert. – Innen Balkendecke auf 2 Unterzügen, von 2 Stützen getragen, an beiden Querbalken dat. 1692. Hufeisenempore aus der Bauzeit, ihre Bemalung um 1910. Kleiner *Kanzelaltar* A.18.Jh., der jüngere Kanzelkorb zwischen gedrehten Säulchen und Akanthuswangen, oben an der Kanzeltür oval gerahmtes Kreuzigungsbild, im Aufsatz kleines Gemälde der Himmelfahrt Christi. *2 Sitzlauben* E.17.Jh.

GROSS LÜBBENAU Bez. Cottbus, Ldkr. Calau

Dorf-K. (auf Abriß). 8eckiger Zentralbau von 1824 in den Formen der Schinkelschule mit quadr. WTurm und quadr. ö Sakriteianbau. Der Turm 4geschossig, in rundbogigen Arkaden geöffnetes Glockengeschoß unter flachem Zeltdach. Am flachgedeckten Oktogon hohe Rundbogenfenster bzw. Halbrundfenster. – Die Ausstattung aus der Bauzeit: Rck. *Altaraufsatz* mit nazarenischem Gemälde „Gang nach Emmaus", darüber Orgelempore; die *Kanzel* an der SW-Wand. Hölzerne neugot. *Taufe*. *Altarkruzifixus* auf Golgathahügel, Holz, 18.Jh. *Kindergrabstein* J.Wolfferstorf †1627.

GROSS LUJA Bez. Cottbus, Ldkr. Spremberg

Dorf-K. Neugot. Backsteinbau von 1899, 1sch. mit WTurm. Das Innere einheitlich aus der Bauzeit. – *Kelch*, Silber vergoldet, 15.Jh.; die Kuppa 1677 erneuert. – An der OSeite außen *Inschr.-Grabstein* der J.S.v.Pannwitz †1738.

GROSS MEHSSOW Bez. Cottbus, Ldkr. Calau

Dorf-K. Neugot. von 1864 mit quadr. WTurm. Im Inneren 3seitig in Muldenform gebrochene Balkendecke, die Hufeisenempore in die Deckenträger eingespannt, ein Chorjoch mit 3teiliger Arkade abgetrennt. Schlichte Ausstattung aus der Erbauungszeit. – Spätgot. *Taufstein*, gedrungene runde Kelchform, auf der Wandung der Kuppa 4 gleiche wappenähnliche Reliefs (stilisierte Lilien?). *Orgelgehäuse* von 1801.

GROSS MUCKROW Bez. Frankfurt/Oder, Ldkr. Beeskow
Dorf-K. Rck. flachgedeckter Feldsteinbau mit 3seitigem OSchluß und quadr. WTurm; Kernbau um 1400, bar. umgebaut. Das Glockengeschoß des Turmes verbrettert, mit verschieferter Spitze. — Hölzerner *Kanzelaltar* um 1780, gleichzeitig die umlaufende Empore. *Taufständer*, Gußeisen, A.19.Jh.

GROSS OSSNIG Bez. Cottbus, Ldkr. Cottbus. — Inv. Prov. Brandenburg, Cottbus
Dorf-K. Rck. Feldsteinbau 1.H.15.Jh., die durch rundbogige Blenden gegliederten Backsteingiebel im O und W 1.H.16.Jh., die rundbogigen Fenster mit Putzrahmung von 1720. Die K. 1945 ausgebrannt, der bar. WTurm durch Glockengestell ersetzt, bei dem Wiederaufbau um 1955 das Äußere verputzt und im Inneren die bar. Fassung mit der als Wolkenhimmel bemalten Holztonne und die WEmpore wiederhergestellt.

GROSS PINNOW Bez. Frankfurt/Oder, Ldkr. Angermünde. — Inv. Pommern, Reg.Bez. Stettin, Randow
Dorf-K. Kleiner rck. Feldsteinbau mit WTurm-Unterbau in Schiffsbreite, 2.H.13.Jh. Der verbretterte Dachturm 1727. 1839 alle Öffnungen verändert. Nach 1945 Rest. In der OWand vermauerte 3Fenstergruppe erkennbar, darüber Zwillingsblende, Kreisfenster und Kreuzblende. Im Turm Mauertreppe und breite Rundbogenöffnung zum Schiff. Dieses mit *WEmpore*. — Hölzernes *Altarretabel* 1756, im säulengerahmten Mittelfeld Kruzifix, zu seiten des Aufsatzes musizierende Engel, darüber auferstandener Christus; gefällige Ornamentwangen.

GROSSRÄSCHEN Bez. Cottbus, Ldkr. Senftenberg
Am NRand des Senftenberger Braunkohlenreviers gelegen. Entstanden aus den beiden, 1370 erstmals gen. Dörfern Groß- und Kleinräschen. Nach Aufschwung durch den Abbau der dortigen Braunkohlenlager 1925 zur Gemeinde Großräschen vereinigt, 1965 zur Stadt erklärt.
Pfarr-K. Historisierender Backsteinbau mit 3seitiger Apsis von 1871/73; der quadr. WTurm um 1909. Die schlichte Ausstattung des Emporensaals aus der Erbauungszeit. — Außen an der SSeite 2 *Grabmäler*, Urnen auf Postamenten, sp.18.Jh.

GROSS RIETZ Bez. Frankfurt/Oder, Ldkr. Beeskow
Dorf-K. Rck. Putzbau von 1704, der quadr. WTurm 1791 mit obeliskenförmiger Spitze von 1909. Im Inneren flaches Muldengewölbe aus Holz mit Stuckrahmungen. — Einheitliche bar. Ausstattung nach 1704: Der *Altaraufsatz* reich geschnitzt; das Altargemälde mit der Kreuzigung von korinthischen Säulen gerahmt und von Wappenkartusche gekrönt, in der Predella Gemälde des

Abendmahls, im Auszug die Auferstehung, flankiert von Putten mit den Leidenswerkzeugen. Die *Kanzel* schlichter. *Wandepitaph* für H.G.v.d.Marwitz †1704, Alabaster, vor großer, von Putten gehaltener Draperie die geschwungene Vitentafel über außerordentlich reicher Konsole mit Wappen sowie Symbolen der Vergänglichkeit, die Tafel bekrönt von der hervorragenden Porträtbüste des Verstorbenen in Allongeperücke vor Lorbeerkranz und flankiert von 2 weiblichen Allegorien. Das Grabmal dem Umkreis Schlüters nahestehend, vielleicht von Johann Georg Glume d.Ä. Hölzernes *Wappenepitaph* für H.v.d.Marwitz †1675. 5 *Grabsteine*, 3 davon Kindergrabsteine von 1569, 1580 und 1585, die beiden anderen mit Inschr. von 1619 und 1.H.17.Jh.

Ehem. **Schloß** (Wohnungen, Kindergarten). Bedeutender 2geschossiger Putzbau von 9 Achsen, errichtet zwischen 1693 und 1700 für den Hofmarschall H.G.v.d.Marwitz. Die Fassaden schmuckvoll durch ionische Pilaster gegliedert. An der Hofseite 3achsiger Mittelrisalit zwischen 2achsigen Rücklagen und 1achsigen Seitenrisaliten. Der Mittelrisalit von Halbgeschoß überhöht und durch Dreiecksgiebel mit Kartusche bekrönt. Auf der Gartenseite nur ein weit vortretender Mittelrisalit, jedoch ebenso überhöht, der Giebel aber von Voluten gerahmt. Beiderseits Portale in der Mittelachse und doppelläufige Freitreppen. Innen in der Mitte Treppenhaus mit stattlicher zweiläufiger Treppe und Balustergeländer. In einigen Räumen *Stuckdecken* aus der Erbauungszeit, meist Akanthusranken und Laubstäbe, in einem ehem. Schlafzimmer der Alkoven mit einer von Putten gehaltenen Kartusche erh.

Ehem. **Schloßpark.** Landschaftspark 1.H.19.Jh., am Eingang 2 Obelisken.

GROSSRÖSSEN Bez. Cottbus, Ldkr. Herzberg. – Inv. Prov. Sachsen, Schweinitz

Dorf-K. Flachgedeckter Bau aus Raseneisenstein, verputzt, mit 3seitigem OSchluß, E.15./A.16.Jh. Im S spitzbogiges Stufenportal, das w stichbogig vergrößert. Von einem bar. Umbau der quadr. hölzerne Dachturm im W mit Laterne und die korbbogig geschl. Fenster. NAnbau 19.Jh. Im Inneren 2 stichbogige *Sakramentsnischen* erh. Hufeisenempore, *Kanzel* und vergitterte *Logen*, fr. 18.Jh. – Auf dem Altar spätgot. *Predella* mit Rankenschnitzerei zu seiten eines Wappens mit Kelch; darüber vorzüglicher *Kruzifixus* von etwa 1/3 Lebensgröße, 2.V.15.Jh., mit alter Fassung, in den Kleeblattenden des Kreuzes die Evangelistensymbole. Kleiner hölzerner *Totenschild* 1796.

GROSS SÄRCHEN Bez. Cottbus, Ldkr. Hoyerswerda. – Inv. Prov. Schlesien, Reg.Bez. Liegnitz, Hoyerswerda

Dorf-K. Großer rck. Putzbau dat. 1782, mit quadr. ins Achteck übergehendem WTurm; die Turmhaube von 1927. Stichbogenfenster in 2 Reihen übereinander. Das Innere flachgedeckt; 2geschossige N- und SEmpore sowie Orgelempore im W. – *Kanzelaltar* E.18.Jh., vor OEmpore, mit Säulenstellung und gesprengtem Giebel mit Auge Gottes; der Kanzelkorb und die Christusfigur des Aufsatzes im 19.Jh. eingefügt. Hinter dem Altar steinerne *Taufe* aus der Erbauungszeit, runde Kuppa auf kanneliertem Schaft. *Orgelprospekt* 1857.

GROSS SCHACKSDORF Bez. Cottbus, Ldkr. Forst. – Inv. Prov. Brandenburg, Sorau/Forst
Dorf-K. Spätma. 1sch. Feldsteinbau mit 5/8Chorschluß, bar. verputzt. Quadr. WTurm von 1719–21 aus Backstein mit Schweifhaube und Laterne. An der SSeite 2geschossige Patronatsloge um 1740. Gedrückt spitzbogige SPforte, sonst die Öffnungen bar. verändert. Im Inneren verputzte Holztonne mit gratigen Putzrippen, ö in einem halben Klostergewölbe endigend, die Schlußsteine mit Wappen bemalt und dat. 1723. W- und NEmpore. – Einfacher hölzerner *Altaraufsatz* 2.V.18.Jh., die Gemälde verloren; in der Bekrönung der von Engeln begleitete Auferstandene. *Kanzelkorb* um 1700, mit Kartuschen an der Brüstung. Die verglaste *Patronatsloge* erkerartig vorkragend, auf den Brüstungsfeldern biblische Szenen in Grisailletechnik gemalt. Ma. *Opferkasten* mit Eisenbeschlägen. *Epitaph* für 2 Kinder, Gebrüder v. Mühlen †1705, mit Kreuzigungsgemälde. – Außen an der K. 7 bar. *Wappen*- und *Inschr.Grabsteine* 18.Jh.

GROSS SCHAUEN Bez. Frankfurt/Oder, Ldkr. Beeskow
Dorf-K. Kleiner rck. Fachwerkbau mit N- und SVorhalle, 18.Jh. Das verbretterte Glockenhaus im W wohl später angefügt.

GROSS SCHÖNEBECK/SCHORFHEIDE Bez. Frankfurt/Oder, Ldkr. Bernau. – Inv. Prov. Brandenburg, Niederbarnim
Dorf-K. Rck. Putzbau 1664–73 unter Benutzung spätma. Mauerteile, der massige quadr. WTurm in Feldstein, wohl sp.14.Jh., mit Fachwerkaufsatz und Schweifhaube von 1730. Rest. 1966. Im O niedrige Sakristei, im W spitzbogiges Backsteinportal mit tiefen Kehlen und Rundstäben, eine schlichtere stichbogige Tür zur Wendeltreppe an der SSeite. Je 2 gepaarte Schallöffnungen an den Seiten des Glockengeschosses. – Innen der Turm zum flachgedeckten Schiff urspr. in großem Spitzbogen geöffnet. Aus Holz die umlaufende Empore, das Gestühl und der steife *Kanzelaltar* 2.H.18.Jh. Hübsch der *Orgelprospekt* mit Rocaillen, dat. 1749. *Taufständer* aus Gußeisen 1829, Balusterfuß mit Akanthusauflage.
Ehem. **Jagdschloß** (Kulturhaus der Forstwirtschaft Bernau). 2gesch. quadr. Putzbau mit Zeltdach und mittlerem Dachturm, urspr. von Wassergraben umgeben. Der Erstbau nach 1660,

1.H.19.Jh. erneuert, aus dieser Zeit die Ecktürme mit Zinnen und die gotisierenden Fensterumrahmungen. Rest. 1975. Im Obergeschoß Saal mit *Stuckdecke* A.18.Jh., mit doppeltem preußischem Wappen. – Gutes *Gemälde*, Jagdstilleben, um 1660 von Cornelis Brizé.

GROSSTHIEMIG Bez. Cottbus, Ldkr. Liebenwerda. – Inv. Prov. Sachsen, Liebenwerda

Dorf-K. Spätgot. verputzter Bruchsteinbau mit Strebepfeilern, wohl sp.14. oder fr.15.Jh., urspr. 1sch. mit 3/8 Chorschluß und quadr. WTurm. 1545 an der SSeite durch ein Seitenschiff erweitert, das sich in 2 großen Rundbogenarkaden öffnet. In der SO-Ecke des Chores kleine Vorhalle. Die Fenster spitzbogig, z.T. bar. erweitert; spitzbogiges WPortal. Im NPortal Türblatt von 1650 mit manieristischem Eisenbeschlag. Oktogonaler Turmaufsatz von 1629 mit spitzbogigen Schallöffnungen, darüber Doppelhaube, Laterne und Spitze. Rest. 1982–83. Das Innere flachgedeckt. Reste von *Wandmalereien* im Seitenschiff, an der OWand sowie an der SWand, letztere dat. 1545; 1932 freigelegt. – Hölzerner *Altaraufsatz* in Spätrenaiss. Formen M.17.Jh., qualitätvoll besonders in den Freifiguren und Wangen; Doppelsäulenaufbau mit Schnitzreliefs; in der Predella das Abendmahl, im Hauptfeld Christus am Ölberg und im Aufsatz Grablegung Christi. In den Wangen Reliefmedaillons, links Geburt Christi, rechts die Kreuzigung. Im Aufsatz flankierende allegorische Figuren der Fides und Caritas sowie in der Bekrönung der Auferstandene zwischen 2 sitzenden Engelsfiguren. Schöne hölzerne *Kanzel* etwa gleichzeitig mit dem Altar, der polyg. Korb mit Beschlagwerk auf geschnitzter Engelsfigur ruhend, zwischen Ecksäulchen in den Feldern Schnitzfiguren der 4 Evangelisten und Christi, auf dem kronenartigen Schalldeckel der von 4 Putten umgebene Schmerzensmann. *Sandsteintaufe* A.16.Jh., an der 6eckigen Kuppa Dekor aus Laubwerk und Schilden, vermutlich später durch Kugelbesatz verändert. In der n Chorwand große *Sakramentsnische* 1.H.15.Jh., mit aufwendiger kielbogiger Sandsteinrahmung und schmiedeeiserner rosettenbesetzter Gittertür. An der Brüstung der Emporen *Malereien* mit Szenen aus der Genesis im S und der Passion im N, dat. 1600; im W Rundmedaillons mit musizierenden Engeln, vermutlich 3.V.17.Jh. An der SArkade guter *Kruzifixus* A.16.Jh. *Orgelprosekt* von 1690. Im Chor s und n sowie in das Seitenschiff übergreifend *Gestühl* mit z.T. vergitterten Aufsätzen und Rankenbemalung, ein Stück dat. 1677.

GROSS ZIETHEN Bez. Frankfurt/Oder, Ldkr. Eberswalde

Dorf-K. Flachgedeckter Granitquaderbau aus Schiff und eingezogenem Rck.Chor 2.V.13.Jh., der w verbretterte Dachturm

A.18.Jh. Rest. 1864. Vom Ursprungsbau 3Fenstergruppe in der OWand, vermauertes rundbogiges SPortal und Priesterpforte erh. Innen WEmpore. Spätklassizist. *Kanzelaltar*.

GRÜNHEIDE/MARK Bez. Frankfurt/Oder, Ldkr. Fürstenwalde
Pfarr-K. von 1892—93. Historistischer 1sch. Backsteinbau mit w Dachturm. – Innen an der NWand *Tafelbild*: Kreuztragender Christus mit trauernder Maria vor Ruinenlandschaft, 1.H.16.Jh., venezianisch, vermutlich aus der Schule des Marco di Palmezzano (Leihgabe der Staatlichen Museen zu Berlin). – Auf dem Waldfriedhof frei stehender Glockenstuhl, darin *Glocke* mit Ritzzeichnungen, 14.Jh.

GRÜNOW Bez. Frankfurt/Oder, Ldkr. Angermünde. – Inv. Prov. Brandenburg, Angermünde
Dorf-K. Feldsteinbau gegen M.13.Jh. Einzige Chorturmkirche der Gegend, kurzes Schiff und eingezogener Rck.Chor mit Turm und OApsis; an der Chornordseite die ehem. Sakristei. In Apsis und Chor die originalen, leicht gespitzten Fenster erh. Die spitzbogigen Portale, 2 im S, 1 im N, vermauert. Das WPortal neu. Chor und Sakristei kreuzgratgewölbt (bar. verputzt). Die Apsis mit Halbkuppel, im Schiff Balkendecke. Die Bemalung des rundbogigen Triumphbogens vom 1906. – Hölzerne *Kanzel* 1.H.18.Jh., der polyg. Korb mit Ecksäulchen.

GRÜNTAL Bez. Frankfurt/Oder, Ldkr. Eberswalde
Dorf-K. Flachgedeckter verputzter Rck.Saal aus Feldstein, M.13.Jh., mit spätgot. WQuerturm; mehrfach umgebaut. Turmoberteil in Backstein 2.H.19.Jh. Rest. 1960. Vom Kernbau erh. vermauertes Spitzbogenportal im S. Innen WEmpore. – *Kanzelaltar* um 1718, mit gewundenen Weinlaubsäulen und schmalen Akanthuswangen; am polyg. Kanzelkorb, gut gemalt, Christus und die Evangelisten. Spätklassizist. *Sandsteintaufe*. Hölzerner *Taufständer*, bronziert, mit 3 gewundenen Schlangen, vermutlich sp.19.Jh., aus der Kirche von Sydow.

GRÜNTAL (SYDOW)
Dorf-K. z.Z. ungenutzt. Flachgedeckter rck. Feldsteinbau, im Kern M.13.Jh., bar. verändert, 2.H.19.Jh. rest.; gleichzeitig der gotisierende WTurm. – Rest eines Altaraufsatzes 1.H.18.Jh.

GRUHNO Bez. Cottbus, Ldkr. Finsterwalde. – Inv. Prov. Brandenburg, Luckau
Dorf-K. Flachgedeckter Feldsteinbau aus Schiff und eingezogenem Rck.Chor, 2.H.13.Jh. Der neugot. WTurm 1885 in Back-

stein angefügt. In urspr. Form 2 Lanzettfenster im O sowie 1 spitzbogiges Stufenportal unter der SVorhalle am Chor erh. In der n Schiffswand eine halb zugesetzte Spitzbogenpforte. Alle übrigen Öffnungen im 17.Jh. stichbogig erweitert. Im Innern spitzbogiger Triumphbogen, die N- und WEmpore von 1722. – Bescheidener *Altaraufsatz* E.18.Jh. In der Mitte Teil eines got. Altarschreins eingesetzt mit den *Relieffiguren* der Madonna mit Kind, Johannes Ev. und eines Bischofs, sp.15.Jh. *Kanzel* 2.H.17.Jh., anschließend jüngerer *Pfarrstuhl.* Als *Taufstein* ein großes spätrom. Kelchblockkapitell der Zeit um 1230 verwendet; sein reiches Blatt- und Rankenwerk von hoher Qualität, die eine Seite mit gegenständigen Vögeln, an Trauben pickend (vgl. die Taufe in Schilda, Ldkr. Finsterwalde).

GRUNOW Bez. Frankfurt/Oder, Ldkr. Eisenhüttenstadt

Dorf-K. Rck. Fachwerkbau mit w Dachturm 18.Jh., rest. 1966/67. Das Innere mit muldenförmiger Holzdecke und umlaufender Empore. – Zum *Kanzelaltar* umgebauter Altaraufsatz 1.H.18.Jh., der Aufbau mit gewundenen Weinlaubsäulen, flankiert von Schnitzfiguren der 4 Evangelisten und bekrönt von Christusfigur. Das urspr. Altarbild mit Kreuzigungsgruppe, jetzt Kanzeltür. Hölzerner *Taufengel* 1662, beschädigt.

GRUNOW Bez. Frankfurt/Oder, Ldkr. Strausberg

Dorf-K. Im Kern spätrom. Feldsteinbau 13.Jh., aus rck. Schiff und eingezogenem Chor mit Apsis; nach 1945 wiederhergestellt.

GUBEN Bez. Cottbus, Ldkr. Guben

s. WILHELM-PIECK-STADT GUBEN

GÜLDENDORF Bez. Frankfurt/Oder, Stkr. Frankfurt/Oder

s. FRANKFURT/ODER

GÜNTERBERG Bez. Frankfurt/Oder, Ldkr. Angermünde. – Inv. Prov. Brandenburg, Angermünde

Dorf-K. Rck. Putzbau von 1723 auf ma. Grundlage. 1754 ein quadr. WTurm mit Schweifhaube hinzugefügt. Innen Decke auf Voute, w *Orgelempore* von 1723. – Hölzerner *Altaraufsatz* um 1630: In den von schlanken Säulen begrenzten und durch Knorpelwerkwangen flankierten Seitenteilen sowie seitlich im Sockel spätgot. *Schnitzfiguren* eines Altars eingefügt, 7 Apostel und die Madonna mit dem Kinde, gegen M.15.Jh. Durch Einfügen einer Kanzel anstelle des Mittelbildes 1.H.18.Jh. das Retabel zum Kanzelaltar umgestaltet; die *Predella* mit einem Abendmahlsrelief von 1630 an der Wand aufgestellt. Dort auch weitere *Schnitzfiguren*, Madonna, Petrus und Paulus, zugehörig zu demselben Altarschrein wie die im Retabel eingesetzten spätgot. Figuren. *Taufstein* dat. 1596; am 6eckigen Becken zwischen Hermen die gleichen Relieffelder wie in Greiffenberg (Ldkr. Angermünde), darunter auch hier Beschlagwerk. Als Fuß eine ionische Säule, umstellt von 3 Atlanten in Puttengestalt mit Stifterwappen der Familie Sparr. Ehem. *Pfarr-* und *Patronatsgestühl* A.17.Jh. – Auf dem Kirchhof *Inschr.Grabstein* O. Kirchner †1760.

GUHROW Bez. Cottbus, Ldkr. Cottbus. – Inv. Prov. Brandenburg, Cottbus
Ehem. **Gutshaus** (Wohnungen) um 1800. Eingeschossiger Putzbau von 7 Achsen mit Mansardwalmdach.

GULBEN Bez. Cottbus, Ldkr. Cottbus. – Inv. Prov. Brandenburg, Cottbus
Dorf-K. 1797, zuletzt rest. nach 1960. Kleiner Rck.Bau mit einbezogenem WTurm, ö Sakristei und w Vorhalle. Im flachgedeckten Inneren der Turmunterbau zum Schiff rundbogig auf 2 Pfeilern geöffnet; Emporen im O, N und z.T. im S. – Hübscher hölzerner *Altaraufsatz* dat. 1717, rundbogig abgeschlossenes Tafelbild der Kreuzigung von Weinlaubsäulen und Akanthuswangen mit den Stifterwappen flankiert, am Sockel Gemälde des Abendmahls, ein rundes der Auferstehung als Bekrönung. Hölzerne *Kanzel* inschr. 1715, der polyg. Kanzelkorb auf hohem steinernem Sockel, in den rundbogigen Feldern Gemälde der 4 Evangelisten, an der Wand unter dem Schalldeckel gleichzeitiges Gemälde Christi als Salvator. Hölzernes *Tauftischchen* um 1800.

GUSOW Bez. Frankfurt/Oder, Ldkr. Seelow. – Inv. Prov. Brandenburg, Lebus
Dorf-K. 1666–70 errichtet, seit 1945 Ruine. – Das ehem. hier befindliche *Epitaph* des Feldmarschalls G.v.Derfflinger nach Lietzen Nord (Ldkr. Seelow) umgesetzt.
Ehem. **Schloß** (Zentrales Schulungszentrum u.a.). Im Kern Bau des 17.Jh., Umbau 3.V.19.Jh. zu einer von Wassergraben umgebenen, breitgelagerten 2geschossigen Dreiflügelanlage im Stil englischer Landsitze. Am Hauptbau von Staffelgiebeln bekrönte Mittelrisalite zur Hof- und Gartenseite, an letzterer seitlich auch ein quadr. Eckturm. An den Kopfenden der hofseitigen Flügel schlanke Rundtürme. – Großer **Landschaftspark**.

GUTEBORN Bez. Cottbus, Ldkr. Senftenberg. – Inv. Prov. Schlesien, Reg. Bez. Liegnitz, Hoyerswerda
Eine spätma. Burganlage wohl bereits im 16.Jh. zum Wasserschloß ausgebaut. Nach Kriegszerstörung nur noch einer der runden Ecktürme erh., in dessen Unterteil die ehem. **Schloßkapelle**. Vom Bau des 16.Jh. das schöne rundbogige Sitznischenportal sowie 2 breite Spitzbogenfenster erh. Die heutige Gestalt des Putzbaues mit Schweifdach und Laterne von der Erneuerung um 1744. Außen eingemauert *3 Reliefs*: 1. Huldigungsszene, 1.V.16.Jh. (über dem Portal). 2. Portalbekrönungsstein mit Inschr. und zierlichen Balustern, dat. 1575 (links des Portals). 3. Oberteil eines bärtigen Kriegers, wohl Rest eines Grabsteins mit Dat. 1523. – Im Inneren Kassettendecke mit Bemalung von 1914. Im W verglaste Patronatsloge, im N vorschwingende Orgelempore mit Balusterbrüstung auf toskanischen Säulen, dahinter eine 2. verglaste Loge, beide E.17.Jh., wohl mit Veränderungen M.18.Jh. – Die Ausstattung einheitlich E.17.Jh.: *Altaraufsatz* mit schwerem Laubstuck, zwischen toskanischen Säulen Verkündigungsgemälde aus 2.H.18.Jh.; das urspr. zugehörige *Kreuzigungsgemälde* jetzt innen über dem Portal. Polyg. hölzerne *Kanzel* auf gedrehter Säule, an der Aufgangstür geschnitzte Fruchtgehänge; Schalldeckel. 8eckige hölzerne *Taufe* in Kelchform mit Deckel. 2 bewegte *Leuchterengel*, Holz mit originaler Fassung, 18.Jh.

H

HÄNCHEN Bez. Cottbus, Ldkr. Cottbus. – Inv. Prov. Brandenburg, Cottbus
Dorf-K. Hübscher neugot. Backsteinbau von 1867. Der WTurm vom Vorgängerbau aus quadr. Unterbau in Feldstein, vermutl. spätma., und 8eckigem Oberteil von 1743 mit Spitzhelm. Um 1950 rest. – Qualitätvoller kleiner *Kelch* 1.H.14.Jh., Silber vergoldet, flache Kuppa und runder Fuß. Am Nodus reliefiertes Blattwerk, auf den runden Zapfen die gravierten Brustbilder Christi, Mariae sowie des Johannes Ev. und dreier Heiliger. *Kelch mit Patene* 15.Jh., Silber vergoldet, auf dem Sechspaßfuß Signaculum. Beide Kelche z.Z. in Groß Gaglow (Ldkr. Cottbus).
Ehem. **Gutshaus** (Verwaltung) A.19.Jh., 2geschossiger Putzbau von 9 Achsen unter Krüppelwalmdach, durch modernen Putz entwertet.

HASELBERG Bez. Frankfurt/Oder, Ldkr. Freienwalde
Dorf-K. Rck. flachgedeckter Feldsteinbau, im Kern 13.Jh. Erneuerung um 1700. Der quadr. WTurm, Backstein verputzt, 1824 nach Plänen des Landbaumeisters Neubarth aus Wriezen. Nach Zerstörung 1945 Wiederaufbau 1959. Von den urspr. Öff-

nungen die 3 ö Rundbogenfenster erh. (das mittlere zugesetzt); ein spitzbogiges SPortal erkennbar.
Ehem. **Schloßpark.** 1779 angelegt, 1881 von Gartendirektor Neide zum Landschaftspark umgestaltet, darin **Ruine** in Form einer 6bogigen Arkade, sog. Aquädukt oder Galgen, von 1798, rest. 1879.

HASENFELDE Bez. Frankfurt/Oder, Ldkr. Fürstenwalde. – Inv. Prov. Brandenburg, Lebus
Dorf-K. Spätgot. Feldsteinbau mit Resten eines Vorgängers aus dem 13.Jh., 1sch. mit eingezogenem Rck.Chor und quadr. WTurm. Die Fenster bar. Die K. 1901 umgebaut und erneuert, aus dieser Zeit auch der Turmoberteil. – Hölzerner *Altaraufsatz* 1.V.17.Jh., der schlichte 3zonige Aufbau in Spätrenaiss.Formen mit den Gemälden der Kreuzigung und Himmelfahrt Christi sowie des Abendmahls in der Predella, letzteres Kopie nach Leonardo. Schöne *Kanzel* A.18.Jh., am polyg. bauchigen Korb qualitätvolle Schnitzfiguren der 4 Evangelisten zwischen Laubwerk und Engelsflüchten; Kanzelfuß und Fassung von 1967.

HASENHOLZ Bez. Frankfurt/Oder, Ldkr. Strausberg

s. BUCKOW

HECKELBERG Bez. Frankfurt/Oder, Ldkr. Freienwalde
Dorf-K. 1sch. Granitquaderbau M.13.Jh., mit eingezogenem Rck.Chor und leicht vortretendem WQuerturm, sein etwas schmalerer Aufsatz spätgot., dieser vor 1914 verkürzt und über den Schallöffnungen mit Notdach versehen. Die tonnengewölbte Sakristei an der NWand des Chores bar., die Vorhalle an der SWand 19.Jh. Im W und S gestufte Spitzbogenportale. Die lanzettförmigen Fenster der NSeite, in Chor und Schiff je 3, erh., auf der SSeite 4 Fenster bar. vergrößert, ebenso die 3Fenstergruppe der OWand verändert. Das Innere flachgedeckt, mit spitzbogigem Triumphbogen; WEmpore und Orgel 19.Jh. – *Schnitzaltar* letztes V.15.Jh., im Mittelschrein Madonna in der Strahlenglorie flankiert von 4 Heiligen, in den Flügeln je 6 Apostel in 2 Reihen übereinander, sämtlich unter reichen Baldachinen; die Predella mit Abendmahlsbild und der Aufsatz mit bekrönendem Kruzifix von 1612.

HEINERSBRÜCK Bez. Cottbus, Ldkr. Forst. – Inv. Prov. Brandenburg, Cottbus
Dorf-K. Neugot. Backsteinbau mit Rck.Chor und WQuerturm von 1900/01. Im kreuzgewölbten Inneren einheitliche Ausstattung der Erbauungszeit.

HEINERSDORF Bez. Frankfurt/Oder, Ldkr. Fürstenwalde. — Inv. Prov. Brandenburg, Lebus

Dorf-K. Stattlicher Granitquaderbau 2.V.13.Jh. aus Schiff, eingezogenem Chor mit Apsis und hohem quadr. WTurm des 14./15. Jh., sein Abschluß als Uhrturm durch geschweifte Doppelhaube und pilastergerahmte Laterne 1756—64. Aus dieser Zeit auch die Veränderung der Fenster sowie die SVorhalle und die Sakristei an der NSeite des Chores. Im flachgedeckten Inneren rundbogiger Triumphbogen, Hufeisenempore auf ionischen Holzsäulen von 1762. — Geschnitzter *Kanzelaltar* 1.V.18.Jh. von Tischler Schulze aus Arnswalde: Säulenaufbau mit gesprengtem, polyg. gebrochenem Giebel und Akanthuswangen, polyg. Korb und Schalldeckel, von Strahlensonne bekrönt. Über der Sakristei die *Patronatsloge* 3.V.18.Jh. — Außen *2 Inschr.Grabsteine* von 1719 und 1727.

Ehem. **Gutshaus** (Landambulatorium). E.17.Jh., zur Dreiflügelanlage 1886 erweitert und im 20.Jh. verändert. Im Obergeschoß qualitätvolle *Stuckdekorationen* um 1700; an den Decken Putten und schweres Rankenwerk; im ehem. Jagdzimmer Kaminaufsatz mit Initialkartusche, gehalten von Putten und bekrönt von weiblicher Büste.

HEINERSDORF (BEHLENDORF)

Ehem. **Gutshof.** Die ehem. einheitliche Anlage von Wohn- und Wirtschaftsgebäuden um einen oktogonalen Hof nach Plan von Karl Friedrich Schinkel, Ausführung nach 1802 aus Raseneisenstein; jetzt weitgehend verändert.

HEINERSDORF Bez. Frankfurt/Oder, Stkr. Schwedt/Oder

s. SCHWEDT/ODER

HEMSENDORF Bez. Cottbus, Ldkr. Jessen. — Inv. Prov. Sachsen, Schweinitz

Ehem. **Wasserschloß** (Wohnungen u.a.). E.17.Jh. anstelle einer ma. Burg errichtet. Geschlossene quadr. Anlage von 2 Geschossen, in der SO-Ecke 5geschossiger oktogonaler Turm, mehrfach zurücksetzend, mit Schweifhaube der 1.H.18.Jh. Die Einzelformen schlicht, Rck.Fenster und einfache Portalädikulen. Die ehem. *Schloßkap.* im NFlügel mit korbbogigen tiefen Fensternischen und WEmpore, profaniert und entstellt. In der Mitte der flachen Decke ein *Rundbild*: Gottesauge in Wolkenhimmel. — Verwilderter **Landschaftspark** 19./20.Jh.

HENNICKENDORF Bez. Frankfurt/Oder, Ldkr. Strausberg. — Inv. Prov. Brandenburg, Niederbarnim

Dorf-K. 1863 unter Verwendung spätgot. Bausubstanz im OTeil: Schiff mit leicht eingezogenem Rck.Chor und WTurm, die Chor-OWand spätgot., ihr Pfeilergiebel mit Backsteinblenden, beschädigt.

HENZENDORF Bez. Frankfurt/Oder, Ldkr. Eisenhüttenstadt
Dorf-K. Flachgedeckter Putzbau A.18.Jh. mit 3seitigem OSchluß und verbrettertem WTurm mit verschiefertem Spitzhelm. Im Inneren WEmpore, in der Mitte vorschwingend. – Der *Altaraufsatz* umgesetzt nach Grießen (Bez. Cottbus, Ldkr. Guben). Hölzerne *Kanzel* 1.H.17.Jh., in den Feldern des Korbes gemalt die 4 Evangelisten, am Aufgang Beschlagwerk. *Messingtaufschale* mit Darstellung des Sündenfalls, 1500. 2 hölzerne *Engelleuchter* A.18.Jh.

HERMERSDORF Bez. Frankfurt/Oder, Ldkr. Strausberg. – Inv. Prov. Brandenburg, Lebus
Dorf-K. Sauber gequaderter Feldsteinbau, sp. 13.Jh., aus Schiff mit eingezogenem quadr. Chor; der quadr. WTurm mit Zeltdach spätma., das WPortal spitzbogig mit 3fach abgestufter Backsteinleibung. In der OWand des Chores die 3 schmalen urspr. Fenster erkennbar. Das Innere nach Kriegsschäden 1952/53 wiederhergestellt.

HERMSDORF Bez. Cottbus, Ldkr. Senftenberg. – Inv. Prov. Schlesien, Reg. Bez. Liegnitz, Hoyerswerda
Dorf-K. Großer Putzbau mit 3seitigem OSchluß und w Dachturm, dieser mit Schweifhaube und offener Laterne. Im O beiderseits rck. doppelgeschossige Anbauten, innen z.T. als verglaste Herrschaftslogen sichtbar. Die jetzige Erscheinung des Baues M.18.Jh., im Kern sicher älter. Das Innere flachgedeckt; 2geschossige Emporen im N und S, im W Orgelempore. – *Altaraufsatz* M.17.Jh., mit Abendmahlsbild in der Predella und Beschlagwerkdekor; 2.H.18.Jh. zum Kanzelaltar umgestaltet. Runde *Sandsteintaufe* mit betenden Engelsfiguren, 1909. *3 Grabsteine* derer v.Gersdorff, 17. und 18.Jh. *Grabdenkmal* J.E.v.Gersdorff †1754, schöne von Engel gehaltene Inschr.Kartusche, am Sockel dürstender Hirsch des Psalms, als Symbol der gottsuchenden menschlichen Seele, und Todesgenius.

HERMSDORF (LIPSA)
Ehem. **Schloß** (Feierabendheim). Langgestreckter rck. Putzbau von 2 Geschossen mit Pilastergliederung und Mansardwalmdach, 1.H.18.Jh. Auf der Hofseite kleiner geschwungener Balkon auf schweren Konsolen. Um 1910 Anbau eines 2geschossigen neubar. Flügels an der NSeite; in seinem Festsaal dekorative Malerei; rest. 1974. – **Torhaus** mit rundbogiger Durchfahrt und 8eckigem Dachtürmchen mit Schweifhaube, fr.19.Jh.

HERZBERG/ELSTER Bez. Cottbus, Ldkr. Herzberg. – Inv. Prov. Sachsen, Schweinitz
In der Niederung der Schwarzen Elster am linken Flußufer gelegen. Urspr. vermutlich wendische Sumpfburg zur Sicherung des Flußübergangs. 1184 von den Grafen von Brehna hier eine Burg gegr., deren genaue

Lage nicht mehr zu ermitteln ist. Der deutsche Ort im Schutze der Burg wohl früh zu Bedeutung gelangt, 1290 bereits ein Bürgermeister genannt, damals die Stadt zum Herzogtum Sachsen-Wittenberg gekommen. Durch die günstige Verkehrslage an der Kreuzung zweier wichtiger Handelswege — der Straße Leipzig—Frankfurt/Oder und der Straße Berlin—Dresden — erlangte der Platz Wohlstand: Neben Handel und Ackerbau gab es Tuchmacherei und Töpferei. — Die Stadt planmäßig angelegt, der Markt eine Verbreiterung der Hauptstraße von W nach O, s davon Rathaus und Kirche. Schon im 13.Jh. durch eine Ringmauer mit Wall und Graben befestigt, jedoch alles, auch die doppelten Tore im W (Torgauer Tor) und O (Schliebener Tor), A.19.Jh. abgetragen. Seit dem 15.Jh. vor beiden Toren Entwicklung von Vorstädten. Ein Franziskaner-, später Augustinerkloster nach 1868 abgerissen. In der Torgauer Vorstadt die Friedhofskap. St.Katharina aus dem 15.Jh. erh. — Seit 1423 sächsisch, erreichte die Stadt um 1500 ihre größte Bedeutung, verlor sie jedoch bald wieder infolge des Aufblühens der s sächsischen Landesteile. 1815 wurde Herzberg preußisch und Kreisstadt und damit regionales Zentrum. Doch führten die Verkehrswege der 2.H.19.Jh. an der Stadt vorbei, so daß auch die Industrialisierung des Ortes relativ bescheiden blieb.

Stadt-K. St.Marien, urspr. St.Nikolai. Stattliche spätgot. Backsteinhalle, wohl die größte im Bezirk, die 3 Schiffe von 6 Jochen unter hohem, gemeinsamem Dach. Die Schiffe jeweils in sehr flachen 3seitigen Polygonen endigend, so daß sich eine verschliffene Gesamtform ergibt. Im W ein in seinem unteren Teil längsrck. Turm von Mittelschiffsbreite zwischen niedrigeren Nebenräumen in Breite der Seitenschiffe; im NO ein Kapellenanbau. Zuerst der 3jochige Chor mit dieser Kap. errichtet; die Grenze dieses Bauabschnitts durch den stärkeren Strebepfeiler im S und den Wechsel im insgesamt zurückhaltenden Dekor gekennzeichnet. Der Baubeginn vielleicht früher als gemeinhin angenommen, noch im 2.V.14.Jh. Die 3 w Joche nach Ausweis der Hausteinportale im 3.V.14.Jh. oder etwas später entstanden — 1377 die K. urk. in Bau. Der WTurm noch jünger, sein WPortal mit überkreuzten Stäben von einer Rest. der Zeit um 1500; gleichzeitig die Aufstockung der nö Kap. 1864—68 gründliche Wiederherstellung und Anfügung der seitlichen Portalvorhallen sowie der beiden Treppentürmchen am Chorpolygon, dabei das Fenstermaßwerk und große Teile des Formsteinfrieses unter dem Traufgesims erneuert. — Das Äußere von einheitlicher Wirkung, mit gestuften Strebepfeilern und 2teiligen — im Chor auch 3teiligen — Spitzbogenfenstern, deren Gewände in der OHälfte und auf der NSeite doppelt abgetreppt und von Spitzbogenblenden begleitet sind. Im WTeil der SSeite die Fenstergewände dagegen glatt geschrägt, die Blenden fehlen. Im 2.Joch von W nach N und S je ein Portal aus Haustein, im N das Gewände mit kräftiger Profilierung, im S zarter mit Birnstab und Wulst zwischen Kehlen. Die Kap. am Chor ein Zentralbau auf verschobenem 6Eck-Gr. mit rck. Kapellen-Nischen nach 5 Seiten, die 6. Nische dient als Eingang. Der äußere Dekor, Spitzbogenfenster mit profiliertem

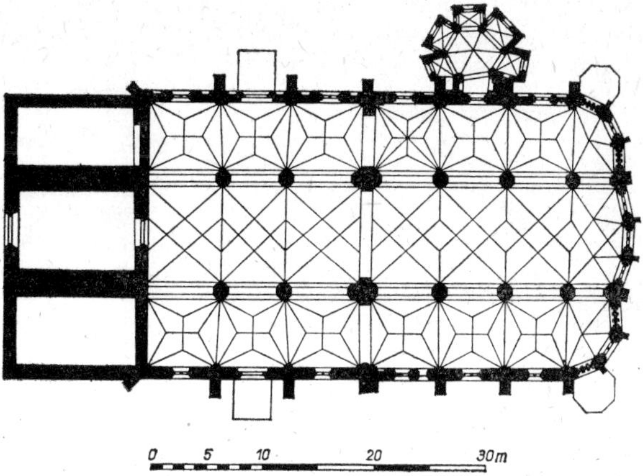

Herzberg, St. Marien

Gewände und Vierpaßfries, entspricht dem des Hauptbaues. Das auf die Außenwände der Nischen gesetzte Obergeschoß mit breiten Rundbogenfenstern des fr. 16. Jh., das 3. Geschoß über dem n Teil mit stichbogigen Blenden und Giebeln noch jünger. Der mächtige Turm 8 Jahre nach dem Stadtbrand von 1483 eingestürzt und erst 1562 wiederhergestellt: Das neue Obergeschoß ins Oktogon übergeführt, mit hohen spätgot. Schallöffnungen, darüber Okuli; A. 17. Jh. der Turm durch ein schmaleres Oktogon mit rustizierten Pilastern weiter erhöht, seine Haube und offene Laterne von 1782. An der NW-Ecke des Turmes unter der 1. Geschoßteilung *3 Figuren* in Hochrelief, davon 2 spätgot., die 3. wohl jünger.

Der Raumeindruck der lichten Halle einheitlich und wohlproportioniert. Das Mittelschiff aus querrck. Jochen breiter als die Seitenschiffe mit etwa quadr. Jochfeldern. Die kräftigen, gestuften, spitzbogigen Arkadenbögen auf Achteckpfeilern mit schmalen Kämpfern. Das 4. Pfeilerpaar von O mehr als doppelt so stark wie die übrigen und durch Vorlagen für einen breiten Gurtbogen fast kreuzförmig: Hier endet der Chorbereich und zugleich der 1. Bauabschnitt. Die Wände durch Nischen gegliedert. Die Gewölbe insgesamt später eingezogen, wohl erst im 15. Jh., ihre zarten Rippen und vollständig bemalten Kappen deutlich von anderer Gestaltungsart als der feste, w–ö gerichtete Baukörper. Die Wirkung durch die Rest. des 19. Jh. noch verstärkt, bei der die Gewölbemalereien erhalten wurden, die Raumfassung aber aufgegeben und durch eine einheitliche Lasur ersetzt wurde. Im Mittelschiff bilden Parallelrippen ein Netzgewölbe nach dem Vorbild des Prager Domchores, doch ist im WTeil die Gurtrippe auch im Gewölbescheitel durchgeführt. Die Rippen unmittelbar auf den Pfeilerkämpfern aufsitzend, an den Außenwänden des Chors auf kräftigen Runddiensten mit flach dekorierten Kapitellen, im Langhaus auf rck. Vorlagen. Nur im erneuerten WJoch reliefierte Schlußsteine: Evangelistensymbole, Vera Icon, Agnus Dei und Wappen. Die Seitenschiffe mit Sterngewölben, der Stern im nw Joch des Chores reicher. – Die Sechseck-Kap. vom Chor aus zugänglich, ihr gedrückter Raumeindruck durch Erhöhung des Fußbodens verursacht. Im Mittelraum ein 6teiliges Gewölbe mit Birnstabrippen ohne Schlußstein; zwischen den Rippen und den Kapitellen der sie tragenden Runddienste kleine, rundbogig geschlossene Terrakottareliefs der Evangelistensymbole (z.T. verdoppelt). Die rck., in sich geschlossenen Seitenräume kreuzrippengewölbt, nur zum Hauptraum in schweren, spitzbogigen Arkaden geöffnet. Im Obergeschoß der Kap. ein Zellengewölbe fr.16.Jh. – In den 3 n Fenstern unten Reste ma. *Glasmalerei* von unterschiedlicher Qualität der Zeit um 1380 bis A.15.Jh.; 1864–66 durch Ferdinand v. Quast im mittleren Chorfenster zusammengefaßt, wurden sie 1901 anläßlich der beachtenswerten Neuverglasung des Chores in die NO-Kap. versetzt. Dargestellt sind u.a. Szenen aus der Jugend und Passion Christi. Im NW-Fenster eine Scheibe 1.V.16.Jh., 2 Fahnenträger, eine Krone haltend.

Das Innere der K. beherrscht durch die ausgezeichneten *Gewölbemalereien* in einzigartig vollständiger Erhaltung – nur die Gewölbe der 3 ö Joche des n Seitenschiffs leer. Die Malereien des Chors wohl im 2.Jahrzehnt des 15.Jh. entstanden, die des Langhauses vermutlich von einer anderen Werkstatt und etwas jünger, die im WJoch nach dem Turmeinsturz von 1495 erst 1709/10, vielleicht von Michael Adolf Siebenhaar aus Torgau, in einem provinziellen Bar. erneuert. Die Erhaltung der Gewölbemalereien von Karl Friedrich Schinkel (1835) und Ferdinand v. Quast (1857) befürwortet, 1864 Rest. durch den Herzberger Maler Rothe. – Nur im Mittelschiff figürliche Motive, in den Seitenschiffen stilisierte große Blüten und Blattwerk. Im Chor ist in einer durch die kleinteiligen Gewölbefelder erzwungenen, recht eigenwilligen Anordnung das Jüngste Gericht dargestellt. In der Mitte des 1.Jochs Christus als Weltenrichter thronend, umgeben von den 4 Evangelistensymbolen und posauneblasenden Engeln, deren einer durch die fürbittende Maria ersetzt ist, eine Andeutung der „Deesis“; zur Rechten Christi die Seligen, zu seiner Linken die Verdammten, zu seinen Füßen Auferstehende. Über ihm im Polygon 8 Apostel als Beisitzer des Gerichts. In der Mitte des 2.Jochs das Lamm Gottes, umrahmt von Erzvätern, alttestamentlichen Königen und Propheten, dazu ein 9. Apostel und die Verkündigung an die Hirten. Der Ringschlußstein im 3.Joch, wohl zum Herablassen der Heilig-Geist-Taube verwendet, umgeben von 4 Engeln mit Weihrauchfässern. – An dem schweren Gurtbogen zwischen Chor und Langhaus auf der ö Seite 7, auf der w 3 Wappen, beide Male u.a. der sächsische

Rautenkranz; an der Unterseite Ranken. – Im WTeil ein mariologisches Programm, hier die wichtigsten Szenen in den seitlichen Feldern: prophetische Vorhersage des Retters, Verkündigung und Geburt Christi sowie Maria und Christus thronend; dazu musizierende Engel, weitere Propheten, St.Nikolaus und das Schweißtuch der Veronika. Das w, bar. ausgemalte Joch zeigt den drachentötenden Michael und nochmals Musikengel. – Die feinfühligen Malereien im Chor unter dem Einfluß der böhmischen Bildkunst der Zeit um 1400, in lichten Farben konturenbetont, gleichsam schwebend in die Gewölbekappen gesetzt; hier auch die Unterbringung des ikonographischen Programms in den vorgegebenen Gewölbefeldern souverän gelöst, im Gegensatz zu den jüngeren Malereien im w Teil. Bei diesen auch die Gesichter und die Statuarik steifer, die Faltengebung teigig statt weich schwingend, die Farben schwerer, wärmer und voller, der Stil insgesamt kompakter, die Darstellungen durch die Sitze und Bodenstreifen nun fast tafelbildmäßig wirkend. Die vegetabilen Ornamente in den w Seitenschiffsjochen der gleichen stilistischen Veränderung unterworfen.

Hoher steinerner *Altaraufsatz*, inschr. 1765 von Bildhauer H.G. Mertz und Zimmermann Steinhauer, beide aus Torgau: großes Ölbergrelief, flankiert von den Freifiguren Mosis und Johannis d.T., bekrönt von Gottvater mit Buch. *Kanzel* dat. 1658, wahrscheinlich von Andreas Schultze aus Torgau, Sandstein, auf lebensgroßer Paulusfigur, an der Brüstung des polyg. Korbes Christus und die 4 Evangelisten zwischen Apostelhermen. Die Kanzeltür unten in Knorpelwerkrahmung mit Schriftkartusche, auf dem Türblatt 2 Grisaillen, Christus und Petrus; die Kanzeltür oben mit Ovalmedaillons reich gerahmt; auf dem hölzernen Schalldeckel Christus als Weltenrichter mit Schwert und Blitzen über dem liegenden Teufel. Prachtvoller *Taufstein* aus Serpentin, mit schöner Monumental-Inschr. und Dat. 1624, in Form eines Kelches mit Nodus und oktogonaler Deckplatte. Im Chor *Ölbild*, Kreuzigung Christi, 17.Jh., vielleicht auf ein Vorbild Lucas Cranachs d.J. zurückgehend. Seitlich davon 2 lebensgroße *Gemälde*, Luther und Melanchthon, stark beschädigt. Ein weiteres *Ölbild* 17.Jh., Christus lehrt im Tempel, jetzt im Gemeindesaal. In der Vorhalle des Turmes das ehem. *Altargitter*, Schmiedeeisen, inschr. 1769, angeblich von Schlossermeister Dobe. *Grabmäler*: An der SWand im Chor figürlicher Grabstein einer Frau mit ihren 2 Töchtern, fr.17.Jh.; ebendort Grabmal für Frau H. Schröter, Tochter des Bürgermeisters Teuffel, †1652, die Vitentafel von korinthischen Säulen mit Knorpelwerkwangen gerahmt, vermutlich Arbeit von Andreas Schultze. Am sw Pfeiler für Bürgermeister J.G.Lindner †1772, über der Vita Krone und Engelsköpfe. An der n Empore *Allianzwappen*, Holz, M.18.Jh. – *Grabmäler* außen: An der SWand Relief eines Ritters, 1614, mit Wappen. An der NWand 2 Grabmäler, das eine für Bürgermeister J.G.Meusel (?) †1731, das andere von 1783.

Friedhofs-Kap. St.Katharina, in der w Vorstadt. Rck. Backsteinbau sp.15.Jh. Die Umfassungsmauern durch den Wechsel gestelzter spitzbogiger Blenden und ebensolcher Fenster gegliedert; in der OWand Dreifenstergruppe zwischen Blenden, darüber veränderte Fensteröffnung, im W die urspr., jetzt zugesetzte Pforte mit gestuftem Gewände, ebenfalls zwischen Blenden. Das NPortal modern, auch das Traufgesims mit dem Fries erneuert. – Auf dem Friedhof mehrere *Grabmäler* E.18. bis M.19.Jh.

Rathaus. 1616–18. Langgestreckter 2geschossiger Putzbau mit regelmäßiger Fensterteilung. 1983 in Rest. Über dem mittigen Hauptportal zum Markt Zwerchhaus, auf dem Satteldach dahinter Dachreiter mit Laterne und Haube; über den Seitenwänden 3geschossige Spätrenaiss.-Volutengiebel. 1849 Umbau des Inneren mit neuer Treppenanlage anstelle der urspr. Außentreppe.

Wohnhausbau. Im wesentlichen 2geschossige Putzbauten des 18./19.Jh. in Traufenstellung mit z.T. korbbogigen Toreinfahrten. Vereinzelt auch Fachwerkhäuser (Torgauer Str.) bzw. Hofanlagen in Fachwerk mit korbbogigen Holzgalerien, zu erwähnen *Magisterstr. 2.*

Stadtbefestigung. Im O des Stadtkerns, zwischen Ernst-Thälmann-Str. und Badstr., Reste der alten Stadtmauer, Backstein, 15.Jh., später erneuert und begradigt.

HERZBERG (ALT HERZBERG)

Dorf-K. Rck. Fachwerkbau, letztes V.17.Jh., urspr. mit schwerem quadr. WTurm. Dieser im 19.Jh. nur bis in Schiffshöhe erneuert; gleichzeitig auch die n Vorhalle. An der SSeite 2 Rundbogenpforten und Rck.Fenster in 2 Reihen. Innen Hufeisenempore, im SO oben eine kleine Loge, im NO unten die Sakristei eingebaut; die Decke im 19.Jh. verändert. – *Kanzelaltar* gegen 1700, mit Weinlaubsäulen, am Korb handwerkliche Brustbilder der Evangelisten und einer weiblichen Heiligen, alle in Muschelnischen, am Kanzelaufgang Gemälde von Petrus, Moses und Johannes d.T. In den Altaraufbau einbezogen 15 gute *Schnitzfiguren* eines Schreins aus dem fr.16.Jh.: seitlich Petrus und Paulus, auf dem Schalldeckel und unten seitlich 10 kleine Figuren verteilt, vor der OWand 3 weitere, darunter – größer – Anna selbdritt. *Taufstein* dat. 1682, pokalförmig mit pflanzlichem Reliefdekor an der Kuppa, rest. 1822. – Auf dem Friedhof *Rokoko-Grabstein* mit 2 Schriftschilden.

HERZBERG Bez. Frankfurt/Oder, Ldkr. Beeskow

Dorf-K. Aufwendiger neugot. Backsteinbau E.19.Jh., unter Verwendung eines ma. Vorgängerbaues aus Feldstein, davon der mittlere Teil der OWand des 13.Jh. mit 3 Lanzettfenstern erh.

HERZFELDE Bez. Frankfurt/Oder, Ldkr. Strausberg. – Inv. Prov. Brandenburg, Niederbarnim

Dorf-K. Sorgfältig gequaderter Feldsteinbau M.13.Jh., aus Schiff, eingezogenem Rck.Chor mit Apsis und WQuerturm von Schiffsbreite. Nur in der Apsis 2 rundbogige Fenster erh., alle übrigen

Öffnungen im 19.Jh. spitzbogig erneuert. Der Turmoberteil spätma. mit Quersatteldach. Im Chor gratiges Kreuzgewölbe, der Triumphbogen 1902 erweitert, das Schiff flachgedeckt. Spätgot. 6seitiger *Taufstein* mit Kerbschnittornament. – Außen an der Chorwand ma. *Steinkreuz* (Giebelkreuz?). Vor dem WEingang *Inschr.Grabstein* für J.Chr.Zimmermann †1832.

HERZSPRUNG Bez. Frankfurt/Oder, Ldkr. Angermünde. – Inv. Prov. Brandenburg, Angermünde

Dorf-K. Spätgot. flachgedeckter Rck.Bau aus Feldstein, die Öffnungen barockisiert; der w verbretterte Dachreiter mit spitzem Helm von 1696; der gotisierende WGiebel aus Backstein 2.H. 19.Jh. – Hölzerner *Altaraufsatz*, handwerklich 1.H.17.Jh., in der Mitte Gemälde von Abendmahl, Kreuzigung und Himmelfahrt. Die *Kanzel* mit den Bildern der Evangelisten wohl gleichzeitig.

HILLMERSDORF Bez. Cottbus, Ldkr. Herzberg. – Inv. Prov. Sachsen, Schweinitz

Dorf-K. Kleiner 1sch. verputzter Feldsteinbau mit Apsis, im Kern 13.Jh. Der quadr. WTurm in Backstein 17.Jh., sein Längs-Satteldach den First des Schiffes nur wenig überragend. SVorhalle 19.Jh. Die Fenster im 18.Jh. verändert, die s Tür spitzbogig, ihr Türblatt mit spätgot. Beschlägen. Im Inneren Brettertonne, der Apsisbogen halbrund, die Apsis mit Bretterdecke. Hufeisenempore 18.Jh., im O darunter vergitterte Logen. – *Kanzelaltar* 2.V.18.Jh., zwischen Säulen und schmalen Wangen der leicht geschweifte Korb mit Kreuzigungsgemälde, im Aufsatz Rundbild der Dreifaltigkeit. Gedrungener spätgot. *Taufstein*, 8eckig. *Orgel* sp.18.Jh. In der Vorhalle ganzfiguriger *Grabstein* eines Ritters, inschr. 1640.

HINDENBERG Bez. Cottbus, Ldkr. Calau

Dorf-K. Der Kern ein Rck.Bau des 15.Jh. aus Feldstein, 1841 vollständig spätklassizist. erneuert, mit hohen Rundbogenfenstern und flachem Satteldach. Quadr. WTurm von 1870–80. – Innen Hufeisenempore und Orgel von 1841. Die *Kanzel* vor der glatten OWand über dem Altar mit anschließendem *Pfarrstuhl*, 18. Jh.

HIRSCHFELD Bez. Cottbus, Ldkr. Liebenwerda. – Inv. Prov. Sachsen, Liebenwerda

Dorf-K. Stattlicher spätbar. Putzbau, dat. 1786, aus Rck.Saal und quadr. WTurm, dieser mit 8eckigem Oberteil, Schweifhaube, Laterne und Zwiebel. Im Schiff steile rundbogige Fenster. Gesamtrest. 1979–82. – Die *Ausstattung* aus der Bauzeit: Hufeisenempore, an den Seiten 2geschossig; Gestühl; hübscher 3teiliger

Orgelprospekt. Steiler *Kanzelaltar* mit einfachem Säulenaufbau, bekrönt von Gottesauge im Strahlenkranz, in den Akanthuswangen Engelhalbfiguren. An der SWand qualitätvolle geschnitzte *Beweinung Christi* um 1520 sowie 3 gute *Schnitzfiguren*, 3.V.15.Jh.: Mondsichelmadonna zwischen hl. Bischof (?) und der hl. Ursula. *Sandsteintaufe* mit schlankem Balusterfuß und umkränztem Flachbecken von 1838, der gewölbte Deckel aus Zinn. Bar. *Taufengel*, z.T. ergänzt. Kleines *Ecce-Homo-Bild* 18.Jh. (im Pfarrsaal).
Pfarrhaus Pfarrgasse 9. 2geschossiger Fachwerkbau von 6 Achsen, 1690.

HIRSCHFELDE Bez. Frankfurt/Oder, Ldkr. Bernau
Dorf-K. Feldsteinbau, M.13.Jh., aus Schiff, eingezogenem Rck.-Chor und schmalerem WQuerturm; dessen Glockengeschoß spätma. Das Schiff seit 1945 Ruine, der Chor instandgesetzt. An seiner SSeite vermauerte spitzbogige Priesterpforte. Die anderen Öffnungen im 19.Jh. vergrößert.

HÖNOW Bez. Frankfurt/Oder, Ldkr. Strausberg. – Inv. Prov. Brandenburg, Niederbarnim
Dorf-K. Beachtlicher Feldsteinbau gegen M.13.Jh. Das auffallend kurze Schiff, der quadr. eingezogene Chor mit Apsis und der massige WTurm von Schiffsbreite in klarer Staffelung. Die jetzigen Öffnungen von der Rest. 1857. Die hochliegenden kleinen rundbogigen Fenster an Schiff und Chor in der Vermauerung erkennbar, ebenso die 3 Apsisfenster. Die Pforte an der SSeite des Chores rundbogig, wie die am Schiff vermauert. Das Glockengeschoß des Turmes wohl 15.Jh., die Schallöffnungen und begleitenden Blenden in Backstein gefaßt. – Der Turm zum Schiff mit großem Spitzbogen geöffnet, Schiff und Chor durch hohen rundbogigen Triumphbogen voneinander abgesetzt und urspr. flachgedeckt. Spätgot. Wölbung, dafür die Langhauswände innen verstärkt: im Schiff 2jochiges Kreuzrippengewölbe mit Scheitelrippe im O und W, nur der Chor 8rippig gewölbt. Alle Rippen mit Birnstabprofil.

HOHENBOCKA Bez. Cottbus, Ldkr. Senftenberg. – Inv. Prov. Schlesien, Reg. Bez. Liegnitz, Hoyerswerda
Dorf-K. Rck. Putzbau mit Mansarddach und quadr., ins Achteck übergehendem WTurm mit Schweifhaube, im Kern 2.H.14.Jh. Aus dieser Zeit das spitzbogige, klar profilierte WPortal erh. Die heutige Gestalt der K. mit breiten Rundbogenfenstern von der bar. Erneuerung um 1667. Das Innere flachgedeckt; im N und S 2geschossige Emporen des 18. bzw. 19.Jh., im W vorschwingende Orgelempore. – An der N- und SWand größere Rechteckfelder mit *Wandmalerei* erh., nach M.15.Jh.: im N Szenen

aus dem Leben Christi, im S Darstellungen aus Heiligenlegenden, an der OWand s die hl. Barbara. – Ehem. *Altaraufsatz* 2.H.17.Jh. mit Doppelsäulen und Knorpelwerkwangen aus Stein, E.18.Jh. durch Einfügung einer polyg. Kanzel und eines Auszugs zum Kanzelaltar umgestaltet. *Taufständer* mit geschweifter Kuppa, auf ihr Wappen- und Rankenmalerei, 18.Jh.; der Fuß um 1860. An der OWand 2 *Grabplatten*: für J.D.v.Bünau †1676 und F.A.v. Götz †1703.

HOHENBRÜCK–NEU SCHADOW Bez. Cottbus, Ldkr. Lübben

Dorf-K. (Neu Schadow). Kleiner Backsteinbau von 1856 im Rundbogenstil der Schinkel-Nachfolge, 1sch. mit Apsis, auf dem WGiebel kleiner steinerner Glockenstuhl. Die Details mit besonderer Sorgfalt behandelt. – Das Innere flachgedeckt, bestimmt vom weiten Rundbogen der Apsis, diese erhellt durch 3 kleine Kreisfenster. Schlichte Ausstattung aus der Bauzeit. Rest. 1966.

HOHENBUCKO Bez. Cottbus, Ldkr. Herzberg. – Inv. Prov. Sachsen, Schweinitz

Dorf-K. Rck. flachgedeckter Feldsteinbau E.13.Jh., mit wenig jüngerem WQuerturm von gleicher Breite, dieser mit Quersatteldach. Um 1900 Anbau der 5seitigen Apsis in Backstein, genutzt als Eingangsraum und Sakristei. In der SWand vermauertes Spitzbogenportal erh. Die Fenster verändert, die jeweils ö in etwa urspr. Höhe erh. Der Turm mit spitzbogigen Schallöffnungen und ebensolchem SPortal in Backstein. – Die *Ausstattung* 18.Jh.: Hufeisenempore, Pfarrstuhl, Kanzelaltar und hölzerne 8seitige Taufe. Beschädigte Schnitzfigur einer *Pietà*, um 1400, auf schmuckvoller Bank sitzend, Kopf Christi fehlt. 2 hölzerne *Prozessionsstangen* mit bekrönenden Leuchterengeln, um 1500. – An der n Außenwand *Grabstein* A.18.Jh., mit Putten und Gottesauge. – Im Gemeinderaum fragmentarische *Schnitzfigur* eines hl. Georg, 1.V.15.Jh. (Leihgabe aus Proßmarke, Ldkr. Herzberg).

HOHENDORF Bez. Cottbus, Ldkr. Luckau

s. SELLENDORF

HOHENFINOW Bez. Frankfurt/Oder, Ldkr. Eberswalde

Dorf-K. Qualitätvoller Granitquaderbau 2.V.13.Jh. Urspr. Basilika mit Rck.Chor und Apsis sowie dreigeteiltem WQuerbau, (vgl. Berlin-St.Nikolai und Strausberg), doch fehlt das Querschiff. Im 30jährigen Kriege zerstört, E.17.Jh. ohne Seitenschiffe. 1741 der w Turmaufsatz mit verbretterter Laterne ergänzt. 1906/10 romanisierende Rest. und Wiedererrichtung der Apsis. Vom Kernbau die Spitzbogenarkaden auf Rck.Pfeilern mit gekehlten Kämpfern außen sichtbar erh. Großes gestuftes, stumpfspitzbogiges WPortal mit Rundfenster darüber sowie spitzbogige Priesterpforte, von Relieffries mit Akanthusranke gerahmt; die Gewändegliederung mit Säulen 20.Jh. Das flachgedeckte Innere im wesentlichen 1906/10. WEmpore mit *Orgel* aus dem ehem. Altaraufsatz von 1727. Hölzerne *Kanzel* mit kronenförmigem Schalldeckel, 1753. Ehem. *Patronatsloge* 1727. *Epitaph* mit Trophäenschmuck, 1687.

HOHENJESAR Bez. Frankfurt/Oder, Ldkr. Seelow

S. ALT ZESCHDORF

HOHENKUHNSDORF Bez. Cottbus, Ldkr. Herzberg

S. AHLSDORF

HOHENLANDIN Bez. Frankfurt/Oder, Ldkr. Angermünde. — Inv. Prov. Brandenburg, Angermünde

Dorf-K. Flachgedeckter Feldsteinbau 3.V.13.Jh., mit eingezogenem Rck.Chor; 1945 beschädigt, rest. und WPortal sowie WGiebel erneuert. Spitzbogenfenster und spitzbogige Portale im N und S erh. bzw. erkennbar, im OGiebel 3 Spitzbogenblenden, darüber Kreisblende. Innen der spitzbogige Triumphbogen erh.

Ehem. **Schloß** (in Verfall). 1861 von Ferdinand Neubart. Aufwendige asymmetrische Anlage im Tudorstil mit betontem Eingangsrisalit und seitlichen Türmen mit Zinnenbekrönung. Über dem Portal reicher Balkon in Terrakotta.

HOHENLEIPISCH Bez. Cottbus, Ldkr. Liebenwerda. — Inv. Prov. Sachsen, Liebenwerda

Dorf-K. Feldsteinbau aus Schiff mit 1/2kr. Apsis und WQuerturm von Schiffsbreite, wohl 13.Jh., das Äußere modern verputzt. Ma. Anbauten: Quadr. Sakristei im N und SVorhalle. Der WTurm 1908—12 im Oberteil mit Walmdach, oktogonaler Laterne und Spitzhelm erneuert. Die Fenster bar. erweitert, nur das mittlere in der Apsis als Lanzettfenster erh. Das Schiff flachgedeckt, die Apsis mit Halbkuppel gewölbt; WEmpore. — *Schnitzaltar* 4.V.15.Jh., im Mittelschrein Marienkrönung auf modernem Untersatz, seitlich 4 weibliche Heilige, in den Flügeln gleichfalls je 4 Heilige in zwei Zonen übereinander. In der Predella Abendmahlsgemälde. Polyg. *Kanzelkorb* mit diamantierten Brüstungsfeldern aus dem ehem. Kanzelaltar, 1656. *Sandstein-*

taufe in derber Kelchform 15.Jh., modern erneuert. Kleiner *Kruzifixus* von 1656. – Außen an der Sakristei und auf dem Friedhof einige *Rokokograbsteine* M.18.Jh.

HOHENREINKENDORF Bez. Frankfurt/Oder, Ldkr. Angermünde. – Inv. Pommern, Reg.Bez. Stettin, Randow

Dorf-K. Flachgedeckter Feldsteinbau mit eingezogenem Rck.Chor und etwas breiterem WTurm-Unterbau, M. bis 3.V.13.Jh. Der Aufbau des WTurms in Backstein mit hohem Spitzhelm 1894 ergänzt. Die Langhausfenster 1839 erweitert. N- und SPortal vermauert. 1968 rest., dabei WEmpore und schlichte Kanzel verändert. – *Altaraufsatz* 1.V.17.Jh., Holz, 1973 rest. Reich geschmückter 3geschossiger Renaiss.Aufbau, vergleichbar dem Retabel in der Stadt-K. zu Eberswalde, mit Säulchen und diamantierten Rundbogennischen; in der Mittelachse übereinander 4 Reliefs, Abendmahl, Kreuzigung, Auferstehung und Himmelfahrt, darüber Christus als Salvator Mundi. – Spätgot. segmentbogiges *Kirchhofsportal* aus Feldstein, von Fialtürmchen bekrönt.

HOHENSAATEN Bez. Frankfurt/Oder, Ldkr. Freienwalde

Dorf-K. Gotisierender Granitquaderbau mit Backsteinteilen, 1858–60 nach Entwürfen Friedrich August Stülers errichtet. Emporensaal mit polyg. Apsis und sö anschließendem quadr. Turm, sein Oberteil 1905 erneuert. Nach Kriegsbeschädigung 1949/50 wiederhergestellt. – Einheitliche *Ausstattung* aus der Erbauungszeit.

HOHENSELCHOW Bez. Frankfurt/Oder, Ldkr. Angermünde. – Inv. Pommern, Reg.Bez. Stettin, Randow

Dorf-K. Stattlicher Feldsteinbau M. bis 3.V.13.Jh., nach Zerstörungen 1945 bis 1963 rest. Schiff und Turm von gleicher Breite, der Rck.Chor leicht eingezogen. Die Turmhalle in Feldstein 3teilig kreuzgratgewölbt, die beiden seitlichen Felder mit Rundstabrippen. 1687 der verbretterte Turmaufsatz, gleichzeitig wohl die s Vorhalle. Original erh. die OWand mit 3Fenstergruppe und doppelter Blendenreihe im Giebel. Im Schiff etwas breitere Fenster und abgetreppte spitzbogige Portale. Die Priesterpforte mit auskragenden Kämpfern. Innen spitzbogiger Triumphbogen und Rundbogen zwischen Turmhalle und Langhaus. Die Langhausbalkendecke mit schöner *Rankenmalerei* A.18.Jh. (rest.). Hufeisenempore 1810. – Vom 1945 zerstörten Altaraufsatz, 1710 vom Bildschnitzer Rosenberg aus Stettin, erh. *3 Evangelistenfiguren*, Johannes, Markus und Lukas, sowie der auferstehende *Christus*. Die schlichte hölzerne *Kanzel* M.18.Jh., von einem Engel getragen. Schwebender *Taufengel* 1.H.18.Jh.

Ehem. **Gutshaus** (LPG, Wohnungen) 1782. Putzbau auf T-förmigem Grundriß mit niedrigen Seitenflügeln.

HOHENSTEIN Bez. Frankfurt/Oder, Ldkr. Strausberg
Dorf-K. Feldsteinbau M.13.Jh., mit eingezogenem Rck.Chor. In der ö Chorwand 3 Lanzettfenster, außerdem 2 originale Fenster im Langhaus und die Priesterpforte im Chor vermauert erh.; die WFront im 19.Jh. verändert. In Langhaus und Chor bar. Holzdecke mit *Ornamentmalerei*; gedrückt spitzbogiger Triumphbogen. – *Altaraufsatz*, Holz, M.18.Jh., plastisches Kruzifix zwischen Rahmenarchitektur.

HOHENSTEIN (RUHLSDORF)
Dorf-K. Im Kern ma., die heutige Erscheinung schlichter Rck.Saal mit quadr. WTurm, A.18.Jh. – Einfacher hölzerner *Kanzelaltar* aus der Bauzeit.

HOHENWALDE Bez. Frankfurt/Oder, Stkr. Frankfurt/Oder
s. FRANKFURT/ODER

HOPPEGARTEN b. Müncheberg. Bez. Frankfurt/Oder, Ldkr. Strausberg. – Inv. Prov. Brandenburg, Lebus
Dorf-K. 1714. Verputzter Saal mit quadr. WTurm. Die Gebäudeecken und das SPortal durch Pilaster betont. Innen Flachdecke über Voute, Empore im W und N. – *Kanzelaltar*, Holz, 1733 von Christoph Friedrich Sprung (Tischler) und Johann Barath (Maler), in den Feldern des polyg. Korbes Gemälde Christi und der Evangelisten, in der Predella Kopie des Abendmahls von Leonardo. *Kelch*, Silber vergoldet, dat. 1504, Maßwerk am Nodus.

HORNO Bez. Cottbus, Ldkr. Guben
Dorf-K. Spätgot. Feldsteinbau mit 3seitigem OSchluß, der quadr. w Dachturm mit Schweifhaube und Laterne aus dem 18.Jh., gleichzeitig der WGiebel mit gestaffelten Blenden und die stichbogigen Fenster. 1829 Einbau einer tonnengewölbten Gruft im s Turmraum, wohl gleichzeitig die s Vorhalle. Im W und in der s Vorhalle je ein spitzbogiges Stufenportal vom spätgot. Bau erh. – Das Innere flachgedeckt mit Hufeisenempore 18.Jh. Schlichter hölzerner *Kanzelaltar* mit Säulen und schmalen Wangen, 2.V.18.Jh. *Kastenstuhl* mit architektonisch gegliederter Brüstung, E.16.Jh.

HORNOW Bez. Cottbus, Ldkr. Spremberg
Dorf-K. 1sch. Rck.Bau aus Mischmauerwerk, 15.Jh. An der NSeite Sakristei mit bar. Herrschaftsloge. Die Fenster stichbogig erweitert, der OGiebel in Backstein 2.H.19.Jh., der rck. WTurm von 1902. Das Innere mit hölzerner Tonne und WEmpore. – Hölzerner *Altaraufsatz* dat. 1581, Architekturaufbau mit Beschlagwerkdekor und seitlichen Säulen; 3 Gemälde übereinander

angeordnet: Abendmahl, Kreuzigung und Auferstehung. In den seitlichen Nischen Gemälde der Verkündigung und Geburt Christi; als Altarwangen halbierte Adler (ähnlich dem Retabel aus Jessen, Ldkr. Spremberg). Hölzerner *Taufengel* 18.Jh., jetzt über der Kanzel. Auf der NSeite *Herrschaftsempore* 18.Jh., auf der SSeite eine ähnliche Empore, gleichzeitig. — Außen an der K. einige *Inschr.Grabsteine* E.17. bis M.18.Jh. Auf dem Kirchhof bar. quadr. **Gruftbau** mit Zeltdach.

HOYERSWERDA Bez. Cottbus, Ldkr. Hoyerswerda. — Inv. Prov. Schlesien, Reg.Bez. Liegnitz, Hoyerswerda

An der Schwarzen Elster gelegen. Im 13.Jh. Gründung einer deutschen Wasserburg in sumpfigem Gelände; bald Mittelpunkt eines der großen Lehen in der Niederlausitz, dieses in häufig wechselndem Besitz. Der zugehörige Ort 1268 erstmals urk., seit 1371 Marktrecht durch Karl IV., 1423 Stadtrecht. Zerstörung von Stadt und Schloß 1467 durch die Niederlausitzer Stände. Zeitweise ein Zentrum der lederverarbeitenden Gewerbe. 1880 ein Viertel der Einwohner sorbisch. — Auf 3 Werdern erbaut, regelmäßige Anlage, die Gitterform nicht voll ausgebildet. Großer quadr. Markt, 2 Seiten etwa in der alten Bebauung erh., die OSeite jetzt leider offen, an der WSeite das Rathaus. Im S des Marktes die Stadt-K., ö das Schloß. Die Stadt unbefestigt, nur das 1840 abgebrochene Wittichenauer Tor massiv. — Nach Gründung des Braunkohlenkombinats „Schwarze Pumpe“ 1955 rascher Aufstieg zur modernen Industriestadt und gleichzeitig Aufbau der sozialistischen Wohnstadt „Neu-Hoyerswerda“ in 9 ausgedehnten Wohnkomplexen.

Stadt-K. St.Johannes. Erstmals 1346 erwähnt, der bestehende Bau im wesentlichen E.15./A.16.Jh., eine 3sch. Hallenkirche mit 5seitigem OSchluß und eingezogenem rck. WTurm. Spitzbogige Maßwerkfenster zwischen abgetreppten Strebepfeilern. An der NSeite 2geschossiger Sakristeianbau mit Backsteingiebel des 19.Jh. sowie w davon Vorhalle, deren Obergeschoß eine bar. Zutat; die Lücke zwischen Sakristei und Vorhalle im 19.Jh. geschlossen. Vielleicht gleichzeitig, nach Brand um 1850 Erneuerung des Turmes und Aufbringung seines oktogonalen Backsteinaufsatzes. Nach Zerstörung durch Brand 1945 Wiederherstellung, u.a. des Fenstermaßwerkes, des SPortals sowie Verkürzung des Turmoktogons. — Das Innere verhältnismäßig weiträumig, jetzt weiß getüncht. 6 schlichte Arkaden auf Achteckpfeilern, in Art der Lausitzer Schule unmittelbar auf die beiden Ostecken des Chorpolygons zulaufend. Netzgewölbe mit scharfkantigen Rippen, auch in der Turmhalle. Im WJoch Empore in allen 3 Schiffen, mit erneuerter Brüstung und moderner Orgel. In der Sakristei Zellengewölbe. — *Altaraufsatz* 2.H.16.Jh. (aus Zabeltitz, Ldkr. Großenhain), 4geschossiger architektonischer Aufbau mit figurenreichen Tafelbildern: in der Predella 3 Bilder mit der Darstellung des Abendmahls sowie der Austeilung von Brot und Wein, im Hauptfeld die Kreuzigung begleitet von der Opferung Isaaks und von Moses mit der Ehernen Schlange, in den Seiten-

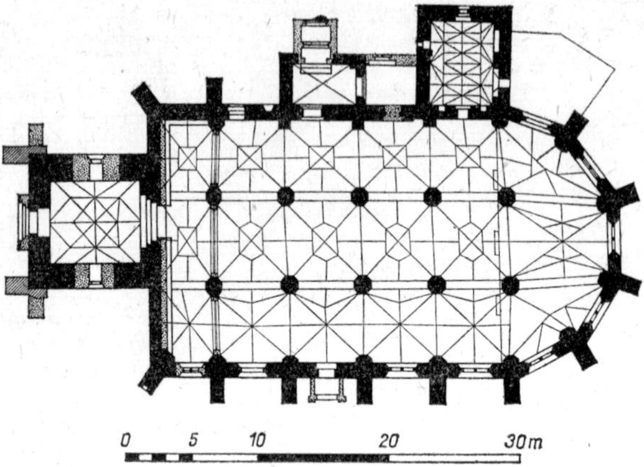

Hoyerswerda, St. Johannes

flügeln Geburt und Auferstehung Christi, auf der Rückseite die Verkündigung sowie die beiden Johannes; in den beiden oberen Zonen die Gemälde des Pfingstwunders und der Trinität, als Bekrönung über Dreiecksgiebel 2 Engel und Kelch; in den seitlichen Voluten musizierende Engel. In der Sakristei *Taufe* 1.H. 17.Jh., aus Diehsa (Ldkr. Niesky), das 8eckige Becken mit Ecktermen und diamantierten Rundbogenfeldern; Sockel und Teile des Fußes erneuert. Torso eines spätma. *Kruzifixus* (z.Z. in Rest.). — Außen an der K. mehrere *Grabdenkmäler* des 16.–18.Jh.: An der SWand des Chorpolygons 2 ovale Inschr.-Schilde, sp.18.Jh.; an der OWand figürlicher Grabstein für Stephan Mischkau †1616; an der NWand des n Anbaues Grabstein mit Relieffigur eines Ritters, sp.16.Jh. (stark zerstört); an der NW-Wand der K. Grabmal des Ehepaars E.M. und Chr.L.Leisnig †1795 bzw. 1810, zwei Rokoko-Schilde vor Stele mit Wolkenbekrönung. Im NW der K. frei stehend Grabmal A.J.F.L'Estoque †1802, Sandstein, etwa lebensgroße Frauenfigur, ein Kind an der Hand haltend, auf rck. Inschr.Sockel.

Kreuz-K. Ehem. Friedhofs-K. Rck.Putzbau mit stichbogigen Öffnungen, Walmdach und mittlerem Dachreiter mit Zwiebelhaube, 1.V.18.Jh. Nach starker Beschädigung 1945 rest., neue Nutzung vorgesehen. — Im Inneren Flachdecke mit *Bemalung* um 1720: Bandelwerk, im mittleren Oval ein Engel, den Glaubenssieg verkündend, flankiert von Kreismedaillon mit Putten. Umlaufende Empore, w als Orgelempore vorschwingend; die Stützen bis zum Unterzugsbalken durchgehend. — Steiler *Altaraufsatz* fr.18.Jh., mit gedoppelten Weinlaubsäulen, der Aufsatz beschädigt, Putten und Flammenvase erh., ein weiterer Rest an der

Orgelempore; im 19. Jh. durch Einfügen eines polyg. Kanzelkorbes zum Kanzelaltar umgestaltet.

Kath. Pfarr-K. Zur hl. Familie. 1912–14 von Engelbert Seiberts, Berlin, als großer neugot. Backsteinbau mit Rck.Chor und NO-Turm errichtet. Innen weiträumiger Saal; die Ausstattung modern aus den 60er Jahren.

Schloß (Museum, Verwaltung). Urspr. deutsche Wasserburg des 13. Jh., erwähnt 1272, auf kreisnahem Gr.; davon die Wassergräben und ein Teil der in Backstein tonnengewölbten Keller erh., der Rundung folgend. Nach Zerstörung der Burg 1467 und einem Brand 1589 ein Neubau seit 1592 unter Seyfried v.Promnitz errichtet. Unregelmäßige, im wesentlichen dem Gr. des Ma. folgende Anlage von 3 Geschossen um einen engen Hof, jedoch der sö Teil des Rundes unbebaut geblieben. Die Gebäude vielfach verändert. Urspr. mit Rck.Fenstern und Volutengiebeln; ein solcher am ehem. SEnde des w Eingangsflügels erh. Ebenfalls noch aus der ersten Bauzeit ein Portal auf der NSeite des Hofes, E.16. Jh., mit geradem Sturz und darüber Wappentafel des S.v. Promnitz und seiner beiden Frauen. Ein 2. Portal am OFlügel E.17. Jh. mit Wappen zwischen gesprengtem Volutengiebel, 1911 stark erneuert. Unter der Herzogin zu Teschen, einer Geliebten König Augusts v.Sachsen – 1705–37 Besitzerin der Burg –, um 1727 Verlängerung des WFlügels in etwa halber Breite nach S und Hinzufügung eines nach W vorspringenden Eingangstraktes von 4 Achsen, dieser mit pilastergerahmten Rundbogenarkaden im Erdgeschoß, über deren Scheiteln Wappen (1911 erneuert). 1823 Abbruch von Teilen des Schlosses, u.a. das Obergeschoß des OFlügels. Seit 1781 das Schloß im Besitz der Stadt, daher seit 1911 eingreifender Ausbau, den Gesamteindruck heute noch bestimmend; weitere Veränderungen nach 1945. – Im Inneren ein flachbogig gratgewölbter Saal von 4 Jochen und die einläufige Schachttreppe der Zeit gegen 1600 erh.

Vor dem Schloß **Postmeilensäule** mit sächsischem Wappen, 1730; urspr. auf dem Marktplatz, 1973 erneuert und hierher versetzt.

Rathaus. Um 1950/60 an alter Stelle und der Form des Vorgängerbaues angeglichen errichtet. Am 3geschossigen Putzbau noch das Rundbogenportal des 1591/92 errichteten Renaiss.Baues erh., mit Inschr. und waagerecht angeordneten Wappen des S.v.Promnitz und seiner beiden Frauen.

Amtshaus (sog. Lessinghaus). Zweigeschossiger Putzbau von 7 Achsen mit Walmdach, 1702. – Gleichzeitig und im Aufriß ähnlich der sog. „**Kastanienhof**", Karl-Marx-Straße, als ehem. Schießhaus errichtet.

Wohnhausbau. Von älteren Wohnhäusern kaum Nennenswertes erh.; erwähnenswert: *Apotheke*, Markt 9, dreigeschossiger Putzbau von 7 Achsen, gegliedert durch ionische Kolossalpilaster und zartgliedriges Gebälk, um 1800. Außerdem die meist 1geschossige Bebauung der *Langen Str.*, die bogenförmig einem ehem. Elsterarm folgt, die Häuser im Kern meist Fachwerk, sp.18./A.19. Jh.; stark erneuert.

I

IHLOW Bez. Frankfurt/Oder, Ldkr. Strausberg

Dorf-K. Gut erh. Feldsteinbau M.13.Jh., mit eingezogenem Rck.Chor und Apsis. Im W quadr. Dachturm, nach 1945 erneuert. In der Apsis ein originales Lanzettfenster erh., an Schiff und Chor die Fenster erweitert, die Portale vermauert. Innen runder Triumphbogen, Balkendecken. Die Ausstattung von der Wiederherstellung nach 1945. – *Glocke* um 1300.

Ehem. **Schloß** (Konsum, Wohnungen). Putzbau des fr.18.Jh., verändert A.20.Jh. Das 2geschossige Corps de Logis von 1geschossigen Flügeln gerahmt, alles unter Mansardwalmdächern. Der 6achsige Mittelrisalit an der Hofseite mit Flachgiebel über 2 Achsen, auf der Gartenseite der Mittelbau 5seitig pavillonartig vorspringend. An beiden Mittelgiebeln Allianzwappen-Relief.

ILLMERSDORF Bez. Cottbus, Ldkr. Cottbus

s. CASEL

J

JACOBSDORF Bez. Frankfurt/Oder, Ldkr. Fürstenwalde. – Inv. Prov. Brandenburg, Lebus

Dorf-K. Im Kern rck. Granitquaderbau des 13.Jh., im 19.Jh. umgebaut, nach W verlängert und die Fenster erneuert, im W verbretterter Dachturm. Nach Kriegsschäden 1949 wiederhergestellt, aus dieser Zeit der OGiebel. Das flachgedeckte Innere mit WEmpore. *Ritzglocke* mit Inschr. 13./14.Jh. – Außen an der Kirche *3 Grabdenkmäler* E.18.Jh.

JÄNICKENDORF Bez. Frankfurt/Oder, Ldkr. Fürstenwalde. – Inv. Prov. Brandenburg, Lebus

Dorf-K. Relativ gut erh. Granitquaderbau 3.V.13.Jh., aus Schiff, eingezogenem quadr. Chor und Unterbau eines WQuerturms von Schiffsbreite, der quadr. Turmaufsatz 1691. Spitzbogige SPforte und gestuftes WPortal, die übrigen Öffnungen bar. verändert. Im Inneren Balkendecke, spitzbogiger Triumphbogen und WEmpore. – Schlichter polyg. *Kanzelkorb* 1.H.17.Jh. *Taufe* aus Eisenguß fr.19.Jh.

JÄNSCHWALDE Bez. Cottbus, Ldkr. Guben. – Inv. Prov. Brandenburg, Cottbus

Dorf-K. Rck. Putzbau von 1806, rest. 1908, mit Walmdach; w davon quadr. hölzerner Glockenstuhl unter Pyramidendach. Die K. außen durch Rck.Fenster mit halbrunden Oberfenstern zwischen breiten Lisenen gegliedert. Rck.Türen an der W-, S- und NSeite, letztere vermauert. Das Innere flachgedeckt und Hufeisenempore mit zur Decke durchgehenden Pfosten. — Steiler hölzerner *Kanzelaltar* mit Pilastern, aus der Erbauungszeit. Bar. *Kelch*, Silber vergoldet, mit Engelsköpfchen am Nodus. *Ziborium* M.15.Jh. (aus Groß Lieskow, Ldkr. Cottbus), Kupfer vergoldet, mit eingravierten Passionsdarstellungen am 6seitigen Behälter, der Deckel zeltartig spitz.

JAHNSFELDE Bez. Frankfurt/Oder. Ldkr. Seelow. — Inv. Prov. Brandenburg, Lebus
Dorf-K. Flachgedeckter rck. Feldsteinbau mit leicht eingezogenem WQuerturm, im Kern ma. Vom Urspr.Bau das s Spitzbogenportal (vermauert) und die kleinen rundbogigen Schallöffnungen des WTurmes erh. Eingreifende Erneuerung 2.H.19.Jh.: Veränderung der Fenster, Zufügung des WPortals und der Turmgiebel in neugot. Formen. Gleichzeitig auch die *Ausstattung.* — *Wappenepitaph* Ch.v.Pfuel †1793, Sandstein.
Ehem. **Gutshaus** (Rat d. Gemeinde). Die heutige Anlage größtenteils ein neugot. Backsteinbau von 1871. Nur der verputzte 7achsige Mitteltrakt im Kern wohl 17.Jh. (Kreuzgratgewölbe im Kellergeschoß), umgebaut um 1800.

JAMIKOW Bez. Frankfurt/Oder, Ldkr. Angermünde
Dorf-K. 3seitig geschlossener Saalbau mit schlankem w Dachturm, im Schiff Teile eines Feldsteinbaues des 13.Jh. verwendet, O- und WTeil bar., Dachturm und Fenster von 1856. Nach 1945 rest.

JESSEN/ELSTER Bez. Cottbus, Ldkr. Jessen — Inv. Prov. Sachsen, Schweinitz
Am Übergang der Straße von Wittenberg nach Dresden über die Schwarze Elster gelegen. An dieser Stelle 1290 eine — gewiß ältere — Burg gen., in ihrem Schutze die Siedlung mit Pfarr-K. entstanden, 1350 „civitas“. Ackerbürgerstadt mit Tuchmacherei. Großer Markt, ehem. mit dem Rathaus in der Mitte (das jetzige sw M.19.Jh.); n die Pfarr-K., deren Pfarrer bereits 1283 genannt wird. Auch im späten Ma. nur mit Graben und Planken befestigt; 2 Tore. Seit 1317 im Besitz der Herzöge von Sachsen-Wittenberg, 1423 an die Wettiner gekommen, 1815 preußisch. Ortserweiterungen im 19. und 20.Jh., besonders nach O.
Pfarr-K. St.Nikolai. Nach Brand von 1646 und Einsturz des WTurmes 1657 die K. in der 2.H.17.Jh. als stattlicher kreuzförmiger Putzbau erneuert. Der längere OArm einschließlich der in der NO-Ecke gelegenen Sakristei mit 2 kuppelartigen Gewölben im Kern wohl ma. Der hohe quadr. WTurm mit flachem Zeltdach, Laterne und Spitzhelm aus M.19.Jh. Die K. mit hohen rundbogigen Fenstern, die Portale der Kreuzarme von Ädikulen

mit manieriert geformten Aufsätzen gerahmt. Im Inneren flache Putzdecke von 1983/84 und vorschwingende WEmpore. Die Querarme durch große Rundbögen geöffnet. – Die Ausstattung aus Holz 2.H.17.Jh.: *Altaraufsatz* 1662, als Altarblatt Abendmahlsgemälde, im Auszug Gethsemanebild. Polyg. *Kanzelkorb*, in den Feldern Gemälde der Evangelisten. Achteckige *Taufe* auf Volutenfuß. *Gemälde* der Grablegung, 1.H.17.Jh. – Außen figürlicher *Grabstein* von 1552.
Ehem. **Schloß** (Behörden). Urspr. ma., ringförmig angelegte Wasserburg. Der 2geschossige Schloßbau des 18.Jh. dieser Anlage folgend, im 19.Jh. verändert und durch schlanken Achteckturm ergänzt. Der NFlügel 1752 um ein Geschoß erhöht. Der Bau nur noch beim Blick von der Grabenseite her beachtlich. Am Hauptportal im W *Allianzwappen* von 1706, am NFlügel eines von 1752.

JESSNIGK Bez. Cottbus, Ldkr. Herzberg. – Inv. Prov. Sachsen, Schweinitz
Dorf-K. Rck. flachgedeckter Feldsteinbau um 1300. Der s Sakristeianbau und der verschieferte oktogonale Dachturm von 1904, gleichzeitig die WWand in Backstein erneuert. Vom frühgot. Bau die Dreifenstergruppe in der OWand erh., die übrigen Öffnungen korbbogig vergrößert. – Rest. des Inneren 1968. Einheitliche *Ausstattung* des 18.Jh. mit Hufeisenempore, Kanzelaltar und Orgel. Die Bekrönung des Kanzelaltars wohl A.20.Jh.

JETSCH Bez. Cottbus, Ldkr. Luckau. – Inv. Prov. Brandenburg, Luckau
Dorf-K. Rck.Bau aus Mischmauerwerk, 14.Jh. Der verbretterte w Dachturm, vom Quadrat ins Achteck übergehend und mit 2fach geschwungener Haube, von 1728; mit massiver WWand 1890 erneuert. Die Fenster bar. verändert, in Resten got. erh. das mittlere OFenster, ebenso das n Rücksprungportal, das s vermauert. Das Innere mit moderner, zweiseitiger offener Dachkonstruktion. Emporen an der N- und WSeite, 17.Jh., die Logenempore an der n Chorwand wohl noch 16.Jh. – *Altaraufsatz* dat. 1695, Holz, 3zoniger Aufbau, in der Mittelbahn Gemälde von Christian Zimmermann aus Luckau: Abendmahl, Kreuzigung, Auferstehung und Himmelfahrt Christi. In den Knorpelwerkwangen Ovalbildchen der Anbetung und Beschneidung, als Bekrönung des Retabels Allianzwappen. Wohl gleichzeitig die polyg. *Kanzel*, in den Feldern des Korbes zwischen Ecksäulchen die Bilder des Salvators und der 4 Evangelisten. Zugehörig der *Pfarrstuhl* in der SO-Ecke, mit Gemälden: Petrus und Paulus sowie 2 Darstellungen, auf die Gnadengeschenke der Kirche bezogen. Klassizist. *Grabdenkmal* für E.W.F.v.Staff †1816, auf hohem Inschr.Sockel Urne mit Schlange und Lorbeerkranz. 2 *Glocken*, 14. und 15.Jh.

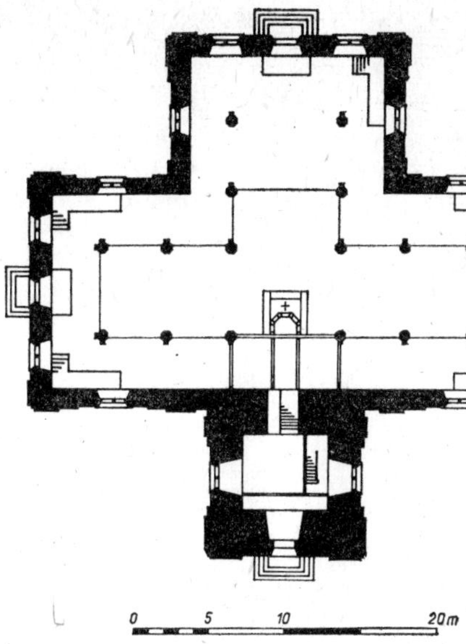

Joachimsthal, Stadtkirche

JOACHIMSTHAL Bez. Frankfurt/Oder, Ldkr. Eberswalde. — Inv. Prov. Brandenburg, Angermünde

Stadt an der Straße Templin—Frankfurt, in waldreicher Gegend zwischen Grimnitzsee und Werbellinsee. Entstanden mit Gründung einer Glashütte 1601/02 neben einer ehem. Askanierburg, später kurfürstliches Jagdhaus vom A.16.Jh. Unbefestigte Kolonistensiedlung aus Hauptstraße und 2 Nebenstraßen. Bedeutungszuwachs durch das 1607 von Kurfürst Joachim Friedrich nach dem Muster der sächsischen Fürstenschulen gegr. und bis 1636 in der Stadt verbliebene Joachimsthalsche Gymnasium. Durch Stadtbrand 1814 vollständige Zerstörung.

Stadt-K. Großer kreuzförmiger Putzbau, 1735—38 nach Entwurf von Bauinspektor Eichler errichtet, urspr. Quersaal mit n vorspringendem Flügel, der Turm an der SSeite erst nach 1740 ergänzt, seitdem die Kreuzform. Der Kanzelaltar innen vor dem Turm gegenüber dem Haupteingang im N angeordnet. Beim Stadtbrand 1814 die K. beschädigt. Das Rest.-Projekt von Bauführer Schramm vermutlich von Karl Friedrich Schinkel abgeändert. Danach 1817—20 die K. in gotisierenden Formen unter Verzicht auf den Turmaufbau erneuert. Der Verputz noch barockisierend mit breiten Ecklisenen. Die Kreuzarme durch Blendengiebel betont, der SGiebel mit flankierenden 8Eck-Türmchen. Das Innere flachgedeckt und durch hölzerne 8Eck-

stützen mit klassizist. Akanthuskapitellen 3sch., ehem. als Breitraum mit umlaufender Empore gestaltet; seit Rest. 1974 geostet, der n Kreuzarm als Winterkirche abgetrennt, im S die Sakristei. — Großes *Altarkruzifix* 1974 von Elli-Viola Namacher, Greiz. Hufeisenempore mit klassizist. *Orgel*. *Kelch* mit *Patene*, Silber vergoldet, 1491.
Ehem. **Burg Grimnitz** auf einer Anhöhe über dem Grimnitzsee am nö Stadtrand, angelegt wohl noch im 13.Jh., im 16.Jh. erneuert. Erh. tonnengewölbte Keller des Mittelhauses und Reste von Ringmauern und Gräben.

K

KAHLA Bez. Cottbus, Ldkr. Liebenwerda. — Inv. Prov. Sachsen, Liebenwerda
Dorf-K. Kleiner flachgedeckter Putzbau von 1811, mit 3seitigem OSchluß und quadr. WTurm, dieser von 8eckigem Oberteil, geschweifter Haube und Laterne bekrönt. Im Inneren Hufeisenempore. — Schlichter hölzerner *Kanzelaltar* aus der Bauzeit mit Säulen und schmalen Wangen. *Sandsteintaufe* in Kelchform, 17.Jh.

CAHNSDORF Bez. Cottbus, Ldkr. Luckau. — Inv. Prov. Brandenburg, Luckau
Dorf-K. Rck. Feldsteinbau mit 3seitigem OSchluß, A.14.Jh.; aus dieser Zeit die spitzbogigen Chorfenster sowie das 3stufige SPortal und ein ebensolches Lanzettfenster schräg darüber. Diese Öffnungen aus Backstein, die Leibung der Chorfenster mit Birnstabprofil. Im 15.Jh. der Chor mit einem Sternnetzgewölbe versehen und an den Polygonecken Strebepfeiler angefügt. Um 1730 die K. rest., davon die korbbogigen Schiffsfenster, die tonnengewölbte Sakristei im N, die 1/2kr. SVorhalle und die Abtrennung eines Raumes für einen WTurm, dieser in Firsthöhe ins Achteck übergeführt, die bekrönende Haube, Laterne und Spitze von 1844. Im Inneren das flachgedeckte Schiff durch flachbogigen Triumphbogen vom gewölbten Chor geschieden. Die Hufeisenempore 18.Jh. — *Kanzelaltar* 1776, der polyg. Kanzelkorb flankiert von Pilastern mit Fruchtgehängen und Akanthuswangen, bekrönt von rankengerahmtem ovalem Auferstehungsgemälde. *Taufe* um 1800, Holz, auf schwerem kanneliertem Säulenstumpf die 8eckige Platte für die Taufschale. In der SVorhalle 8eckige Kuppa eines spätgot. *Taufsteines*, die 3 umlaufenden kräftigen Profilbänder mit Durchsteckungen. In der Sakristei Rest eines bar. *Taufengels*, Holz, beschädigt.

KAHREN Bez. Cottbus, Ldkr. Cottbus. – Inv. Prov. Brandenburg, Cottbus

Dorf-K. Spätgot. Bau aus grobgefügtem Feldstein und Raseneisenstein um 1500; 1sch., der WTurm urspr. als WQuerbau geplant und möglicherweise älter; in spätgot. Zeit quadr. hochgeführt, innen auf eingezogenen Spitzbögen ruhend; das Turmoberteil durch Zinnenkranz und Steinhelm abgeschlossen. Die K. 1706 durch polyg. OSchluß erweitert und die Fenster vergrößert. Im N und S symmetrische Anbauten, Fachwerk bzw. Backstein, 19.Jh. Im flachgedeckten Inneren 3seitige Empore, die Turmhalle urspr. spitzbogig zum Schiff geöffnet. – Die qualitätvolle Ausstattung regional von Bedeutung. Stattlicher hölzerner *Altaraufsatz* E.16.Jh., reicher mehrgeschossiger Ädikula-Aufbau mit Beschlagwerk, im Hauptgeschoß das Gemälde der Opferung Isaaks zwischen schlanken Doppelsäulen vor rustizierten Arkaden. Im 2zonigen Sockel übereinander die Gemälde des Abendmahls und der Anbetung der Hirten; der Giebelaufsatz seiner Dekoration beraubt, an allen Geschossen schmale Wangen. Reich geschnitzte *Kanzel* 1706, vermutlich von dem Muskauer Meister Dreißigmark, auf einem Palmbaum der polyg. Korb ruhend, geschmückt mit großen Akanthusvoluten und weiterem geschnitztem Blattwerk, in den Korbfeldern die Schnitzfiguren des Salvators und der 4 Evangelisten sowie die Stifterwappen (vgl. Kanzel in Briesen, Ldkr. Cottbus); am Schalldeckel schwebende Putten und Heiliggeist-Taube. Schwebender *Taufengel* A.18.Jh., schwungvoll bewegt, von guter Schnitzarbeit. Kleines *Kruzifix*, Holz, gestiftet 1791. *Johanneskopf* (Schüssel modern) wohl 14.Jh. Große hölzerne *Epitaphien*: 1. für E.v.Pannwitz, gefallen 1695, mit Büste des Verstorbenen vor Draperie; 2. für A.E.v.Pannwitz †1702; 3. für G.Chr.v.Pannwitz †1740; die ovalen Porträts der Verstorbenen jeweils von Trophäenschmuck umgeben. *Pastorengrabstein* für J.Richter †1647, ganzfiguriger Reliefgrabstein, gute Arbeit. – Außen an der SWand mehrere *Inschr.Grabsteine*, E.16.Jh. bzw. 1.H.18.Jh. und *Kindergrabstein* H.B.Dresius †1739.

Im W der K. das **Pfarrhaus**, 1geschossiger Putzbau unter Krüppelwalmdach, A.19.Jh.

CALAU Bez. Cottbus, Ldkr. Calau

Am NO-Rand des Niederlausitzer Grenzwalls an der Straße Luckau–Cottbus gelegen. Im slawischen Kerngebiet hier wohl schon früh eine Burg der Herren von Eilenburg errichtet und die Stadt als zugehörige planmäßige deutsche Gründung entstanden. Bereits 1279 als civitas urk. genannt. Die Burg im NO der Stadt 1576 abgerissen. Der Ort auf regelmäßigem elliptischem Gr. mit der Hauptstraße von W nach O im Leitersystem angelegt. Der urspr. große rck. Markt n der Hauptstraße. Auf seinem w Teil, erst nachträglich durch eine Häuserzeile abgetrennt, die Stadt-K.; s davon die jüngere Land-K. oder Wendische-K. Das Rathaus s am Markt, heute ein historisierender Neubau von 1808. Die

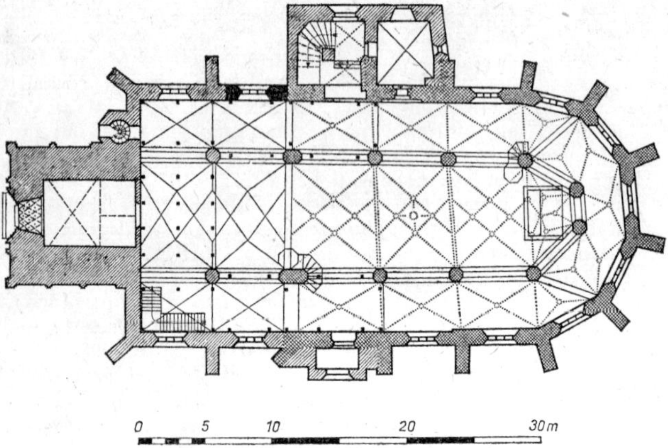

Calau, Stadtkirche

spätma. Befestigung in Feldstein größtenteils beseitigt, auch die beiden Tore, das Luckauer Tor im W und das Cottbuser Tor im O, im 19.Jh. abgetragen. Der Ort eine der 4 Immediatstädte der Niederlausitz; neben dem Ackerbau vor allem die Schuhmacherei von Bedeutung. – Von 1319–1368 im Besitz der Herren von Eilenburg, seit 1635 kursächsisch, seit 1815 preußisch. Am Ende des 2.Weltkrieges zu 80% zerstört. Der Wiederaufbau mit Wohnbauten im Gange, geringe Industrialisierung.

Stadt-K. (Deutsche K.). 3sch. Backsteinhalle von 5 Jochen mit kapellenlosem Umgangschor und nahezu quadr. WTurm sowie großem Rck.Anbau im N. Daneben im 2.Joch von W 2fach gestuftes, breitspitzbogiges Backsteinportal (zugesetzt) in profilierter Rck.Rahmung, Rest eines Vorgängerbaues 2.V.13.Jh. (ein Pfarrer 1285 bezeugt). Der Chor mit Umgang – außen 5seitig, innen 3seitig – und die drei ö Joche zuerst errichtet: Der s Strebepfeiler an dieser Stelle schräggestellt. Der Baubeginn vielleicht noch im 14.Jh., die 2 WJoche und der Turm wohl erst 4.V.15.Jh. Der rck. NAnbau aus Feldstein vermutlich E.15./A.16.Jh. Umlaufend gestufte Strebepfeiler und hohe 3geteilte Spitzbogenfenster mit geschrägter Leibung. Das Maßwerk erneuert. SVorhalle in Backstein E.19.Jh. Der Turm 4geschossig, von unten auf durch Blenden in der typischen Lausitzer Art gegliedert, das Erdgeschoß mit Blenden aus breiten Spitzbögen, in den folgenden Geschossen sehr schmale gereihte Blenden, von unten nach oben: stichbogig, schwalbenschwanzförmig, kielbogig. Das abschließende 8Eckgeschoß mit gotisierenden Schallöffnungen angeblich von 1669, der Spitzhelm 1962 anstelle einer Bar.Haube. Das schöne WPortal aus Backstein, kielbogig mit

Krabbenschmuck und seitlichen Fialen nach Hausteinvorbild, für eine Datierung in das sp.15.Jh. kennzeichnend. – Das Innere urspr. ein reiner, wohlproportionierter Hallenraum. Auffällig die steile Arkade in der Mittelachse des Chores. Im übrigen die mehrfach gestuften Spitzbogenarkaden auf 8Eckpfeilern kämpferlos aufsitzend. Charakteristisch die Zwillingsblendnischen an den inneren Umgangswänden des Chores. Die K. infolge der Kriegsschäden jetzt flachgedeckt, nur in den 2 w Jochen die Netzgewölbe auf gekehlten Rippen rest.; der ältere Bauabschnitt ö davon durch den breiteren Pfeiler mit Gurtbogen gekennzeichnet. In diesem ö Teil das im Chor urspr. Gewölbe sternförmig, das im Langhaus-Mittelschiff mit Parallelrippen; in den Seitenschiffen die Ansätze der urspr. Kreuzrippengewölbe erh., die Rippen hier birnstabförmig. In der Turmhalle Kreuzgratgewölbe, die Portalnische mit Zellengewölbe. Das ma. Gewölbe im spätgot. NAnbau eingestürzt. Die Oberkirche in Cottbus hinsichtlich Gr. und Aufbau der Calauer Stadt-K. in den Grundzügen verwandt, doch ist man in Calau bei der reinen Hallenform geblieben. – Die alte Ausstattung 1945 zugrundegegangen, die jetzige von 1950/60. In der Turmhalle Ausstattungsstücke aus anderen Kirchen abgestellt: *Predella* mit Abendmahlsbild von einem Altaraufsatz, dat. 1664; *Kanzelkorb* um 1650, mit den gemalten Evangelisten und Christus, Beschlag- und Knorpelwerk (beide aus Tornow, Ldkr. Calau). *Altaraufsatz* um 1600, Mittelbild mit Kreuzigungsgruppe (aus Vorberg, Bez. Potsdam, Ldkr. Königs Wusterhausen). Die zugehörige Predella mit gutem Abendmahlsrelief, ungefaßt, im Gemeinderaum. Ma. *Tür* mit Bandeisenbeschlag (aus Seese, Ldkr. Calau).

Wendische K. Rck. Feldsteinbau des 14./15.Jh., 3 gestufte Spitzbogenfenster im O und S. Das WPortal vermauert, ein neues auf der NSeite. Die Giebel neugot. von 1875 in Backstein. Innen Flachdecke und WEmpore. – *Schnitzfigur*, Moses als Kanzelträger, A.17.Jh., ungefaßt (aus Vorberg, Bez. Potsdam, Ldkr. Königs Wusterhausen).

Kath. K. St.Bonifatius. 1930 von Hubert Schmid aus Cottbus. Klinkerbau mit quadr. OTurm. Schiff und Turm unter Dächern in Form eines umgekehrten Schiffsrumpfes (Bohlenbinderdach), innen die Dachkonstruktion rautenförmig sichtbar.

Wohnhausbau. Ältere Bebauung nur lückenhaft und uneinheitlich erh., zu erwähnen: „*Burglehenhaus*" am Burgplatz, inschr. 1716, 2geschossiger Putzbau von 5:3 Achsen unter Walmdach, die Fenster korb- und segmentbogig. *Alte Mädchenschule* Kirchstr. 1, 17./18.Jh., 2geschossiges Traufenhaus mit kräftig vorkragendem Fachwerkobergeschoß unter Krüppelwalmdach.

Stadtbefestigung. Von der ma. Stadtmauer in Feldstein im W der Stadt ein ca. 10 m hohes Stück erh., nach N auf eine Länge von ca. 90 m sich niedriger fortsetzend.

KALKWITZ Bez. Cottbus, Ldkr. Calau

s. SASSLEBEN

CASEKOW Bez. Frankfurt/Oder, Ldkr. Angermünde. – Inv. Pommern, Reg.Bez. Stettin, Randow

Dorf-K. Rck. Feldsteinbau, im Kern 2.H.13.Jh., mit hohem WTurm aus Backstein von 1855; alle Öffnungen verändert. – Einheitliche Ausstattung um 1720; an der veränderten *WEmpore* Bilder der 12 Apostel. Der *Kanzelaltar* von 1721 mit reichem Akanthuswerk, am Korb die Gemälde von Abendmahl, Kreuzigung und Auferstehung, an der Kanzeltür Lutherbildnis, an der Treppenbrüstung und den Säulenstühlen 4 gemalte Emblemata. Als Schalldeckelbekrönung der Auferstandene von 2 Engeln begleitet.

CASEL Bez. Cottbus, Ldkr. Cottbus

Dorf-K. Spätgot. kleiner Rck.Bau aus Mischmauerwerk mit w verbrettertem Dachturm. Spitzbogiges SPortal, im O verändertes, mittleres Rck.Fenster, die übrigen ebenfalls bar. vergrößert. Im Inneren Balkendecke und bar. *Ausstattung* mit Hufeisenempore Kanzelaltar und Gestühl.

CASEL (ILLMERSDORF)

Dorf-K. Kleiner Fachwerkbau mit 3seitigem OSchluß und w verbrettertem 8seitigem Dachreiter, 1742 von Zimmermann Reimann aus Lübben errichtet. Um 1900 W- und SSeite massiv erneuert. Über dem WPortal Stiftungsinschr. E.v.Normann mit Allianzwappen aus Sandstein. Im Inneren O- und WEmpore, an der WSeite die Brüstungsfelder mit Bibelsprüchen und Allianzwappen bemalt. – Hölzerner *Kanzelaltar* mit seitlichen Schranken aus der Erbauungszeit, Ädikulaform mit Weinlaubsäulen und schmalen Wangen, am polyg. Kanzelkorb Ecksäulchen und kleines Kruzifix, im Aufsatz Auferstehungsgemälde, bekrönt von Gottesauge zwischen 2 Engelfiguren mit Leidenswerkzeugen. An der Kanzeltür ganzfiguriges Salvator-Tafelbild, in der Predella Abendmahlsgemälde.

KASEL-GOLZIG Bez. Cottbus, Ldkr. Luckau. – Inv. Prov. Brandenburg, Luckau

KASEL

Dorf-K. Rck.Feldsteinbau, im Gr. leicht verschoben, wohl 15.Jh., mit vorgelegtem, leicht querrck. WTurm, sein Oberteil Backstein mit gepaarten rundbogigen Schallöffnungen und Spitzhelm. Der OGiebel original mit spitzbogiger Dachluke erh. In der s Schiffswand 2 spitzbogige Stufenportale; vor dem ö SPortal kleine Backsteinvorhalle von der Erneuerung 1722; aus dieser Zeit wohl auch die Fenster. Letzte Rest. 1927 und 1970. Das Innere mit Balkendecke, nur über der w Orgelempore stichbogige Holztonne aus der Zeit des Orgeleinbaues 1833. Umlaufend *Emporen*, die trotz leichter Unterschiede im einzelnen ein-

heitlich zur Rest. A.18.Jh. gehören: die ö, den Kanzelaltar einschließende Empore auf gedrehten Säulen mit Balusterbrüstung, die n mit Patronatsloge; im W die n und s Emporenstücke auf Rundstützen bzw. auf gedrehten Säulen und mit ausgesägten Balustern. Die w Orgelempore später eingefügt; ihre schlichte Brüstung mit mittlerem gemaltem Wappen; der Raum darunter als Loge abgetrennt. – *Kanzelaltar* 1.V.18.Jh., der Kanzelkorb flankiert von durchbrochenen Säulen aus gedrehten Ranken sowie Akanthuswangen, in der Predella Abendmahlsbild. Gleichzeitig *Sandsteintaufe* in Kelchform, A.18.Jh., die runde Kuppa mit 2 Allianzwappen umfangen von 2 großen Akanthusblättern; zugehörig der schwebende *Taufengel* auf der Orgelempore. Wohl ebenfalls gleichzeitig die beiden *Posaunenengel* zu seiten der Orgel; der *Orgelprospekt* 1833. An der NWand *Grabstein* des J.W.S.v.Zeschow 17.Jh., mit Relieffigur des Verstorbenen in Rüstung.
Ehem. **Schloß** (Touristenzentrum). Stattlicher Putzbau 2.H.18.Jh. Langgestreckte 13achsige Anlage, 1geschossig auf hohem Sockelgeschoß, unter Mansardwalmdach. Die 3 Mittel- und die Eckachsen durch zarte Putzpilaster hervorgehoben. An den Schmalseiten kleine Mittelrisalite, denen im Inneren ein durchgehender Mittelkorridor entspricht. In der Mittelachse einläufiges, gewendeltes Treppenhaus.
Das Schloß auf der Parkseite von der ehem. **Orangerie** und einem **Kavalierhaus**, Fachwerk, flankiert; der Park verwildert.

KATHLOW Bez. Cottbus, Ldkr. Cottbus. – Inv. Prov. Brandenburg, Cottbus
Neurom. **Kap.** 2.H.19.Jh., 1sch. Backsteinbau mit Apsis.

KAUXDORF Bez. Cottbus, Ldkr. Liebenwerda. – Inv. Prov. Sachsen, Liebenwerda
Dorf-K. Kleiner bar. Fachwerkbau A.18.Jh., mit 3seitigem OSchluß und w oktogonalem Dachreiter mit Schweifhaube; SVorhalle. Im Inneren Hufeisenempore, an der Brüstung ornamentale Malereien. – *3 Schnitzfiguren* von einem spätgot. Altar um 1430: am Kanzelkorb hl. Bischof, einzeln aufgestellt Maria mit Kind und Jacobus major.

KEMLITZ Bez. Cottbus, Ldkr. Luckau. – Inv. Prov. Brandenburg, Luckau
Dorf-K. Rck. Saalbau, Backstein, mit OApsis und Backstein-Aufsatz für die Glocke über der WWand, 1856 nach Entwurf von Bauinspektor Rupprecht im Schinkelschen Rundbogenstil.
Ehem. **Gutshaus** (Kindergarten). 2geschossiger Putzbau mit Mansardwalmdach, im Kern um 1700.

KEMMEN Bez. Cottbus, Ldkr. Calau

Dorf-K. Feldsteinbau mit 5seitigem OSchluß und quadr. WTurm, 15.Jh. Die 3 kleinen OFenster im Polygon nur wenig erweitert, original erh. die leicht spitzbogige Pforte im N. Die K. um 1650 rest., daher die Stichbogenfenster und der verbretterte Turmaufsatz mit Haube und Laterne, erneuert 1752. Das Innere mit Balkendecke und WEmpore. – Als *Altaraufsatz* Predella, Teil eines hölzernen Retabels, 1649 von Andreas Schultze aus Torgau, bemalt 1652 von Martin Heber aus Cottbus: Abendmahlsrelief, seitlich Porträtmedaillons des Stifterpaares Planck, darüber ihre Wappen. Auf der Predella hohes gutes *Kruzifix*, begleitet von Engeln mit den Leidenswerkzeugen, rest. 1966; am Fuß des Kreuzes kleine Figur des Auferstandenen, wohl spätere Zutat. Polyg. *Kanzel* 1649, getragen von Mosesfigur, am 5seitigen Korb Reliefs der 4 Evangelisten mit ihren Symbolen und des Salvators, ebenfalls von Andreas Schultze gearbeitet und 1652 von Martin Heber gefaßt (sign. und dat. an der Lukas-Figur), die Kanzel verbunden mit Pfarrstuhl und Aufgang; Schalldeckel. Hölzerne *Taufe* um 1650, 6seitig mit Beschlagwerk, Fuß modern. Auf dem hölzernen Deckel geschnitzte Gruppe der *Taufe Christi*, wohl ebenfalls von Andreas Schultze.

KERKOW Bez. Frankfurt/Oder, Ldkr. Angermünde. – Inv. Prov. Brandenburg, Angermünde

Dorf-K. Wohlerhaltener stattlicher Feldsteinbau mit eingezogenem Rck.Chor und WTurm von Schiffsbreite, M. bis 3.V.13.Jh. Der quadr. Turmaufsatz 1781 aus verputztem Backstein mit neuem Pyramidendach. Im W und S im Schiff gestufte Spitzbogenportale, über dem WPortal Kreisfenster; s im Chor schmale Priesterpforte. Die urspr. Spitzbogenfenster zugesetzt, die jetzigen neuzeitlich. Von der Turmhalle zum Schiff breiter Rundbogen, vom Schiff zum Chor zugespitzter Triumphbogen. Im Schiff Balkendecke, im Chor 2jochiges Sterngewölbe 2.H.15.Jh.; die Kappen in der Hauptachse in ungewöhnlicher Weise mit seltsamen Stern- und Radmedaillons dekoriert. In der OWand spätgot. *Sakramentsnische* mit Tür; die hübsche Rahmung 1.H.16.Jh. gemalt. Die heutige Wirkung des Innenraumes bestimmt durch die Ausstattung A.18.Jh. mit ornamentaler, A.20.Jh. erneuerter Bemalung: W- und SEmpore, *Orgel*, 2 *Chorgestühle*, *Kastengestühl* im Schiff. – *Altaraufsatz*, Sandstein, 1596, 3geschossig mit reichem figürlichem Schmuck von guter Qualität. Im Sockel Abendmahlsrelief; im Hauptgeschoß zwischen Hermenpilastern Kreuzigungsgruppe mit Maria Magdalena, in den seitlichen Figurennischen Matthäus und Markus; im Aufsatz der Auferstandene, seitlich Lukas und Johannes, in der bekrönenden Lünette Gottvater, darüber der zum Himmel aufsteigende Christus. Hölzerne polyg. *Kanzel* 2.H.17.Jh. Hölzerne *Taufe* 1707, mit Rosettenschmuck in Gitterwerk, der Deckel kronenförmig endigend. Geschnitzter *Wappenschild* 1757, mit Trophäenschmuck.

KERKWITZ Bez. Cottbus, Ldkr. Guben
Pfarramt, z.Z. Aufbewahrungsort des fragmentarischen Grießener Altars: Teile eines *Schnitzaltars* M.15.Jh., bestehend aus 3 Schnitzfiguren, Maria mit bekleidetem Kind, Maria Magdalena und Barbara, sowie Predellenschrein mit 2 männlichen und 2 weiblichen Heiligenbüsten unter Maßwerkbaldachinen. Nicht zugehörig: Kleinere stehende *Maria mit Kind*, um 1470/80.

KETSCHENDORF Bez. Frankfurt/Oder, Ldkr. Fürstenwalde

s. FÜRSTENWALDE/SPREE

KIENBAUM Bez. Frankfurt/Oder, Ldkr. Fürstenwalde. – Inv. Prov. Brandenburg, Niederbarnim
Dorf-K. Rck. Putzbau von 1908–09. – Hölzerner *Kanzelaltar* 2.V.18.Jh., Säulenaufbau mit hübschen Akanthuswangen, als Bekrönung kleiner bar. Kruzifixus.

KLEIN DÖBBERN Bez. Cottbus, Ldkr. Cottbus. – Inv. Prov. Brandenburg, Cottbus
Dorf-K. Im Kern spätrom. Backsteinbau sp.13.Jh. nach Ausweis des jetzt vermauerten, breitspitzbogigen SPortals mit Rck.-Blende darüber, darin großer Zackenfries und Deutsches Band. 1680 das Schiff um 2 Achsen nach O verlängert und mit 5seitigem Schluß versehen, gleichzeitig die Fenster verändert und eine s Vorhalle hinzugefügt. Von 1794/95 der schwere quadr. WTurm. Die K. 1945 bis auf die Umfassungsmauern zerstört, 1950/51 wiederaufgebaut. Im Inneren Bretterdecke, die 3 ö Chorpolygonseiten fensterlos, mit flachbogigen Nischen. – Reich verzierter *Kelch* von 1619, Silber vergoldet, am Sechspaßfuß Signaculum und Stifterwappen, am Nodus Arabesken, die Kuppa von Ranken mit Engelsköpfchen überfangen.
Wohnhaus Nr. 17. Blockhaus von 1816 mit Umgebinde an der Frontseite, der Giebel verbrettert.

KLEINDRÖBEN Bez. Cottbus, Ldkr. Jessen. – Inv. Prov. Sachsen, Schweinitz
Dorf-K. Fachwerkbau E.17.Jh., mit 5seitigem OSchluß und niedrigem quadr. WTurm mit Zeltdach. Innen muldenförmige Bretterdecke sowie Empore im W und N. – Spätgot. *Blockaltar*. Der hölzerne *Altaraufsatz* A.18.Jh., mit Gemälden des Abendmahls, der Kreuzigung und Auferstehung. Die *Kanzel* etwa gleichzeitig. Hübsche pokalförmige *Sandsteintaufe* mit Beschlagwerk, dat. 1611, an der 6eckigen Kuppa Sprüche; vgl. die Taufe in Schützberg (Ortsteil v.Klöden, Ldkr. Jessen).

KLEIN MUCKROW Bez. Frankfurt/Oder, Ldkr. Beeskow
Dorf-K. Rck. Fachwerkbau mit verbrettertem Dachturm und Eingangsvorbau im W, A.18.Jh., rest. um 1960.

KLEIN PRIEBUS Bez. Cottbus, Ldkr. Weißwasser

KLEIN PRIEBUS (PODROSCHE)
Dorf-K. 1907–08. Stattlicher oktogonaler Zentralbau auf künstlicher Anhöhe in enger Anlehnung an den bar. Vorgängerbau aus Fachwerk von 1690. Hölzerne Kuppel; an der WSeite ein quadr. Turm mit Zwiebelhaube vorgelegt. Das Innere mit umlaufender Empore qualitätvoll ausgestaltet; die Kuppel illusionistisch als Scheinarchitektur ausgemalt. – Der *Kanzelaltar* mit Doppelsäulen bar. bzw. mit bar. Teilen erneuert. Hölzerne *Taufe*, bar. nachempfunden. Bar. hölzerner *Taufengel* um 1700.

KLEINRÖSSEN Bez. Cottbus, Ldkr. Herzberg. – Inv. Prov. Sachsen, Schweinitz
Dorf-K. 1sch. Bau in Ziegelfachwerk mit 3seitigem OSchluß und quadr. WTurm, um 1690. Die beiden Obergeschosse des Turmes verbrettert, über seinem Zeltdach eine 4seitige Laterne. Innen W- und SEmpore, im S der vorschwingende Orgelteil, A.19.Jh. – *Altaraufsatz* 1.H.18.Jh., das Hauptfeld mit Gemälde des Gekreuzigten gerahmt von Akanthusvoluten, im Giebel Palmzweigkartusche. Polyg. *Kanzel* auf Pinienzapfen, der Korb mit Frucht- und Blumengehängen A.18.Jh., in Verbindung mit Aufgang vom A.20.Jh. Auf dem Antrittspfosten hübsche bar. Flammenvase. *Pfarrstuhl* und *Kastengestühl*, 18.Jh.
Pfarrhaus. Fachwerk, 18.Jh., 2geschossig mit Krüppelwalmdach, z.T. verändert.

KLEINSCHÖNEBECK Bez. Frankfurt/Oder, Ldkr. Fürstenwalde

S. SCHÖNEICHE B. BERLIN

KLEIN ZIETHEN Bez. Frankfurt/Oder, Ldkr. Eberswalde. – Inv. Prov. Brandenburg, Angermünde
Dorf-K. Rck. verputzter Feldsteinbau, im Kern vermutlich 13.Jh., erneuert 1685. Der quadr. WTurm 1880. Innen hölzernes Muldengewölbe. – Ausstattung im wesentlichen 1880. Polyg. hölzerne *Kanzel* mit Ecksäulchen, 1.H.17.Jh.

KLETTWITZ Bez. Cottbus, Ldkr. Senftenberg
Dorf-K. Spätgot. verputzter Feldsteinbau aus Schiff und quadr. WTurm, 15.Jh. An der NSeite rck. got. Kapelle, ihr Portal mit spitzbogigem Stabwerk um 1500. Die K. im 18.Jh. erneuert, u.a.

Stichbogenfenster und 8eckiger Turmaufsatz mit Haube und Laterne, 1774. Um 1906 Zufügung von Querschiff und Chor aus gelbem Backstein, auf der Vierung Dachreiter. – Die NKapelle innen in 2 Jochen wohl 1.H.15.Jh. kreuzrippengewölbt, die Rippen in gleichmäßigen Abständen durch aufgelegte Querbänder mit Rosetten besetzt; die beiden Spitzbogenarkaden zum Schiff vermauert. Der Anbau von 1906 kreuzgratgewölbt mit Emporen in den Kreuzarmen; diese sowie Gestühl und Ausmalung im Stil des 17.Jh. – *Altaraufsatz* 1.H.17.Jh., im Aufsatz Abendmahlsbild, die Seitenwangen mit Beschlagwerk; im Hauptfeld eingefügt ma. *Schnitzaltar*, 4.V.15.Jh., mit Mondsichelmadonna flankiert von hl. Martin und Maria Magdalena, die beiden letzteren vermutlich nicht zugehörig, in den Flügeln 4 Reliefs mit Szenen aus Heiligenleben. Runder *Taufstein* fr.16.Jh., der hölzerne Dekkel mit den *Schnitzfiguren* einer Taufe Christi, gute Arbeit 1.H. 18.Jh. Die *Bilder* der Gestühlsbrüstungen in Schiff und Querarmen wohl von einer Emporenbrüstung, 1.H.17.Jh. – Am Friedhofseingang *Portalgitter* 2.V.18.Jh.

KLIESTOW Bez. Frankfurt/Oder, Stkr. Frankfurt/Oder

s. FRANKFURT/ODER

KLINGE Bez. Cottbus, Ldkr. Forst. – Inv. Prov. Brandenburg, Cottbus

Dorf-K. 1828. Kleiner Putzbau, beidseitig polyg. geschlossen, Walmdach mit Dachreiter. W Vorhalle mit angebauter Gruft. – Hölzerner *Kanzelaltar* inschr. 1737, Säulenaufbau mit Akanthuswangen, im Aufsatz Auferstehungsgemälde zwischen 2 Schnitzfiguren kniender Engel, bekrönt von Gottesauge; auf den Feldern des Korbes der Salvator und die 4 Evangelisten gemalt.

KLOBBICKE Bez. Frankfurt/Oder, Ldkr. Eberswalde

Dorf-K. 1sch. Granitquaderbau mit eingezogenem Rck.Chor, 2.V.13.Jh., die s Sakristei und der romanisierende WQuerbau 1904/05. Vom Kernbau einige schlankspitzbogige Öffnungen erh., in der Chor-Ostwand 3 Lanzettfenster. Das Innere mit Holztonne von 1630, rest. 1904/05. – Manieristisches *Altarretabel* aus Holz 1630, mit plastischer Kreuzigungsgruppe und 10 Apostelfiguren der Zeit um 1520 vor gemalter Landschaft, flankierend Säulen mit Beschlagwerk und Knorpelwerkwangen; in der Predella gemalt das Abendmahl, im bekrönenden Auszug die Taube. Ähnlich die hölzerne *Kanzel* von 1630, der polyg. Korb mit Ecksäulchen von Mosesfigur getragen, in den rustizierten Arkaden Malereien der Evangelistensymbole und des Agnus Dei. *WEmpore* mit Malerei um 1630. *Reliefgrabstein* 1575, mit Ritterfigur.

KLÖDEN Bez. Cottbus, Ldkr. Jessen. – Inv. Prov. Sachsen, Schweinitz

Dorf-K. Großer verputzter, 1sch. Backsteinbau mit hohem Satteldach, eingezogenem Chor mit breiter Apsis und quadr. Turm an der NSeite des Chores. Letzterer inschr. 1516, das Schiff wohl etwa gleichzeitig. Chor und Apsis dagegen E.12.Jh. mit Veränderungen im fr.15.Jh. und um 1510. Der Turm von Quersatteldach mit Schweifgiebeln bedeckt, in seinem Erdgeschoß die Sakristei, die Obergeschosse über runden Treppenturm an der WSeite zugänglich. Die Apsisfenster bar. vergrößert; die alte Priesterpforte am Chor rundbogig. – Im Inneren der rom. Teil mit Gratgewölben des fr.16.Jh., dabei der Apsisbogen verändert. Im Schiff Bretterdecke 2.H.17.Jh. auf mittlerem Unterzug, den 4 schlanke Holzsäulen tragen; dazu W- und NEmpore, die w 2geschossig mit *Orgelprospekt* um 1800. Das Portal zur Sakristei im Turm mit Doppelkehlprofil, in dieser selbst ein Zellengewölbe. Am rundbogigen Triumphbogen *Wandmalereien* des fr.15.Jh., Christus zwischen Klugen und Törichten Jungfrauen. Am Apsisbogen Weihekreuze und Apostelnamen (die Gestalten fehlen), um 1510. Im s Chorfenster *Glasmalereien* 2.H.16.Jh.: 8 Medaillons mit Wappen und Stifterinschriften. – Der *Blockaltar* aus Sandstein E.12.Jh., das Profil der Abdeckung aus Platte und steiler Schräge mit einer auf die Reliquien des Altars hinweisenden Inschr. Hölzerne polyg. *Kanzel* von 1684 mit gewundenen Ecksäulchen und Schalldeckel. Große rom. *Sandsteintaufe* in runder Kelchform. In der NWand der Apsis große spätgot. *Sakramentsnische* fr.15.Jh., von Kielbogen und Fialen bekrönt, mit schmiedeeiserner Gittertür. Fast lebensgroßer *Kruzifixus* 2.H.12.Jh., Holz mit Resten der originalen Fassung, bedeutendes Zeugnis strenger, fast noch hochrom. wirkender Gestaltung. Der Corpus gestreckt, das über die Knie fallende Lendentuch mit scharfgratigen, senkrecht verlaufenden Falten, die Füße auf einem Suppedaneum ruhend. Das Kreuz mit den gemalten Evangelistensymbolen an den Enden, 15.Jh. In der Sakristei *Triumphkruzifixus* der Bauzeit um 1510, beschädigt. Ehem. *Altarretabel* von 1684, Holz, jetzt zugunsten des auf dem Altar aufgestellten rom. Kruzifixus an der SWand angebracht: Im Hauptfeld Gemälde der Kreuzigung und Auferstehung über dem Predellengemälde des Sündenfalls. 2 ma. *Opferstöcke* aus Holz mit Eisenbeschlag. *Doppelepitaph* aus Sandstein für das Ehepaar H.F.Braunß †1756 und I.D.B., geb. Koch †1737. Gute hölzerne *Wappentafel* für M.Löser von 1694, mit Akanthusrahmung. – Außen an der SWand 5 große *Grabsteine*, davon einer figürlich für A.R.v.Klöden †1603. Auf dem Friedhof viele beschädigte *Grabmäler*.

Ehem. **Schloß** (Behörden, Wohnungen) an einem Nebenarm der Elbe. Der vorausgegangene Burgward bereits um 1000 bezeugt, als ihn Kaiser Otto II. dem Klst. Memleben schenkte. – Verputzter 2geschossiger Zweiflügelbau, im Gesamteindruck bar. Der s Haupttrakt 2.V.16.Jh., in der Torfahrt 2 schlichte Sandsteinportale dieser Zeit erh.; der OTrakt um 1600; hofseitig polyg. Wendelstein mit Haube. Im N großer 1geschossiger Wirtschaftstrakt mit Mansardwalmdach.

KLÖDEN (SCHÜTZBERG)

Dorf-K. Rck. got. Backsteinbau, bei der Barockisierung wohl verlängert und mit quadr. WTurm versehen, dessen oktogonales Oberteil mit Schweifhaube und Laterne. In der OWand kleine spitzbogige Dreifenstergruppe, doch nur das mittlere Fenster got. Im Inneren hölzerne Tonne und Hufeisenempore. – Im OTeil Reste dörflicher *Wandmalereien* 1.H.15.Jh.: in 3 Zonen Darstellungen des Lebens Christi sowie von Heiligen und Propheten. In der OWand *Sakramentsnische* mit Gittertür. Kelchförmige *Sandsteintaufe* von 1611 mit Beschlagwerk, an der 6eckigen Kuppa Sprüche; eine gleiche Taufe, auch von demselben Stifter, in Kleindröben (Ldkr. Jessen).

KLOSTERDORF Bez. Frankfurt/Oder, Ldkr. Strausberg

Dorf-K. Feldsteinbau 1.H.13.Jh., mit WQuerturm von Schiffsbreite, am eingezogenem Rck.Chor 1/2kr. Apsis. Im Untergeschoß des Turmes und in der Apsis die urspr. rundbogigen Fenster erh., weitere in der Vermauerung des Schiffes erkennbar. An der NSeite des Chores spätma. Anbau mit kleinen rundbogigen Öffnungen unter Schleppdach. Spätma. auch das Glockengeschoß des Turmes. Das flachgedeckte Schiff mit spitzbogigem Triumphbogen zum kreuzgratgewölbten Chor geöffnet. – Runder, kelchförmiger *Taufstein*, wohl 16.Jh.

KLOSTERFELDE Bez. Frankfurt/Oder, Ldkr. Bernau. – Inv. Prov. Brandenburg, Niederbarnim

Dorf-K. Im Kern Feldsteinbau des 13.Jh. aus Schiff und eingezogenem Chor. Dieser im 15.Jh. verlängert und halbrund geschl. sowie in 3 Jochen kreuzrippengewölbt mit Birnstabrippen über Kopfkonsolen. Wohl gleichzeitig die tonnengewölbte Sakristei an der NSeite angefügt. Bar. Umbau 1742. Aus dieser Zeit der 2geschossige WTurm mit Putzgliederung und schöner Haube sowie die hufeisenförmige Empore im Schiff. Rest. des Inneren 1968, des Äußeren 1974. Innen der stumpfspitzbogige Triumph- und ehem. Apsisbogen erh., im Schiff Stuckdecke des sp.17.Jh. – Reicher hölzerner *Altaraufsatz* mit seitlichen Durchgängen, inschr. 1719, das Altarbild der Kreuzigung flankiert von gewundenen Weinlaubsäulen, vor den Akanthuswangen die Freifiguren von Moses und Johannes Ev. Im gesprengten Volutengiebel der Auferstandene, in der Predella Abendmahlsgemälde. Hölzerne polyg. *Kanzel* dat. 1690, von Mosesfigur getragen. In den Brüstungsfeldern die Figuren Christi und der Evangelisten zwischen gedrehten Ecksäulchen, auf dem Schalldeckel der auferstandene Christus. Renoviert 1935. Kugelförmige *Taufe* aus Holz,

A.18.Jh. (aus ehem. Tassdorf, Ldkr. Fürstenwalde). Die *Tür* zur Sakristei mit spätgot. Eisenbeschlägen.
Doppelstubenhaus am n Angerende, 1geschossiger Fachwerkbau um 1800.

KNIPPELSDORF Bez. Cottbus, Ldkr. Herzberg. – Inv. Prov. Sachsen, Schweinitz
Dorf-K. Rck.Bau aus Feld- und Raseneisenstein, 2.H.13.Jh.; der quadr. WTurm A.20.Jh., Backstein, sein verschiefertes Oberteil oktogonal mit Spitzhelm. Gleichzeitig die Fenster im Schiff vergrößert; die ehem. Dreifenstergruppe im O schon in bar. Zeit verändert. In urspr. Form nur das spitzbogige Stufenportal im S erh. Das Innere mit Empore und Orgel 1846 rest.: flache Bretterdecke, die Empore im W 3seitig vorspringend. – *Kanzelaltar*, urspr. Altarretabel 2.H.17.Jh., 2geschossiger Aufbau über Predella mit Abendmahlsgemälde, die Kanzel um 1800 eingefügt, in den Flügeln 2 gute spätgot. *Schnitzfiguren*: hl. Barbara und hl. Katharina, um 1430/40. – An der s Außenwand *Inschr.Grabstein* von 1716, über der Vita von Putten gehaltener Baldachin mit Krone.

KÖRBA Bez. Cottbus, Ldkr. Herzberg. – Inv. Prov. Sachsen, Schweinitz
Dorf-K. Rck. Feldsteinbau 2.H.13.Jh., mit verschiefertem Dachtum im W. In der OWand rundbogige Dreifenstergruppe. Im sp.18.Jh. (1784?) Rest., dabei die Schiffsfenster stichbogig verändert und der quadr. Dachturm mit Haube und Laterne von gefälligem Umriß hinzugefügt. Im flachgedeckten Inneren Hufeisenempore der Umbauzeit. – Hölzerner *Altaraufsatz* von guter Qualität, dat. 1624, später zum Kanzelaltar verändert. Reiche 2geschossige Säulenarchitektur. Im rundbogigen Hauptfeld der Kanzelvorderwand Gemälde des Abendmahls, im Auszug und Giebel Auferstehung und Himmelfahrt. Seitlich säulengerahmte, diamantierte Nischen, darin Verkündigung und Heimsuchung in Grisaillemalerei, von den Hauptsäulen überschnitten, dazu Wangen in Form von Greifen. Diese Gliederung im Aufsatz wiederholt, seitlich mit weiblichen Allegorien in Grisaillemalerei, auf dem Gebälk 4 wappenhaltende Putten. Das Ganze von Beschlagwerk überzogen und mit Engelsköpfen geschmückt. Schöne *Sandstein-Taufe* dat. 1606 (vgl. Kölpin, Ldkr. Herzberg), 8seitige Kuppa auf quadr. Dockenfuß, mit Inschr.Friesen und Beschlagwerk, Wappen und Engelsköpfe rahmend. Hinter dem Altar spätgot. *Schrank* mit Resten ornamentaler Schablonenmalerei.

CÖTHEN Bez. Frankfurt/Oder, Ldkr. Freienwalde
s. FALKENBERG

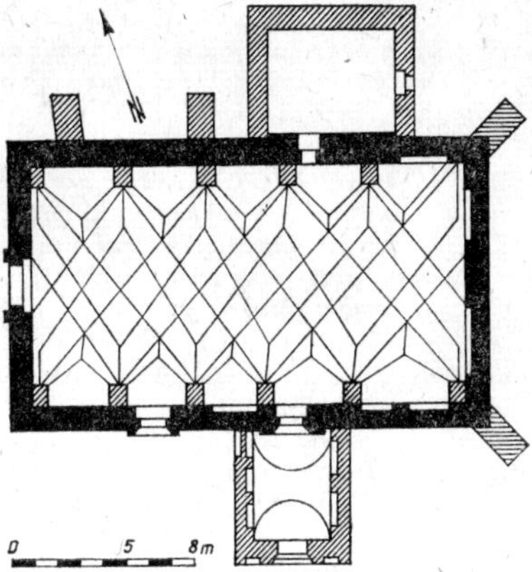

Kolkwitz, Dorfkirche 1865

KOLKWITZ Bez. Cottbus, Ldkr. Cottbus. – Inv. Prov. Brandenburg, Cottbus

Dorf-K. Einheitlicher 1sch. rck. Backsteinbau M.15.Jh.; das OJoch, die polyg. Apsis mit Sakristei an der NO-Ecke und die WVorhalle 1876 formal angeglichen hinzugefügt. Das Äußere durch Rautenmusterung belebt; im 19.Jh. das abschließende Putzband und die Lanzettfenster erneuert. An der SSeite 2 vermauerte Stufenportale in rck. Wandvorlage und tonnengewölbte Vorhalle 2.H.15.Jh., mit reichem blendengeschmücktem Pfeilergiebel und spitzbogigem Stufenportal. Das Innere auf vorgelegten Strebepfeilern netzgewölbt. Die Ausstattung von 1876. – S der K. hölzerner Glockenstuhl.

KOLOCHAU Bez. Cottbus, Ldkr. Herzberg. – Inv. Prov. Sachsen, Schweinitz

Dorf-K. Gestreckter, flachgedeckter Granitquaderbau 2.H.13.Jh., rck. mit wenig jüngerem WQuerturm von gleicher Breite, dessen Obergeschosse aus dem 18.Jh. verbrettert und mit Walmdach abgeschlossen. Die gleichzeitigen 2geschossigen Patronatslogen im N und S 1983 abgetragen. Vom frühgot. Bau in der OWand die pyramidal gestaffelte 3Fenstergruppe in überhöhenden Spitzbogenblenden erh., im Giebel ebenfalls gestaffelte Drillingsblende, im S Rest eines spitzbogigen Fensters und ein Stufenportal, alle übrigen Öffnungen später verändert. – Der Turmraum durch hohen Rundbogen zum Schiff geöffnet, im 18.Jh. mit einer Hufeisenempore verbaut, diese im W gerundet mit Balusterbrüstung. Die ehem. seitlichen Vorhallen im Obergeschoß als Logen zum Schiff geöffnet, an ihrer Brüstung gemalte Wappen. – *Kanzel-*

korb 18.Jh. Sechsseitige hölzerne *Taufe* in Kelchform, A.18.Jh., mit vergoldeten Akanthusfriesen auch am Pyramidendeckel (aus Malitschkendorf, Ldkr. Herzberg). Hinter dem Altar *Inschr.Grabstein* 17.Jh., mit ovalem Schild. – Rest. des Inneren um 1968, dabei mehrere Ausstattungsstücke in das Pfarrhaus übertragen. 7 Schnitzfiguren: *Anna selbdritt* und *Maria* unter dem Kreuz, beide um 1500; *hl. Nikolaus* 2.V.15.Jh. sowie eine *Schöne Madonna* mit Kind, um 1430, beide mit erneuerter Fassung; *Pietà* um 1430, gute Arbeit, die Figur Christi fragmentarisch; *Corpus des Gekreuzigten*, beschädigt, mit ausdrucksvollem Kopf, 2.H.15.Jh. (dieser und die Pietà z.Z. als Leihgabe in Wittenberg); ein weiterer *Corpus* z.Z. in Malitschkendorf (Ldkr. Herzberg). *Taufengel* 18.Jh., beschädigt; *2 Tafeln* eines Flügelaltars mit je 4 Passionsszenen (urspr. 4 Tafeln), böhmisch beeinflußte Malerei A.15.Jh., mit der Pietà um 1430 wohl zum gleichen Schreinaltar gehörig. Eine weitere *Tafel* mit der Darstellung des Abendmahls, fr.17.Jh.

KOLPIEN Bez. Cottbus, Ldkr. Herzberg

s. SCHÖNA-KOLPIEN

KOMPTENDORF Bez. Cottbus, Ldkr. Cottbus. – Inv. Prov. Brandenburg, Cottbus

Dorf-K. Stattlicher 1sch. Feldsteinbau mit quadr. WTurm 2.H. 15.Jh.; das Schiff um 1575 mit flach dreiseitigem Schluß nach O verlängert, darüber 4geschossiger, durch Rck.Blenden gegliederter Staffelgiebel. Der Abschluß des WTurms wohl 1.H.16.Jh.: Glockengeschoß mit Zinnenkranz aus Backstein, darüber gemauerter polyg. Spitzhelm. Spitzbogiges gestuftes Portal in der s Turmwand. Die Fenster bar. verändert. Im S 2 Vorhallen des 19.Jh. Das Innere langgestreckt mit flacher, verputzter Holztonne und 2geschossiger Hufeisenempore. – Stattlicher *Renaiss.-Altaraufsatz* mit Beschlagwerk und vielen Engelsköpfchen, inschr. 1575, Holz; Doppelsäulenaufbau mit Gemälden in der Mittelzone: Abendmahl, Auferstehung und Gottvater, auf dem Sokkelstreifen des Hauptgeschosses gemalt die Stifterfamilie des G.v.Kottwitz. Hölzerne *Kanzel* 1698, am polyg. Korb gewundene Ecksäulchen, auf dem Schalldeckel schmuckvolle Laterne. Hölzerner schwebender *Taufengel*, 1698. – An den Außenwänden der K. *Grabdenkmal* für F.Chr.Krathl †1793, als Ruine gebildeter Obelisk auf Sockel; *Reliefgrabstein* für L.v.List, E.17.Jh., der Verstorbene ganzfigurig in Plattenrüstung; mehrere *Inschr.Grabsteine* 18.Jh.

KOSILENZIEN Bez. Cottbus, Ldkr. Liebenwerda. – Inv. Prov. Sachsen, Liebenwerda

Dorf-K. 1817, noch ganz in bar. Formen, Putzbau mit abgeschrägten Ecken im O, der quadr. WTurm mit 8seitigem Oberteil von Schweifhaube und Laterne bekrönt. Das Äußere durch hohe Korbbogenfenster und zarte Putzgliederung bestimmt. Im flachgedeckten Inneren Hufeisenempore auf hölzernen toskanischen Säulen, die Mitte vorschwingend. Schlichter *Kanzelaltar* aus der Bauzeit. *Sandsteintaufe* 18.Jh.

KOSSDORF Bez. Cottbus, Ldkr. Liebenwerda. – Inv. Prov. Sachsen, Liebenwerda

Dorf-K. Von der spätrom. K. aus Backstein der mächtige WQuerturm und die 1/2kr. Apsis erh., 1736 das Schiff als flachgedeckter Saal neu errichtet und die K. insgesamt verputzt. Der WTurm mit vermauertem rundbogigem WPortal, darüber 1 Kreisfenster; die obere Turmhälfte aus Raseneisenstein ebenfalls mit 1 Kreisfenster sowie rundbogigen, z.T. gekuppelten Schallöffnungen auf Säulchen, deren Ranken- und Knollenkapitelle in ihrer Form auf die Zeit um 1240 weisen; der Turmabschluß mit oktogonalem Dachreiter von 1910. Die Fenster der überkuppelten Apsis verändert. Im N 2geschossiger Anbau für Sakristei und Patronatsempore, im S neugot. Vorhalle 19.Jh. – Im Inneren die Turmhalle spitzbogig zum Saal geöffnet (durch die Orgel verstellt). Hufeisenempore 18.Jh. Lebensgroßer *Kruzifixus* 1.H.18.Jh.

KOSSENBLATT Bez. Frankfurt/Oder, Ldkr. Beeskow

Dorf-K. 1sch. spätgot. Feldsteinbau mit 3seitigem OSchluß, im 18.Jh. umgebaut, dabei Sakristei im O und Turm im W angefügt, dieser aus Backstein bzw. Fachwerk. Rest. des Inneren 1964, das Äußere modern verputzt. Die spätgot. Blenden des WGiebels durch den Turm z.T. verdeckt. Innen Putzdecke auf Voute über Stuckgesims. – *Kanzelaltar* M.18.Jh. vor der pilastergerahmten OWand mit seitlichen Durchgängen; der bauchige Kanzelkorb mit Blumengehängen, am Schalldeckel Wappenkartusche des Prinzen August Wilhelm von Preußen, von prächtigem Adler bekrönt. Hufeisenempore 18.Jh. Wohl vom ehem. Gruftanbau erh. die architektonische Stuckrahmung des Eingangs an der SWand, sog. *Königsloge*, mit trophäengeschmücktem Bogenfeld, darüber vor dem Schlußstein prächtiger Helm in Art der Schlußsteine des Berliner Zeughauses. 2 *Gemälde*, Damenporträts, nach 1730. 3 figürliche *Grabsteine*, für die Frauen A.v. Klitzing und B.v.Flansin, beide †1606, sowie für Herrn G.v. Oppen †1609. – An der Außenwand *Inschr.Grabstein* F.L.Lengenick †1784.

Ehem. **Schloß** (Archiv). An der Stelle einer älteren Wasserburg 1699–1712 für den Feldmarschall Reichsgraf J.A.v.Barfuß errichtet. 1736 von König Friedrich Wilhelm I. gekauft, danach im Besitz des Prinzen August Wilhelm von Preußen (†1758). Rest. 1967. Großzügige einheitliche 3Flügelanlage von 2 Geschossen mit Mansarddächern. Der Ehrenhof ungewöhnlich schmal und tief. Die Fassaden relativ schlicht, vor allem durch

Nutung des Erdgeschosses und die seitlichen Risalite gegliedert. Der Ehrenhof von 2achsigen Kopfbauten gerahmt, die schmale Front des Corps de logis oval vortretend, seine Mitte an Hof- und Gartenseite durch ein Portal mit Balkon darüber betont, an der Gartenseite zudem Segmentgiebel mit plastischer Kartusche. Die Gliederung der Gartenfront im übrigen durch einen 1achsigen Mittelrisalit zwischen 2achsigen Rücklagen und ebenfalls 2achsigen Seitenrisaliten gegeben, an den Seitenfronten die Streckung durch das Fehlen eines mittleren Risalits betont, die 2achsigen Seitenrisalite rahmen hier die 7achsigen Rücklagen. Innen die Mitte des Corps de logis von je einem Ovalsaal in beiden Geschossen eingenommen, das Vestibül auffallenderweise an der Gartenseite gelegen, hier auch auf einer Seite die großzügig angelegte 2läufige Treppe mit prächtig im Sinne der Schlüter-Schule geschnitztem Geländer aus Eichenholz, A.18.Jh. — Auf dem Gartenparterre gute *Sandsteinfigur* einer Pomona, 1.H.18.Jh.

COTTBUS Bez. Cottbus, Stkr. Cottbus. — Inv. Prov. Brandenburg, Cottbus

Am linken Spreeufer, am Flußübergang der Salzstraße von Halle nach Schlesien gelegen. Hier wohl schon E.10.Jh. an der Stelle eines slawischen Burgwalls ein deutscher Burgward errichtet. A.12.Jh. Anlage einer Kaufmannssiedlung im Schutze der Burg; 1156 erste urk. Erwähnung. Um 1230 unter den Herren v.Cottbus nach W und S zur regelmäßig angelegten Stadt erweitert. M.15.Jh. Verkauf der Herrschaft Cottbus an Brandenburg, in deren Besitz die Stadt (wie auch Peitz) bis auf eine kurze Unterbrechung — 1807—13 sächsisch — und im Gegensatz zur übrigen Niederlausitz auch verblieb. Wirtschaftlicher Aufstieg durch Tuchmacherei und Fernhandel bereits im Ma., daneben Brauereigewerbe. Durch die Siedlungspolitik des Kurfürsten Friedrich Wilhelm I. um 1700 Zuzug von Hugenotten, damit weitere Förderung des Tuchgewerbes und dafür 1726/30 Anlage der Neustadt nach Plänen von Philipp Gerlach. Im 19.Jh. industrieller Aufschwung durch Erschließung der nahen Braunkohlenlager, daneben Entwicklung zum kulturellen Zentrum. Trotz starker Zerstörung 1945, wurde die Stadt bald wieder Mittelpunkt der Niederlausitzer Braunkohlen- und Energieindustrie, dafür großzügiger Wiederaufbau. — Die Altstadt auf etwa trapezförmigem Gr. planmäßig angelegt; Hauptstraße in O-W-Richtung, an der Gabelung mit der von S kommenden Spremberger Straße der rck. Markt. Darauf bis 1945 das Rathaus (seit 1611 anstelle eines abgebrannten ma. Baues). Ungefähr ö des Marktes am Fuße des Schloßberges die Ober-K. Das ehem. Schloß, seit 1748 größtenteils leerstehend und 1816 z.T. als Wollgarnspinnerei eingerichtet, brannte 1857 fast gänzlich aus und wurde bis auf den Turm abgetragen. Im N des Marktes an der ehem. Stadtmauer die Kloster-K. des um 1300 gegr. Franziskaner-Klst. Im S an der Spremberger Str. die Schloß-K., ehem. für die französisch-reformierte Kolonie der im SO gelegenen Neustadt (Ufer- und Freiheitsstr.); an ihrer Stelle ehem. eine 1419 erwähnte Katharinen-Kap. — Stadtbefestigung aus Mauer, Wall und Graben; urspr. 3 Stadttore: Luckauer

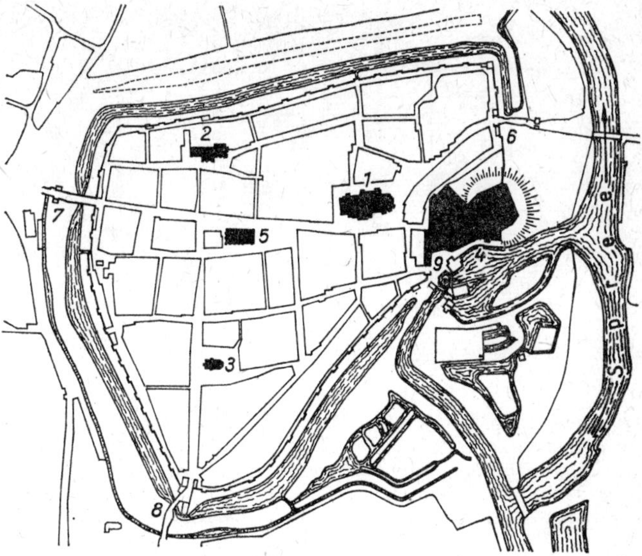

Cottbus um 1720
1. Oberkirche 2. ehem. Franziskaner-Klosterkirche 3. St.Katharinen 4. ehem. Schloß 5. Rathaus 6. Sandower Tor 7. Luckauer Tor 8. Spremberger Tor 9. Mühlentor

Tor im W, Sandower Tor im O, Spremberger Tor im S. Das Mühlentor unterhalb des Schlosses urspr. nur Zugang zu den Mühlen; das Neustädter Tor erst von 1733. Die Wälle, außer dem erst nach 1945 beseitigten Spremberger Wall, um 1750 eingeebnet; die Tore und der größte Teil der übrigen Befestigung im Laufe des 19.Jh. abgetragen.

Ober-K. Pfarr-K. St.Nikolai. Wohl die größte ma. Pfarr-K. des Bezirks. 3sch. Stufenhalle von 8 Jochen mit polyg. geschl. Umgangschor und querrck., nach N aus der Achse verschobenem WTurm sowie Anbauten im S und N. Bereits 1156 eine K. für Cottbus bezeugt. Der bestehende spätgot. Backsteinbau 2.H. 15.–A.16.Jh., der WTurm älter, E.14./A.15.Jh., sein verputzter bar. Aufsatz mit Haube und Laterne von 1685, die Haube 1945 zerstört, ihre Ergänzung vorgesehen. Eingreifende Renovierung der K. 1910/11. Durch Kriegseinwirkung 1945 völlig ausgebrannt, 1946 Einsturz eines s Chorpfeilers und einiger Gewölbe sowie von Teilen des Obergadens. Danach Wiederaufbau. Die Gewölbe 1960 geschlossen, die K. seit 1980 wieder in kirchlicher Nutzung.

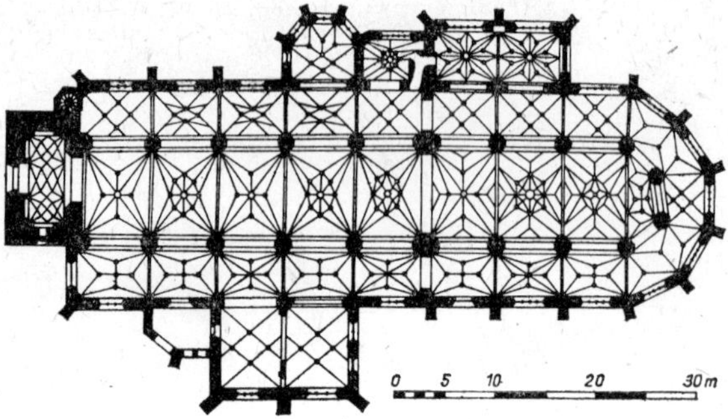

Cottbus, Oberkirche St. Nikolai

Die Existenz des Vorgängerbaues bezeugen Reste des 13.Jh. mit einem jetzt vermauerten Okulus in der WWand des spätgot. Mittelschiffs. Wohl für diesen frühen Bau um 1400 der monumentale, querrck. WTurm mit kräftiger Blendengliederung errichtet; das Treppentürmchen zum 2. Obergeschoß in der NW-Ecke aber in die Zeit des Hallenlanghauses gehörig. Das ungegliederte, niedrig wirkende Untergeschoß des Turmes mit spitzbogigem WPortal unter rck. gerahmter Spitzbogenblende und je 1 Spitzbogenfenster nach N und S. Die 2 folgenden Geschosse jeweils durch einen (urspr. hell verputzten) Blendstreifen voneinander geschieden und durch gereihte Spitzbogenblenden gegliedert. Das 3. Obergeschoß durch seitliche Einziehungen quadr., das folgende, wiederum verjüngte Geschoß mit abgeschrägten Ecken, beide durch Blendenschmuck bereichert, im 4. Geschoß hohe spitzbogige Schallöffnungen mit Maßwerk, darüber der bar. Abschluß von 1685. – Der Zeitpunkt des Neubaubeginns im 15.Jh. unbekannt und umstritten. Der Stadtbrand von 1468 vielleicht nur Anlaß zur Planänderung, nicht zum Neubau. Der breitgelagerte, schlichte Umgangschor mit großen, in der Leibung geschrägten Fenstern gehört stilgeschichtlich der 2.H.15.Jh. an. Bauausführung vermutlich in 3 Abschnitten: Zunächst wohl nur die Langhauswände von 5 Jochen errichtet, vermutlich unter Beibehaltung des älteren Baus. Danach – infolge des Brandes 1468(?) – ein neuer Anfang im O mit dem 5seitigen, innen 3seitigen, kapellenlosen Umgangschor einschließlich seiner 3 rck. Chorjoche, schließlich der Innenausbau des Langhauses; zuletzt, A.16.Jh., die Gewölbe. Die Anbauten aus verschiedener Zeit: Die 2jochige Sakristei im NO mit dem Chor gleichzeitig errichtet, aber nur ihr Untergeschoß auch gleich gewölbt. Die große, ebenfalls 2jochige SKapelle dagegen nachträglich an einen reduzierten Strebepfeiler angesetzt, ihr Obergeschoß anfänglich vielleicht niedriger geplant; das Satteldach zwischen Ziergiebeln wiederholt den Abschluß des Sakristeiobergeschosses. Gleichzeitig mit der SKap. die 5seitige, zentralbauartige NKapelle mit massivem, verputztem Spitzhelm. Wohl erst A.16.Jh. die kleine polyg. SVorhalle mit Spitzhelm in der WEcke zwischen Kap. und Langhaus; hier in einer Strebepfeiler-Nische Kopie einer spätgot. *Marienfigur* mit Baldachin, A.16.Jh. (Das Original aus Sandstein in der Turmvorhalle wohl mit einem bar. Terrakotta-Überzug.) Das Portal auf dem Grunde der SW-Vorhalle stilistisch dem 1. Bauabschnitt, vor 1468, angehörig. Der Zwischenbau an der NSeite zwischen Polygon-Kap. und Sakristei dagegen spät; Wand und Portal 1911 erneuert, letzteres nach dem Vorbild des SPortals; innen seitdem Treppenhaus.

Am Äußeren große mehrteilige Fenster mit eigenartig starrem Maßwerk zwischen abgetreppten Strebepfeilern. Die beiden ersten Bauperioden nur in Einzelheiten unterschieden: Die Strebepfeiler im OTeil im Gr. rck., im WTeil der Nordseite ihre Stirnen spitz zulaufend, der Vierpaßfries unter dem Traufgesims nur am WTeil urspr., am OTeil erst 1911 angeglichen, urspr. Putzband. 1910/11 die Außenhaut und die Fialen an den Giebeln der Anbauten in großen Partien erneuert, Neuerfindungen die Zinnenkränze über der SVorhalle, dem w Treppentürmchen und der NKap.; die Seitenschiffsdächer gleichzeitig etwas gesenkt, jedoch urspr. schon tiefer als das Mittelschiff, das sich stets durch breites Putzband abhob.

Das Innere hoch- und weiträumig, von eindrucksvoller Großartigkeit, durch die weiße Fassung vereinheitlicht. Die verschiedenen Entstehungszeiten dennoch erkennbar. Die Seitenschiffswände des 5jochigen Langhauses mit relativ zartgliedrigen Bündeln aus Runddiensten (ebenso an den gegenüberliegenden Pfeilerseiten), im Chorumgang dagegen einfache, lisenenartige Vorlagen. Zwischen ihnen, wie in der Lausitz häufig, die Sockelzone durch stichbogige Zwillingsblenden aufgelockert, in der n Seitenschiffswand des WTeils dagegen gereihte Rundbogennischen, so auch im Polygon der NKap. Die Grenze zwischen Chor und Langhaus deutlich betont durch ein im Gr. rck. Pfeilerpaar mit abgeschrägten Ecken und breiten Rck.Vorlagen für die Gurte, das die Reihe der einfachen Achteckpfeiler unterbricht. Diese besitzen im Chor einen niedrigen, zweigestuften Kämpfer, auf den sich die flachen Rck.Vorlagen für die Gewölbe stützen. Im Langhaus fehlt der Kämpfer, hier steigt dagegen vom Pfeilersockel ein runder Gewölbedienst auf. Die Sockel selbst in Chor und Langhaus mit gleichem Profil. Die Spitzbogenarkaden gestuft, die Sargwand darüber im Langhaus durch 3teilige Blendengliederung mit tiefer Mittelnische den fehlenden Obergaden andeutend. Die Proportionen des Raumes lassen zudem vermuten, daß urspr. eine basilikale Überhöhung des Mittelschiffs geplant war. Der Verzicht darauf wohl spät erfolgt, vielleicht erst A.16.Jh. bei der Einbringung der Gewölbe. Daß auch die Einwölbung der Seitenschiffe zu Veränderungen führte, zeigen die unorganisch abbrechenden Vorlagen mit späten Kopfkonsolen oder Büsten. Zuerst die Seitenschiffe, dann das Mittelschiff gewölbt. Die z.T. erneuerten Gewölbe ein Hauptschmuck des Raumes, im Hauptschiff und im s Seitenschiff wechselnd komplizierte und einfachere Sternenmuster, an den Knotenpunkten der Rippen wie üblich kleine runde Schlußsteine; besonders reich die 3 OJoche, das mittlere durch großen ringförmigen Schlußstein hervorgehoben, der die liturgische Funktion des Chores betont. Sehr reich auch die beiden vielgliedrigen Sterngewölbe im Obergeschoß der Sakristei; in ihrem Untergeschoß dagegen ältere schlußsteinlose Kreuzrippengewölbe auf Konsolen. Im SAnbau und im NSeitenschiff Netzgewölbe. Das als Vorhalle gebildete und zum Mittelschiff offene Turmuntergeschoß mit Zellengewölbe auf Maskenkonsolen. Im 1. Turmobergeschoß ehemals 2jochiges Kreuzrippengewölbe. — 1951 Reste von *Wand- und Gewölbemalerei* freigelegt: Am sö Chorpfeiler die Heiligen Antonius, Jacobus major und Paulus; am 3. SPfeiler Fragment einer Verspottung Christi; am nö Chorpfeiler Kreuztragung; am 1. NPfeiler ein Bischof; alle um 1470/80. Am Altarunterbau Engel, eine Tafel haltend, und an der n Chorumgangswand Epitaph-Fragment mit der Erweckung des Lazarus, 3.V. 17.Jh. Im Obergeschoß der SKap. im mittleren Gewölbefeld des OJochs Christus als Weltenrichter in der Mandorla, wohl 1.V. 16.Jh., aber nach wesentlich älterer Vorlage. Von der urspr. Ausstattung wenig erh. — Ein bedeutendes Werk des Frühbarock der stattliche *Altaraufsatz*, 1664 von Andreas Schultze aus Torgau, Sandstein mit Alabasterreliefs und hölzernem Abschluß (dieser 1945 verbrannt, bei Rest. ergänzt). Die urspr. Fassung von Martin Heber aus Cottbus bei der Rest. 1953—64 freigelegt. Hoher mehrgeschossiger Aufbau mit Knorpelwerk und figürlichen Reliefs. In der Sockelzone Schriftkartusche zwischen Reliefs der Verkündigung und der Geburt Christi, in der Predella Abendmahl, im ovalen Hauptfeld Auferstehung Christi flankiert von 4 Freisäulen, zwischen diesen Kreuzigung und Grablegung, über dem Gebälk der äußeren Säulen Freifiguren des Noli-metangere. Im Aufsatz Relief der Himmelfahrt Christi flankiert von freifigürlichen Szenen auf Voluten, links Jonas und der Walfisch, rechts Simsons Kampf mit dem Löwen. Als Bekrönung Trinität zwischen Posaunenengeln. Die ehem. Wangen mit den Wappen von Stadt und Land bis 1945 im Museum, seitdem verloren. Das Bildprogramm in Anlehnung an den Altar von 1605 in Strehla (Bez. Dresden, Ldkr. Riesa) sowie an die Altäre der Ditterich-Werkstatt in Freiberg. *Kanzel* aus Holz, 1.V.18.Jh. (aus der Franziskaner-K., Frankfurt/Oder), die Fassung in weiß-gold-blau von 1958—72, gleichzeitig die plastischen Teile ergänzt. Der schwere, geschwungene Korb in Pinienzapfen endigend, Dekor aus Akanthusmotiven und Fruchtgehängen; der Schalldeckel mit Troddelbehang und schweren Voluten, bekrönt von Gottesauge im Strahlenkranz. Schlanke, manieristische *Sandstein-Taufe*, vergoldet, A.17.Jh., aus der Lichtenburg bei Prettin (Ldkr. Jessen), auf Rundstütze mit Masken und Gehängen 6eckige Kuppa mit Engelsflüchten an den Unterseiten und Schmuckkartuschen in Ohrmuschelrahmung an der Wandung; der hohe hölzerne Deckel mit Schriftkartuschen und Engelsflüchten gleichzeitig. 1975 Einbau der 2geschossigen WEmpore, ihre *Brüstungsfüllungen* aus Jessen bzw. Cröbern (Ldkr. Leipzig). *Orgelprospekt* von 1759, aus der 1906 abgebrochenen Stadt-K. St.Nikolai in Hainichen (Bez. Karl-Marx-Stadt), Fassung und Dekor erneuert. In der Turmvorhalle spätma. hölzerne *Truhe* mit schmiedeeisernen Beschlägen (aus Groß Lieskow, Ldkr. Cottbus). 2 qualitätvolle spätgot. *Kelche:* 1. um 1500, Silber vergoldet, Sechspaßfuß auf durchbrochenem Rankensteg, an dessen Einzugsstellen Drachen, auf den Pässen halbfiguriges Madonnenrelief und Halbedelsteine auf durchbrochenem Rankenwerk mit Blüten und Blättern; der runde Schaft sowie der untere Teil der Kuppa reich mit Maß- und Blattwerk überfangen, an den Rotuli Löwenköpfe. 2. um 1510, Silber vergoldet, Sechspaßfuß mit aufgenieteter Kreuzigungsgruppe und umlaufender Ranke; an der wohl erneuerten Kuppa Allianzwappen der Stifter mit Inschr. von 1633.

FIGÜRLICHE GRABDENKMÄLER: An der OWand der NKap. Renaiss.-Grabmal der *Frau E.v.Pack* †1545, Sandstein, vorzügliche Arbeit eines sächsischen Meisters, die Profilfigur der Verstorbenen mit ihren beiden Kindern vor pilastergerahmtem Rundbogenfeld kniend, darüber Inschr.Tafel zwischen Pilastern; der kleine medaillonartige Aufsatz wohl von einer Rest. 1777. An der Chor-NSeite großes beschädigtes Wandepitaph aus Sandstein des *H.v Pack* †1554, Georg Schröter aus Torgau zugeschrieben, der gerüstete Verstorbene gerahmt von Renaiss.Pilastern und Wappenscheiben, über dem Gesims halten Putten eine Inschr.-Tafel, eine 2. unten, ihre Konsole 3.V.17.Jh. An der Chor-SSeite Grabstein der *E.v.Zabeltitz* †1607, Sandstein, die Verstorbene streng frontal in Zeittracht. Im Chorhaupt aufwendiger Figurengrabstein für *G.v.Alvensleben* †1627, Sandstein, ganzfiguriges Relief des Verstorbenen als gerüsteter Feldherr mit Ahnenprobe. In der NKapelle Kindergrabstein 1661 für *J.S. und M.S.Krieger*, beide in Hochrelief. 4 weitere figürliche *Kindergrabsteine*, beschädigt, 2.H.17.Jh., an der Chor-SSeite bzw. im NAnbau. — Die zahlreichen INSCHR.GRABSTEINE größtenteils 2.H.17.Jh., davon erwähnenswert: an der Chor-SSeite für Superintendent *F.Frenzel* †1652; an der Chor-NSeite für Superintendent *O.Prätorius* †1664, Sandstein und Marmor, über der Vitentafel die Marmorbüste des Verstorbenen.

Ehem. **Franziskaner-Klst.** E.13. oder A.14.Jh. durch Fredehelm v.Cottbus oder dessen Sohn Richard gegr. Die Kloster-K. nach der Reformation 1537 Pfarr-K. für die urspr. zum Klosterbesitz gehörigen Dörfer, sog. „Wendische K." Von den n anschließenden Klst.-Gebäuden nichts erh. Lage und Größe des Kreuzgangs kürzlich durch Ausgrabungen nachgewiesen. — Die **Kloster-K.** ein sehr gestreckter, niedriger, gewölbter Backsteinbau aus 10jochigem Hauptschiff mit geradem Schluß, 4jochigem Seitenschiff an der Mitte der SSeite unter eigenem Satteldach, Turm an der NO-Ecke und rck. Sakristei an der NSeite des ö Joches. De

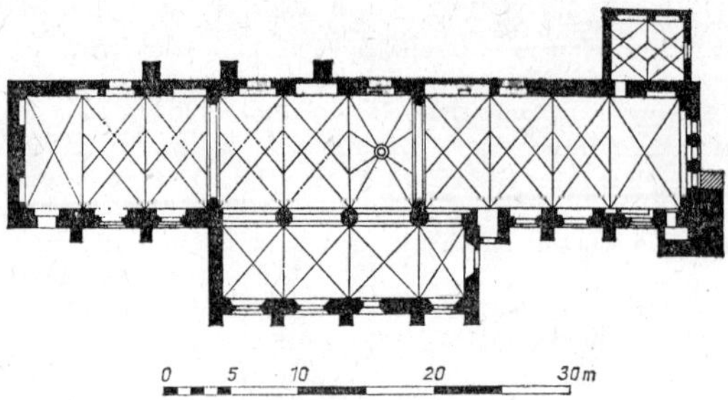

Cottbus, ehem. Franziskaner-Klosterkirche

Bau A.14.Jh. beg. und vermutlich, wie üblich, von O nach W errichtet. Wie weit der Gründungsbau im heutigen Mauerwerk erh. blieb, infolge vielfacher Ereuerungen und Eingriffe seit dem 18.Jh. kaum noch genau nachweisbar. Die überlieferten Baudaten 1486 und 1517 wahrscheinlich auf das Seitenschiff, die Einwölbung und den Turm zu beziehen. Das Hauptschiff mit 3teiligen Fenstern zwischen Strebepfeilern, diese z.T. von 1804; die spitzbogigen Fenster im S mit eigenwilligem Maßwerk wie an der Ober-K.; von den SPortalen nur das im 3. Joch von W urspr. (vermauert). Die WWand jetzt ungegliedert, urspr. mit großem Spitzbogenfenster; die NWand 1936 neu verblendet, ihre flachbogigen Fenster von 1908. Aus dieser Zeit auch die Veränderungen der Fenster in der OWand, u.a. Überhöhung des Mittelfensters. Im Giebel darüber auf dem trapezförmig hochkröpfendem Gesims gestaffelte Blendengruppe. Das Seitenschiff mit 3teiligen Maßwerkfenstern zwischen Strebepfeilern dagegen weniger verändert; nur das Portal im 3.Joch von W und die Staffelgiebel über den Stirnseiten erneuert. Der in die SO-Ecke der K. eingreifende schlanke Turm mit querrck. blendengeschmücktem Untergeschoß, seine Obergeschosse zur Quadratform übergehend, als Abschluß steinerner 8seitiger Spitzhelm hinter Brüstung. Die Sakristei ein Rest des ö Klausurflügels, E.15.Jh., außen völlig verändert, innen Netzgewölbe in geringer Höhe. – Das Innere des Schiffes urspr. mit Holztonne gedeckt, die Gewölbe wohl letztes V.15.Jh.: Netzrippengewölbe im Prager Schema, unmittelbar aus der Wand aufsteigend, teilweise auf figürlichen Konsolen, im ö und w Joch Kreuzrippengewölbe. In der unteren Wandzone unregelmäßig angeordnete flach- und spitzbogige Nischen. Der Raum des 5. bis 7. Joches von O wohl schon immer durch kräftige Gurtbögen auf rck. Wandvorlagen für die Stifterbestattung ausgegrenzt. Das s Seitenschiff 4jochig mit gebusten Kreuzrippengewölben – sein OJoch als eine Art Altarraum schmaler –, zum 4. bis 7. Joch des Hauptschiffes in gestuften Spitzbogenarkaden auf 8eckigen Pfeilern geöffnet, am 4. von O noch die Vorlage für den Gurtbogen des Hauptschiffs. Der Eindruck einer Halle in diesen Jochen jedoch durch die *SEmpore* des sp.17.Jh. verunklärt. Aus der gleichen Zeit die *WEmpore*, beide 1908/09 z.T. erneuert. Ganz neu damals die *Orgel* und das *Kastengestühl*, dieses mit einheitlicher *Blumenmalerei* nach altem Vorbild.

Schönes *Altarretabel* von 1750 aus Holz; hoher, die OWand ausfüllender Ädikula-Aufbau mit seitlichen Durchgängen, im Hauptfeld Kreuzigungsgemälde über Predella mit Abendmahlsbild, flankiert von übereck gestellten Pfeilern und Freisäulen. Der von Voluten gerahmte Aufsatz mit Himmelfahrtsgemälde, seitlich Engel mit Kreuz und Kelch, als Bekrönung Gottesauge in Strahlenglorie. Reich geschmückte *Kanzel* aus Holz, 3.V.17.Jh., der polyg. Korb mit Beschlagwerk und gliedernden Säulchen auf termenbesetzter Stütze, in den Brüstungsfeldern Malereien: Christus und die 4 Evangelisten sowie Paulus; Schalldeckel in Form einer Volutenkrone. Als *Taufstein* Teile eines Sakramentshauses E.15.Jh. verwendet: der Fuß eine gewundene Säule, das quadr. Becken der umgekehrte, baldachinförmige Teil des Gehäuses, an seinem Maßwerk Wappen mit 2 verschiedenen Meisterzeichen. Ungewöhnlich qualitätvoller überlebensgroßer *Kruzifixus* aus Holz um 1320/30, der Corpus gestreckt, das Lendentuch mit feinen seitlichen Faltengehängen, das erneuerte Kreuz astförmig geschwungen. *Doppelgrabmal* zum Gedächtnis für Fredehelm v.Cottbus †1307 und seine Gattin Adelheid †1319, Sandstein, die Figuren im Hochrelief, auf der kastenartigen Rahmung Umschrift; die Platte urspr. gewiß für eine Tumba bestimmt; die Verstorbenen in der Tracht der Zeit um 1330/40 (!) mit dem für das Ma. einzigartigen Motiv, daß der Mann den rechten Arm um die Schultern seiner Frau legt; auf Schild und Brust des Mannes das Krebswappen derer v.Cottbus, das zum Stadtwappen wurde. Als Doppelgrabmal zu vergleichen die Platte in Löwenberg in Schlesien (heute Lwówek Śląski, VR Polen), jetzt im Rathaus. — Außen am vermauerten SPortal figürlicher *Grabstein* für B.v.Mandelsloh †1580; an der Sakristei *Inschr.Grabstein* für Ch.Gadegast †1654.

Schloß-K. Anstelle der 1419 erwähnten, 1600 abgebrannten Katharinen-K. 1707—14 errichtet. Urspr. der reformierten Gemeinde gehörig. Putzbau mit 3seitigem OSchluß, Walmdach und niedrigem rck. Sakristeianbau an der OSeite. Der neugot. quadr. WTurm von 1870. Das Schiff mit flach- bzw. rundbogigen Fenstern in 2 Reihen, dazwischen horizontales Putzband; die Kanten in Putzquaderung. Die WWand 1870 dem Turm angeglichen. — Das Innere stützenlos mit 3 segmentbogigen Holztonnen (1856 ?) gewölbt. An der WSeite durch Pfeilerstellung ein Joch abgetrennt, die Orgelempore darüber 2.H.19.Jh. Die schlichte *Kanzel* erhöht vor die OWand gesetzt.

Luther-K. mit Ev. Gemeindehaus. Erbaut 1911/12 von Robert Leibnitz. — *Kelch*, Silber vergoldet, dat. 1596, rest. 1721 (ehem.

Oberkirche). Sechspaßfuß mit Rollwerk und Engelsköpfen in Treibarbeit; die Kuppa unten in durchbrochenem Korb.
Kath. Christus-K. Rck. Backsteinbau der Schinkel-Nachfolge von 1850 unter flachem Satteldach mit großen Rundbogenfenstern. Innen 1967 neu gestaltet. Die Ausstattung von Friedrich Preß 1976–81. – *Schnitzfigur* einer Madonna mit Kind, um 1470.
Kath. Kirche St.Maria Friedenskönigin. Gut durchgeformter, doppeltürmiger Klinkerbau von 1934. Die Ausstattung des quergerichteten Inneren 1976–81.
Von dem ehem., auf leichter Anhöhe gelegenen **Schloß** nur der **Schloßturm** oder Amtsturm erh. Hoher quadr. Backsteinbau mit Zinnengalerie und zurückgesetztem Aufsatz mit abgewalmtem Satteldach. Sein ungegliederter Unterbau Rest des ehem. Bergfrits der Zeit um 1300 und einziger erh. Teil der 1856 ausgebrannten und danach abgetragenen Schloßanlage. Die oberen Turmteile mit Zinnen und Aufsatz von 1876. – Der Bereich jetzt bestimmt durch die Gerichtsgebäude des sp.19./fr.20.Jh.: 1. Ehem. **Landgericht** (Bezirks- und Kreisgericht) auf den Grundmauern des Schlosses, ein roter Backsteinbau in Neurenaiss.-Formen, 1877. 2. Ehem. **Amtsgericht** (Wirtschaftsrat) am Gerichtsplatz 2, Putzbau in Formen der Weserrenaiss., 1905. In der Magazinstraße das ehem. **Zeughaus**, strenger, 2geschossiger Putzbau mit durch Pfosten 3geteilten Fenstern, 1.H.19.Jh.
Stadttheater. 1908 nach Entwürfen des Berliner Architekten Bernhard Sehring errichtet, die Bühnenwerkstätten 1910 seitlich angebaut. Rest. 1981–1986. Im Äußeren ein interessanter Zeuge der bewegten Stilentwicklung der Zeit. Die Fassade zwischen glatten Mauerflächen gerundet vortretend, die Rundung auch in den Seitenfassaden wiederholt; der Zuschauerraum von niedrigem, die Rundung aufnehmendem Kuppelaufsatz überhöht; das Bühnenhaus von Treppentürmen mit Figurengruppen flankiert. Im gefugten Sockelgeschoß ein Rest historischer Gestaltung spürbar; die schlanken Rck.Fenster und einige Details dem strengen Klassizismus der Zeit zugehörig; vom Jugendstil bestimmt die plastischen Elemente, u.a. auf den Sockelpostamenten neben der Eingangsfront Kinderreigen unter Bäumen. Das Innere als Rangtheater die bar. Tradition wahrend.
Wohnhausbau. Infolge mehrerer Stadtbrände vom ma. Bestand an Wohnbauten nichts erh., lediglich einige Kellergewölbe, so *Altmarkt 10* und *14*, noch vorhanden. Nach dem Brand von 1671 verstärkte Aufbautätigkeit, zunächst wohl hauptsächlich in Fachwerk. Nur wenige massive Häuser vom E.17.Jh. im Kern nachweisbar, z.B. *Altmarkt 14*, *16* und *22* sowie *Sandower Str. 54*. Eine deutliche Förderung der Bautätigkeit erfolgte 1.H.18.Jh. durch Preußen im Zuge seiner Siedlungspolitik, vor allem durch die Anlage der Neustadt 1726/30 nach einem Plan von Philipp Gerlach. Aus dieser Zeit auch das ehem. *Gerberhaus Uferstr. 16*, bald nach 1726, ein Beispiel für die Bebauung entlang des Mühlgrabens mit Loh- und Weißgerberhäusern; sowie die ehem., nach 1736 entstandenen *Tuchmacherhäuser* (schlecht erh.) an der

SSeite des *Thälmannplatzes*. Ein weiteres Zeugnis der früheren Gewerbetätigkeit die ehem. *Malzdarre* (Jugendherberge, Klosterplatz 3) an der Stelle einer ehem. Bastei, nach 1775 um- oder neugebaut, mit mittlerem Erker und Mansarddach; 1936 innen verändert. – Das Bild der Innenstadt aber vor allem geprägt von den Häusern aus der Zeit nach Beendigung des 7jährigen Krieges, letztes V.18.Jh. bis 1.H.19.Jh., vorwiegend am Altmarkt und den benachbarten Straßen: Hier weisen die stattlichen Häuser mit z.T. reichen Fassaden und ihren geschwungenen Giebeln – diese jedoch schon seit dem sp.17.Jh. üblich – auf den Einfluß Sachsens und Schlesiens hin; dagegen zeigt ein Teil der meist 1.H. 19.Jh. entstandenen schlichten Traufenhäuser in ihren klassizist. Formen schon die Ausrichtung auf preußische Vorbilder.
Der große rck. Markt – urspr. mit dem Rathaus in seiner Mitte – trotz späterer Eingriffe und Verluste noch immer durch seine Geschlossenheit und relative Einheitlichkeit eindrucksvoll; seit 1980 eine Rest. und teilweise Rekonstruktion im Gange, dabei vielfach Veränderungen der Erdgeschoßzone der Häuser. Charakteristisch vor allem die Häuser mit dem bar. Schweifgiebel, z.B. *Altmarkt 10* (1767), *14* (1693, rekonstruiert), *16* (um 1675, Fassade 18.Jh.), *22* (wie voriges, rekonstruiert), *25* (A.18.Jh.), *27* (18.Jh.) sowie die Eckhäuser am Markt *Rathausgasse 8* (nach 1700, rekonstruiert) und *Sandower Str. 59* (2.H.18.Jh., Abschrägung und Erker um 1900); ähnlich auch *Sandower Str. 51* (2.H. 18.Jh.) und *57* (1781) sowie *Mühlenstr. 16/Ecke Neustädter Str.* (2.H.18.Jh.). – Weiterhin aus dem 18.Jh. zu erwähnen (2geschossig, falls nichts anderes vermerkt): *Marktstr. 8*, letztes V.18.Jh., fünfachsiges Traufenhaus mit Mansarddach und guter Gliederung des Obergeschosses durch stichbogige Fensterfaschen; urspr. ähnlich *Marktstr. 7*, durch 2. Obergeschoß entstellt. *Sandower Str. 54*, von 1698, neunachsig mit Fledermausluken, die Fassade jedoch etwa M.18.Jh. mit Kolossalpilastern und stuckierten Spiegeln versehen. *Sandower Str. 50/Ecke Gerichtsplatz*, 1795/96, fünfachsig mit Mansardwalmdach, die schmuckvolle Fassade mit Pilastergliederung und plastischer Rahmung von Mitteltür und Fenstern. *Breitscheidplatz 2*, für einen Tuchhändler um 1785 erbaut, Eckhaus von 7:3 Achsen mit Mansardwalmdach und 3geschossigem übergiebeltem Mittelrisalit. – Seit E.18./A.19.Jh. der Spätbarock durch den Klassizismus abgelöst: *Altmarkt 21*, dreigeschossig von 6 Achsen mit Krüppelwalm und klassizist. Stuckfries zwischen den Obergeschossen; innen der erste Cottbuser *Theatersaal* von 1853 erh. (Rest. vorgesehen), in seiner Erscheinung noch rein klassizist. mit oval geschwungener Hufeisenempore auf toskanischen Säulen. *Altmarkt 24* (Löwenapotheke), 4achsig, ausnahmsweise mit Staffelgiebel und klassizist. Halbrundnische darin. *Mühlenstr. 12*, A.19.Jh., achtachsig mit schwachem Eingangsrisalit, das Erdgeschoß gefugt, am Obergeschoß klassizist. Stuckdekor. *Klosterstr. 33*, Eckhaus von 6:3 Achsen mit Mansarddach und strenger, schlichter Rck.Gliederung; dagegen *Klosterstr. 52* schon gegen M.19.Jh., zwölfachsig,

über den 4 Mittelachsen Flachgiebel. *Mönchsgasse 1/Ecke Berliner Str.*, 1804–06 wahrscheinlich von Karl Gottlob Kahle, der strengen Berliner Schule nahestehend, 3geschossig von 9:4 Achsen. Die Eckachsen als schwache Risalite mit großen, über 2 Geschosse reichenden Rundbogenblenden, unter ihren Scheiteln ovale Nischen mit Büsten, dazu verteilt Stuckbänder mit spielenden Putten bzw. Palmetten. Im Vorstadtbereich aus A.19.Jh. auch mehrfach 1geschossige Häuser im Typus ländlicher Gutshäuser mit Mansardwalmdach, Fledermausluken und Mitteleingang, z.B. *Lieberoser Str. 7* oder *Sandower Str. 17* (von 1825).

Von der ma. **Stadtbefestigung** des 15.Jh. noch Teile der **Stadtmauer** aus Backstein (ca. 5–6 m hoch) mit Türmen und Weichhäusern erh., vorwiegend im W und N, 1935–37 frei rest. und z.T. neu aufgeführt (Weichhäuser); letzte Rest. um 1970 und 1981/82. – An der NO-Ecke des ehem. Mauerringes der **Münzturm**, rck. Unterbau mit verstärkten Kanten sowie Rautenmusterung durch dunkelglasierte Ziegel, der oktogonale Oberbau urspr. wohl mit gemauertem Helm; Abdeckung 1903. Im anschließenden Stadtmauerrest ein im Kern ma. Weichhaus erh. – Am WAbschnitt der Stadtmauer rck. **Mauerturm** mit rundem Oberbau, Abplattung an der Stadtseite und gemauertem Kegelhelm; der Durchgang von 1879. – Im S als Rest des ehem. Spremberger Tores der **Spremberger Turm**, auf quadr. Unterbau mit Durchfahrt runder Backsteinturm mit vorkragendem Zinnenkranz, 1823–25 unter Verwendung urspr. Teile nach von Schinkel genehmigten Plänen errichtet.

Bezirksmuseum mit **Blechen-Gedenkstätte** (Schloß Branitz)

COTTBUS (BRANITZ)

Ehem. **Gut.** Seit 1696 in Besitz der Grafen v.Pückler, 1846 von Fürst Hermann v.Pückler-Muskau zum ständigen Wohnsitz erwählt, der hier eine weitere große Parkschöpfung von 1846 bis 1871, dem Jahr seines Todes, verwirklichte, nachdem er 1845 seinen Besitz Muskau mit der wesentlich größeren Parkanlage dort aus finanziellen Gründen hatte aufgeben müssen.

Schloß (Bezirksmuseum und Blechen-Gedenkstätte). 1772 von Graf August Heinrich v.Pückler, dem Großvater des Fürsten Hermann v.Pückler-Muskau, errichtet. Nach Verwahrlosung im fr.19.Jh. von Fürst Hermann 1846 als Wohnsitz um- und ausgebaut. – 2geschossiger Putzbau von 13:7 Achsen unter Mansardwalmdach, an den Ecken durch Putzquaderung und zwischen den Geschossen durch vertiefte Felder zurückhaltend gegliedert. Zur Hofseite 3achsiger Mittelrisalit unter flachem Dreiecksgiebel mit Wappen des Bauherrn und Inschr., die unteren Öffnungen des Risalits überdacht, im Mittelportal schöne, reich gefelderte *Eichentür*. Der gesamte Mittelrisalit durch Rocaillekartuschen und zopfige Stuckgehänge hervorgehoben. An der Gartenseite die 9achsige Mitte um 2 Achsen zurückgezogen, einen Ehrenhof von geringer Tiefe bildend, auch hier ein 3achsiger Mittelrisalit, jedoch seit ca. 1850 unter Segmentbogengiebel mit dem Fürstlich-Pücklerschen Wappen. – Das Innere des Schlosses 1846–52 durch Gottfried Semper umgebaut; das Äußere nur leicht verändert. Vom urspr. Bau von 1772 erh. der parkseitig im Erdgeschoß liegende *Musiksaal* (Grüner Salon) mit Stuckzier aus Musikinstrumenten, Gehängen und Medaillons; der schöne *Kachelofen* um 1850 hinzugefügt. Aus der Pückler-Zeit auch die Ausstattung des Speiseraumes daneben mit Boiserien und Möbeln in Renaiss.Formen sowie die *Stuckdecke* erh., ebenso zu großen Teilen die Ausstattung dieser Zeit in den meisten Räumen des Erdgeschosses.

Außen, auf Semper zurückgehend, das Schloß von einer Terrasse umgeben, die auf der Hofseite eine 2läufige Freitreppe einschließt. Der Eingangsseite ein nach O urspr. offener **Pergola-Hof** um ein Parterre vorgelagert. An den seitlich abgrenzenden Pergolamauern *Terrakotta-Reliefs* mythologischen Inhalts nach Entwürfen von Bertel Thorvaldsen, 6 davon Rundmedaillons, dazu 10 Rck.Felder, u.a. mit Darstellung der Jahreszeiten. Hier auch *3 Figuren* (urspr. 4) der griechischen Mythologie, Zinkguß (urspr. bronziert): Bacchus, Borghesischer Faun, Apollino; auf dem Parterre 2 schöne *Terrakotta-Vasen* sowie in der Mittelachse ein *Bacchus-Standbild*, Zinkguß; alles 3.V.19.Jh.

Gleichzeitig unter Pückler die den ehem. Gutshof abgrenzenden seitlichen Wirtschaftsgebäude zu **Marstall** (z.Z. in Rest.) und **Kavalierhaus** umgestaltet; ihre Giebelfronten und reizvollen Schornsteine im Tudorstil von Semper hinzugefügt.

Park. Nach Muskau die zweite Schöpfung des Fürsten Hermann v. Pückler auf eigenem Grund und Boden, kleiner, aber sehr eigenwillig, eine der letzten Parkanlagen im klassischen Landschaftsstil, 1846–71 in Etappen entsprechend einer mehrfach veränderten, ständig erweiterten Planung geschaffen; von 1868–1915 der Park von Gartendirektor Georg Bleyer betreut und nach 1871 im Sinne des Fürsten noch erweitert, sein Auftraggeber seit 1871 der Neffe des Fürsten Hermann, Graf Heinrich v. Pückler. – Brauchte in Muskau die landschaftliche Situation des Flußtales durch die Parklandschaft nur gesteigert zu werden, so waren in Branitz anstelle des „wüsten", ebenen Geländes Bodenerhebungen und Wasserläufe völlig neu zu schaffen. Bis 1850 der ö Teil der späteren Gesamtanlage geschaffen, in dessen Mitte das Schloß lag. Am ö Eingang die Schmiede, über die ausgedehnten Schmiedewiesen hinweg vom Schloß aus als „point de vue" zu sehen; w des Schlosses der Mittelpark, vom Schloßbereich durch 2 Seen getrennt. Rings um das Schloß als „pleasure ground" (wie der Fürst ihn auffaßte) eine Zone detaillierterer Gestaltung gelegt, mit einer Vielzahl von Bildwerken und Gartenarchitekturen, von einem Eisenzaun umgeben. Dieser Bereich später besonders stark vereinfachend verändert. – 1854–56 sowie 1863–68 der Westpark geschaffen, mit dem Pyramidensee – darin der „Tumulus" –, dem Schlangensee und der Landpyramide zwischen beiden Seen; zuletzt der Hermannsberg

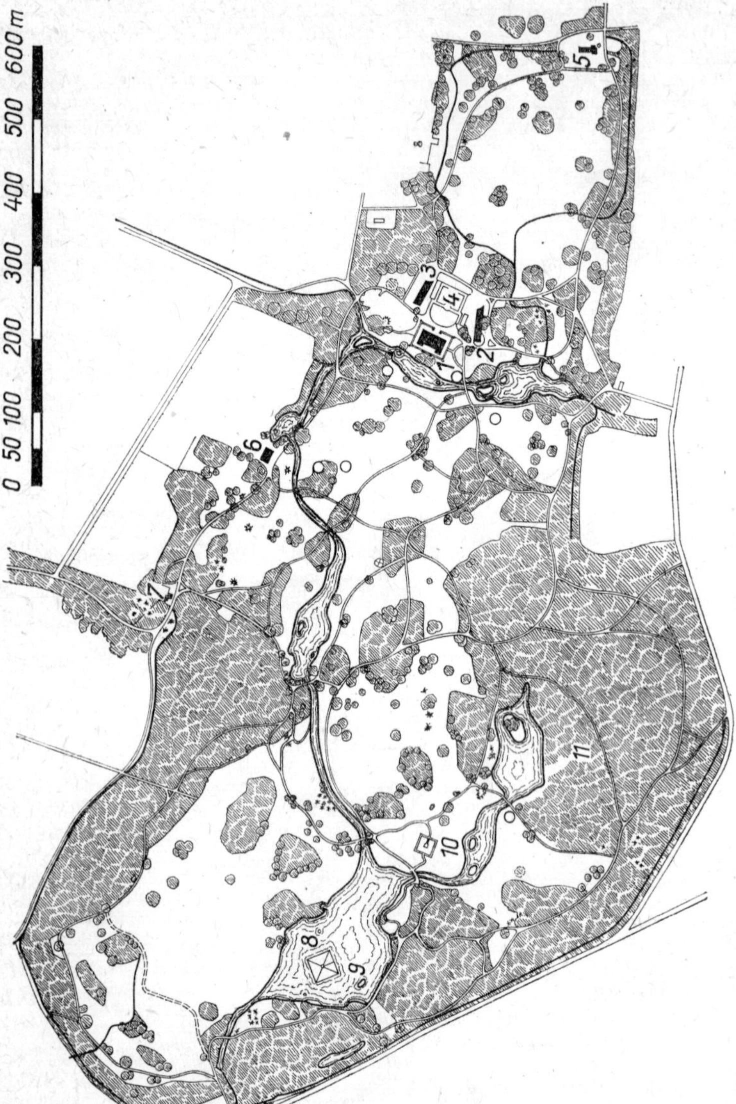
0 50 100 200 300 400 500 600 m
1
2
3
4
5
6
7
8
9
10
11

s des Schlangensees entstanden. Der großräumige NW-Teil erst unter Georg Bleyer hinzugefügt. – Charakteristische Gestaltungsmittel: die einfassende Randbepflanzung – die die Vorbereitung des Parks in der umgebenden Landschaft nicht ausschließt –, der Wechsel von Freiräumen mit Baumgruppen oder großen Solitärbäumen – dabei fast nur einheimische Gehölze verwendet – und die Belebung der Landschaft durch Hügel, Seen und Bachläufe mit Brücken. Besonders deutlich in Branitz die Schaffung von Blickachsen, u.a. von der Gartenseite des Schlosses aus in mehrere Richtungen laufend, so daß sich von jedem Fenster aus eine andere Ansicht des Parkes und damit eine genau berechnete Bildfolge ergibt. Auch der Park als Ganzes durch die Führung der Wege für das Auge in solchen wechselnden Bildern erschlossen. Stärker als in Muskau der Park urspr. durch Bau- und Bildwerke belebt, das meiste davon verloren. Von den Bauten außer den Begleitflügeln beim Schloß nur *Gewächshaus* und *Schmiede* erh., letztere im „orientalischen" Stil von Ludwig Persius nach einem Entwurf von Friedrich August Stüler errichtet. Von den Bildwerken im Park nur noch die Freifigur einer *Venus*, Zinkguß, sowie die *Büste* der Schauspielerin *Henriette Sonntag*, ein Bronze-Nachguß von 1984, aufgestellt. – Das in seiner Grundvorstellung als klassischer Landschaftspark konzipierte Werk durch seine Ausstattung aber nicht „sentimentalisch" im Sinne des 18.Jh., sondern ausgesprochen „neuromantisch" gefärbt. Besonders deutlich dieser Wesenszug in den beiden Pyramiden, von denen die im See liegende von ihrem Schöpfer zu seiner Grabstätte bestimmt wurde. Diese Idee wohl auf die Orientreise des Fürsten zurückzuführen. Seine 1854 verstorbene Gattin, Fürstin Lucie, 1884 ebenfalls in die Seepyramide umgebettet; für beide auf einer kleinen Insel im See ein *Gedenkstein*. Zur Treppe an der Seepyramide ausgerichtet, ihr gegenüber am Seeufer, ein *Gondelhafen* mit Freitreppe.

COTTBUS (MADLOW)

Dorf-K. Rck. Backsteinbau des sp.14./fr.15.Jh. mit schönem, wenig jüngerem quadr. WTurm, 1.H.15.Jh., sowie s Anbauten: Feldstein-Sakristei und Backstein-Vorhalle unter gemeinsamem Satteldach. Der Turm im Untergeschoß ungegliedert mit spitzbogigem WPortal, dessen Leibung über hoher Schräge doppelt gestuft; die beiden oberen Geschosse des Turmes durch Blendstreifen horizontal geschieden und durch Blenden gegliedert: diese im 1. Obergeschoß rck. mit Konsolen, im 2. flachbogig, in der mittleren Blende die Schalluke; im folgenden Halbgeschoß statt der Segmentblenden Kreisblenden (außer an der

←

Branitz, Park

1. Schloß (Bezirksmuseum) 2. ehem. Marstall 3. ehem. Kavalierhaus 4. Pergola-Hof 5. ehem. Schmiede 6. Gewächshaus 7. Cottbuser Torhaus 8. Seepyramide 9. Gedenkstein 10. Landpyramide 11. Hermannsberg

WSeite); als Abschluß Pyramidendach. Das Schiff 1871 erhöht unter Beibehaltung der urspr. Firsthöhe, dadurch die Dachschräge flacher; die urspr. Form noch am OGiebel ablesbar. Gleichzeitig die Fenster spitzbogig erneuert und an der NSeite neu eingefügt; hier 2 ma. Spitzbogenportale erkennbar. Von 1871 auch die jetzige Form der ö Dreifenstergruppe, die Spitzbogenblende mit Luke im Giebel aber ma. Die Sakristei als ö Teil des SAnbaues wohl A.16.Jh. angefügt, urspr. tonnengewölbt, jetzt flachgedeckt, die w anschließende Vorhalle E.16.Jh., der beide Teile abschließende Giebel im 19.Jh. erneuert. – Das Innere urspr. wohl mit Holztonne gewölbt, jetzt 3seitig gebrochene Bretterdecke von 1879. Renovierung des Inneren um 1975, dabei die WEmpore mit moderner Brüstung versehen und die Ausstattung vom A.19.Jh. entfernt (als Ersatz die Ausstattung von Pritzen, Ldkr. Calau, für Madlow vorgesehen). – Spätgot. *Kelch*, Silber vergoldet, 14.Jh., auf dem runden Fuß Medaillons mit den Evangelisten und Kruzifix.

KOTTEN Bez. Cottbus, Ldkr. Hoyerswerda

Kap. Kleiner moderner Rechteckbau. Darin mehrere kleine *Schnitzfiguren* des 18.Jh. in Volkskunstmanier, aus einer Vorgängerkap.

KOTTEN (SAALAU)

Dorf-K. Rck., jetzt verputzter Backsteinbau mit OApsis und eingezogenem quadr. WTurm, 1854. Erneuert 1950/60. – Qualitätvolle *Mondsichelmadonna* 1.H.18.Jh., vielleicht von Mathias Wenzel Jäckel aus Prag.

KRASSIG Bez. Cottbus, Ldkr. Herzberg

s. SCHLIEBEN

KRAUSCHWITZ Bez. Cottbus, Ldkr. Weißwasser

Obermühle (VEG Geflügelmast). Wirtschaftsgebäude aus Stein, hofseitig eine lange Holzgalerie, im Kern 18.Jh.

KRAUSNICK Bez. Cottbus, Ldkr. Lübben

Dorf-K. Fachwerkbau von 1728, auf einer Anhöhe im N des Dorfes. Rest. 1958 und 1981/82. Der Gr. über griechischem Kreuz mit Walmdächern, im Schnittpunkt 8seitiger Dachreiter mit geschweifter Haube und Laterne. Die N- und WSeite der K. sowie der Dachturm verbrettert. Die Fenster flachbogig, Eingänge an der S-, O- und WSeite. – Das Innere als Zentralraum mit umlaufender Empore ansprechend gestaltet, der Altar im n Kreuzarm. Im Mittelraum Bretterdecke auf Voute. Die offenen Emporen im O und W zurückschwingend, die Orgelempore im S mit segmentbogiger Arkade geöffnet, die Gestaltung der NSeite für den Altar entsprechend abgewandelt: Unter der hohen Mittelöffnung der *Kanzelaltar* aus der Bauzeit, Ädikulaform: zwischen doppelten korinthischen Säulen die polyg. Kanzel mit Engelsflüchten, im gesprengten Volutengiebel Schalldeckel mit gekrönter Kartusche und Stiftermonogramm A W (August Wilhelm von Preußen), auf dem Gebälk Posaunenengel mit Palmzweigen, im Scheitel Strahlensonne. Seitlich *2 Gestühlslauben* mit durchbrochenem Rankenwerk. Schlichte 8eckige hölzerne *Taufe* mit Rosetten, um 1800.

KRAYNE Bez. Cottbus, Ldkr. Guben
Ehem. **Gutshaus** (Wohnungen). 1geschossiger Putzbau von 1780 mit Krüppelwalmdach, 1965 durch moderne An- und Ausbauten verändert. Im Giebelfeld der Hofseite Wappenrelief mit Dat. 1780.

KREBLITZ Bez. Cottbus, Ldkr. Luckau. – Inv. Prov. Brandenburg, Luckau
Dorf-K. Rck. Feldsteinbau des 14.Jh. mit etwas jüngerem quadr. WTurm mit Zeltdach, sein Glockengeschoß mit spitzbogigen Schallöffnungen zwischen Zwillingsblenden aus Backstein. In der s Schiffswand spitzbogiges Rücksprungportal in urspr. Form erh., ebenso das alte WPortal innen im Turm. In der OWand die urspr. Dreifenstergruppe erkennbar. Alle übrigen Öffnungen bar. Das Innere mit Balkendecke; Empore an der W- und NSeite, deren ö Teil älter, 17.Jh. In der OWand backsteingerahmte spätgot. *Sakramentsnische* mit getrepptem Giebel. – *Kanzelaltar* A.18.Jh. (vgl. Kasel-Golzig, Ldkr. Luckau), mit durchbrochenen gedrehten Säulen und schmalen Akanthuswangen, am Korb gedrehte Ecksäulchen; der Schalldeckel bekrönt von Pelikan. *Pfarr-* und *Chorstuhl* mit vergittertem Aufsatz, 18.Jh. Bar. *Taufengel* (beschädigt auf dem Kirchenboden). Spätgot. *Glocke*, M.15.Jh.

KREMITZ Bez. Cottbus, Ldkr. Jessen. – Inv. Prov. Sachsen, Schweinitz
Dorf-K. Kleiner Fachwerkbau mit 3seitigem OSchluß und w 8seitigem, verbrettertem Dachturm, 1783. Im Inneren 3seitige Empore. – Schlichter hölzerner *Kanzelaltar* aus der Bauzeit, auf dem Gebälk *Schnitzfiguren* der Heiligen Stephanus und Magdalena, letztes V.15.Jh. Stattliche runde *Sandsteintaufe* von 1627, mit flacher Kuppa auf balusterartigem Fuß.

KRIESCHOW-WIESENDORF Bez. Cottbus, Ldkr. Cottbus. – Inv. Prov. Brandenburg, Cottbus
Dorf-K. (Krieschow) Gestreckter rck. Backsteinbau 2.H.15.Jh., der schwere quadr. WTurm wenig jünger, sein Untergeschoß mit Rau-

tenmusterung, der 8seitige geknickte Spitzhelm 19.Jh., das WPortal spitzbogig, 4fach gestuft, urspr. in Rck.Rahmung. Im 17.Jh. das Schiff erhöht, die Fenster verändert, der OGiebel beseitigt und Anbauten hinzugefügt: im N 2teilige Patronatsloge, im O Sakristei. Das spitzbogige NPortal mit gerundeter Stufung auf dem Grunde der Vorhalle zwischen den Logen. Im Inneren Putzdecke des 18.Jh. und kurze 2geschossige Hufeisenempore, unten die Mitte gerundet vortretend. Die Turmhalle mit spätgot. Sterngewölbe und korbbogigen Wandnischen. – Hölzerner *Altaraufsatz* dat. 1680, wohl von Georg Wolschke aus Calau; wegen Veränderung der Decke reduziert, 3geschossiger Architekturaufbau von kräftiger Gliederung mit gewundenen Säulen, Knorpelwerk und Bildprogramm. In der Predella gemalt die Geburt Christi, darüber auf dem Sockel das Abendmahl zwischen 2 Spruchkartuschen, im Hauptfeld die Kreuzigungsgruppe, nur der Kruzifixus plastisch, in den rundbogigen Seitenfeldern die Gemälde der Geißelung und Grablegung, im Aufsatz das der Auferstehung. Seitlich auf dem Gebälk die Standfiguren von Christus als Gärtner und Maria Magdalena; als Bekrönung urspr. Kartusche mit Himmelfahrtsgemälde (in der Turmhalle), jetzt Posaunenengel. Gleichzeitig und im Werkstattzusammenhang die reiche *Kanzel* von stark plastischem Aufbau, der polyg. Korb auf kleiner Mosesfigur, in den Feldern des Korbes und der Treppenwangen gut gemalte Evangelisten und Propheten, dazwischen kleine geschnitzte Apostelfiguren auf schweren Konsolen; der 8eckige Schalldeckel mit Spangenkrone, darauf Gottvater. An der Kanzelrückwand Pastorenporträt J. Korn †1682, zwischen den geschnitzten Apostelfiguren des Jakobus und Matthias. – Flachbogiges *Friedhofsportal* mit Blendenaufsatz, Backstein, fr.16.Jh.
Ehem. **Gutshaus** (Verwaltung). Im Kern M.18.Jh., die heutige Erscheinung des 1geschossigen Putzbaues von 15 Achsen 2.H. 19.Jh.

CRIEWEN Bez. Frankfurt/Oder, Ldkr. Angermünde. – Inv. Prov. Brandenburg, Angermünde
Ehem. **Gutshaus** (VE-Gut). Im Kern 18.Jh., seine heutige Erscheinung gänzlich vom Umbau um 1910 geprägt. – Der schöne **Gutspark** auf dem Gelände des ehem., 1822 nach O verlegten Dorfes für O.v.Arnim von Peter Joseph Lenné angelegt. In den Park einbezogen die **Dorf-K.**, im Kern frühgot. rck. Feldsteinbau, der w Dachturm aus Fachwerk und die gotisierenden Giebel von 1830/31. Letzte Rest. 1968. *WEmpore*, *Gestühl* und *Patronatsloge* 18.Jh. Der *Kanzelaltar* 1713 von Christian Kiel aus Oderberg, mit gewundenen Säulen und geschnitzten Wangen. *Sandsteintaufe* in schöner bar. Vasenform, 1.V.18.Jh. – W der Kirche kleiner **Gruftbau** von 1856 im Tudorstil mit originaler *Farbverglasung* der SFenster. Vor der Kirche *Urnengrabmal* für Frau v.Rebeur †1792.

KRÖBELN Bez. Cottbus, Ldkr. Liebenwerda. – Inv. Prov. Sachsen, Liebenwerda

Dorf-K. 1732. Saal mit 3seitigem OSchluß und ö angebauter Sakristei, im W hölzerner Dachturm mit Haube und Laterne. Im Inneren Rundbogen zur Stützung des Dachturms. Hölzerner *Kanzelaltar* aus der Bauzeit. *Taufstein* 1760. – Außen an der K. *2 Inschr.Grabsteine* für Pfarrer Winkler †1694 und für H.Rohrwacher †1708.

KROMLAU Bez. Cottbus, Ldkr. Weißwasser. – Inv. Prov. Brandenburg, Sorau/Forst

Ehem. **Gutshaus** (Kinderkrippe). Hübscher 1geschossiger Putzbau von 7:5 Achsen mit Mansardwalmdach, seine jetzige Erscheinung wohl von 1845 auf älterer Grundlage. An beiden Längsfronten 1achsiger Mittelrisalit mit übergiebeltem Zwerchhaus. An einer Schmalseite polyg. Treppenturm von 1860. – Ehem. bedeutender **Waldpark**, zwischen 1840 und 1860 nach dem Vorbild Pücklerscher Parkgestaltung im Auftrag des Besitzers Rötschke angelegt. Aus einem ehem. umfangreichen Skulpturenprogramm der 1.H.18.Jh. nur wenige *Sandsteinfiguren* erh. (Herkules, 2 Nymphen, Putto). Am Parkteich mehrere künstliche Klippen und Grotten aus Basaltsäulen sowie schwibbogenartige Brücke aus Feldstein.

KROPPEN Bez. Cottbus, Ldkr. Senftenberg. – Inv. Prov. Schlesien, Reg.Bez. Liegnitz, Hoyerswerda

Dorf-K. Inschr. 1718–21 von Balthasar Rumberger aus Radeburg errichtet. Putzbau mit 3seitigem OSchluß und quadr. WTurm. Die Öffnungen stichbogig, die Portale in schlichter Sandsteinrahmung. Das Innere flachgedeckt, 2geschossige Emporen an der N- und SSeite, im W vorschwingende Orgelempore. – Hoher *Kanzelaltar* um 1721/22, als Maler Johann Christian Näther, Dresden, gen., der Kanzelkorb von vasenbekrönten Pilastern gerahmt, über dem Schalldeckel mit Schabrackendekor Volutengiebel mit Auge Gottes im Strahlenkranz. Geschnitzte *Taufe* um 1720, Fuß mit Akanthuswerk und Behang, statt der Kuppa freitragende Voluten, die Schale haltend, darüber geschwungener Deckel (vgl. Taufe von Großkmehlen, Ldkr. Senftenberg). *Orgelprospekt* aus der Erbauungszeit; an der Orgelempore *Brüstungsmalerei*: Propheten in Landschaft, um 1720/30. Im Altarraum 2geschossige *Logeneinbauten*, um 1720/30. *2 Ölbilder*: Christus, sp.16.Jh. (?), und Pastorenbildnis, um 1720/30. Mehrere *Grabsteine* 17./18.Jh., darunter Ganzfiguren-Grabstein eines Herrn zu Frauendorf, E.17.Jh. *Grabdenkmal* für J.F.Scheibner †1752, Schriftrolle vor Kreuz mit Sakramentskartusche oben und seitlich trauerndem Putto. *Grabmal* für Graf G.v.Werthern †1721, Sandstein, 1727 von Benjamin Thomae geschaffen, auf geschwungenem Sockel Sarkophagaufbau mit Obelisk, davor sitzender Wappenengel, seitlich 2 lebensgroße Tugendallegorien; das Ganze vor einer von Putten gehaltenen Draperie.

KROSSEN Bez. Cottbus, Ldkr. Luckau. – Inv. Prov. Brandenburg, Luckau

Dorf-K. Im Kern spätgot. Feldsteinbau mit 3seitigem OSchluß und leicht querrck. nach N aus der Achse gerücktem WTurm. Um 1745 eingreifend erneuert und der WTurm mit verputztem, ins Achteck übergehendem Aufsatz mit Schweifhaube und Laterne versehen. Gleichzeitig die korbbogigen Fenster und die rck. NPortale. Rest 1957–69. Innen verputzte Flachdecke und Hufeisenempore M.18.Jh., im W darunter verglaste Loge. Die *Brüstungsmalerei* an der Empore mit Sprüchen und Rokoko-Kartuschen, w in der Mitte der Auferstehende. – *Kanzelaltar* 1748 von Gottfried Gerichen aus Krossen; der polyg. Korb mit Kreuzigungsgemälde von Säulen flankiert, die Bekrönung mit Taube des hl. Geistes, in den schmalen Wangen Wappenkartuschen. Pokalförmige *Taufe* 1753 von Gottlieb Fr. Müller aus Torgau, Sandstein, die viereckige Kuppa mit Stifterwappen; der zugehörige geschnitzte Deckel, Holz, mit Dat., gleichzeitig als Lesepult dienend.

Gegenüber der K. das ehem. **Pfarrhaus.** 1geschossiger Putzbau mit Mansarddach, 1824 von Maurermeister Lehmann aus Luckau.

KRÜGERSDORF Bez. Frankfurt/Oder, Ldkr. Beeskow

Dorf-K. Putzbau von 1720 mit 3seitigem OSchluß und quadr. w Dachturm. Dieser durch Zeltdach mit zierlicher Laterne und Spitzhelm abgeschlossen. Die Ecken der K. rustiziert, übergiebelter SEingang. – Das Innere einheitlich bar. gestaltet: ornamental bemalte Flachdecke; *Kanzelaltar* mit Empore und Orgel verbunden, die ganze OSeite einnehmend, der Schalldeckel von 2 weiblichen Figuren getragen, auf dem Gebälk 2 sitzende Putten, zu Seiten des Orgelprospektes geschnitzte Akanthuswangen. Im W *Patronatsempore* mit dem Bildnis des Bauherrn, am Aufgang 2 Wappentafeln, 17.Jh. – Bar. *Taufengel*, beschädigt. Am Eingang 2 verwitterte *Figurengrabsteine*, 17.Jh.

KRUGAU Bez. Cottbus, Ldkr. Lübben

Dorf-K. 1sch. Feldsteinbau des 15.Jh. mit gering einspringendem massigem WQuerturm, sein eingezogenes Glockengeschoß in Backstein mit Blendenschmuck. Das Walmdach des Turmes von 1821, gleichzeitig die Fenster des Schiffes korbbogig erweitert; die SVorhalle von 1837. Rest. 1969 und 1979. Vom spätgot. Bau 2 spitzbogige Stufenportale in Backstein an der S- und WSeite innen erh. – Innen Flachtonne und umlaufende Emporen von

1717 auf tauförmig gedrehten Stützen, 1821 nach O verlängert und mit dem Altar durch wiederverwendete Ornamentfüllungen eines Patronatsstuhles verbunden. *Kanzelaltar* A.18.Jh., Holz mit erneuerter Fassung; die 3seitige Kanzel zwischen gedrehten Weinlaubsäulen und schmalen Wangen. In der Predella Ovalgemälde des Abendmahles, auf dem Giebel bekrönend der Auferstandene, seitlich Posaunenengel. *Kruzifix*, wohl 1.H.18.Jh., Holz mit erneuerter Fassung. *Pfarrstuhl* mit Akanthusfüllungen, A.18.Jh. – Vor der SVorhalle *Rokokograbstein* J.C.Schmidt †1759 (beschädigt).

KRUGE-GERSDORF Bez. Frankfurt/Oder, Ldkr. Freienwalde

Dorf-K. (Gersdorf). Rck. Feldsteinbau mit eingezogenem Rck.-Chor, M.13.Jh. Der quadr. WTurm mit Pyramidendach 1699, sein verbretterter Aufsatz mit Schweifhaube 1774; mehrfach erneuert. Das Innere flachgedeckt; Hufeisenempore. – Schlichter *Kanzelaltar* mit seitlichen Durchgängen in Chorbreite, 1772; auf seiner Rückwand *Kreuzigungsgemälde* um 1690, Rest eines Altarretabels. *Epitaph* für K.W.N.v.Röbel †1718, Sandstein, Inschr.-Kartusche umgeben von kriegerischen Emblemen.

KRUMMENSEE Bez. Frankfurt/Oder, Ldkr. Bernau. – Inv. Prov. Brandenburg, Niederbarnim

Dorf-K. Spätgot. rck. Feldsteinbau mit hohem WQuerturm in Schiffsbreite, 1866 durch ein neugot. Querschiff in Backstein erweitert. Der Turm mit spitzbogigen Schallöffnungen, an den Giebeln seines Quersatteldaches spitzbogige Blendengruppe. WPortal mit profilierter spitzbogiger Archivolte aus Kalkstein. – *Kalksteintaufe* 15.Jh., polyg. Kuppa auf schwerem quadr. Sockel. *Grabstein* M.A.Robels †1593.

CRUSSOW Bez. Frankfurt/Oder, Ldkr. Angermünde. – Inv. Prov. Brandenburg, Angermünde

Dorf-K. Sauber gequaderter Feldsteinbau 3.V.13.Jh., aus Schiff und eingezogenem Chor; der w Fachwerkturm von 1730 in Verfall. Die schmalen leicht zugespitzten Lanzettfenster original erh. Die spitzbogigen Portale bis auf die Priesterpforte in der Chorsüdwand zugesetzt. – *Kelch* 17.Jh., Silber vergoldet, mit reicher Ornamentierung in Spätrenaiss.-Formen.

KÜMMRITZ Bez. Cottbus, Ldkr. Luckau. – Inv. Prov. Brandenburg, Luckau

Dorf-K. Rck. Feldsteinbau des 14.Jh. Der verbretterte WTurm, oben zur Hälfte ins Dach übergreifend, 2.H.17.Jh. Wohl gleichzeitig die Veränderung der korbbogigen Öffnungen der S- und

OSeite; in urspr. Form ein spitzbogiges OFenster sowie ein SPortal erkennbar. Das Innere flachgedeckt; WEmpore. — *Altaraufsatz* A.18.Jh., mit den Bildern des Abendmahls, der Kreuzigung und der Himmelfahrt, in den Rankenwangen die Bilder der Verkündigung und der Geburt Christi, als Bekrönung triumphierender Christus. Wohl gleichzeitig die *Kanzel*, mit gewundenen Ecksäulchen, dazwischen die Bilder des Salvators und dreier Evangelisten; schlichter Schalldeckel. Aus dieser Zeit auch die hölzerne *Taufe* mit flachem, 8eckigem Oberteil. Die WEmpore als ehem. Patronatsstuhl mit *Wappenmalerei* an der Brüstung. An der NWand 2 gute *Epitaphien*: Für G.W.v.Birckholtz †1747 und seine Frau †1748, schwarzer und weißer Marmor, die beiden unterschiedlich gestalteten Vitentafeln flankiert von Trophäendekor bzw. den Figuren von Spes und Fides und bekrönt von den Büsten der beiden Verstorbenen zwischen trauernden Putti, sowie beim Epitaph der Frau mit Allianzwappen in Kartusche am Unterhang. *2 Glocken*, 1.H.14.Jh. und 15.Jh.

Ehem. **Gutshaus** (Konsum, Wohnungen). 2geschossiger Putzbau von 9 Achsen mit Walmdach, im Kern 17.Jh. In der Mittelachse Sitznischenportal, darüber jüngeres Allianzwappen.

KUMMEROW Bez. Frankfurt/Oder, Ldkr. Angermünde. — Inv. Pommern, Reg.Bez. Stettin, Randow

Dorf-K. Spätgot. turmloser Rck.Saal aus unregelmäßigem Feldsteinmauerwerk; am Giebel der jüngeren SVorhalle aus Backstein 3 Spitzbogenblenden. Die Spitzbogenfenster E.19.Jh. vergrößert. Das Innere flachgedeckt, mit w Orgelempore, 1963 rest. — Polyg. *Kanzelkorb* M.17.Jh., Holz, mit Beschlagwerkdekor und Ecksäulchen, in den rundbogigen Nischen Figuren der Evangelisten. *Taufstein* wohl 14.Jh., der Schaft erneuert, das 8eckige flache Becken mit Blatt- und Maßwerkrelief. 3 *Schnitzfiguren* 2.H.17.–1.H.18.Jh., Johannes Ev., Johannes Bapt. und stehender Engel.

KUNERSDORF Bez. Frankfurt/Oder, Ldkr. Freienwalde

Dorf-K. Zentralbau mit Kuppel und quadr. Turm an der ö Eingangsseite, Backstein, 1955 nach Zerstörung des Vorgängerbaus errichtet. — An der NMauer des Friedhofes **Erbbegräbnis** der Familien v.Lestwitz-Itzenplitz: In einer vermutlich von Carl Gotthard Langhans entworfenen eindrucksvollen Säulenkolonnade aus dorischen Säulen mit geradem Gebälk *9 Marmorgrabmäler* in Muldennischen, z.T. von hervorragender Qualität (urspr. nur 5 Grabmäler umfassend, 1835 nach links um 4 Nischen erweitert), 1957 rest. Von rechts ausgehend: 2 Grabmäler von Johann Gottfried Schadow, Urnen mit Bildnismedaillons der Verstorbenen, für H.S.v.L. †1788 und für C.Ch.v.L. †1789, beide 1790 ausgeführt, Frühwerke des Künstlers. Grabmal für H.Ch.v.Friedland †1803, von Heinrich Keller, Rom, Säulentrommel mit Bildnismedaillon, darauf Urne mit allegorischen Reliefs und Attributen der Landwirtschaft. 2 Grabmäler von Christian Daniel Rauch, für P.A.v.I. †1834, Stele mit Reliefszenen zur Urbarmachung des Oderbruchs und Bildnismedaillon des Verstorbenen, sowie für H.Ch.v.I. †1848, Stele mit sitzender Relieffigur der Verstorbenen. Grabmal für M.v.I. †1831, von Christian Friedrich Tieck nach Entwurf Karl Friedrich Schinkels, Stele mit Bildnismedaillon und Relief der von ihren Kindern abschiednehmenden Mutter, von Todesengel geleitet. 2 Grabmäler mit Kreuzen für L.Ch.E.v.I. †1848 und H.A.v.I. †1883. Grabmal für M.H.v.I. †1853 von Hugo Hagen, Stele mit Bildnismedaillon und Sterbeszene.

KUNOW Bez. Frankfurt/Oder, Ldkr. Angermünde. — Inv. Pommern, Reg.Bez. Stettin, Randow

Dorf-K. Flachgedeckter Feldsteinbau M. bis 3.V.13.Jh., aus eingezogenem Rck.Chor, Schiff und Turm von gleicher Breite. 1757 der quadr. Turmaufbau aus Fachwerk mit verbrettertem Aufsatz und Spitzhelm. Die Öffnungen spitzbogig, original das 2stufige WPortal und die Fenster im Chor. Innen zwischen Turm und Schiff gedrückter Spitzbogen, von gleicher Form der Triumphbogen. Die Raumwirkung bestimmt durch die qualitätvolle Ausstattung des fr.18.Jh. und die Rest. 2.H.19.Jh. — *Altaraufsatz* 1719 von Christian Wiese, Architekturaufbau mit üppigem Schnitzwerk und Malereien, das Altarblatt mit der Kreuzigung sign. G.Steyn; im Sockel das Abendmahl, in den Wangen aus schwungvollen Akanthusranken die Bildnismedaillons des Stifters v.Wolde und seiner Frau; im ovalen Giebelfeld die Grablegung, auf den Giebelansätzen lagernde Engelfiguren. Die polyg. *Kanzel* 1712, mit Ecksäulchen und Rankenfriesen, ein gleicher am Schalldeckel; die Füllungen am Korb aus dem 19.Jh. Guter *Taufengel* A.18.Jh. *Gestühl* und hufeisenförmige *Empore* 1728, mit bemalten Füllungen. *Truhe* mit Eisenbeschlägen 1572. *Wappengrabstein* für H.v.Wolde †1596.

KUSCHKOW Bez. Cottbus, Ldkr. Lübben

Dorf-K. Um 1830—40, angeblich nach Entwurf von Karl Friedrich Schinkel. Rck. Putzbau im Rundbogenstil mit quadr. 3geschossigem WTurm unter hohem Zeltdach. An den Langseiten 5 große Fenster in Pfeilerarkaden, in der mittleren Arkade der SSeite Eingang, dazu WPortal im Turm. Im Giebel der OSeite Segmentbogenfenster. — Im flachgedeckten Inneren Hufeisenempore, im O *Kanzelwand* in Giebelform mit seitlichen Lauben. Hölzerner *Taufständer* auf 3 Spangenfüßen, aus der Bauzeit.

L

LAASOW Bez. Cottbus, Ldkr. Calau

Dorf-K. Backsteinbau mit 3seitigem OSchluß, wohl 1.H.15.Jh., die Wände mit Rautenmuster aus glasierten Backsteinen. Spitzbogiges WPortal mit geschrägtem, durch Rillen gegliedertem Gewände; s Loge in Fachwerk, 18.Jh. Im W 8seitiger verschieferter Dachturm mit Haube und Laterne, 1773. – Das Innere 1819 verändert: Flache Putzdecke und Unterzüge, von den Stützen der Hufeisenempore getragen. Der 3seitige OSchluß durch steile steinerne Arkadenstellung als Sakristei abgetrennt. Ihre Mittelpfeiler als Träger der 6seitigen *Kanzel* genutzt, dieser Einbau wohl letztes V.18.Jh. Rustikaler *Taufstein* des 16.Jh. (?), 8seitig, Kuppa und Sockel gestuft. Schnitzfigur einer *Pietà* vom Schräglagetypus, 1.H.16.Jh., ungefaßt. Guter *Altarkruzifixus*, Holz, vermutlich 2.H.18.Jh. An der Brüstungswand zur s Loge 2 *Landschaftsbilder* emblematischen Inhalts, etwa M.18.Jh.

LABRUN Bez. Cottbus, Ldkr. Jessen

Dorf-K. 1632. Kleiner 1sch. Putzbau mit 5seitigem OSchluß, 1950 rest., der w oktogonale Dachreiter mit Schweifhaube. Innen flachbogige verbretterte Decke und Empore im N und W, die w vorbauchend. – Ausstattung der Erbauungszeit: *Altaraufsatz*, triptychonartig mit 2 Säulen und Gemälden, auf der Mitteltafel Kreuzigungsgruppe, auf den Flügeln die Heiligen Petrus und Paulus. Hölzerne polyg. *Kanzel* mit Ecksäulchen und Schalldeckel sowie *Pfarrstuhl*. Hübsche *Sandsteintaufe* dat. 1579, in Blütenkelchform auf Balusterfuß. Hölzernes *Altarkruzifix* 1701, mit Gottvater und Taube des hl.Geistes. Bar. *Auferstehungsgemälde* sowie *Patronatsgestühl* mit Gemälden der 4 Evangelisten und ihrer Symbole, alle Gemälde von ansprechender Qualität.

LADEBURG Bez. Frankfurt/Oder, Ldkr. Bernau

Dorf-K. Im Kern ma. Feldsteinbau mit eingezogenem Chor, im 19.Jh. umfassend verändert und durch 4geschossigen Backsteinturm und polyg. Apsis erweitert. In der NWand spitzbogiges Sandsteinportal des sp.13.Jh. mit eingelegtem Dreiviertelstab in Kehle, am Gewände außen Schmuckmotive in Relief, im Scheitel Inschr. des Englischen Grußes.

LANGENGRASSAU Bez. Cottbus, Ldkr. Luckau. – Inv. Prov. Sachsen, Schweinitz

Dorf-K. Feldsteinbau mit Apsis sowie WQuerturm in Schiffsbreite, dieser mit Quersatteldach und schlankem Dachreiter; die K. in den unteren Teilen 1.H.13.Jh. Tiefgreifend erneuert 1819–21, u.a. die Rundbogenfenster eingesetzt und das Schiff erhöht. Letzte Rest. 1964. Im Inneren Muldendecke mit gemalten Kassetten und Stuckrosetten in deren Mitte, in der Apsis Halbkuppel. Hufeisenempore um 1820, ihre hölzernen Stützen, toskanische Säulen andeutend, bis an die ö Schiffswand vorgezogen und den Kanzelaltar einschließend. — Die *Ausstattung* ebenfalls einheitlich um 1820; *Kanzelaltar*, die Apsisöffnung verdeckend, mit rundem Kanzelkorb zwischen Doppelsäulen, darunter die seitlichen Durchgänge; rck. *Orgelprospekt* mit Flachgiebel über Pilastern. 6eckige gußeiserne *Taufe*. Hübscher klassizist., 6armiger *Kronleuchter*, Holz vergoldet.

LANGENNAUNDORF Bez. Cottbus, Ldkr. Herzberg. — Inv. Prov. Sachsen, Liebenwerda

Dorf-K. Im Kern spätgot. rck. Feldsteinbau, 1715 durchgreifend umgebaut und der hohe quadr. WTurm in Ziegelfachwerk angefügt, dieser über dem 8eckigem Glockengeschoß mit verschieferter Haube und Laterne abgeschlossen. Rest. 1948—51. Vom ma. Bau eine Spitzbogenpforte in der SWand erkennbar, alle übrigen Öffnungen bar. Über dem korbbogigen SPortal innen Bauinschr. von 1715, Baumeister Andreas Kröpper, Maurermeister Johann Rothe. — Das Innere von 1715 eindrucksvoll in seiner Einheitlichkeit hinsichtlich *Ausstattung* und *Fassung*: Bemalte Holztonne mit Darstellung der Trinität und zweier Engel, seitlich darunter Scheinarchitektur: Butzenfenster zwischen Blendbögen mit Vorhängen. N- und WEmpore, letztere mit Dockenbrüstung vorschwingend. *Altaraufsatz*, Ädikulaform mit Weinlaubsäulen und schwungvollen Wangen mit Gesetz bzw. Evangelium von Putten gehalten. Die ländlichen Gemälde des Abendmahls, der Kreuzigung und der Geburt Christi übereinander. Auf den Gebälkstücken posauneblasende Engel, als Bekrönung der Auferstandene. Polyg. *Kanzel*, an der Brüstung in flachbogigen Nischen Gemälde der Evangelisten zwischen gedrehten Säulchen; bar. *Sanduhr*. Der Schalldeckel in Voluten aufgelöst. Am Aufgang und am anschließenden *Beichtstuhl* durchbrochene Flachschnitzerei und 2 Gemälde: Gleichnis vom verlorenen Sohn sowie Pharisäer und Zöllner. Auf der Gegenseite ähnlich gestalteter *Patronatsstuhl*. *Kastengestühl* mit rankenbemalten Türen. Pokalförmiger *Taufstein* 15.Jh., die Kuppa mit Maßwerkauflagen netzförmig übersponnen. *Orgelprospekt* inschr. 1799. Bar. *Kruzifixus*, Holz (im Pfarrhaus). Hinter dem Altar figürlicher *Ritzgrabstein* für den Geistlichen Johannes †1514. — Außen an der SWand *Inschr.Grabmal* für Frau M.Richter †1650, von Roll- und Knorpelwerk bekrönt.

LANGENRIETH Bez. Cottbus, Ldkr. Liebenwerda. — Inv. Prov. Sachsen, Liebenwerda

Dorf-K. Putzbau von 1913 mit 3seitigem OSchluß, s Sakristei und quadr. WTurm in Anlehnung an die Gestalt des Fachwerkvorgängerbaues von 1621. Innen flachbogige Bretterdecke und WEmpore. – *Sandsteintaufe* 1612, kräftig profilierte runde Kuppa mit umlaufender Stiftungsinschr., gedrungener Rundfuß. Hölzernes *Kruzifix* von einem Vortragekreuz, 1.H.16.Jh. An der Chorwand *3 Schnitzfiguren*: Maria mit Kind, gute Arbeit um 1420; Anna selbdritt und Erzengel Michael, derber, um 1470/80. Darunter ein Brett, bemalt mit dem *Schweißtuch der Veronika*, von 2 Engeln gehalten, wohl sp.15.Jh.

LANGSOW Bez. Frankfurt/Oder, Ldkr. Seelow

S. WERBIG

LANKE Bez. Frankfurt/Oder, Ldkr. Bernau. – Inv. Prov. Brandenburg, Niederbarnim

Dorf-K. Neugot. Backsteinbau 1867/68.

Ehem. **Schloß** (Krankenhaus). 1856–59 von Eduard Knoblauch. Hübscher Putzbau im Stil der französischen Renaiss. Durch vereinfachende Rest. in den 70er Jahren als Denkmal beeinträchtigt.

LAUBST Bez. Cottbus, Ldkr. Cottbus

Dorf-K. Flachgedeckter rck. Feldsteinbau sp.15.Jh., im O Dreifenstergruppe, verändert; darüber der Blendengiebel mit Taustäben aus Backstein, im 19.Jh. reduziert; der barockisierende WTurm aus Backstein 19.Jh., ebenso die n und s Anbauten. Die Fenster bar. verändert. Innen kurze Hufeisenempore. – Hölzerner *Altaraufsatz* E.16.Jh., der 2geschossige architektonische Aufbau mit Beschlagwerk und Masken, Doppelsäulen zu seiten der rustizierten Nischen im Hauptfeld, in der Mitte übereinander die Gemälde von Abendmahl, Jüngstem Gericht und Anrufung Gottvaters; im gesprengten Giebel Christuskopf. In den Seitenbahnen 8 spätgot. *Schnitzfiguren* eingesetzt, davon die 2 weiblichen Heiligen zu seiten des Mittelfeldes um 1430/40 etwas größer und von guter Arbeit, die anderen in der Predella bzw. neben dem Aufsatz kleiner und primitiver. Einfache hölzerne *Kanzel* 17.Jh. Hölzerner *Taufengel* A.18.Jh. *Totenschild* für A.v.Nostiz †1700 in die SO-Ecke des Schiffs eingefügt, gute Schnitzarbeit von kräftiger Plastizität, das gekrönte Wappen umgeben von 2 Löwen oben, von Akanthuswerk an den Seiten und großem Adler mit Schriftband unten. – Außen klassizist. *Grabdenkmal* für G.F.Müller †1826.

LAUCHHAMMER Bez. Cottbus, Ldkr. Senftenberg. – Inv. Prov. Sachsen, Liebenwerda

Im Urstromtal der Schwarzen Elster n des Flusses gelegen. Aus 5 Gemeinden, u.a. Mückenberg und Bockwitz, entstanden und 1953 zur

Stadt erhoben. – Bereits 1725 Errichtung eines Hüttenwerkes durch die Gutsbesitzerin v.Löwendahl. Seit 1776 unter den Grafen v.Einsiedel Vergrößerung des Werkes; nach 1815 vorrangig auch Eisenkunstguß. Nach 1945 als VEB bedeutender Aufschwung durch verstärkte Braunkohlenförderung und Errichtung einer Großkokerei 1951 im Ortsteil Bockwitz. Dadurch Entwicklung zum bedeutenden Industriezentrum und Anstieg der Bevölkerung.

LAUCHHAMMER (LAUCHHAMMER WEST, früher Mückenberg) Ehem. **Schloß.** Die 3Flügelanlage von 1737 abgetragen; der ö anschließende Landschaftspark stark verändert. W dem Schloß vorgelagert und urspr. in Höhe der Schloßseitenflügel den Hof flankierend das ehem. **Kavalierhaus** (stark baufällig) sowie die **Schloß-Kap.** Durch ihre urspr. Bestimmung zur Orangerie außen völlig profan wirkend. 1746 durch M.v.Löwendahl, der Gründerin der Lauchhammer-Eisengießerei, errichtet. Putzbau aus 2geschossigem quadr. OTeil und langgestrecktem 1geschossigem Schiff mit kleinem pagodenförmigem Dachreiter. Durch einfache Rck.Fenster zwischen Putzbändern gegliedert. Das Innere des Schiffes mit Flachtonne, urspr. mit Stichkappen, der höhere Altarraum flachgedeckt. – Die schöne einheitliche Ausstattung in Weiß und Gold aus der Bauzeit um 1750: Der leicht konkav geschwungene *Kanzelaltar* mit rundem, von Doppelpilastern flankiertem Korb zeigt Rocaille-Dekor und eine Rocaille-Kartusche als Aufsatzbekrönung über hohem Architrav. Er wird eingeschlossen von verglasten *Patronatslogen* mit darüberliegender *Empore*, die sich, tiefer liegend, im Schiff fortsetzt. Die w anschließende Orgelempore leicht vorschwingend mit gußeisernem Gitter; gleichzeitig auch der *Orgelprospekt* mit Rocaille-Dekor. Runde *Tischtaufe* mit Deckel, reicher Rocaille- und Rankendekor. Auf der Mensa vorzügliche *Kreuzigungsgruppe* aus Meißner Porzellan, M.18.Jh., Kruzifix und Maria von Johann Joachim Kändler, Johannes von Johann Friedrich Eberlein und Maria Magdalena von Peter Reinicke. Wohl aus gleicher Zeit 2 schöne kleine *Altarleuchter*, ebenfalls Meißner Porzellan.
N des ehem. Schloßgeländes die **„Alte Schule“** (Wohnhaus). 1geschossiger Putzbau mit Walmdach von 1847.

LAUCHHAMMER (LAUCHHAMMER MITTE, früher Bockwitz) **Dorf-K.** Putzbau mit eingezogenem, 3seitig geschlossenem Chor und quadr. WTurm, im Kern wohl 15.Jh., die s Vorhalle 1.H. 16.Jh. Gegen 1790 Ausbau zur heutigen Gestalt mit hohen Korbbogenfenstern im Schiff, 2geschossigem Logenanbau im N und 8eckigem Turmaufsatz mit Haube und Laterne. Das Innere flachgedeckt; 2geschossige Hufeisenempore, die untere im W als Orgelempore vorgezogen und leicht vorschwingend. – Vor kleiner OEmpore *Altarwand*, urspr. Kanzelaltar aus der Zeit des Umbaues E.18.Jh., das Altarblatt mit Auferstehung Christi spätnazarenisch, der ehem. zugehörige *Kanzelkorb* jetzt an der SSeite des Chores. Gußeiserner *Taufständer* 1845. *Orgelprospekt* mit Rocaillen und Netzwerk 2.H.18.Jh. Der *Pfarrstuhl* E.18.Jh., in das

Chorpolyg. eingreifend. Gleichzeitig die *Patronatsloge* mit verglaster Öffnung. Got.*Kelch*, Silber vergoldet, mit 6Paßfuß und Maßwerkknauf, die Kuppa erneuert. *Glasmalereien* von 1908. – In der Turmhalle qualitätvoller *Grabstein* eines Ritters v.Schleinitz, M.16.Jh., der Gerüstete kniend vor Rundbogennische mit Renaiss.Ornamentik, ihm geht noch nach ma. Weise ein Schriftband aus dem Mund. – Außen an der SWand gußeiserne *Inschr.-Grabplatte* für Förster J.G.Merker †1796.

Pfarrhaus sw der K. 2geschossiger Fachwerkbau mit Walmdach, E.18.Jh. Im Garten eine spätrom. *Granittaufe* mit Rundbogenfries.

LAUTA Bez. Cottbus, Ldkr. Hoyerswerda

LAUTA (LAUTA DORF)

Dorf-K. Verputzter Feldsteinbau, wohl 1.H.14.Jh., mit 3seitigem OSchluß, steilem Satteldach und mittlerem Dachreiter. Vom urspr. Bau das s Spitzbogenportal und je 1 spitzbogiges Fenster im S und O erh.; das *Türblatt* des SPortals noch mit ma. Beschlägen. 1652 umfassende Erneuerung, u.a. Stichbogenfenster und WPortal. – Das flachgedeckte Innere durch 2 × 3 Holzsäulen 3sch. unterteilt. NEmpore und vorschwingende w Orgelempore mit naiven *Brüstungsmalereien* 1663 und 1667 von Michael Krannach, Passionsszenen und Rankenwerk. An der SWand Rest von *Wandmalerei*, Taufe Christi, M.17.Jh. Am Chorpolyg. ma. *Sakramentsnische*. – *Altaraufsatz* inschr. 1667, architektonischer Aufbau mit Freisäulen und Beschlagwerkdekor, im Hauptfeld geschnitzte Kreuzigungsgruppe gerahmt von 4 gemalten Szenen aus dem Leben Christi, in der Predella geschnitzte Abendmahlsgruppe, im Auszug Gemälde des Jüngsten Gerichts, auf dem Gebälk Engelsfiguren mit den Leidenswerkzeugen. Wohl gleichzeitig die *Kanzel*, an der Brüstung des polyg. Korbes Diamantierung und schlanke Ecksäulchen, in den steilen Feldern die Bilder Christi und der Evangelisten, am Aufgang Bild der Jakobsleiter. 8eckige *Taufe* 15.Jh., mit Blendmaßwerk und Resten einer Inschr. sowie Rosetten. An der s Schiffswand Rest eines ma. *Gestühls* mit gemalten Rosetten. *Pastorenstuhl* mit Beschlagwerk, 3.V.17.Jh. *Schnitzfigur* eines Christus in der Rast mit originaler Fassung, sp.15.Jh. *Orgelprospekt* 1.H.19.Jh. – S der K. frei stehender verbretterter **Glockenturm.**

LEBIEN Bez. Cottbus, Ldkr. Jessen

Dorf-K. Einheitlicher, hübscher Bau aus Raseneisenstein, wohl A.13.Jh., bestehend aus Schiff und eingezogenem Chor mit Apsis. Der WQuerturm aus Backstein mit jüngerem Obergeschoß, bar. Mansarddach und Laterne. Vor seiner WSeite 6eckiges Treppentürmchen. An der NSeite der K. Priesterpforte und der urspr. Eingang, beides zugesetzt. Die Fenster teilweise verändert. Das Innere gewölbt; im quadr. Chor 2jochiges Kreuzrippengewölbe auf Konsolen, z.T. mit Masken, wohl 2.V.15.Jh., im Schiff 2 Sterngewölbe mit doppelt gekehlten Rippen E.15.Jh. Chor- und Apsisbogen rund. – Die *Ausstattung* aus Holz E.16./A.17.Jh.: Ansprechender *Altaraufsatz*, gefaßt, im säulenflankierten Hauptfeld Abendmahlsgemälde, darüber Gemälde der Auferstehung. Wohl gleichzeitig die *Kanzel* mit Schalldeckel, in den Feldern des polyg. Korbes kleine Schnitzfiguren der Evangelisten und Gottvaters; an der Unterseite des Schalldeckels plastische Heilig-Geist-Taube, auf ihm ein *Kruzifixus* A.16.Jh. Große oktogonale *Sandstein-Taufe*, spätgot. Schlichte *Empore* von 1592 an der N- und WSeite; im Chor *Herrschaftsstühle*. *Vortragekreuz* 1723, Holz.

LEBUS Bez. Frankfurt/Oder, Ldkr. Seelow. – Inv. Prov. Brandenburg, Lebus

Am w Oderufer unmittelbar am Steilhang der Lebuser Hochfläche gelegen. Als strategisch wichtiger Punkt bereits in vorchristlicher Zeit besiedelt und von der frühen Slawenzeit an politischer und kultureller Mittelpunkt des sog. Landes Lebus. Im Ma. begehrtes Streitobjekt vorwiegend zwischen Piasten, Wettinern und Askaniern und unter wechselndem Besitz. 1124/25 das Bistum Lebus gegr., das bis 1424 dem Erzbistum Gnesen unterstand. Die Residenz der Bischöfe jedoch bereits 1373 nach Fürstenwalde verlegt, das Bistum 1424 Magdeburg unterstellt. Durch die Stadtgründung Frankfurts und nach der Säkularisierung des Bistums 1571 sank Lebus zur Bedeutungslosigkeit herab und trug im 18.Jh. bereits dörflichen Charakter. – Der Ort aus mehreren Teilen entwickelt: 1. Der auf dem Bergrücken gelegene Burgbezirk. 2. Ein n und nw sich anschließendes, wohl im 12Jh. entstandenes Suburbium. 3. Die sö zwischen Burgberg und Oderufer gelegene Marktsiedlung mit deutschem Stadtrecht; in Leiterform ohne Markt, Mauern und Tore, mit der Pfarr-K. an der NW-Ecke. 1226 civitas, im 14. Jh. oppidum. 4. Ein Kietz sw der Marktsiedlung am Oderufer; urspr. wohl Vorburgsiedlung. – Die wichtigsten Bauwerke dieser vorwiegend im frühen Ma. bedeutenden Stadt: Burg, Kathedral-K. (1236 erstmals urk.) und Neues Schloß (1.H.16.Jh.) gingen in seiner wechselvollen Geschichte unter. Erneute Zerstörung des Ortes am Ende des 2. Weltkrieges.

Stadt-K. St.Marien. Urspr. Putzbau von 1810 aus kurzem 2achsigem Langhaus, gleichbreitem Querschiff ohne ausgeschiedene Vierung, polyg. Apsis und quadr. WTurm. 1945 weitgehend zerstört. 1965 Langhaus und WTurm wiederhergestellt; die Umfassungsmauern von Querhaus und Apsis als Ruine gesichert. – An der n Querhauswand 2 *Grabsteine*: für H.v.Gröben †1592, mit Relieffigur des Verstorbenen, und für J.F.Hille †1731.

Ehem. **Burg** auf einem Bergrücken am Steilufer der Oder, dieser durch 3 Querrinnen in 3 Abschnitte unterteilt (Pletschenberg im N, Schloßberg, Turmberg im S). Durch Ausgrabungen seit den 30er Jahren bis 1974 (Unterbrechung durch den 2.Weltkrieg) erschlossen: 1. Besiedlung und Ausbau als Volksburg um 1000 v.u.Z. bis gegen 500 v.u.Z. Der Burgberg nach über 1000jähriger

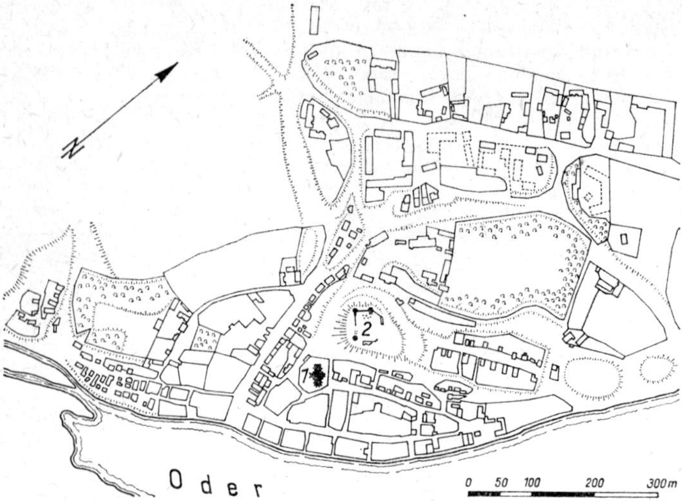

Lebus um 1724
1. St.Marien 2. ehem. Burg

Siedlungsleere und Abzug der Germanen aus diesem Gebiet um 800 erneut von den nachrückenden Slawen befestigt und dicht besiedelt. Seitdem unter wechselnden Besitzverhältnissen mehrmalig Zerstörungen und Wiederaufbau. Im 12./13.Jh. Bischofssitz des 1124/25 gegr. Bistums Lebus; die im Gelände der Burg auf dem Schloßberg zu vermutende, dem Hl.Adalbert geweihte Kathedral-K. jedoch nicht nachweisbar. Die Bauwerke auf Turm- und Schloßberg bereits E.16.Jh. und im 17.Jh. zerstört, 1765 endgültige Abtragung. – Die vorwiegend auf dem Turmberg ergrabenen, jetzt noch sichtbaren Reste dem 13.–15.Jh. entstammend: *Umfassungsmauern* in Form eines dem Gelände angepaßten Rck. mit Strebepfeilern und *3 Rundtürmen* an den Ecken im SO, SW und NW. *Wirtschafts-* und *Wohnbauten* unmittelbar an die Umfassungsmauern innen angebaut und einen freien Innenhof mit *Zisterne* umschließend. Am n Abschnittsgraben Reste einer steinernen *Brücken-* und *Toranlage* und einer älteren Holzbrücke erkennbar. – Auf dem Pletschenberg an der ehem. Zufahrt ein mächtiger runder *Wartturm* des 13.Jh. ergraben.

LEBUSA Bez. Cottbus, Ldkr. Herzberg. – Inv. Prov. Sachsen, Schweinitz

Dorf-K. Stattlicher Putzbau von 1725–27 mit 3seitigem OSchluß und quadr. WTurm; dessen 8seitiges Obergeschoß mit verschieferter Schweifhaube, Laterne und abschließender Spitze. Auf der N- und SSeite vor der 2. ö Fensterachse je ein niedriger rck. Anbau. 2geschossige Fensteranordnung, die größeren oben stichbogig mit Verdachungen; über dem WPortal Bauinschr. von 1725. Im Inneren Putzdecke über Gesimsband und 3seitige Empore der Bauzeit, im W konkav einschwingend, im NO und SO mit eingebauten, verglasten Herrschaftslogen darunter. – *Kanzelaltar* inschr. 1726, Sandstein, Korb und Schalldeckel Holz. Großer steiler Pilasteraufbau mit gesprengtem Volutengiebel. Der geschweifte Kanzelkorb mit reichem Schnitzwerk und Engelsköpfchen, der Schalldeckel mit Troddeln und Flammenvase. Hölzerne *Taufe* 1.V.18.Jh., zwischen 8seitiger Kuppa und 4seitigem Fuß plastische Engelsflüchte zwischen Volutenschwüngen. *Orgel* 1727 von Gottfried Silbermann, 3türmiger Prospekt mit Akanthusschnitzerei. In den Anbauten je ein prächtiger *Kachelofen*, dat. 1727, mit reicher Reliefornamentik, am n Chinoiserien und bekrönende Buddhafigur, am s Relief der Opferung Isaaks und bekrönende Vase. *Altarkruzifixus*, Messing, inschr. 1777. An den inneren Chorwänden *9 Figurengrabsteine* der Familie Löser, davon 3 Kindergrabsteine, alle zwischen 1536 und 1605. Hölzerner *Totenschild* für M.F.v.Milkau †1740, die Vita umgeben von kriegerischen Emblemen.

LEHDE Bez. Cottbus, Ldkr. Calau

s. LÜBBENAU/SPREEWALD

LEIBCHEL Bez. Cottbus, Ldkr. Lübben

Dorf-K. Flachgedeckter rck. Feldsteinbau 15.Jh. mit quadr. Dachturm im W; dieser wohl von 1786, Backstein verputzt, über seinem Pyramidendach quadr. hölzerner Aufsatz. Vom spätgot. Bau das spitzbogige SPortal erh., die Fenster später erweitert. Rest. 1970. – Der Turm innen durch 2 schwere Pfeiler abgestützt, dazwischen hölzerne Empore. Bescheidener *Kanzelaltar* des 17.Jh., in der Predella Abendmahlsbild.

LEIPE Bez. Cottbus, Ldkr. Calau

Wie Lehde eine charakteristische **Siedlung des Zentralspreewaldes**, die Häuser auf einer Grundmoräneninsel auf 2 Spreeläufe ausgerichtet, auch hier der Kahn, bzw. im Winter der Schlitten, das einzige Verkehrsmittel. Erst 1936 ein Weg auf dem Lande geschaffen. – Der Ort 1701 abgebrannt, der Wiederaufbau danach statt mit Einzelhäusern mit Wohnstallhäusern, die z.T. eine Länge von 20 m erreichen, nur die Backöfen weiterhin für sich stehend. Die Wirtschaftsgebäude schon seit dem 19.Jh. in Backstein errichtet statt der urspr. allgemein üblichen Blockbauweise. Vielfach Kahnhäfen für mehrere Kähne bei den Gehöften. Wie in

Lehde urspr. Fischerei, Viehhaltung in Ställen und Gemüseanbau auf Horstäckern die Lebensgrundlage; seit etwa 1960 neben Lehde Zentrum des Spreewaldtourismus.

LETSCHIN Bez. Frankfurt/Oder, Ldkr. Seelow. – Inv. Prov. Brandenburg, Lebus

Dorf-K. Der Putzbau von 1812 im 2.Weltkrieg zerstört, die Ruine 1973/74 abgebrochen. Erh. der ehem. an der w Langseite gelegene Turm, 1818/19 im Stil der märkischen Backsteingotik nach Entwurf Karl Friedrich Schinkels errichtet. Der quadr. Unterbau in Traufhöhe des Schiffes ins Achteck übergehend. Die Seiten durch je 3 übereinanderliegende, durch Gesimse getrennte Spitzbogenöffnungen und Kreisfenster im Giebel darüber gegliedert. Als Abschluß massiver Spitzhelm. Nach Kriegsschäden 1974 rest.

LEUENBERG Bez. Frankfurt/Oder, Ldkr. Freienwalde

Dorf-K. Rck. flachgedeckter Granitquaderbau mit eingezogenem Rck.Chor, M.13.Jh. Der verbretterte w Dachturm mit massiver WWand wohl 1.H.18.Jh., desgl. die Stichbogenfenster. Original erh. das spitzbogige W- und SPortal und das Kreisfenster des OGiebels; einige Spitzbogenfenster noch erkennbar. Im 18. und 19.Jh. rest.

LEUTHEN Bez. Cottbus. Ldkr. Cottbus. – Inv. Prov. Brandenburg, Cottbus

Dorf-K. Stattlicher spätgot. Rck.Bau aus Backstein, in 2 Etappen errichtet, 2.H.15.Jh. und – der WTeil – 1.H.16.Jh.; der hohe neugot. WTurm von 1854. Die Wände in Mustern aus schwarzen Glasursteinen geschmückt. Die Lanzettfenster z.T. im 18.Jh. verändert. Im O Dreifenstergruppe, darüber 3geschossig aufgebauter Giebel mit flachbogigen Nischen zwischen Taustäben, um 1500. Gleichzeitig an der SSeite tonnengewölbte Vorhalle mit gestuft spitzbogigem Portal und 3teiligem Treppengiebel mit Taustäben zwischen Doppelblenden; die Vorhalle urspr. ö zu einem niedrigem Anbau offen. Auf der NSeite Sakristei des 15.Jh. mit Bandrippenkreuzgewölbe und Schranknische im N; über der Sakristei Patronatsloge und 7teiliger Staffelgiebel A.16.Jh., n ein kleiner Vorbau im 19.Jh. angefügt. – Das Innere der K. flachgedeckt, der OTeil in der unteren Zone durch gepaarte Flachbogennischen gegliedert. 3seitige Empore, 18.Jh. Die alte *Patronatsempore* n im Chor E.16.Jh., reizvoll dekorierte Brüstung mit rustizierten Arkaden zwischen Pilastern unter Giebeln, in die Felder farbige Holzschnittdrucke eingeklebt. – Qualitätvoller hölzerner *Altaraufsatz*, inschr. 1593, in reichen Renaiss.Formen mit Beschlagwerk; doppelgeschossiger Säulenaufbau, im Hauptfeld eingebaut der *Schrein* eines guten got. Schnitzaltars um 1430–40, Maria in der Strahlenglorie umgeben von den Heiligen Johannes Baptist, Dorothea, Margaretha, Katharina; beidseits in den Ädikulen je 1 weibliche Heilige, die Altarwangen als Halbadler gebildet. Über dem Gebälk Relief der hl. Anna selbdritt, im Giebelfeld Vera icon, als Abschluß Pelikan. Schlichte hölzerne *Kanzel* mit polyg. Korb und Schalldeckel, dat. 1583, an der Brüstung gemalte Renaiss.Ranken. An der WEmpore *Sitzfigur* des Jacobus major, sp.15.Jh., Holz. In der SVorhalle spätgot. eisenbeschlagenes *Türblatt.* – Außen an der n Vorhalle *Inschr.Grabstein* und 2 *Grabsteine* in Kartuschenform, 18.Jh.

LIBBENICHEN Bez. Frankfurt/Oder, Ldkr. Seelow. – Inv. Prov. Brandenburg, Lebus
Dorf-K. Rck. flachgedeckter Putzbau mit quadr. WTurm und leicht eingezogenem Rck.Chor, 1736 unter Einbeziehung ma. Mauerreste errichtet. Nach Kriegsschäden 1945 wiederhergestellt.

LICHTENBERG Bez. Frankfurt/Oder, Stkr. Frankfurt/Oder

s. FRANKFURT/ODER

LICHTENOW Bez. Frankfurt/Oder, Ldkr. Strausberg. – Inv. Prov. Brandenburg, Niederbarnim
Dorf-K. Spätgot. rck. Feldsteinbau mit hölzernem Dachturm über dem WGiebel. Die Schiffsfenster bar. erweitert, nur in der OWand 3 schmale spitzbogige Fenster erh., z.T. zugesetzt. Innen WEmpore und flache Decke. – Ländlicher geschnitzter *Kruzifixus* (Kreuz neu), 16./17.Jh.

LICHTENFELDE Bez. Frankfurt/Oder, Ldkr. Eberswalde
Dorf-K. 1sch. Feldsteinbau mit eingezogenem Rck.Chor M.13.Jh.; jünger der leicht eingezogene WQuerturm aus Feldstein mit gestuftem Spitzbogenportal und Obergeschoß mit Blendenschmuck, beides in Backstein, der verbretterte Abschluß von 1716. Alle Fenster flachbogig verändert. An der Chorsüdseite Anbau mit Gruft und Herrschaftsloge. – Das Innere mit Decke auf Voute und Hufeisenempore auf toskanischen Säulen 1728. Gleichzeitig der architektonisch gegliederte *Kanzelaltar* mit polygonalem Korb und Vasenaufsätzen. Hölzerner *Taufständer* 1617, mit Ecksäulchen und Rundbogenfüllungen. *Doppelepitaph* F.O.v.d.Gröben †1697 und Frau †1705, er als Ritter in kräftigem Relief, für die Frau Inschr. in ornamentaler Rahmung. *Wappenepitaph* der Familie Sparr 2.H.17.Jh., mit reich geschnitztem Rahmen aus Blütenranken. 3 *Kindergrabsteine*, 1595, 1600 und 1604 mit figürlichen Reliefs.

LIEBENWERDA Bez. Cottbus, Ldkr. Liebenwerda. – Inv. Prov. Sachsen, Liebenwerda

An der Schwarzen Elster gelegen. E.12.Jh. deutsche Burg zur Sicherung eines W-O-Straßenüberganges am WRand der Flußaue angelegt, 1231 urk. erwähnt unter der Herrschaft der Ministerialen v.Ilenburg (Eilenburg); nw davon ältere slawische Siedlung und Wallanlage im Bereich des ma. Roßmarktes. Zwischen ihr und der Burg Entstehung einer Straßensiedlung, 1301 als civitas genannt; Gr. im Leiterschema, auf dem Straßenmarkt Rathaus und Pfarr-K. Im NW anschließend der „Stadtwinkel", wohl die ehem. slawische Siedlung, im O der „Freiwinkel", die Niederlassung der Ministerialen. Erst 1874 diese 3 Teile rechtlich vereinigt. Die ma. Stadt von Wall und Graben umgeben, ehem. mit 3 Toren: Luckauer Tor im N, Hainisches Tor im SO und Torgauer Tor im NO. Seit 1353 sächsisch, 1815 preußisch. Seit 1905 Eisenmoorbad.

Stadt-K. St.Nikolai. Spätgot. Backsteinbau, Saal mit 5/12Schluß und quadr. WTurm 1.H.15.Jh.; urspr. 3sch. gewölbte Halle, 1513 Einsturz der Gewölbe und Umbau zum Saal, die Gewölbe bezeugt durch die polyg. Wandpfeiler in den Ecken des Chorschlusses und an der WWand. Die Fenster wohl 1513 vergrößert, spitzbogig, 3geteilt mit glattem Gewände. Am Schiff und Chor abgetreppte Strebepfeiler. Der Turmunterbau vielleicht noch 14.Jh., das stark erneuerte WPortal wohl aus dieser Zeit; von 1898 der hohe Turmaufbau mit 4seitigem Abschluß durch Staffelgiebel und Spitzhelm, gleichzeitig die flankierenden Treppenanbauten. An der NSeite 2geschossiger Anbau 2.H.16.Jh., Spätrenaiss.-Giebel mit Pfeilergliederung; im Erdgeschoß Sakristei mit Zellengewölbe, im Obergeschoß kreuzgewölbte Ratsloge, durch Segmentbogen zum Schiff geöffnet. Das Innere 1903 weitgehend neugot. ausgestattet: Flachdecke mit ornamentaler Bemalung, getäfelter Wandsockel, WEmpore, Orgelprospekt, Kanzel und Glasmalereien. – Qualitätvolle *Sandsteintaufe* mit frühbar. Dekor, dat. 1671, an der 8eckigen Kuppa Engelsflüchte zwischen Fruchtgehängen, am quadr. Fuß Masken. Unterlebensgroßer *Kruzifixus* 16./17.Jh. (?), von einem Triumphkreuz. In der Turmhalle mit Gewölbe von 1898: *Schmerzensmann* um 1500, Holz, qualitätvolle Arbeit; sowie geschnitzte *Pelikangruppe* 17.Jh., wohl vom Schalldeckel einer Kanzel, auf eingefügter frühbar. Steinkonsole. *Tafelbild* der Kreuzigung E.17.Jh. *Kelch*, Silber vergoldet, 1612, Sechspaßfuß mit Inschr., glockenförmige Kuppa und Blattknauf mit Rotuli. *Epitaph* für Frau J.S.Tischer †1671, mit plastischer Puttenrahmung.

Ehem. **Schloß** (Kreismuseum) Dresdener Straße. Von der ma. Burg, auf einer Elsterinsel gelegen und in ö Hauptburg sowie w Vorburg geteilt, nur der **Bergfrit** („Lubwart") erh.: Mächtiger quadr. Backsteinbau auf Bruchstein mit spitzbogiger hochgelegener Einstiegstür auf der OSeite, das zylinderförmige Oberteil 1568–79. Im Inneren des Turms 2 Architekturfragmente aus der Burg mit *Wappenhaltern*, 1.H.15.Jh., aufbewahrt. Ein **Wohnbau** für das Gefolge im ehem. Vorderschloß, im Kern vermutlich 15.Jh., wie eine spätgot. Tür auf der NSeite nahelegt; 1568–79 zum 2geschossigen Putzbau mit profilierten Rck.Fenstern umgestaltet.

Rathaus. Schlichter Putzbau um 1800, 2geschossig von 7 Achsen unter Mansarddach mit Krüppelwalm, darauf Dachreiter mit Schweifhaube. Schwacher Mittelrisalit mit flachbogigem Portal und Abschluß durch Zwerchhaus mit Flachgiebel; schlichte Rck.Fenster.

Das Straßenbild vorwiegend durch 2geschossige **Wohnhäuser** des 19. und 20.Jh. bestimmt; bemerkenswert *Marktstr. 27–28*, um 1800, 2geschossiger Putzbau von 9 Achsen unter Mansarddach mit Krüppelwalm, korbbogiges Mittelportal.

Kreismuseum

LIEBEROSE Bez. Frankfurt/Oder, Ldkr. Beeskow

Wohl 2.H.13.Jh. eine Wasserburg zur Deckung des Wegekreuzes Frankfurt/Oder–Bautzen und Leipzig–Posen angelegt. In ihrem Schutz wendische Siedlung auf kleiner Anhöhe in einem Wiesental, 1272 erstmalig erwähnt, 1302 deutsches Stadtrecht. Gleichzeitig Befestigung durch Mauern und Graben; 3 Stadttore. T-förmige Stadtanlage an der von N nach S führenden Hauptstraße und dem rechtwinklig nach W abzweigenden, langgestreckten Markt mit Rathaus und den anschließenden beiden Kirchenbauten.

Stadt-K. Seit 1945 nur noch in den Umfassungsmauern erh. 3sch. Stufenhalle aus Backstein mit polyg. Hallenumgangschor und quadr. WTurm. Dieser erh., wohl 1.H.15.Jh., im Unterteil aus Feldstein, in den beiden Obergeschossen aus Backstein mit Blendengliederung und Abschluß durch Zinnenkranz um den gemauerten polyg. Spitzhelm, modern verputzt. Das 3jochige Langhaus sp.15.Jh., die schweren 8Eckpfeiler durch breite Arkadenbögen verbunden, die Sterngewölbe im Mittelschiff und die Kreuzgewölbe in den Seitenschiffen eingestürzt. Im 3. Joch von W nach N und S 1688 je ein Portal von Tobias Wilhelmi aus Magdeburg eingesetzt. Der Umgangschor innen 2-, außen 4seitig, 1593 durch Thadäus Paglion neu errichtet oder umgebaut, dabei die Arkaden rundbogig erneuert und mit einem Spätrenaiss.-Tonnengewölbe im Hauptschiff und Kreuzgratgewölben mit Netzmuster im Umgang eingewölbt. Der Hauptschmuck des Chores ehem. das Epitaph des J.v.d.Schulenburg †1594, 1950 in die Land-K. umgesetzt. – Im Pfarrhaus mehrere *Kelche*, zu erwähnen besonders 3, alle Silber vergoldet mit 6Paßfuß; einer A.16.Jh. mit Rankenwerk an der Kuppa, Fischblasenmaßwerk am Nodus, am Fuß urspr. 4 Wappen (3 fehlen) sowie Vera icon und plastische Kreuzigungsgruppe; ein weiterer von 1624 mit Beschlagwerk; der 3. von 1649 mit Schweifwerk an der Kuppa.

Land-K. w der Stadt-K., urspr. für die wendische Bevölkerung. Gotisierender Putzbau von 1826; flachgedeckt mit 5seitigem OSchluß und hölzernem w Dachreiter. Die schlanken Spitzbogenfenster mit profilierten Gewänden aus doppelten Rundstäben, an der NSeite auch ihr zierliches Maßwerk erh. Je 1 Fensterportal an der N-, O- und SSeite. Im Inneren 2geschossige, verkürzte *Hufeisenempore*, im N noch bis zum Chor 1geschossig vorgezogen. — *Altaraufsatz* von hervorragender Qualität, ehem. Epitaph des J.v.d.Schulenburg †1594, aus der Stadt-K. 1950 verändert umgesetzt, z.T. beschädigt. Errichtet 1597 von Michael und Jonas Grünberger aus der Schule der Bildhauerfamilie Lorentz in Freiberg/Sa., Sandstein mit Resten ehem. Bemalung. Architekturaufbau mit seitlichen Zwillingssäulen und doppeltem Auszug, die Hochreliefs aus Marmor und Alabaster. Das Beschlagwerk und der sonstige Schmuck am Gebälk und an den Architekturgliedern — Wappen, Engelsflüchte — ungewöhnlich fein und reich. Auch die Reliefs und Figuren von bewegtem Ausdruck. In der 2zonigen Predella rck. gerahmte Darstellungen aus der Lebens- und Leidensgeschichte Christi; im Hauptfeld figurenreiche Kreuzigung, im Auszug Auferstehung und Himmelfahrt, die Bekrönung fehlt. Seitlich die Freifiguren von Moses und Johannes d.T., darunter 2 genrehafte Reliefs der schreibenden Evangelisten Lukas und Johannes. 2 zugehörige, schön gerahmte Reliefs, Kreuzabnahme und Grablegung darstellend, ehem. über dem Hauptgebälk, jetzt gesondert seitlich angebracht. Wohl von den gleichen Meistern Grünberger, ebenfalls aus der Stadt-K., *Taufstein* 1603, Sandstein bemalt, am Außenrand der runden Kuppa beschädigte Reliefdarstellungen, u.a. Christus als Kinderfreund. Neugot. hölzerne *Kanzel*. Darüber kleiner bar. *Kruzifix*, Holz, mit Resten der Fassung. An der Kanzel und an den Schiffswänden 8 Teile eines hölzernen Altaraufsatzes, *Reliefs* und kleine *Schnitzfiguren*, wohl von 1593, mit alter Fassung, u.a. Anbetung der Hirten, Anbetung der Könige, Abendmahl, Gethsemane, Grablegung.

Nach W an die K. angebaut das zugehörige **Pfarrhaus** 2.H.18.Jh. Gegenüber das **Stadtpfarrhaus**, beide im Obergeschoß aus Fachwerk.

Ehem. **Schloß** (Berufsschule). Vor dem 2. Weltkrieg 3geschossige Vierflügel-Anlage aus verschiedenen Zeiten. Bereits 1302 eine Wasserburg erwähnt. Der Kern des heutigen Baues unter Joachim v.d.Schulenburg nach 1557 als 2geschossige Dreiflügelanlage mit offenem Ehrenhof nach S von Thadäus Paglion errichtet, beim Stadtbrand 1657 verwüstet. Von diesem Spätrenaiss.Bau in bar. Veränderung nur erh. der sog. Taubenturm auf der Hofseite des OFlügels, urspr. wohl ein Treppenturm, die 4 ehem. offenen Rundbogenarkaden n daneben sowie die Keller- und Erdgeschoßgewölbe dieses Bauteils. 1688—95 das Schloß erneuert und reiche Stuckdecken eingebaut. M.18.Jh. unter Georg Anton v.d.Schulenburg (†1778) mit der Errichtung des 3geschossigen SFlügels und der Aufstockung der anderen Flügel um ein 3.Geschoß dem Bau die volle Ausdehnung verliehen, dabei die Fassaden vereinheitlicht. 1908—11 rest. 1945 der NFlügel und der n Teil des WFlügels beschädigt und danach abgetragen; der Uhrturm des 18.Jh. neben der Durchfahrt, urspr. in der Mitte des WFlügels, 1975 eingestürzt. — Das Äußere insgesamt von großer

Schlichtheit. Architektonisch klar gegliedert die SFassade mit einem 5achsigen, nur durch das Portal und die Freitreppe hervorgehobenen Mittelrisalit zwischen 3achsigen Rücklagen und ebenfalls 3achsigen Seitenrisaliten; darüber Mansardwalmdach ohne Mittelgiebel. Vor der ehem., jetzt veränderten Tordurchfahrt (urspr. neben dem Uhrturm im WFlügel) vasengeschmückte Rampe; in der Durchfahrt Rest der Stuckdekoration mit dem *Wappen* derer v.d.Schulenburg, dat. 1695. In einem Raum des Erdgeschosses neben der Durchfahrt sowie in 4 weiteren Räumen im Obergeschoß des OFlügels üppig-schwere *Stuckdecken* des sp.17.Jh. erh., mit mythologischen Szenen und Putten als Hermen von bedrängender Körperlichkeit, dazu Füllhörner, Früchte- und Blumengehänge sowie Rahmen in Knorpel- und Rollwerkformen; der Erdgeschoßraum das Bacchuszimmer, an seiner Schmalseite der doppelköpfige Reichsadler; der n Saal im Obergeschoß das Dianazimmer mit Protomen von Jagdtieren und Hunden, hinzugezogen der Raum im „Taubenturm", an seiner Decke Relief des Ganymed. Zwischen diesen Zimmern mit den bar. Stuckdecken ein Raum mit bloßen Stuckleisten um 1700. Hinter dem Dianazimmer ein 2geschossiger Saal des 19.Jhs. Der ehem. am reichsten stukkierte Raum, der Rittersaal im NFlügel, bis auf einen Teil der Außenwände abgebrochen.
Wohnhausbau. Einfache 2geschossige Putzbauten in Traufenstellung am Markt, in Giebelstellung am Anger. Das Haus Cottbuser Straße 54 mit Fachwerkobergeschoß wie die Pfarrhäuser. Kursächsische **Postmeilensäule** auf dem ehem. Anger, dat. 1753.

LIEDEKAHLE Bez. Cottbus, Ldkr. Luckau. – Inv. Prov. Brandenburg, Luckau
Dorf-K. Rck. Feldsteinbau mit Satteldach, 14.Jh. Aus dieser Zeit die ö Dreifenstergruppe sowie 2 spitzbogige SPortale erh., das w davon 1865 vermauert. Die übrigen korbbogigen Öffnungen bar., die NSeite fensterlos. Im Inneren Balkendecke mit bar. *Rankenmalerei*, um 1700; ähnlich die Brüstungsmalerei an der W- und NEmpore. – *Altaraufsatz* inschr. 1717 von Christian Zimmermann, Maler aus Luckau; 2geschossiger Ädikula-Aufbau mit den Bildern des Abendmahls, der Kreuzigung, Auferstehung und Himmelfahrt, in den Schnitzwangen des Hauptfeldes die Stutterheimschen Wappen. Über der schlichten *Kanzel* von 1865 ein reich verzierter bar. *Schalldeckel* mit bekrönender Pelikangruppe, auf der Unterseite Relief der Hl.-Geist-Taube. Schwebender *Taufengel* mit Kranz für die Taufschale, A.18.Jh. Bar. *Pastorenstuhl* mit Rankenschnitzerei. 3 ma. *Schnitzfiguren*, jetzt in Wildau (Ldkr. Luckau). – Im SW der K. frei stehender, verbretterter **Glockenturm** aus bar. Zeit.

LIEPE Bez. Frankfurt/Oder, Ldkr. Eberswalde. – Inv. Prov. Brandenburg, Angermünde
Dorf-K. Rck. Fachwerkbau mit verbrettertem quadr. WTurm,

1951 nach dem Vorbild des 1945 abgebrannten Vorgängerbaus von 1713 erneuert. Das Innere durch Holztonne zwischen Flachdecken 3sch. gegliedert. – *Holzkruzifixus* 1.H.18.Jh.

LIESKAU Bez. Cottbus, Ldkr. Finsterwalde. – Inv. Prov. Brandenburg, Luckau

Dorf-K. Im Kern Granitquaderbau 2.H.13.Jh., spätgot. und bar. umgebaut, mit 3seitigem OSchluß. Der polyg. Turmaufsatz im W mit hübscher geschweifter Haube und Laterne von 1720. Wohl gleichzeitig die NVorhalle, der Anbau der tonnengewölbten Sakristei an der SSeite in verputztem Backstein sowie die Vergrößerung der Fenster. In der NWand vermauertes spitzbogiges Stufenportal mit plastischer Flachschicht und Scheitelkreuz erh. – Im ö SFenster *Glasmalerei* von 1504, Kreuzigung auf Butzenscheibe. *Altaraufsatz* E.17.Jh., mit gedrehten Säulen und Spruchkartuschen in den Wangen; in der Predella ovales Abendmahlsbild zwischen Engelskopfkonsolen. Das Altarbild im 19.Jh. durch einen Öldruck ersetzt, bekrönende Spruchkartusche. Bar. *Kanzel* sp.17.Jh., am polyg. Korb gemalt die Evangelisten, an der Kanzelrückwand Christus. *Taufstein* 15.Jh., 8seitige Kelchform, rest. 1790. *Kruzifix* 18.Jh.

LIESKE Bez. Cottbus, Ldkr. Senftenberg

Dorf-K. Kleiner Fachwerkbau mit 3seitigem OSchluß und verbrettertem WTurm, um 1750. Erneuert um 1975. – Vom ehem. Altaraufsatz von 1695 erh. das *Altarblatt* mit Kreuzigung und die *Predella* mit Abendmahlsgemälde zwischen Engelsflüchten. Schwebender *Taufengel*, wohl 18.Jh. Die übrige Ausstattung modern.

LIETZEN Bez. Frankfurt/Oder, Ldkr. Seelow. – Inv. Prov. Brandenburg, Lebus

Dorf-K. Rck. verputzter Feldsteinbau, im Kern wohl 14.Jh. Vom eingreifenden Umbau 1729 die stichbogig geschl. Fenster und der quadr. w Dachturm, verbrettert und mit massiver WWand. Die s Backsteinvorhalle 1752. Nach Kriegsschäden bis 1947 wiederhergestellt. Innen hölzernes Tonnengewölbe, über der WEmpore Flachdecke.

LIETZEN (LIETZEN NORD)

Ehem. **Comturei** des Templerordens, seit 1244 urk., 1318 auf den Johanniterorden übergegangen. Nach der Säkularisation des Ordens 1810 die **Kirche** als Guts-K. genutzt, heute Dorf-K. für Lietzen Nord. – 1sch. mit 5seitigem OSchluß, rck. Sakristei an der NSeite und kleinem Dachtürmchen im W. Der WTeil ein Granitquaderbau um M.13.Jh. Der OTeil, Backstein, mit Strebepfeilern im 15.Jh. angefügt. An der SSeite das urspr. spitzbogige Stufenportal erh. Das w Fachwerk-Dachtürmchen mit offener

Laterne von 1727. Nach Kriegsschäden 1945 rest. Im Inneren Sterngewölbe in 3 Jochen, ohne Konsolen der Wand vorgelegt. – *Kanzelaltar mit Gehege*, 1. Drittel 18.Jh., der polyg. Korb mit Schnitzfiguren Christi und der Evangelisten zwischen pilasterartigen Akanthusstreifen wird flankiert von Säulen und den Freifiguren Mosis und Johannes d.T., der Schalldeckel von Kruzifix bekrönt, am Altargehege Engelsflüchte. Schwebender *Taufengel* 1730. *Ritzgrabplatte* für J.v.Neindorf, Kalkstein, dat. 1276 (an der SWand). Figürlicher *Kindergrabstein* für A.v.Thümen †1585, mit Wappen. – An der s Schiffswand 2 qualitätvolle *Grabmäler* für J.E.v.Görtzke †1682 und seine Frau L.v.G. geb. v.Schlieben †1659, die Verstorbenen in lebensgroßem Hochrelief realistisch und lebensvoll dargestellt in Wappenrahmen unter Vitenkartusche (1979 aus Friedersdorf umgesetzt). Prächtiges *Wandepitaph* aus Sandstein für den Feldmarschall G.v.Derfflinger †1695 (1975 aus Gusow umgesetzt und neu gefaßt), der Schlüter-Schule nahestehend: auf sarkophagähnlicher Vitentafel 2 beschädigte Sklavenfiguren vor Waffen- und Trophäenaufbau, die bekrönende Bildnisbüste des Verstorbenen aus Alabaster seit 1945 verschollen, darüber liegender Putto, unten Wappenkartusche. – Vor der Kirche *Inschr.Grabstein* und ein stelenartiges *Grabmal*, beide klassizist.

Ehem. **Comtureigebäude** (VE-Gut) ö der Kirche. Schlichter Rck.Bau um 1700, vielleicht mit Benutzung ma. Mauerteile. Innen das Treppenhaus durch 2 Geschosse führend. Nahezu in allen Räumen die schönen *Stuckdecken* der Erbauungszeit erh., z.T. mit mittleren *Deckenbildern*, diese im Erdgeschoß mit emblematischen Darstellungen, im Obergeschoß auf die Geschichte des Johanniterordens bezugnehmend. Im Treppenhaus 3 schöne geschnitzte *Wappenschilde*, zwei von 1544, einer 1595, auf einem als Helmzierde eine weibliche Figur. – Großer **Landschaftspark.**

Im Gutshof **Speicher** wohl des 14.Jh., rck. Feldsteinbau mit Satteldach, in den Giebeln spitzbogige Zwillingsfenster in Rck.Blende.

LINDA/ELSTER Bez. Cottbus, Ldkr. Jessen

Dorf-K. Spätgot. flachgedeckter Feldsteinbau mit 3seitigem OSchluß, modern verputzt; die Öffnungen bar. vergrößert bis auf eine Spitzbogentür im S; die K. 1963 rest. Der eingezogene querrck. WTurm aus Granitquadern, 1953. – Von einem Altaraufsatz des sp.17.Jh. die *Tafelbilder* des Abendmahls, der Kreuzigung und der Auferstehung erh.

LINDENA Bez. Cottbus, Ldkr. Finsterwalde. – Inv. Prov. Brandenburg, Luckau

Dorf-K. Gut erh. Basilika in schöner Staffelung der Bauteile aus WQuerturm von Langhausbreite, 2jochigem Langhaus, Chor

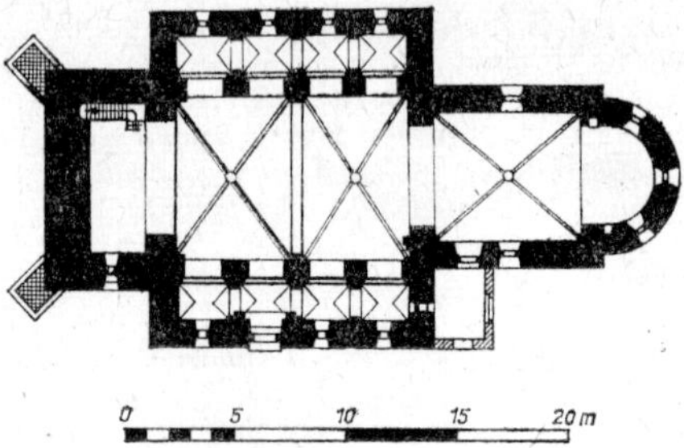

Lindena, Dorfkirche

von Mittelschiffsbreite und Apsis, ein Schulbau von Doberlug; 1234 das Dorf urk. im Besitz des Klst., die K. auch im 2.V.13.Jh. entstanden. Das Obergeschoß des Turmes wohl erst 1.H.15.Jh.: Steile Zwillingsluken als Schallöffnungen zwischen spitzbogigen Blenden; Quersatteldach mit Blendengiebeln. Die Wände der K. unten aus Raseneisenstein, NSeitenschiff und Turmerdgeschoß ganz aus diesem Material, sonst Backstein. Die Apsis mit 3, außen leicht spitzbogigen Fenstern, unter ihrem Traufgesims Deutsches Band und Spitzbogenfries. Original erh. auch das Fenster im Turmerdgeschoß und das rundbogige Stufenportal im s Seitenschiff. Dieses Schiff im 18.Jh. durch eine Vorhalle nach O verlängert, die Fenster im S gleichzeitig erweitert. Die Priesterpforte in der Vorhalle spitzbogig mit eisenbeschlagenem ma. Türblatt. Das Langhausinnere im gebundenen System 2jochig gewölbt. Die 4 Arkaden spitzbogig, unprofiliert, auf rck. Pfeilern. Breitspitzbogig urspr. die Verbindung zwischen Turm und Schiff (jetzt durch die Orgel verstellt) sowie der Triumph- und Apsisbogen. Im Mittelschiff gebuste Kreuzrippengewölbe, die Rippen aus 3 kräftigen Rundstäben ohne Dienste oder Konsolen aus der Wand wachsend, mit kleinen runden Schlußsteinen. In den Seitenschiffen kupplige Kreuzgewölbe mit verlaufenden Graten. Das Kreuzgewölbe im Chor auf Rippen aus 2 Rundstäben zu seiten eines kantigen Stabes wie in der Apsis zu Doberlug, wohl etwas älter als die Gewölbe im Langhaus. Über der Apsis Halbkuppel. Die gesamte Wölbung aus dem 13.Jh. In der Turmhalle spätgot. Zellengewölbe A.16.Jh. Im Langhaus doppelgeschossige Empore auf der NSeite, 1geschossig in den Chor fortgesetzt sowie vorbauchende WEmpore, die der SSeite verkürzt. – Die *Ausmalung* der Apsis mit Ranken und einem Apostelfries von 1897, die Umrahmung der beiden sö Arkaden gleichzeitig, aber vielleicht auf originaler Grundlage. Im n Apsisfenster frühgot. *Glasmalerei*: Über einem Palmettenteppich Bildnis des Stifters Volmarus im Bogenfeld mit Inschr., nach M.13.Jh., rest. 1897. – Guter *Schnitzaltar* mit 2 beweglichen und 2 feststehenden

Flügeln, A.16.Jh., rest. A.20.Jh. Im Mittelschrein Maria zwischen den beiden Johannes, in den Flügeln die hl. Katharina und Barbara. Auf ihren Rückseiten die gemalten Ganzfiguren der hl. Dorothea und Maria Magdalena, auf den Standflügeln die des hl. Rochus und Sebastian. In der Predellennische plastische Verkündigungsgruppe, begleitet von gemalten Halbfiguren: Nothelfer und Zisterzienser. Im 3teiligen Gesprenge die Freifiguren des hl. Martin, Bartholomäus und Andreas. *Kanzel* 1.V.17.Jh. mit bar. Rankenmalerei. Schöner großer *Taufstein* M. bis 2.H.13.Jh.: Halbrunde Kuppa auf kurzem Fuß mit Schaftring und großer runder Sockelplatte; an der Kuppa in Relief Weinblattranke, darunter ein Fries von Kreisblenden. 2 *Sakramentsnischen* mit hölzernen Einsätzen und Türen des 18.Jh. *Triumphkruzifixus* A.16.Jh. *Gestühlsteile* im Chor und *Pastorenstuhl* mit Resten bar. Bemalung, 18.Jh. Neugot. *Orgelprospekt.* – An der s Außenwand 2 figürliche *Kindergrabsteine* für H.v.Gersdorf 2.H.16.Jh. und M.Titz †1592.

LINDENAU Bez. Cottbus, Ldkr. Senftenberg. – Inv. Prov. Schlesien, Reg.Bez. Liegnitz, Hoyerswerda

Ehem. **Schloß** (Kinderheim). Im Kern rck. 2geschossiger Putzbau von 1584, davon sichtbar erh. der Treppenturm an der Gartenseite nahe der SW-Ecke. Der hohe mittlere Treppenturm der Hofseite 1609 hinzugefügt, 8eckig auf rck. Untergeschoß, das in den Kernbau zur Hälfte eingreift; der Turm mit Haube und offener Laterne von 1783 bekrönt. Im fr.17.Jh. auch Erhöhung der 2- bzw. 3achsigen Eckaufbauten der Hofseite um ein Geschoß samt ihrer Volutengiebel. Um 1720/30 Erweiterung des Kernbaues durch 2 rückwärtige Flügel von 2:4 Achsen mit Mansarddächern an der Gartenfront und Veränderungen im Inneren. Weitere kleinere Anbauten um 1920 seitlich des Kernbaues sowie weitgehende Erneuerung der spätbar. Flügel. – Im Inneren aus der Bauperiode des fr.17.Jh. noch die 2sch. Eingangshalle mit Kreuzgratgewölben erh., hier auch ein *Kamin* dieser Zeit. Vom Umbau der 1.H.18.Jh. die 2 Säle im Erdgeschoß an der Gartenseite, im nw Saal die *Wandfüllungen* mit Bildern klassischer Landschaften der 2.H.18.Jh. sowie *1 Kamin*, im sw Saal reicher *Deckenstuck*. Ebenso im Mittelsaal des Obergeschosses *Deckenstuck* sowie *2 Kamine* mit Régence-Ornamentik. In einem Raum des 18.Jh. im STeil des Obergeschosses ein *Marmorkamin* mit zartem Frührenaiss.Dekor, spätestens 2.V.16.Jh., wohl italienische Arbeit. – Vor der Gartenfront rck. Wasserbassin, auf der begrenzenden Balustrade *Putten* der 4 Jahreszeiten, 2.V.18.Jh. Dahinter ehem. großer **Landschaftspark**, sein Parterre axial zum Schloß ausgerichtet; in der Einbeziehung des Wassers vermutlich holländische Vorbilder aufgenommen. In den Park sw des Schlosses ein *Brunnen* aus Großkmehlen (Ldkr. Senftenberg) versetzt, auf der Rückseite des muschelartigen Beckens Aufbau mit 2 Delphinen sowie Putto auf Muschel, 1.H.18.Jh.

Zwischen Schloß und Schloß-K. das ehem. **Torhaus.** Hübscher 3geschossiger Putzbau mit Mansardwalmdach und mittlerem Dachreiter, E.17./A.18.Jh. Die stichbogige Durchfahrt in flachem Risalit mit Kreuzgratgewölben, die 2 × 3 Rck.Fenster darüber in regelmäßiger Anordnung.

Ehem. **Schloß-K.** Kleiner flachgedeckter Putzbau mit 3seitigem OSchluß, dat. 1668. Die Fenster segmentbogig. An der NSeite Patronatslogenanbau. Im W 8eckiger Dachreiter mit Haube und Laterne. Im flachgedeckten Inneren Emporen im W und S. – *Altaraufsatz* inschr. 1670, zwischen Weinlaubsäulen und Wangen mit Ohrmuschelwerk im Hauptfeld Relief des Gekreuzigten von 4 Engelhalbfiguren begleitet, das Relief im wesentlichen Neuschöpfung um 1965 anhand bar. Reste, in der Predella und am Gebälk aufgemalte Sprüche. *Kanzel* 2.V.17.Jh., mit polyg. Korb auf Säule, in den rundbogigen diamantierten Brüstungsfeldern zwischen Ecksäulchen die Bilder der 4 Evangelisten. Gleichzeitig die 8eckige *Taufe* auf Volutenfüßen mit Beschlagwerk. *Orgelprospekt* mit Vasenaufsätzen, gegen 1800. Seitlich des Altarraumes *Patronatslogen*, im N über der Sakristei, im S 2geschossig vom Hauptraum abgetrennt, unten mit Butzenscheiben verglast, oben 2 korbbogige Öffnungen; darin *Ofen* auf quadr. gußeisernem Feuerteil mit puttenverzierten Platten, sein Oberteil Fayence mit Satyrmasken, 1.H.18.Jh. Zwei 16armige *Kronleuchter*, Messing, 2.H.17.Jh. – In die SO-Ecke des Chores 1709 eingefügt aufwendiges *Grabmal* des C.E.v.Minkwitz †1705, Marmor und Sandstein: Die vollplastische lebensgroße Figur des Verstorbenen kniend in halbrundem pilastergerahmtem Nischenaufbau mit gesprengtem Volutengiebel, dazwischen Engel als Todesgenius, auf den vorderen Postamenten links Kronos mit Bildnis des L.S.v.Minkwitz und rechts trauernde Frau, darüber Putten mit dem Bildnis des G.E.v.Minkwitz, am Sockel Inschr.Kartusche. *5 Figurengrabsteine*, alle 17.Jh., davon 2 im Boden des WTeils liegend, z.T. verdeckt; 3 Grabsteine aufrecht an der OWand des Chores: für P.v.Hellwigsdorf †1631 und L.G.v.Minkwitz †1678, die Verstorbenen gerüstet, die Inschr.Tafeln darüber mit Ohrmuschelwerk; und für G.R.v.Minkwitz †1697, seitlich des rundbogig hochsteigenden Gebälks Putten, darüber bekrönte Inschr.-Tafel. *Kindergrabstein* M.v.Gersdorff †1652, die Kinderfigur von Engel begleitet. *2 Inschr.Grabsteine* für L. und U.v.Gersdorff, um 1678. Hölzerner *Wappenschild* des L.G.v.Minkwitz †1678.

LINDENBERG Bez. Frankfurt/Oder, Ldkr. Beeskow

Dorf-K. Zentralbau von 1667–69, ein Quadrat mit 4 schmaleren und niedrigeren Kreuzarmen, 1919 nach altem Vorbild erneuert. Putzbau, die Kanten durch Lisenen betont, über dem Kernteil Pyramidendach mit hölzerner Laterne. In den Giebelfeldern der Anbauten hölzerne Wappen und Blumengehänge. Im Inneren Holzkuppel über profilierten Gesimsen. – *Taufe* 1697, mit biblischen Szenen bemalt. *Gemälde*, Kreuzigung, E.17.Jh. *Zinksarg* v.Arnim †1660, mit gemalten Wappenschilden. 3 *Inschr.Epitaphien* v.Kracht 1615, 1616 und 1617, letzterer an der ö Außenwand. *Marmorepitaph* v.Beeß †1756, mit Wappen- und Laubwerkrahmung. – Auf dem Friedhof *Inschr.Grabplatte* Ch.Henkel †1790.

LINDENBERG Bez. Frankfurt/Oder, Ldkr. Bernau. – Inv. Prov. Brandenburg, Niederbarnim

Dorf-K. Stattlicher Feldsteinbau, 1.H.13.Jh., mit querrck. WTurm von Schiffsbreite, eingezogenem Chor und Apsis. Im 15.Jh. der obere Teil des Turmes errichtet mit Satteldach, gleichzeitig Schiff und Chor gewölbt. N des Chores spätgot. Sakristei, ihr Blendengiebel verändert. Alle Öffnungen rundbogig. Original erh. nur die 3 Apsisfenster und das 3stufige WPortal; die anderen urspr. Fenster erkennbar. Innen auch der Chor- und Apsisbogen rundbogig. In Schiff und Chor reiches Netzgewölbe mit Birnstabrippen, im Schiff auf 6 figürlichen Konsolen, im Chor ein Schlußstein mit Büste des hl. Sebastian. – In der Halbkuppel der Apsis *Wandgemälde* der Majestas Domini, A.15.Jh., 1916 freigelegt und stark ergänzt. Die gestufte WEmpore und das Gestühl 17.Jh. *Orgelprospekt* 1.H.18.Jh. – Hölzerner *Altaraufsatz* 1694, mit Abendmahlsbild in Architekturrahmung, Akanthuswangen mit Engelsköpfen. *Kanzel* 1702, Holz, von Petrusfigur getragen, an den 5 Seiten des Korbes die Figuren Christi und der Evangelisten zwischen gedrehten Ecksäulchen. Qualitätvoller kniender *Taufengel* um 1700, um 1910 rest. An der SWand des Chores 3 *Schnitzfiguren* um 1470, Madonna mit Kind, Maria Magdalena und ein Bischof, auf der Chor-NSeite *Figur* einer Anna selbdritt E.15.Jh., sämtlich neu gefaßt. Hölzernes *Altarkruzifix* 16.Jh.

LINDWERDER Bez. Cottbus, Ldkr. Jessen. – Inv. Prov. Sachsen, Schweinitz

Dorf-K. Kleiner spätgot. Feldsteinbau mit 3seitigem OSchluß, modern verputzt. Die Öffnungen 2.H.17.Jh. stichbogig vergrößert. Im W frei stehender verbretterter Glockenturm mit Schweifhaube. – Innen kassettierte Bretterdecke sowie W- und NEmpore. Die *Ausstattung* einheitlich M. bis 2.H.19.Jh. In der NO-Wand ma. *Sakramentsnische.*

LIPSA Bez. Cottbus, Ldkr. Senftenberg

s. HERMSDORF

LIPTEN Bez. Cottbus, Ldkr. Calau

Dorf-K. Urspr. rck. Feldsteinbau mit quadr. WTurm, 14.Jh., im 17.Jh. mit 3seitigem OSchluß verlängert. Die Logenanbauten im N und S aus Fachwerk 18.Jh. Der WTurm offenbar wenig jünger als das Schiff, in seinen spitzbogigen Schallöffnungen Backsteinmaßwerk mit auffällig niedrigem Teilungspfosten; Längssatteldach. Die Fenster im Schiff stichbogig vergrößert, im S ein originales Spitzbogenfenster erkennbar. – Innen flache Putzdecke und Hufeisenempore, inschr. 1759. Etwa gleichzeitig der *Kanzelaltar*, steile Ädikulaform mit gesägten Wangen und leicht geschwungenem Kanzelkorb, seitlich verglaste rck. Öffnungen zu den Patronatslogen, in der n eine Tür mit *Grisaillemalereien*, Josua und Kaleb mit der Traube bzw. Tobias mit dem Engel. Hölzerne *Taufe* 18.Jh., 6eckige Vasenform.

LÖBEN Bez. Cottbus, Ldkr. Jessen. – Inv. Prov. Sachsen, Schweinitz

Dorf-K. Urspr. 3sch. Pfeilerbasilika wohl aus der M.13.Jh.; die OTeile in sauberen Quadern aus Raseneisenstein, bestehend aus längsoblongem Chor und Apsis, das Langhaus nicht wesentlich jünger, aus Backstein. Die Seitenschiffe und ein Stück des Mittelschiffs im W wohl um 1500 abgebrochen. Die niedrigen quadr. Pfeiler und die spitzbogigen Arkaden in der Vermauerung sichtbar. Die leicht spitzbogigen Obergadenfenster im OTeil erh., im Langhaus teils vermauert, teils durch bar. Fenster ersetzt. Unter dem Traufgesims Deutsches Band. Der quadr. WTurm aus Fachwerk mit oktogonalem Oberteil, Schweifhaube und Laterne, 2.H. 17.Jh. – Im Inneren Apsiskalotte und Triumphbogen kämpferlos und gedrückt spitzbogig, in Chor und Schiff hochgebuste Kreuzgewölbe um 1500; bei der Einwölbung die Fenstereinteilung im Schiff verändert, daher verschiedene Fensterhöhen in Chor und Schiff. Dreiseitige, im W vorgebauchte Empore, inschr. 1701. – *Blockaltar* 13.Jh., darauf *Schnitzaltar* um 1420, im Mittelschrein Maria mit Kind umgeben von Engeln, in den Flügeln die Heiligen Dorothea und Georg sowie Margarethe und Katharina; die Fassung der Figuren nahezu vollständig original erh. Auf den Außenseiten in guter Malerei die Anbetung der Könige und darüber die Heiligen Barbara und Georg. Auf dem Mittelteil 2 Wimperge mit gemalten Propheten. Hölzerne *Kanzel* um 1500, mit steilem polyg. Korb und Blendmaßwerk in den Brüstungsfeldern, der Schalldeckel zugehörig. Achteckiger, etwa gleichzeitiger *Taufstein*, der hölzerne Aufsatz jünger. Einfacher klassizist. *Orgelprospekt*. Schlichter *Pfarrstuhl* sp.17.Jh. *Lutherbild* 1679, stark beschädigt.

LÖHME Bez. Frankfurt/Oder, Ldkr. Bernau. – Inv. Prov. Brandenburg, Niederbarnim

Dorf-K. Spätgot. flachgedeckter Feldsteinbau, 15.Jh., aus 3seitig geschl. Schiff und quadr. WTurm mit hohem abgewalmtem Satteldach. Im W gedrungene korbbogige Pforte, in der n Schiffswand profiliertes, spitzbogiges Portal mit segmentbogiger Türöffnung.

Die Fenster verändert. – Innen *Empore* an der NSeite (ehem. verglaste Herrschaftslaube), dat. 1620. In den 8 Rundbogenfeldern je 2 gemalte Wappen, erneuert. Daran anschließend hölzerne *Kanzel* der gleichen Zeit, am polyg. Kanzelkorb Ecksäulchen und Muschelnischen, darin die Figuren des Salvators und der Evangelisten (eine Figur fehlt). Am Kanzelaufgang gemalte Wappen. *Gethsemanegemälde* 19.Jh. *Grabstein* F.v.Arnim †1587, mit der Relieffigur des Verstorbenen in Rüstung. Gutes *Sandstein-Epitaph* J.F.Fromme †1762 und Frau †1760, die Vitentafel auf Rocaillesockel, seitlich 2 Putten.

LÖHSTEN Bez. Cottbus, Ldkr. Herzberg

Dorf-K. Hübscher Fachwerkbau von 1777, im O 3seitig geschl., im W quadr., ins Achteck übergehender Dachturm mit Schweifhaube und Laterne. WVorhalle. Rck. Fenster und Türen. – Im Inneren Hufeisenempore und Ausstattung aus der Bauzeit: *Kanzelaltarwand* mit Durchgängen, die 3seitige Kanzel von schmalen Akanthuswangen flankiert. 6seitige hölzerne *Taufe* in Kelchform.
Gasthaus. Stattlicher 2geschossiger Fachwerkbau des 18.Jh. mit Krüppelwalmdach, im 19.Jh. z.T. erneuert.

LOHSA Bez. Cottbus, Ldkr. Hoyerswerda. – Inv. Prov. Schlesien, Reg.Bez. Liegnitz, Hoyerswerda

Dorf-K. Rck. flachgedeckter Putzbau mit eingezogenem quadr. WTurm, 1637–51. Die 2geschossigen Anbauten im N und S des ö Schiffsteils wohl von 1750. Schiffsfenster und WPortal stichbogig geschlossen. Letzte Rest. um 1960. Innen an der N- und SSeite 2geschossige Emporen, im Altarraum als verglaste Logen ausgebildet, sowie w Orgelempore um 1750; die Brüstungsmalerei mit sorbischen Sprüchen modern erneuert. – Ungewöhnlich hoher *Kanzelaltar*, im Kreuzigungsgemälde unterhalb des Kanzelkorbes dat. 1666; der mehrzonige architektonische Aufbau mit reichem Knorpelwerk, in den Wangen gemalte Passionsszenen, ein urspr. zugehöriges Abendmahlsbild gesondert auf der Mensa aufgestellt; der Aufbau offenbar nachträglich verändert. *Orgelprospekt* M.19.Jh. Ein spätgot. *Kelch* auf 6Paßfuß mit Maßwerkknauf, ein zweiter *Kelch* 1.H.17.Jh. mit ma. Fuß. In den beiden OFenstern christologische *Glasmalereien* von 1900, ausgeführt von der Fa. Müller, Quedlinburg. – Außen an der NWand 4 *Inschr.Grabsteine* 17.Jh., mit Wappenschmuck.
Gegenüber der K. in der Friedhofsmauer 2 ma. *Sühnekreuze*, ein weiteres mit eingeritztem Schwert an der SSeite des ehem. Marktplatzes; ähnliche Steinkreuze in dieser Gegend häufig.

LOSSOW Bez. Frankfurt/Oder, Stkr. Frankfurt/Oder

s. FRANKFURT/ODER

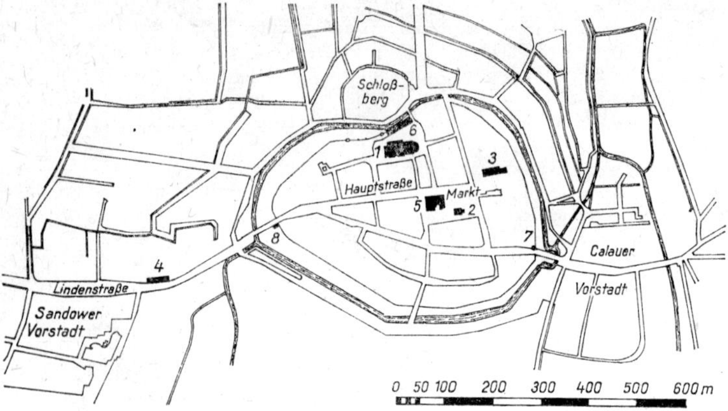

Luckau um 1900
1. St. Marien und Nikolai 2. Georgen-Kapelle 3. ehem. Dominikaner-Klosterkirche 4. ehem. Heilig-Geist-Hospital 5. Rathaus 6. ehem. Alte Schule 7. Roter Turm 8. Rest des Sandower Tores

LUCKAU Bez. Cottbus, Ldkr. Luckau. – Inv. Prov. Brandenburg, Luckau

In der Niederung der Berste am Kreuzungspunkt der alten Handelsstraßen Leipzig–Frankfurt/Oder und Magdeburg–Glogau (Schlesien) gelegen. Im Schutze einer deutschen Burg entstanden, diese bereits 1530 baufällig, im 30jährigen Krieg zerstört. An ihrem Fuße entwickelte sich gegen 1200 eine Dienstsiedlung; s von ihr bald darauf Anlage einer Marktsiedlung und wohl noch vor M. 13. Jh. Verleihung des Stadtrechts durch den Markgrafen von Meißen. 1283 oppidum et castrum, 1297 civitas. Infolge der günstigen Lage schneller wirtschaftlicher Aufstieg; bereits im 13. Jh. Münzstätte. 1304–70 wechselnde Besitzverhältnisse, zeitweilig zur Mark Brandenburg gehörig; 1321 Anschluß an einen märkischen Städtebund mit Frankfurt/Oder und Brandenburg. 1370 mit der Lausitz an Böhmen gefallen und durch Verbindung mit Karl IV. große wirtschaftliche Blütezeit. 1492 Hauptstadt der Niederlausitz. 1635 an Kursachsen. Starker Niedergang durch Zerstörungen im 30jährigen Krieg und nachfolgende häufige Stadtbrände. Bereits 2. H. 17. Jh. Erlangung neuen Wohlstands; erst nach Übergang an Preußen 1815 verlor die Stadt ihre frühere Bedeutung. – Planmäßige Anlage über unregelmäßig ovalem Gr. mit Straßennetz in Gitterform; Verbindung der beiden Tore in O-W-Richtung durch die Lange Straße, von ihr abzweigend die Hauptstr. zum rck. Markt in Ortsmitte. Auf ihm das Rathaus und die Georgen-Kap., eine urspr. Pfarr-K. Im N nahe der Stadtmauer unmittelbar s der ehem. Burg die Stadtpfarr-K. St. Nikolai und St. Marien. Im NO des Marktes das 1291 gegr. Dominikaner-Klst., seit 1747 Zucht- und Arbeitshaus und bis 1945 Strafanstalt für politische Häft-

linge. Zwei im 14.Jh. bezeugte Hospitäler: Hl.Kreuz in der Calauer Vorstadt, 1637 zerstört, und Hl.Geist in der Sandower Vorstadt, in veränderter Form erh. Die Sandower Vorstadt mit angerartig erweiterter Hauptstraße wohl auf eine alte slawische Siedlung zurückgehend. Stadtbefestigung aus Mauer, Wall und Graben 1290 bezeugt; 2 Stadttore, Sandower Tor im W und Calauer Tor im O, sowie mehrere Weichhäuser; 1644 z.T. zerstört, Wall und äußerer Graben danach beseitigt.

Stadt-K. St.Marien und St.Nikolai. Hallen-K. aus Backstein von 9 Achsen mit 5seitig geschl. Umgangschor, NSakristei und Kapellenanbauten im N und S, dazu ein 2türmiger WBau. Die K. angeblich Nachfolgebau einer Burg-K. St.Johannes, die nach Vergrößerung der städtischen Gemeinde zur Pfarr-K. mit neuem Doppelpatrozinium erhoben wurde, vermutlich noch im 2.V. 13.Jh., obwohl erst 1386 als solche genannt. – Ältester Teil das Untergeschoß des breitquerrck., ungegliederten WBaues in Granitquadern, sein 3stufiges, spitzbogiges WPortal mit Kämpfer wie an der St.Gotthard-K. in Brandenburg. Innen urspr. 3 kuppelartige Gewölbe (das s nicht erh.), die seitlichen jedoch kellerartig niedrig. Nach den Formen von Portal und Gewölbe dieser Teil wohl gegen M.13.Jh. zu datieren. Der Erstbau also vermutlich wie der von St.Nikolai in Berlin eine Feldsteinbasilika. Der Umbau dieser Basilika zur Halle, wieder ähnlich wie in Berlin, bedingte dann wohl die Erhöhung des WBaus; das Material nun Backstein. Ablässe von 1291, 1311 und 1327 wohl auf diesen Umbau zu beziehen, 1348 und 1354 schon der neue Marienaltar erwähnt. Um M.14.Jh. wohl auch die beiden mächtigen Turmaufbauten zu datieren. Auf ein sehr sparsam gegliedertes Geschoß, das die spätgot. Verblendung des Mittelteils rahmt, folgen jeweils 2 Freigeschosse mit Walmdächern, diese 2.H.17.Jh. Im ersten Freigeschoß Zwillingsblenden, im zweiten 3teilige Blenden seitlich von hohen, 2geteilten Schallöffnungen; Maßwerkfriese oben und unten. N- und STurm nur leicht unterschieden. Zwischen den Türmen, zurückgesetzt, der mit schlichten Blenden gegliederte Giebel der Halle, gegen den das Pultdach des Zwischenbaues läuft. – Der Neubau der jetzigen Halle um 1375 beg., als Kaiser Karl IV. der K. das Haupt des hl.Paulinus schenkte, seitdem Wallfahrts-K. 1377 der Bau einer Kap. für diese Reliquie erwähnt; 1387 der Chor sicher vollendet, da nun zu Spenden für die Ausstattung aufgefordert wurde. 1388 Aufstellung eines neuen Marienaltars. Der Weiterbau nach W sicher zügig erfolgt. Im 15.Jh. die Kapellenanbauten, u.a. 1430–37 die 3jochige Marienkap. zwischen die in ihrem Untergeschoß zum Chor gehörige Sakristei im N und die wohl wenig ältere 2jochige NW-Kap. eingefügt. 1455 die w der 4 SKapellen zur Begräbniskap. der Familie Passerin eingerichtet. Die Marien-Kap. nach Brand 1477 aufgestockt und 1492 vollendet. Seit 1539 die K. evangelisch. 1644 großer Brand, dabei die Chormittelschiffsgewölbe und die ma. Ausstattung zerstört. Wiederaufbau 1656–70 durch die Maurermeister Hans Petzsch aus Korbitz bei Dresden

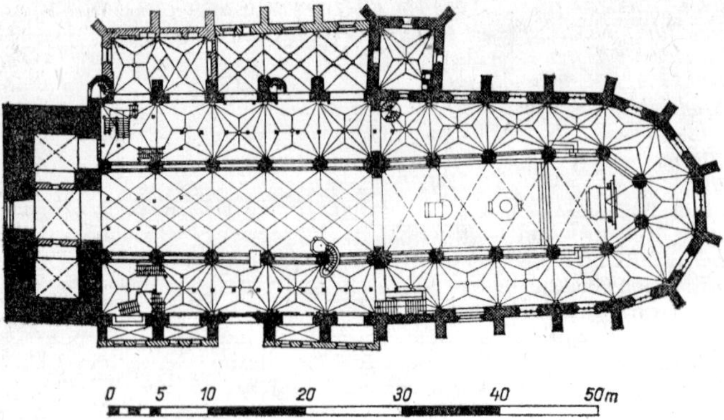

Luckau, St. Marien und Nikolai

(Chorwölbung) und Christian Bärgt (Rest. des STurms); gleichzeitig die Hauptstücke der neuen Ausstattung beschafft.
Der Luckauer Hallenumgangschor des sp.14.Jh. eine der bedeutendsten Architekturschöpfungen der Lausitz; vielleicht von Vorbildern des Hans von Burghausen in Landshut beeinflußt, worauf die Grundrißgestalt, die steilen Proportionen, die hohen Freipfeiler und das über den Streben durchlaufende Putzband hinweisen könnten. Das Äußere streng und schlicht mit hohen dreigeteilten Fenstern ohne Maßwerk. Das n Chorportal steilspitzbogig mit Birnstabprofilen, das s auffallenderweise aus Sandstein, seine Leibung steil aufsteigend und kräftig gekehlt, ähnlich dem NPortal der Marien-K. zu Frankfurt/Oder. Das Tympanon über dem Konsolsturz urspr. bemalt, sein Spitzbogen außen zusätzlich durch ein vortretendes, kräftiges Profil gerahmt, das auf *Konsolbüsten* ruht; diese als Stifterporträts Kaiser Karls IV. und seiner Gattin Elisabeth v.Pommern gedeutet. Für den dazu passenden böhmischen Charakter des Portals der Gesichtsausdruck der Büsten und der Sturz auf Lilienkonsolen besonders bezeichnend. Die Leibung des s Langhausportals kräftig profiliert mit Wechsel von Rund- und Birnstäben zwischen Kehlen (vermauert). Die den Raum zwischen den Streben nutzenden s Seitenkapellen mit flachbogigen Fenstern. Die 2geschossige NFront des Langhauses durch vielfältige Veränderungen unansehnlich und entstellt, das NPortal erneuert. Die NW-Kap urspr. 1geschossig mit hohem Spitzbogenfenster; die zwei Geschosse der Marien-Kap. durch ein Deutsches Band abgesetzt. Polyg. Treppentürmchen im Winkel zwischen WBau und NW-Kap.
Das Innere eindrucksvoll durch seine Höhe und Einheitlichkeit und geprägt von der reichen dunklen Barockausstattung, die sich kräftig von der hellen, 1854 und 1897 erneuerten Tünche der bar.

Raumfassung abhebt. Auch die in den Seitenschiffen eingebauten Logen mit Emporen verändern den spätgot. Raum entscheidend. Dienstlose hohe Achteckpfeiler mit zart profilierten Kämpfern tragen dreifach gestufte, breite, spitzbogige Arkaden, diese von den Gewölbeansätzen unmittelbar umschlossen. Die Zäsur zwischen Chor und Langhaus durch verstärkte und gestreckte Pfeiler mit Gurtbogenvorlagen nach N und S sowie durch wandartige Übermauerung dieser Gurte betont. Die Seitenschiffswände dort durch ebensolche Rck.Vorlagen für die Gurte, sonst durch dünne Vorlagen gegliedert, die sich zu Schildbögen zusammenschließen. Die Gewölbe auf Konsolen ruhend: In den Seitenschiffen Sterngewölbe, im polyg. Teil des Chorumgangs Springgewölbe; im Langhausmittelschiff Parallelrippen-Netzgewölbe in Nachfolge des Prager Doms, im Chormittelschiff die zerstörten ma. Gewölbe durch gebuste Kreuzgratgewölbe ersetzt. An den Wänden des Chorumgangs unten unregelmäßige Blendengliederung, z.T. spitz- und segmentbogige Blenden übereinander. In den SKapellen verschiedenartige Kreuzrippengewölbe des 15.Jh., in der ö eine Tonne des 17.Jh. Die 3jochige Marien-Kap. mit Netzgewölben, die Kap. darüber ihrer Gewölbe beraubt. Die Marien-Kap. jetzt Winter-K. und deshalb durch ein Joch der anschließenden NW-Kap. verlängert, darin überlebensgroßer *Kruzifixus* fr.16.Jh. Das Untergeschoß der Sakristei mit Sterngewölbe und Vera icon als Schlußstein, sp.14.Jh.; in der OWand große *Sakramentsnische* mit Vorhangbogen über Stabwerkrahmung mit Durchsteckungen, E.15.Jh.; rechts daneben eine kleine *Rck.Nische*; beide vergittert, die große mit schönem spätgot. Rosettengitter, die kleine mit engmaschigem Bar.Gitter. Die 2jochige NW-Kap. durch eine Zwischendecke unterteilt, darüber die spätgot. Sterngewölbe erh.

Altaraufsatz 1670 von Abraham Jäger aus Doberlug, die Malerei von Christoph Krause aus Großenhain. Hoher, 3zoniger Ädikula-Aufbau mit Abendmahlsbild in der Predella und den Gemälden der Kreuzigung, Auferstehung und Himmelfahrt Christi, in den Medaillons über den rahmenden Säulen Verkündigung und Geburt Christi; feines Ohrmuschel- und Knorpelwerk. Qualitätvolle *Kanzel* 1664–66 von Andreas Schultze aus Torgau, ein Hauptwerk des Meisters, die Fassung von Christian Mätschke aus Leipzig; Aufgang, Kanzelkorb und -träger aus Sandstein, Kanzeltür und Schalldeckel aus Holz. Als Kanzelträger Doppelfigur von Moses und Aaron, an der Treppenstütze Relief „Jakob ringt mit dem Engel", in den Brüstungsfüllungen des Aufgangs 6 medaillonförmige Reliefs in Ohrmuschelrahmung mit Szenen aus dem Alten Testament, in denen des Korbes mit 5 Szenen aus dem Neuen, von der Erschaffung Evas bis zur Himmelfahrt Christi. An den Ecken vollplastische Figuren der Apostel und Christi, über der Kanzel von Engeln gehaltene Wappenkartusche, rückseitig mit Namen und Daten. Auf dem sternförmigen Schalldeckel ein hoher, durchbrochener Aufbau in Pyramidenform aus Wolken mit den kleinen Figuren der 24

Ältesten, bekrönend Christus mit Buch und Ziegenböckchen vor Flammennimbus. Zugehörig und ebenfalls von Christian Mätschke die Malerei am Kanzelpfeiler: musizierende Engel in Wolkenhimmel. Hölzerne *Taufe* 1670 von Abraham Jäger, in schwerer Kelchform auf kurzer Weinlaubsäule, an der 6seitig geteilten runden Kuppa gemalte, auf die Taufe bezogene biblische Szenen. Auf der zugehörigen *Taufschale* aus Zinn Inschr. mit Dat. 8seitiges *Taufgehege* mit Gitter. *Orgel* 1672–74 von Christoph Donath aus Leipzig, auf dem 3türmigen Rückpositiv die Figuren von König David zwischen 2 posauneblasenden Engeln (diese Anordnung rekonstruiert 1979); Bemalung und Vergoldung des die WWand des Mittelschiffs füllenden, vielteiligen *Prospektes*, von Putten bekrönt und mit Knorpelwerk dekoriert, 1677 von Christian Mätschke. Unter der Orgel 3 halbrund einschwingende *Emporen* übereinander: Rats-, Sänger- und Orgelempore. Die Ratsempore um 1670 mit kräftiger Balustrade und durchbrochenen Schiebegittern. – In den Langhausseitenschiffen verglaste *Patrizierlogen* auf schlanken, gewundenen Holzsäulen, in dieser Vollständigkeit ein nun schon seltenes Beispiel bar. Selbstdarstellung der Patrizier, der Dekor freilich eher prunk- als qualitätvoll. Die n Reihe 1. Drittel 18.Jh., die s etwas jünger. Das Innere der Logen tapeziert und ehem. durch Kachelöfen heizbar. Über den Logen beiderseits eine offene *Empore*. Neben der Sakristeitür an der NSeite bemerkenswerte doppelläufige *Wendeltreppe* aus Holz mit ausgesägter und bemalter Balusterbrüstung, 1673 von Joachim Bandigk aus Luckau, zur oberen Empore gehörig, aber auch zu den Logen führend, die eine untere Empore ersetzten. Über der spitzbogigen, 2gestuften Sakristeitür eine von gemalter Draperie gerahmte bar. *Inschr.* über Zerstörung und Aufbau der K. im 17.Jh. Am 3. SPfeiler von W ma. *Blockaltar*, darauf *Abendmahlsbild*, sein Aufsatz mit Inschr. besagt, daß das Bild 1644–70 auf dem Hochaltar stand. Am gleichen Pfeiler *Epitaphgemälde* des Abendmahls der protestantischen Fürsten, mit lateinischer Inschr., 3.V.17.Jh. Im Chorumgang großes bar. *Gemälde* des Mose vor dem brennenden Dornbusch sowie *Lutherbildnis* von 1692 und *6 Pastorenbildnisse*, 18. und 19.Jh. – *Reliquienschrein* 2.H.13.Jh. aus einer Werkstatt von Limoges, in Kastenform mit Satteldach und mittlerem dachreiterähnlichem Laternenaufsatz, Kupfer mit farbigen Emaille-Einlagen, eingravierten Heiligen- und Engelsfiguren mit plastisch aufgesetzten Köpfen an der Schauseite, auf der Rückseite Vierpaß-Ornamentik. 2 spätgot. *Kelche mit Patenen*, Silber vergoldet, mit 6Paßfuß. *Bar.Kelch*, Silber vergoldet, mit Inschr. und Dat. 1649, an der Kuppa Reliefs des Abendmahls, der Kreuzigung und Auferstehung. Reiche spätgot. *Monstranz*, Kupfer vergoldet (z.Z. in Rest. in Dresden). *Kreuzreliquiar*, aus Teilen verschiedener Zeiten zusammengesetzt: das silberne Kreuz mit vergoldeten Medaillons der 4 Evangelisten an den Kreuzenden, in der Mitte plastischer Kruzifixus, 14.Jh., Nodus und Fuß sp.15.Jh., der Nodus mit gewirbelten Fischblasen, am Fuß graviertes Rankenwerk.

Abendmahlskanne, Silber vergoldet, 1584 gestiftet, mit zarter Renaiss.Ornamentik am Leib, dieser von reliefierten Bändern gerahmt (Rosetten bzw. Engelsflüchte), zudem ein Band in der Körpermitte mit Putten, die vier Medaillons mit Reliefs der Evangelisten und ihrer Symbole verbindend. 2 bar. *Kronleuchter*, Messing, im Chor sechsarmig, im Langhaus achtarmig.

Die Kirche reich an Grabmälern und Epitaphien der 2.H.17.Jh. bis 1.H.18.Jh., an den Pfeilern und Wänden angebracht. Die im Mittelschiff an den Pfeilern befindlichen begleitet von gemalten Draperien, Ranken oder sogar figürlichen Darstellungen.

GRABMÄLER an den Chorumgangswänden, ausgehend von NW (neben der Sakristeitür): *J.Chr.G.Adami* †1746 und seine Schwestern, Stele über Sockel mit 2 Rokoko-Inschr.Kartuschen, die Stele begleitet von Fides und Spes. *J.A.Fritsch* †1728 und Frau J.M. †1731, über geschweiftem Sockel mit Relief des Sündenfalls die 2teilige Vitentafel, flankiert von den Figuren von Glaube und Hoffnung, der Giebel gesprengt durch Kruzifix, auf den Giebelsegmenten 2 Trauernde. *Frau E.M.Exs* †1736, hochrck. Inschr.Tafel mit Palmettenbekrönung. Rektor *G.Hecht* †1721, rankengerahmte Inschr.Tafel als Tuchgehänge, darüber von Putten gehaltene Krone, ein vielfach verwendetes Motiv. Ratsherr *B.Eberhart* †1575, Bruchstück wiederverwendet für Fr.Eberhart †1888. *Kindergrabstein* für die Geschwister *J.H.W. Exs* †1722 und *J.A.L.Exs* †1728, Inschr.Tafel mit bekrönender Draperie und Wappen. *J.H.Exs* †1709 und Frau †1706, von Akanthusranken gerahmte ovale Vitentafel. Rektor *G.H.Thiele* †1743, kartuschenförmige Vitentafel bekrönt von Trinitätssymbol in Strahlenglorie, am sarkophagartigen Sockel emblematische Darstellung. Bürgermeister *E.M.Hettenbach* †1706, Inschr.Grabstein in bewegter Rahmung. Bürgermeister *J.Wilhelmi* †1742, reichgerahmte Vitentafel, über der puttenbesetzten Giebelrahmung Strahlenglorie mit Engelsflüchten. Hinter dem Altar 2 Grabsteine für *S.Sturm* †1688 und seine *Frau A.Sturm* †1675, auf Inschr.Sockel plastisches Kreuz, in Totenkopf unten und Engelsflüchten oben auslaufend. In der ö SKapelle 2 einander ähnliche Grabsteine für das *Ehepaar Döring*, Chr.Döring †1748, die Frau †1751, die volutengerahmten Vitentafeln mit Kartuschenbekrönung sowie Putten über den Schweifgiebeln; darüber schwere hölzerne Konsole für das reichgerahmte *Ovalbildnis* der *C.E.A. Jenich* †1774. *Gedenktafel* für die *Familie Passerin* von 1766 mit Wappen, dazu gehörig *Bildnis* des Stifters der Tafel *J.W.L.Passerin* †1769. *Doppelgrabmal* für *J.C.Passerin* und Frau E.D. sowie für *J.W.L.Passerin* und Frau Chr.M., 2.H.18.Jh. Unter der Empore im SO *Figurengrabstein* für Pastor *P.Engelschall* †1651.

EPITAPHE und GRABMÄLER an den Pfeilern, die Epitaphe meist aus Holz, aufgezählt von NW über den Chor zurück nach SW: *Epitaph Ölsel* M.18.Jh., über Inschr.Sockel die Brustbilder der Verstorbenen, J.Chr.Ölsel und Frau M.L., in Kartuschenrahmung, dazwischen Obelisk mit Vasenaufsatz und Strahlenglorie. Darunter *Grabmal* für *J.Chr.Adami* †1743, über dem

Sockelrelief mit Eherner Schlange die Vitentafel mit begleitenden weiblichen allegorischen Figuren und Vasenbekrönung. *Epitaph Adami*, für J.Chr.Adami †1684 und Frau M.C.geb.Exs, die umrahmende Pfeilerbemalung dat. 1698, diese hier besonders ausgedehnt und mit figürlichen Darstellungen; das Epitaph in reichem Akanthusrahmen mit Grablegungsbild über der Vitentafel und Ovalbild mit Gotteslamm, in den seitlichen Medaillons Pelikan und Phönix. Aufwendiges *Denkmal* für die Gefallenen des 1.Weltkrieges. *Grabmal* für Frau *A.J.Sturm* †1671, Stele mit ovalem Inschr.Feld in Ohrmuschelrahmung, darüber gebrochener Giebel. Am gleichen Pfeiler daneben *Kindergrabstein* ihrer Tochter A.D. †1657. *Epitaph Sturm*, für S.Sturm †1688 und Frau †1675, Ädikula-Rahmen mit Weinlaubsäulen, Engelsflüchten als Wangen und pompösem Aufsatz, reiches Ohrmuschelwerk, gefaßt von Christian Mätschke. *Epitaph Meusel*, für E.Meusel †1684 und Frau, der Unterhang eine Schwanenkonsole und Ovalbildnis der Familie, darüber die Vitentafel als Tuchgehänge, wangenartig flankiert von sitzenden Engeln mit Leidenswerkzeugen, über der Vitentafel Ovalporträts des Ehepaares bekrönt von Engelsfigur. *Epitaph J.Stegemann* †1640, dat. 1707, Auferstehungsgemälde in reichem Knorpelwerkrahmen mit Wappenbekrönung. *Epitaph B.Adami* und Frau, beide †1697, von 1698; ovale Inschr.-Tafel flankiert von Säulen als Paradiesesbäume mit den Freifiguren von Adam und Eva, bekrönt von den Porträts der Verstorbenen sowie schwebenden Putten, das Wappen rahmend, im unteren Konsolteil Ovalbild des Dornengekrönten. *Epitaph J.C.Altmann* †1688, gestiftet 1697, mit schwerem Akanthusrahmen und, ganz ähnlich wie Epitaph Adami, flankierenden Klagefiguren, das untere Ovalbild mit der Familie des Verstorbenen von Engeln flankiert; im hohen Aufsatz Christusmonogramm zwischen fliegenden Engeln, eine Krone haltend. *Epitaph Z.Brescius* †1697 und Frau †1710 sowie Familienangehöriger; über Phönix-Konsole das Porträt dreier Kinder, darüber rck. Vitentafel, wangenartig von 10 Brustbildern der Familienangehörigen gerahmt, als Bekrönung die Brustbilder des Ehepaars unter einer von Engeln gehaltenen Krone. Seitlich darunter *Grabmal J.F.Schröder* †1736, akanthusgerahmte Vitentafel mit Todes- und Ewigkeitssymbolen. *Grabmal M.Briesemann* †1660, vor dem Tode angefertigt (die Daten nachgetragen), mit Ohrmuschelwerk gerahmte Stele. *Grabmal* der *Brüder Ölsel* †1723, oval gerahmte, von Engeln gehaltene Vitentafel.

Georgen-Kap. mit **Hausmannsturm** auf dem Markt, Backstein. Die Kap. im Kern wohl 1.V.13.Jh., möglicherweise ehem. vorstädtische Pfarr-K. Nach Gründung der Stadt die Pfarrechte an die Kirche St.Nikolai und St.Marien übergegangen, 1386 St.Georg nur noch als „capella" bezeichnet. Nach der Reformation profaniert. Kleiner 1sch. Bau mit eingezogenem Rck.Chor. Das quadr. WJoch des Schiffes wohl seit dem 17.Jh. abgetrennt und tonnengewölbt, doch vielleicht von vornherein für einen Turm bestimmt. Der heutige Turm aus dem 15. und 17.Jh.: Über dem quadr. Unterbau 3 hohe achteckige Geschosse, von zarten Eckrundstäben eingefaßt und mit breiten Spitzbogenblenden in den beiden unteren Geschossen versehen, E.15./A.16.Jh. Dabei die WWand wohl von unten auf erneuert und das halbrund vortretende Treppentürmchen eingefügt. Gleichzeitig die Kap. mit reichem Sterngewölbe im kurzen Schiff und Netzgewölbe im Chor versehen. 1656 die beiden abschließenden und leicht zurückgesetzten Turmgeschosse niedriger und verputzt hinzugefügt, bekrönt von Schieferhaube und doppelter, oben kupferverkleideter Laterne. 1697 die Kap. zur städtischen Wache und der Turm zur Warte eingerichtet. Dabei die Volutengiebel über Schiff und Chor der Kap. aufgebracht sowie N- und OPortal eingefügt und mit einer plastischen Ädikula-Rahmung umkleidet: Im N über toskanischen Säulen Gebälk mit Delphinen, darüber gesprengter Giebel mit mittlerem Gehänge; das ö Portal ähnlich, mit Ranken am Gebälk. 1955 Rekonstruktion der Giebelbekrönung und Rest. des Stucks. 1965–67 Einrichtung der Kap. als Festsaal. An deren NSeite 1969 primitiver *Reliefkopf* (von einer Konsole ?) freigelegt.

Ehem. **Dominikaner-Klst.** 1291 gegr., seit 1747 Zuchthaus, dadurch als Bauwerk völlig verändert und entwertet. Die ehem. K. als steiler Bau mit Seitenschiff nur auf der NSeite vom Wall aus erkennbar. 1916–18 Karl Liebknecht hier inhaftiert.

Ehem. **Hl.-Geist-Hospital** (Kirchliches Altersheim) Lindenstr. 22. Erstmals 1359 urk. genannt. Nach Zerstörung im 30jährigen Krieg 1727 Neubau. Langgestreckter, 2geschossiger Putzbau unter Mansardwalmdach. Die 5 mittleren Achsen als schwacher Risalit hervorgehoben, hier früher die Hospital-K., urspr. durch hohe Fenster erkennbar, daher das Portal seitlich. 1950–52 für Wohnzwecke umgebaut; das Inventar jetzt in der Dorf-K. zu Zieckau (Ldkr. Luckau).

Rathaus auf dem Markt. Die gegenwärtige Gestalt von 1851/52, strenger und starrer Spätklassizismus. Im Kern ma. Rck.Bau, heute 2geschossiger Putzbau mit flachem Satteldach, verglaster n Bogenhalle, Turmanbau im NO und Nebenbauten. Aus dem Ma. nur noch die Gewölbe im Keller sowie die besonders reichen Sterngewölbe in 4 Räumen des Erdgeschosses (die beiden n urspr. ein Raum) am OEnde des Kernbaus. Die Bogenhalle wohl E.17.Jh., das ganze Obergeschoß von 1852. Aus dieser Zeit die unten flach-, oben rundbogigen Fenster. Letzte Renovierung 1965.

Ehem. „**Alte Schule**" (Versicherung u.a.) am Kirchplatz. Als Lateinschule 1540 urk. erwähnt. Langgestreckter, 2geschossiger Putzbau unter Mansardwalmdach, im Kern 15.Jh., Umbau 1726. Die Fassade zum Kirchplatz mit Rck.Fenstern schmucklosnüchtern erneuert; die Front zum Stadtgraben mit 5 Zwerchhäusern läßt noch die urspr. Gestalt ahnen.

Wohnhausbau. Nach der Zerstörung der Stadt 1644 und den Stadtbränden 1652 und 1671 keine ma. Wohnbauten erh.; nur Reste von gewölbten ma. Kellern in den Häusern *Markt 1* (Gasthaus zum Goldenen Ring) und *Markt 16* sowie spätma. Gewölbe im Erdgeschoß in den Häusern *Markt 2* (Zellengewölbe) und *Marktstr. 6* (Sterngewölbe, wohl in einer ehem. Durchfahrt). – Das heutige Stadtbild vielfach geprägt von den meist 2geschossigen Putzbauten aus der 2.H.17.Jh. bis A.18.Jh. mit geschwungenen Giebeln, wie sie auch für Cottbus und andere Städte der Lausitz kennzeichnend sind; als Ganzes das Stadtbild jedoch stark gestört. Die *Lindenstraße* als Vorstadtstraße mit niedrigen Traufenhäusern relativ intakt erh. – Reizvoll noch immer die Umbauung des Marktes mit 3 besonders prägnanten Beispielen frühbar. Fassadengestaltung, um 1700, unter Mitwirkung italienischer Stukkateure: *Markt 13*, *Markt 30* und *Markt 32*. Alle drei Häuser 2geschossig mit reich geschmücktem Volutengiebel, seitlich gerücktem Portal und die Fassade beherrschendem Stuckdekor. Ganz untektonisch *Markt 30* gestaltet, die Fassade von Stuckranken übersponnen, nur im Giebel Pilaster, der mittlere von Muschel betont. Innen im Erdgeschoß *Stuckrahmendecke* erh. Der tektonische Aufbau bei *Markt 13* etwas klarer durch die zarten Kolossalpilaster und die gedrehten Säulen im Giebel; der noch immer reiche Stuck auf einzelne Felder begrenzt. Am strengsten *Markt 32*, das Untergeschoß hier gefugt, wenig Stuck unter dem glatten Gesimsband und um die Fenster des Obergeschosses; der Giebel mit korinthischen Säulen am kräftigsten geschmückt, u.a. ovale Festons, Tuchgehänge und Ranken. – Weitere Häuser der 2.H.17.Jh. mit Volutengiebeln: *Markt 6*, *Markt 16* (Erdgeschoß verändert) und *Markt 29*. Am Markt ferner zu beachten: *Markt 26*, mit Stuckreliefs zweier Sirenen im Obergeschoß, wohl Rest einer umfangreicheren Stuckierung aus A.18.Jh. *Markt 31*, 2.V.18.Jh., vierachsig mit Kolossalpilastergliederung, der Mittelpilaster verdoppelt, mit geknicktem Walmdach und Fledermausluke zum Markt, von anheimelnder Wirkung. Etwas später, 1743, die ehem. Löwenapotheke *Markt 22*, dreigeschossiges Traufenhaus, am 1.Obergeschoß Löwenrelief mit Chronogramm für die Erneuerung 1743, der Bau selbst 1615. Am Portal reichgeschnitztes *Türblatt* mit zugehörigem hübschem *Türklopfer* der Bauzeit. Im 1.Obergeschoß zarte *Stuckdecke* M.18.Jh. – In den Straßen der Stadt auch erwähnenswert *Hauptstr. 3a* (Stadtcafé), Traufenhaus mit Mansarddach und Mittelportal, um 1980 rest., sowie *Hauptstr. 52*, beide 2.H.18.Jh. In der *Hauptstr. 16* noch die alte Hofgalerie erh., wohl 17.Jh. *Kirchplatz 6* (Berufsschule) ein streng klassizist., 3geschossiger Bau von 1832.

Auf dem Markt **Karl-Liebknecht-Denkmal**, Bronze, 1969 von Theo Balden; zur Erinnerung an die Haft Liebknechts 1916–18 im Luckauer Zuchthaus.

Stadtbefestigung. Schon 1290 die Befestigung der Stadt bezeugt. Größere Reste der ma. **Stadtmauer** aus Feldstein mit Backstein vor allem im N erh. Der innere Graben, heute Stadtgraben, nahezu ringsum noch vorhanden. Erh. auch ein *Weichhaus* im Garten der Superintendentur sowie, etwas weiter w, an der Stelle eines solchen das sog. *Napoleonhäuschen*, ein Gartenpavillon wohl des

18.Jh., daneben Reste des ma. *Wehrgangs*. Im W auch ein *Rest des Sandower Tores* noch erkennbar, Stück einer spätgot. Backsteinmauer mit 2 spitzbogigen Blenden. Im O des Stadtkerns der sog. **Rote Turm**, ehem. neben der Durchfahrt des Calauer Tores, ein ungegliederter runder Backsteinbau des sp.13./fr.14.Jh., mit welscher Haube von 1871; stadtseitig der ehem. Einstieg erh.
Kreismuseum mit **Karl-Liebknecht-Gedenkstätte**

LUCKOW Bez. Frankfurt/Oder, Ldkr. Angermünde. — Inv. Pommern, Reg.Bez. Stettin, Randow
Dorf-K. Rck. Feldsteinbau M. bis 3.V.13.Jh.; 1895/96 durch Prüfer umfassend erneuert, aus dieser Zeit die Fenster, der OGiebel und der w Dachturm. Reste alter spitzbogiger Öffnungen erkennbar, erh. das stumpfspitzbogige abgetreppte WPortal.

LÜBBEN/SPREEWALD Bez. Cottbus, Ldkr. Lübben
Im Zuge der Straße Leipzig—Frankfurt/Oder an günstigem Flußübergang in der Spreewaldniederung zwischen mehreren Flußarmen gelegen. Eine slawische Ringwallanlage auf dem Burglehnberg (Süddeich-Burglehn) erh., eine deutsche Burg aber wohl seit dem 12.Jh. bereits am SRand einer Spreeinsel vorhanden, auf der sich auch der um 1150 als „urbs Lubin" erwähnte Ort befand, dieser um 1220 vom Burggrafen mit Magdeburger Recht begabt, im späten Ma. sächsisch, seit 1815 preußisch. — Planmäßig angelegte Ackerbürgerstadt auf rck. Gr., im 14.Jh. durch eine Mauer und Spreearme oder künstliche Kanäle geschützt. Straßennetz in Rippenform, die Hauptstraße in O-W-Richtung, w vom Luckauer Tor, ö vom Spreetor abgeschlossen. Im N der Hauptstraße der große Markt, darauf urspr. das Rathaus, dieses 1751 in den Häuserblock zwischen Markt und Hauptstraße verlegt, kriegszerstört. Ö des Marktes die Hauptpfarr-K. 1696 im W die Neustadt gegr., später im O die Spreevorstadt sowie die Gubener und Beeskower Vorstadt. Der Ort im 2. Weltkrieg weitgehend zerstört; dadurch das Gefüge der Altstadt fast unkenntlich geworden. Heute ein Zentrum des Fremdenverkehrs im Spreewald.
Stadtpfarr-K. St.Nikolaus, seit 1931 Paul-Gerhardt-K. Spätgot. 3sch., 4jochige Backsteinhalle mit asymmetrisch 2sch. Chor von 2 Jochen, dieser 4seitig polyg. geschl. Der eingezogene WTurm auf leicht querrck. Gr., 2geschossige SVorhalle. Der bestehende Bau das Ergebnis mehrfacher Umbauten. Die ältesten Teile, wohl aus der Zeit um 1300, an der Chorsüd- und vielleicht auch an der Chornordseite erh., vermutlich von niedrigen Seitenräumen des damals 1sch. Chores stammend. Das Langhaus wohl 1.H. bis M.15.Jh. errichtet, der WTurm zugehörig. Nach dem Stadtbrand von 1494 das Langhaus erneuert und der Chor in seine jetzige Form gebracht, dabei der SAnnex durch Ausbrechen seiner NMauer zum Chorraum gezogen; die mit einer Spitztonne gewölbte Sakristei im NAnbau wohl 1.H.15.Jh., ihr Obergeschoß nach 1494 als zum Chor geöffnete Loge ausgebaut. Die SVorhalle

1.V.16.Jh. Nach 1666 Langhaus und Chor unter ein einheitliches Dach gebracht, der Chor dafür erhöht; gleichzeitig der Anbau nö am Chor als Logenzugang geschaffen. Um 1782 der Turm durch ein oktogonales Geschoß mit Haube bekrönt, diese 1945 kriegszerstört, der Turm ausgebrannt. Das Treppentürmchen an seiner SSeite bar. – Das Langhaus außen urspr. durch Rhombenmuster aus schwarz glasierten Ziegeln geschmückt, nur z.T. erh. Seine breiten Spitzbogenfenster urspr. wie die im Chor ohne Maßwerk – die Zweiteilung jünger –, zwischen kräftigen, gestuften Streben über hohem Sockel, darin bar. Stichbogenfenster, unter der Traufe umlaufendes Friesband. Der Chor ohne Sockel. Das ehem. Hauptportal auf dem Grunde der SVorhalle, sein 4fach gestuftes Gewände auffallend zart profiliert, eine Nebenpforte mit kräftigem Profil im NW, das WPortal mit keramischem Schmuck von einer Rest. 1929–31. Die SVorhalle im Obergeschoß mit 2 Kreuzstockblenden zu seiten eines großen Mittelfensters. An den ältesten Teilen der Chor-SSeite vermauerte Spitzbogenpforte mit scharfem Birnstab an einer Stufe, ähnlich ein Fensterrest in der OWand, vom Chor überschnitten. Die ehem. abschließende Friesblende im S erh. Der Turm im Ma. 4geschossig, die Geschosse jeweils niedriger werdend; das 2. und 3. mit gereihten, z.T. rundbogigen Blenden, im 4.Geschoß schlichte Klangarkaden. – Das Innere der Halle relativ gedrückt. Die kräftigen Achteckpfeiler tragen gestufte Arkaden, die nach Lausitzer Art auf die OWand des Chores zulaufen. Der Raumeindruck mitbestimmt durch die zwischen die Pfeiler 3seitig eingehängte Empore, erneuert 1929–31. Die Gewölbe überall stern- oder netzförmig, auch im Turmuntergeschoß und im Obergeschoß des n Choranbaues, das sich als Loge zum Chor öffnet; an seiner OWand Tür mit Rahmung im Ohrmuschelstil, nach 1666. Die Gewölbe im Chor ebenfalls bar., den spätma. angeglichen. In der SVorhalle 2jochiges Kreuzrippengewölbe, im Obergeschoß Kreuzgratgewölbe.
Qualitätvolle *Ausstattung* um 1610 von Samuel Hanauer aus Strehla, Sandstein, bemalt: *Altaraufsatz*, 1609. Architektonischer Aufbau mit Reliefszenen zwischen korinthisierenden Säulen und Beschlagwerk. Das reiche Programm zeigt in der Predella das Abendmahl zwischen Verkündigung und Geburt, im Hauptfeld die Kreuzigung zwischen den alttestamentlichen Vorbildern, Opferung Isaaks und Errichtung der Ehernen Schlange, im doppelten Auszug Grablegung und Jüngstes Gericht, bekrönt von der Figur der Caritas, seitlich noch Stifterwappen und die Figuren von Petrus und Paulus als Hermen. *Kanzel*, von Engelsfigur getragener, polyg., reich geschmückter Korb mit 5 neutestamentlichen Reliefszenen in Rundbogennischen zwischen Apostelfiguren; am Kanzelaufgang 2 ovale Rollwerkkartuschen mit Szenen aus dem Leben Jakobs. Der hölzerne Schalldeckel aus Akanthus und Palmzweigen fr.18.Jh. *Taufstein*, an der oktogonalen Kuppa 4 Reliefszenen – Sintflut, Durchzug durch das Rote Meer, Taufe Christi, Christus als Kinderfreund – zwischen den schreibenden Evangelisten. Am reich dekorierten, gebauchten

Sockel 4 kleine Engelsfiguren und Fruchtgehänge. – *Altarkreuz*, vorzügliche, vermutlich Dresdener Arbeit, Corpus und Sockel aus Marmor, um 1700. *Triumphkruzifixus* 1.H.18.Jh., Holz, überlebensgroß, von guter Qualität; 2 fast lebensgroße Figuren, Maria und Johannes Ev., wohl dem Kruzifixus zugehörig. *Gemälde*, ganzfiguriges Bildnis von Paul Gerhardt, der seit 1669 bis zu seinem Tode 1676 hier Pfarrer war, sign. Gottlieb Wernsdorff, 4.V.17.Jh. Bar. (?) *Türblatt*, mit Bandeisen beschlagen, vor der Sakristei. Silberner vergoldeter *Kelch*, dat. 1634, mit figürlichen Ziseluren am 8Paßfuß und Engelsflüchten am Nodus; sowie ein 2. einfacherer *Kelch*.

GRABMÄLER Im Chor: 1. *Schrifttafel* und Wappenscheibe in Rotguß für die K.v.Rosenthal †1534, die Tafel von Drachen umrahmt. 2. *Messingschrifttafel* mit kalligraphischer Rahmung für Frau M.Reusner, sign. Georg Hirschfeld, Rotgießer in Freiberg, 1658. 3. *Grabstein* für G.Kindler v.Zackenstein †1649, mit der qualitätvollen, lebensgroßen Darstellung des verstorbenen kurfürstlichen Kanzlers. 4. *Epitaph* für J.G.Hutten †1683, mit plastischem Bildnis des verstorbenen Superintendenten in ungewöhnlich reichem Ädikularahmen. Auf dem Unterhang Relief des Todes. 5. *Inschr.Grabstein* für A.Leddin †1722. Im Mittelschiff an 2 NPfeilern: *2 Epitaphe* für F.C.Luben v.Wulphen und die D.L.Löscher, als Gegenstücke gearbeitet, beide †1727, Marmor, vorzügliche Arbeiten von reicher Plastizität mit den gemalten Ovalporträts der Verstorbenen sowie trauernden Genien und Putten. Auf der NEmpore *2 Epitaphe*: 1. für D.Kracht †1657, Holz, mit geschnitztem Wappen; 2. für A.Kindler v.Zackenstein A.17.Jh., Messingschrifttafel, im hölzernen Rollwerkrahmen die Miniaturbildnisse des Verstorbenen und zweier Frauen. Auf der SEmpore *Epitaph* für G.Plank †1656 und seine Frau J. †1669 mit moderner Kopie von Van Dycks Beweinung Christi, schöner Architekturrahmen mit Ohrmuscheldekor, in den Wangen die gemalten Bildnisse der Verstorbenen. In der Turmhalle *Grabstein* für J.Gropius †1620, die Figur des Verstorbenen in Nische, sowie *Inschr.Grabmal* mit Ohrmuschelrahmung für A.Jahn †1668 und seine beiden Frauen, M. geb. Reussner †1654 und D.M. geb. Weller †1667. – Außen an der K. mehrere *Grabmäler* des 17. und 18.Jh., verwittert. Im W *Denkmal* für Paul Gerhardt, 1907 von Friedrich Pfannschmidt, Bronze auf Kalksteinsockel.

Ehem. **Schloß** am SRand der Stadt, dicht vor der Stadtmauer gelegen. Als Wasserburg 1368 errichtet, angeblich davon der mächtige **Wohn- und Wehrturm** erh., dieser vielleicht auch erst spätma. Dreigeschossiger Backsteinbau auf annähernd quadr. Gr. mit $2^1/_2$ m dicken Mauern. Sein 2. Obergeschoß mit Knickwalmdach von 1685, aus dieser Zeit auch die stichbogigen Fensteröffnungen und die Eckrustika sowie wohl auch die Gratgewölbe des Erdgeschosses. Der durch beide Obergeschosse reichende Saal durch Errichtung des Ständehauses seit 1717 funktionslos. Der Turm erst 1914/15 von Adolf Zeller rest., der Saal neu gestaltet, von seiner umlaufenden Galerie der WTeil nach außen geöffnet, das NPortal neu geschaffen, dessen Plastik von Hermann Engelhardt. Nach Beschädigung 1945 Rest. und Neuverputz 1980–82 mit Wiederherstellung der Ausmalung von 1914–17. Im Erdgeschoß jetzt Hochzeitszimmer, der große Wappensaal mit bemalter Balkendecke und umlaufender Holzgalerie mit Konsolen und Kaminen, an der Wand der Außengalerie innen großes *Gemälde* von August Oetken, 1917, die Huldigung der Stadt an Kurfürst Friedrich II. Eisenzahn im Jahre 1448.

Im S neben dem Turm auf dem Gelände der ehem. Burg das **Oberamtshaus** (Verwaltung), ehem. Sitz der Oberamtsregierung der Niederlausitz. Erbaut 1679–82. 3geschossiger Putzbau von 7:3 Achsen mit Satteldach und Spätrenaiss.Giebeln; der prächtige ö Schweifgiebel 2geschossig, von korinthischen Säulen engmaschig gegliedert, die Gesimse verkröpft, in den Flächen Stuckornamente; der w durch jüngeren Anbau überschnitten. Auch die Rck.Fenster mit reichem Stuckdekor und geohrten Faschen, in die glatten Wände eingesetzt. Im N flachbogiges Prunkportal mit Sitznischen, gerahmt von Ädikula auf ionischen Doppelsäulen, im gesprengten Segmentgiebel Wappen der Niederlausitz und Dat. 1682, seitlich Pyramidenaufsätze. Der Übergang zwischen Turm und Amtshaus von 1914/15. – Das Innere umgebaut, einige Balkendecken erh.

Ehem. **Landhaus** oder **Ständehaus** (Bank, Archiv) n vom Schloß, erbaut 1717–22. Zweigeschossiger Putzbau in Hufeisenform mit Lisenengliederung und Knickdach. Über den 3 Eingangsportalen Wappen der Niederlausitz, dat. 1717; von Adolf Zeller 1914 bis 1920 nach O in bar. Formen angleichend erweitert und modern verputzt.

Ehem. **Heilig-Geist-Hospital** (Feierabendheim) Geschwister-Scholl-Str. 12, am Haintor. Zweigeschossiger Putzbau mit Walmdach, E.18./A.19.Jh., nach 1970 modern verputzt.

Gedenkstein für den Weinbauern M.G.Schuster, 1740. Sandsteinstele mit reizvollen Reliefs auf Vorder- und Rückseite: der Bauer vor gekröntem Weinstock bzw. neben Hermes (heute im Garten des Gasthauses „Kaffee Schulze“ Friedenstr.).

Stadtbefestigung um 1480, Backstein. Reste der Stadtmauer im S und W der Stadt erh. Rck. **Weichhaus**, sog. „Trotzer“, am WAbschnitt der Ringmauer, in seinem Obergeschoß 3 große Spitzbogenblenden mit sich durchkreuzenden Stäben. Runder **Eckturm**, sog. Hexenturm, im NW, sein Dach von 1618.

LÜBBEN/SPREEWALD (STEINKIRCHEN)

Dorf-K. 1.H.13.Jh. Einer der ältesten sakralen Steinbauten in dieser Landschaft. 1sch. Backsteinbau mit eingezogenem Rck.-Chor, später, 2.H.13.Jh., in Feldstein um 2 Achsen nach O verlängert. Im W verbretterter turmartiger Glockenstuhl mit Zeltdach, wohl 17.Jh. Der urspr. OSchluß des rom. Baues vielleicht mit Apsis (Abbruchstellen im Inneren). Die jetzige OWand mit 3Fenstergruppe, wie die übrigen Chorfenster schmalspitzbogig in Backstein eingefügt. An der Nahtstelle ö beiderseits Portale, das s spitzbogig, das n flachbogig verändert. Das hohe, vom Turm überschnittene WPortal bereits spitzbogig, das eichene Türblatt mit Eisenbeschlägen. Urspr. kleine, schmalrundbogige Lanzettfenster im Schiff mit tiefem Gewände, später z.T. nach unten verlängert. – Das Schiff innen zum modernen Gemeinderaum umgestaltet. Der runde Chorbogen zugesetzt. Der relativ langgestreckte Chorraum, urspr. mit Holztonne gedeckt, A.18.Jh. in ländlichem Bar. ausgebaut und ausgestaltet: WEmpore, *bemalte Flachdecke* mit Gloria Dei, Engel mit Glaubenssymbolen und Leidenswerkzeugen zwischen Wolken. In 2 Fensterleibungen Reste alter *Rankenmalerei*, 15.Jh. – *Altaraufsatz* A.18.Jh.; zwischen gewundenen Säulen Ovalgemälde, Christus am Ölberg, in der Predella das Abendmahl. Aus der gleichen Zeit die *Kanzel*, am polyg. Korb die gemalten Figuren des Salvators und der Evangelisten. 2 *Patronatsstühle*. *Schnitzfigur*, Ecce homo, sp.15.Jh., farbig gefaßt. Kleiner hölzerner *Kruzifixus*, 2.H.15.Jh. Zwei kleine *Leuchterengel* in ländlichem Bar., um 1700. – An der SSeite der K. Gruftanbau des 18.Jh., in seiner Giebelnische *Grabstein* K.K.Wend †1783.

LÜBBENAU/SPREEWALD Bez. Cottbus, Ldkr. Calau

Am SW-Rand des Oberspreewaldes gelegen. Eine Burg der Eilenburger als „castrum Lubbenowe" 1301 erwähnt. Der kleine Burgflecken w davon 1315 erstmalig als oppidum bezeichnet, wohl slawischen Ursprungs. Der Kern ein großes Angerdorf, in der Mitte ein länglicher Markt, an seiner SO-Seite die Stadt-K., am WEnde ein kleiner Topfmarkt. Keine Befestigung. Von 1621 bis 1945 Standesherrschaft der Grafen v.Lynar. – Gemüseanbau, ehem. auch Hopfen- und Tabakbau sowie Leinenweberei bis ins 3.V.19.Jh. Seit 1882 starker Fremdenverkehr in den Spreewald (Kahnfahrten, seit 1957 Freilichtmuseum im nahen Lehde). Nach dem 2. Weltkrieg energiewirtschaftliche Bedeutung durch das s gelegene Großkraftwerk.

Stadt-K. St.Nicolai. 1738–41 vermutlich nach Plänen des Dresdener Festungsmaurermeisters Gottfried Findeisen errichtet. Großer Saalbau mit schlanken Stichbogenfenstern und Mittelportal im N und S, die OWand abgeeckt. Quadr. 3geschossiger WTurm mit gequadertem Untergeschoß von 1658 und WPortal; das hohe Hauptgeschoß gefugt, die Glockenstube ungleichseitig 8eckig mit rundbogigen Schallöffnungen, abschließend Haube mit Laterne und krönender Spitze 1778 von Christian Friedrich Renner aus Dresden. – Im Inneren weiter Saalraum mit doppelgeschossigen Emporen an den Langseiten und 1geschossiger, vorschwingender WEmpore, darauf schöner 3türmiger *Orgelprospekt*, 1741–43 von Johann Jakob Köpler aus Sorau (heute Zary, VR Polen). Der Chor eingezogen, durch seitlich angeordnete Sakristei bzw. ehem. Familiengruft in Rundungen zum Saalraum übergeleitet, über diesen beiden Nebenräumen verglaste Logenbauten. Flache Putzdecke über Voute. Das Ganze eindrucks-

voll durch die Einheitlichkeit und großzügige Gestaltung von Raum und Ausstattung. Die Ausmalung von Gotthelf Kirchner aus Dresden. – Hoher *Altar* mit Schranken 1741 von Schreiber aus Dresden: Ädikula, die schräggestellten Pfeiler mit Kompositkapitellen, darauf gesprengter Volutengiebel, das Auge Gottes im Strahlenkranz rahmend; Schmuckvasen seitlich auf dem Gebälk. Das Altarblatt mit der Auferstehung Christi wahrscheinlich von Christian Wilhelm Ernst Dietrich. *Kanzel* an der s Logenrundung, 1741 von Krubel aus Dresden, schwungvoll gestaltet, an der Brüstung die Gesetzestafeln mit Blattzweigen und Blütengehängen. Auf dem Schalldeckel der auferstandene Christus, als Kanzelkonsole Engelsflüchte. Kniender *Taufengel*, Bronze, 1864, Kopie nach Bertel Thorvaldsen. *Tauftisch*, Holz, 1741. *Gemälde* der Kreuzabnahme nach Rubens, 18.Jh. *Pastorenbildnis* C.S.Krüger †1816.
GRABMÄLER: Grabstein für *v.d.Schulenburg*, E.16.Jh., Muschelnische mit der gerüsteten Figur des Verstorbenen (hinter dem Altar). Inschr.Grabstein für *C.A.Ermel* †1737, mit Draperie und Putto, das Alte und Neue Testament symbolisierend (an der O-Wand des s Seitenschiffes). Gutes Wandgrabmal für *C.S.Jänichen* †1750 und *Frau A.S.* †1742. Die geschweifte Vitentafel gerahmt von den drei weiblichen christlichen Tugendallegorien über Kartuschensockel und -aufsatz; asymmetrisch angeordnete Rocaillen (in der Sakristei). Sandstein-Grabmal für *J.H.v.Wedig* †1765, über Chronosfigur Sarkophagsockel mit Vita, darauf sitzende Justitia und trauernde Putten sowie von Schlangen zerfressener Totenkopf (unter der WEmpore). An der SWand des Chores großes *Wandepitaph* für *M.C.v.Lynar* †1768, inschr. vom Dresdener Hofbildhauer Gottfried Knöffler 1765. Sarkophag über Löwenköpfen und liegender alter Frau als Personifikation des überwundenen Bösen (?). Auf und neben dem Sarkophag 3 weibliche Allegorien: Gerechtigkeit, Glaube und sitzende Trauernde. Darüber hoher Aufbau mit dem vom Tod gehaltenen Wappen des Verstorbenen, oben der von Engel und Putten gehaltene Name desselben. Als Bekrönung Gottesauge im Strahlenkranz. Zwei *Sarkophage* für *M.C.v.Lynar* †1768 und *Frau Chr.H.F.* †1730, Sandstein, schwarz-gold gefaßt. Der eine lebhaft geschwungen mit bekröntem Wappenaufsatz, Kartuschen und Palmzweigen; der andere reich geschmückt mit Allianzwappen und bekrönten Initialen (unter der n Empore).
Ehem. **Schloß** (1918–45 Schloßmuseum, heute VEB Rechenbetrieb Binnenhandel). Urspr. Wasserburg, als stattliches Renaiss.-Schloß um 1600 erneuert. Der bestehende Bau 1817–20 von Karl Benjamin Siegel im klassizist. Stil errichtet; rest. ab 1971. In stumpfem Winkel aneinanderstoßender großer 2Flügelbau von 3 Geschossen. Im gefugten Untergeschoß rundbogig gerahmte Rck.Fenster, nur dieses durch Gesims abgehoben; die Fenster des Piano nobile überdacht. Der Mittelteil von Kolossalpilastern gerahmt. Über dem Erdgeschoß Balkon auf 4 Pfeilern. Die Obergeschosse mit zurückgesetzten Dreifenstergruppen,

Der Verbindungsflügel rückseitig von 2 Türmen gerahmt, dazwischen das große 3teilige Treppenlicht, der gerade Sturz von hohen ägyptisierenden Säulen getragen. Die quadr. Türme in neurom. Formen 1839 von Homann. – Innen Vorhalle und Treppenhaus in der alten Gestalt rest. In der Vorhalle 6 toskanische Holzsäulen, das Treppenhaus großzügig teils 2-, teils 1läufig angelegt, mit zartem Holzgeländer, im 1.Obergeschoß 4 kannelierte Holzsäulen und -pilaster mit ägyptisierenden Palmettenkapitellen, im 2. Obergeschoß 2 achtkantige Holzpfeiler.
Ehem. **Orangerie** (Museum). Um 1820 wahrscheinlich von Karl Benjamin Siegel. Halle auf 12 dorischen, unkannelierten Säulen, beidseitig gerahmt von flachkuppelig überdeckten Pavillons mit gefugtem Hauptgeschoß und – über Gesimsband – Halbgeschoß mit Rck.Fenstern. – Das Innere umgebaut. Im w Pavillon in Nische *Sandsteinfigur* eines Bacchus, 2.V.18.Jh.
Ehem. **Kanzlei** (Spreewaldmuseum). 1745–48. Eingeschossiger Putzbau von 7:2 Achsen unter Mansardwalmdach. Auf der Parkseite Eingang über doppeläufiger Freitreppe. – Innen in der SW-Ecke ein Raum mit Stichkappentonne der Bauzeit. Rest. 1956.
Ehem. **Remise und Marstall**, sog. „Efeuhaus" (Wohnhaus) Clara-Zetkin-Str. 5, am SRand des Schloßbezirkes. Langgestreckter 2geschossiger Bau von 3:18 Achsen, urk. 1744–46. Das Erdgeschoß massiv mit korbbogiger mittlerer Durchfahrt und Balkendecke, das Obergeschoß in Fachwerk; Walmdach mit stichbogig geschl. Dachausbauten. WGiebel und Fenster erneuert. Rest. 1960–62.
Ehem. **Schloßpark,** nach 1820 als Landschaftspark angelegt von Johann Erdmann und Heinrich Wilhelm Freschke, nach dem 2. Weltkrieg zum Volkspark mit Tiergehegen umgestaltet. Die Umgebung des Schlosses z.T. durch moderne Zweckbauten (Heizhaus, Kindergarten) gestört.
Wohnhausbau. Relativ einheitliche Bebauung des 18. und 19.Jh. mit vorwiegend 2geschossigen *Putzbauten* in Traufenstellung, teilweise mit schlichter spätbar. bzw. klassizist. Fassadengliederung. Vereinzelt auch *Fachwerkhäuser* der gleichen Zeit, 1- und 2geschossig mit Mansardwalm- oder Krüppelwalmdach (u.a. Ehm-Welk-Str./Ecke Maxim-Gorki-Str. 1, Ehm-Welk-Str. 17, Mittelstraße 3 und 8). Bemerkenswert noch *Topfmarkt 7*, im Kern bar. Putzbau, wohl 17.Jh., im 3.V.18.Jh. mit Kolossalpilasterordnung verkleidet; sowie *Topfmarkt 11*, strenger 2geschossiger Putzbau von 7 Achsen mit niedrigem Mezzanin, betont horizontal gegliedert, 2.V.19.Jh.; an einer Seite wohl etwas jüngerer Anbau.
Kursächsische **Postmeilensäule** nw der K., dat. 1740.
Spreewaldmuseum

LÜBBENAU/SPREEWALD (LEHDE)

Charakteristisches **Spreewalddorf**, urspr. nur mit dem Kahn zu Wasser erreichbar, ein Landweg erst seit 1929. Die Gehöfte da-

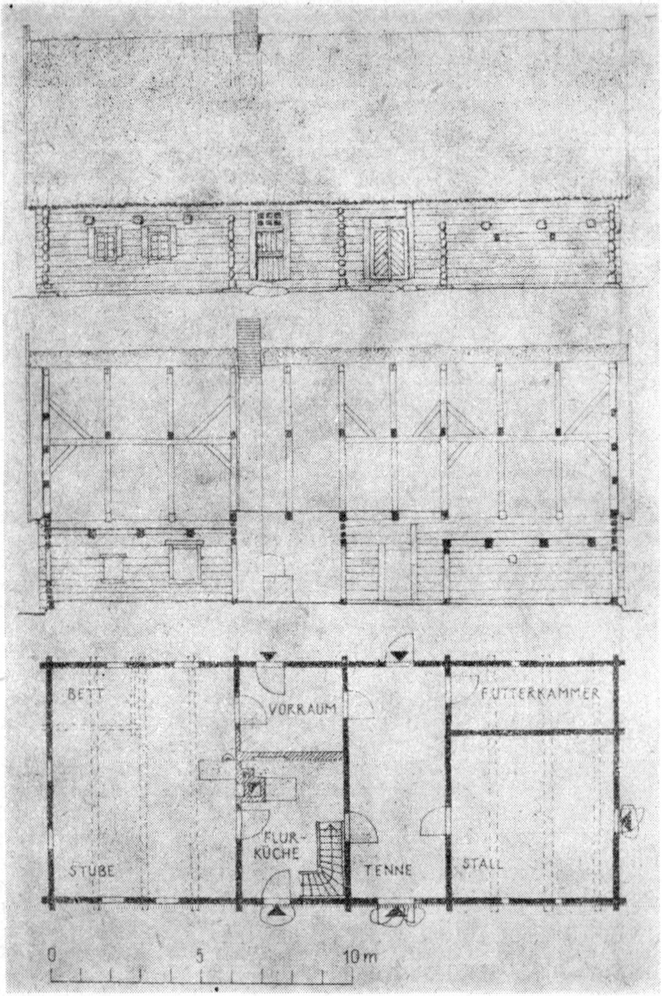

Lehde, Typ eines Blockhauses (nach Zeichnung Jochen Helbig)

her alle zu den Kanälen ausgerichtet; die einzelnen Gebäude urspr. stets in Blockbauweise erstellt. Scheunen sind selten, da das Heu auf den Wiesen in pyramidenförmigen Schobern stehenbleibt und nach Bedarf geholt wird. Das anmoorige Gelände zwingt zur Tierhaltung in Ställen und ist größtenteils nur als Wiese nutzbar. Die wenigen Flächen für den Gemüsebau sind künstlich als Horstäcker aufgehöht. Neben diesem und der Viehhaltung war die Fischerei urspr. Haupterwerbsquelle, seit dem 20. Jh. ist der Tourismus mit den Spreewaldkahnfahrten fast ebenso wichtig geworden.

Die relativ gut erh. originale Bebauung des 18./19. Jh. wurde seit Mitte der 50er Jahre durch ein **Freilandmuseum** ergänzt, das in je einem Gehöft die typische Bauweise des zentralen Spreewaldes (Lehde selbst), die des Siedlungsspreewaldes (Burg, Ldkr. Cottbus, und Umgebung) und die des Spreewaldrandgebietes (Suschow u.a.) vorstellt. Das vorgeschaltete Kassenhaus, ein Blockhaus, ist ein ehem. Gasthaus aus Weißagk (Ldkr. Forst). Das *Gehöft des Zentralspreewaldes* aus Lehde, mit einem Wohnstallhaus der Zeit um 1800, wurde 1957 als Museumshaus mit einer Einrichtung des 19. Jh. eröffnet (1977 abgebrannt, aber inzwischen erneuert). Zur Ergänzung des Gehöfts ein Schweinestall und ein Backhaus, beides ebenfalls Blockbauten aus Lehde, hierher umgesetzt. Die Häuser in Lehde in älterer Zeit auf vollrunder Grundschwelle ruhend, die Wandbalken jedoch aus Halbhölzern, untereinander verdübelt und mit denen der quergerichteten Wände verkämmt, so daß die Balkenköpfe aus der Wandebene jeweils etwas hervorstehen. Die Decken von Stube und Stall aus Wärmegründen etwas tiefer gelegt als der Mitteltrakt mit Flur und Küche, daher über jenen je ein Kniestock entstanden, der den Dachraum vergrößert, der zudem durch eine besondere Dachkonstruktion gut begehbar gehalten ist. Die Dachdeckung erfolgt mit Schilf oder Rohr; der Ortgang des Daches wird durch Latten geschützt, die sich überkreuzen und an ihren oberen Enden in typischer Weise ausgesägt sind, zu deuten wohl als gekrönte Schlangenköpfe. Der Schornstein wird aus Backstein aufgemauert; wie überhaupt seit dem 19. Jh. und noch stärker im 20. Jh. Backstein und Fachwerk im Hausbau sich mehr und mehr durchsetzen.

Die *Gehöfte im Siedlungsspreewald* sind durch die lockere Streuung ihrer Bauten gekennzeichnet. Als Beispiel im Freilandmuseum ein Doppelstubenhaus aus Burg-Kauper (Ldkr. Cottbus) mit Blockbauwänden und verbretterten Giebeln, je 1 rundbogige Tür auf der Vorder- und Rückseite des Hauses, in verschiedenen Mustern angedoppelt, weist als urspr. Bauzeit des Hauses das 18. Jh. aus. Das Stallgaleriegebäude aus Burg-Kolonie (Ldkr. Cottbus) ist durch seine ungleichseitige Ausbildung des Daches und die vorgelegte Galerie mit Andreaskreuzen an der Brüstung charakterisiert. Ein Bienenhaus, ein Kahnschuppen und eine Stallscheune ergänzen das Gehöft.

Der *Hof aus dem Spreewaldrandgebiet* ist aus Bauten verschiedener

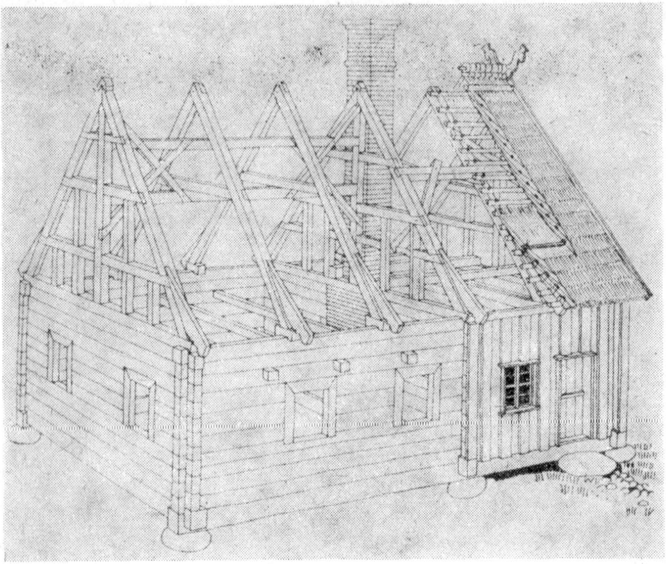

Lehde, Konstruktion eines Blockhauses (nach Zeichnung Jochen Helbig)

Herkunft zusammengestellt. Als erster Teil wurde 1960 ein Auszugshaus aus Suschow (Ldkr. Calau) hierher umgesetzt, sein Wohnteil ein Blockbau mit Giebelumgebinde, sein Wirtschaftsteil aus Fachwerk mit verbrettertem Giebel. Dieses Nebeneinander der Techniken ist bezeichnend für das Spreewaldrandgebiet. Der Fachwerkschornstein im Wohnteil stammt aus Straupitz (Ldkr. Lübben), ebendaher auch die Jahreszahl 1764. Weitere Bauten in diesem Gehöft: Ein Fachwerkhaus aus Kittlitz (Ldkr. Calau), eine Scheune aus Fachwerk mit Bohlenfüllung im unteren Drittel, aus Kückebusch (sö von Kittlitz, der Ort 1964 abgebrochen; die Scheune z.Z. nicht ausgestellt, Wiederaufbau vorgesehen) und ein winkelförmiges Stallgaleriegebäude aus Märkischheide bei Vetschau (Ldkr. Calau).

LÜBBINCHEN Bez. Cottbus, Ldkr. Guben

Ehem. **Schloß** (Rat der Gemeinde). Der Hauptbau im Kern um 1840, stattlicher 2geschossiger Putzbau mit Krüppelwalmdach, durch An- und Ausbauten um 1910 malerisch verändert.

Torhaus des ehem. Gutshofes (LPG). 2geschossiger Feldsteinbau von 1805 mit Krüppelwalmdach und offenem Glockentürmchen über korbbogiger Durchfahrt, hofseitig flankiert von je einer entsprechenden Blende mit Tür.

LÜDERSDORF Bez. Frankfurt/Oder, Ldkr. Eberswalde. – Inv. Prov. Brandenburg, Angermünde
Dorf-K. Flachgedeckter rck. Putzbau mit quadr., durch Ecklisenen und Gesimsbänder gegliedertem WTurm; das Schiff im Kern 13.Jh.: Umfassungswände unten aus Granitquadern, in der OWand 3 vermauerte Spitzbogenfenster. Umbau 1772, Rest. 1852. – Das Innere einheitlich aus der Zeit des Bar.Umbaus, mit Decke auf Voute und Hufeisenempore. Steiler *Kanzelaltar* mit flankierenden Pilastern und Flammenvasenaufsätzen in weißblauer Originalfassung mit gemaltem Roccailleornament. Vergittertes *Pfarrgestühl.*
Im Dorf vereinzelt noch Gehöfte in Fachwerk; s der Kirche an der Dorfstr. stattliches 2geschossiges **Vorlaubenhaus**, E.18.Jh.

LÜDERSDORF Bez. Frankfurt/Oder, Ldkr. Freienwalde
Dorf-K. Rck. spätgot. Feldsteinbau mit leicht vorspringendem Unterbau eines WQuerturmes. Erneuerung und Einziehung der Stuckdecke 1611. Die Fenster von 1866. – *Stuckdecke* mit Felderteilung, 1611 von Meister W.S.: In rck., runden oder 8eckigen Rahmen alt- und neutestamentliche Darstellungen von der Erschaffung der Welt bis zur Ausgießung des Hl.Geistes sowie Allianzwappen. In den Randfeldern stark plastische Früchte und zartes Rankenwerk; die tragenden Balken mit Rankenwerk, Pinienzapfen und Engelsflüchten. In der Vollständigkeit seiner Erhaltung ein wichtiges Denkmal frühbar. Deckenstucks. Auf der WEmpore *Orgelprospekt* von 1821.

LUGAU Bez. Cottbus, Ldkr. Finsterwalde. – Inv. Prov. Brandenburg, Luckau
Dorf-K. Gut erh. Granitquaderbau, M.13.Jh., mit eingezogenem Rck.Chor und stattlichem WQuerturm von der Breite des Schiffes; an der NSeite des Chores tonnengewölbte Sakristei, s Fachwerkvorhalle, beide wohl A.18.Jh. Besonders eindrucksvoll die WFront: Der nicht im Mauerverband stehende massige Unterbau im W nur durch eine mehrfach abgestufte Kreisblende aus Backstein belebt (das WPortal von 1905). Die wenig jüngeren, prächtigen Obergeschosse in Backstein durch Sägefriese gegliedert, das Glockengeschoß mit schmalen gepaarten Schalluken und steilen Blenden dazwischen, über einer Art Attika abgeschlossen durch einen 8eckigen Zwillingshelm. An der SSeite 2 spitzbogige Stufenportale, das im Schiff mit plastischer Flachschicht und Scheitelkreuz, das andere in der Fachwerkvorhalle mit altem Türbeschlag. Sämtliche Fensteröffnungen bei der Rest. 1905/06 ver-

größert und der Chorgiebel erneuert. Im flachgedeckten Inneren breitspitzbogiger Triumphbogen. 3seitige Empore, im W stichbogig vortretend, inschr. 1576 und 1631. — Auf dem originalen *Blockaltar* des 13.Jh. bar. *Altaraufsatz*, 1712 von Christian Zimmermann aus Luckau, mit gedrehten Säulen; übereinander die Gemälde des Abendmahles, der Kreuzigung und der Grablegung, auf dem Gebälk seitlich Engelputten, als Bekrönung die Figur des triumphierenden Christus. *Kanzel* 1.H.17.Jh., am polyg. Korb zwischen Ecksäulchen die gemalten Evangelisten in diamantierten Nischen. *Taufstein* 15.Jh., 8eckig auf kurzem Säulenfuß, am oberen Rand der Kuppa Minuskelinschr. Spätgot. *Sakramentshaus*, Holz, in Pfeilerform mit spitzbogiger Tür und Verschluß aus breiten Eisenbändern. *Orgelprospekt* M.18.Jh. — An der s Außenwand *Inschr.Grabmal* Chr.G.Eichhorn †1803, in der Lünette Kreuz, Kelch und Palme.

LUNOW Bez. Frankfurt/Oder, Ldkr. Eberswalde. — Inv. Prov. Brandenburg, Angermünde

Dorf-K. Flachgedeckter rck. Feldsteinbau mit breiterem WTurm wohl M.13.Jh., der quadr. Turmaufsatz von 1751. Umbau in Backstein 1848; 1945 beschädigt, danach rest. Der frühgot. Kernbau bezeugt durch 3 schlanke Spitzbogenfenster und Sakramentsnische in der OWand. Das Innere mit WEmpore. — Schöner *Kanzelaltar* in Ädikulaform, mit üppigem vegetabilischem Schnitzwerk, 1720/25 von Heinrich Bernhard Hattenkerell aus Morin/Neumark. Kelchförmige *Renaiss.Taufe* aus Holz, um 1600, der runde Aufsatz wohl etwas älter, mit Christus und den 4 Evangelisten als Flachrelief.

M

MADLOW Bez. Cottbus, Stkr. Cottbus

s. COTTBUS

MAHDEL Bez. Cottbus, Ldkr. Herzberg. — Inv. Prov. Sachsen, Schweinitz

Dorf-K. Kleiner Fachwerkbau, inschr. 1699, mit 3seitigem OSchluß und verbrettertem quadr. Dachturm über der erneuerten WFront. Im Inneren N- und WEmpore, letztere flachbogig vorschwingend, der n anschließende *Patronatsstuhl* mit Brüstungsarkaden, darunter ehem. verglaste *Loge*, inschr. 1734. — Die Ausstattung um 1700 aus Holz: *Altaraufsatz* noch in strengen Spätrenaiss.Formen mit Beschlagwerk. Das Hauptfeld mit dem Auferstehenden in Relief wohl später erneuert, in den Flügeln kleine Ovalgemälde des Petrus und Paulus, in der Predella und im Auf-

satz Abendmahl bzw. Taufe Christi. *Kanzel* mit Schalldeckel, *Taufe* sowie *Pastorenstuhl*. – Auf dem Friedhof *Rokoko-Grabstein* inschr. 1758, mit 2 ovalen Schriftschilden.
Ehem. **Forsthaus.** Zweigeschossiger Fachwerkbau um 1700 mit Krüppelwalmdach. Die Giebel verbrettert.

MAHLSDORF Bez. Cottbus, Ldkr. Luckau
Dorf-K. Aufwendiger neurom. Bau von 1898 in Feldstein mit hohem WTurm. Das Innere als Saal mit Brettertonne gebildet.

MALITSCHKENDORF Bez. Cottbus, Ldkr. Herzberg. – Inv. Prov. Sachsen, Schweinitz
Dorf-K. Flachgedeckter Granitquaderbau 2.H.13.Jh., mit eingezogenem Rck.Chor und Unterbau eines WQuerturmes von gleicher Breite. Dieser mit verbrettertem quadr. Dachturm des 18.Jh., das Obergeschoß 8eckig, mit Schweifhaube und Laterne abgeschlossen. Gleichzeitig die Fenster korbbogig verändert. Vom frühgot. Bau das spitzbogige Chor-NPortal und das mittlere Fenster der ö Dreifenstergruppe vermauert erh., seitlich bar. Fenster. In der SWand die urspr. Lanzettfenster z.T. erkennbar. Um 1880 einheitliches Satteldach über Chor und Schiff gezogen, der Chor dafür erhöht und der Triumphbogen beseitigt. – Das Innere 1972 rest., seine *Ausmalung* von 1776. Hufeisenempore, im W konkav einschwingend mit Balustrade. Der zopfige *Kanzelaltar* bis auf geringe Reste beseitigt. Rest eines spätgot. *Altarschreines*, darin 3 Schnitzfiguren der Zeit um 1440 erh.: in der Mitte stehende Maria mit Kind, rechts daneben 2 weibliche Heilige übereinander (z.Z. in Rest.). Kelchförmiger *Taufstein* um 1300, an der 8seitigen Kuppa ein maßwerkartiger Fries von Dreipaßblenden, der Fuß jünger. Guter, ausdrucksvoller Torso eines *Triumphkruzifixes*, 2.H.15.Jh., Arme und Füße fehlen (aus Kolochau Ldkr. Herzberg). 2 *Altarbehänge*, Ölbergszene und Kreuzigung, dat. 1721 (aus Osteroda, Ldkr. Herzberg).

MALLENCHEN Bez. Cottbus, Ldkr. Calau

s. GLIECHOW

MARIENWERDER Bez. Frankfurt/Oder, Ldkr. Bernau. – Inv. Prov. Brandenburg, Niederbarnim
Dorf-K. Neugot. Backsteinbau von 1855 mit westwerkartigem WTurm.

MARKGRAFPIESKE Bez. Frankfurt/Oder, Ldkr. Fürstenwalde
Dorf-K. Stattliche neugot., 3schiffig gewölbte Backsteinhalle mit polyg. Apsis und WQuerturm 1894–95. – Qualitätvolles

Triptychon um 1530 (z.Z. im Dommuseum zu Brandenburg), ein Werk der Cranachschule, möglicherweise für die ehem. Dom-K. in Fürstenwalde gearbeitet. Auf der Mitteltafel gemalt das Martyrium des hl. Sebastian, auf den Flügeln innen links die Heiligen Leonhard und Nikolaus, rechts die Flucht nach Ägypten sowie der hl. Ägidius; auf den Außenseiten die Heiligen Andreas, Gregor, Dionysius und Erasmus.

MARTINSKIRCHEN Bez. Cottbus, Ldkr. Liebenwerda. – Inv. Prov. Sachsen, Liebenwerda

Dorf-K. Stattlicher 1sch. Backsteinbau um 1200, bar. verputzt, mit eingezogenem Chor und WQuerturm. 1690–99 der Chor mit 3/8 Schluß erweitert, im S und N Patronatsstände an den Chor angefügt, die Schiffsfenster vergrößert und die urspr. Doppelturmfront durch ein abgewalmtes Querdach mit Dachreiter abgeschlossen. Gründliche Rest. 1904. Vom spätrom. Bau der Rundbogenfries am Schiff und die rundbogigen gekuppelten Schallöffnungen am WTurm mit Säulchen unter übergreifender Blende, die Kapitelle in Kelchblockform mit Palmetten- und Rankenreliefs bzw. in Würfelform mit vertieften Schilden, 1.V.13.Jh. Vermauertes rundbogiges SPortal, gestuft in Rck.-Rahmung. Im flachgedeckten Schiff rundbogiger Triumphbogen mit den rom. Kämpfern sowie vermauerte rundbogige rom. Doppelarkade zwischen Turmhalle und Schiff. Im Chor hölzerne Tonne. Im s Anbau unten die Sakristei aus 2 tonnengewölbten Räumen. Tiefe Hufeisenempore sowie n und s Patronatsloge im Chor. – Hölzerner *Kanzelaltar* von 1697 mit seitlichen Durchgängen; korinthische Kolossalsäulen mit Rundgiebelsegmenten darüber, den polyg., gebauchten Korb flankierend, in der Predella Abendmahlsgemälde, als Bekrönung Strahlensonne. Hübsche *Sandsteintaufe* nach 1750, vasenförmig mit reichem Rocailledekor, der Deckel mit hölzernem Lesepultaufsatz von Engelsflüchten getragen. *Altarkruzifixus*, Silber, 1690. Im n Anbau gutes *Altargemälde* einer vielfigurigen Kreuzigung, 1.V.16.Jh. Figürliche *Grabsteine*: 3 zusammengehörige für 4 Kinder der Familie Rottendorf †1689 bzw. 1690; 3 Rittergrabsteine der Familie v.Korbitz 2.H.16.Jh. und †1620. Im Chor *Inschr.Grabstein* für H.v.Wehlen †1711. *Glocke* 13.Jh. – W vom Friedhof ma. *Steinkreuz*.

Ehem. **Schloß** (Wohnungen u.a.). Ungemein stattliche Dreiflügelanlage 1751–56 erbaut, vermutlich nach Entwürfen von Friedrich August Krubsacius für den Grafen Friedrich Wilhelm v.Brühl, den Bruder des sächsischen Ministers. Das Schloß dem Frühwerk von Krubsacius zuzurechnen, in seinen Formen vom französischen Klassizismus beeinflußt. 3flügeliger Putzbau mit hohem Mansarddach, das Gaupen in beiden Dachzonen beleben; der Zustand des Schlosses seiner Bedeutung nicht entsprechend. Die Fassadengestaltung zurückhaltend: Von den 3 Geschossen das Erdgeschoß als gebänderter Sockel behandelt. Die beiden

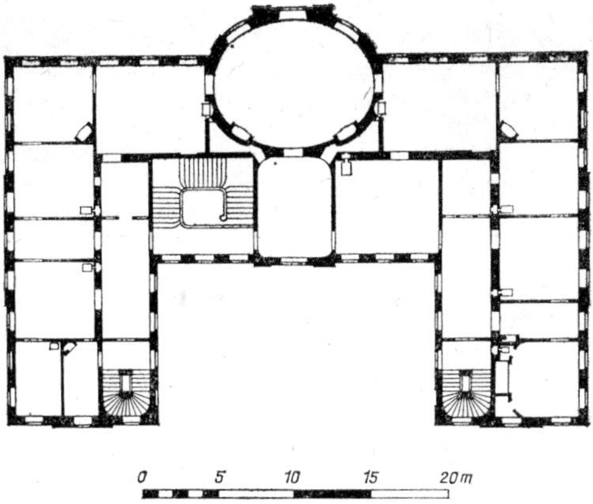

Martinskirchen, ehem. Schloß

Obergeschosse an der Hoffront durch Kolossalpilaster zusammengefaßt, zwischen den Fenstern Putzspiegel, nur im 2. Obergeschoß die Fenster mit leichten Rocaille-Verdachungen. Am 7achsigen Mittelteil der Hoffront die Eingangsachse durch Segmentgiebel mit Initialkartusche und bekrönender Muschel hervorgehoben, die 3achsigen Flügelfronten mit schwachem 1achsigem Mittelrisalit. Die Seitenfronten 9achsig, die Mitte als 3achsiges Risalit zart vortretend und durch flachen Dreieckgiebel abgeschlossen, in den Giebelfeldern *Sandsteinreliefs* aus der antiken Mythologie, im O Dido und Amor, im W eine Flußgöttin. Etwas reicher die Gartenfront mit betontem Mittelrisalit, das durch sein konvexes Hervortreten mit der entsprechenden Dachgestaltung Pavilloncharakter erhält: Unten in der Mitte das Portal, darüber im Piano nobile die 3 Fenster zu einem Balkon führend und mit stuckierten Trophäen und Blumengehängen bekrönt; nur hier dieses Geschoß durch ein kräftiges, über den Fenstern hochgebogenes Gesims vom 2. Obergeschoß geschieden, der Rocaillegiebel mit Allianzwappen über dem Traufgesims verloren. Vor dem Portal zum Garten Freitreppe mit flankierenden *Vasen*.

Im Inneren das Haupttreppenhaus durch Umbau zerstört, die urspr. Raumfolge mit *Rokokoausstattung* nur in 2 Räumen erh., in anderen immerhin der *Deckenstuck* noch vorhanden; die beiden Haupträume 1950 rest. Gartenseitig im Mitteltrakt der ovale *Hauptsaal* mit Flachkuppel, durch beide Obergeschosse reichend; ein vorzügliches Beispiel des Dresdener höfischen Rokoko. Die Wandgliederung des Saales 2geschossig, das hohe Hauptgeschoß mit 3 rundbogigen Türen sowie 3 Fenstertüren zum Balkon, dazwischen 4 Rck.Felder und 2 *Kamine* mit hohem

Spiegelaufsatz, alles von rötlichem Stuckmarmor gerahmt. In den Feldern über den Türen Stuckkartuschen von kräftiger Plastizität: kriegerische und musische Embleme. Über einem Stuckgesims die obere Wandzone in 12 Felder mit Rocaillerahmung geteilt, darin wechselnd mythologische und galante Szenen gemalt, z.T. als Grisaillen. Über den Eingangstüren gemalte Scheinfenster, aus denen Zuschauer in den Saal herabblicken. Das *Deckengemälde* zeigt im lichten Himmel Diana mit ihrem Gefolge, vielleicht Stefano Torelli zuzuschreiben. Das sog. *Jagdzimmer* in der SO-Ecke bewahrt die gut geschnitzten *Wandvertäfelungen*; über den 2 Türen in Rokokokartuschen gemalte Landschaften mit Schäferszenen erh. Die rck. Felder der Boiserien mit Schnitzereien belebt: aufgehängte Jagdbeute, Waffen und Musikinstrumente sowie aufstrebende Bäumchen, dazu schöner Rocaille-Deckenstuck.

MARTINSKIRCHEN (ALTBELGERN)

Dorf-K. 1817. Kleiner flachgedeckter Putzbau mit 3seitigem OSchluß und quadr. WTurm, dieser mit Zeltdach, Laterne und Zwiebel bekrönt. Innen kurze 3seitige Empore. Schlichter *Kanzelaltar* aus der Bauzeit.

MARXDORF Bez. Frankfurt/Oder, Ldkr. Seelow. – Inv. Prov. Brandenburg, Lebus

Dorf-K. 1sch. flachgedeckter Feldsteinbau mit eingezogenem quadr. Chor, M.13.Jh.; der quadr. WTurm im Unterteil etwas jünger, der Aufbau spätgot., das hohe Glockengeschoß in Backstein mit massivem Spitzhelm M.19.Jh. Von den urspr. rundbogigen Öffnungen nur noch wenige erkennbar, in der OWand auffallenderweise lediglich 1 schmales Mittelfenster. Nach Kriegsschäden rest. um 1950. – Der *Kanzelaltar* sowie die *Emporen* im W und N 1848.

MARXWALDE Bez. Frankfurt/Oder, Ldkr. Seelow. – Inv. Prov. Brandenburg, Lebus

Das ehem. Dorf Quilitz, erstmals 1348 urk. erwähnt, durch Brand 1801 größtenteils zerstört, bis 1803 durch Karl Friedrich Schinkel als eines seiner frühesten Bauvorhaben wieder errichtet. 1814 in den Besitz des Staatskanzlers Karl August v.Hardenberg übergegangen, erhielt es den Namen Neuhardenberg; 1949 in Marxwalde umbenannt.

Dorf-K. 1815–17 von Karl Friedrich Schinkel als rck. Putzbau mit quadr. WTurm errichtet unter Verwendung von Resten der alten, 1801 abgebrannten Dorf-K., ein früher Versuch Schinkels, die Formen der Revolutionsarchitektur durch einfache klassizist. Motive geschmeidiger zu machen. – Der hohe blockhafte Turmunterbau zurückhaltend schlicht mit Eckquaderung und abschließendem Konsolgesims. Darüber als Aufsatz ein leicht zurückgesetztes, durch schmale Rundbogenblenden und

-öffnungen gegliedertes Ellipsoid mit niedrigem Kegeldach. Das rck. Schiff längsseitig gegliedert durch gequaderte Pilaster und schmalhohe Rundbogenfenster sowie ein mittleres Portal. — Das Innere von schöner, geschlossener Wirkung, ein flachgedeckter Emporensaal mit halbrund schließendem Altarraum; seine Einrichtung noch einheitlich erh.: 3seitig umlaufende *Empore* auf relativ niedrigen kannelierten Stützen, die ihre Fortsetzung in den höheren Emporenpfeilern finden. Die 2geschossige Gliederung im Halbrund des Altarraumes weitergeführt, dazwischen in der Mittelachse die $^1/_2$kr. vorschwingende *Kanzel*. Beiderseits in den Wandfeldern zwischen Pilastern die *Gemälde* der 4 Evangelisten, 1822 von Josef Bertini aus Potsdam nach italienischen Vorbildern. Vor der Kanzel ein die elliptische Form des Turmaufsatzes wiederholender Stufenaufbau für die pilastergegliederte *Altarmensa*. 6eckiger *Taufständer*, Gußeisen, mit figürlichen Reliefs, um 1820 nach Entwurf Schinkels; gleichzeitig und ebenfalls nach Schinkel 2 gußeiserne *Altarleuchter*. *Orgelprospekt* von 1817. *Inschr.Grabplatte* für J.B.v.Prittwitz †1793 und seiner Frau †1799, Gußeisen. Verkleinerte Nachbildung der *Büste Hardenbergs* von Christian Daniel Rauch, Biskuitporzellan. — An der OSeite der Kirche das **Grabmal** des Fürsten Hardenberg, 1823 nach Entwurf Schinkels errichtet: der OWand vorgeblendet in Form der Vorhalle eines dorischen Antentempels ohne Giebel; an der Rückwand Inschr.Platte.

Ehem. **Schloß**. Urspr. 1geschossige Dreiflügelanlage mit hohem Mansarddach von 1763. Umbau 1820—22 durch Karl Friedrich Schinkel unter Beibehaltung des Grundrisses und der Achsengliederung zur 2geschossigen Anlage mit Mittelrisalit und flachem Dach. Die Hofseite mit 17 Achsen, davon die beiden Flügel je 3achsig, die 3 mittleren Achsen mit dem Portal als Risalit hervorgehoben. Die Gartenfront mit 15 Achsen und — im Gegensatz zur Hoffassade — breiterem Mittelrisalit, im Erdgeschoß durch Pilasterstellung und 3 rundbogige Fenstertüren betont. Die Fassaden durch Horizontalbänder streng gegliedert, dazwischen die Rck.Fenster mit ihren geraden Verdachungen. Unter- und Obergeschoß in der Höhe stark differenziert, im höheren Untergeschoß die Fenster schlank proportioniert. In der Strenge der Gestaltung der spätere Architekt der Berliner Bauakademie schon spürbar. — Das Obergeschoß urspr. durch umlaufende Brüstung mit Gitterfüllung und, über dem Eingangsrisalit, mit bekrönendem Adler und flankierenden Vasen abgeschlossen. 1852 Beseitigung dieser Brüstung, dafür Errichtung eines flachen Walmdaches unter Hinzufügung eines Dreieckgiebels als Abschluß des Hofrisalits. Rest. seit 1963. — Im Inneren in den 2 mittleren Haupträumen des Erdgeschosses noch die *Wanddekoration* vom E.18.Jh. erh., unter dem Einfluß von Langhans 1785—90 wohl von Johann Wilhelm Meil: Im Vestibül Supraporten mit Sphingen und mehrere Büsten antiker Persönlichkeiten auf Konsolen. Im Gartensaal panneauartige Felderaufteilung mit Reliefmedaillons, wechselnd Rechtecke mit Musik-

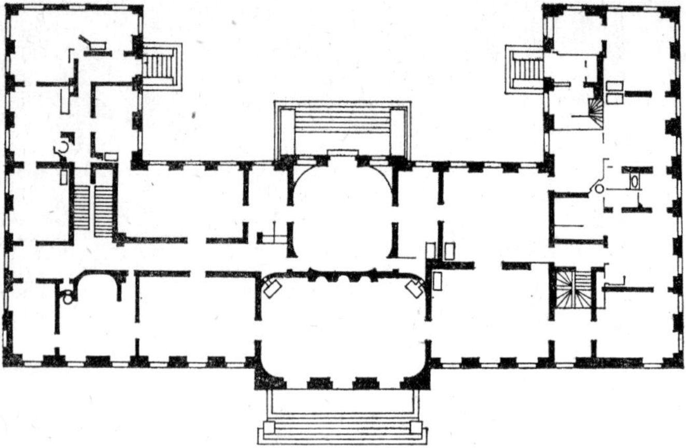

Marxwalde, Schloß um 1820

instrumenten oder Trophäen und Blumen sowie Ovale mit Musizierenden oder Gestalten der antiken Mythologie; die *Deckenmalerei* in Gestalt zweier gotisierender Rosetten. In den rückwärtigen Raumecken *2 Rundöfen* nach Entwürfen Schinkels.
Den Schloßvorplatz flankierend und in ihrer Wirkung die Schloßseitenflügel fortsetzend die ehem. **Kavalierhäuser**: 1geschossige Putzbauten mit Krüppelwalmdächern, 1821 zusammen mit dem Schloß nach Plänen Schinkels errichtet. Seitlich des Schloßvorplatzes urspr. 2 Nebenhöfe für Wirtschaftszwecke, nach dem Schloß hin durch Orangerie im O und Marstall im W begrenzt; davon nur die **Orangerie** (Sporthalle) erh., ein langgestreckter Putzbau mit hohen Rundbogenfenstern, um 1820.
Der **Schloßpark** 1821 nach Plänen von Peter Joseph Lenné unter Einflußnahme Fürst Pücklers zum Landschaftspark umgestaltet; um 1930 Rekonstruktion unter Georg Potente. — Im Park in der Achse des Schlosses *Denkmal* für Friedrich II., Marmor, 1792 von Giuseppe Martini nach Entwurf von Johann Wilhelm Meil, Figurengruppe von Mars und Minerva neben urnenbekrönter, mit Relief Friedrichs II. versehener Säule; der Sockel um 1821 von Christian Daniel Rauch. — W davon etwa in gleicher Höhe das ehem. **Bleichhaus**. 1803 nach Entwurf Karl Friedrich Schinkels errichtet. Urspr. kleiner Rck.Bau in Form eines Antentempels mit mehreren Arbeitsräumen und Vorhalle. 1957 abgetragen, erh. nur die Fassade mit säulengetragenem Dreieckgiebel.
Dorfanlage. Angerdorf mit annähernd geradlinig verlaufender Hauptachse und für märkische Verhältnisse von bedeutender

Längsausdehnung (2 km). Beidseitig der Straße noch weitgehend die 1geschossige Bebauung erh.: Doppelstubenhäuser aus Fachwerk in Traufstellung, sowie eine größere Anzahl der nach dem Brand von 1801 errichteten Mittelflurhäuser, diese 1801/03 nach Plänen Schinkels als Putzbauten, z.T. aus Raseneisenstein, aufgeführt.

MASSEN Bez. Cottbus, Ldkr. Finsterwalde. – Inv. Prov. Brandenburg, Luckau

Dorf-K. Stattlicher Granitquaderbau mit halbrunder Apsis und mächtigem WQuerturm, gegen M.13.Jh. Urspr. 3sch. Basilika, deren Seitenschiffe bis auf ein Teil des s abgetragen wurden. Chor und Turm von der Breite des Mittelschiffes. Der Turmaufbau in Backstein 13.Jh., spätgot. die Schallöffnungen und die niedrige Aufhöhung unter Zeltdach. Ein Teil der urspr. teils rundbogigen, teils leicht gespitzten Fenster auf der SSeite und in der Apsis erh., die übrigen bar. zugesetzt bzw. erweitert. Je 1 spitzbogiges Stufenportal an der W- und SSeite. SVorhalle 1.H.16.Jh. – Das Innere mit breitspitzbogigem Triumphbogen und Wölbung: In Chor und Mittelschiff Zellengewölbe, in der Apsis frühgot. Halbkuppel, in der SVorhalle ebenfalls Zellengewölbe der 1.H.16.Jh. Die Seitenschiffe ehem. flach gedeckt, 4jochig, die quadr. Pfeiler mit gekehlten Kämpfern. 3seitige Empore, im N und W doppelgeschossig, dat. 1701, die SEmpore mit naiver *Brüstungsmalerei*, Szenen aus dem Alten und Neuen Testament. – Der große *Blockaltar* noch 13.Jh., darauf schmuckvolles *Retabel*, seitlich Durchgänge. Das Retabel dat. 1701 und 1706, mit Weinlaubsäulen, Engelsflüchten und Engelsputten. In der Predella Ovalgemälde des Abendmahls, im Hauptfeld die Kreuzigung, Kopie eines italienischen Bildes, im Auszug Kartusche mit Grablegung, darüber Freifigur des Auferstandenen. *Kanzel* 1629 in Spätrenaiss.Formen mit bemalten Füllungen, an der Tür die Figuren des Petrus und Paulus, am Aufgang 2 Jakobsszenen, am polyg. Korb Christus und die Evangelisten zwischen Ecksäulchen. *Taufengel* mit Krone und Muschel, 18.Jh. *Orgelprospekt* E.18.Jh. *Gestühl* A.18.Jh. *Pfarrstuhl* 1621. *Patronatsstuhl* 2.H.17.Jh.

MEHLSDORF Bez. Cottbus. Ldkr. Luckau

Dorf-K. Putzbau mit eingezogenem Rck.Chor, im Kern wohl 16.Jh. Eingreifender Umbau vermutlich 2.H.17.Jh. mit korbbogigen Fenstern; wohl gleichzeitig Errichtung des quadr. w Fachwerkturmes mit 8eckigem Oberteil, welscher Haube und Laterne. Das Innere, 1967 rest., mit verbretterter Muldendecke im Schiff und schwerem Kreuzgurtgewölbe im Chor. WEmpore, der darunterliegende Raum jetzt Winter-K. – Die Ausstattung im wesentlichen einheitlich 2.H.17.Jh.: *Kanzelaltar*, der polyg. Korb mit den Bildern der Evangelisten, flankiert von Säulen und geschnitzten Rankenwangen, in der Predella Abendmahlsbild; renoviert M.19.Jh., aus dieser Zeit der gotisierende Kanzelaufgang. Hölzerne *Taufe* mit kräftigem Schnitzwerk, auf dem 8eckigen Deckel Gemälde biblischer Szenen. *Pastorenstuhl* 18.Jh., mit vergittertem Aufsatz sowie durchbrochenem Blumenkorbmotiv an der Tür. An der WEmpore *Brüstungsmalerei* mit biblischen Szenen vom Sündenfall bis zur Auferstehung sowie geschnitzter *Wappenkartusche* in der Mitte; an der Brüstung darüber Mittelbild eines von Engeln gehaltenen Wappens. An der SWand primitives *Kreuzigungsgemälde*; an der NWand geschnitzte *Spruchkartusche*. Qualitätvolles *Epitaph* für Frau Chr.L.v.Schlomach, †1762, und ihre Familie, über Sockel mit Wappenkartusche die stelenartige Vitentafel mit bekrönender Vase, flankiert von allegorischer Frauenfigur mit Ruhmeskranz sowie weisendem Putto.

MEHROW Bez. Frankfurt/Oder, Ldkr. Bernau. – Inv. Prov. Brandenburg, Niederbarnim

Dorf-K. Frühgot. rck. Feldsteinbau, 1699 umgebaut mit Dachturm im W, dieser Fachwerk verputzt. Die ma. Fenster noch erkennbar, das WPortal bar. – Das flachgedeckte Innere erneuert. Die WEmpore von 1699.

MELLNITZ Bez. Cottbus, Ldkr. Jessen. – Inv. Prov. Sachsen, Schweinitz

Dorf-K. Kleiner flachgedeckter rck. Granitquaderbau 1.H.13.Jh., barockisiert; der w quadr. Fachwerkdachreiter 2.H.17.Jh. Die urspr. Südpforten vermauert, die Fenster bar. vergrößert, nur in der OWand kleines rom. Schlitzfenster. Die dürftige *Ausstattung* 19.Jh.

MERZ Bez. Frankfurt/Oder, Ldkr. Beeskow

Dorf-K. Rck. spätgot. Feldsteinbau, flachgedeckt, w Fachwerkturm mit verschieferter Spitze, 18.Jh. Rest. des Inneren 1964. Das ma. SPortal zugesetzt und die Fenster bar. verändert. – Spätbar. *Kanzelaltar*, der Korb von 4 Säulen flankiert, über dem Schalldeckel Strahlensonne. Etwa gleichzeitig die *Taufe*, 6seitig auf toskanischen Säulchen. *Grabstein* G.v.Bölnitz †1689.

MESCHERIN Bez. Frankfurt/Oder, Ldkr. Angermünde. – Inv. Pommern, Reg.Bez. Stettin, Randow

Dorf-K. Flachgedeckter rck. Putzbau mit Unterbau eines WQuerturms und verbrettertem quadr. Turmaufsatz mit Laterne, 1734 unter Verwendung ma. Reste. 1945 stark beschädigt, danach rest.

MISSEN Bez. Cottbus, Ldkr. Calau

MISSEN (GAHLEN)

Dorf-K. Rck. Granitquaderbau M.13.Jh., mit quadr. WTurm 15.Jh.; der vermutlich rck. Chor abgebrochen, der breitspitzbogige Triumphbogen erh. Die Fenster 1749 vergrößert, daneben die urspr. Lanzettfenster im Schiff z.T. erkennbar. Im S gestuftes Spitzbogenportal, das monumentale w ähnlich, 3fach gestuft mit Kämpfer. Der Turm mit gepaarten Schallöffnungen und Zeltdach. Balkendecke und WEmpore. – *Kanzelaltar* 1.V.18.Jh., mit farbig gefaßten Weinlaubsäulen und schmalen geschnitzten Wangen, in der Mittelachse 4 Gemälde: Abendmahl, Kreuzigung, Christus (an der Kanzeltür), Auferstehung. Auf dem Gebälk Engel mit Leidenswerkzeugen, abschließend Gottesauge. *Taufe* um 1700, Holz, 8seitige Kelchform.

MITTWEIDE Bez. Frankfurt/Oder, Ldkr. Beeskow

Dorf-K. Rck. flachgedeckter Feldsteinbau des 15.Jh., der w Dachturm in verputztem Ziegelmauerwerk wohl nach 1830. Im urspr. Zustand erh. nur die OWand mit 3Fenstergruppe sowie das gestufte Portal an der NSeite. Innen an der ö Giebelwand (jetzt im Dachboden) geringe Reste einer *Wandmalerei* der 1.H.15.Jh., Christus als Weltenrichter in der Mandorla. – Schlichter *Kanzelaltar* 2.H.17.Jh.

MIXDORF Bez. Frankfurt/Oder, Ldkr. Eisenhüttenstadt

Dorf-K. 1sch. Putzbau mit 3seitigem OSchluß und Fachwerkdachturm im W mit verbretterter Laterne und Haube, inschr. 1719/20, rest. 1965. Im Inneren Balkendecke und kurze Hufeisenempore aus der Bauzeit. – *Kanzelaltar* dat. 1725, einfacher, schlanker Säulenaufbau mit Abendmahlsbild in der Predella. In der Turmhalle gutes *Marmorepitaph* für J.F.C.Bugisch †1743, die liegende Knabenfigur vor Architekturrahmen unter ovaler Inschr. – Außen an der SSeite 2 *Inschr.Grabsteine* 1693 und 1694, der große für J.Sandow †1694 und dessen Ehefrau S., geb. Ribbeck, †1688, der kleine für 2 Enkelinnen des Paares, †1691 bzw. 1693.

MÖBISKRUGE Bez. Frankfurt/Oder, Ldkr. Eisenhüttenstadt

Dorf-K. Auf kleiner Anhöhe noch rings von Mauer umgeben. Rck. Feldsteinbau mit querrck. WTurm von Schiffsbreite 1.H. 14.Jh., eine der bemerkenswertesten Dorf-K. des Kreises. In der OWand die got. Dreifenstergruppe erh., darüber Fenster von 1854. In der SWand 2 got. Lanzettfenster. Verbretterter w Turmaufsatz mit 2 Spitzhelmen wohl 1.H.19.Jh. Fachwerkvorhalle an der NSeite von 1794, Anbau im W 19.Jh. Die Turmhalle spitzbogig zum Schiff geöffnet; dieses mit Holztonne von 1794, gleichzeitig ihre dünnen zopfigen *Stuckornamente*, die Rahmung des OFensters 1854. Hohe 2geschossige Empore im W und N, auf den *Brüstungsfeldern* gemalte Szenen aus dem Leben Christi sp.18.Jh. – *Altaraufsatz* um 1580, nur die Schreinrückwand ma., sonst Spätrenaiss. Im Hauptfeld geschnitzte Kreuzigungsgruppe mit Maria Magdalena, in den Flügeln die 4 Evangelisten, im Aufsatz Gemälde der Auferstehung, in der Predella des Abendmahls. Schlichte hölzerne *Kanzel*. Eichenes *Sakramentshäuschen* (in der Turmhalle) mit schmiedeeiserner Tür, wohl 16.Jh. Kleiner *Kruzifixus*, das Kreuz mit den üblichen Medaillon-Endigungen, M.15.Jh. 2 große bar. *Altarleuchter* aus Zinn. – Außen *Inschr.-Grabstein* 17.Jh.

MÖGLENZ Bez. Cottbus, Ldkr. Liebenwerda. – Inv. Prov. Sachsen, Liebenwerda

Dorf-K. Im Kern spätgot. Backsteinbau mit 3seitigem OSchluß und Strebepfeilern. Nach Brand Umbau 1819–20: Das Schiff erhöht, die Öffnungen flachbogig vergrößert, das Äußere verputzt, die w Vorhalle und der quadr. Dachturm mit geknicktem Spitzhelm hinzugefügt. Im Inneren Hufeisenempore auf Balusterstützen, auf ihrer Brüstung eine weitere Stützenreihe als Träger der Flachdecke. – Klassizist. *Kanzelaltar* aus der Umbauzeit; ionische Säulenädikula mit Flachgiebel, halbrunde Kanzel. *Sandsteintaufe* in Kelchform aus der Bauzeit.

MÖGLIN Bez. Frankfurt/Oder, Ldkr. Freienwalde

Dorf-K. Kleiner rck. Feldsteinbau mit Backsteinteilen, ein quadr. Turm mit Fachwerkoberteil an der NW-Ecke. Der ma. Kern 1598 ausgebaut, 1828 rest. und nach Kriegszerstörungen 1961 wieder aufgebaut.

Ehem. **Schloß** (Wohnungen), Wirkungsstätte Albrecht Thaers. 2geschossiger Putzbau mit Walmdach E.18.Jh., stark verändert.

MORXDORF Bez. Cottbus, Ldkr. Jessen. – Inv. Prov. Sachsen, Schweinitz

Dorf-K. Rck. Granitquaderbau gegen M.13.Jh.; im 3.V.17.Jh. barockisiert, dabei die Fenster erweitert; original erh. nur die Dreifenstergruppe im O und 1 Fenster im S. Im W achteckiger Fachwerkdachreiter. – Auch das Innere einheitlich 3.V.17.Jh.: Hölzerne Segmentbogentonne, W- und NEmpore; dazu *Altaraufsatz* mit Tafelbild des auferstandenen Christus.

MÜCKENBERG Bez. Cottbus, Ldkr. Senftenberg

s. LAUCHHAMMER

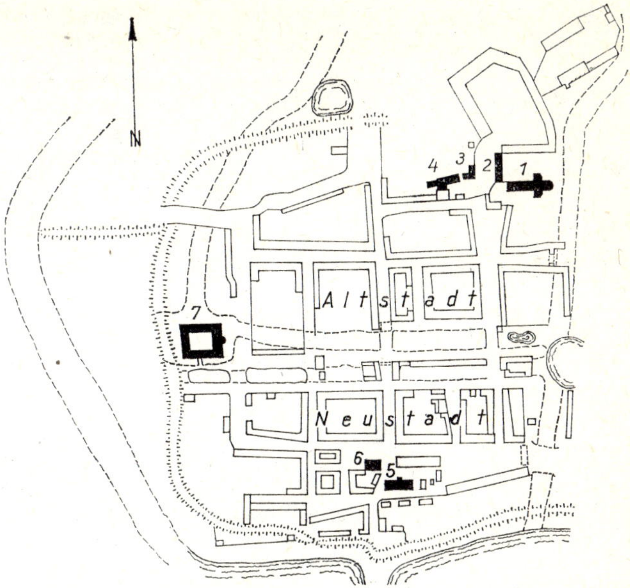

Mühlberg im 19. Jh.
1. ehem. Klosterkirche 2. ehem. Abtei 3. ehem. Gästehaus 4. ehem. Neue Propstei (Museum) 5. St. Marien 6. Rathaus 7. ehem. Schloß

MÜGELN Bez. Cottbus, Ldkr. Jessen. – Inv. Prov. Sachsen, Schweinitz

Dorf-K. Rck. Putzbau von 1838 mit großen Rundbogenfenstern der Schinkel-Schule; der WTurm 1885, Backstein. – Innen einheitliche klassizist. *Ausstattung*: Hohe ionische Holzsäulen tragen auf Unterzügen die flache Decke und die in halber Höhe eingezogenen Seitenemporen. Die WEmpore mit Orgel auf halbhohen Säulen. Hinter dem frei stehenden Altar erhöht die Kanzel. Aus dem Vorgängerbau der von der Kurfürstin Hedwig A. 17. Jh. gestiftete kelchförmige *Taufstein* mit Sprüchen an der Kuppa und zugehörigem Holzdeckel sowie das wohl gleichzeitige hübsche *Vortragekreuz* mit silbernem Corpus.

MÜHLBERG Bez. Cottbus, Ldkr. Liebenwerda. – Inv. Prov. Sachsen, Liebenwerda

Urspr. an einem wichtigen Elbübergang von Halle nach dem Osten gelegen, der Elbbogen, der die Stadt w umschloß, 1854 aber trockengelegt. Der alte Übergang wohl seit dem 10. Jh. von einem slawischen Burgwall, seit etwa der 2.H.12.Jh. durch eine Wasserburg der Markgrafen von Meißen gesichert. Als Vögte der Burg die Grafen von Eilenburg eingesetzt. Die spätere Altstadt als Suburbium dieser Burg entstanden, 1230 als oppidum gen. 1227 Gründung eines Zisterzienser-Nonnenklosters als Grablege der Grafen. Die Pfarrechte des Ortes von diesem Stift übernommen und die Leonhardikirche der Altstadt daher eingegangen. Etwa im 3.V.13.Jh. Gründung der Neustadt mit einer Marien-K. s der Altstadt. Beide Ortsteile 1346 rechtlich vereinigt. 1370–1422 der Ort zu Böhmen gehörig, danach wieder kursächsisch und von 1423–1520 von den Birka v. d.Duba verwaltet. Seit 1815 preußisch. – Die Doppelstadt im sp. Ma. durch Wälle und Planken befestigt, die beiden Teile ebenfalls durch 2 Gräben und Wälle getrennt. Beide mit rck. Baublöcken zu seiten je einer Hauptstraße in Art eines Straßendorfs angelegt, die der Altstadt urspr. nach O vom Knissentor, die der Neustadt vom Haynschen Tor abgeschlossen. Der Markt der Altstadt eine verbreiterte Querstraße, der der Neustadt urspr. ein großer Platz, auf dem nur die Stadt-K. und das Rathaus standen. Das Erwerbsleben neben der Landwirtschaft früher auch von Schifferei und Korbmacherei bestimmt; die industrielle Entwicklung infolge der seit dem 19.Jh. ungünstigen Verkehrslage gering.

Ehem. **Zisterzienser-Nonnenkloster** „Güldenstern". 1227 von den Brüdern Bodo und Otto von Eilenburg gegr., beide Ministeriale des Markgrafen Heinrich des Erlauchten von Meißen, der die Stiftung seinerseits förderte. 1228 erste urk. Erwähnung. Im 13. und 14.Jh. Erwerb beträchtlicher Ländereien. 1539 das Klst. säkularisiert, 1559 meißnisch, 1570 kursächsisch. Das „Klostergut" seitdem im Besitz verschiedener sächsischer Adliger. Nach 1945 LPG. Der Name Güldenstern erst seit dem 16.Jh. üblich.

Ehem. **Kloster-K.** St.Maria. Kunsthistorisch bedeutender, großer Backsteinbau des 13.Jh., ein s Ausläufer der frühen märkischen Backsteinbaukunst. 1sch., kreuzförmiger Bau mit 2jochigem Chor und je 1 Apsis an Chor und Kreuzarmen. 1539 und später mehrfach ausgebrannt, 1542 der Stadt übereignet und 1565–85 als Pfarr-K. der Altstadt wiederhergestellt. Nach Restaurierung 1732, 1797 und 1831 durchgreifende Instandsetzung 1901–06. Eine umfassende Gesamt-Instandsetzung zur Nutzung als Konzerthalle 1982 in Angriff genommen.

Der Bau gewiß bald nach der Gründung des Klst. 1227 mit dem NKreuzarm begonnen, die OTeile nach Planänderungen gegen 1280 vollendet, dabei vermutlich ein s Seitenschiff geplant, dieses Vorhaben jedoch schon im sp.13.Jh. beim Bau des Langhauses aufgegeben. Die K. zunächst nicht auf Wölbung angelegt, die Gewölbe dann zu verschiedenen Zeiten ausgeführt. Der Bauvorgang im Ganzen offenbar schleppend. – Der n Querschiffsflügel im Gegensatz zum s im Gr. etwas überquadr. und bis 1901 flachgedeckt, seine Mauern etwas stärker, seine Apsis im unteren Teil außen leicht 3paßförmig – nach niederrheinischen Vorbildern? –, in ihrem niedrigeren Oberteil und im Innern diese Form zum Hufeisen-Gr. verschliffen; je 3 Fenster in beiden Geschossen, ihre Form unten lanzettförmig, oben kleiner, fast

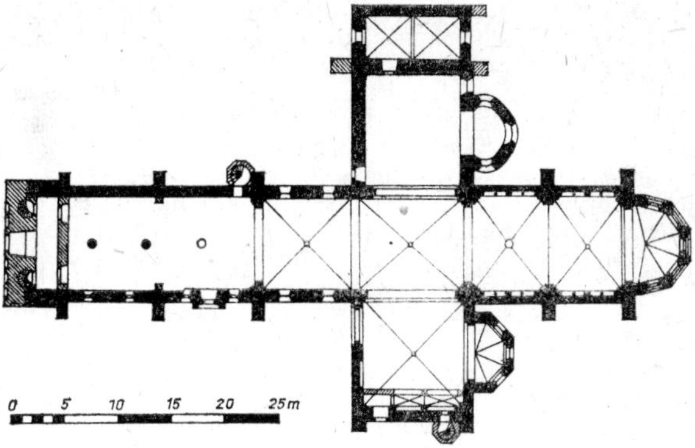

Mühlberg, ehem. Klosterkirche

rundbogig. Das mittlere Fenster unten wohl gegen 1280 zugleich mit der Aufstockung der Apsis als Maßwerkfenster vergrößert. Die K. demnach urspr. niedriger geplant. Der Entwurf der restlichen OTeile – Chor, Vierung und SKreuzarm – dagegen erst nach M.13.Jh. und von frühgot. Vorstellungen bestimmt. Putzblende und Nische nun die wichtigsten Gliederungsmotive. Die strenge Konsequenz in der Anwendung dieser einfachen Mittel gewiß zisterziensisch, in der Gegend jedoch sonst nicht nachweisbar. Die Hauptapsis ein 5/10Polygon, die Nebenapsis mit 3/8-Schluß auf kurzen Ansatzstücken. Vor allem hier die Bögen als spitzbogige Schwellbögen gebildet. In beiden Apsiden hohe ungeteilte Spitzbogenfenster in noch höheren Blenden, die Mauermasse weitgehend aufgezehrt, keine Strebepfeiler. Die gleichen hohen Lanzettfenster in Blenden auch an Chor und Querschiff. Die Chorjoche durch kräftige, glatt aufsteigende Strebepfeiler mit Pultdächern gestützt. Die s Querschiffsfront als Fassade gebildet, von den gleichen, auch hier senkrecht zur Wand gestellten Streben gerahmt, hier aber kurz unterhalb der Traufe mit Quergiebeln abgeschlossen. Zwischen ihnen ein Lanzettfensterpaar, im Giebel Dreiblendengruppe. Unten ein nach W verschobenes, spätgot. Portal mit Sandsteingewände, der polyg. Treppenturm weiter ö 1576 als Zugang zu einem Schülerchor angefügt. Der ganze OTeil, abgesehen von den Apsiden, von Kreuzbogenfries und Deutschem Band unter dem Traufgesims geschmückt. – Innen der OTeil dennoch einheitlich und harmonisch und zudem monumental wirkend, durch den später erhöhten Fußboden freilich zu niedrig. Auch die Unregelmäßigkeiten der Vierung – Bogen zum NKreuzarm breiter und niedriger, der Chorbogen durch Vorlagen betont, der w Vierungsbogen ohne solche – im Gesamteindruck nicht hervortretend. Im Langchor unten

jedes Joch durch 2 tiefe Spitzbogennischen gegliedert, darin je 2×2 spitzbogige Doppelarkaden auf Vollsäulen aus Sandstein mit Knospenkapitellen; diese wohl von 1901/06, doch ist ein originales 1898 noch vorhanden gewesen. In der Hauptapsis eine rippenlose Kalotte, in der s Nebenapsis dagegen ein 5seitiges Rippengewölbe auf Konsolen mit Knospen. Hier wie an dem einen Dienst mit Schaftring im s Kreuzarm vielleicht der nachträgliche und schwankende Entschluß erkennbar, die OTeile zu wölben. Statt Querschiff und Chor jedoch nur Chor und Vierung und beide erst im sp.13.Jh. und zudem nach verändertem Plan mit Gewölben versehen; dieser Tatbestand im Chor besonders gut erkennbar. Die Rippen des Chorgewölbes sämtlich mit Birnstab. Im ö Chorjoch Schlußstein mit Christuskopf, im w ein Schlußring. Am Schlußstein der Vierung ein Adler als Symbol Johannis Ev., zu einer Gruppe gehörig, die ins Langhaus übergreift (s.d.). Das Gewölbe des SKreuzarms erst in spätgot. Zeit ausgeführt und ohne Schlußstein. An der SWand des Querschiffes der Schülerchor des 16.Jh., 1901—06 in Stein erneuert. In der WWand 2 spitzbogige Blenden, die n urspr. als Gurtbogen zu einem weiteren Raum — wohl einem Seitenschiff — gedacht.
Das Langhaus von betont schlichter Formgebung, wohl noch im sp.13.Jh. errichtet. Mit Rücksicht auf die ehem. zwei Drittel des Raumes füllende Nonnenempore außen 2geschossig gegliedert, die Geschosse durch Gitter- bzw. Kreuzbogenfries abgeschlossen, das Deutsche Band unter dem Traufgesims wahrscheinlich 1901—06 erneuert. In Sohlbankhöhe der Fenster verschiedenartige doppelte Röllchenfriese. Die Strebepfeiler mit Pultdächern und Giebelblenden an den Stirnseiten flach gestuft aufsteigend. Wurden sie wegen der späteren Wölbung nachträglich verstärkt? Unten kurze, oben lange Lanzettfenster, zwischen letzteren — ungewöhnlich — Kreuzblenden, gefüllt mit großen Kreuzen. Das SPortal im 2. Joch von O in vortretendem Mauerblock zwar rundbogig und gestuft mit eingestellten Rundstäben, aber mit den Kämpferprofilen der OTeile versehen. Das w Halbjoch bei Anlage der spätgot. Fassadenwand im letzten V.15.Jh. etwas verkürzt. Auch diese 2geschossig, in steile gereihte Spitzbogenblenden aufgelöst, die untere Reihe nochmals durch ein Kaffgesims, das das Mittelportal rck. rahmt, geteilt. Von besonderem Reichtum der krönende Treppengiebel: Über dem als Basis dienenden Gitterfries ein hohes, wie dieser gestaltetes Kreuz zwischen gestaffelten, den Dachgiebel übersteigenden Öffnungen in gedrückten Spitzbögen, diese vor dem Dachraum zugesetzt. Auf den Absätzen doppelte, gerundete Fialen mit Krabben. Das bekrönende Türmchen von unten an vorbereitet, sein den Giebel übersteigendes Achteckgeschoß mit niedriger, 1906 erneuerter Haube. Die NSeite des Langhauses wegen der ehem. anschließenden Klausur ungegliedert, im 2. Joch von O bar. Treppentürmchen. — Das Innere des Langhauses jetzt ausgeleert wirkend und besonders durch das Fehlen der Nonnenempore in seiner Wirkung gänzlich verändert. Nur das ö Joch im Ma. gewölbt,

die Nonnenempore urspr. vermutlich bis an seine WGrenze reichend. Diese ehem. von runden Mittelstützen getragen, deren Fundamente 1901 z.T. aufgefunden wurden. Auch innen zwischen den Obergadenfenstern Kreuzblenden mit eingesetzten Kreuzen. Im Scheitel des w Vierungsbogens medaillonartig ein *thronender Christus* um 1300; seitlich tiefer die *Evangelistensymbole* von Markus und Matthäus; die Symbole von Johannes und Lukas ö und w davon, d.h. im Schlußstein des Vierungs- und des 1. Langhausgewölbes. Im W die Orgelempore von 1901–06 z.T. erh. In der NWand Renaiss. Portal, rundbogige Ädikulaform, 2.V. 16.Jh., zu einer Wendeltreppe; die durch sie erschlossene, verglaste Loge rck., pilastergegliedert, auf spitzer Konsole, wohl erst 2.H.17.Jh. Im WBau n hübsche Rck.Tür zur Wendeltreppe, s schöne Tür mit Konsolsturz in kräftiger Profilierung, beide wohl gegen 1480, zusammen mit der spätgot. WFront entstanden. – An der Querschiff-NWand die ehem. **Sakristei**, urspr. zum NFlügel des Klst. gehörig, jetzt nur noch vom Querschiff aus zugänglich. Auffallend hoher und schmaler Raum, 2jochig kreuzgratgewölbt, der Gurtbogen dazwischen auf Konsolen der Zeit um 1240. Der *Blockaltar* mit Deckplatte gleichzeitig. Im Obergeschoß je 2 Rundbogenfenster nach O und W. An der NWand außen ehem. die urspr. Zweischiffigkeit des Klausur-OFlügels erkennbar.

Von der Ausstattung der K. z.Z. nur dort aufbewahrt: Runde *Sandsteintaufe* um 1230–40; der *Kanzelträger*, eine steinerne Mosesfigur, 1613 von Wolf Mönch aus Torgau, sowie zahlreiche Grabsteine und Epitaphien der Zeit von 1300 bis 1750, 1906 an den Wänden aufgestellt, vielfach schwer beschädigt. Der bedeutende gemalte *Flügelaltar* von 1569 des Heinrich Göding d.Ä. aus Dresden z.Z. in Rest. Zahlreiche *ma. Grabsteine*: 1. für einen Ritter, wohl einen Eilenburger, figürliche Ritzung des fr.14.Jh., 2. um 1350, Relief eines Kreuzes auf dem Weltenberg, die Umschrift auffallenderweise deutsch, 3. Äbtissin Jutta †1351, Relief der Verstorbenen in vertieftem Feld mit doppeltem Schriftrahmen, 4. Pleban Johannes †1357, figürliche Ritzung, 5. Propst Lutold †1359, 6. Ritter F.v.Maltitz †1361, die beiden letzten figürlichen Reliefs in vertieftem Feld mit Schriftrahmen, 7. Otto und Johannes von Wettin †1357 bzw. 1376, Doppelgrabstein mit dem Relief zweier Ritter, 8. Propst J. Hartmann †1423, 9. Ritter B.v.Ileburg †1476, 10. Propst Fabricius †1480, die letzten 3 figürliche Ritzungen; alle in den Kreuzarmen und in der n Apsis aufgestellt. Eine größere Anzahl von *Grabsteinen des sp.16. und fr.17.Jh.* zeigen die verstorbenen Bürger der Stadt ganzfigurig oder in Halbfigur mit Schriftkartusche; außerdem Inschr.Grabsteine ohne Darstellung; einige davon außen an der SWand der K. bzw. an der w Querschiffwand aufgestellt. Von den *Sandsteinepitaphien* erwähnenswert: 1. In der n Apsis für Diakon P.Taucher †1571, der Verstorbene in Landschaft vor Kruzifix kniend, das Feld von laubwerkgeschmückten Pilastern und Schriftzeilen gerahmt und von Blattvoluten bekrönt. 2. Ebenda für Frau A.v.

Hirsfeld †1575, von Georg Schröter aus Torgau; im Hauptfeld die Verstorbene mit Kind kniend vor zurückgezogenem Vorhang mit Blick auf eine Straße, dazu Ahnenprobe, im Aufsatz Relief der Auferstehung. 3. In der s Apsis für J.Hanitsch †1609, stark beschädigt, ehem. interessantes Werk des Manierismus mit Relief des Traumes Jakobs und seines Kampfes mit dem Engel. 3 Epitaphien des 18.Jh. verdorben.

An der NSeite der Klst.-K. ehem. die **Klausur**. Nach der Säkularisierung 1539/40 die Klst.-Gebäude stark verändert. Vom **Kreuzgang** nur an der K. die Ansätze der Schildbögen der Gewölbe erh., die höheren am NKreuzarm 13.Jh., die flacheren am Langhaus wohl 15.Jh. Von den Klausurgebäuden der **WFlügel** (LPG-Verwaltung) verändert erh., ehem. Abtei, im Kern um 1500, zum Herrenhaus 1717 umgestaltet. 1965 der SGiebel rest., 1980 die WFassade in der Fassung des 18.Jh. wiederhergestellt. Glatter 2geschossiger Putzbau, Portal mit Gebälk und Inschr., gerahmte Rck.Fenster. Ein besonderer Schmuck die beiden spätgot. Maßwerk-Treppengiebel über den Schmalseiten, mit kräftigen Kreisschlingen reich verziert. Im Erdgeschoß innen Zellengewölbe eines Saales um 1500, sonst die Raumaufteilung modern. – Der **NFlügel** mit dem ehem. Refektorium schon 2.H.16.Jh. profaniert, mehrmals umgebaut, jetzt Stallgebäude und Speicher. Der **OFlügel** abgetragen; erh. nur die an die Kirche (s.d.) anschließende Sakristei. – Reste der **Klostermauer** im S aus Feldstein und Backstein, um 1500, im O Backsteinmauer von 1536. Die Mauer vor der WFront der K. und am SGiebel der Abtei als gedeckter Laufgang ausgebaut, vermutlich ehem. zur Propstei führend. Das jetzige **Klostertor** von 1594 am Altstädter Markt, urspr. an der Propstei, rundbogige Durchfahrt mit seitlicher Pforte, z.T. zerstört, Wiederaufbau geplant.

Außerhalb des Klausurbereichs w das **Gästehaus** (Wohnungen), verputzer 2geschossiger Backsteinbau, im Kern 13.Jh., im 1.Drittel 16.Jh. umgebaut. Kennzeichnend für die Bestimmung die tonnengewölbte, jetzt geschlossene Durchfahrt; daneben ein Raum mit Zellengewölbe; an der NSeite polyg. Treppenturm mit Haube, die rck. Obergeschoßfenster mit spätgot. Rahmungen.

Die **Neue Propstei** (Stadtmuseum) Museumsstr. 9, wie üblich w des Klst., hier jedoch ungewöhnlich weit entfernt. Zweigeschossiger verputzter Backsteinbau von Winkelform, unter Propst Conrad Gündeloch um 1530 erbaut. Der von N nach S gerichtete Hauptbau inschr. 1531, durch 2 prächtige Maßwerkgiebel ausgezeichnet, die ehem. Eingänge vermauert, die Rck.Fenster meist gepaart, ihre Sandsteinrahmungen mit gekreuzten Stabprofilen. An die s Längsfront 2 Seitenflügel angefügt, beide vermutlich nach 1554 errichtet; am SO-Flügel ein Schweifgiebel in Spätrenaiss.Formen, an seiner NWand Reste eines *Christophorus-Gemäldes*. Die Fenster wie am Hauptflügel, als Portal das rundbogige Gewände einer ehem. Innenpforte eingefügt. Ein 3. Anbau etwa derselben Zeit im NO nur als Ruine erh. – Innen im NW-Flügel des Hauptbaus ein Erdgeschoßraum mit Kreuzgratgewölben und *Wandmalerei-Fragmenten* von verschiedenen Heiligen und einer Stiftungsszene, aus der Bauzeit; andere Decken im Erdgeschoß mit *Kassettenbemalung* in verschiedenen Mustern, die Türen mit kräftigem Stabwerk profiliert. Im Obergeschoß der Hauptraum, sog. Konventssaal, darin *Decken- und Wandmalereien* in Form von Grotesken, eine Tür mit gemalter Frührenaiss.Umkleidung; gemalte Türstöcke auch in 2 weiteren Räumen des Obergeschosses. Der spätgot. *Kamin* im Konventssaal urspr. in der Klosterherberge. Die Keller tonnengewölbt.

Marien-K. Pfarr-K. der Neustadt. Ein Vorgängerbau des 13.Jh. 1430 durch die Hussiten zerstört. Nach 1487 bis 1525 Neubau in 3 Etappen. Rest. 1900–01. Das Material Bruch- und Backstein. Gestreckter Saal von 6 Jochen mit 3seitigem OSchluß und leicht eingezogenem WQuerturm. Der Bau gewölbt geplant, da rings Strebepfeiler. Die Fenster urspr. schlicht spitzbogig, z.T. verändert. Im 1. Joch von W beiderseits je ein Rundbogenportal mit Stabwerkgliederung, im 2. Joch von O auf der SSeite ein Rundbogenportal in Frührenaiss.Formen. Der 3geschossige WTurm aus Bruchstein, im Glockengeschoß Schalluken mit Vorhangbögen, der Abschluß durch Quersatteldach mit Krüppelwalm, bekrönt von oktogonalem Dachreiter mit Laterne und Haube von 1691. Das reich mit Säulchen gegliederte spitzbogige WPortal A.16.Jh., in seinem Scheitel das Stifterwappen des Hans Birka v.d.Duba. Darüber gleichzeitiges, steiles spitzbogiges Fenster in kräftiger Rck.Rahmung mit Stifterwappen in den Zwickeln, durch moderne Verglasung und teilweise Zusetzung in seiner Wirkung beeinträchtigt. Über dem Chor Dachreiter von 1537, gleichzeitig der 2geschossige n Anbau, unten kreuzrippengewölbte Sakristei, oben Ratsempore. Das weiträumige Innere im 19.Jh. ausgemalt. Das Schiff zwischen 3. und 4. Joch durch einen Schwibbogen geteilt: Bauabschnitt oder liturgische Teilung? Auf der n Chorseite Ratsloge, im Schiff Hufeisenempore. – Bemerkenswerter *Altaraufsatz*, 1578 inschr. in der heutigen Form zusammengefügt, bestehend aus einem *Schnitzaltar* des fr.16.Jh., wohl obersächsischer Herkunft, sowie 2 bemalten *Standflügeln* und einem bekrönenden *Aufsatz* von 1578. Im Hauptfeld des Schnitzaltars die Geburt Christi, beidseits flankiert durch Standfigürchen von 4 Propheten, in den Flügeln Reliefs der Verkündigung, Heimsuchung, Anbetung und Flucht nach Ägypten; auf den Außenseiten gemalte Szenen aus dem Leben von Heiligen, links Sebastian und Elisabeth, rechts Ursula und Christophorus. In der Predella die 4 Evangelisten in geschnitzten Innenräumen, ungewöhnlich reizvolle, genrehafte Darstellungen. Auf den Standflügeln 4 manieristische Gemälde: Abendmahl und Kreuzigung sowie Auferstehung und Himmelfahrt; im Aufsatz gutes 1/2kr. Gemälde des Todes Mariae. Hölzerne *Kanzel* 1.H.17.Jh., polyg. Korb mit Ecksäulchen und Muschelnischen auf Säule. *Sandsteintaufe*, die Kuppa mit Rundbogenfries wohl spätrom., auf Säulenstumpf mit Inschr. um 1500. *Chorgestühl* mit Pilastergliederung, 1552 von Tischlermeister Hildebrand, 1937 rest. Spätgot. *Kruzifixus* 2.H.15.Jh. *Johannes* aus einer Triumphkreuzgruppe 1.V.16.Jh. An der Chorwand *Ädikula-Epitaph*, der Verstorbene vor dem Kruzifix kniend, †1576. *Grabmal* für S.E.Klinger †1739, Inschr.Tafel in spätbar. bewegter Rahmung, im Aufsatz Putten mit gebrochener Säule und Krone des Lebens. – Außen an der NSeite *Figurengrabstein* fr.17.Jh.

Friedhofskap. E.16.Jh., flachgedeckter Saal mit 3seitigem OSchluß und w oktogonalem Dachreiter mit Schweifhaube. Die Fenster lanzettförmig, das WPortal spitzbogig. SAnbau von 1862. Innen die Wände durch große segmentbogige Nischen gegliedert. WEmpore. – *Renaiss.Flügelaltar* mit Malereien von einigem künstlerischem Rang, gestiftet 1614 von dem Bürgermeister Christoph Ottenbach, 1966 rest. Die Malereien manieristisch bewegt und von verhältnismäßig heller Farbgebung, vermutlich über Dresden von Italien beeinflußt. Im Hauptfeld die Kreuzigung, auf den Flügeln Auferstehung und Himmelfahrt, bekrönt von der Darstellung des Jüngsten Gerichts; auf den Außenseiten der Flügel Verklärung und Auferweckung des Lazarus, auf den äußeren Flügeln die Himmelfahrt des Elias und die Vision des Propheten Ezechiel. In der Predella der Sündenfall zwischen den Halbfiguren des Stifterpaares. *Kanzel* aus der Bauzeit, hölzerner polyg. Korb mit Eckpilastern und diamantierten Nischen auf gemauertem Sockel. – Außen an der SWand *Epitaphrelief* mit 2 Stifterfiguren und Inschr. von 1598, urspr. in der Mauer des 1566 angelegten Friedhofs; auf diesem 3 bar. *Doppelgrabmäler*.

Ehem. **Schloß** (Schule, Wohnungen) w der Stadt gelegen. An dieser Stelle auf einem Sporn des ehem. ö Elbufers ein slawischer Burgwall und seit der 2.H.12.Jh. eine markmeißnische Wasserburg bestehend, 1272 ein castrum Mulberch gen. Die Burg 1535 durch Brand zerstört; an deren Stelle das Schloß seit etwa 1545 unter Herzog Moritz von Sachsen begonnen und seit 1553 unter Kurfürst August als Vierflügelanlage mit nüchternen Putzbauten um 1560 fertiggestellt. Geschlossene Anlage um einen fast quadr. Hof, von Wall und Graben umgeben; erst 1620 der Zugang von S durch Damm und Steinbrücke geschaffen. Vom ma. Bestand nur die Grundmauern und Teile des OFlügels mit der Kap. (Standesamt) erh. Die *Kapelle* im Kern spätrom., 1sch.Raum mit 1/2kr. Apsis, diese mit rundbogiger Dreifenstergruppe von einem halbrunden Turm überstiegen, hofseitig 3 gereihte rundbogige Fenster, das spitzbogige Portal A.16.Jh., das Innere kreuzgratgewölbt. Die *Schloßflügel* 2geschossig, im NO auf 3 Geschosse erhöht und durch einen polyg. Treppenturm in der Hofecke erschlossen. An den Hof- und Außenfronten mehrere Zwerchhäuser mit Pilastergliederung. Der SFlügel von oktogonalem Dachreiter mit Schweifhaube von 1773 bekrönt. – Seit 1827 der Graben trockengelegt sowie die Wälle im O und N abgetragen.

Rathaus. Im Kern ma., 1535 abgebrannt, 1543–49 der jetzige frei stehende doppelgeschossige Rck.Bau mit steilem Satteldach errichtet. Bemerkenswert der gestaffelte OGiebel aus Backstein mit spätgot. Maßwerkverzierung ähnlich dem Giebel der Mühlberger Neuen Propstei. Der WGiebel nach Einsturz 1.H.17.Jh. als Staffelgiebel mit Lisenengliederung und segmentbogigen Abschlüssen erneuert. Sonst das Äußere schlicht, Rck.Fenster. Im Obergeschoß ehem. Bürgersaal.

Wohnhausbau. Die Stadt hat viel von ihrem altertümlichen Charakter bewahrt. Die Straßen z.T. noch einheitlich 2geschossig traufenseitig bebaut. – Spätgot. Sitznischenportale 2.V.16.Jh.: *Rosa-Luxemburg-Str. 15* mit gekreuzten Stabprofilen; vereinfacht *Rudolf-Breitscheid-Str. 35*. Aus dem A.17.Jh. hervorzuheben *August-Bebel-Str. 23*, doppelgeschossiger Putzbau mit reichem Sitznischenportal in Renaiss.Formen. Aus dem 18.Jh. bemerkenswerte 2geschossige Putzbauten mit Mansardwalmdach: *Karl-Marx-Str. 15* von 1723; *Schulplatz 4* (ehem. Archidiakonat) von 1741; *Lindenstr. 1* von 1786; *Leninplatz 7*, E.18.Jh.; *Rosa-Luxemburg-Str. 18*, 1798; *August-Bebel-Str. 22*, 1801.

Postmeilensäule von 1730 vor dem ehem. Knissentor im O der Altstadt.

Stadtmuseum

MÜLLROSE Bez. Frankfurt/Oder, Ldkr. Eisenhüttenstadt. – Inv. Prov. Brandenburg, Lebus

Am NUfer des Müllroser Sees und an der Straße von Leipzig nach Frankfurt/Oder gelegen, ehem. einziger Übergang über die dortige Sumpfniederung. Um 1260 nach Berliner Recht gegr., 1275 civitas gen., Straßennetz in Leiterform und quadr. Markt in der Mitte; offene Stadt. Seit 1648 im kurfürstlichen Besitz. 1662–68 Bau des Müllroser Kanals zur Spree-Oder-Verbindung. 1876 Eisenbahnanschluß.

Pfarr-K. Stattlicher rck. Putzbau mit hohem quadr. WTurm von 1746. Das Äußere durch 2zonige Fensterreihen zwischen den rustizierten Ecken bestimmt, die Putzgliederung des Turmes 3geschossig, sein Spitzhelm von 1875. Im O Sakristeianbau. Das Innere ein Emporensaal mit Putzdecke auf Voute, die 3seitige Empore auf toskanischen Säulen. – Einfacher *Kanzelaltar* um 1770, der gebauchte Korb zwischen ionischen Pilastern, über dem Gebälk kronenartiger Schalldeckel und Vasen. Qualitätvolles hölzernes *Kruzifix* M.18.Jh. Schöner *Orgelprospekt*, inschr. 1772. *Bildnis* mit Mohren, 2.H.18.Jh. *Kelch*, vor 1700, gearbeitet von Daniel Männlich in Berlin.

Wohnhausbau. Die schlichten 1- bis 2geschossigen Häuser des 19.Jh. z.T. in einheitlichen Straßenzügen erh.; zu erwähnen *Karl-Marx-Str. 18* von 1774, zweigeschossig von 7 Achsen mit Pilastergliederung und Krüppelwalmdach; *Beeskower Str. 2*, eingeschossig, um 1800, mit Halbrundfenster im Dachgiebel.

Heimatmuseum

MÜNCHEBERG Bez. Frankfurt/Oder, Ldkr. Strausberg. – Inv. Prov. Brandenburg, Lebus

Nach 1225 Gründung durch das schlesische Kloster Leubus; anfangs Lubes, seit 1245 Möncheberg genannt. Damals wohl Stadtrecht durch Herzog Heinrich von Schlesien. Zwei Siedlungskerne: der ö um die hochgelegene Kirche von 2 Längsstraßen durchzogen, die w Marktsiedlung mit annähernd viereckigem Markt und gitterförmigem Straßennetz, ebenfalls um die hier auseinanderstrebenden Hauptstraßen gruppiert. Um 1310 die gemeinsame Ummauerung beider Teile begonnen. Von den 3 Toren im O, W und S nur 2 Tortürme erh. Zwei Hospitäler M.14.Jh. erwähnt: Hl. Geist am Heidetor (Berliner Tor) im W und St.Nikolai vor dem Steintor (Küstriner Tor) im O, seit 1574 dort auch ein St.-Georgs-Hospital.

Stadt-K. St.Marien. Im Kern 1sch. gestreckter Granitquaderbau wohl M.13.Jh., mit ungewöhnlich langem eingezogenem Rck.-Chor, urspr. auch mit WQuerturm. Im 15.Jh. Umbau zur 2sch. Backsteinhalle mit Sterngewölben auf 2 eingestellten Achteckpfeilern und Anfügung eines 7/10Polygonschlusses an den langgestreckten Chor. Seit 1945 nur noch die Umfassungsmauern und der WTurm von 1829 erh. An Schiff und Chor hohe 3teilige Spitzbogenfenster und Strebepfeiler. Der Turm nach Entwurf Karl Friedrich Schinkels vom Schiff etwa 4 m abgerückt und durch eine mit hohem Spitzbogen geöffnete Vorhalle mit der erh. OWand des ma. Turms verbunden. Das originelle Glockengeschoß mit Ecktürmchen von steinernem Kegelhelm bekrönt.

Stadtbefestigung. Die Feldsteinmauer mit Türmen und Weichhäusern fast vollständig, von den 3 Toren 2 Türme erh.: Im O der runde **Küstriner Torturm** wohl 15.Jh., sein Untergeschoß aus unbehauenem Feldstein, die oberen Geschosse aus Backstein mit Zierfriesen, Kranzgesims und Zinnen, von der Kegelspitze überragt. Im W der quadr. **Berliner Torturm**, das Untergeschoß aus Feldsteinquadern 2.H.13.Jh. mit spitzbogigem Durchgang, die oberen Geschosse aus Backstein mit gepaarten Blenden fr.14.Jh.; die beidseitigen Pfeilergiebel zur Straße fr.16.Jh. Im Mittelgeschoß Wachraum mit altem Zugang und Aborterker.

MÜNCHEBERG (DAHMSDORF)

Dorf-K. Feldsteinbau aus fast quadr. Schiff und eingezogenem Rck.Chor, 15.Jh. Der quadr. WTurm 1611. In der SWand des Chores abgetrepptes Spitzbogenportal von vorkragendem Profil umzogen.

MÜNCHEHOFE b. Dahlwitz-Hoppegarten. Bez. Frankfurt/Oder, Ldkr. Strausberg. – Inv. Prov. Brandenburg, Niederbarnim

Dorf-K. Sauber gequaderter, relativ gut erh. Feldsteinbau gegen M.13.Jh. mit eingezogenem Chor und Apsis. Der WTurm im Unterbau Feldstein, ma., der Oberbau Backstein, E.19.Jh. An der SSeite von Schiff und Chor 2 urspr. Portale, die Fenster bis auf die kleinen rundbogigen in der Apsis verändert. Innen Balkendecken, stumpfspitzbogiger Triumph- und Apsisbogen. – Schöner *Kanzelaltar* A.18.Jh., der polyg. Korb mit den Gemälden Christi und der Evangelisten von Weinlaubsäulen, Pilastern und Akanthuswangen gerahmt, reicher Schalldeckel von Pelikan bekrönt, seitlich des gesprengten Giebels Blumenvasen.

MÜNCHEHOFE Bez. Frankfurt/Oder, Ldkr. Strausberg

S. OBERSDORF

MÜROW Bez. Frankfurt/Oder, Ldkr. Angermünde. – Inv. Prov. Brandenburg, Angermünde

Dorf-K. Gut erh. flachgedeckter Feldsteinbau, M. bis 3.V.13.Jh., aus kurzem Schiff, eingezogenem Rck.Chor und WTurm von der Breite des Schiffes, seine oberen Geschosse mit Helmabschluß von 1897. Fast alle Fenster, leicht zugespitzt, original erh., ebenso das 3fach gestufte WPortal mit Kreisfenster darüber und die schmale Priesterpforte im Chor. Das Innere urspr. mit breiter Spitzbogenarkade von der Turmhalle ins Schiff und vom Schiff zum Chor. – Qualitätvoller *Altaraufsatz* aus Holz inschr. 1728 von Johann Diestlow aus Prenzlau. Schlanker architektonischer Aufbau mit reichem Akanthusornament, in der Sockelzone Abendmahlsrelief, im Zentrum freiplastisch die Kreuzigungsgruppe, vor ovaler Kartusche im gesprengten Giebel der Auferstandene und darüber der zum Himmel aufsteigende Christus. Hölzerne *Kanzel* 1612, am polyg. Korb in hohem Relief die Evangelisten mit ihren Symbolen als Halbfiguren in Rundbogenarkaden zwischen Ecksäulchen. An der Kanzelrückwand Relief mit Christus und Gottvater. Geschnitzte *Taufe* 1.H.17.Jh., mit bemalten rundbogigen Füllungen am 8eckigen Becken, der Fuß aus Delphinen; zugehörig getriebene *Messing-Taufschale*. Klassizist. *Leuchterpaar*, Eisenguß, 1.H.19.Jh., die Schäfte in Form betender Engel. *Figurengrabstein* für ein Kind der Familie v.Arnim †1585. *Inschr.Grabstein* für T.Hockard †1753. – **Friedhofsmauer** aus Feldstein mit vermauertem Renaiss.Portal.

Ehem. **Gutshaus** (Kinderkrippe). Im Kern 2.H.17.Jh., 2geschossiger Putzbau mit Walmdach, 1871 verändert.

MULKNITZ Bez. Cottbus, Ldkr. Forst. – Inv. Prov. Brandenburg, Sorau/Forst

Dorf-K. Hübscher Bau 1928 von Curt Steinberg. Am WTurm spätexpressionistischer Dekor; gleichfalls an der großen *Kanzel* aus dunkler Keramik. Das Innere neuerlich im urspr. Sinne rest. Hübscher *Orgelprospekt* M.18.Jh. Im Turmraum *Inschr.Grabstein* für Johann Hrydruß †1707.

MUSKAU Bez. Cottbus, Ldkr. Weißwasser. – Inv. Prov. Schlesien, Reg.Bez. Liegnitz, Rotenburg
Auf dem WUfer der Lausitzer Neiße inmitten des Muskauer Parkes zwischen Fluß und NRand des Muskauer Forstes gelegen. Wohl um 1200 eine Wasserburg hier entstanden, 1249 erstmals genannt. 1361 als „veste Muskow" mit städtischer Siedlung erwähnt. Seit 1452 Stadtrecht. Der Kern des Ortes im Schutze der Wasserburg ein langgestreckter Straßenzug an der Straße Spremberg–Sagan mit rck. Marktplatz, der mit einer Schmalseite die Straße berührt. 2 Tore: das Köbelner Tor und das Schmelztor, beide 1766 durch Stadtbrand zerstört; keine Stadtmauer. Bis 1635 unter böhmischer Herrschaft, darauf sächsisch, seit 1815 preußisch. Die Stadt in den von 1815 bis 1878 angelegten Landschaftspark einbezogen, dieser entworfen und ausgeführt unter Leitung des Grafen, seit 1822 Fürsten Hermann von Pückler-Muskau. 1845 Verkauf der Herrschaft, 1846 erneuter Verkauf an den Prinzen Friedrich der Niederlande; seit 1883 bis 1945 im Besitz der Grafen von Arnim-Boitzenburg. M.16.Jh. bis 1865 Alaunbergbau; Anlage eines Moor- und Mineralbades seit 1823 unter Fürst Pückler. Die Stadt 1944/45 schwer kriegszerstört; die spätgot., 1781–88 erneuerte Pfarrk. St.Andreas und die 1605–22 von Bevilacqua errichtete Deutsche K. danach abgetragen.

Ehem. **Friedhofskap.** (seit 1947 Pfarrk. St.Jakob). Im Kern Feldsteinbau von 1564, 1sch. mit 3seitigem OSchluß. Der quadr. WTurm hinzugefügt. 1945 schwer beschädigt, 1947 wiederhergestellt. – Qualitätvolle hölzerne *Kreuzigungsgruppe* (aus der Pfarrk. St.Andreas), die Schnitzfigur des Gekreuzigten, A.16.Jh., zwischen den Figuren von Maria und Johannes, wohl M.17.Jh. – Am Turm *Inschr.Grabstein* für C.E.Holst †1709. Auf dem Kirchhof: *Figurengrabstein* †1677; 2 *Inschr.Grabsteine* †1689 bzw. für A.Krüger †1727; *Grabmal* in Form eines Säulenstumpfes fr.19.Jh.

Kath. Pfarr-K. 1870–73 in historisierenden Formen. 1sch. gewölbter Backsteinbau mit quadr. WTurm.

Ehem. **Dorf-K.** des Ortsteiles Berg, an der Schillerstraße, seit E.18.Jh. verfallen, 1955 die Ruine gesichert. Feldsteinbau wohl M.14.Jh., 1sch. Langhaus mit 5/8Chor. Aus Backstein die 2fach gestuften Türen, die schlicht geschrägten Fenster und ehem. Gewölbe. Im Chor die Gewölbeanfänger mit Birnstabrippen spitz in die Wand verlaufend.

Altes Schloß (Museum, Bibliothek). Urspr. ma. Wasserburg, 1361 gen., nach Errichtung des Neuen Schlosses um 1525 als Rentamt genutzt. Der Kern des bestehenden Baues wohl im wesentlichen aus dem 1.V.17.Jh. Er wurde 1862 umgebaut, aber 1945 bis auf die Umfassungsmauern zerstört. 1965–68 Wieder-

→

Muskau, Ort und Park (Maßstab 1:100)
1. ehem. Friedhofskapelle (Ev. Kirche) 2. Kath. Kirche 3. Ruine der Dorfkirche des Ortsteils Berg 4. Altes Schloß (Museum) 5. Neues Schloß 6. ehem. Kavalierhaus 7. ehem. Orangerie 8. Villa Bellevue 9. ehem. Badehaus

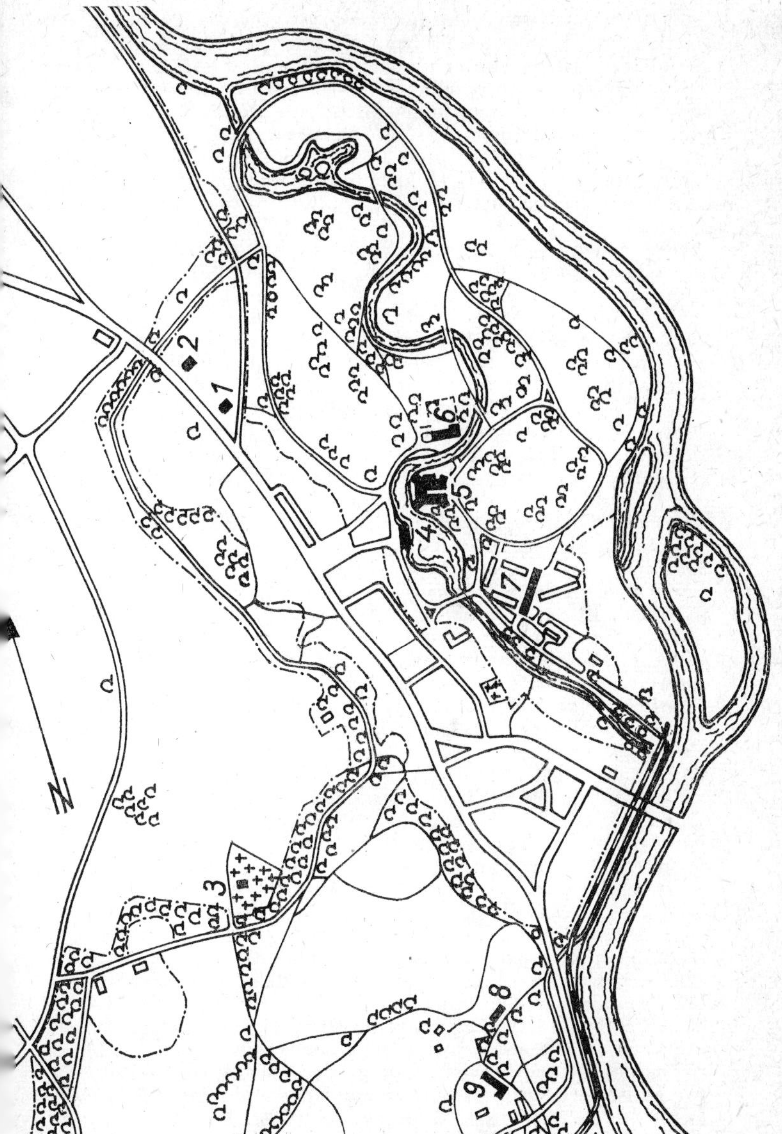
1
2
3
4
5
6
7
8
9
N

aufbau unter Berücksichtigung der 1862 in die Eingangsfront eingefügten 3 Figurennischen. Symmetrisch angelegter, 2geschossiger Putzbau unter modernen Walmdächern, der 4achsige Mittelteil flankiert von schmalen, risalitartig vortretenden Seitentrakten von 2:4 Achsen. In der Mitte vorn großes Sandsteinportal mit Rustikaquaderung; das *Allianzwappen* derer v. Dohna und v. Callenberg im gesprengten Giebel und die *3 Sandsteinfiguren* von Flora, Herkules und Hygieia in den Muldennischen zwischen den Obergeschoßfenstern Neuschöpfungen 1968 von Werner Hempel.

Neues Schloß (Ruine). Um 1525 unter Leitung eines italienischen Architekten unter der Herrschaft derer von Biberstein erbaut. Umgeben von Wallgraben und Befestigungen. Nach 1579 verändert und 1643 ausgebrannt. Die Neubauabsichten Fürst Pücklers, für die Karl Friedrich Schinkel um 1817 großzügige Entwürfe lieferte — Neues und Altes Schloß sollten durch hohe Bogengänge verbunden werden —, gelangten nicht zur Ausführung. Nur die großzügige Auffahrtsrampe nach den Plänen Schinkels 1825 angelegt. Die begleitenden Pferdeplastiken nicht erhalten. Das Schloß erst 1863—66 tiefgreifend umgebaut nach Entwürfen von Hermann Wentzel und Strasser für den Prinzen Friedrich der Niederlande. 1945 kriegszerstört, seitdem Ruine. Stattliche Dreiflügelanlage in den Formen einer niederländisch geprägten Neurenaiss. mit nach O zur Rampe geöffnetem Hof. Der Bau an der WSeite von schlanken Rundtürmen flankiert, der Anbau an der NSeite ein Tanzsaal von 1926.

Moorbad. Ehem. Kavalierhaus. Neubau. Wiederaufgebaut 1945—46, wohl mit Benutzung von Resten des Baues aus dem 18./19. Jh., seit 1950 als Moorbad genutzt.

Unweit des Wirtschaftshofes die ehem. **Orangerie** um 1840. Stattlicher Backsteinbau mit großen Fenstern, diese mit Tudorbogen geschlossen. Das Dach durch Zinnenwand verdeckt. In die Front 4 Schornsteine in Art von Strebepfeilern eingefügt. Die Anlehnung an die englische Gotik auffallend früh in Richtung auf industrielle Sachlichkeit gewandelt.

Der **Park** eine der bedeutendsten Schöpfungen des 19. Jh., in den Hauptteilen 1815—1838 als persönliche Leistung des Fürsten Hermann von Pückler-Muskau am Hauptort seines ererbten Besitzes angelegt. Seit 1817 der Fürst von Garteninspektor Jacob Heinrich Rehder unterstützt, später und nach dem Weggang Pücklers aus Muskau der Park vom Gartenarchitekten Eduard Petzold betreut und die Arbeiten im Sinne Pücklers weitergeführt. Das gesamte Neißetal einschließlich der begrenzenden Höhen von Pückler mit großem Aufwand an Erdarbeiten und Anpflanzungen vollständig zur Parklandschaft umgestaltet. Die aus England stammende Idee des Landschaftsparkes, im 18. Jh. entwickelt, zeigt sich hier in einer Phase, die romantisch-sentimentale Staffagen ablehnt und ganz auf die Wirkung der „idealisierten Natur" gerichtet ist. Durch die Anlage stets wechselnder Durchblicke, die Einbeziehung von Wasser-

läufen und Seen sowie die Anordnung kulissenartiger Baumgruppen oder großer Solitärbäume der Park großräumig gestaltet, ohne daß die Kunst dieser Gestaltung dem Besucher bewußt würde. Die von Pückler wohl nur zur Hälfte ausgeführte Idealplanung für Muskau von ihm in der gartenkünstlerisch wie literarisch bedeutenden, 1834 erschienenen Schrift „Andeutungen über Landschaftsgärtnerei", für die August Wilhelm Ferdinand Schirmer 44 Ansichten zeichnete, veröffentlicht. Der heutige Eindruck dadurch beeinträchtigt, daß der Reiz der Verschiedenheit der 3 Teile – Blumengarten beim Schloß als „vergrößerte Wohnung", Park als „idealisierte Natur" und „Pleasureground" als Verbindungsglied zwischen beiden – wegen der Aufgabe des Gartens und des Pleasuregrounds fehlt. Der Park urspr. in 4 Teile gegliedert, davon 2 w und 2 ö der Neiße gelegen. Die beiden östlichen besonders ausgedehnt, als Oberpark und Arboretum bezeichnet, heute auf dem Gebiet der VR Polen. Das erst 1836 von Petzold angelegte Arboretum allerdings nicht zur urspr. Konzeption Pücklers gehörig. Westlich der Neiße der Schloßpark zwischen Fluß und Stadt, von dieser durch Deckpflanzungen geschieden und durch die künstlich angelegte Hermanns-Neiße mit Schloßteich und Eichsee bereichert. Die zwei Bauwerke in diesem Parkteil, die Fischerhütte am Eichsee und die Gloriette auf dem höchsten Punkt mit Blick auf das Schloß, gänzlich bzw. bis auf eine Plattform verschwunden. Der vierte Teil, die Stadt w einschließend, der Bergpark mit Schluchten und Anhöhen, im W in den Wald übergehend; zugehörig der Badepark sö am Fuße der Hügel. Von der urspr. Anlage des Hermann-Bades, das von 1823–1930 betrieben wurde, nur das *Badehaus* erh., aber auch dieses, ein Neubau von 1913, z.Z. Ruine. In der Nähe die *Villa Bellevue* (Wohnungen), urspr. ein Gästehaus mit langen Liegebalkons, etwa M.19.Jh. Westlich vom Bad das ehem. Alaunbergwerk gelegen.
Heimatmuseum

N

NAUNDORF Bez. Cottbus, Ldkr. Forst. – Inv. Prov. Brandenburg, Sorau/Forst
Dorf-K. Ma. 1sch. rck. Feldsteinbau, das Dach nach W abgewalmt. Einige kleine originale Lanzettfenster erh. Vor der NSeite 1818 ein quadr. Glockenturm mit verputztem Fachwerkoberteil errichtet, durch Gang mit der K. verbunden. – Im Inneren Balkendecke, Empore im N und W, in die w Brüstung Fragmente eines spätgot. Flügelaltars eingefügt: 2 halbierte *Tafelgemälde* mit Heiligen 1.H.15.Jh. – Hölzerner *Kanzelaltar* um 1730. In der Turmhalle 2 *Inschr.Grabsteine*, E.17.Jh. und M.18.Jh.

NEHESDORF Bez. Cottbus, Ldkr. Finsterwalde

s. FINSTERWALDE

NEUDECK Bez. Cottbus, Ldkr. Herzberg

s. BAHNSDORF

NEUDÖBERN Bez. Cottbus, Ldkr. Calau

s. SCHÖLLNITZ

NEUENDORF Bez. Frankfurt/Oder, Ldkr. Eberswalde

s. ODERBERG

NEUENHAGEN Bez. Frankfurt/Oder, Ldkr. Freienwalde. – Inv. Prov. Brandenburg, Königsberg/Neumark

Dorf-K. Romanisierender Backsteinbau von 1901. – Figürlicher *Grabstein* der H.v.Uchtenhagen †1592.

Ehem. **Gutshaus** (Rat der Gemeinde u.a.). Rck. 2geschossiger Putzbau mit Krüppelwalmdach, im Kern E.16.Jh., der ö Seitenflügel später. Nach 1945 vereinfachend verändert. An der Hofseite des Hauptbaues Portal mit Sitznische. Im Inneren die urspr. Gewölbe teilweise erh., im Keller- und Erdgeschoß Tonnengewölbe mit Stichkappen. Rechts vom Mittelflur die ehem. **Kapelle** mit *Stuckdekorationen* 2.H.16.Jh.: An der WWand Relief einer Kreuzigungsgruppe in Rahmung mit Rankendekor flankiert von Kandelabersäulen, über Rechtecksockel 4 Tiere (Hahn, Greif, Pelikan, Wiedehopf) als Symbole Christi. An den Gewölbeansätzen weitere kleine Stuckreliefs, Engelköpfchen in Rosettenrahmung.

NEUENHAGEN Bez. Frankfurt/Oder, Ldkr. Strausberg. – Inv. Prov. Brandenburg, Niederbarnim

Dorf-K. Frühgot. Feldsteinbau mit schmalem gestrecktem Schiff und etwa quadr. WTurm; 1898 durchgreifend erneuert und nach S erweitert. In der OWand 3 Lanzettfenster erh., alle übrigen Fenster sowie der OGiebel von der Rest. Der obere Teil des Turmes um 1500, die gekuppelten Schallöffnungen in Backstein gefaßt; Satteldach.

NEUENHAGEN (BOLLENSDORF)

Dorf-K. Neugot. Putzbau von 1857. – An der WWand 3teilige bar. *Grabplatte* mit Wappenschmuck, für Angehörige der Familie v.Görtzke †1715 und †1717.

NEUENTEMPEL Bez. Frankfurt/Oder, Ldkr. Seelow

s. DIEDERSDORF

NEU GOLM Bez. Frankfurt/Oder, Ldkr. Fürstenwalde
Dorf-K. Von einem ma. Feldsteinbau der quadr. WTurm erh.; der übrige neugot. Backsteinbau kreuzförmig mit polyg. OSchluß und Nebenbauten 2.H.19.Jh.

NEUHAUSEN Bez. Cottbus, Ldkr. Cottbus. – Inv. Prov. Brandenburg, Cottbus
Ehem. **Schloß** (in Verfall). Um 1760, urspr. Dreiflügelanlage, nur Mitteltrakt und SFlügel erh. 2geschossiger Putzbau unter Mansardwalmdach mit 8eckiger Laterne über der Mitte; hofseitig vorgebauchte Mittelachse mit stichbogigem Portal, gemaltes Allianzwappen über dem Fenster des Obergeschosses. – Der ehem. **Landschaftspark** verwildert.

NEUKÜNKENDORF Bez. Frankfurt/Oder, Ldkr. Angermünde. – Inv. Prov. Brandenburg, Angermünde
Dorf-K. Flachgedeckter Feldsteinbau mit eingezogenem Rck.Chor, 3.V.13.Jh. An der Chorsüdseite Sakristei mit Renaiss.Giebel 1.V.17.Jh. Der w Dachturm in verputzem Backstein 18.Jh. Original erh. 9 Lanzettfenster im Chor, im W das gestufte Portal, im Inneren der spitzbogige Triumphbogen. Die Kirche M.19.Jh. rest., davon die Fenster im Langhaus. Rest. des Inneren 1957. – Gotisierender *Kanzelaltar* M.19.Jh. *WEmpore* mit *Orgel* 1852.

NEUKÜSTRINCHEN Bez. Frankfurt/Oder, Ldkr. Freienwalde
Dorf-K. Stattlicher neurom. Backsteinbau 1877–80, mit aufwendigem OTeil und WTurm.

NEULIETZEGÖRICKE Bez. Frankfurt/Oder, Ldkr. Freienwalde. – Inv. Prov. Brandenburg, Königsberg/Neumark.
Dorf-K. 1840–42. Rck. Saalbau mit quadr. WTurm, verputztes Fachwerk. Im Inneren Balkendecke; Hufeisenempore. Die schlichte hölzerne *Ausstattung* aus der Erbauungszeit.

NEUPETERSHAIN Bez. Cottbus, Ldkr. Calau

NEUPETERSHAIN (NEUPETERSHAIN NORD, ehem. Alt-Petershain)
Dorf-K. 1sch. Feldsteinbau mit 3seitigem OSchluß und quadr. WTurm, wohl 15.Jh. Von einer bar. Rest. die großen Stichbogen-

fenster sowie der oktogonale Turmaufsatz mit schöner Haube und Laterne. Rest. 1934 und 1976–79. Innen flache Putzdecke mit Stuckrahmen und Hufeisenempore, sp.17.Jh. – *Altaraufsatz* um 1700, urspr. vielleicht Kanzelaltar, die polyg. *Kanzel* jetzt seitlich aufgestellt. Ädikulatyp mit Weinlaubsäulen und Knorpelwerkwangen, in der Predella Abendmahlsbild, im Hauptfeld jetzt moderner Kruzifixus, im Auszug ovales Auferstehungsgemälde, bekrönt von Gottesnamen. Hölzerne *Taufe* 2.H.17.Jh., Kelchform, an der Kuppa Knorpelwerk und Grotesken (z.Z. in Rest.) *2 Schnitzfiguren* 2.H.15.Jh., Anna selbdritt und eine Heilige, beide stark beschädigt (z.Z. in Greifenhain, Ldkr. Cottbus). *Sandstein-Epitaph*, gesetzt von der Familie v.Schütz nach 1750. Große Kartusche mit Inschr. und Wappen, flankiert von den allgegorischen Figuren Glaube und Hoffnung. *Gedächtnistafel* für Frau L.v.Pannwitz †1826, Eisen.

NEU SCHADOW Bez. Cottbus, Ldkr. Lübben

S. HOHENBRÜCK-NEU SCHADOW

NEUTORNOW Bez. Frankfurt/Oder, Ldkr. Freienwalde

S. SCHIFFMÜHLE

NEU ZAUCHE Bez. Cottbus, Ldkr. Lübben

Dorf-K. 1859–62 wohl von Emil Karl Alexander Flaminius. Stattlicher neugot. kreuzförmiger Backsteinbau mit polyg. Apsis, Staffelgiebeln und hohem WTurm. Im Innern offener Dachstuhl. Emporen und Ausstattung aus der Bauzeit. – Qualitätvoller *Figurengrabstein* des J.v.Bredow †1626. – Im Pfarrgarten spätma. *Taufstein* mit polyg. Kuppa.

Ehem. **Gutshaus** (vom Verfall bedroht). 17.Jh. Zweigeschossiger Putzbau auf quadr. Gr. mit steilem Walmdach; Fledermausluken in 2 Reihen.

NEUZELLE Bez. Frankfurt/Oder, Ldkr. Eisenhüttenstadt

Ehem. **Zisterzienser-Klst.** 1268 von Markgraf Heinrich dem Erlauchten von Meißen zum Gedächtnis an seine verstorbene Gemahlin Agnes in dem nicht näher zu bestimmenden Ort Starcedel gegr. und wohl erst später an seinen heutigen Standort am Rande der Oderniederung unweit der Straße Frankfurt/Oder–Niederlausitz verlegt. Der Besiedlung, die 1281/82 von Altzella aus erfolgte, gingen umfangreiche Erdarbeiten voraus gemäß der monumentalen, jetzt verdeckten *Putz-Inschr.* in Minuskeln aus der 2.H.15.Jh. an der WSeite des Turms in 17 m Höhe. – Das ma. Klostergeviert im 18.Jh. durch Verwaltungs- und Wirtschaftsgebäude um den großen s und w der Kirche angelegten Stiftshof erweitert; das Klst. 1817 säkularisiert.

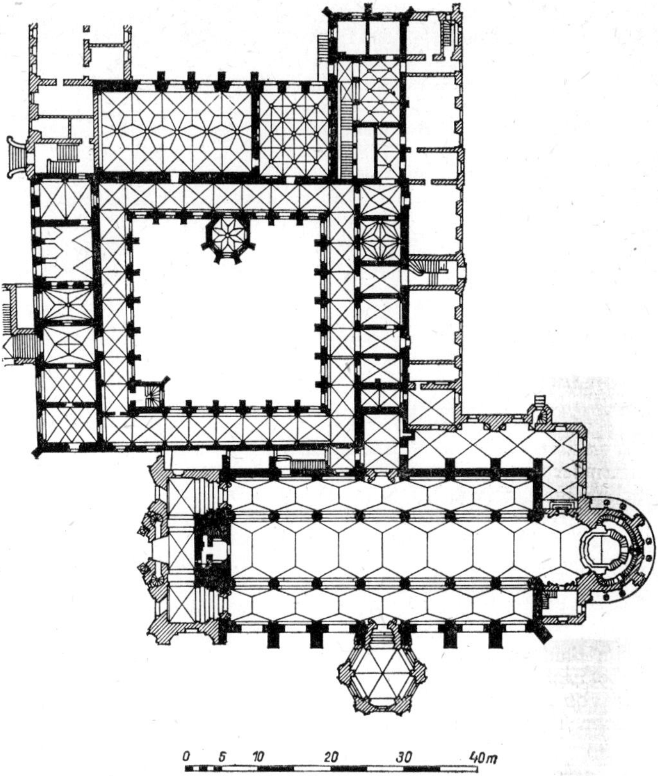

Neuzelle, ehem. Kloster

Ehem. **Kloster-K.** St. Marien (kath. Pfarr-K.), der bedeutendste Kirchenbau der Niederlausitz. Barockisierte, 3sch., got. Hallen-K. von 7 Jochen; der 1sch. Chor mit 1/2kr. Apsis und Nebenräumen sowie die 6seitige, überkuppelte Josephs-Kap. an der SSeite aus dem 18. Jh.; die w Turmgruppe, bestehend aus schlankem, schmalrck. got. Glockenturm und w angelehntem, gedrungenem bar. Uhrturm, in die bar. Vorhalle einbezogen. Diese wohl als Ersatz eines got. Vorgängers errichtet, wie die gute Erhaltung der erwähnten Putzinschr. und die Art des Mauerwerks darüber annehmen lassen. – Zur ma. Baugeschichte der Kloster-K.: 1309 fand schon das Chorgebet statt, der Chor damals vermutlich schon vollendet. Das Portal im 5. Joch von O, das vom n gelegenen Kreuzgang in die K. führt, mit seiner zarten Gewändegliederung aus Stäben über dreipaßförmigem Gr. wohl in das 1.V.14.Jh. zu datieren. Das Portal im 6. Joch mit Rundstäben im Gewände primitiver, aber vielleicht nicht wesentlich jünger. Daher ein kontinuierlicher Baufortgang im 14.Jh. wahrscheinlich, zumal 1330 Altarweihen überliefert sind. Abt Theodor (um 1380 bis 1395) soll den Bau vergrößert haben; doch erscheint die 7jochige ma. Hallen-K. mit geradem OSchluß, soweit die Barokkisierung eine Beurteilung zuläßt, als einheitliche Schöpfung des sp.13. und der 1.H.14.Jh. Nur das über der bar. Verkleidung erh. spätgot. Gewölbe wurde A.16.Jh. erneuert, wie die jüngsten Rest.Arbeiten erkennen ließen. Als Halle auf rck. Gr. findet der Bau seine nächste Parallele in dem in der Oberlausitz gelegenen Zisterzienser-Nonnenklst. Marienstern aus der 2.H.13.Jh. Ähnlich auch die Zisterzienser-Klosterk. Kamenz in Schlesien, hier aber noch ein Querschiff. An beiden Orten fehlt auch der hohe WTurm, dessen Mauerwerk in voller Höhe zum ma. Bau gehört. — Nach der Zerstörung im 30jährigen Krieg wurde die K. 1654—58 unter Abt Bernhard v.Schrattenbach (1641—85) frühbar. umgestaltet: 2geschossige Öffnungen statt der hochgot. Steilfenster sowie Stuckierung und Ausmalung des Inneren. Nochmaliger Umbau im Sinne des Hochbar. unter den Äbten Conrad Proche (1703—27) und Martin Graff (1727—41). Dabei um 1720/30 die WVorhalle mit dem Uhrturm, 1725 die Sakristei n des Chores, um 1730/40 die Josephs-Kap. und 1736—40 der Chor mit Apsis und Dachreiter errichtet. Als Architekt wird unter Abt Conrad der Böhme Jakob Mladek genannt; seine Tätigkeit unter Abt Martin als Bildhauer inschr. bezeugt; möglich, daß er diesem Bauherrn auch als leitender Architekt diente. Der böhmische Einfluß in der Architektur deutlich zu erkennen. Abgesehen von der NSeite das Äußere der K. damals durch eine einheitliche Putzgliederung verkleidet, das Innere durch Stuckarbeiten der Familie Hennevogel aus Wessobrunn prächtig ausgestattet und die Ausmalung durch Georg Wilhelm Neunhertz ergänzt. — 1909 die K. gründlich rest., seit 1970 eine Gesamtrest. des Inneren in Arbeit.

ÄUSSERES: Der ma. Bau der K. trotz der bar. Veränderungen ablesbar: Das Langhaus rck. mit steilem Satteldach und hohen Giebeln, der ö durch Blenden und 3seitige Mauervorlagen gegliedert, auch der w und der Uhrturm mit schlanken Blenden geziert, diese aber jetzt durch die WVorhalle und den Uhrturm verdeckt. Die NSeite, vom Kreuzhof aus sichtbar, noch unverputzt in Backstein unter teilweiser Verwendung glasierter Ziegel, die spitzbogigen got. Endigungen der Fenster noch erkennbar, auch die Strebepfeiler z.T. erh. Die SWand als Schaufront hochbar. gegliedert und dekoriert. Über dem Sockel die beiden rundbogig geschl. Fensterreihen mit Stuckrahmen, die zarte Blumengehänge überfangen. Die ehem. Streben zu kräftigen Pilastern umgestaltet und mit dem hohen, wuchtigen Abschlußgebälk verkröpft. Über dem mittleren Joch, hinter der Josephskap., ein

Segmentgiebel; unter ihm zugunsten der Fassadenwirkung die Strebepfeiler abgetragen und durch flache Putzpilaster ersetzt, so daß die ausladende Gebälkverkröpfung entfiel. Die Kap. selbst 6seitig mit leicht konkaven Flanken, ihre Fenster auffallenderweise mit Eselsrücken geschl., über dem Triglyphengebälk die steile Kuppel mit Lukarnen, von einer hohen Laterne bekrönt, deren Einzelheiten fast fernöstlich anmuten. Der bar. Chor ohne Einzug apsidial geschl., die Fenster wie im Langhaus 2geschossig; in Höhe der Sohlbänke der unteren Fenster ein breiter, durch die Strebepfeiler hindurchgeführter Umgang auf Rundbogenarkaden. Das Dachgesims des Chors ungewöhnlicherweise so weit ausladend, daß es auch die Strebepfeiler überdeckt, am ö Ende des Chordachs ein Dachreiter mit hoher doppelter Laterne. In der s Ecke zwischen Chor und Langhaus eine 2geschossige Vorhalle, in der n die neue, ebenfalls 2geschossige Sakristei, die um die Ecke herum bis zum 3. Langhausjoch weiterläuft. Neben dem Chor sö eine Mauer mit Tor, auf dessen Pfeilern Wappenengel in der Art des Jakob Mladek. – Die WPartie durch die Vorhalle in Langhausbreite und durch die 2 dieser gleichsam entwachsenden, hintereinanderliegenden Türme wirkungsvoll gesteigert. Die Fassade wellenförmig geschwungen und von Pilastern gegliedert, die Mitte konkav einschwingend, darin das von hohen Säulen flankierte Portal von 1732. Auf seinem analog dem Langhaus gegliederten Gebälk 3 Sandsteinfiguren, Personifikationen des Priester-, Lehr- und Hirtenamts der K., unter der mittleren die von Putten gehaltene Kartusche mit dem Wappen des Abtes Martin. Über dem gesprengten Giebel der Fassade der niedrigere bar. Uhrturm mit 3 Rundgiebeln, unmittelbar dahinter der hohe got. Glockenturm mit bar. Abschluß aus Schweifhaube, offener Laterne und Zwiebel. Vor der WFassade 6 überlebensgroße *Sandsteinfiguren* mit Verskartuschen, sog. Paternoster-Engel, dat. 1737, signiert „Jacob Mladeck bilthauer aus böhmen"; die Postamente durch schöne Eisengitter verbunden.

INNERES: Der Eindruck des Inneren ganz im Sinne des böhmisch-süddeutschen Barock bestimmt durch die kulissenartig vor die Pfeiler gestellten Altäre sowie den Reichtum von plastischem Stuck und farbenfroher Malerei. Die durchsichtige Disposition des ma. Hallenraums jedoch noch immer vorherrschend. Die 8seitigen Pfeiler tragen queroblonge Gewölbejoche im Mittelschiff und wenig längsoblonge in den Seitenschiffen; die spitzbogigen, mehrfach gestuften Arkaden in ihrer got. Grundform belassen, die eingelegten Rundstäbe jedoch beseitigt, die sichtbaren Teile der hochgot. Pfeilersockel unverändert, sämtlich mit dem gleichen Profil. Urspr. auf Konsolen „eingehängte" Kreuzrippengewölbe wie in Marienstern, diese A.16.Jh., bis 1515, durch etwas höher ansetzende Sternnetzgewölbe ersetzt und 1654 bis 1658 durch Stuckverkleidung zur Tonne mit Stichkappen umgestaltet.

AUSSTATTUNG: Die Stuckdekoration bei der Rest. der K. 1654–58 von italienischen Stukkateuren unter Leitung von Bartholomäus Cometa: An den Pfeilern weit ausladende Volutenkapitelle, in der Mitte ihrer Hauptseiten geflügelte Jünglingshermen, darunter bis in halbe Höhe Fruchtgehänge, die unter den Kapitellen in Masken endigen. Auf den Kapitellen, zum Mittelschiff hin, schwere, lebensgroße Standbilder der 12 Apostel. Die beiden Statuen im Chorjoch, Christus als Weltenrichter und Maria als Schmerzensmutter, 1740 hinzugefügt. Die Wandpfeiler in den Seitenschiffen ähnlich den Freipfeilern dekoriert. Die Felder der Deckenmalereien ornamental gerahmt, die Rahmen der Bilder an den Seitenschiffen schwerer und z.T. mit Engelsflüchten und Girlanden; über den Seitenschiffsfenstern weibliche Büsten. Die Stuckarbeiten im Chor von 1736–40 denen im Langhaus angeglichen.

Wand- und Gewölbemalereien. Reste *spätgot. Wandmalerei* von 1470/80 an den beiden ersten n Schiffspfeilern von O und an den OWänden der Seitenschiffe, letztere durch die Altäre verdeckt, mit Darstellung der Kreuzigung im N und vielleicht der Marter der Zehntausend im S. – Die *frühbar. Malerei* unter Leitung von Johannes Vanetti (Vanet) 1655–58 ausgeführt. Die Deckengemälde bieten ein typologisches Programm: Im Mittelschiff Szenen des Neuen, in den Seitenschiffen Vorbilder des Alten Testaments. Im Mittelschiff von O nach W: Geburt Christi, Taufe, Abendmahl, Kreuzigung, Grablegung (mit Ansicht des Klst. Neuzelle im Spätma.), Auferstehung (dat. und sign.) und Himmelfahrt. (Die zu vermutende einleitende Verkündigungsszene im ö Halbjoch durch den Anbau des Chores beseitigt). In der oberen Zone der Seitenschiffswände Szenen aus dem Leben Jesu in historischer Abfolge, dat. 1655–60. – Die *hochbar. Malereien* von Georg Wilhelm Neunhertz, einem Enkel des schlesischen Malers Michael Willmann, und seiner Werkstatt, im Detail nicht selten befremdlich grob. Zuerst 1730 die Ausmalung der Vorhalle. Im Hauptbild an der w Turmwand Christus als Herr und Heil der Welt, umgeben von Heiligen und begleitet von Allegorien der 4 Erdteile, dazu Bildnisse des Stifterehepaares Markgraf Heinrich und Agnes sowie des Bauherrn Abt Martin. An den Seitenwänden biblische Szenen zur Einstimmung auf das Verhalten in der K., im S der 12jährige Jesus im Tempel und Jesus vertreibt die Händler, im N reuige Sünder und die Wiederaufnahme des verlorenen Sohnes als Hinweis auf die Gnade Gottes. Die Decke mit Bandelwerk stuckiert, in den gemalten Tondi der Gewölbe der thronende Gottvater sowie Emblemata. In der K. die Ausmalung durch einen Zyklus großer Fresken unterhalb der Fenster ergänzt: Illustrationen zur Litanei des Namens Jesu von Georg Wilhelm Neunhertz, durch Sprüche erläutert. In den genrehaften Details, der Derbheit der Menschendarstellung und der Freude an weiten Landschaften das Vorbild des niederländischen beeinflußten Michael Willmann erkennbar. An der SWand u.a. 2 Szenen sign.: Jesus im Hause des Simeon und Jesus als Gast des Zachäus. – Von Neunhertz auch die beiden Deckenfresken im Chor: der ewige „Heilsratschluß" und die „Lobpreisung Gottvaters" durch musizierende Engel, inschr. 1740.

Altäre und Kanzel. Höhepunkt der prachtvolle *Hochaltar*, Stuckmarmor, 1740–41 von Johann Wilhelm Hennevogel, ein hervorragendes, von süddeutschen Vorbildern angeregtes Werk. Mächtiger, in die Apsis eingefügter Baldachinaufbau auf Pilastern und Säulen. Im Zentrum des Altars, um das Tabernakel angeordnet, Christus und 2 Jünger beim Mahl in Emmaus, eine bühnenhafte und zugleich lebensvolle Komposition. Ähnliches nur von den Gebrüdern Asam in Weltenburg und Rohr gewagt. Als Begleitfiguren die Apostelfürsten Petrus und Paulus, die hl. Päpste Clemens und Gregor sowie 2 Soldatenheilige, Florian (?) und Georg auf den Plinthen der gewundenen Säulen. Das gute Altarblatt der Himmelfahrt Mariens, ausgeführt von der Willmann-Schule, 1952 rest. Über dem schweren, dekorierten Gebälk die hl. Dreifaltigkeit; im Zentrum unten die Taube des hl. Geistes im Strahlenkranz, von Engeln angebetet, oben Gottvater und Christus zu seiten der Weltkugel thronend. Engelputten tragen die Krone für Maria zu ihnen empor. Auf den Pilasterkapitellen als Fortsetzung der Pfeilerfiguren im Langhaus die Heiligen Laurentius und Ignatius. Zum Altar gehörig eine *Kreuzigungsgruppe* aus Silber aus einer Prager Werkstatt von Michael Joseph Cocsell 1718 dat., heute in der Schatzkammer. – Im Langhaus vor den Pfeilern 10 *Nebenaltäre* aus Stuckmarmor sowie *Kanzel und Taufaltar* aus Holz, alles um 1730/40. Die 6 Altäre des Mönchschors Johann Wilhelm Hennevogel und seiner Werkstatt zugeschrieben. Die einander gegenüberstehenden jeweils thematisch aufeinander bezogen und ähnlich in der Gestaltung. Die beiden Altäre im O mit aufwendigen Baldachinaufbauten wie der Hochaltar 1735 dat. Der *Benediktusaltar* im N zeigt auf dem Altarblatt den Tod des Heiligen, Standbilder von Ordensstiftern und Heiligen umgeben das Bild: seitlich Maurus und Martin sowie Placidus und Benno, auf dem Gebälk Benedikt zwischen Odilo von Cluny und Robert von Molesmes; als Bekrönung Strahlenauge Gottes und Engelswolke. Gegenüber s der *Bernhardusaltar*: auf dem Altarblatt Bernhard, vom Gekreuzigten mit den Armen umfangen, seitlich die Heiligenstatuen von Alberich und Stephan Harding sowie von Augustinus und Dionysius; oben die Legende von Bernhards Empfang der Abtsinsignien aus der Hand Mariens zwischen den Heiligen Juliana und Liutgard. – Das folgende Altarpaar der Kindheit Jesu bzw. Maria gewidmet. In der mittleren Nische des *Marienaltars* eine bekleidete, bar. überschnitzte *Madonnenfigur* des 3.V.15.Jh., wohl schlesischer Herkunft; seitlich begleitet von den Stuckfiguren der Erzengel Michael und Gabriel; im Aufsatz ein Kartuschenbild mit Maria als guter Hirtin. Im *Kindheit-Jesu-Altar* die Figur des Christuskindes als Überwinder der Sünde, seitlich begleitet von den Erzengeln Raphael und Uriel, das Gemälde oben in der Kartusche: Josephs Traum in Ägypten. – Es folgen der Kreuz- und der Pietà-Altar. Den *Kreuzaltar* beherrscht die bewegte Kreuzigungsgruppe, daneben Reliefs mit Szenen der Passion Christi. Vor dem Auszug der Namenszug Christi im Strahlenkranz und Engel mit Passionswerkzeugen; als Bekrönung der Opfertod des Pelikan. Gegenüber am *Pietà-Altar* die Vespergruppe flankiert von den Heiligen Maria Magdalena und Apollonia, seitlich weitere Reliefs der Passion, vor dem Auszug das durchbohrte Herz Mariens von Engeln verehrt, als Bekrönung der sich aus der Asche erhebende Phönix. – Am 4. Freipfeilerpaar von Osten die Kanzel und als Gegenstück der Taufaltar, Schnitzwerke von hoher Qualität und energischer Dynamik, beide gewiß von demselben Meister. Die Figuren lebensgroß, die Fassung überwiegend in Gold. Am Schwanz des Hieronymus-Löwen die Inschr.: „J. Wentzl Löv, Mahler in Töplitz, den 13. Sept. 1730". (Schnitzer oder Faßmaler?) Der *Taufaltar* mit der Gruppe der Taufe Christi im Zentrum, seitlich die 4 Kirchenväter, dazu Reliefs aus dem Leben Johannes d.T.; vor dem Auszug die Taube des hl. Geistes, darüber bekrönend Gottvater, beide umgeben von sitzenden und stehenden weiblichen Tugendallegorien. Die *Kanzel* dat. 1728. Der tulpenförmige Korb von schwebender Engelsfigur mit Putten getragen; auf dem unteren Rand des Korbes sitzen zwischen Akanthusvoluten die 4 Evangelisten mit ihren Symbolen, an der Korbwand flache Reliefs der 4 Kardinaltugenden. Auf der Unterseite des bewegt geschwungenen Schalldeckels die Taube des hl. Geistes, auf ihm allegorische Gruppen der 3 christlichen Tugenden, oben Christus als guter Hirte. Am Eingang und an der geschwungenen Treppe Flachreliefs von merklich geringerer Qualität. – Die Altäre im w Teil des Langhauses, das den Konversen und Laien zugänglich war, einfacher, das Altarblatt nur jeweils von 2 Heiligenstatuen flankiert. Diese Statuen sind am ö Altarpaar geschnitzt, am jüngeren w aus Stuckmarmor. Auf dem Gebälk jeweils ein kleines Ovalbild, das das Thema des Hauptbildes ergänzt, dazu Engel und Putten. Im NO der *Mariä-Verkündigungs-Altar.* Auf dem Ovalbild über dem Altarblatt mit der Verkündigung der Prophet Jesaja, als Begleitfiguren Agnes und Cäcilie. Auf der SSeite gegenüber der *Johann-Nepomuk-Altar* mit dem Heiligen im Gebet auf dem Altarblatt, im Relief darunter der Heilige als Beichtiger, in der Kartusche darüber sein Sturz in die Moldau, im Ovalbild oben ein das Reliquiar anbetender Engel. Als Begleitfiguren Edmundus, ein Zisterzienserabt, und Anselm von Canterbury. Im SW der *Antoniusaltar*; auf dem Altarblatt der Heilige vor der hl. Familie kniend, das Ovalbild zeigt die Stigmatisation des Franz von Assisi, als Begleitfiguren zwei Ordensstifter: Coelestinus und Bruno von Köln. Auf dem *Annenaltar* gegenüber das Altarblatt mit der Szene der Unterweisung Mariens im Psalmengebet durch ihre Mutter Anna, 1748 von Joseph Felix Seyfried; auf dem Ovalbild der Stammvater David, als Begleitfiguren Hedwig von Schlesien und Elisabeth von Thüringen.

Sonstige Ausstattung. Die 4 prächtigen, qualitätvollen *Portale* aus der K. zur Vorhalle, zur Josephskap. und zur ma.

Sakristei als Säulenbaldachine mit schweren, gesprengten Giebeln ausgebildet, bekrönt von Engeln und Putten mit Blumengirlanden, über den Portalen zur Vorhalle Supraportenreliefs in der Art des Meisters des Taufaltars um 1730/40; die kassettierten *Türblätter* mit Intarsien und reichen Beschlägen von bemerkenswerter Qualität. Die Pforten im Chorjoch in geschwungenen Stuckmarmorwänden, seitlich hier statt der gewundenen Säulen je 4 Cherubim-Hermen, dazu steil hochgebogene Baldachine mit Vasen- und Kartuschenaufsätzen, um 1740. – Der *Orgelprospekt* A.19.Jh. von Andreas Nerse, die geschwungene Brüstung der Orgelempore gleichzeitig, die musizierenden Putten wohl 2.V.18.Jh. Gestühl: Prächtiger, vergoldeter *Abtstuhl* von 1733 mit Régence-Ornamentik und Engelsflüchten. 2 *Betstühle* mit reicher Schnitzerei gegen M.18.Jh., weiter w einer mit schwungvollem Akanthuswerk fr.18.Jh., ein 4. gegen M.19.Jh. Die *Beichtstühle* an der NWand und das *Wandgestühl* in den Seitenschiffen um 1800. Das *Gestühl im Langhaus* mit schön geschnitzten Wangen gegen M.18.Jh. 2 große klassizist. *Weihwasserbecken* aus rotem Marmor; zugehörig der *Marmortaufstein* neben dem Taufaltar, sein schön geschnitzter Aufsatz vom Meister des Taufaltars. Im Chorraum 2 sog. *Sanctus-Leuchter*, um 1650/60, große Standleuchter aus Bronzeguß, jeweils auf 3 Adlern stehend.

Der hohe Innenraum der **Josephs-Kap.** im Gegensatz zur K. vollständig farbig gefaßt. Die Wände mit Stuckmarmor verkleidet; das Gebälk unter der Kuppel von 6 Säulen mit Kompositkapitellen getragen. Auf dem Gebälk weiße *Stuckmarmorgruppen*: Moses, Jesajas, David und Abraham, auf der SSeite Gottvater von Engeln angebetet. Die Kuppel als Architekturbaldachin auf Pilastern, die einen roten „Himmel" tragen, illusionistisch ausgemalt von Georg Wilhelm Neunhertz um 1735, zwischen den Pilastern gemalte Szenen aus dem Leben der beiden Joseph, im Kuppelauge die Taube des hl. Geistes. Über dem Altar an der SWand *Gemälde* der hl.Familie, ein Werk der Willmann-Schule; seitlich auf schweren Konsolen die überlebensgroßen Stuckfiguren der hl. Elternpaare Joachim und Anna sowie Zacharias und Elisabeth mit dem Johannesknaben. – An der NSeite des Chors die bar. **Sakristei.** Der Zugang führt heute durch die 2 Joche des ö Klausurflügels, die im Ma. als Sakristei dienten. Damals jedoch der Fußboden tiefer liegend, der Raum deshalb jetzt gedrückt wirkend. Seine Kreuzgewölbe auf Birnstabrippen über spärlich skulptierten Konsolen; an den 2 Schlußsteinen dem Parlerstil verwandte Köpfe: 1370 ein Meister Johannes im Klst. tätig. Erhellend für die ma. Baugeschichte auch das Mönchsportal vom Kreuzgang zur K. im w anschließenden Joch; sein Gewände mit hochgot. 3teiligen Stabbündeln, wohl noch 1.V.14.Jh. Im Joch daneben, jetzt unter dem Treppenaufgang, das Konversenportal. Seine Rundstabprofilierung zeitlich nicht genauer bestimmbar. Nach O die geräumige Sakristei von 1725 anschließend, am Gewölbe aus Tonne mit Stichkappen *Malereien* der Neunhertz-Werkstatt in Kar-

tuschenrahmen, sämtlich auf das Opfer bezogen. An der OWand die 2 *Altäre* der Kreuzigung Christi und der Schmerzensmutter Maria. Die *Möblierung* durch z.T. mehrteilige intarsierte Schränke von vorzüglicher Qualität, einer 1753 dat., weiterhin schlichte Möbel um 1800. In den Schränken eine kostbare *Sammlung von bar. Paramenten*, die reichste in der DDR; meist prunkvolle böhmische und sächsische Arbeiten des 18.Jh. mit reicher Stickerei unter Verwendung französischer Stoffe. Am kostbarsten der elfteilige Ornat des Abtes Martin für seine Bischofsweihe, dat. 1739: Applikationsstickerei, Blumenmuster auf Silbergrund.
In dem kleinen 2jochigen Raum s der got. Sakristei (im Ma. Bibliothek?) der Stiftsschatz, hier nur in Auswahl aufgeführt. *Kreuzigungsgruppe* aus Meißner Porzellan von Johann Joachim Kändler, M.18.Jh., zum Benediktusaltar gehörig. Vorzügliche kleine *Kreuzigungsgruppe* aus Buchsbaum, M.18.Jh. *Kelche*, sämtlich Silber vergoldet: ein spätgot. um 1470/80, am Sechspaßfuß getriebene Reliefszenen, am Schaft in zierlichen Tabernakeln Standfigürchen von Heiligen. 5 bar. um 1710/20; 3 davon aufwendig mit Bandelwerk und Steinen, als Madonnen-, Engels- und Märtyrerkelch charakterisiert, letzterer 1719 dat., aus Prager Werkstätten. Der 4. schlichter, aber zugehörig, der 5. um 1730, Augsburger Arbeit von Johann Martin Maurer. *Monstranzen*: große prunkvolle Sonnenmonstranz von 1749, ebenfalls Augsburger Arbeit, Silber vergoldet mit Halbedelsteinen und Emails. 2 weitere Sonnenmonstranzen, die eine von Abt Martin um 1735 gestiftet, ähnlich der großen, die 3. aus Silber, beide wohl ebenfalls aus Augsburg. *Leuchter:* 2 Leuchterengel, Silber vergoldet, letztes V.17.Jh., aus Breslau von Christian Menzel. 3 große silberne Altarleuchterpaare, 1749 gestiftet, wohl Augsburger Arbeit. *Ewige Lampe*, Silber, um 1730, mit 3 vergoldeten Medaillonreliefs. *Vortragekreuz*, von Abt Martin gestiftet, 2.V.18.Jh., Silber vergoldet, der Gekreuzigte vollplastisch, an den Paßenden Cherubimköpfe. Sammlung von großen *bemalten Szenenprospekten* mit Figurengruppen für Passionsspiele, M.18.Jh.; die Entwürfe im Stiftsarchiv, sign. und dat. Joseph Felix Seyfried 1751.
Ehem. **Klausur** (Inst. für Lehrerbildung). Im N der K., aber in ungewöhnlicher Weise einige Meter von ihr abgerückt und zugleich gegenüber der K. um 3 Kirchenjoche nach W verschoben. Der Kreuzhof quadr., die Kreuzgänge 7jochig (ohne die Eckjoche), die 4 Klausurflügel etwa seit M.14.Jh. errichtet, jedoch spätgot., bar. und im 19.Jh. verändert bzw. erneuert. M.18.Jh. außerdem auf der OSeite eine zweite Raumreihe hinzugefügt und der WFlügel nach N verlängert. 1882 die gesamte Anlage durch Brand beschädigt, 1894—97 wiederhergestellt, aus dieser Zeit die ungünstig wirkende Aufstockung des 3. Geschosses.
DER KREUZGANG. Im wesentlichen einheitlich 2.H.14.Jh. Um 1370 ein Baumeister Johannes im Klst. erwähnt. Wohl wegen dieses späten Baubeginns die Klausur von der K. abgerückt, um deren Strebepfeilern auszuweichen. Die Kreuzgewölbe

mit Birnstabrippen, ihre Konsolen und Gewölbeanfänger aber vielfach im 15.Jh., z.T. auch im 19. und 20.Jh. ersetzt. Dabei die verschiedensten Formen und Gestalten verwendet, u.a. Ranken, Köpfe, kleine Tragefiguren; die künstlerische Qualität von O nach W abnehmend. Mittig vor dem NFlügel das Brunnenhaus mit barockisiertem Obergeschoß; unten ein Achteckraum mit schönem Sterngewölbe und umlaufender Nischengliederung. Im n Kreuzgangflügel spätgot. *Ofenkacheln* mit figürlichen Darstellungen in die Wand eingefügt, ebenso der stark abgetretene *Ritzgrabstein* eines Ritters, †1354. Die bar. Türrahmungen zu den beiden Sälen dieses Flügels erh.

DIE KLAUSURFLÜGEL. Die Raumfolge des OFlügels dürfte urspr. Sakristei (s. oben bei der bar. Sakristei), Bibliothek (jetzt Schatzkammer), Treppe zum Dormitorium, Auditorium (?), ODurchgang und Brüdersaal gewesen sein. Die Kreuzgewölbe z.T. erh., die Räume jedoch stark verändert. Bemerkenswert das reiche Sterngewölbe im quadr. Raum zwischen der ehem. Treppe und dem ODurchgang: aus 8 Dreistrahlrippen gebildet, vermutlich nach Vorbildern im Ordensland Preußen, sp.14.Jh. Der NTrakt einschließlich des Brüdersaals am NEnde des OTrakts nach der Zerstörung des Klst. durch die Hussiten im Jahre 1429 seit M.15.Jh. bis 1478 erneuert. Damals ein Meister Tyleman im Klst. tätig. Eindrucksvoll die monumentalen Gewölbe in den Räumen dieses Flügels. Im W das ehem. weiträumige Refektorium, tonnengewölbt mit untergelegten Rippensternen; die Rippen auf jeweils 3 Büstenkonsolen ruhend, an den Kreuzungspunkten der Rippen glasierte Sterne. Nach O anschließend das quadr. ehem. Kalefaktorium; seine Wände mit umlaufender Nischengliederung, das Gewölbe kupplig und mit untergelegtem Rippennetz, an den Kreuzungspunkten Sterne, Wappen und Masken. Ganz ähnlich urspr. die Wölbung des ehem. Brüdersaals ö daneben; dieser Raum jedoch in bar. und moderner Zeit erheblich umgestaltet; das Gewölbe dabei z. T. beseitigt, der Treppenbau an der WWand wohl noch spätgot. Am stärksten der WFlügel verändert, seine Netz- und Sterngewölbe nur z.T. erh.

Die sonstigen Klostergebäude. Vom WFlügel der Klausur ein bar. Trakt, das ehem. *Amtshaus*, nach W laufend und den großen Stiftshof s der K. nach N abschließend, 2geschossig mit zum Hof vorgelagerter toskanischer Säulenkolonnade; anschließend als w Begrenzung des Hofes die sog. *Galerie* von 1727, hofseitig die Säulenkolonnade weitergeführt, das schmiedeeiserne Dachgitter von 1774, wohl Ersatz der urspr. steinernen Brüstung. In der Kolonnadenmitte außen das in den Formen des böhmischen Barock gestaltete, aufwendige *Klosterportal* von 1736; über der Einfahrt schwere Kartusche mit Relief: Christus mit 2 Jüngern auf dem Wege nach Emmaus, eine Vorbereitung auf das Thema des Hochaltars. Die rahmenden Säulen schräggestellt und von den lebensgroßen Sandsteinfiguren der Apostel Petrus und Paulus bekrönt. Weiter s die ehem. *Stiftskanzlei* (Priesterseminar) von 1723, 13 zweigeschossige Achsen mit Sandsteinportal. Die SSeite des Stiftshofes bilden bar. *Wirtschaftsgebäude* (Wohnungen). An der OSeite die ehem. *Sommerabtei* (Pfarramt), um 1730, 2geschossig von 12 Achsen, Walmdach. Außerhalb des engeren Stiftsbezirks am NW-Ende der Kastanienallee, die zum Klst.Portal führt, die *Dreifaltigkeits-Kap.* (sog. Schiefe Kap.), im 2.V.18.Jh. unter Abt Martin errichtet. Darin früher bescheidener *Schnitzaltar* aus Steinsdorf, 3.V.15.Jh.; im Mittelschrein thronende Muttergottes mit Kind zwischen je einem Heiligen, in den Flügeln weitere 16 Heilige aufgereiht; z.Z.in Rest., seine Aufstellung in der Klst.-K. vorgesehen. An die Allee versetzt: *Christussäule* aus Sandstein mit der Statue des segnenden Salvators auf Kompositkapitell, um 1730/40 wohl von Jakob Mladek. Das ehem. *Spital* (Wohnungen), Priorsberg 7, 3.V.18.Jh., verändert; ö der K. der ehem. *Stiftsgarten* mit Orangerie. Im S des Stiftshofes die sog. *Scheibe*, ein terrassierter Hügel, urspr. Weinberg, seit 1948 als Kreuzweg für Wallfahrten umgestaltet. An der Schulstraße *Schule* von 1806, 2geschossig mit Krüppelwalmdach.

Ev. Pfarr-K. zum Hl.Kreuz, neben der SPforte zum Stiftshof. Urspr. Pfarr-K. des Dorfes Schlaben; dieses 1929 in Neuzelle umbenannt. Die K. 1354 von Abt Nikolaus I. zu Ehren des hl. Ägidius errichtet, 1728–34 eingreifend umgebaut und dem hl. Kreuz geweiht. Kleine verputzte Kreuzkirche mit 3jochigem Hallenlanghaus und w Doppelturmfassade. Die schlanken quadr. Türme in einem kurzen Geschoß unter der Haube ins Achteck übergeführt, ihre jetzige Erscheinung auf einen Umbau von 1850, wohl von Friedrich August Stüler, zurückgehend. Das Äußere von Langhaus und OTeil in Einzelheiten unter dem Eindruck der bar. Klst.-Kirche gestaltet, aber sehr schlicht. Die Kreuzarme mit Flachgiebeln springen kaum über das Langhaus vor, die einfachen, aber großzügigen Eingänge zu den Querhausemporen als eigene Baukörper in Erscheinung tretend, die seitlichen Langhausportale vermauert; über der Vierung die mächtige runde Tambourkuppel mit Laterne und Schweifhaube; im Osten 1/2kr. Apsis. Rest. 1961–64. – Das Innere von harmonischer Gesamtwirkung. Im Langhaus kräftige quadr. Pfeiler, das Tonnengewölbe mit Stichkappen unmittelbar über den Rundbogenarkaden ansetzend, der Vierungsraum mit dem runden Tambour von beherrschender Weite. – Die eindrucksvolle Ausstattung von den gleichen Meistern wie in der Klst.-Kirche. Die feine *Stuckdekoration* der Gewölbe im Bandelwerkstil von Caspar Hennevogel und dessen Sohn Johann Michael Hennevogel. Die *Gewölbemalerei* in der Art des Georg Wilhelm Neunhertz: In den Langhausgewölben die Himmelfahrt Christi umgeben von den Darstellungen der Seligpreisungen; in den Zwickeln unter dem Tambour die Evangelisten über den Kardinaltugenden; im Tambour gemalte Pilaster seltsamer Formung mit Blumengirlanden; die Kuppel ebenfalls vollständig ausgemalt: In 2 Ringen figürliche Allegorien der triumphierenden Kirche und, am Laternenfuß, ein von Putten gehaltener Früchte- und Blumenkranz. – Geschwungene W*Empore*; die *Emporen* in den Kreuzarmen mit geschnitzten Brüstungsfeldern in der Art des Matthias Braun. Der gesamte Raum durch den großen, reich bewegten *Altar* akzentuiert: Baldachin auf gedrehten Säulen; im Zentrum vor dem Scheitelfenster der Apsis die Skulpturengruppe des Gekreuzigten mit der zu seinen Füßen knienden Maria Magdalena umgeben von Putten, seitlich vor den Säulenpaaren lebensgroß Maria und Johannes, außen Bernhard und ein Bischof; oben zwischen den Säulen Reliefs der Passion, auf dem Gebälk Skulpturen der Engel mit den Leidenswerkzeugen, darüber, ebenfalls vollplastisch, Gottvater von Engeln umgeben. Seitlich des Altars 2 apsidenartige *Sediliennischen* aus Stuckmarmor, inschr. 1734. Die qualitätvolle *Kanzel* mit reichen Schnitzereien fahrbar und verhältnismäßig klein, 1.V.18.Jh., also älter als der Umbau der K. Der 8seitige Korb von kniender Engelsfigur getragen, an der Brüstung Reliefs: Ägidius zwischen den Kirchenvätern. Das *Gestühl* im Langhaus mit schlichten Barockwangen. Der schöne *Orgelprospekt* von 1728 mit Bandelwerkdekor. Im NKreuzarm *Intarsienschränke*. — Außen an der SWand 2 *Grabdenkmäler* von 1713 und 1715; auf dem Friedhof klassizist. *Grabmal* für J.Hammel †1819.

NEU ZITTAU Bez. Frankfurt/Oder, Ldkr. Fürstenwalde
Dorf-K. Rck. Putzbau von 1763, der quadr. WTurm und die n Vorhalle 1908. Innen Putzdecke. — Aus der Erbauungszeit der *Kanzelaltar* mit seitlichen Durchgängen.

NEXDORF Bez. Cottbus, Ldkr. Finsterwalde. — Inv. Prov. Brandenburg, Luckau
Dorf-K. Kleiner rck. Fachwerkbau von 1936—39 nach dem Vorbild des Baues von 1817, mit w verbrettertem Dachturm. Neuerlich rest. 1980. — Im Inneren stichbogige Holztonne und Empore auf der WSeite. Schlichter *Kanzelaltar* aus der ersten Bauzeit.

NIEDERFINOW Bez. Frankfurt/Oder, Ldkr. Eberswalde. — Inv. Prov. Brandenburg, Angermünde
Dorf-K. Flachgedeckter 1sch. Feldsteinbau mit eingezogenem Rck.Chor, sorgfältig gequadert, wohl noch 1.H.13.Jh. Nach Brand 1729 mit w Dachturm aus Fachwerk wiederhergestellt, 1789 rest. Vom spätrom. Kernbau vermauerte Fenster im O und W und vermauertes Portal zur ehem. Sakristei an der Chornordseite erh. — *Kanzelaltar* mit seitlichen Durchgängen 1732, klassizist. verändert. Entsprechend schlicht die 3seitige hölzerne Empore auf toskanischen Säulen, die Mitte vorschwingend. Gutes *Altarkruzifix*, Eisenguß, 1.H.19.Jh., am Fuß Abendmahlsrelief nach Leonardo. — Auf dem Friedhof 2 *Grabmäler* um 1810/15.
Schiffshebewerk im Zuge des Oder-Havel-Kanals zwischen Niederfinow und Liepe gelegen. 1927—34 errichtet zur Entlastung bzw. als Ersatz der nahebei gelegenen Schleusentreppe von 1914.

Das Schiffshebewerk, zur Zeit seiner Inbetriebnahme das modernste und größte der Welt, stellt eine Meisterleistung der Ingenieurbaukunst dar. Es ermöglicht den Schiffen, die dortige Geländestufe von 36 m in einem Trog in kürzester Zeit und mit geringem Energieaufwand zu überwinden.

NIEDERLANDIN Bez. Frankfurt/Oder, Ldkr. Angermünde. – Inv. Prov. Brandenburg, Angermünde

Dorf-K. Langgestreckter Rck.Saal aus Feldstein, im Kern sp. 13.Jh., 1699 verändert. Der WTurm leicht eingezogen, sein Aufsatz aus Fachwerk mit Pyramidendach. Vom Erstbau erh. das abgetreppte Spitzbogenportal im W und das NO-Portal. Die Fenster 2.H.19.Jh. rundbogig erneuert; auch das flachgedeckte Innere mit WEmpore 2.H.19.Jh. – *Schnitzaltar* um 1470, teilweise erneuert, im Schrein Mondsichelmadonna im Strahlenkranz von Engeln umgeben, dazu Heilige; in den Flügeln die 12 Apostel. Alle Figuren unter Maßwerkschleiern; der Aufsatz neuzeitlich. *Kanzel* M.17.Jh., Holz, ergänzt. Am polyg. Korb Reliefs der Evangelisten, am Aufgang Petrus und Paulus. Die *Taufe* auf mehrfüßigem Ständer wie in Mürow (Ldkr. Angermünde). In den Füllungen unter Rundbogenarkaden derbe Evangelistenreliefs sowie der Untergang der Ägypter im Roten Meer und die Taufe des äthiopischen Kämmerers. *Orgelprospekt* 1.H.18.Jh. – Außen an der Wand der ehem. Gruftkap. der Familie v.Arnim 2 *Figurengrabsteine*, für M.v.Arnim †1590 und für J.F.v.Diringshofen †1810.
Vom ehem. **Schloß** nur ein runder Treppenturm aus Backstein erh.

NIENDORF Bez. Cottbus, Ldkr. Luckau

Dorf-K. Rck. Putzbau mit schlanken Korbbogenfenstern. In der NW-Ecke quadr. Turm mit abgesetztem Glockengeschoß und Schweifhaube. Im Kern wohl bar., um 1908 neubar. umgebaut. Im Inneren durch hölzerne Stützen 3sch. unterteilt, das mittlere Schiff tonnengewölbt. WEmpore. Ausmalung in bäuerlicher *Schablonenmalerei* von 1908. – *Altaraufsatz* 1.H.18.Jh., Ädikulaform mit den Gemälden des Abendmahls, der Kreuzigung und Auferstehung, als Abschluß Strahlensonne; in den geschnitzten Wangen Medaillons mit den Bildern von Christus und Moses. Gleichzeitig die polyg. *Kanzel* mit Ecksäulchen und Schalldeckel sowie der *Pfarrstuhl*. Unter dem Schalldeckel kleiner *Kruzifixus*, 17.Jh. Auch das *Gestühl* der Zeit erh.

NIEWISCH Bez. Frankfurt/Oder, Ldkr. Beeskow

Dorf-K. Im Kern rck. spätgot. Feldsteinbau mit gedrungenem quadr. WTurm, seine beiden Obergeschosse in verputztem Fachwerk mit bar. Schieferhaube, 18.Jh. Einheitliche Ausstattung mit

Kanzelaltar und umlaufenden *Emporen*, die Orgelempore halbrund vorschwingend. – *Kruzifix*, Holz, dat. 1787, bäuerliche Arbeit.

NIEWITZ Bez. Cottbus, Ldkr. Lübben. – Inv. Prov. Brandenburg, Luckau

Das Dorf ein hufeisenförmiger Rundling, seine jetzige Bebauung aus dem 18./19.Jh., die Wohnhäuser vorwiegend in Giebelstellung mit Krüppelwalmdächern, die stattlichen Hofanlagen z.T. in Fachwerk mit korbbogigen Futtergalerien (z.B. Nr. 16).

Dorf-K. Fachwerkbau, wohl um 1770 erneuert, mit 5seitigem OSchluß und quadr. Dachturm über der in Backstein erneuerten WWand. Auch sonst das Fachwerk durch Ziegelschicht im Wandinneren gestützt. Der verputzte Turm mit Schweifhaube und Laterne von 1772. Die Öffnungen stichbogig; an der SSeite rck. Vorhalle. – Im Inneren Putzdecke und 3seitige Empore, ihre Holzstützen bis zur Decke durchlaufend, das ö Paar infolge der Emporenkürzung jetzt freistehend. Die Brüstung der Emporen mit *bemalten Füllungen*, Sprüche und Blumen, dat. 1755, 1771, 1772. *Kanzelaltar* E.17.Jh., Holz, Fassung erneuert. Der polyg. Korb mit Ecksäulchen, an der Kanzeltür oben Gemälde der Kreuzigung, seitlich Säulen und schmale Knorpelwerkwangen. In der Predella kleines Abendmahlsbild.

NOCHTEN Bez. Cottbus, Ldkr. Weißwasser

Dorf-K. Einheitlicher 1sch. Putzbau der 2.H.18.Jh. mit 5seitigem OSchluß. Die korbbogigen Fenster 2reihig angeordnet, das Äußere mit Pilastergliederung. Das WJoch mit dem Turm 1910 angefügt. Im Inneren Putzdecke. Hufeisenempore auf Balusterpfeilern mit vorschwingender Mitte im W. – *Kanzelaltar* mit bauchigem Korb vor ö Empore aus der Erbauungszeit. 4 kleine *Apostelfiguren* aus einem Schnitzaltar um 1420/30 und 2 weibliche *Büsten*, 15.Jh., aus der 1975/79 abgetragenen Dorf-K. Tzschelln (Ldkr. Weißwasser). Spätgot. *Kelch*, Silber vergoldet, der Sechspaßfuß mit Signaculum.

NOSSDORF Bez. Cottbus, Ldkr. Forst

s. FORST/LAUSITZ

O

OBERSDORF Bez. Frankfurt/Oder, Ldkr. Strausberg. – Inv. Prov. Brandenburg, Lebus

Dorf-K. Granitquaderbau M. bis 3.V.13.Jh., aus Schiff und eingezogenem Rck.Chor, mit w Dachturm und Portalvorbau an der s Chorseite. In der OWand schlanke rundbogige 3Fenstergruppe. Die K. nach 1945 wiederhergestellt.

OBERSDORF (MÜNCHEHOFE)

Dorf-K. Feldsteinbau 2.H.13.Jh., aus kurzem Schiff und eingezogenem Rck.Chor; im W verschiefertes Dachtürmchen. In der OWand spitzbogige 3Fenstergruppe, 2 originale spitzbogige Fenster auch in den Schiffswänden, außerdem je 1 Portal auf der SSeite von Schiff und Chor. Das kleine quadr. Schiff durch tief herabgezogenen breiten Spitzbogen zum Chor geöffnet, der mit Spitztonne überwölbt ist. – *Schnitzaltar* um 1520, im Mittelschrein Madonna auf der Mondsichel zwischen dem hl. Georg und einem hl. Bischof, in den Flügeln links Anna selbdritt, rechts die hl. Margarete; 1958 rest.

ODERBERG Bez. Frankfurt/Oder, Ldkr. Eberswalde. – Inv. Prov. Brandenburg, Angermünde

Am w Ufer der alten Oder, in schmaler, von Höhen gesäumter Niederung, nahe einer Furt durch die Oder. Kernsiedlung das wendische Dorf Barsdyn mit dem 1210 gegr. Hospital St.Marien, das 1231 in das Prämonstratenserkloster Gottesstadt umgewandelt und 1258 dem Zisterzienserkloster Mariensee (später Chorin) angeschlossen wurde; Reste der Hospitalkapelle A.20.Jh. abgetragen. Im NW von Barsdyn, auf dem steilen Albrechts- oder Stegemannsberg, um 1214 durch Markgraf Albrecht II. eine askanische Burg als Vorposten gegen Pommern gegr. In ihrem Schutz s im Tale ein deutscher Flecken, 1259 „Civitas", 1317 „Oppidum", mit rippenförmiger Straßenführung; vom gitterförmig erweiterten Kietz Barsdyn durch einen Bach getrennt. Keine Stadtbefestigung, aber Tore am Ausgang der w nach Eberswalde und s nach Angermünde führenden Hauptstraßen. Das urspr. Rathaus von 1637. Die frühgot. Kirche, nw vom Markt am Berghang, M.19.Jh. durch Neubau ersetzt. Nach Zerstörung der askanischen Höhenburg 1349 im 3.V.14.Jh. Burgneubau im ehem. slawischen Rundwall auf dem Oderwerder zur Überwachung der Wasserstraße, auch er bis auf Reste 1754 abgebrochen. Jenseits der Oder seit Trockenlegung des Bruchs 1867 Anlage einer Neustadt.

Stadt-K. St.Nikolai. Neubau in gotisierenden Formen 1853/55 von Friedrich August Stüler, die Umfassungswände in Feldstein, Obergaden und Formteile in hellem Backstein. Die flachgedeckte 3sch. Basilika mit polyg. Apsis und schlankem 8eckigem Turm an der NO-Ecke; innen mit 3seitiger Empore und einheitlicher gotisierender *Ausstattung* der Erbauungszeit. – *Altarkruzifix* mit Sockelrelief der Grablegung und 2 *Altarleuchter* aus Gußeisen, 1855.

Ruine der ehem. **Festung** auf dem Oderwerder, sog. Bärenkasten. Rck. Anlage des 3.V.14.Jh., im 30jährigen Krieg ausgebaut, 1754 bis auf Reste abgebrochen. Erh. einige Partien der S- und OWand in Feldstein mit Backsteinverkleidung.

Wohnhäuser. Nach der Zerstörung Oderbergs 1637 durch die Schweden und durch Stadtbrände 1649 und 1672 im 18./19.Jh. schlichte Neubebauung mit 2geschossigen Fachwerkhäusern. Einige im ehem. Oberkietz und in der Angermünder und Berliner Straße erh.

Heimatmuseum

ODERBERG (NEUENDORF)

Dorf-K. Flachgedeckter Rck.Bau mit WQuerturm von gleicher Breite; Umfassungsmauern und Turmuntergeschoß in Feldstein, vermutlich 3.V.13.Jh. Erh. das gestufte spitzbogige SPortal im Schiff, vermauert die Spitzbogenportale nach W und N sowie eine Priesterpforte in der ö SWand. Lanzettfenster in der OWand und in der s Turmwand z.T. zugesetzt; die übrigen Fenster bar. erweitert. Der OGiebel im gemischtem Mauerwerk mit gestaffelten Spitzbogenblenden spätgot., ebenso das Turmobergeschoß. Das Innere im wesentlichen um 1615, nach 1945 rest. — Reiches manieristisches *Altarretabel* A.17.Jh., von 2geschossiger architektonischer Gliederung, Holz gefaßt; im Zentrum figurenreiches Kreuzigungsgemälde, seitlich die 4 Evangelisten, im Auszug die Auferstehung. Ähnlich die polyg. *Kanzel* mit Ecksäulchen und Muschelnischen. Entsprechend auch die W*Empore* und 2 *Kastenstühle*, mit Arabeskenbemalung in den Arkadenfüllungen; besonders stattlich das *Herrschaftsgestühl*, inschr. 1615, mit Wappenmalereien an der Rückwand. *Taufstein* mit gekehlter Kuppa von 1575, der Fuß wohl spätgot.

Ehem. **Gutshaus** (LPG-Verwaltung). Zweigeschossiger Putzbau von 7 : 3 Achsen mit Walmdach, inschr. 1696. Die 3 Mittelachsen risalitartig betont.

OGROSEN Bez. Cottbus, Ldkr. Calau

Dorf-K. Putzbau von 1770, mit 3seitigem OSchluß und Stichbogenfenstern; der querrck. WTurm aus Granitquadern M.13.Jh., in seinem Obergeschoß gepaarte spitzbogige Schallöffnungen, je 2 nach O und W, je 1 nach N und S, z.T. vermauert. Gestuftes breitspitzbogiges WPortal, darüber großer abgetreppter Okulus. Auf der NSeite großes Lanzettfenster erh. — Innen Putzdecke mit Profilen, Hufeisenempore auf toskanischen Säulen, durch OEmpore 4seitig geschl., im W vorschwingend, darunter ehem. *Taufengel* angebracht. — Steiler einfacher *Kanzelaltar* um 1770. Große 8seitige *Sandstein-Taufe*, spätgot., Fuß modern. Geschnitzte *Relieffigur* einer stehenden Maria mit Kind, 3.V.15.Jh., mit zugehörigen kleineren Engelfigürchen. Schöner *Zinnkrug* von 1752 mit eingeritzten Apostelfiguren. An der SWand innen 8 *Grabsteine* der Familie von Stutternheim, 1662 bis sp. 17.Jh., ein weiterer für M.S.v.Kottwitz um 1700, ein 10. unleserlich.

OPPELHAIN Bez. Cottbus, Ldkr. Finsterwalde. — Inv. Prov. Brandenburg, Luckau

Dorf-K. Rck. verputzter Feldsteinbau des 15.Jh. mit eingezogenem WQuerturm. Fenster und Türen bar. vergrößert. M.19.Jh. Erhöhung des Turmes und Anbau einer polyg. Apsis, beides in Backstein. Im Inneren Balkendecke mit *Rankenmalerei* des 18.Jh. 3seitige Empore mit Spruchinschriften und ornamental bemalten Brüstungsfeldern in naiver Bauernmalerei des 18.Jh. — *Schnitz-*

altar um 1500, unter Astwerkranken im Mittelschrein die hl. Anna selbdritt zwischen Johannes d.T. und einem 2. Heiligen (Bartholomäus?), in den Flügeln die hl. Maria Magdalena und der hl. Nikolaus. *Kanzel* 17.Jh. *Pfarrstuhl* und 5teiliger *Orgelprospekt*, 18.Jh.

ORTRAND Bez. Cottbus, Ldkr. Senftenberg. – Inv. Prov. Sachsen, Liebenwerda

An der Kreuzung der „Hohen Straße", der alten Handelsstraße Leipzig–Breslau, mit der Straße Dresden–Senftenberg gelegen. Die Siedlung wahrscheinlich im Schutze einer den Pulsnitz-Übergang sichernden Burg im sp.12.Jh. entstanden. Ältester Teil wohl die spätere Vorstadt um die Kirche St.Jakob, die bis M.16.Jh. die Pfarr-K. des ganzen Ortes war, heute Friedhofs-Kap. Das Schwergewicht allmählich auf die jetzige Kernstadt verschoben, diese 1238 oppidum und schon früh mit Stadtrecht versehen. Tuchmacher- und Brauereigewerbe. Seit dem 14.Jh. in wettinischem Besitz, seit 1815 preußisch. – Planmäßig angelegt, im Gr. etwa rck. Im Zentrum großer quadr. Markt mit dem Rathaus. Im W nahe des ehem. Walles die Barbara-Kap., seit 1563 Pfarr-K. Auf dem heutigen Neumarkt stand vermutlich ehem. das Schloß, das bereits im 16.Jh. abgetragen wurde. Im S der Stadt 1411 die Spital-Kap. St.Marien bezeugt, um 1555 abgerissen. Der Ort nur mit Wall und Graben befestigt; 2 Tore, das Lindenauer Tor im N und das Dresdener Tor im S, beide im 19.Jh. beseitigt.

Stadt-K. Im Kern spätgot., 3sch. Hallenkirche von 3 Jochen, urspr. gewölbt und wohl mit eingezogenem Rck.Chor versehen, n von diesem die Sakristei; der Bau vermutlich die ma.Barbara-Kap. 1563 Umbau zur Pfarr-K., Verputz und Anbau eines 2.Chorjochs im O, wahrscheinlich auch des 1612 bereits wieder zerstörten WTurmes. Um 1627 Erneuerung bzw. Wiederaufbau der K., dabei Erweiterung der Fenster zur heutigen rundbogigen Form sowie Einbringung der Flachdecke. Die NTür im Schiff und die s Chortür spätgot. profiliert, ihre *Türblätter* mit Beschlagwerk in Flachschnitzerei, das s dat. 1627. Von einer weiteren Erneuerung um 1730 der Chorturm mit Haube und Laterne über dem OJoch des Chores; 1902 rest. Im Langhaus-Inneren 8eckige Pfeiler, dazwischengespannt die Emporen an der N- und SSeite, ein weiterer Emporeneinbau im W. Spätma. *Granittaufe*, Sockel und Schaft erneuert.

Ehem. **Pfarr-K.** St.Jakob (Friedhofs-Kap.). Langgestreckter Feldsteinbau mit 3seitigem OSchluß, unter Einbeziehung ma. Mauerteile urk. 1563 erneuert. Vom Urspr.Bau noch je 1 kleines schmales Fenster an der N- und SWand erkennbar. Im Bar. mehrfach verändert, aus dieser Zeit die WWand und die Stichbogenfenster. An der NSeite Gruft-Kap. von 1836 mit Pilastergliederung und Dreiecksgiebel. Der w Dachreiter 1721, erneuert 1826. Das Innere flachgedeckt; der mittlere Unterzugsbalken im WTeil auf 2 Balusterstützen, dat. 1649. Empore im W und NW. – *Schnitzaltar* (aus der ehem. Marien-Kap.) 2.H.15.Jh., im Mittel-

schrein Mondsichelmadonna zwischen 2 weiblichen Heiligen, im Aufsatz 3 Heiligenfiguren, wohl vom ehem. Gesprenge: Sebastian, Margarete und Barbara; auf den Flügeln gemalt hl.Sebastian und hl.Antonius. Schlichte *Kanzel* mit Schalldeckel, um 1650. *Sandstein-Epitaph* für H.v.Lüttichau †1548 und seine Frau †1549, in Rundbogennische das Ehepaar kniend vor dem Kruzifix, im Hintergrund der Auferstehende. – Auf dem Friedhof mehrere *Grabsteine* 1.H. bis M.19.Jh., u.a. für Chr.Schreyer †1823, A.W.Burg †1852 und C.Breitenfeld †1855; *Grabdenkmal* eines Ehepaares, nach Inschr. M.19.Jh., in Rokokoformen des 18.Jh.
Rathaus. Um 1840. Schlichter 2geschossiger Putzbau von 7 Achsen, der zarte 3achsige Mittelrisalit mit Dreiecksgiebel; auf dem Walmdach Dachreiter mit Laterne.
Ehem. **Gutshaus** (VEB Holzveredelung) im NO der Stadt. Rck. 2geschossiger Putzbau mit Satteldach, im Kern um 1600. Aus dieser Zeit das rundbogige Sitznischenportal an der Hofseite.

OSCHÄTZCHEN Bez. Cottbus, Ldkr. Liebenwerda. – Inv. Prov. Sachsen, Liebenwerda
Dorf-K. 1908, 1sch. mit 3seitigem OSchluß und WTurm mit gefälliger Doppelhaube. Innen hölzerne Tonne und Hufeisenempore. – *Schnitzaltar* E.15.Jh., im Mittelschrein Maria mit dem Kind zwischen den Heiligen Nikolaus und Antonius, in den Flügeln je 4 Heilige; die Schnitzfiguren unter Maßwerkbaldachinen. Auf den Flügelaußenseiten gemalt 4 Heilige. Über dem Schnitzaltar der hölzerne *Kanzelkorb* fr.17.Jh.

P

PAPITZ Bez. Cottbus, Ldkr. Cottbus. – Inv. Prov. Brandenburg, Cottbus
Dorf-K. Spätgot. rck. Backsteinbau M.15.Jh., mit massigem, nur wenig eingezogenem quadr. WTurm, verwandt mit dem WTurm der K. in Werben, Ldkr. Cottbus. Das Äußere des 4geschossigen Turmes am Untergeschoß durch Rautenmusterung, in den Obergeschossen durch gleichmäßige Blendenreihung gegliedert, Turmabschluß als Zinnenkranz mit oktogonalem Steinhelm; an der SSeite rck. vorspringendes Treppentürmchen. Im O gestufte 3Fenstergruppe unter Blendengiebel. Das gestuft spitzbogige WPortal in rck. Vorlage, diese durch bar. Segmentgiebel abgeschlossen. An der SSeite spätgot. Portal und gestreckter 2geschossiger Anbau (Sakristei und Patronatsloge) A.18.Jh., gleichzeitig die Fenster des Schiffs verändert. Im Inneren flache Putzdecke über Voute des 18.Jh., darüber die bemalte Balkendecke der Erbauungszeit erh. Die untere Wandzone des Schiffs umlaufend durch Blendnischen in variierender Form gegliedert.

In der Turmhalle Sterngewölbe. – Die hölzerne Ausstattung 4.V.17.Jh.: *Altaraufsatz*, in der Mittelzone Gemälde: in der Predella die Geburt Christi, darüber Abendmahl, im Hauptfeld Kreuzigung mit plastischem Kruzifix, im 2geschossigen Aufsatz Auferstehung und Himmelfahrt, bekrönt von Posaunenengel, rest. um 1960. *Kanzel* mit Knorpelwerkdekor, der polyg. Korb auf gedrehter Säule, in den Feldern des Aufgangs gemalt die Evangelisten Johannes und Lukas in Landschaften. *Taufe* in oktogonaler Kelchform, darüber auf 3 Säulchen ruhender Baldachin, rest. 1966, dabei die Fassung erneuert. *Doppelstuhl* mit Baldachin, ebenfalls E.17.Jh. *Opferstock* und *Truhe* mit spätgot. schmiedeeisernen Beschlägen. *Orgelprospekt* 1826. *Inschr.Grabstein* für A.S.v.Pannwitz †1658. – Außen neben dem Portal der SVorhalle eingesetzt *Grabdenkmal* für S.v.Löben †1698, Kalksteinrelief, der Verstorbene in Plattenrüstung, darüber – jünger – gebrochener Giebel mit Wappen und flammenden Gefäßen.

PARLOW-GLAMBECK Bez. Frankfurt/Oder, Ldkr. Eberswalde. – Inv. Prov. Brandenburg, Angermünde
Dorf-K. (Parlow). Romanisierender 1sch. Backsteinbau mit Apsis und WTurm, 1860–63.
Dorf-K. (Glambeck). Flachgedeckter rck. Fachwerkbau von 1843, rest. 1963. – *Altarkruzifix*, Gußeisen, 1.H.19.Jh. Zwei Paar *Altarleuchter*, Gußeisen, das ältere Paar 1.H.19.Jh., in schöner klassizist. Gliederung, das jüngere M.19.Jh. in Renaiss.Formen.
Ehem. **Gutshaus** (z.Z. in Verfall). Gestreckter 1geschossiger Putzbau mit Mansardwalmdach, von guten Proportionen, gegen 1800.

PARSTEIN Bez. Frankfurt/Oder, Ldkr. Eberswalde. – Inv. Prov. Brandenburg, Angermünde
Dorf-K. Flachgedeckter 1sch. Feldsteinbau mit eingezogenem Rck.Chor und quadr. WTurm aus Backstein, Kern wohl M.13.Jh., bezeugt durch 3 Lanzettfenster in der Chorostwand. Gotisierend erneuert 1880; der Turm von 1898. Das Innere mit Hufeisenempore und einheitlicher Ausstattung um 1890.

PASERIN Bez. Cottbus, Ldkr. Luckau. – Inv. Prov. Brandenburg, Luckau
Dorf-K. Feldsteinbau, sp.13./fr.14.Jh., aus Schiff, eingezogenem Rck.Chor und querrck. WTurm. Die kreuzgratgewölbte NSakristei mit 3 spitzbogigen Zwillingsblenden an der OWand 15.Jh. Steilspitzbogiges Chor- und Schiffsportal, letzteres gestuft. Kleine Lanzettfenstergruppe in der OWand; die übrigen Fenster 1733 vergrößert. Die Turmtür der SSeite mit Backsteingewände. Der Turm seit 1893 durch Plattform abgeschl. und durch eingerückten Pyramidenaufsatz mit quadr. Laterne bekrönt. Das In-

nere mit Balkendecke; Chor und Schiff durch gedrückt spitzbogigen Triumphbogen getrennt. In der Chor-NWand große spätgot. *Sakramentsnische*, aus der Wand vortretend, urspr. wohl mit Giebelaufsatz. Empore im W von 1669, im N von 1770. – *Altaraufsatz* dat. 1690, rest. um 1970; dreizoniger Aufbau mit den Gemälden des Abendmahls, der Kreuzigung und Auferstehung, das Hauptfeld flankiert von Weinlaubsäulen, in den Nischen dazwischen die Freifiguren von Moses und Christus, in den Knorpelwerkwangen Wappenmedaillons, auf dem Gebälk Engel, auf Christus weisend. Schlichter steinerner *Kanzelkorb* M.16.Jh. Hölzerner *Taufständer* sp.17.Jh. Etwa gleichzeitig *Gestühlsvorderwand* mit Nischen in Flachrelief. Hölzerner *Kruzifixus* 16.Jh., nahezu lebensgroß (vgl. Uckro, Ldkr. Luckau). An der SWand des Chores *Inschr.Grabstein* für J.C.Barth †1730, mit Rankendekor.

PASSOW Bez. Frankfurt/Oder, Ldkr. Angermünde. – Inv. Prov. Brandenburg, Angermünde

Dorf-K. Flachgedeckter rck. Feldsteinbau 3.V.13.Jh. Im SO die ehem. Sakristei, gewölbt und mit steilem Pultdach; im 18.Jh. Erbbegräbnis. Der WTurm von Schiffsbreite aus unregelmäßigem Feldsteinmauerwerk spätgot., mit verbrettertem Aufsatz und 8eckiger Laterne von 1822. Die Kirche 1959 rest. Original erh. 2 zugesetzte Spitzbogenportale in der NWand, in der OWand 3Fenstergruppe unter stumpfspitzbogiger Blende, das Mittelfenster mit eingelegtem Rundstab aus Backstein, im Giebel darüber weitere Spitzbogenblenden. Im NO 2 Lanzettfenster mit einem Kreisfenster darüber als Gruppe, innen und außen von Spitzbogenblende zusammengefaßt. Der Innenraum mit Hufeisenempore 2.H.19.Jh. Im W außerdem Orgelempore mit entsprechender Brüstung; der hübsche geschnitzte *Orgelprospekt* 2.H. 18.Jh. – Großer guter *Schnitzaltar* A.16.Jh., wohl unter Einfluß des als lübisch geltenden Altars der Prenzlauer Marienkirche; im Mittelschrein Maria mit dem Kinde zwischen Anna selbdritt und Johannes d.T., in den Flügeln die 12 Apostel, zu Dreiergruppen geordnet. In der Predella der hl.Georg mit 11 weiblichen Heiligen. Alle Figuren unter geschnitzten Rankenschleiern. Auf den Flügelrückseiten 4 Gemälde der Passion Christi. Bekrönend die Kreuzigungsgruppe. Schlichte hölzerne *Kanzel* A.17.Jh.

PECHERN Bez. Cottbus, Ldkr. Weißwasser

Dorf-K. Hübscher Fachwerkbau 18.Jh., kurzer Saal mit hohem Walmdach; bekrönt von mittlerem Dachreiter mit Laterne und Haube; ö Sakristei und s Patronatsloge angefügt. Im Inneren polyg. gebrochene, verputzte Holztonne und 3seitige Empore auf toskanischen Säulen. Die Bemalung der Decke, Emporenbrüstung und Kanzel von 1930. – An der OWand polyg. *Kanzelkorb* von einer älteren Kanzel; daneben die *Bilder* der Evangelisten Markus und Matthäus angebracht, ein drittes von Johannes an der Kanzeltür. Kleiner *Orgelprospekt* um 1800. – Auf dem Kirchhof *Sandsteingrabmal* um 1800, Urne auf Säulenstumpf.

PEHLITZ Bez. Frankfurt/Oder, Ldkr. Eberswalde

s. BRODOWIN

PEITZ Bez. Cottbus, Ldkr. Cottbus. – Inv. Prov. Brandenburg, Cottbus

Am Rande des Spreewaldes im Glogau-Baruther-Urstromtal in breiter Wiesenniederung an der Straße von Cottbus nach Frankfurt/Oder gelegen. 1301 erstmals die Burg Pizne urk., in deren Schutz die 1336 gen. Siedlung angelegt, auf dem rck. Marktplatz Rathaus und Kirche. Im 15.Jh. ummauert; 2 Tore, das Lieberoser Tor im NW und das Cottbuser Tor im SO, beide im 19.Jh. beseitigt. Seit 1445 brandenburgischer Besitz. Der Ort erlangte Bedeutung durch den Ausbau der Burg zur Festung sw der ma. Stadt; 1554? (1559) beg. unter dem Markgrafen Johann von Küstrin durch italienische Festungsingenieure; zunächst Jeronimus Arkanat, später 1560–62 Franciscus Chiramella di Gandino. Bei dem weiteren Ausbau der Festung von 1579–95 durch Graf Rochus zu Lynar und Antonio di Fornio die Stadt in die Festungsanlage einbezogen. Während des 30jährigen Krieges hielt die Festung den Angriffen stand; nach ihrer Aufgabe 1764 verfiel sie und wurde größtenteils abgetragen. Von wirtschaftlicher Bedeutung das ehem. Werk zur Verhüttung von Raseneisenstein um 1550 bis 1858, dadurch Ausbildung der Peitzer Teichlandschaft, die der Fischwirtschaft und fortifikatorischen Zwecken diente.

Pfarr-K. Stattlicher Backsteinbau von 1854–60 in Anlehnung an oberitalienische Vorbilder romanischer Zeit. 3sch. Basilika mit großer Mittelapsis und apsidial geschlossenen Nebenchören. Der einbezogene quadr. WTurm mit oktogonaler Laterne und Spitzhaube. Das Äußere durch farbige Backsteine belebt, an der WSeite 3 Portale. Das Innere bis auf die Mittelapsis 1978/79 umgestaltet: Flache Bretterdecke auf Stahlstützen, Einbau einer Winterkirche und von Gemeinderäumen auf der ehem. 3seitigen Empore. – An der SWand *Grabstein* für den Festungshauptmann G.v.Karlewitz †1620, die Relieffigur des Verstorbenen in Rüstung.

Rathaus. Strenger 2geschossiger klassizist. Putzbau mit Krüppelwalmdach, 1804 vollendet vom Maurermeister Johann Gottfried Görn. Die ö Giebelfront um 1850 in Formen der Tudorgotik umgestaltet.

Der **Wohnungsbau** im ganzen schlicht, hervorzuheben: *Platz der Freundschaft* (Markt) *4*, mit rundbogigem Sitznischenportal und Inschr.Kartusche von 1611; *Hauptstr. 16* (Adlerapotheke), 2geschossig mit Mansarddach um 1800, die Fassade durch Rahmungen und Stuckgirlanden verziert; *Platz der Freundschaft 17*,

2geschossiger Putzbau von 9:5 Achsen mit Krüppelwalmdach, E.18.Jh.

An der Stelle des ma. Bergfrits sog. **Festungsturm**, nach 1559, rest. 1914/15; mächtiger 3geschossiger Backsteinbau auf gestreckt rck. Gr., das Oberteil mit abgerundeten Ecken durch Walmdach mit Uhrtürmchen von 1708 abgeschlossen. An der w Turmseite 3 rundbogige Eingänge zu den tonnengewölbten unteren Geschossen (Kasematten und Magazin).

Sog. **Magazinbastion** (Ruine) an der Gubener Str., Backsteinbau mit Kasematten, E.16.Jh.

Ehem. **Eisenhüttenwerk** (Hüttenmuseum) sö der Stadt am Hammerstrom gelegen. Im 16.Jh. unter Kurfürst Joachim I. zur Verhüttung von Raseneisenerz als Arbeits- und Wohnsiedlung angelegt. Die heutige Baugestalt aus der Blütezeit zwischen 1807 und 1810, rest. 1959–65: Im Zentrum das Hochofengebäude, 1809–10 von K.G.Voigtmann, 1geschossiger Putzbau mit einachsigem Mittelrisalit, Halbkreisfenstern und hohem Krüppelwalmdach mit Fledermausluken; im Inneren Holzkohle-Hochofen, dekoriert mit dorisierenden Halbsäulen. Im S, jenseits des Flusses, das ehem. Emaillierwerk, ringsum angeordnet mehrere, z.T. veränderte Wohn- und Werkgebäude.

Ehem. **Gutshaus** „Luisenruh", Lindenstr. 2. 1geschossiger Putzbau unter Mansardwalmdach von 1777, baufällig.

PELKWITZ Bez. Cottbus, Ldkr. Luckau. – Inv. Prov. Brandenburg, Luckau

Dorf-K. Kleiner Feldsteinbau 14./15.Jh.; das w Fachwerk-Dachtürmchen mit massiver WWand wohl von der Erneuerung sp.17.Jh. An der SWand die urspr. Form der Fenster noch erkennbar, sonst die Öffnungen sp.17.Jh. Das Innere mit Bretterdecke; W- und NEmpore sp.17.Jh. – *Kanzelaltar* sp.17.Jh., mit polyg. Korb zwischen gedrehten Säulen. Gleichzeitig der *Pastorenstuhl* in der SO-Ecke, mit geschnitzter Türfüllung und Engelsflucht als Bekrönung.

PETERSDORF b. Briesen. Bez. Frankfurt/Oder, Ldkr. Fürstenwalde. – Inv. Prov. Brandenburg, Lebus

Dorf-K. Kleiner flachgedeckter rck. Granitquaderbau 2.H.13.Jh. Vermauertes WPortal, sonst die Öffnungen bar. verändert. Süd-Vorhalle 2.H.19.Jh. – Hübsche hölzerne *Kanzel* A.17.Jh., rest. 1958; auf Balusterfuß der polyg. Korb, in den Brüstungsfeldern zwischen Hermenpilastern die mit Christus und den 4 Evangelisten bemalten Architekturnischen. *Abendmahlsgemälde* (Mitteltafel des ehem. Altares) M.17.Jh., rest. 1957.

PETERSHAGEN Bez. Frankfurt/Oder, Ldkr. Angermünde. – Inv. Pommern, Reg.Bez. Stettin, Randow

Dorf-K. Flachgedeckter Rck.Bau aus regelmäßigen Granitquadern M. bis 3.V.13.Jh., rest.1.H.18.Jh. und 1963/66. Zwei

Spitzbogenportale in der SWand (eins zugesetzt) und die leicht zugespitzten Fensteröffnungen erh.; in der OWand 3Fenstergruppe und im Giebel darüber 3 Spitzbogenblenden. Das WPortal neu. – *Altaraufsatz* E.18.Jh., Holz, nüchterne Säulenarchitektur mit plastischem Kruzifix vor gemalter Landschaft. *Kanzel*, Holz, 1606 von Andreas Kummer (aus der Berliner Petri-K. nach 1720 abgegeben); das anschließende *Pfarrgestühl* gleichzeitig. Der polyg. Kanzelkorb von einem Pfeiler getragen, in den Brüstungsfeldern Muschelnischen zwischen Säulen, davor Figuren des Salvator mundi und der Evangelisten. Am Korb wie am pyramidenförmigen Schalldeckel mit zahlreichen Freifigürchen Beschlagwerk- und Rankendekor; z.Z. in Rest., dabei die reiche originale Farbfassung wiederhergestellt. *Taufständer*, klassizist. Eisenguß um 1820.

PETERSHAGEN Bez. Frankfurt/Oder, Ldkr. Seelow. – Inv. Prov. Brandenburg, Lebus
Dorf-K. Flachgedeckter Granitquaderbau mit eingezogenem Rck.Chor, gegen M.13.Jh. Der quadr. WTurm in seinem Untergeschoß spätgot., sein Obergeschoß, Backstein verputzt, mit achteckiger Laterne und Schweifhaube 1713. Vom Bau des 13.Jh. 2 Portale im Schiff und 2 Lanzettfenster im Chor erkennbar. Die übrigen Öffnungen bar. erneuert. Im Inneren WEmpore; die OEmpore hinter dem Altar ein Rest der ehem. Patronatsloge. – *Altaraufsatz* um 1721, über der Predella mit Abendmahlsbild ovales Kreuzigungsgemälde zwischen Weinlaubsäulen, im Aufsatz Grablegung zwischen gedrehten Säulen, als Bekrönung Strahlensonne mit Himmelfahrt; Rankenwangen mit gemalten Wappen. *Kanzel* dat. 1721, der polyg. Korb mit Weinlaub-Ecksäulchen, Rankenwerk über der Kanzeltür sowie an Aufgang und Schalldeckel.

PETERSHAGEN Bez. Frankfurt/Oder, Ldkr. Strausberg. – Inv. Prov. Brandenburg, Niederbarnim
Dorf-K. Großer Backsteinbau von 1910, der WTurm von 1897. Das saalartige Innere mit hölzernem Muldengewölbe und Empore im N und W. Die Ausstattung aus der Bauzeit, nur im O in den einheitlichen Logenprospekt guter *Kanzelaltar* von 1718 aus der ehem. Schloß-K. zu Berlin-Friedrichsfelde eingefügt: Der schöne polyg. Kanzelkorb mit Engelsflüchten als Träger des Kranzgesimses flankiert von Säulen und Pilastern, die ein schräggestelltes Gebälkstück zusammenfaßt.

PFAFFENDORF Bez. Frankfurt/Oder, Ldkr. Beeskow
Dorf-K. Rck. flachgedeckter Putzbau mit quadr. Dachturm im W, 1736/37. Der Turm mit Zeltdach, das Satteldach des Schiffes nach O abgewalmt. Gliederung durch Putzstreifen; große Stich-

bogenfenster. Bar. Gestühl und Hufeisenempore, die *Orgel* 1841 von Weber aus Lieberose. – *Kanzelaltar* E.18.Jh., hohe Ädikula mit bauchigem Korb. 3 *Gemälde*, davon 1 Herrenporträt dat. 1815.

PIESKOW Bez. Frankfurt/Oder, Ldkr. Fürstenwalde

s. SAAROW-PIESKOW

PILLGRAM Bez. Frankfurt/Oder, Ldkr. Fürstenwalde. – Inv. Prov. Brandenburg, Lebus

Dorf-K. Im Kern ma. rck. Granitquaderbau. Bei dem Umbau um 1745 verputzt, Fenster verändert sowie der hölzerne Dachreiter hinzugefügt. Innen an der SWand vermauertes spitzbogiges Stufenportal.

PINNOW Bez. Cottbus, Ldkr. Guben

Dorf-K. Guter neubar. Bau aus gebändertem Backstein von 1909 mit WTurm. Innen Holztonne mit Spannwerk. Ausstattung aus der Bauzeit, nur *Kanzel* und *Taufe*, Holz, 1.H.17.Jh.

PINNOW Bez. Frankfurt/Oder, Ldkr. Angermünde. – Inv. Prov. Brandenburg, Angermünde

Dorf-K. Frühgot. flachgedeckter Rck.Bau aus Feldstein 2.H. 13.Jh., mit WTurm von gleicher Breite, dieser innen durch breiten Rundbogen zum Schiff geöffnet. Turmabschluß von 1970. Im N tonnengewölbte Sakristei, im S spätma. Vorhalle. Die Lanzettfenster und das Portal im S im urspr. Zustand. Im W großes Kreisfenster, an der Turmsüdwand große Rundbogenblende mit eingeschriebenem, vermauertem Kreisfenster, dazu über dem SPortal breite, von Spitzbogenfries abgeschlossene Rck.Blende, in ihrer Mitte jüngeres Fenster. Im OGiebel über einer 3Fenstergruppe Blendenschmuck mit mittlerer Rosette aus Backstein. Das Innere 1954 erneuert. Im Turmraum *WEmpore* des 17.Jh. – *Altar* 1.H.18.Jh.; ungewöhnlich für die Gegend die Verbindung von Altar und Orgel. Im Retabel Gemälde der Kreuzigung, darunter Abendmahlsbild. Der *Orgelprospekt* darüber mit hübsch geschnitzten Wangen. Hölzerne *Kanzel* M.17.Jh., der polyg. Korb mit Ecksäulchen und Architekturnischen auf ausladendem Untersatz; kronenförmiger Schalldeckel. *Taufständer* aus Holz 2.H.17.Jh., pokalförmig, neu bemalt. *Altargarnitur* aus Gußeisen, M.19.Jh.

PITSCHEN-PICKEL Bez. Cottbus, Ldkr. Luckau. – Inv. Prov. Brandenburg, Luckau

Dorf-K. (Pitschen). Rck. Feldsteinbau mit querrrck. WTurm-Unterbau in Schiffsbreite, 15.Jh. Nach Brand 1675/76 als Putzbau eingreifend erneuert. Aus dieser Zeit auch der verbretterte w Dachturm mit 8eckigem Aufsatz, Haube und Laterne sowie der s Logenvorbau aus Backstein. Das flachgedeckte Innere 1964/65 rest. Kurze Hufeisenempore 18.Jh. – *Kanzelaltar* zusammengefügt aus einem Altaraufsatz von 1684 und dem Kanzelkorb von 1725/26; in der Predella ovales Abendmahlsbild, der polyg. Kanzelkorb mit den Bildern des Salvators und der 4 paarweise angeordneten Evangelisten, flankiert von Weinlaubsäulen; Schalldeckel mit Volutenkrone. *Taufe* A.19.Jh., in Form eines kannelierten Säulenstumpfes. *Orgelprospekt* von 1734. *Pastoren- und Ältestenstuhl* mit Brüstungsmalerei, 1706 von Christian Zimmermann aus Luckau: 12 Apostel, am Aufgang zur Kanzel der Salvator. Die *Logen* an der OWand mit durchbrochenen Rankenaufsätzen. Bar. *Altarkruzifixus*, Marmor, das Kreuz modern. Spätgot. *Kelch mit Patene* 15.Jh., Silber vergoldet, auf rundem Fuß aufgenietete Kreuzigungsgruppe, der Nodus mit durchbrochenem Maßwerk. Neben dem ö Eingang Reste eines *Grabsteines* für H.v.Stachowitz †1598. In der NWand *Kindergrabstein* von 1630. – Im Pfarrhaus schöne geschnitzte *Madonna* (Attribute fehlen) mit Resten alter Fassung, um 1430/40, und Rest einer spätgot. *Schnitzfigur*.

Gegenüber der K. das ehem. **Gutshaus** (Wohnungen). Spätbar. 2geschossiger Putzbau mit gebrochenem Krüppelwalmdach, 1840 erneuert.

PLESSA Bez. Cottbus, Ldkr. Liebenwerda. – Inv. Prov. Sachsen, Liebenwerda

Dorf-K. Putzbau von 1814; Rck.Saal mit WTurm, dieser mit 8seitigem Oberteil, bekrönt von Schweifhaube und Laterne. An der OSeite Sakristeianbau. Im Inneren 3seitige Empore auf ägyptisierenden Stützen, seitlich in 2 Rängen. – Hübscher hölzerner *Kanzelaltar*: Die bar. Grundform der doppelsäuligen Ädikula in eigenwilliger Weise in Empireformen umgesetzt. *Sandsteintaufe* mit spätma. Kuppa in Kelchform, modern ergänzt.

PLOSSIG Bez. Cottbus, Ldkr. Jessen

Dorf-K. Im Kern 1sch. ma. Kirche aus Raseneisenstein, mit Apsis und WQuerbau; dieser im Aufbau bar., sein 1.Obergeschoß quadr., darauf ein 8eckiges Oberteil mit Haube und Laterne. Das Schiff um 1830 klassizist. umgebaut. Im Inneren Putzdecke und Hufeisenempore. – Achteckiger bar. *Taufstein*.

PODROSCHE Bez. Cottbus, Ldkr. Weißwasser

S. KLEIN PRIEBUS

POLSSEN Bez. Frankfurt/Oder, Ldkr. Angermünde. – Inv. Prov. Brandenburg, Angermünde
Dorf-K. Flachgedeckter rck. Feldsteinbau mit eingezogenem Rck.Chor M.13.Jh., w verbretterter Dachreiter mit Helm; bar. erneuert, 1962 rest. Spitzbogige Portale im W, S und N erh., letzteres vermauert; im jüngeren OGiebel 2 Blenden und Kreisluke. Die Fenster im 18.Jh. stichbogig verändert. Innen runder Triumphbogen. – Die schlichte hölzerne Ausstattung A.18.Jh.: *Kanzelaltar* mit anschließendem *Pfarrgestühl*, *Taufstein* und *Orgel*. Der Altaraufsatz mit zarten Akanthuswangen und Strahlenglorie. Ehem. *Patronatsstuhl* 2.H.18.Jh., von flachen Pilastern gegliedert. Im Pfarrhaus *Kruzifixtorso* 16.Jh. sowie 12 *Apostelfigürchen* sp.15.Jh. vom Altar in Schmiedeberg, Ldkr. Angermünde.
Ehem. **Gutshaus** (Volkseigenes Gut) am Haussee. Backsteinbau 1844/46 in den nüchternen Formen des Stüler-Umkreises, mit Belvedere-Turm an einer Schmalseite, hofseitig mittlere Portikusnische, gartenseitig Altan mit Freitreppe.

PRÄDIKOW Bez. Frankfurt/Oder, Ldkr. Strausberg

s. PRÖTZEL

PRENDEN Bez. Frankfurt/Oder, Ldkr. Bernau. – Inv. Prov. Brandenburg, Niederbarnim
Dorf-K. Rck. Putzbau 17.Jh., mit massigem quadr. WTurm aus Fachwerk von 1704, seine WSeite verbrettert. Das Innere mit Balkendecke und umlaufenden Emporen. – Hölzerner *Altaraufsatz* dat. 1611, durch nachträglich eingesetzten bar. *Kanzelkorb* zum Kanzelaltar umgestaltet; 2geschossiger Architekturaufbau in den Formen der deutschen Spätrenaiss., in den Nischen Figürchen, u.a. Christus als Kind und als Auferstandener. Die Beschlagwerkwangen in Vogelköpfen endend.

PRENSDORF Bez. Cottbus, Ldkr. Luckau
Dorf-K. Rck. Feldsteinbau des 14.Jh., mit leicht eingezogenem querrck. WTurm. E.17./A.18.Jh. erneuert und verputzt; die Öffnungen korbbogig. Das Turmobergeschoß mit Krüppelwalmdach aus dieser Zeit. Das Innere mit offener, 3seitiger Bretterdecke sowie W- und NEmpore. – *Altaraufsatz* dat. 1697, in der Mittelbahn die Gemälde von Abendmahl, Kreuzigung und Auferstehung, das Hauptfeld flankiert von gedrehten Säulen und Schnitzwangen, darin Allegorien der Abendmahlsgaben. Wohl gleichzeitig die schlichte polyg. *Kanzel* mit *Pfarrstuhl*. *Sandstein-Taufe* um 1700, achtseitige Kuppa mit Engelsflüchten auf Balusterfuß.

PRESCHEN Bez. Cottbus, Ldkr. Forst. – Inv. Prov. Brandenburg, Sorau/Forst
Dorf-K. Flachgedeckter rck. Feldsteinbau, spätgot.; an der NSeite etwas jüngere tonnengewölbte Sakristei, die Vorhallen an der S- und WSeite aus Fachwerk. Die Fenster bar. verändert; spitzbogige SPforte, das Türblatt noch mit ma. Beschlägen. Etwas abseits hölzerner Glockenstuhl von 1830. – Innen im OTeil spätgot. *Wandmalereien* 2.H.15.Jh.: Szenen aus dem Leben Christi, gerahmt von Rankenstreifen, u.a. Anbetung der Könige, Maria im Tempel, Gethsemane und Gefangennahme; an der SWand in z.T. kleineren Feldern Heiligenfiguren. – Hölzerner *Altaraufsatz* mit gewundenen Weinlaubsäulen und Akanthuswangen um 1700, das Altargemälde mit dem Gekreuzigten von 1817. Kleines hölzernes *Kruzifix* 1.H.18.Jh. *Kindergrabstein* von 1698 sowie *Inschr.-Grabstein* für G.H.v.Lawald †1706.

PRETSCHEN Bez. Cottbus, Ldkr. Lübben
Dorf-K. Romanisierender Backsteinsaal von 1893 mit hohem WTurm. – Kanzel, Taufe und Herrschaftsgestühl aus der Bauzeit; WEmpore mit *Orgel* von 1845. Ältere Ausstattungsstücke: *Tafelbild*, Auferstehung Christi, E.16.Jh., querrck. *Tafelbild* mit knienden Stifterfiguren, E.16.Jh., beide Reste von Epitaphien. *Epitaph* für O.F.v.Blumental †1683, über der marmornen rck. Vitentafel das Brustbild des Verstorbenen in 8eckigem Rahmen. Prächtiges *Wandepitaph* für L.v.Blumental †1704, Holz, gefaßt; Vitentafel in Bar.Kartusche, darüber die Büste des Verstorbenen in großer Muschelnische; auf dem Gebälk Ruhmesallegorien, seitlich Putten, Leben und Tod symbolisierend. Ovaler hölzerner *Wappenschild* derer v.Blumental E.17.Jh.
Ehem. **Gutshaus** (Schule, Wohnungen). M.19.Jh., 2geschossig mit 3achsigem Mittelrisalit. An der Gartenfront Balkon mit Segmentfenster auf 4 dorischen Säulen.

PRETTIN Bez. Cottbus, Ldkr. Jessen
In der Ebene des Urstromtals der Elbe bei einem Flußübergang gelegen. Schon um 1000 hier ein deutscher Burgward errichtet, der 1012 an das Erzbistum Magdeburg kam; E.12.Jh. den Grafen von Brehna, seit 1290 den Herzögen von Sachsen-Wittenberg gehörig. Diese erbauten sich an der Stelle des Burgwards um 1335 ein Jagdschloß, das sog. Schlößchen, das 1536–46 der heimlich evangelisch gewordenen Kurfürstin Elisabeth v. Brandenburg als Zufluchtsort diente. Es wurde 1574 von Kurfürst August v. Sachsen abgebrochen, die Steine zur Errichtung des Schlosses Lichtenburg verwendet. – Früh entstand nö der Burg eine straßendorfähnliche Siedlung und wohl im 13.Jh. weiter n die 1334 erstmals gen. Stadt, die damals schon Stadtrecht besaß. Burg und Stadt wurden im 14./15.Jh. gemeinsam ummauert; es gab 3 Tore, das Elbtor im S, das Jüdentor im W und das Lichtenberger Tor im N, nur von diesem der Torturm erh. Der Ort blieb eine kleine Ackerbürgerstadt, erst E.19.Jh. erhielt er etwas Industrie. Seit 1815 preußisch. – Um

1300 war ö des Ortes ein Antoniter-Präzeptorat Lichtenberg gegr. worden, dessen Gebäude ein Brand 1533 zum größten Teil vernichtete. Das Stift 1540 aufgelöst. An seiner Stelle entstand von ca. 1570 bis nach 1581 das kurfürstlich-sächsische Schloß Lichtenburg.

Pfarr-K. St.Marien. Hochgot. pseudobasilikale Hallen-K. des fr.14.Jh. aus Backstein, mit vortretendem Querschiff und 2jochigem Rck.Chor. Im NSeitenschiff ein älterer 1sch. Bau einbezogen. Beide Seitenschiffe 1 Joch kürzer als das 3jochige Mittelschiff, an das ein monumentaler quadr. WTurm von Mittelschiffsbreite anschließt. In der Ecke zwischen NKreuzarm und Chor ein 2geschossiger Sakristeianbau, jünger als der Hauptbau. Die Kürze des Langhauses vielleicht durch die Anlehnung an den kleinen Erstbau zu erklären. Dieser urspr. gewiß flachgedeckt und apsidial geschl. Im Gurtbogen zum NKreuzarm Rest der Apsis, in den Pfeilern wohl auch Teile der SWand erh.: Vermutlich also eine rom. Saal-K. des sp.12. oder fr.13.Jh. — Der Neubau seit ca. 1300 offenbar in zügiger Bauführung von O nach W errichtet. In der OWand begleiten steile spitzbogige Putzblenden eine hohe Dreifenstergruppe. In den Fenstern Maßwerk, vorherrschend aus gerundeten Dreipässen, dieses im ganzen Bau einheitlich, für die Entstehungszeit konservativ, aber vielleicht um 1886 verändert. An der NSeite des Chores ein Spitzbogenfries auf Lisenen, der beim Weiterbau nach S und W aufgegeben wurde. An der Fassade des NKreuzarms das große Fenster wegen einer schmucklosen Pforte nach O verschoben, auch hier die steilen Putzblenden. Im NSeitenschiff gegen W im sp.15.Jh. ein Portal mit Meisterzeichen eingesetzt. An der Chor-SSeite 2 Strebepfeiler nachträglich angefügt, in diese je eine bar. *Büste* bzw. *Maske* eingesetzt, offenbar die dänische Königstochter und sächsische Kurfürstin Hedwig mit Krone und ihren Gatten Christian II. mit Kurhut darstellend. Die seit 1611 in der nahen Lichtenburg als Witwe residierende Hedwig hatte viel für die Ausschmückung der K. getan. Das Spätrenaiss.-Portal von 1609 in der Fassade des s Kreuzarms, rundbogig mit Zahnschnitt und Eierstab, wohl ihre erste Stiftung. Eine got. Pforte im W des s Seitenschiffs schmucklos. Der WQuerturm bis in Firsthöhe got., im Läutegeschoß je ein mittleres Maßwerkfenster, auf den Enden des Zwischengesimses 4 Wasserspeiertiere, die Klangarkaden des Glokkengeschosses mit schwerem Sandsteinmaßwerk zwischen Putzblenden. Der hohe weitere Aufbau des Turmes von 1886: niedrige Aufstockung, quadr. und oktogonales Geschoß sowie Spitzhelm; gleichzeitig auch das WPortal.

Das Innere gedrückt, das Mittelschiff von auffälliger Breite. Der Stützenapparat, Rck.Pfeiler zwischen spitzbogigen Arkaden, ungewöhnlich schwer. Die im wesentlichen einheitliche Eindeckung mit Kreuzgewölben auf gekehlten Rippen wohl nachträglich, 2.H.14.Jh., eingefügt. Die Rippen, Gurtbögen und Konsolen wirken wie anfänglich nicht beabsichtigte Zutaten. Die Gewölbe des NSeitenschiffs vermutlich zuletzt ausgeführt, die Pfeiler hier von schweren Vorlagen, die das Gewölbe durchstoßen, ge-

stützt (Reste der s Seitenschiffswand des Erstbaus ?), der Gurtbogen zwischen den beiden Jochen wie die Kreuzrippen gestaltet, im s Seitenschiff stattdessen eine schwere Stützwand mit mittlerer Spitzbogenöffnung. Die WWand der beiden Seitenschiffe von je 3 tiefen Spitzbogennischen gegliedert, vielleicht um den Bau länger erscheinen zu lassen. Am sw „Vierungsfeiler“ ein Kämpfer mit schönem hochgot. stilisiertem Blattwerk, den Baubeginn um 1300 bestätigend. Die Sakristei tonnengewölbt, im Obergeschoß, das über eine offene Treppe im Querschiff zugänglich ist, ein Bandrippengewölbe mit hochbusigen Kappen.
Sehr qualitätvoller *Altaraufsatz*, 1614 von Kurfürstin Hedwig gestiftet, zusammengefügt aus 2 spätgot. Schnitzelaltären, einem großen *Flügelaltar* um 1490 und einem kleinen *Triptychon* als Aufsatz um 1500. Der Hauptschrein eine niederländische oder norddeutsche Arbeit, in seinem Mittelteil die Kreuzigung mit bewegten Figurengruppen, in den zweizonigen Flügeln Abendmahl, Gethsemane, Grablegung und Kreuztragung. Auf den gemalten Flügelrückseiten 4 Szenen aus der Antoniuslegende, beschädigt. Im oberen Schrein 7 Schnitzfiguren: Agnes, Dorothea, Andreas, Barbara, Bartholomäus, Christophorus, Augustinus. Der schwere untere Architrav, das Sprengwerk darüber sowie der obere Architrav mit weiteren 3 Figürchen von 1614. Schlanke, sparsam dekorierte *Kanzel* von 1582 aus Stein, mit rundem Korb und hübscher Pforte. Der aufwendige, vorzügliche Schalldeckel in Kronenform aus Holz, dat. 1617 mit Meisterzeichen, gestiftet von der Kurfürstin Hedwig. Stattlicher *Orgelprospekt* A.20.Jh. *Glasmalerei* 2.V.17.Jh.: Scheibe mit Prunkwappen der Kurfürstin Hedwig. *Bildnis* dieser Stifterin von 1628. *Pastorenbildnis* in architektonischem Rahmen, um 1700. *2 Messingkronleuchter* M.18.Jh. *2 Inschr.Grabsteine*: für N.Heine †1721 und für J.D.Roth †1767. In der Turmhalle *9 Sandsteingrabmäler*, davon zu nennen die beiden figürlichen Rittergrabsteine mit Todesdaten 1576 bzw. 1616, der letztere für H.Löser; der figürliche Grabstein für Pfarrer C.Teucher †1614; weiter für M.Rhön †1710, Ovalschild mit Figur der Verstorbenen, einen Vorhang erfassend, und umlaufender Inschr.; sowie hübsches Grabmal von 1737.
Spital-Kap. Lindenstraße. Kleiner verputzter Fachwerkbau mit Krüppelwalmdach von 1761. Am straßenseitigen Portal das originale geschnitzte Türblatt. Innen Empore aus der Bauzeit. — Schöner hölzerner *Altarkruzifixus* 2.V.18.Jh. *2 Standleuchter*, Messing, M.18.Jh., aus der Pfarr-K. Qualitätvoller *Rokokograbstein* für J.D.Röthe †1767. — Auf dem Friedhof mehrere *Grabmäler* des 18.Jh., z.T. mit Urnen, meist beschädigt.
Rathaus. Im Kern wohl fr.17.Jh., 2geschossig mit Satteldach, durch moderne Umbauten entstellt.
Gasthof „Zu den drei Rosen“, Ernst-Thälmann-Str., Ecke Baderstr. Stattlicher 2geschossiger Putzbau von 9:3 Achsen mit hohem Mansardwalmdach, um 1740. Das Äußere durch Pilaster und, an der Hauptfassade, durch einen Mittelrisalit von 3 Geschossen mit Schweifgiebel und Vasenaufsatz gegliedert.

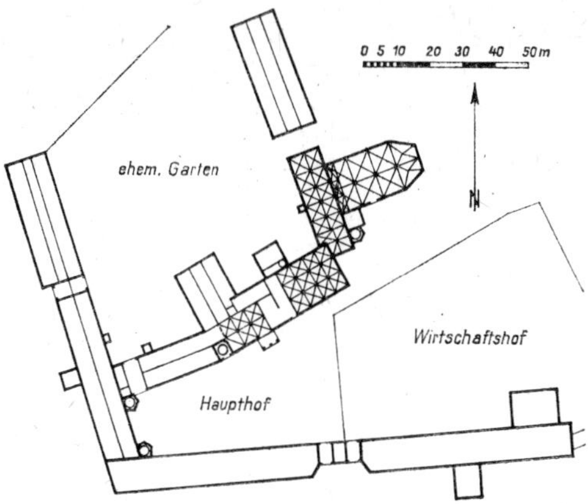

Prettin, ehem. Schloß Lichtenburg

Stadtbefestigung. Reste der *Stadtmauer* erh., um 1400, sowie der *Lichtenberger Torturm*, hoher Rundturm aus Backstein, ehem. neben der Durchfahrt; seine Haube 17. Jh., die Laterne erneuert.

Ehem. **Schloß Lichtenburg** (Nationale Mahn- und Gedenkstätte, Kreismuseum), unweit ö des Stadtkerns. An der Stelle eines um oder nach 1300 gegr. Antoniter-Präzeptorats „Lichtenberg" errichtet. Die Antoniter, ein Krankenpflege-Orden, im Laufe ihrer Tätigkeit bei Prettin sehr reich geworden, traten schon 1525 zum Luthertum über, doch lebten noch bis 1540 Ordensleute im „Hof", der 1533 oder 1535 bis auf einen Flügel abbrannte. 1543/44 Werkstücke der Klst.-K. zum Kapellenbau nach Torgau gebracht und die K. bis auf die Fundamente zur Materialgewinnung abgebrochen. Um 1565/70 Wirtschaftsgebäude für das kurfürstliche Gut errichtet, das dem Klst. nachfolgte. 1574—1580 Bau des Schlosses „Lichtenburg" von Kurfürst August von Sachsen für seine Gemahlin, die dänische Königstochter Anna, die sich von 1580—85 hier aufhielt. Baumeister anfänglich Hans Irmisch, später Christoph Tendler, der unmittelbar vorher Schloß Annaburg errichtet hatte. 1581/82 Bau der Schloß-K. 1611—41 das Schloß Wohnsitz der kurfürstlichen Witwe Hedwig, ebenfalls eine dänische Königstochter, die an einigen Toren frühbar. Schmuckformen und eine neue Ausstattung der Schloß-K. veranlaßte. Erst 1685—1717 neuerlich Witwensitz zweier fürstlicher Schwestern vom dänischen Hofe. (Ihr 1704 von Balthasar Permoser errichtetes Grabmal seit 1811 im Dom zu Freiberg.) 1811 das Schloß zum Zuchthaus umgebaut und bis 1928 diesem Zwecke dienend. 1933—45 KZ, seit 1939 gleichzeitig Kaserne. 1959—65 LPG, seitdem Einrichtung zur Nationalen Mahn- und

Gedenkstätte, dabei gründliche Instandsetzung der Hauptflügel.
Ausgedehnte, imponierende, unregelmäßige Anlage, urspr. von Wassergraben umgeben, dieser mit einem alten Elbarm verbunden. Der Bau um einen etwa trapezförmigen Haupthof gruppiert, ö davon der Wirtschaftshof, n ehem. ein Gartenbezirk. Von einem WTrakt in der Mitte seiner OSeite ein gestreckter, leicht geknickter Hauptflügel abgehend, der in seinem ö Teil die Repräsentationsräume enthalten haben dürfte. Ihm sind nach N 2 weitere kurze Flügel und, ganz im O, ein schmalerer Flügel, vermutlich an der Stelle des Klosterflügels, angefügt. Zwischen diesen 3 vortretenden Bauteilen vermittelnde, urspr. offene Arkadengänge eingefügt. An den „Klosterflügel" ö die Schloß-K. angeschoben. Der WTrakt in einem niedrigeren s Flügel fortgesetzt, der nach O zu in Wirtschaftsgebäude übergeht. Zwischen diesen beiden Teilen die leicht zurückgezogene Doppeltoranlage mit quadr. Turm über der Mitte. Die am Torhaus inschr. angegebene Bauzeit 1565—1581 nicht ganz exakt. Das Tor als eine Art Fangtor gebildet, da nur die linke Einfahrt in den Haupthof, die rechte in den ö Wirtschaftshof führt. Seitlich (w) des Tores eine Zwingermauer. Der Turm mit Schweifgiebeln nach allen vier Seiten. Das Portal mit reicher Ädikula-Umrahmung und von Engeln gehaltenem *Wappenrelief.* Die reichere Umrahmung des Tores auf der Hofseite mit *Relief des Neptun und der Proserpina*; beides Zutaten um 1615. — Der Haupthof weit und langgestreckt, seine OSeite zum Wirtschaftshof durch Remisen abgeschlossen. In der NW-Ecke Durchfahrt zum ehem. Garten. An der w Schmalseite 2 polyg. Wendelsteine, je ein weiterer in der Mitte des n Hauptflügels — dieser besonders hoch — und neben dem ehem. Klosterflügel. Sämtliche Türme mit runden Aufsätzen und Schieferhauben wie in Annaburg. Die Fassaden der Flügel nur von den meist gepaarten, profilierten Rck.Fenstern und den Portalen belebt. Der Hauptschmuck wie in Annaburg die geschweiften Giebel mit je zwei Okuli im oberen Teil. Der Eingang zum hohen Wendelstein in schönen Formen der Spätrenaiss. mit Ädikula und Wappen. Seitlich davon ein kräftiger rck. Risalit, sein Erdgeschoß altanartig von einer Doppelarkade auf schweren Säulen abgefangen. Vor dem SFlügel ein runder *Brunnen* mit 2 toskanischen Säulen, auf dem verbindenden Gebälk Freigruppe des Poseidon, inschr. 1631. — Der WFlügel 1812 nach N, niedriger, verlängert; 1878—79 der „Klosterflügel" durch einen frei stehenden Gefängnisbau fortgesetzt; beide Trakte fassen den ehem. Gartenbezirk ein. — Das Innere vielfach umgestaltet, z.Z. noch in Rest. Im Erdgeschoß ein quadr. Raum mit Kreuzgratgewölben auf schwerer Mittelsäule, darin ornamentale *Wand- und Deckenmalereien* von kräftiger Farbigkeit freigelegt. Im 1.Obergeschoß ein Saal mit *Kassettendecke*, ihre schöne farbige Bemalung in einigen Proben aufgedeckt.
Die **Schloß-K.** in den Formen der Nachgotik ein Werk höchsten Ranges. 2sch. von 3 Jochen mit 3seitigem Chorschluß. Zwischen

schlanken, pilasterartigen Streben große breitspitzbogige Fenster mit wohl weitgehend erneuertem Maßwerk. Die OWand der Wölbung entsprechend 2geteilt. Im mittleren Joch der SWand das Portal aus Sandstein, ein prachtvolles Werk der Spätrenaiss. um 1615 (Kopie, das Original im Museum), von korinthischen Säulen gerahmt, mit Engeln als „Gaffköpfen" und vom sächsischen Wappen bekrönt. – Das Innere in seiner lichten Höhe von überwältigender Wirkung. Die schlanken Achteckpfeiler auf hohen Sockeln, die Kreuzrippengewölbe aus ihnen wie aus den Wänden unvermittelt herauswachsend. Die Schlußsteine in Form von Wappenkartuschen. Die ehem. *Ausmalung* an Wänden und Gewölben, u.a. mit Engeln, in Resten freigelegt. An der WSeite die *Fürstenloge*, 2geschossig von 3 Achsen, kreuzgratgewölbt auf Pfeilern und stämmigen ionischen Säulen. An der SSeite die 3jochige *Orgelempore*, oben vorschwingend; beide Emporen aus Sandstein. Im Raum unter der Orgel *Deckenmalerei* des 18.Jh. (Erneuerung der des 17.Jh.?). Der *Altar*, eine Stiftung der Kurfürstin Hedwig, sein Material Sandstein, Marmor und Alabaster, beg. 1611, ein bedeutendes Werk nach Entwurf von Giovanni Maria Nosseni, die figürlichen Teile von Sebastian Walther, der wohl auch den Architekturentwurf beeinflußte, z.Z. in Rest. Die Figuren urspr. farbig gefaßt. Im Hauptfeld, Sockel und Gebälk zerteilend, die Kreuzigung, flankiert von Doppelsäulen und von den außen auf schweren Konsolen stehenden Monumentalfiguren des Petrus und Paulus; diese in ihrer großartigen Bewegtheit vom flämisch-florentinischen Frühbarock des Giovanni da Bologna inspiriert. Im Auszug eine wulstig gerahmte Schrifttafel, seitlich begleitet von den prächtigen Wappen Christians II. v.Sachsen und seiner Gemahlin Hedwig vor je einem Obelisken. Daneben und auf dem gesprengten Giebel urspr. je 2 Engelputten. Die schlanke Freifigur des Auferstandenen als Bekrönung wiederum auf ein Vorbild da Bolognas zurückgehend. Zur Erstausstattung gehörend die *Sandstein-Kanzel*, von überlebensgroßer Mosesfigur getragen, am Sockel auf 1585 dat., der Korb rund, am Aufgang Pilastergliederung. – 1811 *Taufe* und *Gemälde* sowie das 1704 von Permoser geschaffene *Grabmal* der Prinzessinnen entfernt. Dieses jetzt im Dom zu Freiberg, die Gemälde z.T. in Schloß Branitz (Stkr. Cottbus), die Taufe in der Oberkirche zu Cottbus.

Kreismuseum

PRIESSEN Bez. Cottbus, Ldkr. Finsterwalde. – Inv. Prov. Brandenburg, Luckau

Dorf-K. WQuerturm aus Granitquadern mit gestuftem Portal an der SSeite, 13.Jh. Das etwas breitere Schiff und der eingezogene Rck.Chor jünger, wohl 14.Jh., die Öffnungen bis auf die 3Fenstergruppe der OWand verändert: gestufte Lanzettfenster, nicht gestaffelt. Im Bar. rest., dabei der OGiebel erneuert und das Oberteil des Turmes errichtet. Neuerliche Rest. 1974/75. Innen spitzbogiger Triumphbogen. Bar.Emporen im W und an der NSeite des Schiffes. – *Schnitzaltar* E.15.Jh., neu gefaßt, im Mittelschrein Maria zwischen den Heiligen Nikolaus und Vitus (urspr. Figur eines hl. Sebastian an dieser Stelle), in den Flügeln je 4 Heilige paarweise übereinander. Die Predella 1677 erneuert. *Kanzel* 1592 mit 1906 ergänztem Schalldeckel. Rom. *Taufstein*, runde Kuppa mit Rundbogenfries, der Fuß erneuert. *Sakramentsnische* mit einfacher Gittertür.

PRITZEN Bez. Cottbus, Ldkr. Calau

Dorf-K. (zum Abbruch und teilweiser Umsetzung vorgesehen). Rck. Granitquaderbau sp.13.Jh., 2 steil spitzbogige Pforten im N und S original erh., beide vermauert. Die großen Fenster rundbogig, wohl von 1681. Gleichzeitig der 8eckige Turmaufbau aus Backstein auf einem annähernd quadr. spätma. Turmunterbau aus Feldstein mit Okuli und gepaarten spitzbogigen Schallöffnungen, diese zum Rundbogen zusammengeschlossen. Auf der NSeite der K. große 2geschossige Loge von 1714 mit Allianzwappen über der Tür. Die K. rest. 1936. – Innen Balkendecke und kurze, nach Resten des sp.17.Jh. neu angefertigte Hufeisenempore von 1936, diese auf gedrehten Säulen, auch die Brüstungsfelder von solchen gerahmt, dazu geschnitzte Unterhänge mit Engelsflüchten, sp.17.Jh. Im Obergeschoß des Logenanbaues *Stuckdecke* mit Monogrammkartuschen und Palmwedeln, 1714. – Guter *Altaraufsatz* vor einer OEmpore, um 1587, 2geschossige Ädikula, im Mittelfeld Teil eines *Altarschreins* um 1440, stehende Madonna im Strahlenkranz, begleitet von 4 kleineren Heiligen, je 2 übereinander: Katharina, Dorothea, Barbara und ein Bischof (Nikolaus?). Seitlich diamantierte Nischen mit den gemalten Apostelfürsten Petrus und Paulus; davor das Gebälk tragende Säulen, im Aufsatz Abendmahlsgemälde, sign. S.H., im Giebelfeld Gottvater. Hölzerne *Taufe* von 1675, achtseitige Kelchform mit Balusterfuß und kronenförmigem Deckel. Schnitzfigur eines *Taufengels* und kleiner *Kruzifixus*, beide 18.Jh. und neu gefaßt (aus Groß Lübbenau, Ldkr. Calau). Ovales *Herrenporträt* v.Knoch, Öl auf Blech, 1.H.18.Jh. Moderner *Osterleuchter*, Holz, unter Verwendung bar. Schnitzereien. Gutes aufwendiges *Hänge-Epitaph* für Ch.E.v.Knoch †1756, Sandstein, auf dem sarkophagähnlichen Inschr.Sockel Engel mit Trauernder sowie Putto und Urne. *Grabmal* O.E.v.Knoch †1787, Sandstein, Obelisk mit wappenhaltender Fides und Urnen. *Grabmal* G.E.F.v.Knoch †1802, trauernder Putto auf Säule, seitlich Inschr.Tafel aus Granit.

PRITZHAGEN Bez. Frankfurt/Oder, Ldkr. Strausberg

s. BOLLERSDORF

PRÖSEN Bez. Cottbus, Ldkr. Liebenwerda. – Inv. Prov. Sachsen, Liebenwerda

Dorf-K. Bar. Putzbau 2.H.18.Jh. mit 3seitigem OSchluß und quadr. WTurm, dieser von 8seitigem Oberteil mit Schweifhaube und Laterne bekrönt. Im O Sakristeianbau. Im Inneren Stuckrahmendecke. – Ausstattung der Bauzeit mit Hufeisenempore, schlichtem hölzernem *Kanzelaltar* und Gestühl. *Taufstein* um 1500, die 6eckige Kuppa und der Fuß mit verschlungenem Astwerk überzogen.

PRÖTZEL Bez. Frankfurt/Oder, Ldkr. Strausberg

Dorf-K. 1.H.18.Jh., gestreckter, flachgedeckter Saal mit quadr. Turm im O. An den Schiffswänden breite rustizierte Putzbänder zwischen rundbogigen Fenstern. Der Turm ausdrucksvoll gegliedert und von Kuppeldach bekrönt. In der w Schiffswand Eingang zur Gruft. Das Innere 1/2kr. nach O geschl., im W Empore; nach 1945 wiederhergestellt. – Polyg. *Kanzelkorb*, Holz, 1.H.18.Jh.

Ehem. **Schloß** (Kulturhaus). Zwischen 1712–30 wahrscheinlich nach Entwürfen von Andreas Schlüter für Graf Kamecke angelegt, 1859 durch Friedrich August Stüler umgestaltet. Gut proportionierter Putzbau unter Mansardwalmdächern; das 2geschossige Corps de logis von 7 Achsen beiderseits von gestreckten 1geschossigen Seitenflügeln flankiert und durch 3achsige Mittelrisalite wirkungsvoll betont. Diese 1859 z.T. neubar. verändert, hofseitig mit Dreieckgiebel, Putzgliederung und Säulenvorhalle, an der Gartenfront stärker vorgezogen und durch ionische Kolossalpilaster gegliedert, die Fenster schmuckvoll überdacht. – Das Innere durch Umbauten entstellt, der ehem. Gartensaal urspr. durch 3 Türen zu der dem Schloß vorgelegten Terrasse geöffnet.

Die regelmäßigen **Gartenanlagen**, ehem. mit großem Parterre zum See sowie einem Terrassengarten mit Obelisk als point de vue in der Hauptachse am jenseitigen Ufer, nur noch in Ansätzen zu erkennen, Rekonstruktion beabsichtigt.

PRÖTZEL (PRÄDIKOW)

Dorf-K. Gestreckter 1sch. Feldsteinbau des 13.Jh., vielfach rest., der WTurm 19.Jh. Wiederhergestellt 1958/59. Die 3 Fenster in der OWand und der spitzbogige Triumphbogen in der alten Form erh. – *Kanzel*, **Holz**, 1.H.17.Jh., am polyg. Korb Ecksäulchen, dazwischen die gemalten Evangelisten. *Pfarrstuhl* 17.Jh. *Grabmal* für I.D.E.Ballaunen †1733, Sandstein, ihr Ovalbildnis über der Vitentafel von Putten gehalten.

PROSSMARKE Bez. Cottbus, Ldkr. Herzberg. – Inv. Prov. Sachsen, Schweinitz

Dorf-K. Rck. Feldsteinbau des 14.Jh. mit nachträglich angefügtem WQuerturm von gleicher Breite, sein Obergeschoß wohl 1.H.15.Jh., die gekuppelten, schmalen Schallöffnungen, spitzbogigen Blenden und gestaffelten Fialenstümpfe der Giebel in Backstein, darüber Längssatteldach. Die Schiffsfenster in bar. Zeit korbbogig erweitert. SVorhalle und NFenster 19.Jh. – Im Inneren Balkendecke und Hufeisenempore, 18.Jh. *Kanzelaltar* inschr. 1777, Ädikulaform mit geschnitzten pflanzlichen Wangen, auf dem Gebälk Posaunenengel neben Strahlenglorie; anschließend *Pfarrstuhl.* Hölzerne 8seitige *Taufe*, inschr. 1786. *7 Schnitzfiguren* aus einem spätgot. Altarschrein, um 1510, Maria mit Kind und 6 kleinere Heiligenfiguren. Kleines *Kruzifix*, Holz, inschr. 1681. *Betstuhl* E.18.Jh.

Q

QUAPPENDORF Bez. Frankfurt/Oder, Ldkr. Seelow

QUAPPENDORF (BÄRWINKEL)

Das ehem. zu Neuhardenberg (Marxwalde) gehörende **Vorwerk** um 1801/03 durch Karl Friedrich Schinkel auf 6eckigem Gr. angelegt, ein unter dem Einfluß der Gilly-Schule stehendes Frühwerk des Architekten. Erh. lediglich vom ehem. **Verwalterhaus** aus Raseneisenstein die rückseitige Fassade, einstmals zum Park gerichtet; der Bau urspr. in Gestalt einer 3sch. Basilika mit Apsis, schon im 19.Jh. verändert. Die Front mittels Blendarkatur und Rundbogenfriese zart gegliedert.

R

RADE Bez. Cottbus, Ldkr. Jessen. – Inv. Prov. Sachsen, Schweinitz

Dorf-K. Flachgedeckter, im O 3seitig geschl. Putzbau, A.18.Jh., der quadr. WTurm mit hölzernem, von Haube und Laterne bedecktem Oberteil um 1900. Innen an 3 Seiten Empore, sp.17.Jh. – Großer *Taufstein* um 1200, an der Kuppa Fries aus Hufeisenbögen, auch der Fuß alt; das große zinnerne *Taufbecken* 1696.

RADEKOW Bez. Frankfurt/Oder, Ldkr. Angermünde. – Inv. Pommern, Reg.Bez. Stettin, Randow

Dorf-K. Im Kern Feldsteinbau mit eingezogenem Rck.Chor 2.H.13.Jh. Original erh. 2 rundbogige Portale und der runde Triumphbogen. E.19.Jh. WTurm und Apsis angefügt. 1958 erneuert. – Spätma. **Kirchhofsmauer** aus Feldstein mit Backsteinportal.

RAGOW Bez. Frankfurt/Oder, Ldkr. Beeskow
Dorf-K. Spätma. rck. Feldsteinbau. WVorbau und großer w Dachturm 2.H.19.Jh. aus Ziegel und Fachwerk. Der ö Sakristeianbau mit Gruft darunter 18.Jh. – Bauchiger bar. *Kanzelkorb*, modern bemalt. Darunter *Grufttür* mit alten Beschlägen, dat. 1753 und 1787. Orgelempore.

RAUEN Bez. Frankfurt/Oder, Ldkr. Fürstenwalde
Dorf-K. Rck. Feldsteinbau mit leicht eingezogenem WTurm 1.H.15.Jh. Der schwere Turm durch Backsteinzinnenkranz und polyg. Spitzhelm abgeschlossen, an seiner NSeite Doppelblenden. Gestuftes spitzbogiges WPortal und vermauerte SPforte. Die Schiffsfenster 1681 vergrößert. In der OWand Schlitzfenster als Dreiergruppe. Das Innere mit Balkendecke und WEmpore, 1965 rest. – Runder spätma. *Taufstein* in derber Kelchform. *Sakramentsnische* in der OWand, an dieser 4 gute *Schnitzfiguren* von einem Altar um 1480/90: Maria mit Kind, hl. Bischof sowie die Heiligen Dorothea und Laurentius.

REDDERN Bez. Cottbus, Ldkr. Calau
Dorf-K. (in Verfall) 1726. Geputzter Rck.Bau mit Mansarddach, n Seitenschiff und quadr. WTurm. Dieser mit 8seitigem Obergeschoß, Haube und Laterne. Über dem WPortal großes, von Löwen gehaltenes Wappen, beschädigt. Die Fenster rundbogig. Innen flache Putzdecke mit *Stukkaturen*: geschweifter mittlerer Stuckrahmen, Eck- und Mittelmuscheln. Zum n Seitenschiff 3 stichbogige Achsen. – Qualitätvoller *Kanzelaltar* 1726 dat. und sign. F.G. Adler aus Dresden, Sandstein, Marmor imitiert und gefaßt; große Ädikula mit seitlichen Doppelpilastern, am geschweiften Kanzelkorb Abendmahlsrelief und Wappen. Das Gebälk zerteilend Kruzifixus, gesprengter Giebel mit Gottesauge; seitliche und krönende Figuren fehlen. An der SSeite *2 Wand-Epitaphien*: für J.E.Droste †1726, Sandstein, die Porträtbüste gerahmt von Wappen und Kriegsemblemen, und für Frau J.E.Droste †1752, Sandstein, die bekrönende Fides mit Palmenstamm; beide schwer beschädigt.

REHFELDE Bez. Frankfurt/Oder, Ldkr. Strausberg. – Inv. Prov. Brandenburg, Niederbarnim
Dorf-K. Feldsteinbau 2.H.13.Jh., mit eingezogenem Rck.Chor und WQuerturm, dieser mit spitzbogigen Schallöffnungen im Oberteil, sein rundbogiges WPortal und die Fenster darüber in Backsteinrahmung jünger. In der OWand 2 originale Lanzettfenster erh., die übrigen 1720 erweitert. Im N und S je 1 vermauerte spitzbogige Pforte. An der Chorsüdseite Portalvorhalle mit reichem Blendengiebel um 1500, die Priesterpforte darin einmal abgetreppt mit eingelegtem Rundstab. Das flachgedeckte Schiff

mit spitzem Triumphbogen zum Chor geöffnet; im W Hufeisenempore. – Guter *Kanzelaltar* von 1722, Holz, am polyg. Korb Reliefs Christi und der Evangelisten, seitlich Doppelsäulen und schmale Schnitzwangen, auf der Bekrönung Vasen und Strahlensonne mit Engelsflüchten. Got. *Taufstein* in Pokalform.

REICHENBERG Bez. Frankfurt/Oder, Ldkr. Strausberg

Dorf-K. Rck. Feldsteinbau mit WQuerturm 14./15.Jh.; die gekuppelten rundbogigen Schallöffnungen unter runder Blende, abgetrepptes spitzbogiges WPortal. In der OWand rundbogige 3Fenstergruppe. Die K. nach 1945 wiederhergestellt.

Ehem. **Schloß** (Oberschule). 18.Jh. 1geschossiger, 9achsiger Putzbau mit Mansarddach (modern ausgebaut) und Krüppelwalm. Die Ecken und die Portalachse rustiziert, außerdem 1 Pilaster zwischen je 2 Fensterachsen. Zur Gartenfront 1achsiger, 2geschossiger übergiebelter Mittelvorbau der 1.H.19.Jh. Die vorgelagerte überdachte Terrasse A.20.Jh. – In der Eingangshalle 5 kleine *Reliefmedaillons*, 4 mit den Darstellungen der Jahreszeiten nach Bertel Thorvaldsen 1.H.19.Jh., das 5. bar., Caritas.

REICHENOW Bez. Frankfurt/Oder, Ldkr. Strausberg

Dorf-K. Granitquaderbau M. bis 2.H.13.Jh., mit eingezogenem gerade geschlossenem Chor. Im WGiebel in Backstein gefaßte Blenden. Im O zwei Lanzettfenster, ein weiteres auf der SSeite des Schiffes erh., die anderen Fenster erweitert. Schlichte Spitzbogenpforte s im Schiff. Innen Flachdecke und bar. WEmpore. – Qualitätvoller *Altaraufsatz* dat. 1622, Holz, 1965 rest., den Altären in Wegendorf und Ringenwalde (Ldkr. Strausberg) ähnlich. In der Mitte übereinander 4 Reliefs von manieristischer Haltung: Abendmahl, Kreuzigung, Auferstehung und Himmelfahrt. In den seitlichen, von Balustersäulen gerahmten Muschelnischen je 1 Heiliger, seitlich auf dem Gebälk Lukas und Johannes; allenthalben eingestreut Engelsflüchte.

REICHENWALDE Bez. Frankfurt/Oder, Ldkr. Fürstenwalde

Dorf-K. Im Kern rck. Feldsteinbau E.13./A.14.Jh., der quadr. WTurm spätgot., bar. umgebaut: Fenster verändert, w Turmaufsatz aus Fachwerk und s Vorhalle vor der gestuften got. Spitzbogenpforte. Spätgot. WPortal in Backsteinrahmung. Im Inneren flache Putzdecke sowie ö Empore mit *Kanzel* und *Orgelprospekt* E.18.Jh.

REICHERSKREUZ Bez. Cottbus, Ldkr. Guben

Dorf-K. Verputzter Fachwerkbau E.18./A.19.Jh., mit flachem 3seitigem OSchluß und SVorhalle, im W verbretterter Glockenturm mit Pyramidendach. Innen Emporen auf der S- und WSeite. — *Altaraufsatz* des 19.Jh. unter Verwendung von Resten eines spätgot. Schnitzaltars aus 2.V.15.Jh., im Mittelschrein weibliche Heilige und ein hl. Bischof, im Auszug eine weitere Bischofsfigur (die Figuren z.Z. in Rest.). *Kanzel* 19.Jh. *Taufe*, pokalförmig, wohl Kopie eines Renaiss.Vorgängers E.16.Jh.

REICHWALDE Bez. Cottbus, Ldkr. Weißwasser. — Inv. Prov. Schlesien, Reg.Bez. Liegnitz, Rotenburg
Dorf-K. Großer kreuzförmiger Bau von 1747/50, bis auf die Umfassungsmauern 1945 kriegszerstört, als Saalbau mit w Dachturm erneuert. Die Inneneinrichtung mit doppelter Empore und Kanzelaltar der bar. nachempfunden.

REITWEIN Bez. Frankfurt/Oder, Ldkr. Seelow. — Inv. Prov. Brandenburg, Lebus
Dorf-K. Kreuzförmiger neugot. Backsteinbau mit polyg. Apsis, ö Kapellenanbauten und WTurm, 1855/58 nach Entwurf Friedrich August Stülers. Seit 1945 Ruine.
Burgwall auf der „Reitweiner Nase", einem Sporn am Rande der Lebuser Hochfläche, Rest einer bedeutenden, aus konzentrischen Wällen bestehenden mittelslawischen Burganlage. Die Burg selbst, wie ihr frühslawischer Vorgängerbau, und wie die Anlage von Lossow (Stkr. Frankfurt) durch Brand im 10.Jh. vernichtet.

REPTEN Bez. Cottbus, Ldkr. Calau
Ehem. **Gutshaus** (z.T. ungenutzt, LPG-Küche). Zweigeschossiger Putzbau des 18.Jh. unter Walmdach, mit Rck.Fenstern, 9:5 Achsen, die mittleren auf der Hofseite leicht vorgezogen. Anbauten 1934.

RESSEN Bez. Cottbus, Ldkr. Calau
Dorf-K. Verputzer Rck.Bau mit Logenanbauten im N und S und quadr. WTurm. Die WWand 13./14.Jh., das Schiff sonst wohl 15.Jh. Umgebaut 1713 unter Anfügung der 2geschossigen Logenanbauten in Backstein und mit stichbogiger Vergrößerung der Fenster. Gleichzeitig wohl ein hölzerner w Glockenstuhl, 1905 in Backstein ummantelt und zum WTurm ausgebaut, mit 8eckigem Aufsatz und hübscher, von Spitze abgeschlossener Haube, Rest. 1927. — Innen flache Putzdecke und kurze Hufeisenempore. Einfacher *Kanzelaltar* aus der Umbauzeit von 1713. — Auf dem Friedhof *Urnengrabmal* für J.H.F.Bering †1828 und seine Frau C.C.H.T. †1803, mit Inschr.Kartusche auf quadr. Sockel.

RESSEN-ZAUE Bez. Cottbus, Ldkr. Lübben

Dorf-K. (Zaue) auf dem WUfer des Schwielochsees. Gut erh. rck. Feldsteinbau der Zeit um 1400; der etwas eingezogene, gedrungene WQuerturm wohl im 15.Jh. angefügt, mit gekuppelten Schallöffnungen. A.16.Jh. die SVorhalle mit 2geschossigem Blendenziergiebel aus überkreuzten Rundbögen, an den Giebelschrägen kräftige Fialen. Das alte *Türblatt* mit spätgot. Beschlägen am inneren Portal. Von den 3 Lanzettfenstern der OWand nur das mittlere nicht vergrößert. Spitzbogiges WPortal, die ehem. SPforte vermauert. – Zwischen Turmhalle und Schiff steile niedrige Spitzbogenöffnung. Die segmentbogige Holztonne des Schiffs von 1730, der aufgemalte Wolkenhimmel bei der Rest. 1937–39 ergänzt. Hölzerne Hufeisenempore auf Balusterpfosten, um 1730, verkürzt 1937, marmoriert bemalt. An allen Schiffs- und Chorwänden bemerkenswerte *Wandmalereien* um 1420/30, freigelegt und rest. 1937–39. In Fensterhöhe, im W beginnend, alttestamentliche Szenen: Schöpfungsgeschichte, Adam und Eva, Opferung Isaaks, Brennender Dornbusch (außer einem Gottvaterkopf kaum noch etwas erkennbar); im O Szenen aus der Kindheits- und Leidensgeschichte Jesu von der Geburt bis zum Pfingstwunder, besonders gut erh. die Passionsszenen. Beiderseits des mittleren OFensters die ausdrucksvollen Ganzfiguren der Apostel Petrus und Paulus, in den angrenzenden Fensterleibungen rote Spiralranken. Die neutestamentlichen, unter böhmischem Einfluß stehenden Szenen gerahmt durch rck. rote Leisten, Blattstab, Zickzackfries oder Tuchgehänge, darunter Weihekreuze. In der Mitte der NWand unten von der selben Hand eine weitere Szene, ein Ritter und eine Heilige (Landgraf Ludwig als Kreuzfahrer und die hl. Elisabeth?). Weitere Wandmalereien im w Teil der Schiffswand aus der Zeit um 1500, Darstellungen moralisierenden Inhalts (Sprichworte?), u.a. eine butternde Bäuerin und 2 Teufel, in groben roten Pinselstrichen von mehr linearer Malweise. – Bar. *Kanzelaltar* A.18.Jh., der polyg. Korb zwischen Weinlaubsäulen und schmalen Akanthuswangen. Über dem Schalldeckel das Wappen derer v.d.Schulenburg, flankiert von 2 steifen Engelfiguren, bekrönt von kursächsischem Adler. *Taufstein* 15.Jh., große runde Sandsteintaufe auf kurzem Fuß. Bemerkenswerte *Schnitzfigur* einer Madonna mit Kind, gegen M.15.Jh., rest. 1970/71. Guter schwebender *Taufengel* mit Muschelschale, 1.H. 18.Jh., Fassung erneuert. *Taufschale*, Messing, 1670. – Vor der OWand außen *2 Urnengrabmäler*: für J.D.E.Schmidt †1828 und für H.W.Schmidt †1837. Bar. *Inschr.Grabstein* am WTurm, mit Kelch und Buch. Im Pfarrgarten 3 bar. *Sandsteinputten*, wohl aus dem Schloßpark Lieberose (Bez. Frankfurt/Oder, Ldkr. Beeskow), 18.Jh., z.T. beschädigt.

REUDEN Bez. Cottbus, Ldkr. Calau

s. SASSLEBEN

REUDNITZ Bez. Frankfurt/Oder, Ldkr. Beeskow
Dorf-K. Kleiner Putzbau, im O und W 3seitig geschl., mit 8seitigem Dachreiter des 18.Jh., die Fenster 1.H.19.Jh. mit hölzernem Maßwerk neugot. verändert. Die verputzte Flachdecke auf 4 hölzernen Säulen mit Kapitellen. WEmpore mit Orgel. – Klassizist. *Kanzelaltar* A.19.Jh. – Auf dem Friedhof *Grabmal* von 1790, Säulenstumpf mit Vase und Tuch.

REUTHEN Bez. Cottbus, Ldkr. Spremberg
Dorf-K. Ruine eines 1sch. Feldsteinbaues mit 3seitigem OSchluß, wohl 15.Jh.

RIEDEBECK Bez. Cottbus, Ldkr. Luckau. – Inv. Prov. Brandenburg, Luckau
Dorf-K. Spätrom. Feldsteinbau in der typischen Staffelung aus rck. Schiff, eingezogenem quadr. Chor, OApsis und WQuerturm in Schiffsbreite, angeblich 1192–1204, eher um 1220/30; Rest. um 1960. Apsis und Turm in Granitquadern, Formteile und Eckquaderung in Raseneisenstein. Die spätrom. Chor- und Apsisfenster erh., im mittleren Apsisfenster Schiffskehlenauslauf und Nagelkopfrosetten; die übrigen Fenster in der urspr. Form rekonstruiert. Die beiden s Portale rundbogig mit profilierten Kämpfern, im W stumpfspitzbogiges Stufenportal mit Wulstkämpfern aus Raseneisenstein. An der Apsis Rundbogenfries. Der WTurm bis auf Portal und eine Rundbogenöffnung in Firsthöhe des Schiffes ungegliedert; sein etwas jüngeres Glockengeschoß dagegen ungewöhnlich reich gestaltet durch Reihung von Spitzbogenblenden, z.T. mit gepaarten Schallöffnungen und mittlerem Säulchen sowie Nischen, wohl um 1300; die Öffnungen in den Giebeln unter dem quergerichteten Satteldach von 1902. Im Inneren moderne Balkendecke, in der Apsis Halbkuppel. An den leicht spitzbogigen Triumph- und Apsisbogen die urspr. Kämpfer erh. An der NSeite der Apsis got. *Sakramentsnische* in Backsteinrahmung mit giebelförmigem Abschluß, dieser mit angedeuteten Krabben. Der got. *Backsteinfußboden* 1961 rekonstruiert. – In den OTeilen der K. noch umfangreiche Reste spätgot. *Wandmalerei* erh., wohl sp. 15.Jh.; 1960 rest. und z.T. neu freigelegt: An Apsis- und Chorbogen Rankenmalerei, dazu Weihekreuze; in der Apsiskalotte Deesis und Auferstehende (?), zwischen den Apsisfenstern Ecclesia und Synagoge sowie darunter teppichartiger Behang mit Inschr.Resten. An der SSeite des Chores Reste von Feldern mit szenischen Darstellungen, darüber Schriftband. An der NSeite der ö Schiffswand Heilige in Rahmen, an der SSeite Christophorus und Georg (?). – In der Apsis noch die frühgot. *Mensa* aus Raseneisenstein erh., darauf kleiner spätgot. *Kruzifixus*. Vor dem Triumphbogen spätgot. *Schnitzaltar* gegen 1500, rest. 1963; in der Predella die hl. Katharina zwischen je 2 männlichen Heiligen, im Mittelschrein Anna

selbdritt zwischen Barbara und Margareta, in den Flügeln 2zonig übereinander die Anbetung der Könige sowie 3mal 2 Heilige; auf den Flügelaußenseiten gemalt die Verkündigung. Im dünnen Gesprenge der Gekreuzigte zwischen Maria und Johannes, als Bekrönung der Auferstandene. Großer rom. *Taufstein* mit gedrungener runder Kuppa, aus Crinitz (Ldkr. Finsterwalde). In der SW-Ecke bar. *Pastorenstuhl* mit vergittertem Aufsatz. – Breites spätgot. *Friedhofsportal.*

RIESSEN Bez. Frankfurt/Oder, Ldkr. Eisenhüttenstadt
Dorf-K. A.17.Jh., Fachwerkbau mit polyg. OSchluß, der querrck. WTurm von Schiffsbreite mit quadr. Oberteil und Spitzhelm. Rest. 1966/67. Das Innere mit muldenförmiger Holzdecke und 3seitiger Empore. – Schöner hölzerner *Altaraufsatz* dat. 1627, aus einer Beeskower Werkstatt: Das Hauptfeld mit plastischer Kreuzigungsgruppe gerahmt von Säulen vor diamantierten Nischen, in den Wangen Füllhörner und Fruchtgehänge. In der Predella Gemälde des Abendmahls, im Aufsatz das der Auferstehung. Der übergiebelte Aufsatz mit Schnitzfiguren von Petrus und Paulus, Putten und Vasen geschmückt; reiches Beschlag- und Ohrmuschelwerk. Hölzerne *Kanzel* dat. 1626, in den Rundbogenfeldern gemalt Christus und 3 Evangelisten.

RIETDORF Bez. Cottbus, Ldkr. Luckau
Dorf-K. Spätrom. Granitquaderbau aus rck. Schiff, eingezogenem Chor und Apsis, 1.V.13.Jh. (1197 erste Erwähnung der K.). Der leicht querrck. WTurm mit Walmdach in spätgot. Zeit vorgelegt, sein ungeregeltes Mauerwerk durch Schichten sauber gelegter großer Steine gegliedert. Seine Schallöffnungen und das s Portal rundbogig geschl. Vom spätrom. Bau noch in urspr. Form erh. die Apsisfenster, die n Chor- und Schiffsfenster sowie die beiden SPortale. Die übrigen Fenster im 17./18.Jh. vergrößert. Das Innere flachgedeckt bis auf die Apsis, Triumph- und Apsisbogen spitzbogig. Im Schiff bar. Hufeisenempore mit vorschwingendem WTeil für die Orgel aus M.19.Jh. In der Apsis *Sakramentsnische*, ihre Tür mit spätgot. Ornamentmalerei. – *Altaraufsatz* M.17.Jh., architektonischer Aufbau mit Doppelsäulen im Hauptfeld, ein spätnazarenisches *Christusbild* flankierend, auch der Aufsatz säulengerahmt, reicher Beschlagwerkdekor; die Wangen als halbierte Adler gebildet. Etwas jünger die schlichte *Kanzel* mit Schalldeckel. Bar. *Taufstein* in Balusterform mit Blattgehänge.

RIETSCHEN Bez. Cottbus, Ldkr. Weißwasser. – Inv. Prov. Schlesien, Reg.Bez. Liegnitz, Rotenburg
Dorf-K. 1914–16. Saal mit rck. OTurm und w Dachreiter.
Ehem. **Gutshaus** (Wohnungen) Forstweg 3. Putzbau von 1686, 2geschossig auf Winkelhaken-Gr. mit Walmdach. Derbe, seltsam

unbeholfene Putzgliederung, muschelbesetzte Segmentgiebel über der Rahmung der Obergeschoßfenster; Rustikaportal mit Inschr.Kartusche im gesprengten Giebel.
Ehem. **Gutshaus** (Wohnungen) Forstweg 2, wohl 1.H.17.Jh. 2geschossiger Putzbau mit steilem Walmdach. In den Erdgeschoßräumen Kreuzgratgewölbe. Ein drittes **Haus**, Forstweg 4, im Kern bar., mit Allianzwappen über dem Portal.

RIETZNEUENDORF-FRIEDRICHSHOF Bez. Cottbus, Ldkr. Lübben. — Inv. Prov. Brandenburg, Luckau
Dorf-K. Fachwerkbau von 1704 mit 3seitigem OSchluß. Im W frei stehender verbretterter Glockenturm mit Walmdach, im N flacher Rck.Anbau; dat. 1707, rest. 1958. Der WGiebel 1896 in Backstein massiv erneuert. — Innen Balkendecke auf Unterzügen sowie WEmpore von 1802/04. *Kanzelaltar* A.18.Jh., modern weiß gestrichen, zwischen Akanthuswangen und Weinlaubsäulen der polyg. Korb, an der oberen Kanzeltür Kreuzigungsgemälde, in der Predella Abendmahlsbild. *Taufe* A.18.Jh. (aus Waldow b. Lübben), Holz, kelchförmig mit Blattauflagen. *Ovalgemälde*, Bildnis H.E.v.Stutterheim, dat. 1704, übergangen.
Ehem. **Gutshaus** (LPG) 2.H.19.Jh., 2geschossig in Neurenaiss.-Formen.

RINGENWALDE Bez. Frankfurt/Oder, Ldkr. Strausberg
Dorf-K. Spätrom. flachgedeckter Feldsteinbau M.13.Jh., mit eingezogenem Rck.Chor. Der in Schiffsbreite vorgelagerte WQuerturm spätgot. mit gekuppelten spitzbogigen Schallöffnungen und Satteldach, innen durch 2 Spitzbögen zum Schiff geöffnet. An Schiff und Chor annähernd rundbogige Fenster erh., im O Dreifenstergruppe; an der SSeite des Chores in kleiner bar. Vorhalle spitzbogige Pforte, das Türblatt mit spätgot. Beschlag. Innen leicht gespitzter Triumphbogen. — *Altaraufsatz* 1.V.17.Jh., Holz, 1962 rest., reicher 4geschossiger Aufbau mit Reliefs (Abendmahl, Kreuzigung, Auferstehung Christi und Auferstehung der Toten), seitlich der Hauptfelder säulengerahmte Muschelnischen. Aufbau wie Stil der Figuren dem Altar in Reichenow (Ldkr. Strausberg) verwandt. *Kanzel*, Holz, 2.H.17.Jh., polyg. Korb mit Engelsflüchten und diamantierten Nischen.

ROSENGARTEN Bez. Frankfurt/Oder, Stkr. Frankfurt/Oder

s. FRANKFURT/ODER

ROSENTHAL Bez. Cottbus, Ldkr. Luckau
Dorf-K. Schön gestaffelter Bruchsteinbau aus Schiff, eingezogenem quadr. Chor, OApsis und WQuerturm in Breite des Schiffes, A.13.Jh. An der Chor-NSeite 1 Fenster original, in der Apsis

das Mittelfenster erh., die beiden flankierenden erkennbar. In der WWand des Turmes Rundfenster. Die übrigen Öffnungen von einer bar. Erneuerung. Der Turmoberteil in Backstein mit abschließendem Walmdach sp.15.Jh. Die beiden s Backsteinanbauten 19.Jh. Im Inneren das flachgedeckte Schiff durch breiten rundbogigen Triumphbogen vom kreuzgratgewölbten Chor getrennt, in der Apsis Halbkuppel; an Triumph- und Apsisbogen Kämpfer aus Platte und Schräge (vgl. Wildau, Ldkr. Luckau) aus Raseneisenstein. Die beiden Rundbogenarkaden zwischen Turm und Schiff vermauert. In die NW-Ecke des Turmraums kleine tonnengewölbte Sakristei mit *Sakramentsnische* und *Gewänderhaken* im sp.15./fr.16.Jh. eingebaut. — Schöne *Sandstein-Taufe* dat. 1607, an Schaft und 8seitiger Kuppa Beschlagwerk mit Engelsköpfchen, dazu Inschriften; zugehörig die *Taufschale* mit Löwenköpfen, Zinn. — Außen an der NWand *Inschr.Grabstein* für J.Klemm †1734 (?). Ein weiterer spätklassizist. *Grabstein* ö der Kirche.

ROSOW Bez. Frankfurt/Oder, Ldkr. Angermünde. — Inv. Pommern, Reg.Bez. Stettin, Randow

Dorf-K. Im Kern Granitquaderbau 2.H.13.Jh., aus Schiff und leicht vortretendem WQuerturm mit 3stufig spitzbogigem WPortal. Das Schiff 1748 verputzt und verändert, das neue SPortal architektonisch hervorgehoben. Der Fachwerkaufbau des Turms 1945 zerstört. — **Kirchhofsmauer** aus Feldstein mit 2 spätma. Portalen.

RÜCKERSDORF Bez. Cottbus, Ldkr. Finsterwalde. — Inv. Prov. Brandenburg, Luckau

Dorf-K. 1sch. Feldsteinbau mit 1/2kr. Apsis aus unregelmäßigem Mauerwerk, 13. oder 16.Jh.? Aus bar. Zeit der quadr., ins 8Eck übergeführte w Dachturm in Backstein mit geschweifter Schieferhaube. Rest. um 1870, dabei die Fenster vergrößert. An der SSeite unter der modernen Vorhalle ein rundbogiges Stufenportal mit eisenbeschlagenem Türblatt erh. — Im Inneren breitrundbogiger Triumphbogen. Der Gesamteindruck bestimmt durch die *Ausstattung* und *Bemalung* vom E.17.Jh.: Im Schiff Holztonne mit Wolkenhimmel. Triumphbogen und Apsis mit Architekturmotiven, Fruchtgehängen und Wolken bemalt. Auch die Emporen im W und N mit Rankenmalerei. — Schlichter *Altaraufsatz* M. bis 2.H.17.Jh., das Gemälde der Beweinung Christi eine Kopie von 1879 nach einem italienischen Original in der Dresdner Gemäldegalerie, in der Predella und im Auszug Öldrucke nach Leonardo da Vinci. *Kanzel* mit Pfarrstuhl, 17.Jh.

RÜDERSDORF Bez. Frankfurt/Oder, Ldkr. Fürstenwalde. — Inv. Prov. Brandenburg, Niederbarnim

Der Ort bekannt durch seine bedeutenden Kalksteinbrüche, ihre Ausbeute

seit dem 13.Jh. überliefert. Steinbrüche und Angerdorf im Ma. zu dem Besitz des Klst. Zinna gehörend, 1553 säkularisiert. Seit der 2.H.17.Jh. im Zuge raschen Aufschwunges Gründung der Bergarbeiterkolonien: Hinterste Kalkberge E.17.Jh., Hortwinkel 1784—85 und Kalkberge A.19.Jh. Seit 1934 die Ortsteile Rüdersdorf, Kalkberge und Tassdorf zusammengeschlossen.

Dorf-K. Im Kern 1sch. Granitquaderbau 2.V.13.Jh., urspr. mit eingezogenem Chor und Apsis. Davon nur die Wände des Schiffs erh. Der etwas schmalere WQuerturm mit Zeltdach spätgot., das WPortal bar. Das Schiff 1718 nach O verlängert und die n Vorhalle angefügt; 1790 weitere Verlängerung, dabei die Öffnungen verändert und der Bau verputzt. 1914 Abtrennung des zweiten ö Anbaues und Erneuerung des Inneren mit muldenförmiger Decke. Rest. 1969. — Hölzerne *Kanzel* A.18.Jh., in den Feldern die Schnitzfiguren der 4 Evangelisten; die Christusfigur von 1914. *Kalksteintaufe* von 1598, runde Kufenform mit guter Renaiss.Ornamentik, Inschr. und Engelsflüchten. Hölzerner *Kruzifixus*, eindrucksvolle Arbeit um 1520/30. *Figurengrabstein* für Amtshauptmann V.v.Germershausen †1572. *2 Inschr.Grabsteine* für die Frauen H.M.Dantz, E.17.Jh., und W.A.Boyer †1750.

Ehem. Ortsteil KALKBERGE

Dorf-K. Stattliche neugot. Halle mit polyg. Apsis und schlankem WTurm von 1871, das Äußere mit Kalkstein verblendet. Die Ausstattung aus der Bauzeit.

Kath. Pfarr-K. zur Hl. Familie. 1905 in neurom. Formen von Engelbert Seiberts.

Ehem. **Gerichtsgebäude** (Rat der Gemeinde) Hans-Striegel-Str. 5. Klassizierender Klinkerbau von 1914.

Eingangsportale zu den tunnelartigen Kanalunterführungen. Die 3 Kanäle in der Blütezeit A.19.Jh. für den Transport der Steine zwischen den Brüchen bzw. den Kalköfen und den schiffbaren Gewässern des Berliner Raumes entstanden. Die Portale aus Kalkstein aufwendig gestaltet: das am Heinitz-Kanal von 1805, nicht zugänglich; ebenso das am Reden-Kanal von 1806, mit Porträtbüsten nach Entwürfen von Christian Daniel Rauch, Christian Friedrich Tieck und Karl Friedrich Schinkel; das am Bülow-Kanal an der Heinitzstraße von 1816 nach Entwurf von Johann Gottlieb Schlätzer (Schlötzer) in Anlehnung an Vorbilder französischer Revolutionsarchitektur. Die flachbogige Kanalöffnung durch ein kräftiges Konsolgesims mit flachem Dreieckgiebel abgeschlossen und von halbrunden Pylonen flankiert. Die Inschr.Tafel über der Kanalöffnung und die Löwenköpfe an den Pylonen Werke der Berliner Eisengießerei.

Unweit das ehem. **Bergamtsgebäude** Heinitzstr. 10. Urspr. 2geschossiger Putzbau um 1820 von Karl Friedrich Schinkel, im 19.Jh. völlig umgestaltet. Gegenüber ehem. **Verwaltungsgebäude** A.19.Jh., 1geschossiger Putzbau unter Krüppelwalmdach.

Uhrturm von 1844, rck. Kalksteinbau mit Zinnenbekrönung über Konsolfries; vermutlich gleichzeitig der angefügte 1geschossige Putzbau. – In der Nähe 2 **Kalköfen** mit Förderbrücke A.19.Jh.

RÜDNITZ Bez. Frankfurt/Oder, Ldkr. Bernau

Dorf-K. Flachgedeckter Feldsteinbau 2.V.13.Jh., mit eingezogenem Rck.Chor. Im W quadr. Turmaufsatz mit origineller Schweifhaube, 1.H.18.Jh. Die urspr. rundbogigen Öffnungen bis auf 3 Pforten und die ö 3Fenstergruppe vergrößert oder zugesetzt. Die K. 1969 rest. Innen der Turm von 2 toskanischen Holzsäulen gestützt, der spitzbogige Triumphbogen des 13.Jh. erh. – *Altaraufsatz* 1.V.17.Jh., unter Verwendung eines Schreines M.16.Jh. In den Flügeln 6 Heiligenfiguren der Zeit um 1430/40, im Mittelfeld Relief der 4 Evangelisten vom hl. Geist inspiriert, wohl zum Schrein gehörend. Im balustersäulengerahmten Aufsatz mit Beschlagwerk Auferstehung Christi, im Giebel Madonnenkopf, wohl gleichzeitig mit den Schreinfigürchen. Polyg. *Kanzel*, Sandstein, M.16.Jh., mit Engelsflüchten zwischen Arabeskenpilastern. *WEmpore*, *Gestühl* und *Patronatsloge* 17.Jh.

RUHLAND Bez. Cottbus, Ldkr. Senftenberg. – Inv. Prov. Schlesien, Reg. Bez. Liegnitz, Hoyerswerda

In der Niederung der Schwarzen Elster an einem Luchübergang gelegen. Aus einem slawischen Fischerdorf hervorgegangen, entwickelte sich Ruhland schnell; bereits vor 1200 Kirchdorf; Stadtrecht 1397 erstmals erwähnt, jedoch wahrscheinlich älter. – Planmäßige Anlage mit dem quadr. Markt in der Mitte, davon ausgehend 4 Hauptstraßen, ö des Marktes die K. Das verschwundene Schloß 1317 urk. genannt, Hauptsitz der Herrschaft Ruhland. Als Stadtbefestigung doppelte Wälle sowie ein Festes Haus als Schutz der einzigen befahrbaren Straße durch das Luch. Die 3 Tore, Großenhainer, Senftenberger und Bautzener Tor, abgetragen. Im Ma. Fischerei und Schuhmacherhandwerk, seit dem 1. Weltkrieg die nahe Braunkohlenindustrie bestimmend.

Stadt-K. Breiter verputzter Saalbau mit eingezogenem 5seitig geschlossenem Chor und schwerem quadr. WTurm, errichtet seit 1772 nach dem großen Stadtrand von 1768, wohl unter Wiederverwendung von Mauerteilen des 15.Jh. Die n Sakristei mit anschließender Vorhalle 19.Jh. Der WTurm mit 8seitigem Oberteil und schöner kupfergedeckter Haube. Die Fenster der K. korbbogig. Im Inneren Flachdecke; 2geschossige Emporen im N und S sowie WEmpore, in die Turmhalle reichend, mit geschwungener Brüstung. – Einfacher *Kanzelaltar* letztes V.18.Jh., vor gesprengtem Giebel Strahlenkranz und Kruzifix. Runde *Sandstein-Taufe* in Pokalform, dat. 1780. Gutes *Relief* eines Marientodes, wohl von einem Schnitzaltar, 4.V.15.Jh. Mittelschrein eines *Schnitzaltars* von guter Qualität, E.15./A.16.Jh., Mondsichelmadonna zwischen Gottvater und Christus, in der Predella in 13 Rundbogenblenden gemalte Heiligenfigürchen, wohl Maria

und die 12 Apostel; die Seitenflügel, mit Wappenmalerei, und der Schrein 2.H.17.Jh. Eisenbeschlagene *Truhe* 16.Jh. (in der Sakristei).
Ehem. **Gutshaus** (Wohnungen). Langgestreckter Fachwerkbau von 2 Geschossen mit Krüppelwalmdach, sp.17./fr.18.Jh.
Wohnhausbau. Durch Stadtbrände das Stadtbild stark beeinträchtigt, urspr. meist 2geschossige Traufenhäuser des 17./18.Jh., Fachwerk, heute verputzt. Erh. Fachwerkbauten: *Kirchgasse 1*, mit massivem Untergeschoß, um 1800; *Dresdener Str. 35*, Blockbau mit Fachwerkobergeschoß, 1672. – Aus der 1.H.19.Jh. erh. die Löwen-Apotheke, *Markt 2*, Putzbau von 2 Geschossen, seitlich segmentbogige Toreinfahrt, die dicht stehenden Fenster mit geraden Verdachungen.

RUHLSDORF Bez. Cottbus, Ldkr. Jessen. – Inv. Prov. Sachsen, Schweinitz
Dorf-K. um 1900. Im Innern ein qualitätvolles *Relief der hl. Familie* in 7 Figuren, kurz nach 1500, mit originaler Fassung.

RUHLSDORF Bez. Frankfurt/Oder, Ldkr. Bernau. – Inv. Prov. Brandenburg, Niederbarnim
Dorf-K. Annähernd quadr. Saalbau von 1775 mit quadr. Dachturm im W, das Dach ö abgewalmt. Rest. 1960/61. Im W, N und S mittig Rck.Portale zwischen hohen Rundbogenfenstern, diese an der O- und WSeite als Blenden markiert. Der Turm mit Putzgliederung und Zeltdach. Im flachgedeckten Inneren bar. hölzerne Hufeisenempore auf toskanischen Säulen, die Orgelempore in einen hohen Rundbogen mit Pfeilern für die Turmsubstruktion eingefügt. – Hölzerner *Kanzelaltar* fr.18.Jh., im 19.Jh. neu bemalt. Der runde Kanzelkorb gerahmt von gedrehten, mit Ähren und Reben umschlungenen Säulen; seitlich reiche Akanthuswangen. In der Predella Abendmahlsbild, auf dem Schalldeckel kleiner Kruzifixus.

RUHLSDORF Bez. Frankfurt/Oder, Ldkr. Strausberg

S. HOHENSTEIN

S

SAALAU Bez. Cottbus, Ldkr. Hoyerswerda

S. KOTTEN

SAALHAUSEN Bez. Cottbus, Ldkr. Senftenberg
Dorf-K. Historisierender Backsteinbau mit WTurm, um 1860/70. Ausstattung aus der Erbauungszeit. Runder *Taufstein* 15.Jh., Schaft und Sockel 19.Jh.

SAAROW-DORF Bez. Frankfurt/Oder, Ldkr. Fürstenwalde

s. SAAROW-PIESKOW

SAAROW-PIESKOW Bez. Frankfurt/Oder, Ldkr. Fürstenwalde

Bahnhof. 1911–12 in den Formen des sog. Heimatstiles: ausgedehnte Dreiflügelanlage aus kleinem, hohem Empfangsgebäude zwischen den seitlichen offenen Bahnsteighallen auf hölzernen Säulen; die Flügel aus Fachwerk.

SAAROW-PIESKOW (SAAROW-DORF)

Ehem. **Gutshaus** (Ferienheim). Gestreckter 1geschossiger Putzbau unter Mansardwalmdach, inschr. 1723; erneuert 1966.

SAAROW-PIESKOW (PIESKOW)

Dorf-K. Backsteinbau von 1901. – Hölzerner *Altaraufsatz* von 1661, in Art eines Triumphbogens mit gewundenen Säulen, Knorpelornament und bäuerlich geschnitzten Figuren in den offenen Bögen: der Gekreuzigte zwischen Maria und Johannes in der Mitte, Petrus und Apostel mit Hellebarde seitlich. Am Gebälk Engelsflüchte, darüber als Bekrönung gemalte Grablegung Christi zwischen den Standfiguren der 4 Evangelisten; in der Predella Abendmahlsgemälde. An der NSeite bar. hölzerne *Herrschaftsempore*.

SAATHAIN Bez. Cottbus, Ldkr. Liebenwerda. – Inv. Prov. Sachsen, Liebenwerda

Ehem. **Dorf-K.** von 1629; ein got. Vorgängerbau ergraben. Eingreifend umgebaut 1816. Fachwerkbau aus Schiff mit eingezogenem Rck.Chor. Der quadr. WTurm mit oktogonalem Aufsatz, Schweifhaube und Laterne von 1816. Gleichzeitig Anfügung von Sakristei und Patronatsloge. Der Turm 1980 rest. – Innen bemalte *Felderdecke*, u.a. Putten und Engel mit den Leidenswerkzeugen, wohl 2.H.18.Jh. *Kanzelaltar* 1816. Hölzerne *Taufe* 1629.

SACHSENDORF Bez. Frankfurt/Oder, Ldkr. Seelow. – Inv. Prov. Brandenburg, Lebus

Dorf-K. Flachgedeckter rck. Backsteinbau mit stattlichem, leicht querrck. WTurm, inschr. 1514–19 errichtet; 1955/56 wiederhergestellt. Das durch Zerstörungen des 2.Weltkrieges stark reduzierte Turmoberteil nimmt diesem viel von seiner urspr. Wucht. Erh. sind die Untergeschosse mit dem rundbogigen WPortal in Spitzbogenblende sowie die reiche Blendengliederung in 2 Zonen, in der oberen Zwillingsblenden unter Stichbogenrahmung. Auch der ö Schiffsgiebel zeigt reichen Blendenschmuck aus Vorhangbögen in 3geschossiger Reihung; die Fialen auf den Schrägen fehlen. Die Fenster wohl im 18.Jh. vergrößert. Innen zwischen Turm und Schiff breite stumpfspitzbogige Öffnung.

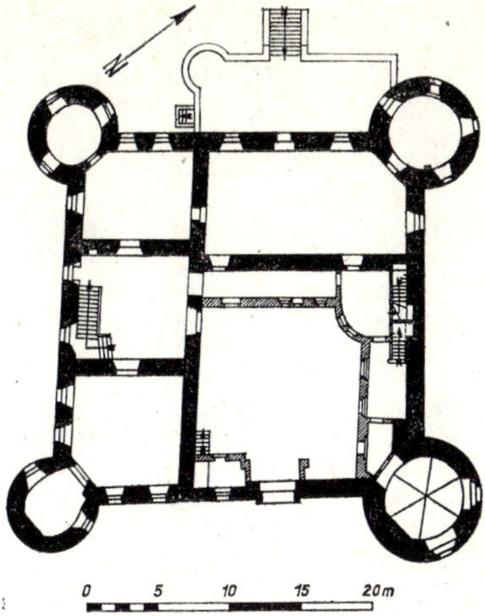

Sallgast, ehem. Schloß

SACRO Bez. Cottbus, Ldkr. Forst

S. FORST/LAUSITZ

SALLGAST Bez. Cottbus, Ldkr. Finsterwalde. – Inv. Prov. Brandenburg, Luckau

Dorf-K. Im Kern rck. ma. Feldsteinbau, verputzt. Wohl im 16.Jh. Anbau der tonnengewölbten Sakristei an der SSeite. Um 1774 Erneuerung der K. in Backstein und Errichtung des quadr. WTurmes mit 8seitigem Obergeschoß, geschweifter Haube und Laterne, Anbau einer bar. Loge an der NSeite mit w anschließender Fachwerkvorhalle sowie Vergrößerung der Fenster und Türen. Nur das spitzbogige Stufenportal im N, jetzt innerhalb der Loge, in urspr. Form erh. Innen Bretterdecke und umlaufende Empore, E.18.Jh., die w mit vorschwingender Balusterbrüstung. – *Altaraufsatz* um 1678, vielleicht von Georg Wolschke, mit gedrehten Säulen und Knorpelwerkwangen, in der Predella Gemälde des Abendmahls, im Auszug des auferstehenden Christus, auf dem Gebälk 2 Engelfiguren. Das ehem. *Altarbild*, Kruzifix mit kniendem Stifterpaar und Schloß Sallgast im Hintergrund, dat. 1678, jetzt an der SWand, im sp.18.Jh. durch den bar. Kanzelkorb ersetzt. *Taufstein* 1.H.15.Jh., 8seitige Kuppa auf quadr. Sockel mit Maßwerk. Oberteil eines *Fayenceofens*, fr.18.Jh. *Wappentafel* K.v.Rohr †1690. *Grabmal* J.E.Benisch †1724, Sandstein, mit weinenden Frauen und Vitenschilden vor

Tuchgehängen unter Baldachin. In der Turmhalle bar. *Kindergrabstein* und 2 *Rokoko-Grabsteine* E.F.Liebau †1744 und Familie Patzig †1783 bzw. 1802, der Stein 3.V.18.Jh.; wiederverwendet. – Außerhalb der K. *Inschr.Grabstein* J.Schwartze †1758.
Ehem. **Wasserschloß** (Schule, Gaststätte). 2geschossige, etwa quadr. 4Flügelanlage mit schweren runden Ecktürmen, verputzter Backstein, M.16.Jh. Rest 1911 durch Bodo Ebhardt. 1975 das Äußere instandgesetzt; dabei das Innere vollständig umgebaut. Die gedrungenen Ecktürme von geschweiften Hauben, die 2 im S zudem von Laternen bekrönt. Neben den Türmen teilweise Giebel, der ö mit spätgot. Blenden, der w von 1911, der n ein Pfeilergiebel 2.H.16.Jh. Die ehem. Zugbrücke und das Hauptportal mit Zugang zum rck. Hof an der OSeite. Der OFlügel nur Verbindungsgang, sein Obergeschoß urspr. Wehrgang. Im Hof kleiner *Wandbrunnen* 1.H.17.Jh. mit Knorpelwerk. Das Treppenhaus in der SW-Ecke. In einem Raum des Erdgeschosses *Rokoko-Ofen*, Fayence. – Vor dem WFlügel große *Tonvase* mit klassizist. Figurenfries, A.19.Jh. Der *Park* 1911 von Bodo Ebhardt angelegt.

SASSLEBEN Bez. Cottbus, Ldkr. Calau

Dorf-K. Spätma. Feldsteinbau, bis auf die WWand modern verputzt. Durchgreifender Umbau 1775 mit 3seitigem OSchluß und Stichbogenfenstern. Wohl gleichzeitig der hölzerne Glockenstuhl w der K. – Innen flache Putzdecke mit Stuckprofilen. Umlaufende Empore mit Einbeziehung des einfachen *Kanzelaltars* und einer Loge auf der NSeite, alles ungefaßt.
Ehem. **Schmiede** (Depot) Dorfstr., 1.V.19.Jh., eingeschossiger Backsteinbau in neugot. Formen.

SASSLEBEN (KALKWITZ)

Dorf-K. (in Verfall). Spätgot. Rck.Bau, gegen 1500. Um 1720 barockisiert mit Korbbogenfenstern, n und s doppelgeschossigen Logenanbauten in Fachwerk sowie w verbrettertem Dachturm mit gefälliger Haube. – Das flachgedeckte Innere durch 2 Unterzüge und Holzstützen 3sch. geteilt. Hufeisenempore 19.Jh. An der inneren WWand Reste von *Wandmalereien*, Jüngstes Gericht und St.Christophorus, noch teilweise zu erkennen. Ein weiterer Rest in der SO-Ecke. *Kanzelaltar* inschr. 1721, mit Doppelsäulen und schmalen geschnitzten Wangen, auf dem flachbogigen Giebel 2 Engel mit Leidenswerkzeugen. *Pfarrgestühl*, ein Teil dat. 1712.

SASSLEBEN (REUDEN)

Dorf-K. (in Verfall). Reizvoller quadr. Zentralbau von 1729 mit 4 kräftigen Eckrisaliten, WPortal und halbrunder Apsis im N. Die bewegte Dachform in der Mitte pyramidal ansteigend, darauf seit 1861 hohe quadr. Laterne mit Haube. Über dem s Eingangsportal bekröntes Allianzwappen. Das Innere flachgedeckt, als 3seitig von Emporen umgebener Rck.Raum mit ö Apsis ge-

staltet. In den Eckrisaliten im O Sakristeien, im W die Treppen. – Auffallend monumentaler *Kanzelaltar* aus der Bauzeit, Holz, vorzügliche Arbeit. Die übereck gewendeten Pilasterbündel, von gesprengtem Volutengiebel abgeschlossen, rahmen eine flachbogige Nische, in der die doppelt geschwungene Kanzel und der mit Lambrequins geschmückte Schalldeckel eingepaßt sind. Am Fuß der Pfeiler Putten als Altes und Neues Testament, die Gebälkkonsolen von Engelsflüchten getragen.
Ehem. **Gutshaus** (VEG) 1.H.18.Jh. Zweigeschossiger 2Flügelbau unter Mansarddach, die Hoffront 11achsig mit 3achsigem Mittelrisalit und 3achsigen Rücklagen. Putzpilastergliederung.

SAUEN Bez. Frankfurt/Oder, Ldkr. Beeskow
Dorf-K. Neugot. von 1896 unter Verwendung von Teilen ma. Umfassungsmauern.
Ehem. **Gutshaus** (Akademie, Institut für Forstwissenschaften). 11achsiger Putzbau mit 5achsigem, 2geschossigem Mittelrisalit und Mansarddach, M.18.Jh., Rest. 1912 von Erich Blunck. Die Fassaden durch gequaderte Lisenen und Simse gegliedert.

SAXDORF Bez. Cottbus, Ldkr. Liebenwerda. – Inv. Prov. Sachsen, Liebenwerda
Dorf-K. Flachgedeckter Backsteinbau fr.13.Jh., mit leicht eingezogener, urspr. gewölbter 1/2kr. Apsis, darin 3 spitzbogige Fenster, die ein Deutsches Band durchschneiden. Die Schiffsfenster bar. erweitert, gestuftes rundbogiges SPortal. Die K. wohl A.19.Jh. im W um $^1/_2$ Joch verkürzt, die neue WFront aus Raseneisenstein aufgeführt und verputzt. Darüber verbretterter oktogonaler Dachturm der gleichen Zeit mit geschweifter Haube und Laterne. Die K. außen 1969–73, innen 1970–74 rest., dabei Freilegung spätgot. *Wandmalereien* des fr.14.Jh., an der NWand Verkündigung und Geburt Christi, im Chor ornamentale Ranken sowie die Umrahmung einer schlitzförmigen Sakramentsnische. Der rom. Triumphbogen entfernt. Hufeisenempore. – Spätgot. *Schnitzaltar* A.16.Jh. (aus Obhausen, Ldkr. Querfurt), im Mittelschrein Maria zwischen Ursula und Barbara, von guter Qualität, in den Flügeln je 4 Apostel; Filigranbaldachine. Die Rückseiten der Flügel mit 4 Szenen aus dem Marienleben bemalt, reizvoll die Begegnung Marias mit Elisabeth vor Landschaftshintergrund. Hölzerner *Kanzelkorb* von einem Kanzelaltar A.19.Jh. Große *Sandsteintaufe*, wohl um 1860, mit flacher Schale (aus Martinskirchen, Ldkr. Liebenwerda). Hölzernes *Vortragekruzifix* 1679 (aus Kosilenzien, Ldkr. Liebenwerda). *2 Tafelbilder* der Auferstehung und Kreuzigung um 1600, ehem. Altarflügel. *Gemälde* eines segnenden Christus 1696 (aus Blumberg, Ldkr. Torgau). *Pastorenbildnis* Magister Cummer †1622. Spätgot. *Opferstock* sowie *Sandsteinfragment* wohl eines Sakramentshauses mit *Relief*: Christus an der Martersäule, 1.H.15.Jh. (beide aus der ehem.

Klst.-Kirche in Mühlberg, Ldkr. Liebenwerda). *Grabstein* mit figürlicher Büste für W.Glogo †1554. *Pastorengrabstein* für J.G. Schaaff †1719. *Inschr.Grabstein* für H.Blumisch †1728.

SCHADEWITZ Bez. Cottbus, Ldkr. Finsterwalde. – Inv. Prov. Brandenburg, Luckau
Dorf-K. um 1784. Flachgedeckter Putzbau mit 3seitigem OSchluß und w Dachturm, dieser auf quadr. Sockel mit 8seitigem, verschiefertem Aufsatz und Schweifhaube. – Die bescheidene hölzerne *Ausstattung*, Hufeisenempore, Kanzelaltar und Taufe, aus der Bauzeit.

SCHENKENDORF Bez. Cottbus, Ldkr. Luckau. – Inv. Prov. Brandenburg, Luckau
Dorf-K. Spätgot. Feldsteinbau mit annähernd quadr. WTurm, dieser mit Querwalmdach. Der 3seitige OSchluß 1713 hinzugefügt und als Patronatsloge mit darunterliegender kreuzgewölbter Gruft genutzt. Wohl gleichzeitig die Stichbogenfenster des Schiffes; die beiden spitzbogigen SPortale spätgot. Wegen einer weiteren Gruft unter dem Turm kleine Freitreppe zum w Turmeingang. Das Innere mit Balkendecke. In der WHälfte Hufeisenempore, w gerundet vortretend; das ö Polygon durch einschwingende verglaste Patronatsempore abgetrennt. – Die Ausstattung einheitlich um 1700: *Altaraufsatz* von Tischler Joachim Bandicken und Maler Christian Zimmermann, beide aus Luckau: dreizoniger Aufbau mit Gemälden des Abendmahls, der Kreuzigung und Auferstehung, das Hauptfeld flankiert von Säulen und Schnitzwangen mit den Bildern der Verkündigung und Geburt Christi, in der Bekrönung Himmelfahrt; zugehörig das quadr. Tafelbild an der Decke: der Gottesname von Engeln umgeben. Hölzerne *Kanzel* auf Balusterstütze, der polyg. Korb mit Bildern der Evangelisten und des Salvators zwischen gedrehten Ecksäulchen. 8eckige tischförmige *Taufe*, Holz. *Patronatsstuhl* mit butzenverglastem Aufsatz; links neben dem Altar geschnitztes *Patronatswappen*.

SCHIFFMÜHLE Bez. Frankfurt/Oder, Ldkr. Freienwalde
Ehem. **Chausseehaus.** 1834 nach Plänen Karl Friedrich Schinkels. Rck. 2geschossiger Putzbau mit Dreiecksgiebel und gekuppelten Rundbogenfenstern zur Straße, seitlich flankiert von zurückgesetzten, kurzen 1geschossigen Flügeln.

SCHIFFMÜHLE (NEUTORNOW) – Inv. Prov. Brandenburg, Königsberg/Neumark
Dorf-K. Schlichter quadr. Putzbau mit Zeltdach, 1770. Der WTurm mit laternenförmigem Aufsatz und Schweifhaube 1876. Nach Brand 1930 Erneuerung und Erhöhung des Schiffes.

SCHILDA Bez. Cottbus. Ldkr. Finsterwalde. – Inv. Prov. Brandenburg, Luckau
Dorf-K. Spätgot. Feldsteinbau des 15.Jh. (?) mit 3seitigem OSchluß und nachträglich angebautem, niedrigem, quadr. WTurm mit Satteldach, dieser wohl A.16.Jh.; schwere Strebepfeiler an den 4 Schiffsecken. In der Langhaus-WWand und im S je ein rundbogiges Stufenportal mit 3eckiger Scheitelnische. Im Inneren Holztonne M.18.Jh.; ihre *Malereien* zeigen in Wolkenhimmel Szenen mit Christus nach der Auferstehung in ländlich naiver Malweise. 2geschossige Emporen im N und W, 17.Jh. – *Altaraufsatz* um 1750, Doppelsäulen mit Akanthuswangen, im Hauptfeld Relief der göttlichen Dreifaltigkeit, in der Predella ovales Tafelbild, Gethsemane, im gesprengten Volutengiebel die Freifigur des Auferstandenen, flankiert von Posaunenengeln und Vasen. *Kanzel* M.18.Jh. mit quadr. Korb, an der Brüstung gemalt die Evangelisten. *Taufstein,* umgearbeitet aus einem schönen großen Kelchblockkapitell um 1230, mit reichem Rankenschmuck und Trauben. Der hölzerne Deckel pyramidenförmig, 18.Jh. (vgl. den Taufstein in Gruhno, Ldkr. Finsterwalde). *Pfarrstuhl* 18.Jh. Figürlicher *Grabstein* eines Kindes, A.17.Jh.

SCHLABENDORF Bez. Cottbus, Ldkr. Luckau. – Inv. Prov. Brandenburg, Luckau
Dorf-K. (zum Abbruch vorgesehen). Langgestreckter rck. Feldsteinbau sp.14.Jh., mit schwerem, nachträglich angefügtem quadr. WTurm. An der NSeite schlankes spitzbogiges Turmportal mit Flachschicht darüber, von den Schiffsportalen das w 3stufig, das ö, urspr. in einer Vorhalle, 2stufig mit einer Art Maßwerk-Bekrönung über der erneuerten Tür. In der OWand 3Fenstergruppe, gedrückt spitzbogig, die Gewände zart profiliert, sp.15.Jh. Aus dieser Zeit wohl auch das Glockengeschoß des Turmes, seine 2teiligen, im N 3teiligen Schallöffnungen original erh. Alle übrigen Öffnungen von einer Erneuerung um 1700. Die Patronatsloge an der NSeite im 19.Jh. angebaut. Das Innere mit Putzdecke; Hufeisenempore des 18.Jh. – Schlichter *Kanzelaltar* gegen 1800, mit rundem säulenflankiertem Kanzelkorb, im gesprengten Giebel Strahlensonne; vor dem Aufgang *Pfarrstuhl.* Lebensgroßer *Kruzifixus* um 1500, Holz gefaßt, der Kopf überarbeitet. *Schnitzfigur* einer trauernden Maria (im Pfarrhaus), wohl zugehörig. – Außen an der OWand der K. *2 Inschr.Grabsteine,* 1718 und 1720; sowie *1 Grabstein* 2.H.17.Jh., mit der gerüsteten Figur des Verstorbenen (beschädigt).

SCHLEIFE Bez. Cottbus, Ldkr. Weißwasser. – Inv. Prov. Schlesien, Reg.Bez. Liegnitz, Rotenburg
Dorf-K. Im Kern ma. Feldsteinbau wohl 14.Jh., 1sch. mit eingezogenem, 3seitig geschlossenem Chor und längsrck. WTurm, dessen oktogonales Oberteil von 1676 mit Schallöffnungen und

Abschluß durch Schweifhaube mit Laterne. 1685 das Äußere verputzt, an der NSeite Sakristei und an der SSeite Eingangshalle mit Volutengiebel angefügt. Gestuft spitzbogiges WPortal in rck. Vorlage. Das Äußere 1979/80 rest. Im Inneren stumpfspitzbogiger Triumphbogen. Im Chor Netzgewölbe mit Birnstabrippen 2.V.15.Jh.; im Schiff Bretterdecke. Schöne bar. 2geschossige Hufeisenempore. – Im Chor spätgot. *Wand- und Gewölbemalereien* 2.V.15.Jh., u.a. an der NSeite die Kreuzigung und das Jüngste Gericht sowie 6 Apostel, an der SWand Fragmente (rest.): Bischof, Büste, Teufelsfratze, Rankenornament in den Fensterleibungen; an der SWand des Schiffes bar. *Freskenfragment* der Sintflut mit Arche Noah. In der s Eingangshalle *Wandmalerei* einer Madonna mit Kind, gegen M.15.Jh. – Hübsche hölzerne *Kanzel* mit Schalldeckel E.17.Jh., am Korb zwischen Ecksäulchen die Felder mit reliefierten Schnitzfiguren der 4 Evangelisten und Paulus. An der ö Chorwand *Grabplatte* des Pfarrers M.Blasius †1627. – An den Außenwänden einige *Inschr.Grabsteine* sp.17./18.Jh. Am Turm 2 ma. *Steinkreuze.*

SCHLEPZIG Bez. Cottbus, Ldkr. Lübben

Dorf-K. Fachwerkbau von 1782 mit 5seitigem OSchluß, SVorhalle und quadr. verbrettertem WTurm. Dieser halb in das Schiff einspringend, mit Schieferhaube und Laterne. Die hohen Fenster korbbogig geschl. – Im Inneren flaches Muldengewölbe mit bemaltem Wolkenhimmel, 1980 erneuert. Hufeisenempore auf schlanken Holzpfosten, der w Teil vorschwingend, im O durch Pfarrstuhl und Kanzelaufgang mit dem Altar verbunden, die Brüstungsmalerei A.20.Jh. *Kanzelaltar* E.18.Jh., mit Rocaillewangen und Empirevasen. – Auf dem Friedhof schönes *Urnengrabmal* für K.F.Praliger (?) †1845.

SCHLICHOW Bez. Cottbus, Ldkr. Cottbus. – Inv. Prov. Brandenburg, Cottbus

Ehem. **Gutshaus** (Wohnungen) 2.H.18.Jh., 1geschossiger Putzbau unter hohem Mansardwalmdach, der 3achsige Mittelrisalit 1936 umgebaut.

SCHLIEBEN Bez. Cottbus, Ldkr. Herzberg. – Inv. Prov. Sachsen, Schweinitz

Am WRand des bewaldeten Lausitzer Landrückens an der Straße Leipzig–Frankfurt/O. gelegen. Wohl im 12.Jh. im slawischen Siedlungsgebiet hier eine deutsche Burg mit Straßendorf als Dienstsiedlung gegr., 1181 von wettinischen Ministerialen besetzt. Die Martins-K. des Ortes 1228 urk. Erst 1616 Stadtrecht; stets kleine Landstadt geblieben.

Stadt-K. St.Martini. Spätgot. 1sch. Backsteinbau von 4 Jochen mit 5/8 Chorschluß, 2.H.15.Jh. Der hohe quadr. WTurm nach einem Brand von 1862 neu errichtet, gleichzeitig die Vorhallen am Schiff angefügt. Rest. des Inneren 1934–36. Schiff und Chor von gestuften Strebepfeilern umgeben, doch nur im Chor die Wölbung ausgeführt. Am Schiff wegen der Emporen 2 Fensterzonen: Spitzbogenfenster mit schräger Leibung auf hohem Sokkel, darunter bar. stichbogige Zwillingsfenster in Blendnischen. An den Polygonseiten des Chores große ungeteilte Spitzbogenfenster, ihre schrägen Leibungen verputzt. Am neugot. Turm von Fialen bekrönte Eckstreben, das schlanke 8seitige Oberteil mit Spitzhelm. – Innen spitzbogiger Triumphbogen. Im Chor spätgot. Sterngewölbe, seine Rippen unmittelbar aus der Wand aufsteigend. Im flachgedeckten Schiff doppelgeschossige Hufeisenempore, 1934 verkürzt sowie die Balkendecke erneuert. In 2 Chorfenstern gut erh. *Glasmalereien*, Moses bzw. Christus, sp.19.Jh. – *Altaraufsatz* 1.v.18.Jh., mit reicher Akanthusschnitzerei, nachträglich zum Kanzelaltar umgewandelt, der rck. Kanzelkorb an Stelle des Altarblatts eingefügt; daran und am ovalen Aufsatz Palmzweigkartuschen mit Gemälden des Abendmahls und der Auferstehung, in den Wangen Wappenmedaillons, auf den flankierenden Säulen sitzende Putten, bekrönend Engel mit Palmzweig. Hölzerne *Taufe* dat. 1765, die 8seitige Kuppa von 2 Engeln getragen, auf dem pyramidenförmigen Deckel Christuskind mit Kreuz. Spätgot. *Schnitzfigur* einer stehenden Madonna mit Kind, A.15.Jh., mit Resten alter Fassung (z.Z. als Leihgabe im Gemeinderaum des kath. Pfarramtes Schlieben). *Gemälde*, Brustbild des Propstes E.G.Camenz (1734–44). – Im Chor 10 bar. *Grabmäler und Epitaphien*, vorwiegend als Vitentafel mit Umrahmung, von rechts nach links: 1. von 1780 mit bekrönendem Putto, 2. von 1763, 3. für Propst Camenz †1744, 4. für Frau L.v.Berger †1725, mit der Büste der Verstorbenen, trauernden Putten und Ahnenprobe, 5. für Familie Kretschmar, der letzte †1786, 6. für Familie Wendler um 1725, bar. Umrahmung mit Putten und Gottesauge in Strahlenglorie, 7. für Propst C.D. Bücher †1675, Bronzeplatte in Sandsteinrahmung, 8. für J.W. Meißner †1789, in reichem Rokoko-Rahmen mit Totenkopf, 9. für Propst G.Meißner †1749, die Vita auf Bronzeplatte, gerahmt von den allegorischen Figuren Glaube und Hoffnung, Sandstein, 10. für Amtmann Frans †1744, Rokoko-Wandgrabmal mit den Figuren von Justitia und Sapientia. – Außen am Chor ein verwitterter *Grabstein* des 18.Jh.

Ehem. **Amtsgericht** (Kinderhort) Herzberger Str. 7. Zweigeschossiger Putzbau von 1778 mit Krüppelwalmdach. Über dem Portal von Kurhut bekrönte Inschr.

Ehem. **Hotel** „Stadt Frankfurt“ (Wohnungen) Luckauer Str. 6. Zweigeschossiger klassizist. Putzbau von 1832 mit Krüppelwalmdach. Die Geschoßteilung durch umlaufendes Gurtband betont. Der 1achsige Mittelrisalit unter Fledermausluke von Pilastern gerahmt, im Untergeschoß Rck.Nische mit 2 eingestellten toskanischen Säulen, an den Giebelseiten die Mittelachse ebenfalls eingetieft und mit Lünettenfenster abgeschlossen.

SCHLIEBEN (KRASSIG)

Dorf-K. Rck. Feldsteinbau E.13.Jh., mit Untergeschoß eines quadr. spätgot. WTurmes; sein Oberteil aus verbrettertem Fachwerk unter Walmdach. In der OWand Dreifenstergruppe, die Leibungen in Backstein, ebenso die am breitspitzbogigen, gestuften SPortal. 2 SFenster 1735 vergrößert, ein 3. in urspr. Form. Das SPortal im Turm neuzeitlich. Das Innere nach 1970 rest., dabei die Bretterdecke etwas tiefer gelegt. Erneuerte W- und NEmpore. – *Schnitzaltar* um 1500, um 1969 rest. Im Mittelschrein Maria mit Kind, flankiert von Jakobus d.Ä. und einer weiblichen Heiligen. In den 2zonigen Flügeln Johannes Ev. und Bartholomäus bzw. Anna selbdritt und Katharina. Hölzerne 8seitige *Taufe*, 17.Jh.

SCHMARGENDORF Bez. Frankfurt/Oder, Ldkr. Angermünde. – Inv. Prov. Brandenburg, Angermünde

Dorf-K. Flachgedeckter rck. Feldsteinbau, M.13.Jh., die urspr. Öffnungen, 3 OFenster und Portale nach N und S, erkennbar; am NPortal ein Quader mit der gleichen schachbrettartigen Musterung wie am Portal der Kirche von Serwest (Ldkr. Eberswalde). M.18.Jh. Umbau und Anfügung eines quadr. WTurms mit Schweifhaube. Das Innere einheitlich in schlichten, schon zopfig steifen Bar.Formen, mit Kastengestühl und Hufeisenempore auf toskanischen Säulen. – Hölzerner *Kanzelaltar* von schlanker Proportionierung zwischen seitlichen Balustraden, um 1745. Der geschweifte Korb von Pilastern flankiert, der Schalldeckel mit Strahlenglorie; seitlich Flammenvasen.

SCHMERKENDORF Bez. Cottbus, Ldkr. Herzberg. – Inv. Prov. Sachsen, Liebenwerda

Dorf-K. Langgestreckter 1sch. Bau mit 3seitigem OSchluß und quadr. WTurm. Das frühgot. Schiff aus Raseneisenstein wohl 14.Jh., mit dem Rest eines Spitzbogenportales in der SWand; in spätgot. Zeit nach O verlängert und der Turm angefügt. Der 8eckige Turmoberbau in verputztem Ziegelfachwerk mit Schieferhaube und Laterne von 1767. Wohl gleichzeitig Rest. der K. mit Erweiterung der Fenster. Letzte Rest. 1982 (Turm verputzt). Das Innere aus der Zeit des bar. Umbaues: flache Bretterdecke mit quadr. Felderteilung, die SEmpore mit Pilasterarkatur über gedrehten Säulen, 17.Jh., W- und NEmpore jünger. – Einfacher *Kanzelaltar* E.18.Jh. Von einem spätgot. Flügelaltar *3 Schnitzfiguren* erh.: Maria mit Kind, Laurentius und Magdalena, um 1500, des weiteren die gemalten *Altarflügel* mit der Darstellung der 12 Apostel in Dreiergruppierungen. *Orgelprospekt* mit Vasenbekrönung, um 1800. *Pastorenstuhl* mit Vergitterung, inschr. 1657. *Figurengrabstein* der K.v.Marschall †1599. *Grabstein* der M.v. Dehn-Rotfelser †1617. *Grabstein* für M.J.Sämler †1667. *2 Fragmente* eines Grabsteins mit Wappen, Engel und Totenkopf.

Hölzernes *Hänge-Epitaph* für A.M.v.Dachroed †1703, mit Helmzier, militärischen Emblemen und Totenkopf. – An der s Außenwand *4 Grabmäler* von 1750, 1751, 1768 und 1788, letzteres mit Tugendallegorien.

SCHMIEDEBERG Bez. Frankfurt/Oder, Ldkr. Angermünde. – Inv. Prov. Brandenburg, Angermünde

Dorf-K. Gut erh. Feldsteinbau M. bis 3.V.13.Jh., mit eingezogenem quadr. Chor und Apsis in klarer Staffelung; die Öffnungen zum größten Teil unverändert, im W, N und S Rundbogenportale, z.T. vermauert. Im W verbretterter Dachturm von 1681, seine WWand in Feldstein, Pyramidendach. Innen Triumph- und Apsisbogen erh., beide stumpfspitzbogig. Die flachen Decken mit Stuckleisten A.18.Jh. Schlichte WEmpore mit *Orgel* 1844. – *Altarretabel* aus einem 4flügeligen *Schnitzaltar* des sp.15.Jh., rest. 1960–71, mit bar. Aufsatz und Wangen E.17.Jh. Im Mittelschrein Maria mit dem Kinde zwischen Barbara und Katharina, in den Flügeln die 12 Apostel, 1844 neu gefaßt (jetzt im Pfarrhaus zu Polßen, Ldkr. Angermünde). In der ersten Wandlung gemalt 8 Szenen der Passion Christi vom Ölberg bis zur Auferstehung; auf den Rückseiten der Außenflügel 8 weibliche Heilige, auf den Standflügeln Christophorus und Nikolaus. In dem mit Putten und musizierenden Engeln geschmückten Aufsatz spätgot. *Sitzfiguren*, Anna selbdritt und hl. Bischof. Einfache hölzerne *Kanzel* 1.H.17.Jh. Ergänzte Kopie eines *Kruzifixes* 16.Jh., das Original von guter Qualität im Pfarrhaus zu Polßen. Neugot. *Taufe* aus gebranntem Ton, M.19.Jh. *Wappentafel* um 1830. – Auf dem Friedhof klassizist. *Grabdenkmal* C.F.Raasch †1822, das Monument in Form eines antiken Altars aus Gußeisen, von Gitter umgeben.

SCHÖLLNITZ Bez. Cottbus, Ldkr. Calau

SCHÖLLNITZ (NEUDÖBERN)

Ehem. **Gutshaus** (Wohnungen). Zweigeschossiger Putzbau von 1703 unter Walmdach, 9:3 Achsen, hofseitig die 3 Mittelachsen leicht vorgezogen, darin pilastergerahmtes Mittelportal mit kräftigem Segmentgiebel, im geschnitzten Oberlicht der Tür Dat. 1703. Gequaderte Ecklisenen und Rck.Fenster. – Im W großes 1geschossiges **Landarbeiterhaus** unter hohem Walmdach, 18.Jh.

SCHÖNA-KOLPIEN Bez. Cottbus, Ldkr. Herzberg. – Inv. Prov. Sachsen, Schweinitz

Dorf-K. (Schöna). Im Kern spätrom. Feldsteinbau aus Schiff, eingezogenem Rck.Chor und niedriger Apsis. Nach Brand bar. Umbau 1772–78 mit Anfügung des 4geschossigen quadr. W-Turmes in Backstein. Rest. 1861, dabei die Turmspitze und das

WPortal erneuert. In der Apsis 3 kleine Rundbogenfenster; die übrigen Öffnungen um 1772 verändert. – In Schiff und Chor Putzdecken, die Apsis gewölbt. Der Triumphbogen beseitigt. Der runde Apsisbogen vermauert. Die Hufeisenempore wohl von 1861, ebenso der schlanke *Kanzelaufbau* vor der Apsiswand, als Altar darunter ein *Konsoltisch*.

Dorf-K. (Kolpien). Rck. flachgedeckter Feldsteinbau 2.H.13.Jh., mit quadr. WTurm in Backstein, um 1870/80. Dieser romanisierend mit hohem oktogonalem Aufsatz und Spitzhelm (vgl. Dubro, Ldkr. Herzberg). In der SWand ein vermauertes Spitzbogenportal. Im O Dreifenstergruppe – urspr. Lanzettfenster von gleicher Höhe –, die beiden seitlichen rundbogig erweitert. Auch die übrigen Fenster verändert. Im Inneren hölzerne W- und NEmpore um 1800. – *Altaraufsatz* A.18.Jh., Ädikulaform, in der Mitte übereinander Gemälde von Abendmahl, Kreuzigung und Himmelfahrt, in den Akanthuswangen Ovalgemälde der Bundeslade und des Salvators. Neben dem Aufsatz Putten mit eucharistischen Symbolen, als Bekrönung kleiner *Kruzifixus*, wohl sp.14.Jh. *Kanzel* sp.17.Jh., am polyg. Korb hochrck. Füllungen mit den gemalten Evangelisten zwischen Ecksäulen; zugehörig der *Pastorenstuhl* mit ornamental durchbrochener Brüstung. Schöne *Sandstein-Taufe* dat. 1619, an der 8seitigen Kuppa Wappen und Inschr., der Dockenfuß mit Beschlagwerk und Engelsköpfen (vgl. Taufe in Körba, Ldkr. Herzberg).

SCHÖNBORN Bez. Cottbus, Ldkr. Finsterwalde. – Inv. Prov. Brandenburg, Luckau

Dorf-K. Gut erh. Backsteinbau 2.V.13.Jh., aus Schiff, eingezogenem quadr. Chor mit Apsis und WQuerturm von Schiffsbreite. Aus dem 15.Jh. die tonnengewölbte Sakristei n des Chores sowie die Blendengiebel des Turmsatteldaches, dessen quadr. Dachreiter von 1848. Von der Rest. 1906 die Vorhallen im W und SO. Unter dem Traufgesims der Apsis Zickzackfries, ihre originalen Rundbogenfenster erh. Die Lanzettfenster des Schiffes zugesetzt, statt dessen große bar. Fenster. An der SSeite des Chores, innerhalb der Vorhalle, rundbogiges Stufenportal mit ma. Beschlagresten am Türblatt. – Innen öffnet sich das Schiff nach W und O in einem breiten Spitzbogen, ähnlich der Apsisbogen. In der Turmhalle Kreuzgratgewölbe, im Schiff eigenartige gratige Gewölbe, wohl alles A.16.Jh. Im Chor ein Kreuzrippengewölbe des 13.Jh.; die Rippen aus Doppelwulst mit mittlerem Dreieckstab wie in der Apsis zu Doberlug. Im Schiff 3seitige Emporen auf Balusterpfosten, 17.Jh., die n in den Chor hinein verlängert. Ausmalung von 1906. – Guter *Schnitzaltar* E.15.Jh., im Mittelschrein Maria mit Kind zwischen Petrus und Paulus, in den Flügeln je 2 Heilige paarweise übereinander, auf den Rückseiten die gemalte Verkündigung, im zierlichen Gesprenge die Freifiguren von Petrus, Paulus und Hieronymus. In der Predella Figur des hl. Martin. Prächtige *Sandsteinkanzel*, inschr. 1655, von

Andreas Schultze aus Torgau, ein bedeutendes Werk des späten Manierismus. Der Aufgang durch die Wand hindurchgeführt. Der 5seitige Korb auf Balusterfuß, an seiner Brüstung bewegte Reliefs von Christus und den 4 Evangelisten in Rundbogennischen; seitlich der Kanzelrückwand ovale Reliefs mit Auferstehung und Jüngstem Gericht, gerahmt von Knorpelwerk und Ohrmuscheldekor, die auch auf die Kanzeltür übergreifen. Auf dem hölzernen Schalldeckel ein Posaunenengel. *Sakramentsnische* dat. 1742, mit ornamental bemalter Tür. Spätgot. *Sakramentshaus*, Holz, kastenförmig auf leicht gedrehtem Fuß, geschnitzt und gefaßt. *Pfarrstuhl* 18.Jh. *Triumphkruzifix* M.15.Jh. Schwebender bar. *Taufengel* mit Krone. – An der s Außenwand *Grabstein* A.Sieber †1654 mit Ohrmuschel- und Knorpelwerkrahmung, vielleicht ebenfalls von Andreas Schultze.

SCHÖNEBERG Bez. Frankfurt/Oder, Ldkr. Angermünde. – Inv. Prov. Brandenburg, Angermünde
Ehem. **Dorf-K.** (Speicher). Rck. Feldsteinbau 13.Jh., 1469 zerstört, 1729 zum Speicher umgebaut.

SCHÖNEICHE b. Berlin. Bez. Frankfurt/Oder, Ldkr. Fürstenwalde. – Inv. Prov. Brandenburg, Niederbarnim
Kath. Pfarr-K. Der frühgot. Granitquaderbau aus Schiff und eingezogenem Rck.Chor 1725 als bar. Putzbau erneuert, große Bauinschr.-Kartusche an der SSeite. Der querrck. WTurm beidseitig durch Nebenräume auf Schiffsbreite gebracht und durch ein hölzernes, von Doppelpilastern gegliedertes Oberteil mit Haube und Laterne abgeschlossen. Das Äußere an den Ecken durch gefugte Putzlisenen und Fensterumrahmungen der Umbauzeit betont. Im Inneren flache Putzdecke und mittig vorspringende WEmpore auf toskanischen Säulen. – *Taufstein* um 1725 in Form eines bar. Figurenpostaments mit geschweiften Seiten und Eckvoluten. Kleiner bar. *Kruzifixus*. An den Chorwänden 3 schöne figürliche *Grabsteine* der Familie v.Krummensee mit den Relieffiguren der Verstorbenen: W.v.Kr. †1585, Chr.v.Kr. †1596 sowie E.v.Kr. †1613. *Ahnentafel* des H.W.v.Krummensee von 1665, mit 20 in Öl auf Kupfer gemalten Wappen. Qualitätvolles *Grabdenkmal* für den Bankier F.W.Schütze †1794, Marmor, 1797 von Johann Gottfried Schadow. In übergiebelter Rundnische die Figur der Hoffnung, sich auf eine Urne stützend, daran das fein gezeichnete Reliefbildnis des Verstorbenen; am hohen Sockel ovales Inschr.Feld mit Eichenlaubkranz, gerahmt von noch bar. aufgefaßten Fruchtgehängen. – Auf dem ehem. **Gutsfriedhof** schlichte klassizist. *Marmorstele* für Fr.W.C.v.Knobelsdorff †1832 und eine Nachbildung davon für E.F.H.v.Knobelsdorff †1892, beide hinter neugot. Eisengitter.
Unweit der K. 2 **Torpfeiler** 18.Jh., Zugang zu dem jetzt abgebrochenen spätbar. Schloß und zu dem in der 2.H.18.Jh. ange-

legten **Park**, dieser später im Landschaftsstil umgestaltet und nach 1945 verändert.

SCHÖNEICHE (KLEINSCHÖNEBECK)

Dorf-K. Spätma. rck. verputzter Feldsteinbau mit eingezogenem quadr. WTurm 15./16.Jh., der hölzerne Oberbau mit Spitzhelm von 1680. Die Fenster bar. verändert. Im Inneren Balkendecke und Hufeisenempore. — Einfacher hölzerner *Kanzelaltar* um 1730. *Speisekelch* mit 6seitiger Kuppa, Kupfer vergoldet, 15.Jh.; der Deckel um 1725. — Auf dem Friedhof 2 klassizist. *Grabdenkmäler* für Chr.W.Dames †1796 und seine Frau †1799, Sandstein, Vasen auf Säulentrommel; beschädigt.

Heimatmuseum in einem quergegliederten Doppelstubenhaus, Dorfaue 8, Fachwerkbau des 18.Jh. Erneuert 1981—84.

SCHÖNERLINDE Bez. Frankfurt/Oder, Ldkr. Bernau. — Inv. Prov. Brandenburg, Niederbarnim

Dorf-K. Spätgot. Feldsteinbau aus Schiff, eingezogenem Rck.Chor und wenig schmalerem WQuerturm. Die 2jochig gewölbte Sakristei an der Chor-NSeite mit reizvollem Staffelgiebel aus 3reihigen Kielbogenblenden. 1974/75 der bar. Turmaufsatz aus Holz abgetragen. 1977—79 rest. und Turmabschluß frei ergänzt. — Vom spätbar. *Kanzelaltar* nur Einzelteile wie Putten und Strahlenkranz erh.

SCHÖNERMARK Bez. Frankfurt/Oder, Ldkr. Angermünde. — Inv. Prov. Brandenburg, Angermünde

Dorf-K. Rck. Feldsteinbau 2.H.13.Jh., mit WTurmunterbau von gleicher Breite, zum Schiff mit breitem Spitzbogen geöffnet. Original erh. die Gliederung der OWand mit spitzbogiger 3Fenstergruppe, im Giebel 2reihig angeordnete Zwillingsblenden und Rundfenster. Ein Eckquader im SO mit Schachbrettmusterung wie an den Portalleibungen einiger benachbarter Kirchen (Schmargendorf, Ldkr. Angermünde, Serwest, Ldkr. Eberswalde). Fenster und WPortal 1876 gotisierend erneuert. Der Dachturm aus Fachwerk 1965 rest., das Innere nach 1979. — *Kanzelaltar* aus Holz, vor 1740; mit bauchigem Korb zwischen Säulen und geschnitzten Wangen, der Schalldeckel vom preußischen Adler bekrönt. Im Gemeinderaum *Gemälde*, Halbfigur Christi, wohl Kopie nach italienischem Vorbild des 16.Jh. *Kelch* mit *Patene*, Silber vergoldet, mit rundem Fuß, nach 1550.

SCHÖNEWALDE b. Brenitz. Bez. Cottbus, Ldkr. Finsterwalde. — Inv. Prov. Brandenburg, Luckau

Dorf-K. Flachgedeckter Granitquaderbau aus Schiff und eingezogenem Rck.Chor, gegen M.13.Jh. Jünger die tonnengewölbte Sakristei im N des Chores, w anschließend bar. Backsteinvorhalle. Im W der K. quadr. verbretterter Dachturm von 1771. In der OWand große verputzte Spitzbogenblende mit frühgot. 3Fenstergruppe, davon nur das mittlere in der urspr. schmalen Lanzettform erh., im N 2 spitzbogige Portale. Im Inneren spitzbogiger Triumphbogen. In der s Chorwand 3geteilte Sitznische auf schweren Konsolen, daneben Schranknische. – *Altaraufsatz*, urspr. Kanzelaltar, 1765 von Christian Heinrich Rathman aus Kirchhain, in der Predella Abendmahlsgemälde, Mittelbild Öldruck sp.19.Jh. *Kanzel*, hölzerne *Taufe*, *Orgelprospekt* sowie W- und NEmpore 18.Jh. 2 *Altarleuchter* und *Altarkreuz*, Eisenkunstguß, 1.H.19.Jh.

SCHÖNEWALDE Bez. Cottbus, Ldkr. Herzberg. – Inv. Prov. Sachsen, Schweinitz

Im flachen Niederungsgebiet am Schweinitzer Fließ gelegen. Im sp.12.Jh. hier ein deutsches Kolonistendorf im slawischen Siedlungsgebiet gegr. Im sp.15.Jh. zum wettinischen Landstädtchen entwickelt, wird 1533 ein Rat genannt. Keine Befestigung aus Stein, stets Ackerbürgerstadt geblieben.

Stadt-K. St.Nicolai. Nach Brand von 1803 neu errichteter Putzbau auf kreuzförmigem Gr. mit quadr. WTurm und Sakristei zwischen Chor und n Querarm. Der Turm im oberen Teil 8eckig mit Schieferhaube und Laterne. Große Rundbogenfenster, in den Giebelseiten der Querarme Rck.Portale mit Oculus darüber, das Turmportal stichbogig. – Im Inneren die flachgedeckte Turmhalle durch großen Rundbogen zum Hauptraum geöffnet (durch die Empore verstellt); dieser mit verputztem hölzernem Muldengewölbe und Hufeisenempore auf Rundpfosten, im N und S doppelgeschossig. *Kanzelaltar*, *Taufe* und *Orgelprospekt* aus der Bauzeit. – An der s Chorfront 2 *Grabmäler* sp.18.Jh., verwittert.

Pfarrhaus nö der K. Zweigeschossiges Traufenhaus des 18.Jh. in Fachwerk mit Krüppelwalmdach. Seitlich flachbogiges Hoftor, die übrigen Öffnungen im 19.Jh. erneuert. Ähnlich das **Gemeindehaus** im NW der K.

SCHÖNFELD Bez. Frankfurt/Oder, Ldkr. Angermünde. – Inv. Pommern, Reg.Bez. Stettin, Randow

Dorf-K. Im Kern rck. Feldsteinbau 13.Jh. Umbau 1877 in aufwendigen neugot. Formen, mit WTurm, SVorhalle und Stufengiebel. Das Innere mit offenem Dachstuhl, WEmpore und einheitlicher Ausstattung von 1877.

SCHÖNFELD Bez. Frankfurt/Oder, Ldkr. Bernau

Dorf-K. Von einem Feldsteinbau 1.H.13.Jh. erh. der massige WQuerturm und Teile der Umfassungsmauern von Schiff, eingezogenem Chor und Apsis. WPortal, Turmabschluß und Helm 1884. Nach Kriegszerstörung der Turm und ein Teil des Schiffes 1966 wieder ausgebaut.

SCHÖNFELDE Bez. Frankfurt/Oder, Ldkr. Fürstenwalde. – Inv. Prov. Brandenburg, Lebus

Dorf-K. Flachgedeckter rck. Granitquaderbau sp.13.Jh., der OSchluß mit veränderter Dreifenstergruppe, im Giebel große Doppelblende. Der verputzte w Dachturm und die n Vorhalle aus Fachwerk, 18.Jh. Vermauerte SPforte und bar. erweiterte Fenster. – Bar. *Kanzelaltar* A.18.Jh. unter Verwendung einer 1619 dat. Renaiss.Kanzel; einfacher Säulenaufbau mit reich geschnitzten Akanthuswangen, der polyg. Korb mit Ecksäulchen, in den Muschelnischen die Schnitzfiguren Christi und der 4 Evangelisten. Hölzerne *Taufe* um 1619. Bar. *Kruzifix* 1.H.18.Jh. In der NWand spätgot. *Sakramentsnische*, die eiserne Gittertür 17.Jh.

SCHÖNOW Bez. Frankfurt/Oder, Ldkr. Angermünde. – Inv. Prov. Brandenburg, Angermünde

Dorf-K. Feldsteinbau 13.Jh., im 19.Jh. W- und OWand in Backstein erneuert, letztere mit polyg. Apsis.

SCHÖNOW Bez. Frankfurt/Oder, Ldkr. Bernau. – Inv. Prov. Brandenburg, Niederbarnim

Dorf-K. Rck. Feldsteinbau 2.H.13.Jh., nach Brand im Jahre 1860 erneuert und ein quadr. WTurm aus Backstein mit Spitzhelm hinzugefügt. Innen flachgedeckt. WEmpore mit Orgel von 1888.

SCHÖNWALDE Bez. Cottbus, Ldkr. Lübben. – Inv. Prov. Brandenburg, Luckau

Dorf-K. Inschr. dat. 1686, rest. 1965. Verputzter Fachwerkbau mit 4seitigem OSchluß und SVorhalle; die Fenster rundbogig. Über dem WGiebel verbretterter Dachturm. – Im Inneren Balkendecke, der Dachturm von 2 Holzpfosten gestützt. Hufeisenempore auf kleineren schlanken Pfosten, im NO durch Gang mit dem *Kanzelaltar* verbunden, dieser um 1686, rest. 1968; urspr. Altaraufsatz in Ädikulaform mit Auszug und Knorpelwerkdekor, das ehem. Altarbild der Kreuzigung jetzt an der oberen Kanzeltür; die Predella mit Abendmahlsbild, im Auszug Gemälde der Auferstehung. Am polyg. Korb die gemalten Figuren des Salvators und der Evangelisten zwischen gedrehten Ecksäulchen.

Ehem. **Dorfkrug** (Gasthaus) Hauptstr. 48. Eingeschossiges Breithaus mit Vorlaube (Unterfahrt) auf 3 korbbogigen Arkaden und Mansarddach, Fachwerk, 18.Jh. Die Fenster z.T. modernisiert.

SCHÖNWALDE Bez. Frankfurt/Oder, Ldkr. Bernau. – Inv. Prov. Brandenburg, Niederbarnim
Dorf-K. Rck.Saal von 1843 im Schinkelschen Rundbogenstil mit flachem Satteldach und ö angebautem hölzernem Glockenstuhl. Rest. 1965–68. Die umlaufende Empore innen damals zur Hufeisenform verkürzt. – 3 *Gemälde* (im Pfarrhaus): Maria mit Jesus und Johannes, italienisch, 1520 (Kopie); Kreuzigung 2.H.18.Jh.; Christus mit Brot und Kelch, Pastell, französisch, 1.H.19.Jh.

SCHORBUS Bez. Cottbus, Ldkr. Cottbus. – Inv. Prov. Brandenburg, Cottbus
Dorf-K. Flachgedeckter 1sch. Bau aus Mischmauerwerk mit quadr. WTurm 14./15.Jh., der Turm mit Portal an der SSeite, spitzbogigen Schallöffnungen an 4 Seiten und Zeltdach. An der NSeite jüngere Sakristei, mit Spitztonne gewölbt. 1862 das Schiff um Chorjoch mit polyg. Apsis verlängert, ö Treppengiebel und zwei s Vorhallen hinzugefügt. Die Öffnungen verändert, nur z.T. die originalen, gestuften Lanzettfenster erh. Die Turmhalle urspr. gedrückt spitzbogig zum Schiff geöffnet. Bar. WEmpore. – Im hölzernen *Altaraufsatz* von 1582 als Hauptstück eingesetzt ein spätgot. *Schnitzaltar*, sp.15.Jh., im Mittelschrein Anna selbdritt zwischen 2 gekrönten weiblichen Heiligen, in den Flügeln je 2 Heilige in 2 Zonen, u.a. Georg, Ursula, Maria Magdalena und Margaretha, auf den Flügelaußenseiten gemalt die Heiligen Mathias, Erasmus, Sebastian und Valentin. Die Umkleidung der Spätrenaiss. bestehend aus Predella mit gemalter Stifterfamilie, vor dem Kruzifix kniend, dazu Ahnenprobe und Engel, gemalten Wangen mit den Aposteln Petrus und Paulus in gequaderten Nischen sowie dem glatten Gebälk mit Ädikulaaufsatz, darin Auferstehungsgemälde. Die Fassung weitgehend erh., rest. um 1975. Hölzerne *Kanzel* von 1598, in den Feldern des Korbes Gemälde der 4 Evangelisten. In der Sakristei hölzerner *Taufengel* 1.H.18.Jh., tüchtige Arbeit, beschädigt. Im Chor guter *Kindergrabstein* der E.v.Kottwitz †1591, die Verstorbene ganzfigurig, betend, mit Ahnenprobe über der Inschr. – Außen an der SWand einige *Inschr.Grabsteine* 18.Jh. und klassizist. *Grabdenkmal* für A.Petsch †1806, gußeiserne Urne auf Postament.

SCHÜTZBERG Bez. Cottbus, Ldkr. Jessen

s. KLÖDEN

SCHULZENDORF Bez. Frankfurt/Oder, Ldkr. Freienwalde
Dorf-K. Rck. Granitquaderbau mit WQuerturm von gleicher Breite, M. bis 3.V.13.Jh., das Turmoberteil spätgot. Auf der NSeite 2geschossiger Anbau A.17.Jh., Sakristei und Patronatsloge. Im W spitzbogiges Stufenportal, an der N- und SWand die

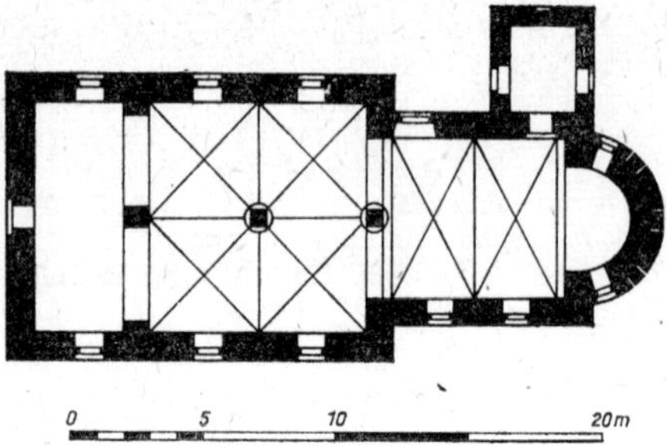

Schwanebeck, Dorfkirche, spätgotischer Zustand

Spitzbogenportale erh. bzw. vermauert. Die 3Fenstergruppe der OWand mit schmalen, rundbogigen Fenstern, die übrigen stichbogig erweitert. Das Innere flachgedeckt; WEmpore. In der OWand Sakramentsnische mit schmiedeeisernen *Türbeschlägen* aus Blattranken, wohl 16./17.Jh. – Einfacher *Altaraufsatz* A.17.Jh., Holz, 2geschossig mit Kreuzigungsrelief im Hauptfeld und triumphierendem Christus im Aufsatz, seitlich die Evangelisten und weitere Heilige auf die Geschosse verteilt. 2 weitere *Schnitzfiguren*, fr.17.Jh., neben der Patronatsloge. *Kanzel* 1.H.18.Jh., der polyg. Korb mit Eckpilastern, am Fuß 4 Volutenbögen. Die *Patronatsloge* modern verglast, geschnitzte Brüstung. *Epitaph*, Holz, für die Familie v.Pfuel, nach 1571, mit der knienden Stifterfamilie, darunter der Verstorbene plastisch hervorgehoben, im Hintergrund Passionsszenen und in der Mitte geschnitzter Kruzifixus.

SCHWANEBECK Bez. Frankfurt/Oder, Ldkr. Bernau. – Inv. Prov. Brandenburg, Niederbarnim

Dorf-K. Gut erh. Feldsteinbau 2.V.13.Jh., aus Schiff, eingezogenem Chor mit Apsis und WQuerturm von Schiffsbreite, der Turmaufbau nicht ausgeführt. Der Bau spätgot. gewölbt und n des Chores eine Sakristei angefügt. 1861/62 ein leicht querrck. Turm in Backstein w vorgesetzt, dabei die Fenster vergrößert, die rundbogigen spätrom. in der Vermauerung noch erkennbar. Original erh. die rundbogige Priesterpforte auf der NSeite des Chores sowie das vermauerte SPortal im Schiff; das ehem. WPortal 1862 bis auf eine Pforte zugesetzt. – Das Innere 1967 bis 1969 rest., von schöner Raumwirkung durch die Einwölbung des sp.15.Jh.: Schiff und ehem. Turmunterbau einheitlich 2sch., das Schiff auf einem runden Mittelpfeiler mit 4 quadr. Kreuzrippengewölben gedeckt, je ein weiterer, etwa quadr. Mittelpfeiler unter dem Triumphbogen und der Öffnung der alten Turm-OWand, im Chor 2 schmalrck. Joche; alle Rippen mit

Birnstabprofil, die Schlußsteine rund. Auch die Sakristei mit hochansteigendem Rippenkreuzgewölbe. Im n Apsiseinzug spätgot. *Sakramentsnische.* – Der im 16.Jh. mit Schnitzfiguren aus 2 verschiedenen Altären des 15.Jh. versehene *Altaraufsatz* wohl gegen M.16.Jh. entstanden. Die Figuren im Mittelschrein, Maria zwischen Katharina und Margarete, sowie 2 Heiligenfiguren der Bekrönung um 1470, die 4 Heiligen in den Flügeln, 2 weibliche Büsten in der Predella und der thronende Christus der Bekrönung um 1430/40; in der Predella zudem ein Kreuzigungsrelief, Gips, gegen M.16.Jh. Auf den Rückseiten der Flügel gemalt die Evangelisten Markus und Lukas. – *Schnitzfigur* einer hl. Anna selbdritt (z.Z. in Rest.). Ovales *Inschr.Epitaph* für J.Henrici †1693.

SCHWARZHEIDE/N.L. Bez. Cottbus, Ldkr. Senftenberg
Pfarr-K. (Schwarzheide West). Kleiner verputzter Fachwerkbau mit 3seitigem OSchluß und Stichbogenfenstern, 1755. Der Dachreiter von 1891. Im Inneren N- und WEmpore.

SCHWARZKOLLM Bez. Cottbus, Ldkr. Hoyerswerda. – Inv. Prov. Schlesien, Reg.Bez. Liegnitz, Hoyerswerda
Dorf-K. Romanisierender Putzbau mit Apsis, 1860. Der leicht querrck. WTurm mit oktogonalem Aufsatz und Spitzhelm von einem wohl bar. Vorgängerbau. – Die *Ausstattung* 19.Jh., darunter qualitätvoller gußeiserner *Taufständer*, wohl Lauchhammer-Arbeit. Schwebender *Taufengel*, 18.Jh. – An der s Außenwand 6 bar. *Grabmäler*: für J.Chr.Vetter †1760, mit Halbfigur des Verstorbenen; für M.E.Vetter †1760, mit Lebensbaum; für Chr.S.Vetter †1753, mit allegorischem Relief; Kindergrabstein von 1639 sowie 2 Inschr.Grabsteine 1694 und 1790.

SCHWEDT/ODER Bez. Frankfurt/Oder, Stkr. Schwedt/Oder. – Inv. Prov. Brandenburg, Angermünde
Um 1250 von den Brandenburger Markgrafen gegr., 1265 als civitas erwähnt. Neben einem slawischen Kietz und der den Oderübergang schützenden Burg an der Straße von Berlin nach Stettin entstanden. 1481 bis 1609 im Besitz der Grafen von Hohenstein, 1670–1788 Residenzstadt der Markgrafschaft Brandenburg-Schwedt. Nach Feuersbrunst 1681 bar. Neuanlage nach Plänen von Michael Matthias Smidts in Gestalt eines regelmäßigen Rechtecks mit gitterförmig breitem Straßennetz. An der den Oderübergang fortsetzenden Verkehrsstraße der quadr. Marktplatz und der Kirchplatz. Mit dem Ausbau als Residenz der Schwedter Markgrafen seit 1670 entstand n zu seiten der Altstadt ein neues Viertel mit der axial auf das Schloß ausgerichteten Schloßfreiheit. Altstadt und Schloßviertel damals rck. von einer Zollmauer umgeben. Außerhalb die markgräflichen Gartenanlagen Monplaisir (nw) und Heinrichslust (n). Die Stadt in ihrer bar. Gestalt bis zum 2. Weltkrieg im wesentlichen erh., 1945 zu etwa 85% zerstört. Wiederaufbau als moderne Industriestadt mit ausgedehnten Neubauvierteln.

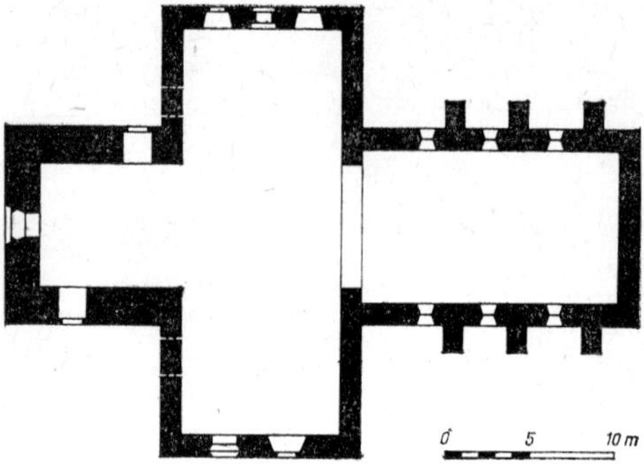

Schwedt, St. Katharinen

Stadt-K. St.Katharinen. Im Kern kreuzförmiger Feldsteinbau des sp.13.Jh. von erstaunlicher Größe, nach Brand 1887–90 von Ludwig Dihm in gotisierenden Formen unter Anfügung einer Polygonalapsis und des massigen WTurms umgebaut und erweitert. 1945 ausgebrannt, 1951–56 vereinfacht wiederhergestellt. Der Bau des 13.Jh. offenbar als flachgedeckte kreuzförmige Feldsteinbasilika mit Rck.Chor und niedrigen Seitenschiffen beg. Ausgeführt wohl lediglich der langgestreckte Chor und das Querschiff. Die vermauerten niedrigen Arkaden vom Querhaus zu den beabsichtigten Seitenschiffen in der WWand der Kreuzarme noch erkennbar, desgleichen darüber ein vermauertes Fenster. Nach diesem Befund ein flachgedecktes Hallenlanghaus in Art der in den OTeilen verwandten K. zu Mohrin/Neumark (heute Moryn, VR Polen) auszuschließen. Die Lanzettfenster im Chor vollständig, im Querhaus teilweise erh. Wohl noch in ma. Zeit den Mauern außen Strebepfeiler für eine Wölbung vorgelegt. – Im Innern die Vierung urspr. nicht ausgeschieden, der breite stumpfspitzbogige Triumphbogen zum Chor noch urspr. Die Gewölbe von 1887. Die K. nach dem 2. Weltkrieg modern ausgebaut und der Altar an die WSeite versetzt.

Ehem. **Französische K.** (Ausbau als Ausstellungs- und Konzertsaal beg.). 1777–79 von Georg Wilhelm Berlischky unter Markgraf Friedrich Wilhelm für die französisch-reformierte Gemeinde. Zentralbau auf längsovalem Gr. mit Kuppeldach und schlanker Laterne im Typ der Berliner Barockbauschule. Die Wände durch Putzlisenen und hohe Rundbogenfenster gegliedert, in den Achsen Portale mit Supraportenschmuck. – Innen hölzernes Kuppelgewölbe. *Kanzelaltar* und *Markgrafenempore* aus der Erbauungszeit. In der Gruft unter der K. ehem. *Sarkophage* der Schwedter Markgrafen, die Friedrich Wilhelms †1771 und seiner Gemahlin 1772 von Johann Melchior Kambly aus schwarzem Granit, der Marmorsarkophag Friedrich

Heinrichs †1789 nach Entwurf von Georg Friedrich Boumann von Alexander Calame d.J. Die Särge inzwischen in die Berliner Domgruft übergeführt.

Kath. K. Mariä Himmelfahrt. Kreuzförmiger Backsteinbau mit Polygonalchor und schlankem WTurm, 1895–98 von Max Hasak. Das Innere 1969–72 neugestaltet. – *Schnitzfigur* hl.Anna selbdritt E.15.Jh., modern gefaßt, angeblich aus der Stadt-K. *Kruzifix*, Holz, 17.Jh.

[Ehem. **Schloß** 1945 ausgebrannt, die Ruine 1961 abgetragen; auf dem gleichen Standort jetzt der 1978 fertiggestellte Kulturpalast. Einstige Residenz der Markgrafen von Brandenburg-Schwedt, eines der Hauptbeispiele des nachschlüterschen Bar. in Brandenburg. Repräsentative symmetrische Dreiflügelanlage von 3 Geschossen. Anstelle älterer Vorgängerbauten aufgeführt in mehreren Bauperioden: Der Haupttrakt, das spätere Corps de Logis, 1670–1688 von Cornelis Ryckwaert errichtet, mit quadr. Mittelteil und runden Ecktürmen; 1701–04 von C.v.Linger der n Seitenflügel angefügt, der s mit der Schloß-K. 1719–24 von Martin Heinrich Böhme ergänzt, zugleich die Fassaden einheitlich gestaltet. Die Mittelrisalite 1896 von Kavel durch Dreieckgiebel verändert. Im Innern wertvoll ausgestattete Räume mit reichen Stukkaturen, sowohl aus der Periode des vorschlüterschen Bar. als auch der Schlüter-Nachfolge; einige Zimmer 1795 von Friedrich Gilly d.J. ausgestattet.] – Die Schloßanlage von **Lustgarten** aus der Zeit des bar. Umbaus umgeben, später von Peter Joseph Lenné landschaftsgärtnerisch verändert. Jetzt neu gestaltet mit mythologischen *Figuren* als Gartenplastik, diese z.T. Kopien nach den 1896 entfernten ehem. Attikafiguren des Schlosses. Die schöne *Sonnenuhr*, 1740 durch Markgraf Friedrich Wilhelm errichtet, z.Z. im Parkgelände Heinrichslust.

Monplaisir. Anstelle eines 1613 entstandenen Vorwerks E.17.Jh. durch Markgraf Philipp Wilhelm in der Hauptachse des Schlosses 2 km außerhalb der Stadt angelegt. Das ehem. Schlößchen (Gaststätte) 1778–80 von Georg Wilhelm Berlischky, im Kern ein eingeschossiger Bau von 9 Achsen mit erhöhtem Mittelbau, durch Umgestaltung und Erweiterung weitgehend entstellt. Die Gartenanlagen verändert.

Heinrichslust. 1777 durch Markgraf Friedrich Heinrich gegr. als sentimentaler Garten in Sternform, später verändert. In den Anlagen z.Z. *Sonnenuhr* von 1740 aus dem ehem. Schloßgarten aufgestellt.

Stadt- und Kreismuseum

SCHWEDT/ODER (HEINERSDORF)

Dorf-K. Flachgedeckter Feldsteinbau 3.V.13.Jh., mit eingezogenem Rck.Chor und gedrungenem WTurm von Schiffsbreite; der Turmabschluß mit Ecktürmchen 19.Jh. Rundbogiges WPortal, das spitzbogige SPortal vermauert, die Fenster flachbogig verändert. Innen der stumpfspitzbogige Triumphbogen und die teilweise zugesetzte Öffnung zwischen Turm und Schiff erh. Der

Chor unter Kreuzgratgewölbe. Im Schiff *Empore* im S und W von 1728 mit Laubstabgliederung. – Etwa gleichzeitig der qualitätvolle *Altaraufsatz* aus Holz, heutige Fassung 1834. Der Aufbau in zierlich bewegten Formen, wahrscheinlich von einem Bildhauer aus dem Umkreis des Martin Heinrich Böhme, im Zusammenhang mit den Arbeiten am Schwedter Schloß entstanden. Im Zentrum auf vasenförmigem Postament der Kruzifixus zwischen Personifikationen des Alten und Neuen Testaments mit zugehörigem Opfergerät; im Aufsatz die Evangelisten, zuoberst der Auferstandene; die Wangen aus Akanthusvoluten mit aufgesetzten Vasen. Hölzerne *Kanzel* M.17.Jh., der polyg. Korb mit Ecksäulchen auf weinlaubumwundenem Säulenschaft. Zwei *Bar.Stühle* aus dem ehem. Schloß.

Ehem. **Amtshaus** (Wohnungen). 1794–95 von Georg Wilhelm Berlischky, 2geschossig von 7 Achsen in Putzgliederung, mit 1achsigen Mittelrisaliten an Haupt- und Gartenseite.

SCHWEINITZ/ELSTER Bez. Cottbus, Ldkr. Jessen. – Inv. Prov. Sachsen, Schweinitz

An der Schwarzen Elster unweit ö Jessen gelegen. 1182 erstmals gen. Im Schutze einer Burg des 12.Jh. entstand ö von ihr im sp.13.Jh. eine Siedlung mit Kirche und angerartigem Markt. 1350 civitas, 1373 Stadtrecht. Kleine Ackerbürgerstadt geblieben. Die Burg von den sächsischen Kurfürsten 1470 erneuert und zum Jagdschloß bestimmt; dieses 1576 abgetragen. Seine Steine zum Bau des Schlosses Annaburg (Ldkr. Jessen) verwendet. An der Stelle des Schweinitzer Schlosses das Amtshaus errichtet.

Pfarr-K. Urspr. Hl.Kreuz, später St.Maria. Im Kern 13.Jh. Großer 1sch. Bau in Mischmauerwerk mit eingezogenem Chor und Apsis. An der SWand spitzbogige Pforte, zugesetzt. Beim bar. Umbau 1713–14 die Fenster vergrößert, das Äußere verputzt sowie die Herrschaftsloge an der NSeite und der schwere quadr. WTurm mit klarer Putzgliederung hinzugefügt. Der oktogonale Aufbau des Turmes mit welscher Haube, Laterne und Spitzhelm bekrönt; der Turm 1980 rest. An der SSeite des Chores quadr. Anbau, urspr. Sakristei, die WHälfte A.16.Jh. mit Zellengewölbe und Vorhangbogenfenstern umgebaut. Die K. insgesamt, abgesehen vom WTurm, durch vielfältige Veränderungen wenig ansprechend. – Im Inneren Apsis- und Triumphbogen breitspitzbogig. Im Chor 2jochiges Kreuzgratgewölbe, im Schiff Bretterdecke vom bar. Umbau sowie Emporen im W und N auf Rundstützen. – *Altaraufsatz* 1722 von Peter Wollschläger, die einfache Säulenädikula von den Figuren des Moses und Christus als guter Hirt flankiert, darüber rck. Aufsatz zwischen nach außen gewendeten Giebelsegmenten, auf diesen liegende Putten; im Hauptfeld modernes Gemälde der Auferstehung, darüber ein originales der Himmelfahrt. Hölzerne polyg. *Kanzel* mit Schalldeckel, fr.17.Jh., in den gemalten Feldern die Evangelisten. Schöne 4seitige *Sandsteintaufe* von 1758, an der Kuppa 2 Wappen und Rocaille-Medaillons. Im Chor 6 z.T. verglaste *Patronatslogen* und *Herrschaftsstuhl*, 1.V.18.Jh. *Orgelprospekt* von 1872. Großer *Altarkruzifixus*, klassizist. mit bar. Corpus um 1700. Mehrere bar. *Grabdenkmäler*: Grabmal für Frau A.M.Wirsich †1711, Inschr. mit kraftvoller Akanthusrahmung; vom gleichen Meister Grabmal für 2 Kinder Wildenhayn †1702 bzw. 1709, mit Puttenfiguren; Urnengrabmal mit Schrifttafel vor Säule für G.G.Eckhardt †1786 und Frau; kleines bar. Wandepitaph von 1721, Putto mit Inschr.Tafel; ähnlich das Epitaph für 2 Kinder, Fr. und Chr. Wiegand, †1764 bzw. 1768. — Außen an der NWand der K. bar. *Inschr.Grabstein* 18.Jh.

Rathaus. 1801—03, 3geschossig, die Formen vereinfacht.

Amtshaus. Anstelle des Jagdschlosses errichtet; 1668 als 2geschossiger Fachwerkbau mit mittlerem Zwerchhaus und Fledermausgaupen in 2 Reihen erneuert.

SEDLITZ Bez. Cottbus, Ldkr. Senftenberg

Dorf-K. Putzbau mit 3seitigem OSchluß und quadr. WTurm mit 8seitigem Aufsatz und Haube, um 1820, noch ganz im Stil des 18.Jh. gehalten. Die Öffnungen stichbogig. Das flachgedeckte Innere mit Hufeisenempore und Ausstattung aus der Erbauungszeit; der *Kanzelaltar* mit polyg. Korb von Säulen flankiert.

SEEBERG Bez. Frankfurt/Oder, Ldkr. Strausberg

s. ALTLANDSBERG

SEEFELD Bez. Frankfurt/Oder, Ldkr. Bernau. — Inv. Prov. Brandenburg, Niederbarnim

Dorf-K. Spätgot. rck. Feldsteinbau mit WQuerturm von Schiffsbreite, dieser unter hohem Walmdach. Der Bau durch Rest. im 19.Jh. und 1908—10 verändert, original erh. nur die spitzbogige STür. Im O Blendengiebel über Deutschem Band, 15.Jh. Innen die bemalte segmentbogige Holztonne und die Ausstattung von 1908—10. — *Kalkstein-Taufe* dat. 1597, in Pokalform, auf dem breiten Wulst der Kuppa Inschr.

SEELOW Bez. Frankfurt/Oder, Ldkr. Seelow. — Inv. Prov. Brandenburg, Lebus

Am Abfall der Lebuser Hochebene zum Oderbruch an der Kreuzung der Straßen Frankfurt—Stettin und Berlin—Küstrin gelegen. Entstanden 1.H.13.Jh., erst 1308 urk. als Städtchen genannt; im Ma. eng mit dem Bistum Lebus verbunden. Kriege und Brände (1630 und 1809) verhinderten die weitere Entwicklung. Der Ort im Gr. ein langgezogenes Dreieck mit der Spitze nach W beiderseits der sich rechtwinklig schneidenden Hauptstraßen, an der n—s gerichteten der rck. Markt, an dessen

WSeite die Stadt-K. Keine Stadtbefestigung. — Starke Zerstörungen im Frühjahr 1945.
Stadt-K. Anstelle einer 1820 teilweise eingestürzten ma. Anlage erbaut 1830—32 nach Entwürfen von Siedler unter maßgeblicher Beteiligung Karl Friedrich Schinkels, einer der reifsten Sakralbauten aus dessen Spätzeit. 1945 durch Sprengung des Turmes stark beschädigt, das Äußere mit Ausnahme des Turmes wiederhergestellt. Langgestreckter rck. Putzbau mit halbrunder Apsis. Die Fenster der Langseiten entsprechend der ehem. inneren Emporeneinteilung in 2 Reihen übereinander, die oberen niedriger und quadr. Die Apsis über der Sockelzone durch schlanke Rck. Fenster zwischen pilasterartigen Mauerstreifen gegliedert, flankiert von gerundeten, wie Nebenapsiden wirkenden Treppenaufgängen. Die Öffnungen z.T. später zugesetzt. Das Innere ehem. als Emporen-K. angelegt mit dreiseitigen, von dorischen Säulenstellungen getragenen 2geschossigen Rängen; jetzt unter Verzicht auf die Emporenstellung modern ausgebaut.
Gedenkstätte der Befreiung (Bahnhofstr.). Zur Erinnerung an die Kämpfe der Roten Armee beim Sturm auf die Seelower Höhen; 1946/47 angelegt, mit Bronzestatue eines Sowjetsoldaten nach Entwurf von Lew Kerbel. 1972 Neugestaltung und Erweiterung der Anlage.

SELLENDORF Bez. Cottbus, Ldkr. Luckau. — Inv. Prov. Brandenburg, Luckau

SELLENDORF (HOHENDORF)
Auf der angerartigen Erweiterung der Dorfstraße 3 alte **Fachwerkscheunen** des 18.Jh. erh., z.T. noch mit Strohdach.

SEMBTEN Bez. Cottbus, Ldkr. Guben
Dorf-K. Im Kern ma. rck. Feldsteinbau; vom Umbau 1814: Putz, Stichbogenfenster und 1/2kr. Fenster im OGiebel sowie der einbezogene quadr. WTurm mit gefälliger Schweifhaube. Im Inneren der K. hölzernes Spiegelgewölbe auf je 4 Holzstützen, WEmpore. — Hoher *Kanzelaltar* mit flankierenden Säulen aus der Bauzeit, wie auch die übrige Ausstattung.
Ehem. **Gutshaus** (Verwaltung, Wohnungen). 2geschossiger Putzbau mit Mansardwalmdach, im Kern 18.Jh., durch Anbauten ungünstig verändert. — Besser erh. das **Torhaus** E.18.Jh., 2geschossiger Feldsteinbau mit Satteldach. Flachbogige Durchfahrt, an der Hofseite von korbbogigen Blenden flankiert. — Kleiner englischer **Park**, durch Einbauten entwertet.

SENFTENBERG Bez. Cottbus, Ldkr. Senftenberg
In der Niederung der Schwarzen Elster an einem Flußübergang gelegen; in Anlehnung an eine deutsche Burg entstanden. 1279 erstmals erwähnt, 1301 oppidum et castrum. Die Burg sö der Stadt gelegen, um 1550 zum

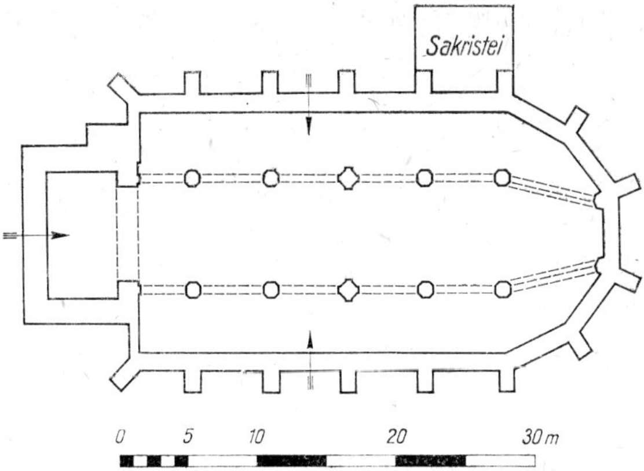

Senftenberg, St. Peter und Paul

festen Schloß sowie um 1600 zur Festung ausgebaut, nach 1910 das „Schloß" in den Besitz der Stadt übergegangen. – Planmäßig angelegte Landstadt, im Gr. kreisförmig mit Hauptstraße in W-O-Richtung und einigen Querstraßen. Die Pfarr-K. St.Peter und Paul ö des im Mittelpunkt gelegenen Marktes; die Wendische K. nach M.16.Jh. noch weiter ö an der Stadtmauer errichtet. Stadtbefestigung nur im s Halbkreis durch Mauer zwischen den beiden Toren, Schloß- und Kreuztor, sonst Wälle und Sumpf; um 1800 Mauer und Tore beseitigt. – Aufstieg seit etwa 1870 durch den Anschluß an das Eisenbahnnetz und den Aufschwung der Braunkohlenindustrie, die vor allem s bis dicht an die Stadt herangerückt ist. Daher Ausdehnung des Ortes vor allem nach N und W unter Eingemeindung von Nachbardörfern.

Stadt-K. St.Peter und Paul. Große spätgot., 3sch. Hallenkirche aus Backstein mit Verwendung von Bruchstein in den Umfassungen, wohl 1.H.15.Jh. begonnen, mit querrck. WTurm, 3jochigem Langhaus und 2jochigem Chor mit 5seitigem Schluß. Im NO nachträglich zugefügt die quadr. Sakristei, ihr Kreuzrippengewölbe aus Birnstabrippen ohne Schlußstein sp.15.Jh. Nach Erneuerungen im 17. und 18.Jh. umfassende Renovierung 1891/92. Nach Kriegszerstörung Wiederaufbau 1951–1958. – Der 4geschossige WTurm im obersten Geschoß in ein ungleichseitiges Achteck übergeführt, sein Sockelgeschoß völlig glatt, die Obergeschosse durch steile paarige Blenden – rundbogig im 1.Obergeschoß, spitzbogig in den folgenden – reich gegliedert. Das Portal bei der Rest. 1891/92 erneuert. An Langhaus und Chor umlaufend 2fach abgetreppte Strebepfeiler; die Fenster gleichmäßig dreigeteilt. Im N und S jeweils 1 Portal im 3.Joch von W, auch sie vollständig erneuert. – Das Innere z.Z. nüchtern geweißt, die Pfeiler 8eckig, an der Grenze von Langhaus und Chor mit zu-

sätzlichen Vorlagen versehen; schmale spitzbogige Arkaden. Der gesamte Bau einheitlich von einem Zellengewölbe des fr. 16.Jh. überdeckt, wohl nach dem Stadtbrand von 1509 eingebracht. Das Raumbild dadurch stark verändert. Die Langhausjoche im Mittelschiff etwa querrck., in den Seitenschiffen längsrck. Die Gestaltung des Chores im Sinne der Lausitzer Schule: Die Gurtbögen des letzten Joches leicht schräg auf die Wandpfeiler im O zulaufend, so daß fast der Eindruck eines Chorumganges entsteht. Der Turm urspr. in hohem Spitzbogen zum Schiff geöffnet, A.16.Jh. durch ein Zellengewölbe in halber Höhe 2geschossig unterteilt. – Silberner *Kelch* mit 6Paßfuß, 2.H.15.Jh., am Fuße Medaillonreliefs mit Maria, Gottvater, Peter und Paul sowie 2 Heiligen, von kleinen Baldachinen am Schaft bekrönt; die Kuppa mit graviertem Rankenkorb 1654 erneuert.
Ehem. **Wendische Kirche** sö der Pfarr-K. 1670 anstelle eines Vorgängerbaues des 16.Jh. errichtet; 1749 erneuert, 1934 zum Gemeinderaum umgestaltet. Breiträumiger Saal mit 3seitigem Schluß. In seiner heutigen Erscheinung außen und innen vollständig erneuert, so daß nur der Baukörper als Ganzes erkennbar bleibt.
Ehem. **Schloß** (Kreisheimatmuseum). Anstelle einer 1290 urk. genannten ma. Wasserburg seit M.16.Jh. errichtet. Urspr. 2geschossige Vierflügelanlage; der von der Stadt abgewandte SFlügel 1837 bis auf das Untergeschoß der Außenwand abgetragen. Der WFlügel aus Feldstein, sonst meist Backstein. Der Bau heute außen unansehnlich und gesichtslos, das Innere durch Umbauten bis in jüngste Zeit vielfach verändert. Die SFront mit Tor zum Hof; dieses rundbogig, pilastergerahmt (das Gebälk fehlt bereits), w daneben gepaartes Kreuzstockfenster mit Sandsteingewände, das ö Gegenstück offenbar neuzeitlich. Tor und w Fenster die einzigen klaren Zeugnisse der ersten Bauzeit. Treppenturm in der NO-Ecke des Hofes. Im Erdgeschoß des NFlügels ein 2sch. Raum mit Kreuzgratgewölben auf Rck.Pfeilern. – A.17.Jh. das Schloß durch einen umschließenden Wall auf quadr. Gr. mit Eckbastionen zur Stadt hin gesichert. Neben der nw Bastion das **Tor**, rundbogig mit wuchtiger Bossierung. Auf der NO-Bastion 8eckiger **Pulverturm**, dat. 1672, mit Zeltdach, in schlichten, schweren Barockformen.
Kreisheimatmuseum

SENFTENHÜTTE Bez. Frankfurt/Oder, Ldkr. Eberswalde. – Inv. Prov. Brandenburg, Angermünde
Dorf-K. Rck. Feldsteinbau von 1728, erneuert 1806. Der quadr. WTurm und Rest. des Inneren 1931.

SERGEN Bez. Cottbus, Ldkr. Cottbus. – Inv. Prov. Brandenburg, Cottbus
Kap. von 1837. Einheitlicher, flachgedeckter Putzbau im Rundbo-

genstil der Schinkel-Schule, mit Apsis und w Dachtürmchen. Die Ausstattung M.19.Jh. – *Inschr.Grabstein* mit Wappenmalereien für F.W.v.Pannwitz †1731.

SERWEST Bez. Frankfurt/Oder, Ldkr. Eberswalde. – Inv. Prov. Brandenburg, Angermünde

Dorf-K. Rck. Feldsteinbau mit w Dachturm in Fachwerk, im wesentlichen 2.H.13.Jh., umgebaut E.17.Jh.; der Dachturm 1728, erneuert 1794. Rest. 1905 und innen 1958. Vom Kernbau erh. der ö Blendengiebel, 2 vermauerte Spitzbogenfenster, das gestufte spitzbogige WPortal mit Rundfenster darüber und 2 vermauerte NPortale. Als Besonderheit erwähnenswert 2 Quader mit flachem ornamentalem Relief, an einem der NPortale mit Schachbrettmusterung, an der SO-Ecke mit rhombischer Musterung (vgl. Schmargendorf, Ldkr. Angermünde). Das Innere mit Decke auf Voute und WEmpore.

SEYDA Bez. Cottbus, Ldkr. Jessen. – Inv. Prov. Sachsen, Schweinitz

Dörfliche Siedlung des sp.12Jh., wohl im Schutze der um 1235 gen. Burg der Schenken von Landsberg entstanden. 1506 der Ort als „Städtchen" bezeichnet, aber bis in die Gegenwart von dörflichem Charakter. Das Schloß 1576 abgetragen, an seiner Stelle das Amtshaus errichtet. Aus den Steinen des Schlosses ö der Stadt das Jagdschloß Glücksburg unter Kurfürst August v.Sachsen erbaut, dieses jedoch schon A.19.Jh. verfallen.

Pfarr-K. zum Hl. Kreuz. 1sch. Feldsteinbau des 13./14.Jh. mit geradem OSchluß und spitzbogiger Dreifenstergruppe. Gegen E.18.Jh. die Fenster verlängert und der Bau verputzt. Der quadr. WTum mit Spitzhelm und beidseitigen Anbauten von 1854. Innen spätbar. segmentbogige Holztonne und Hufeisenempore, im W weit vorgezogen. – Guter *Kanzelaltar* A.18.Jh., in weitgehend originaler Fassung, angeblich aus Wittenberg: Zwischen den Pilastern mit Muscheln und Fruchtgehängen der leicht gerundete Kanzelkorb flankiert von lebensgroßen Schnitzfiguren des Petrus und Paulus, reiche Akanthuswangen; auf den Giebelansätzen, unterlebensgroß, die allegorischen Figuren des Alten und Neuen Bundes, auf den Kruzifixus in der Mitte hinweisend. An der Kanzel Abendmahlsrelief. *Sandsteintaufe* in Blütenkelchform, sp.18.Jh. Im N ehem. *Herrschaftsloge* mit bemaltem Giebelaufsatz. *Orgelprospekt* sp.18.Jh. *Pfarrerbildnis* von 1770. *Doppelbildnis* von Luther und Melanchthon, Kopie nach dem Original in der Schloß-K. zu Wittenberg, 1740 von Michael Adolf Siebenhaar aus Wittenberg. *Doppelepitaph* aus Sandstein für Chr.F.Reinhardt und Gattin S.C.R., †1777 bzw. 1778.

Ehem. **Amtshaus** (Heimatmuseum, Wohnungen) Bergstr. 5. Stattlicher Renaiss.Bau von 1605 aus verputztem, massivem Erdgeschoß und Fachwerkobergeschoß. Dieses durch seitliche Zwerch-

häuser und Dachausbauten mit Schleppgaupen verändert. An der NSeite erkerartiger Ausbau. In der Mittelachse Sitznischenportal aus Sandstein mit Beschlagwerk, im Giebelaufbau 2 Wappen und Gaffkopf.
Heimatmuseum

SIELOW Bez. Cottbus, Ldkr. Cottbus. – Inv. Prov. Brandenburg, Cottbus
Dorf-K. Barockisierender kreuzförmiger Putzbau mit WTurm von 1906 in Anlehnung an den Vorgängerbau von 1752. Die K. 1981 renoviert. – Hölzerner *Altaraufsatz* um 1600, rest. 1906, Ädikula-Aufbau mit Beschlagwerk und seitlichen, die Nischen verstellenden Säulen. Im Hauptfeld eingefügt gutes *Relief* mit der Himmelfahrt der Maria Aegyptiaca vom Mittelschrein eines Schnitzaltars, 2.Drittel 15.Jh. In den rustizierten seitlichen Nischen gemalt die Apostel Petrus und Paulus, im übergiebelten Aufsatz Abendmahlsgemälde. Gleichzeitig und ähnlich in den Formen die hölzerne *Kanzel* mit Schalldeckel, in den Feldern des Korbes gemalt die 4 Evangelisten. *Porträt* M.Luthers, urspr. an der Kanzeltür.

SIETZING Bez. Frankfurt/Oder, Ldkr. Seelow
Dorf-K. Schlichter rck. Fachwerkbau mit eingezogenem quadr. WTurm, 1803. Die Türen in dem n und s Vorbau mit zierlichen Eisenbeschlägen. Die einfache *Ausstattung* aus der Erbauungszeit.

SIEVERSDORF Bez. Frankfurt/Oder, Ldkr. Fürstenwalde. – Inv. Prov. Brandenburg, Lebus
Dorf-K. Im Kern flachgedeckter Granitquaderbau M.13.Jh. aus Schiff mit Apsis und querrck. WTurm von Schiffsbreite. Der verbretterte quadr. Turmaufsatz 2.H.17.Jh. Gestuftes spitzbogiges WPortal, im übrigen weitgehend bar. erneuert. Im Inneren Holzbalkendecke und WEmpore, 1955 rest. – *Schnitzaltar*, der Mittelschrein spätgot., die Flügel sp.16.Jh., im Schrein Auferstehung Christi in fast freiplastischer Ausführung ebenfalls sp.16.Jh.; die 12 Heiligenfiguren in den Flügeln überwiegend 1.V.15.Jh. *Wandepitaph* des Ehepaares E.v.Strantz †1723 und Frau E.Chr. †1718, Holz und Stuck, über der Inschr.Konsole lebensgroße Chronosfigur vor Draperie, seitlich die gemalten Porträtmedaillons der Verstorbenen haltend. Hölzerne *Ahnentafel* des F.v.Strantz †1671, mit 16 gemalten Wappen in reichem Knorpelwerkrahmen.
Ehem. **Gutshaus** (Verwaltung). Zweigeschossiger Rck.Bau mit Mittelrisalit um 1700, A.19.Jh. umgebaut und 1945 um 3 Achsen reduziert. – Aus der Erbauungszeit *Stuckdecken* in 3 Erdgeschoßräumen, besonders reich die Decke mit Akanthusranken im Saal des Obergeschosses, dazu Kaminaufsatz; *Kachelofen* bald nach der Erbauungszeit.

SOLLSCHWITZ Bez. Cottbus, Ldkr. Hoyerswerda
Kap. Kleiner flachgedeckter Putzbau von 1716, mit 3seitigem Chorschluß und mittlerem Dachreiter; die Fenster von 1842, der w Anbau von 1960. – 3teiliger *Altaraufsatz* des 18.Jh. mit Schnitzfiguren verschiedener Größe und Qualität, das Mittelbild des Evangelisten Markus sp.19.Jh., flankiert von den Schnitzfiguren Joachims, 18.Jh., und der Anna selbdritt, diese und der hl. Sebastian im Aufsatz spätgot., das Gemälde der Marienkrönung in ovalem Akanthusrahmen gleichfalls 18.Jh. Die *Schnitzfiguren* Johannes d.T. (an der SWand) und einer Pietà (in der Sakristei) beide 18.Jh. Gutes *Kruzifix und Marienfigur* auf geschnitztem Golgathahügel, dat. 1708 (in der Sakristei). – An der Außenwand ma. *Sühnekreuz* mit eingeritztem Schwert.
Umgebindehaus Dorfstr. 23, wohl noch 18.Jh.

SONNEWALDE Bez. Cottbus, Ldkr. Finsterwalde. – Inv. Prov. Brandenburg, Luckau
An einer Straßenkreuzung neben einer Burg des 12.Jh. wohl im 13.Jh. entstandene Marktsiedlung, 1362 als oppidum genannt. Burg und Stadt in der Hand verschiedener Adelsfamilien, zuletzt von 1536 bis 1945 den Grafen zu Solms gehörig. Der Ort stets bescheidene Ackerbürgerstadt. Der keilförmig gestreckte Marktplatz eine Erweiterung des Angers, von O nach W verlaufend, an seiner breiteren WSeite die K. und das urspr. frei stehende Rathaus, n der K. der Schloßzugang. Nach dem 30jährigen Krieg Neubau und Erweiterung der Stadt auf etwa quadr. Fläche mit Einbeziehung des vorstädtischen Bebauungsringes im S und O in die Befestigung. Die Mauer aus Backstein sowie die 2 Tore abgetragen.
Stadt-K. 1sch. Backsteinbau, verputzt, mit 4seitigem OSchluß, E.14./1.H.15.Jh. Der gesamte Bau von gestuften Strebepfeilern umgeben, die demnach geplante Wölbung aber nicht ausgeführt. Ungeteilte Spitzbogenfenster. Nach Brand 1734 Rest. und 1735 Anbau der Sakristei an der sö Polygonseite sowie Errichtung des quadr. Dachturmes im W, dieser im 20.Jh. fachwerksichtig mit Zeltdach rest. Das urspr. got. Hauptportal mit Freitreppe an der NSeite, jetzt Eingang im W. – Die für den Turm eingesetzte Zwischenmauer in breitem Spitzbogen geöffnet, jetzt durch die Orgel verbaut. 3seitig Emporen, im N und S doppelgeschossig, letztere verkürzt. Die n Empore mit Patronatsloge und modernem *Gemälde* von Schloß Sonnewalde. – Die Ausstattung ab 1735 erneuert: *Altaraufsatz* mit übereckgestellten korinthischen Säulen. Das Abendmahlsbild der Predella naive Malerei der Zeit, Altarblatt und Tondo im Aufsatz Arbeiten des Gutsherrn um 1900, davon die Kreuzigung eine Kopie nach Murillo; Strahlensonne als Bekrönung. *Kanzel* mit polyg. Korb, in den Füllungen zwischen Ecksäulchen die Evangelisten in bäuerlicher Malerei. Qualitätvolles *Standbild* Johannes d.T., Sandstein, eine Muschelschale als Taufschale haltend. Gefälliger 3teiliger *Orgelprospekt*, dat. 1742, rest. 1910. *3 Inschr.Grabsteine*: 1. für A.v.Solms, †1587, 2. für C.C.v.Meulegracht †1611, 3. für J.F.v.Solms †1654.

Kindergrabstein M.M.Beutnitz †1611 mit figürlichem Hochrelief; ähnlich ein weiterer figürlicher *Grabstein* von 1554 (beschädigt). Ehem. **Schloß** (Rat der Stadt). Urspr. Wasserburg. Von den Grafen zu Solms im sp.16.Jh. zum Schloß ausgebaut. Bis 1945 2teilige Anlage aus Vorder- und Hinterschloß. Ehem. von Wassergraben und Mauer mit 8 Türmen umgeben, ein Rest der Befestigung mit der Ruine eines Rundturmes, sog. **Roter Turm**, aus Backstein im SW erh. Das für Wirtschaftszwecke bestimmte **Vorderschloß** mit seinem doppelt geknickten Torweg noch auf ma. Gr. Der Torweg teils tonnen-, teils kreuzgratgewölbt. Das spitzbogige äußere Portal mit den Löchern für die Ketten der Zugbrücke 15.Jh., ihm 1592 vorgelegt schmuckreiche Ädikula-Rahmung: Auf Rustikapilastern und plastisch dekoriertem Gebälkfries hohe Attika mit dem Allianzwappen der Erbauer, von Löwen gerahmt, als mittlerer Abschluß der Pelikan. Seitlich des Tores 2geschossige Putzbauten mit Schweifgiebeln über dem Torbau und dem w Risalit, schon 1.V.17.Jh. Das Tor der Hofseite ebenfalls von Volutengiebel bekrönt. Nach W 2 Stallgebäude mit Schweifgiebeln, die übrigen Gebäude zerstört. Die Pferdeställe 2sch. auf toskanischen Säulen, gegen 1600. Das mächtige **Hinterschloß**, ehem. 3geschossige 4Flügelanlage mit frei stehendem hohem Turm 2.H.16.Jh. und später, 1949 ausgebrannt und abgetragen. Keller erh. In den w Teil des ö anschließenden Parks moderne Bühne eingebaut. Jenseits der großen Heimwiese das *Erbbegräbnis* der Grafen zu Solms-Sonnewalde, E.19.Jh.
Wohnhausbau. Schlichte 2geschossige Putzbauten in Traufenstellung, die ältesten in ihren Grundmauern 2.H.17.Jh., z.B. die ehem. *Hofapotheke* von 1685 mit 2 gewölbten Räumen.

SORNO Bez. Cottbus, Ldkr. Finsterwalde. – Inv. Prov. Brandenburg, Luckau (Deutsch-Sorno)
Dorf-K. Im Kern ma. rck. Feldsteinbau, modern verputzt, mit WQuerturm von gleicher Breite und eingezogenem 5/8Chor, vielleicht 14.Jh. Die tonnengewölbte NSakristei wohl 15.Jh. Die K. nach Brand 1827 bis 1832 unter Verwendung der alten Umfassungsmauern erneuert, Fenster und Portale zu großen Rundbogenöffnungen vergrößert. Das Innere flachgedeckt. – Die gesamte *Ausstattung*, 3seitige Empore auf toskanischen Säulen, klassizist. Kanzelaltar und Orgelprospekt, um 1832. – Außen an der SO-Wand der K. *Grabstein* M.Chr.Kleinpaul †1778.

SPREENHAGEN Bez. Frankfurt/Oder, Ldkr. Fürstenwalde
Dorf-K. 1sch. Backsteinbau mit 1/2kr. Apsis von 1855, ein Typenbau im Rundbogenstil der Schinkel-Schule. 1902 die K. durch neugot. n Anbau mit 2 großen Arkadenöffnungen zum Schiff erweitert und ein NW-Turm mit verbrettertem Oberteil hinzugefügt. Die Ausstattung von 1902.

SPREEWITZ Bez. Cottbus, Ldkr. Hoyerswerda

Dorf-K. Fachwerkbau von 1688, mit dreiseitigem OSchluß, NVorhalle und quadr. WTurm mit 8seitigem Aufsatz, der Turmhelm 2.H.19.Jh. Die Fenster der Langseiten 2reihig übereinander angeordnet, auf die im Inneren umlaufende Empore bezogen. – *Altaraufsatz* um 1700, im 19.Jh. durch Einfügen eines polyg. Kanzelkorbes, mit den Bildern der 4 Evangelisten an den Polygonseiten, zum Kanzelaltar umgestaltet; seitlich des Korbes die Gemälde von Maria und Johannes (ehem. zu seiten des Kruzifixus) flankiert von gewundenen Säulen und Akanthuswangen mit Wappenkartuschen, im Aufsatz Auferstehungsgemälde. Die übrige Ausstattung 19.Jh. – Vor der Kirchhofsmauer Rest eines ma. *Steinkreuzes.*

SPREMBERG Bez. Cottbus, Ldkr. Spremberg

Im breiten Durchbruchstal der Spree durch den Höhenzug des Niederlausitzer Grenzwalls gelegen, am urspr. einzigen Spree-Übergang zwischen Cottbus und Bautzen für die Straße Leipzig–Schlesien, die hier von der Straße Dresden–Frankfurt/Oder gekreuzt wird. Im slawischen Gebiet wohl um 1200 eine deutsche Wasser- oder Sumpfburg errichtet, Stammsitz der 1272 bezeugten Herren von Spremberg. Unter ihrem Schutz die Siedlung in der 2.H.13.Jh. gegr., die Altstadt am OUfer auf einer durch einen Nebenarm des Flusses gebildeten Insel. 1301 urk. Erwähnung von oppidum und castrum. Der Stadtkern im Gr. radförmig um die Kreuz-K. angelegt, danach in Gitterform um den großen rck. Markt erweitert. Die Stadt im 14./15.Jh. ummauert. Ehem. 4 Tore: das Cottbuser Tor im W, das Mühlentor im SW, das Schloßtor im SO und das Forster Tor im N; die Tore 1832 abgebrochen, von der Mauer Reste an der Marien- und Johannisgasse erh. – Im O auf dem Georgenberg das Georgenhospital mit Kap., 15.Jh., 1970 abgetragen. – Die Stadt wechselnd unter brandenburgischer, böhmischer und sächsischer Herrschaft; seit 1635 kursächsisch, das Schloß 1656 bis 1738 Sommerresidenz der Nebenlinie Sachsen-Merseburg; seit 1815 preußisch. Wichtigstes Gewerbe war die Tuchmacherei. Seit M.19.Jh. wachsende Industrialisierung, insbesondere im 20.Jh. durch die Braunkohle: 1915 Kraftwerk Trattendorf, 1955 Kombinat „Schwarze Pumpe" gegr. Daher die Ausdehnung des Stadtgebietes im 19.Jh. anfangs nach W, später auch nach O und S.

Kreuz-K. Die einzige nicht kriegszerstörte Stadt-K. der Gegend. Spätgot. Backsteinhalle mit 3seitigem OSchluß und SW-Turm, dieser in die Halle einbezogen. Sein Erdgeschoß von einem älteren Bau, wohl fr. 14.Jh., mit jetzt eingebautem Treppenturm an seiner NO-Ecke. An der Turm-SSeite spitzbogiges Portal mit tief gekehlter Profilierung. Die 4 folgenden Turmgeschosse mit reicher, vielfältig profilierter Gliederung durch gereihte Blenden E.14./A.15.Jh.; der oktogonale Aufsatz von 1732, mit Haube und Laterne abgeschlossen. Die beiden Untergeschosse des Turmes kreuzrippengewölbt, die Rippen im Erdgeschoß auf hohen, vielteilig profilierten Konsolen, im Obergeschoß auf schlichten

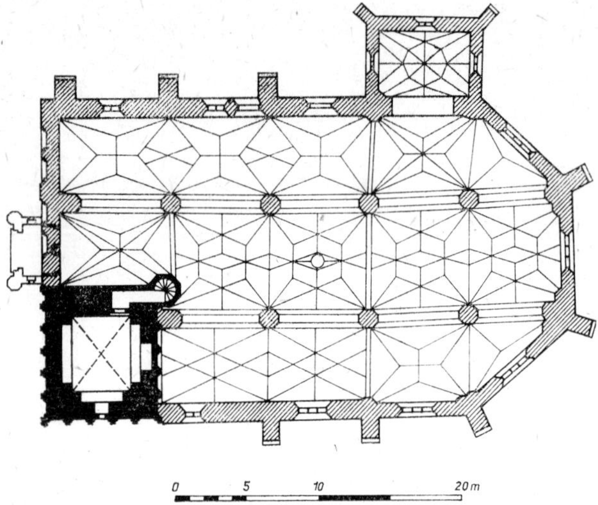

Spremberg, Kreuzkirche

Kegelkonsolen, beide wohl gleichzeitig bei Erhöhung des Turmes eingebracht. Die 4jochige Halle jünger als der Turm, 2.H. 15.Jh., ihre gedrückt spitzbogigen Fenster 3teilig mit glatt geschrägten Leibungen. Umlaufend abgetreppte Strebepfeiler, an einem des Chores ein Datum 1509, das die Beendigung der Wölbung bezeichnen könnte. An der SSeite 2 Portale, am ö ein Mosaik von 1899. An der NSeite 2geschossiger Anbau, unten die Sakristei, darüber die zum Schiff geöffnete Empore. Die K. insgesamt 1897/98 umfassend rest. unter Leitung von Ludwig Dihm und die bekrönenden Stufengiebel am n Anbau und an der WSeite der Halle sowie die w Vorhalle mit Mosaik hinzugefügt. 1977 Neufassung des Inneren. – Die Halle innen von gedrungenen Proportionen mit schweren 8Eckpfeilern. Das Mittelschiff leicht überhöht, die gedrückt spitzbogigen Arkaden 3fach gestuft, unvermittelt auf den Pfeilern aufsitzend und ohne Brechung auf den Chorschluß zulaufend. In allen Schiffen Sterngewölbe, auf der SSeite in Netzgewölbe übergehend. In der Sakristei eine Art Zellengewölbe, die Empore darüber mit besonders schönem Sterngewölbe. Die tiefe WEmpore mit kurzen Flügeln von 1897/98. – Gutes hölzernes *Altarretabel* dat. 1660, die Fassung erneuert. Architekturaufbau mit Doppelsäulen, von Beschlag- und Ohrmuschelwerk geschmückt. In der Predella Gemälde des Abendmahls, im Hauptfeld das der Kreuzigung, flankiert von kleinen Schnitzfiguren der Evangelisten Matthäus und Johannes, in den Wangen umrankte Stifterwappen. Im Aufsatz Auferstehungsgemälde zwischen Markus und Lukas in Nischen, gerahmt von Putten als Caritas und Fides; zwischen den Giebelstücken Pelikangruppe, seitlich Putten. An der SWand hölzerner *Altaraufsatz* aus der aufgegebenen Dorf-K. Jessen (Ldkr. Spremberg), dat. 1610. Strenger Doppelsäulenaufbau mit Beschlagwerk und Maskenschmuck, das Predellenbild verloren. Im Hauptfeld Auferstehungsgemälde, im Auszug das der Taufe Christi, als Bekrönung Pelikangruppe; als Wange halbe geschnitzte Adler. Die Fassung im alten Sinne 1972/73 erneuert. Große hölzerne *Kanzel* mit Schalldeckel, A.18.Jh., mit kräftigem Akanthusschnitzwerk. In den Feldern des polyg. Korbes, am Aufgang und an der Tür gemalte Figuren: Christus, die 4 Evangelisten, Johannes d.T. und Paulus. Schöne *Taufe* in Pokalform aus Kalkstein mit hölzernem Deckel, von E. Jungkhardt sp.18.Jh.(?) gefertigt, 1832 in der K. aufgestellt. Hölzerne *Taufe* (aus der Dorf-K. Jessen, Ldkr. Spremberg) in Form eines Dreifußes mit geringelter Schlange darin und Bocksköpfen an der breiten Schale, um 1800. Im Turmuntergeschoß hölzerner *Taufengel* um 1750 sowie 4 *Schnitzfiguren* um 1470/80: hl. Bischof, Hieronymus, Christophorus und Christus in der Rast. In der Sakristei *Pastorenporträt* Ph.W.Meußer, A.19.Jh. An der NWand der K. sog. *Herzogsstuhl* A.18.Jh., Empore mit Baldachin für den Fürsten; die Malereien an der Brüstung setzen die der Orgelempore von ca. 1898 fort, darstellend das Leben Christi. Darunter das *Ratsgestühl* von etwa 1620/30, am gemalten Himmel Allegorie der Justitia. An der OSeite des Turmes 3teiliger *Predigerstuhl* mit kräftiger Schnitzerei M.17.Jh. Geschnitzter *Totenschild* für H.v.Kitlitz †1667 (z.Z. in Rest.). Am w Pfeiler *Inschr.Grabstein* für J.G.Zimpel †1778.

Ehem. **Land- oder Wendische K.** (Gemeindezentrum) Kirchplatz. Strenger spätklassizist. Rck.Bau 1834/35. Das Äußere durch hohe Rundbogenfenster in den gequaderten Wänden der Langseiten und durch die Dreieckgiebel an den Schmalseiten bestimmt; w Eingangshalle. Das urspr. pseudobasilikal gestaltete Innere heute total umgebaut. — 5 *Schnitzfiguren* 2.H.15.Jh. (aus der Georgen-Kap.): Johannes Ev., Mondsichelmadonna, die Heiligen Barbara und Margaretha sowie Johannis Bapt. (z.Z. in Rest.).

Schloß (Rat des Kreises). An dieser Stelle seit etwa 1290 eine deutsche Wasser- oder Sumpfburg unweit des OUfers eines Spreenebenarms bestehend. Aus dem Ma. die untere Partie des 4eckigen NW-Turmes und wohl das Unterteil des runden SW-Turmes erh., in der 2.H.16.Jh. der 2geschossige NFlügel mit Zufahrt an den Hauptturm angefügt. 1650 die Burg durch Brand beschädigt und seit etwa 1680 zur Sommerresidenz unter Herzog Heinrich von Sachsen-Merseburg ausgebaut. Damals die stattlichen 3geschossigen Flügel im O und W errichtet und durch eine hölzerne Galerie auf der Hofseite des NFlügels miteinander verbunden. Der Hof auf der OSeite durch eine Mauer geschlossen, gleichzeitig der oktogonale Turmabschluß mit Zeltdach. Der Bau nach 1738 militärisch genutzt, seit 1878 für die Kreisverwaltung, dabei vielseitig verändert und seine Erscheinung als Denkmal entwertet. —

Im OFlügel die einläufige Treppe mit schwerem hölzernem Dokkengeländer der Bauzeit und der hofseitige Flur erh. Die Räume beider Flügel z.T. kreuzgratgewölbt. Im Untergeschoß des quadr. Hauptturmes Reste eines großen Kamins, im Untergeschoß des Rundturms Fragmente der bar. Dekoration.
Rathaus am Marktplatz. Vom Renaiss.Bau 3.V.16.Jh. die Erdgeschoßräume mit Kreuzgratgewölben erh., im Raum des jetzigen Eingangs schöne Balustersäule. Nach Stadtbrand im Jahre 1705 der Bau von C. Auersbach 1706–20 erneuert, dabei die ehem. Verkaufsstände an der n Schmalseite zum Durchgang geöffnet und auf dem w Joch ein 8eckiger Turm mit Schweifhaube, Laterne und Zwiebel errichtet, dieser 1899 rest. Die 2geschossige Marktfront 1933/34 durch Einbeziehung von Bürgerhäusern verlängert und vereinheitlicht, dabei das klassizist. Wohnhaus, Markt 2 (Rat der Stadt), einbezogen.
Ehem. **Kavalierhaus** (Sparkasse) Lange Str. 15/16, von 1706. 2geschossiger Putzbau von 13 Achsen mit Mansarddach, im 5achsigen Mittelrisalit das Portal mit Durchfahrt. In seiner Erscheinung durch moderne Veränderung entwertet.
Heimatmuseum

SPREY Bez. Cottbus, Ldkr. Weißwasser. – Inv. Prov. Schlesien, Reg.Bez. Liegnitz, Rotenburg
Kleine **Schrotholzkap.** des 18.Jh. mit 3seitigem OSchluß und w Dachreiter. Innen WEmpore und Altarwand mit seitlichen Durchgängen. Davor hübscher *Mittelschrein* eines spätgot. Schnitzaltars um 1470/80, rest. 1962–65, dabei die originale Fassung freigelegt. Im Mittelfeld der hl. Martin, flankiert von Heiligenfiguren unter Maßwerkbaldachinen, links Barbara und Stephanus, rechts Katharina und Laurentius.

STAUPITZ Bez. Cottbus, Ldkr. Finsterwalde. – Inv. Prov. Brandenburg, Luckau
Dorf-K. Breiter 1sch. Putzbau mit 3seitigem OSchluß um 1717. Der s stehende quadr. Glockenturm von 1888, teils Backstein, teils verbrettertes Holzgerüst. – Die *Ausstattung* einheitlich aus der Bauzeit: 3seitige Empore, Pfarrstuhl, Kanzelaltar mit Pilastern und Seitenwangen, dieser um 1832 weiß gestrichen.

STECHAU Bez. Cottbus, Ldkr. Herzberg. – Inv. Prov. Sachsen, Schweinitz
Dorf-K. Granitquaderbau 2.V. bis M.13.Jh., aus kurzem Schiff, eingezogenem Rck.Chor und WQuerturm von Schiffsbreite. Um 1732 Umbau und Anbauten in Backstein: Der Chor 3seitig erweitert, im N Gruft mit Patronatsloge (jetzt Gemeinderaum), w Vorhalle. Der 2geschossige Turmaufsatz, erst quadr., dann 8sei-

tig, mit Haube und Spitze bekrönt, gleichzeitig die frühgot., gekuppelt-spitzbogigen Schallöffnungen im 1. Turmgeschoß, z.T. vermauert. Die Fenster in Schiff und Chor korbbogig verändert; neue Portale im S und W, am Portal zur n Gruft Doppelwappen. – Zwischen Schiff und Chor rundbogiger Triumphbogen, der Chor kreuzgratgewölbt, wohl bar. Im Schiff Putzdecke des 18.Jh. mit Stuckrahmen, gleichzeitig Hufeisenempore und Orgelprospekt. Rck. *Bildfelder* am vorgezogenen w Mittelteil der Empore (harfespielender David), an den Vorderseiten des Gestühls (die 4 Evangelisten), am Pfarr- und Patronatsgestühl (Verkündigung, Heimsuchung) sowie an den Türen zu seiten des Altars (Bundeslade, Opferaltar). Die verglaste Loge an der n Chorwand mit Wappenmalerei. – *Kanzelaltar* mit seitlichen Durchgängen, inschr. 1743, gedrehte Säulen und Medaillonwangen, darin, gemalt, Moses und Johannes d.T., auf dem Kanzelkorb Gemälde, Christus am Kreuz, darunter Abendmahl und Taufe Christi. Bar. *Taufstein*, gedrungene 4seitige Kelchform mit abgefasten Ecken, aufgelegten Kartuschen und Blattgehängen; der zugehörige hölzerne Deckel in Form eines Lesepultes. *Pfarrerbildnis* A.L.Hayner, 1845 von Gustav Zaak aus Stechau. Große *Taufschale*, Messing, E.16.Jh., mit schöner ornamentaler Treibarbeit und Inschr. – Im Chor eine Reihe reicher bar. *Grabsteine und Epitaphien der Familie v.Birckholtz*: 1. für G.L. †1700, die Vita auf Tuchgehänge, dazu 6 Wappen. 2. für G.G. †1728, mit Wappen und Helmzier. 3. für Frau J.E. †1753, bekrönt von den Tugendallegorien Glaube und Hoffnung. 4. für G.H. †1787 und Frau C.L. †1771, auf dem sarkophagähnlichen Untersatz bewegte Vitenkartuschen, gerahmt von trauerndem Putto und Urne, bekrönt von Gottesauge. 5. für G.H. †1812, als Gegenstück zum vorigen aufgebaut. Weitere der *Familie v.Ampach*: 1. für das Kind I.H.A. †1816, in Stelenform mit Todesengel und Kind. 2. für J.F. †1826, ähnlich, mit trauerndem Genius in Relief. 3. Inschr.-Grabmal für Chr.L. †1831.

Ehem. **Schloß** (LPG, Landambulatorium), im gegenwärtigen Zustand wenig eindrucksvoll. Zweigeschossige 3Flügelanlage mit Mansardwalmdächern, erbaut 1757, mit gartenseitig gewendeten Flügeln. Die Vorderseite 9achsig mit 3achsigem Mittelrisalit. Der kleine Hofraum zwischen den Seitenflügeln hufeisenförmig gerundet. Axiale Eingänge. Am OFlügel vorgesetzte Treppenanlage mit kuppelbekrönten Ecktürmchen, an der SW-Ecke Verandenvorbau, beides A.20.Jh. – Die bar. Innenraumgestaltung weitgehend durch Umbauten verwischt. In der Mittelachse doppelläufiger Treppenaufgang und 4achsiger Hauptsaal mit Stuckleiste.

STEINBECK Bez. Frankfurt/Oder, Ldkr. Freienwalde

Dorf-K. Kleiner gotisierender Granitquaderbau mit Backsteinteilen, 1899–1900.

STEINHÖFEL Bez. Frankfurt/Oder, Ldkr. Angermünde. – Inv. Prov. Brandenburg, Angermünde

Dorf-K. Flachgedeckter rck. Feldsteinbau M. bis 3.V.13.Jh., w verbretterter Dachturm von 1720. Spitzbogenportale im W und S und einige Lanzettfenster noch original erh., die übrigen im 18.Jh. korbbogig vergrößert. – Großer got. *Altarstipes*, darauf *Schnitzaltar* um 1470/80, im Mittelschrein Maria zwischen Katharina und hl. Bischof, in den Flügeln die 12 Apostel. Die Flügelrückseiten bemalt mit 4 Passionsszenen. In der Predella als Kniestück Anna selbdritt mit Agnes und Barbara.

STEINHÖFEL Bez. Frankfurt/Oder, Ldkr. Fürstenwalde. – Inv. Prov. Brandenburg, Lebus

Dorf-K. Feldsteinbau, der eingezogene, gestreckte Rck.Chor 2.H.13.Jh., das Schiff und der schwere quadr. WTurm 15.Jh., sein geschweiftes Zeltdach mit verbretterter Laterne von 1778. An der SSeite 2geschossiger Bar.Anbau des 18.Jh. mit Eingangshalle und ehem. Patronatsloge im Obergeschoß; unten in der w Achse vom Schiff aus zugängliche Kap. Die Öffnungen der K. bar. erweitert. Gestuftes spitzbogiges WPortal aus Backstein, spätgot., in den Gewändestufen eingelegte Birnstäbe. Das Innere mit flacher Putzdecke. – *Altaraufsatz* A.18.Jh., korinthischer Säulenaufbau, flankiert von 2 unterlebensgroßen Engelsfiguren, z.Z. abgenommen; über dem Gebälk von Putten gehaltenes Allianzwappen. Das Altarbild mit dem Auferstandenen von 1909. An der Mensa hübsche Grisaillemalereien mit Landschaften und Allegorien. Geschnitzter *Kanzelkorb* mit Laubwerkdekor A.18.Jh., wohl ehemals zum Altaraufsatz gehörig; Engelsflüchte als Pulthalter, am Sockel Abendmahlsgemälde. Hölzerne *Taufe* in 6seitiger Kelchform, gestiftet 1671; an der Kuppa gemalte Wappen, geschnitzter Deckel. *Messingtaufbecken* mit Doppeladler und Hirschjagd, wohl zugehörig. *Schnitzfigur* einer Madonna lactans, derbe Arbeit des 18.Jh. Verglaste *Patronatsloge* A.18.Jh., auf den Brüstungsfeldern Grisaillemalereien biblischer Szenen, außerdem auf der Logentür 2 Flußlandschaften und rückseitig Kreuzigung gemalt. An den Chorwänden *4 Grabsteine* der Familie v.Wulffen mit Wappen und Inschr., 2 für die Kinder E.v.W. und A.v.W., beide †1575; die anderen für Frau S.v.Barfuß †1652 und für A.v.W. †1663. Hölzernes *Epitaph* für B.v.Wulffen †1726, mit Bildnis des Verstorbenen und Trophäenschmuck; z.Z. zerlegt, das Porträt im Pfarrhaus.

Ehem. **Schloß** (Verwaltung, Wohnungen). Die Gesamtanlage aus Schloß und Wirtschaftskomplex am Dorfanger sowie der Park im Auftrag des Oberhofmarschalls v.Massow als eine einheitliche Anlage von David Gilly entworfen, ihre Ausführung zwischen 1790 und 1795 anzusetzen; ehemals ein bemerkenswertes Beispiel der im wesentlichen von David Gilly ausgeprägten klassizist. preußischen Landbaukunst, jedoch nur in der Anlage erh. Das Schloß urspr. 2geschossiger rck. Putzbau mit 2 nied-

rigen rückseitigen Flügeln, um 1845 umgebaut mit Aufstockung um ein Geschoß und Anfügung von zinnenbekränzten Ecktürmen; dann um 1880 der 3achsige übergiebelte Mittelrisalit mit Balkon und Umbau der Flügel. – An der ehem. Zufahrt zum Schloßbereich *2 Sphingen*, um 1792, Sandstein-Kopien nach dem Original von Conrad Boy auf der ehem. Herkulesbrücke in Berlin. Am Parkzugang ehem. **Bibliothek**, um 1795 von David Gilly in Art eines kleinen Prostylostempels, die toskanischen Säulen aus Holz.
Der große **Landschaftspark** um 1795 unter direktem Einfluß der Anlagen in Wörlitz und Potsdam (Neuer Garten) angelegt, einer der frühesten Landschaftsgärten in der Mark Brandenburg, vermutlich von Johann August Eyserbeck.
Ehem. **Dorfkrug**, wie die Bibliothek mit Vorlaube auf Holzsäulen, angeblich von David Gilly um 1795.

STEINITZ Bez. Cottbus, Ldkr. Cottbus
Dorf-K. Rck.Bau aus Mischmauerwerk E.15.Jh., der schwere quadr. WTurm A.16.Jh. hinzugefügt, mit hölzernem Aufbau und Walmdach. Im N gestreckter Anbau wohl A.16.Jh. In der OWand Dreifenstergruppe, rundbogig verändert, der OGiebel mit Blenden von kräftigem, rundlich profiliertem Relief. Bar. erweiterte Fenster. Das flachgedeckte Innere bestimmt durch 2geschossige Hufeisenempore und beidseitig im Chor anschließende hohe Patronatslogen. – Hölzerner *Kanzelaltar* mit Weinlaubsäulen 1.H.18.Jh., der bauchige Kanzelkorb übergroß mit Blattkonsole. Einfache hölzerne *Taufe* in Kelchform M.17.Jh. *Kruzifix* E.17.Jh. – Auf dem Friedhof 2 klassizist. *Grabdenkmäler* mit Urnen E.18.Jh.

STEINKIRCHEN Bez. Cottbus, Ldkr. Lübben
s. LÜBBEN/SPREEWALD

STEINSDORF Bez. Cottbus, Ldkr. Jessen. – Inv. Prov. Sachsen, Schweinitz
Dorf-K. Kleiner Fachwerkbau mit dreiseitigem OSchluß und w Dachturm, um 1700. Der Turm oben ins Achteck übergeführt mit Haube und Laterne. Innen Empore im W und N. – Die Ausstattung bescheiden: *Altaraufsatz* dat. 1735, Ädikulaform, urspr. mit dem jetzt am Altarkreuz montierten plastischen Kruzifix in der Mitte, im Auszug Auferstehungsbild. Die polyg. *Kanzel* gleichzeitig. *Taufstein* 1.H.17.Jh., Balusterfuß mit flacher Schale.

STEINSDORF Bez. Frankfurt/Oder, Ldkr. Eisenhüttenstadt
Dorf-K. 1749. Kleiner rck. Fachwerkbau mit hölzernem Dachturm, rest. 1963/64. Im Inneren WEmpore. – Got. *Eichentruhe* mit Eisenbeschlägen, 14.Jh.

STENDELL Bez. Frankfurt/Oder, Ldkr. Angermünde. – Inv. Prov. Brandenburg, Angermünde

Dorf-K. Feldsteinbau 13.Jh., 1870 gotisierend umgebaut und durch w Dachturm und Apsis ergänzt. Gleichzeitig das Innere einheitlich ausgestattet.

STERNEBECK-HARNEKOP Bez. Frankfurt/Oder, Ldkr. Freienwalde

Dorf-K. (Sternebeck). Rck. Putzbau mit Lisenengliederung und w quadr. Dachturm, 1710. Erneuerung um M.19.Jh. Flachdecke auf 6 Holzpfosten von der Erneuerung des Inneren 1951. – Schlichter *Kanzelaltar*, Holz, 1710, rest. um 1956, am polyg. Kanzelkorb die Bilder Christi und der 4 Evangelisten, über dem Schalldeckel Strahlenglorie. *Patronatsloge* mit vergittertem Oberteil, 1710.

Dorf-K. (Harnekop). Kleiner flachgedeckter Putzbau mit eingezogenem quadr. Chor, im Kern wohl ma., 1831 und nach Zerstörung im 2. Weltkrieg 1956/58 grundlegend erneuert. Der WGiebel, Backstein, mit ansteigenden Spitzbogenblenden. – *Kanzelaltar* 2.H.18.Jh., Ädikula mit bauchigem Kanzelkorb, gemaltes Rankenwerk.

STÖBRITZ Bez. Cottbus, Ldkr. Luckau

s. WILLMERSDORF-STÖBRITZ

STOLPE/ODER Bez. Frankfurt/Oder, Ldkr. Angermünde. – Inv. Prov. Brandenburg, Angermünde

Burgflecken, urspr. slawisch, 1252 urk., seit 1260 Propstei. Die im Schutze der Burg entstandene Siedlung seit 1286 bis ins 18.Jh. mit Stadtrechten versehen, ohne den dörflichen Charakter zu verlieren. Die 1745 erbaute Kirche 1935 abgebrochen.

Ehem. **Schloß** (Kinderheim) der Herrschaft Stolpe, seit 1.H.15.Jh. bis ins 20.Jh. im Besitz der Familie v.Buch. Der 2geschossige Hauptbau auf fast quadr. Gr. mit Mittelflur im Kern 1545–53. Die Fenster paarweise angeordnet, die beiden Mittelachsen der Frontseiten von Zwerchgiebeln mit Maßwerkblenden bekrönt. Zum Obergeschoß urspr. nur Mauertreppe. 1.H.18.Jh. Umbau und Einbeziehung eines an der Vorderseite rechtwinklig anschließenden ehem. Stallgebäudes als Seitenflügel, eingeschossig über hohem Kellersockel mit Mansardwalmdach. Der Hauptflügel 1917 ausgebrannt, 1921/22 durch Spier rest. Im Inneren erh. 2 stuckierte *Kaminaufsätze* mit reichem Régenceornament und szenischen Relieftondi, diese Apoll und Musen bzw. Amor und Psyche darstellend; die Rahmungen erneuert, die qualitätvollen Reliefs der Berliner bar. Bildhauerschule zugehörig.

Park. Der ehem. Bar.Garten, eingebettet zwischen die Oderhöhen, unter Einbeziehung der ma. Burganlage um 1845 nach Plan von

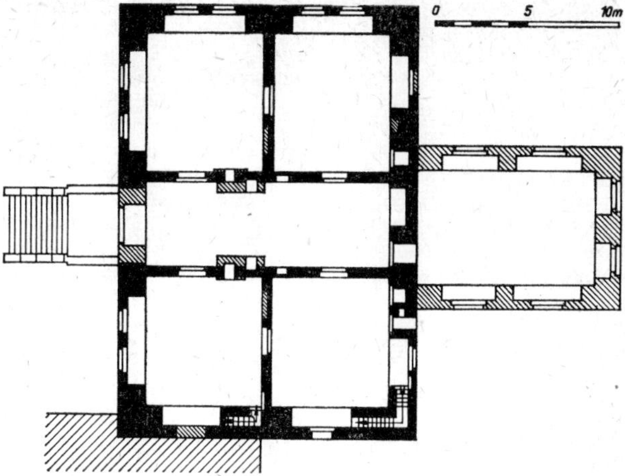

Stolpe, ehem. Schloß

Peter Joseph Lenné in einen Landschaftspark umgewandelt. Darin das **Erbbegräbnis** der Familie v.Buch, 1835 angelegt und von Mauern umfriedet. Dort auch die *Figurengrabsteine* zweier Ritter v.Buch, A.17.Jh., ganzfigurig in Rüstung. Vor der Anlage *Obelisk* aus schwarzem Marmor für A.v.Buch †1804.
Als Rest der umfangreichen **Burg**, auf einem Hügel unweit des Schlosses, der runde, überaus mächtige ehem. **Bergfrit** „Grütztopp", ein unterer Teil aus Granitquadern nur wenig über dem Niveau in Erscheinung tretend, darüber Backstein, 13.Jh.; allein der oberste Teil und der ruinöse Zinnenkranz spätgot. Das hohe untere Geschoß nur durch unterirdischen kurzen Gang betretbar, um 1840 von L.Chr.v.Buch angelegt, der Raum im Turm mit Bandrippengewölbe gedeckt. Der ungewöhnlich hoch gelegene Zugang zu den Obergeschossen gestuft rundbogig; eine zweite Öffnung etwas tiefer, wohl zu einem Aborterker, von oben durch Mauertreppe erreichbar. – Die ehem. Umwallungen im Gelände noch deutlich hervortretend.

STOLZENHAGEN Bez. Frankfurt/Oder, Ldkr. Bernau. – Inv. Prov. Brandenburg, Niederbarnim
Dorf-K. Backsteinbau 1890. An der NO-Seite des Chores spätgot. quadr. Sakristei, ihr Pfeilergiebel mit gestaffelten, im Vorhangbogen schließenden Blenden. Im Inneren Sterngewölbe auf Birnstabrippen.

STOLZENHAGEN Bez. Frankfurt/Oder, Ldkr. Eberswalde. — Inv. Prov. Brandenburg, Angermünde
Dorf-K. T-förmiger Putzbau mit Ecklisenen und Korbbogenfenstern, 1737 von Peter Sucrow aus Eberswalde unter Verwendung eines Feldsteinbaus des 13./14.Jh.; dem SFlügel aufgesetzter quadr. Fachwerkturm. Rest. 1895. Das Innere ein Breitraum, an 3 Seiten hölzerne Emporen auf toskanischen Säulen. Gegenüber dem Eingang der *Kanzelaltar* von 1737 in kräftigen architektonischen Formen, mit gerundetem Korb.
Ehem. **Gutshaus** (Kindergarten, Gemeinderat). Schlichter 2geschossiger Fachwerkbau mit Walmdach, im Kern 1730. Die verputzte 11achsige Fassade mit schmalem 3achsigem Portalrisalit und doppelläufiger Freitreppe, an dieser hübsches schmiedeeisernes Rokokogeländer.

STOLZENHAIN Bez. Cottbus, Ldkr. Herzberg. — Inv. Prov. Sachsen, Schweinitz
Dorf-K. Feldsteinbau aus Schiff und relativ langem, eingezogenem Rck.Chor, E.13./A.14.Jh. In spätgot. Zeit Verlängerung nach W. Darauf quadr. Turmaufsatz in Fachwerk, E.18.Jh., sein Glockengeschoß ins 8Eck übergeführt und von Haube mit Laterne abgeschlossen. Gleichzeitig die Fenster erweitert. An der SSeite 2 frühgot. spitzbogige Portale erh. Im Inneren Balkendecke. W- und NEmpore 19.Jh. — Guter spätgot. *Flügelaltar* A.16.Jh., die Gemälde unter niederländischem Einfluß, vielleicht aus dem Umkreis des Derick Baegert. Im Hauptfeld „Der hl. Lucas malt die Madonna“ vor perspektivisch gemaltem Innenraum. Auf dem linken Flügel ein schreibender Evangelist, auf dem rechten Flügel der hl. Joseph als Zimmermann, beide Darstellungen mit differenzierten Architektur- und Landschaftsdurchblicken. Rest. 1937. *Kanzel* dat. 1541, die 3 Brüstungsfelder mit ornamentaler Flachschnitzerei, auf den seitlichen aus Vasen steigende Ranken, auf dem mittleren ein verschlungenes Schriftband. Polyg. Kuppa eines *Taufsteines*, A.16.Jh., mit diffizilem erhabenem Maßwerkdekor; urspr. Teil eines Sakramentshauses? — Außen an der s Chorwand 2 bar. *Grabsteine*, der eine von 1756 mit Putto und Kelch über rocaillegerahmter Vita, der andere 2.H.18.Jh. mit gesenkten Füllhörnern über lorbeergerahmtem Doppelschild.

STOLZENHAIN Bez. Cottbus, Ldkr. Liebenwerda. — Inv. Prov. Sachsen, Liebenwerda
Dorf-K. 1sch. Putzbau mit eingezogenem Rck.Chor und quadr. WTurm E.16.Jh. Das oktogonale Turmoberteil mit Schweifhaube und Laterne von 1727; gleichzeitig die SVorhalle aus Fachwerk. Moderne Anbauten: Sakristei an der s Chorwand und Windfang am WTurm. Im Inneren der Chor durch Segmentbogen vom Schiff abgesetzt. — Die gesamte *Ausstattung* einheit-

lich aus der Bauzeit um 1600. *Malereien* an der Balkendecke im Schiff mit alttestamentlichen Darstellungen von der Erschaffung Evas bis Samson sowie an der SSeite der Hufeisenempore mit Szenen aus der Kindheit Christi. Qualitätvoller hölzerner *Altaraufsatz*, 2geschossiger ädikulaartiger Aufbau mit Freisäulen vor Muschelnischen, Beschlagwerk und Masken; die Felder bemalt, in der Mitte übereinander Abendmahl, Kreuzigung, Auferstehung und Gottvater, in den seitlichen Feldern Verkündigung und Geburt. Auf dem Gebälk Posaunenengel, auf den Giebelschrägen Krokodile. Hölzerne *Kanzel* dat. 1600, in den gequaderten Feldern der Brüstung gemalt der Salvator und die 4 Evangelisten sowie am Aufgang 3 alttestamentliche Szenen, in den Türfeldern Moses und Johannes d.T. sowie das Allianzwappen des Stifterehepaares W.H. und U.v.Schleinitz. *Chorgestühl* mit Baldachin, in den Rundbogenfeldern des Dorsales 9 gemalte Apostelfiguren; auf der SSeite des Chors *Dreisitz* mit den restlichen 3 Aposteln. *Altarkruzifix* 18.Jh. *Schnitzfigur* einer stehenden Madonna um 1420/30. Bemaltes hölzernes *Epitaph* für P.Vogel †1616, im Hauptfeld das Weltenende nach der Apokalypse, darunter die Familie des Verstorbenen. In der SVorhalle 2 *Inschr.Grabsteine*, der eine für A.Richter †1689. – Auf dem Friedhof klassizist. *Grabmal*, Sandsteinstele für M.C.Dietrich †1806, mit Klagefigur und Flammenschale.

STORKOW Bez. Frankfurt/Oder, Ldkr. Beeskow

An einem zur Dahme strömenden Fließ an der WSeite des Dolgensees gelegen. Um 1200 Sumpfburg und wendisches Fischerdorf n vom Fließ. Am Ausfluß des Sees kleine dörfliche Siedlung mit Kirche, später als Altstadt bezeichnet, sw anschließend Marktsiedlung, 1445 Neustadt genannt. Ihr Kern rck. beiderseits der Straße, die sich im N und S gabelt, mit langgestrecktem Markt. Keine Befestigung, um 1800 nur Palisaden mit 2 Toren und einer Pforte. Erst 1898 Eisenbahnanschluß.

Pfarr-K. Spätgot. 1sch. Backsteinbau des 15.Jh. von 2 Jochen im Schiff und 2 Jochen im Chor mit 5/8Schluß. 1845–59 rest. und die Sakristei im N angefügt, 1896 der Turm über der Sakristei, der WVorbau und der Giebel über der SVorhalle errichtet. Nach Einsturz der Gewölbe die K. 1949–51 rest., innen nur die Gewölbeansätze erh. Der Kernbau hochräumig mit Strebepfeilern zwischen den großen Fenstern. – Spätgot. *Taufstein*, Kuppa und Fuß nicht zusammengehörig.

Ehem. **Burg** (Kulturzentrum). Urspr. von einem Wassergraben umgebene ma. Anlage aus Backstein, nach 1518 zum bischöflichen Wohnschloß umgebaut. Der aus dieser Zeit bis 1978 allein erh. NFlügel in diesem Jahr bis auf die Umfassungswände ausgebrannt. Vom ma. Kern nur erh. das ehem. Brauhaus w vom Hauptbau, Backstein, 15.Jh., mit 3 Spitzbogenöffnungen zum Hof sowie ein Stück der hohen Burgmauer, rechtwinklig nach S abgehend. Der Fachwerkbau auf der SSeite 1937.

STRADOW Bez. Cottbus, Ldkr. Spremberg
Dorf-K. (abgebrochen). Anstelle eines nachgewiesenen Vorgängerbaus aus Holz flachgedeckter Feldsteinbau 1.H.13.Jh., aus Schiff, eingezogenem Chor und Apsis. Wohl noch im 13.Jh. ein Turm über dem WTeil des Schiffes errichtet sowie der Chor in Schiffsbreite verlängert und gerade geschl. In der OWand Dreifenstergruppe, die äußeren Fenster später verlängert; darüber schlichter verputzter Volutengiebel von 1661. An der NWand aus der 1.H.13.Jh. zweistufiges Spitzbogenportal zwischen 2 symmetrisch angeordneten Lanzettfenstern; ö davon Platte mit reliefiertem griechischem Kreuz und rahmenden Rad- und Kleeblattornamenten eingemauert (Tympanonbruchstück ?), an der SW-Ecke Werkstein mit Schachbrettmuster. Von 1868 das Glockengeschoß des Turmes, das WPortal und die Fenster der SSeite. Innen Hufeisenempore von 1661. — Hölzerner *Altaraufsatz* 1585, schlichter Säulenaufbau, 1788 zum Kanzelaltar umgebaut; der polyg. Kanzelkorb aus der Dorf-K. Wolkenberg (Ldkr. Spremberg). 2 *Wappenschilde* für J.v.Holst †1674 und für E.v.Pfuel †1696. *Büste* des J.v.Holst, Gips, 1669 von Francesco Mangiotti. — Auf dem Friedhof klassizist. *Urnengrabmal* für H.G.Meurer †1795.

STRAUPITZ Bez. Cottbus, Ldkr. Lübben
Dorf-K. 1827—32 nach Plänen Karl Friedrich Schinkels von 1826 errichtet. Stattlicher Bau von großer Wirkung, ein bedeutendes Werk im „Rundbogenstil" aus der reifen Schaffenszeit des Künstlers, eine Abwandlung der von ihm konzipierten „Normalkirche". Flachgedeckte Emporenhalle mit westlichen Doppeltürmen. Im streng symmetrischen rck. Baublock mit flachem Satteldach die 1/2kr. Apsis zwischen ö Nebenräumen verborgen, die entsprechenden Nebenräume mit den Treppen im W eine Vorhalle einschließend. Die quadr. Türme in 3 reich durchfensterten Geschossen über einem mittleren Glockenhaus frei aufsteigend und wie an der Friedrichswerderschen Kirche zu Berlin flach abschließend. Der Bau durch 2 Gesimsbänder zusammengeschlossen, die die Fenster und Türen — 3 Portale im W, 2 zu den Nebenräumen im O — in Kämpferhöhe durchziehen, nur die je 3 großen Fenster an den Langseiten außen das untere Band als Sohlbank nutzend. Die Fenster durch Pfosten und Querbalken engmaschig geteilt. — Das 1963 rest. Innere von lichter Hoch- und Weiträumigkeit, klar auf das Äußere bezogen. Die Langseiten zu den Seitenräumen durch je 3 hohe Pfeilerarkaden, den Fenstern außen entsprechend, geöffnet, dazwischen 2geschossig Emporen eingespannt, im OJoch eine untere 3.Empore als Patronatsloge eingefügt. Für die Orgel vorschwingende WEmpore. Die Arkaden im O und W aufgenommen für die Öffnungen zur Vorhalle bzw. zur Apsis. In dieser illusionistische, 1963 erneuerte *Architekturmalerei*: über hochrck. Wandfeldern ein Kassettengewölbe. — Die Ausstattung im wesentlichen einheitlich

aus der Bauzeit: Runde hölzerne *Kanzel* auf hoher dorischer Säule. Die urspr. hölzerne *Taufe* auf 3 Füßen, jetzt im nö Eckraum, durch einen *Taufstein* der Zeit um 1880 ersetzt. Aus der alten K. erh. und zur musealen Aufstellung in einem Eckraum vorgesehen: *Altarretabel* M.17.Jh., Holz; im Hauptfeld Gethsemanebild zwischen Weinlaubsäulen, in der Predella Abendmahlsgemälde, als Bekrönung der Auferstandene zwischen Posaunenengeln. 6eckige *Taufe* M.17.Jh., Holz, gefaßt, an der Wandung in Rundbogenarkaden zwischen geschuppten Pilastern 6 gemalte Szenen aus dem Alten und Neuen Testament (Sintflut, Moses schlägt Wasser aus dem Felsen, Beschneidung, Taufe, Christus als Kinderfreund, Taufe des Kämmerers durch Philippus). *5 Gemälde* von Johann Friedrich Matthäi, um 1830/40, urspr. in der Apsis, überlebensgroße Figuren des Salvators, Petrus, Paulus und der beiden Johannes (im sö Eckraum). *2 Gemälde*, Luther 17.Jh. und Pfarrer Chr.Breßler †1718. Im Pfarrhaus: Ehem. vorzügliche *Schnitzfigur* einer Pietà, um 1420/30 (aus Mochow, Ldkr. Lübben), stark beschädigt. Gewebter *Behang*, dat. 1710, mit Gethsemane- und Kreuzigungsdarstellung. GRABMÄLER, mit einer Ausnahme sämtlich für die *Familie v.Houwald*: Grabmal für Chr. †1661, mit Inschr. und bemaltem, plastischem Wappen. Darüber geschnitztes Wappenrelief für den gleichen Verstorbenen. 5 ähnliche bar. Grabmäler mit Wappen und Vitentafeln der Familie †1681, 1693, 1717, 1719, 1727. Zwei kleinere Kindergrabsteine für E. †1672 mit plastischer Kinderfigur und für N.W.v.Gersdorf †1706. Grabmal für 3 Kinder †1768, 1775, 1778, mit Urnen und Putto. Grabmal für C.W.H. †1741, mit ovalem Bildnis des Verstorbenen, Öl auf Kupfer, über reicher Vitentafel. Grabmal für J.H. †1786, Säulenstumpf mit Silhouettenbildnis der Verstorbenen und Urnenvase. 2 klassizist. Marmor-Epitaphien für G.C.W. †1799 und seine Frau A.M. geb.v.Knoch †1815, im Giebel Relief mit gesenkter Fackel und Eichenlaub.

Ehem. **Gutshaus** (Schule) einschließlich des Gutshofes axial auf die ö liegende K. bezogen, mit Zufahrtsstraße und 2 flankierenden Obelisken am Eingang. Erbaut 1794 (Inschr. entfernt), urspr. von Ringgraben umgeben, 2.H.19.Jh. umgestaltet, rest. 1973, dabei der Dreieckgiebel der Gartenseite abgetragen. 2geschossiger Putzbau von 13 : 5 Achsen mit Mansardwalmdach und beiderseitiger Freitreppe; der 3achsige Mittelrisalit und die einachsigen Eckrisalite schwach vortretend. Die übrigen Wohn- und Wirtschaftsgebäude entstellend modernisiert.

Auf dem Dorfplatz Bronzeguß eines lebensgroßen *liegenden Hirsches*, 2.H.19.Jh., gute Arbeit, vom ehem. Forsthaus.

STRAUSBERG Bez. Frankfurt/Oder, Ldkr. Strausberg

Marktsiedlung bei einer askanischen Paßfeste (curia) an der Straße Köpenick-Wriezen ö des Straussees. 1232 Stadtrecht durch Markgraf Johann I. von Brandenburg, 1284 civitas. Die anfänglich verkehrsgün-

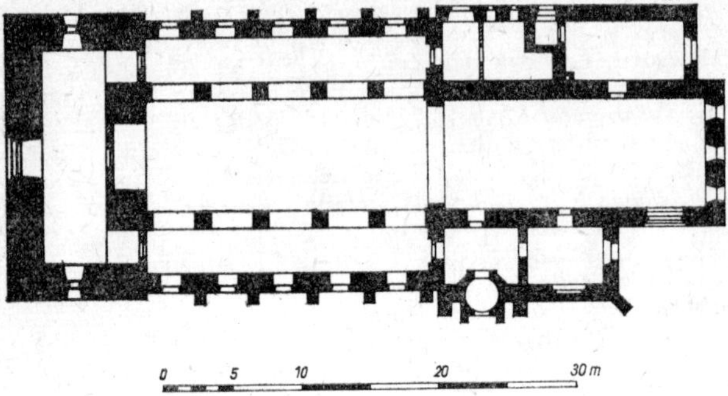

Strausberg, St. Marien

stige Lage durch Verlegung der Hauptstraße auf die Verbindung Berlin–Frankfurt seit dem 14. Jh. geschwunden. Seitdem der Ort einfache Ackerbürgerstadt. – Im Kern der Altstadt 2 Straßen, durch breiten Markt verbunden. Das älteste Rathaus bis 1805 auf der Mitte des Platzes (heute Leninplatz), dafür seit 1819 an seinem WEnde das „Stadthaus“. 1240 Palisaden und Graben bezeugt. Seit 1254 im Zusammenhang mit der Gründung eines Dominikaner-Klst. durch die Markgrafen (1787 abgebrochen) eine Feldsteinmauer errichtet unter Einbeziehung eines bäuerlichen Suburbiums im O mit einer Nikolaikirche (im 18. Jh. abgetragen). Größere Teile der Ummauerung mit rck. Weichhäusern erh., von den urspr. 4 Toren nur ein geringer Rest des Landsberger Torturms im S.

Marien-K. Ein beachtliches Baudenkmal der Mark, der ersten Berliner Nikolai-K. sehr ähnlich. Wohlerhaltene Pfeilerbasilika um M. 13. Jh., mit gestrecktem Rck.Chor und mächtigem WQuerturm. Langhaus und Chor urspr. flachgedeckt, um M. 15. Jh. gewölbt, dabei die rundbogigen Obergadenfenster zugesetzt und neue spitzbogige eingebrochen; diese auf der NSeite später wegen des hier weit heraufgezogenen Seitenschiffsdaches auch vermauert. Die breiten Seitenschiffsfenster mit Backsteingewänden spätgot., im 19. Jh. rest., ebenso die Strebepfeiler an Schiff und Chor. In dessen OWand die 3 schlanken Lanzettfenster original erh., an seiner NSeite die frühgot. Sakristei von 2 kreuzgewölbten Jochen, in spätgot. Zeit nach W bis zum Seitenschiffsende verlängert, über diesen Anbauten 3 kleine originale Chorfenster. An der s Chorseite 2geschossiger spätgot. Anbau, wohl Gilden- oder Brüderschaftskap., das Obergeschoß urspr. mit 2 großen Spitzbögen zum Chor geöffnet, in der OWand ehem. 2 schlanke Fenster übereinander, an der SSeite schöner *Portalvorbau* mit eingestellten toskanischen Säulen, urspr. an einer Grabmal-Pyramide, errichtet gegen 1790 im Park von Garzau (Ldkr.

Strausberg), 1815 hierher übertragen. Das spitzbogige WPortal in der urspr. Form, mehrfach gestuft, erh., ebenso die beiden Seitenschiffsportale mit umlaufenden Flachschichten. Der Turm wenig breiter als das Langhaus, nach der Einwölbung der K. im 15.Jh. aufgestockt, davon die schlanken zweigeteilten Fenster aus Kalkstein. Die Turmhalle innen schon urspr. mit 3 Kreuzgratgewölben gedeckt und durch 3 Spitzbögen zum Langhaus geöffnet. Das Innere der K. breit proportioniert. Die spitzbogigen Arkaden des 13.Jh. über quadr. Pfeilern mit geschrägten Basen und gekehlten Kämpfern. Breiter stumpfspitzbogiger Triumphbogen. Das 6jochige Kreuzrippengewölbe im Langhaus über flachen Maskenkonsolen; die 3jochige Einwölbung im Chor ein reiches Sterngewölbe, überall Birnstabprofile. — Die *Gewölbemalerei* des Chores inschr. 1448, erneuert 1524 und 1920 rest. Stilisierte Ranken wechseln mit figürlichen Darstellungen: Jüngstes Gericht, Marienkrönung, Engel, Heilige und die Evangelistensymbole. An der OWand des n Seitenschiffes Nische mit Resten einer Mariendarstellung sowie dreier Engel, gleichzeitig. — *Schnitzaltar* A.16.Jh. Im Mittelschrein Maria mit dem Kinde im Strahlenkranz, von Engeln mit den Marterwerkzeugen umgeben, seitlich je 2 Heiligenfigürchen übereinander: Anna selbdritt, Katharina (?) und die beiden Johannes; in den Flügeln die 12 Apostel in Doppelreihe; sehr schön die geschnitzten Baldachine. Auf den Flügelaußenseiten Reste von Malereien zweier Heiliger. *Kanzel*, Holz, 3.V.17.Jh., gewundene Säulen als Kanzelträger, beidseitig der Tür und an den Ecken des polyg. Korbes; um 1700 an den n Ansatz des Triumphbogens versetzt. Auf der abgetreppt vorschwingenden WEmpore der *Orgelprospekt* von 1773, mit reichem Schnitzwerk, auf dem Gebälk Engelputten und Strahlenkranz mit Gottesauge. Kleiner geschnitzter *Kruzifixus* 16.Jh. *Kronleuchter*, Messing, 2.H.18.Jh. Drei *Kelche* 17.Jh. und silberne *Abendmahlskanne* von 1796 in guter Empireform. *Epitaphgemälde* mit Gekreuzigtem, für 3 Kinder des Pfarrers T.Schüßler †1668, 1673 bzw. 1674. Figürlicher *Grabstein* des Magisters Engel †1598. *Inschr.Grabstein* des Pfarrers M.Friedersdorf †1699, Sandstein und Marmor, von schöner Akanthusranke umgeben, oben Engelsflüchte. Zwei figürliche *Kindergrabsteine*: für J.Blesendorf †1623 und für G.Blesendorf, etwa gleichzeitig.

Stadthaus (Rathaus) von 1819—25. Zweigeschossiger Putzbau von 7:4 Achsen mit Krüppelwalmdach. Die mittlere Portalachse vorn und rückseitig durch besondere Gestaltung ausgezeichnet, an den Ecken und seitlich der vorderen Mittelachse Kolossalpilaster, die Geschoßteilung durch umlaufendes Putzband betont.

Ehem. **Invalidenhaus** (Rat des Kreises) von 1787. Zwei langgestreckte rck. Putzbauten, 2geschossig mit Mezzaningeschoß, durch Mittelrisalit und teils genutete, teils gebänderte Kolossalpilaster gegliedert.

Wohnhäuser. Aus der schlichten Bebauung wenige, einfach gegliederte klassizist. Fassaden hervorzuheben: Georg-Kurtze-

Str. 12 von 1784; Große Straße 20; Leninplatz 1, im Kern 15./16.Jh., innen sterngewölbter Raum.
Heimatmuseum

STÜTZKOW Bez. Frankfurt/Oder, Ldkr. Angermünde. – Inv. Prov. Brandenburg, Angermünde
Dorf-K. Rck. Fachwerkbau von 1748 mit ö Dachreiter, bekrönt von doppelter Schweifhaube. Innen Decke auf Voute.

SYDOW Bez. Frankfurt/Oder, Ldkr. Eberswalde

s. GRÜNTAL

T

TÄTZSCHWITZ Bez. Cottbus, Ldkr. Hoyerswerda
Dorf-K. Rck. Putzbau mit Stichbogenfenstern und quadr. w Dachturm, E.18.Jh. Der ö Sakristeianbau modern. Das Innere flachgedeckt mit Hufeisenempore. – Die schlichte *Ausstattung* aus der Erbauungszeit; die Kanzelaltarwand mit seitlichen Emporen.

TANTOW Bez. Frankfurt/Oder, Ldkr. Angermünde. – Inv. Pommern, Reg.Bez. Stettin, Randow
Kapelle von 1856 im ehem. Gutspark. Kleiner neugot. Backsteinbau mit Apsis und WVorhalle. – Schöner *Figurengrabstein* aus Jasenitz an der Odermündung, 1596 für den Hofmarschall H.v.Eickstedt und seine Frau E.v.Quitzow.

TAUCHE Bez. Frankfurt/Oder, Ldkr. Beeskow
Dorf-K. Kleiner rck. Putzbau mit ö Sakristeianbau und frei stehendem Glockenstuhl, 18.Jh. Putzgliederung mit gequaderten Eckstreifen. Nach 1960 innen erneuert. – *Kanzelaltar* und *Taufe*, E.18.Jh. *Hufeisenempore*, wohl aus der Erbauungszeit.

TAUER Bez. Cottbus, Ldkr. Guben
Dorf-K. von 1790, flachgedeckter Putzbau mit 5seitigem OSchluß und quadr. w Dachturm mit Schweifhaube und Laterne. Fenster und Türen größtenteils M.19.Jh. spitzbogig verändert. – Innen Hufeisenempore im W. Vor kleinerer OEmpore hölzerner *Kanzelaltar* aus der Bauzeit, zwischen seinen Säulen wiederverwendete polyg. Kanzel E.16.Jh., in ihren mit Rustika- und Diamantquadern besetzten Rundbogenfeldern die gemalten Ganzfiguren der Evangelisten sowie von Maria an der Stirnseite; davor kleines plastisches *Kruzifix*, 15.Jh. (?).

TEMPELBERG Bez. Frankfurt/Oder, Ldkr. Fürstenwalde. – Inv. Prov. Brandenburg, Lebus

Dorf-K. Granitquaderbau 2.V.13.Jh. aus kurzem Schiff, eingezogenem Chor mit 1/2kr. Apsis und WQuerturm von Schiffsbreite. Von der bar. Umgestaltung um 1745 der quadr. Turmaufsatz und der s Choranbau mit Sakristei und Patronatsloge im Obergeschoß sowie die Erweiterung der Fenster. Im Inneren flache Putzdecke; Apsisbogen und Bogen zwischen Turm und Schiff rund. – Hölzerner *Altaraufsatz* A.18.Jh., Ovalgemälde der Kreuzigung von Weinlaubsäulen und Akanthuswangen gerahmt, in der Predella Abendmahlsbild. Hölzerne *Kanzel* 2.V. 17.Jh., am polyg. Korb zwischen Ecksäulchen die 4 Evangelisten gemalt. *Patronatsloge* 2.H.17.Jh. An den Chor- und Apsiswänden *7 Grabsteine* des 17./18.Jh.

TEMPELFELDE Bez. Frankfurt/Oder, Ldkr. Bernau

Dorf-K. Spätrom. flachgedeckter Feldsteinbau 1.H.13.Jh., aus Schiff, eingezogenem Chor und Apsis. Turm und Anbauten 19.Jh. In der Apsis 3 rundbogige Fenster erh., in der SWand des Schiffes Rest einer vermauerten Rundbogentür, auch der Triumphbogen rundbogig. Ausstattung um 1886.

TERPT Bez. Cottbus, Ldkr. Luckau

Dorf-K. Feldsteinbau des 14.Jh., aus kurzem Schiff, eingezogenem gerade geschl. Chor und quadr. WTurm mit Pyramidendach. Die gepaarten Schallöffnungen des Turmes unter breitspitzbogigen Blenden in urspr. Form erh. Die übrigen Öffnungen bar. erneuert. Die beiden s Backsteinvorbauten modern. Das Innere flachgedeckt. Im Schiff Hufeisenempore des sp.17.Jh., die 2. Empore bei der Renovierung 1966 bis auf Reste neben der Orgel entfernt. In der SWand des Chores spitzbogige Sakramentsnische. – *Kanzelaltar* vor *OEmpore*, diese dat. 1740, wohl gleichzeitig der Altaraufsatz des fr.17.Jh. zum Kanzelaltar umgebildet: die Predella mit Abendmahlsgemälde, seitlich zeitgenössische Abendmahlsszenen einschließend, die polyg. Kanzel ohne die urspr. Freisäulen jetzt gerahmt von toskanischen Säulen, die Kanzeltür mit Kreuzigungsgemälde, im Auszug darüber Himmelfahrt Christi; die Umkleidung mit Engelsköpfen von 1740. *Orgelprospekt* von 1809, rest. 1927.

TORNOW Bez. Frankfurt/Oder, Ldkr. Eberswalde

Dorf-K. Gut erh. 1sch. Granitquaderbau mit eingezogenem Rck.Chor und w verbrettertem Dachturm, M.13.Jh., bar. verändert. In der OWand schlanke 3Fenstergruppe, nach W und N stumpfspitzbogige Portale. Im flachgedeckten Inneren WEmpore.

TRAMPE Bez. Frankfurt/Oder, Ldkr. Eberswalde
Dorf-K. Rck.Bau 1768/70 unter Verwendung von Resten eines ma. Granitquaderbaues; 1888/89 der WTurm in Backstein hinzugefügt. Vom Ursprungsbau ein vermauertes spitzbogiges SPortal. Innen Decke auf Voute, Hufeisenempore und Kastengestühl 1768. – Klassizist. pokalförmiger *Taufstein*, geschliffener Granit, 1829. Außen an der Kirche klassizist. *Inschr.Grabstein* von 1837.

TREBATSCH Bez. Frankfurt/Oder, Ldkr. Beeskow
Dorf-K. Neugot. Bau mit WTurm 1867–69 aus Feldstein und Backstein.

TREBBUS Bez. Cottbus, Ldkr. Finsterwalde. – Inv. Prov. Brandenburg, Luckau
Dorf-K. Gut erh. Granitquaderbau, 2.H.13.Jh., aus kurzem Schiff, eingezogenem, gestrecktem Rck.Chor und WQuerturm von Schiffsbreite; die spitztonnengewölbte Sakristei im N kaum jünger. 2.H.15.Jh. das Glockengeschoß des Turmes in Backstein errichtet, mit schmalen Schalluken und stichbogigen Blenden unter Satteldach. Der Dachreiter mit Schweifhaube von 1710. Von einer Rest. 1906 vor allem die SVorhalle geblieben. In urspr. Form erh.: die gestaffelte, spitzbogige 3Fenstergruppe in der OWand, im Giebel darüber Kreisfenster, auf der SSeite 2 spitzbogige Stufenportale und die Lanzettfenster im Chor. Im Inneren der Triumphbogen rundbogig. Schiff und Chor mit Holztonne. Doppelgeschossige Emporen im N und W, 2.H.17.Jh., die obere w Empore für die Orgel 2.H.18.Jh. erneuert. Aus dieser Zeit auch der *Orgelprospekt*. – Bar. *Altaraufsatz*: steile Ädikulaform, die 3 Gemälde Abendmahl, Kreuzigung und Grablegung inschr. 1724 von Magdalena Sophia Rump. Das Altarbild von gedrehten Säulen und Akanthuswangen mit Putten gerahmt; auf den Giebelschrägen Engelsfiguren, der hohe Auszug vom Auferstandenen bekrönt. Einfache *Kanzel* 18.Jh. Schöner *Taufstein* 15.Jh., in polyg. Kelchform mit Maßwerkdekor. *Chorgestühl*, das s dat. 1521, mit ornamentaler got. Flachschnitzerei, das n 1.H.17.Jh., fragmentarisch mit diamantierten Arkaden. – An der s Außenwand *Grabstein* G.Peschel †1778, in Rokokoformen.
Ehem. **Dorfkrug** (Gasthaus) Dorfstr. 34. Fachwerk 18.Jh., 1geschossig mit hohem Mansarddach. – S des Ortes **Bockwindmühle** (Mühlenmuseum).

TREBITZ Bez. Frankfurt/Oder, Ldkr. Beeskow
Dorf-K. Rck.Bau wohl des 18.Jh. mit quadr. WTurm; gegen M.19.Jh. gotisierend umgebaut. – *Kanzelkorb*, Holz, 1.V.17.Jh. *Doppelgrabstein* für H.C.Schönermarck und Frau †1714 bzw. 1702, mit schöner Akanthusrahmung. Im Pfarrhaus *Verkündigungsgemälde* 15.Jh., wohl z.T. bar. übermalt.

TREBNITZ Bez. Frankfurt/Oder, Ldkr. Seelow
Dorf-K. Neugot. Putzbau mit eingezogenem Turm über der Eingangsfront im O, M.19.Jh.
Ehem. **Schloß** (Zentralschule). Stattlicher neubar. Putzbau, 1900/10.

TREBUS Bez. Frankfurt/Oder, Ldkr. Fürstenwalde. – Inv. Prov. Brandenburg, Lebus
Dorf-K. Verputzter rck. Feldsteinbau, im Kern 2.H.13.Jh., um 1745 bar. umgestaltet und mit quadr. w Dachturm versehen; nach Zerstörung 1945 unter Verwendung des alten Mauerwerks 1953–55 wiederaufgebaut.

TRÖBITZ Bez. Cottbus, Ldkr. Finsterwalde. – Inv. Prov. Brandenburg, Luckau
Dorf-K. Feldsteinbau mit 3seitigem OSchluß, 15.Jh., niedrige Strebepfeiler an den 4 Ecken des Schiffes. Im W quadr. Turmaufsatz mit oktogonal verschieferter Haube von 1717. Wohl gleichzeitig die Veränderung der Fenster sowie der Türen im S und W. 1935 Rest. des WGiebels mit dem Dachturm sowie die w Vorhalle in Backstein angefügt. Das Innere mit verputzter Holztonne gedeckt. Bar. Hufeisenempore, im S verkürzt. – Großer *Schnitzaltar* um 1520, urspr. in Elsterwerda, 1719 nach Tröbitz gekommen. Damals der Altar mit einem schweren, bar. Gesims abgedeckt, darauf Vasen und ein rankenverzierter Aufsatz mit Auge Gottes. Die Schnitzfiguren des Schreines in Astwerkrahmung: Im Mittelschrein Maria mit Kind zwischen Johannes d.T. und Bartholomäus, in den Flügeln Petrus und Paulus, in der Predellennische Pietà, flankiert von den gemalten Stifterfiguren (der Mann ein v.Köckeritz aus Großenhain). Auf den Außenseiten der Flügel gemalt die Figuren der hl. Barbara und Katharina. Die übrige *Ausstattung* aus dem 18.Jh.: Kanzel, 3teiliger Orgelprospekt sowie vergitterte Logen, den Altar umgebend und auch den Zugang zur Kanzel einschließend.

TUCHEN Bez. Frankfurt/Oder, Ldkr. Eberswalde
Dorf-K. z.Z. ungenutzt. Fachwerksaal von 1721 mit gerundetem OSchluß, SVorhalle und quadr. w Dachturm. Rest. 1856. – Hübscher *Kanzelaltar* 1718, der Aufbau aus gewundenen Weinlaubsäulen und Akanthuswangen, am polyg. Korb mit Eckpilastern, Akanthusschnitzerei und Engelsflüchten gut gemalte Evangelistendarstellungen. Torso eines *Taufengels* 1711. *Pastorenbildnis* 1736.

U

UCKRO Bez. Cottbus, Ldkr. Luckau. – Inv. Prov. Brandenburg, Luckau

Dorf-K. Feldsteinbau des 14./15.Jh. aus Schiff, eingezogenem Rck.Chor und schmalem WQuerturm, leicht über die Flucht des Schiffes vortretend. Die urspr. lanzettförmige Dreifenstergruppe im Chor noch erkennbar. Eingreifender Umbau 1.Drittel 18.Jh.: Anbau der n Patronatsloge aus verputztem Backstein, 1/2kr. Ausbau nahe der SO-Ecke des Schiffes zur Aufnahme des Kanzelaufganges sowie Vergrößerung der Fenster. Wohl gleichzeitig auch der ins Achteck übergehende Fachwerkaufsatz des Turmes mit Schweifhaube und Laterne. Im Inneren Putzdecke mit Stuckleiste; WEmpore. In der OWand got. Sakramentsnische. – *Altaraufsatz* um 1720/30 wohl von Georg Wolschke aus Calau, in der Predella Abendmahlsbild, das Hauptgeschoß durch Weinlaubsäulen in 3 Felder geteilt, in der Mitte Gemälde der Kreuzigung, seitlich Geburt und Auferstehung Christi, die anschließenden Wangen verloren, im Aufsatz Himmelfahrtsgemälde flankiert von Engeln mit Leidenswerkzeugen, als Abschluß Strahlensonne. Wohl gleichzeitig die *Kanzel*, der Korb mit Ecksäulchen, kronenförmiger Schalldeckel, der zugehörige bekrönende Posaunenengel jetzt in Pitschen (Ldkr. Luckau). Zugehörig *Pastorenstuhl* mit durchbrochenem Rankenwerk. 6eckige hölzerne *Taufe* in Tischform, am Achteckfuß u.a. Lambrequindekor, 18.Jh. An der SWand guter unterlebensgroßer *Kruzifixus* 16.Jh. (vgl. Paserin, Ldkr. Luckau). Im Erdgeschoß der n Patronatsloge *Totentafel* für E.S.v.Rex †1756, rck. Holztafel mit gemalter Inschr.Kartusche und Brustbild des Verstorbenen vor Draperie. Am Logeneingang *2 Inschr.Grabsteine* für die Kinder E.S.v.Rex †1726 und W.Ch.Ch.v.Rex †1732. Im S zwei *Glasmalereien* biblischer Themen von 1911. – Außen an der SWand *Inschr.Grabstein* für M.E. v.d.Dahm †1777, mit Rokoko-Kartusche und 4 Wappen. Auf dem Friedhof n der K. klassizist. *Grabmal*, urspr. für J.A.W.v.Trosky 1792 errichtet, nach 1918 als Kriegerdenkmal genutzt und dabei verstümmelt.

ÜBIGAU Bez. Cottbus, Ldkr. Herzberg. – Inv. Prov. Sachsen, Liebenwerda

In wasserreicher Niederung zwischen Schwarzer Elster und Neugraben an der Straße Torgau–Finsterwalde gelegen. Wendische Gründung, im 13.Jh. deutsche Burg der Herren von Eilenburg. 1251 als villa Ubigowe mit Kirche genannt, 1303 civitas. Kern der Siedlung um die Kirche im NW der Stadt. Zwischen Dorf und Burg (diese am Flußübergang) planmäßig angelegte deutsche Marktsiedlung. Mittelpunkt der große Markt, davon gitterförmig ausgehendes Straßennetz. Befestigung wohl nur im N und O durch Wall und Graben. 2 Tore: Torgauer Tor im SW und Liebenwerdaer Tor im NO, beide 1853 beseitigt. Kleine Ackerbürgerstadt. Seit 1815 preußisch.

Stadt-K. St.Nikolai. Langgestreckter rck., verputzter Backsteinbau mit tonnengewölbter Sakristei im N und quadr. WTurm, dieser nach S aus der Achse verschoben. Der ö Teil der K. frühgot. gegen 1300. Davon in der OWand die 3 schmalen hohen Spitzbogenfenster und ein gestufter Okulus erh. Der w Teil mit Turm und Sakristei im 16.Jh. angefügt bei gleichzeitiger Erhöhung des OBaues für das einheitliche Dach. Nach Brand von 1681 Wiederherstellung 1684–98, dabei Veränderung der Fenster und Portale, neuer Turmabschluß und Ausstattung des Inneren. Rest. 1926–33. Der quadr. Turmunterbau 3geschossig, mit 3seitigem Treppentürmchen an der SSeite, die Obergeschosse ins Achteck übergeführt und von Schieferhaube mit Laterne abgeschlossen. Die gepaarten Schallöffnungen rundbogig mit mittlerer Raute darüber. Das Erdgeschoß kreuzgratgewölbt, 16.Jh., zum Schiff urspr. rundbogig geöffnet. – Der Innenraum flachgedeckt mit quadr. Felderteilung, von der urspr. *Deckenbemalung* nur ein Rest im w Teil erh., Wolken und Posaunenengel, 17.Jh. Im W Hufeisenempore, ö im Schiff 2 weitere Emporeneinbauten, die n von 1698 mit *Brüstungsmalerei*, je 2 emblematische Darstellungen und Wappenfelder. In der Chor-SWand ein frühgot. *Dreisitz* mit Spitzbogennischen unter zusammenfassendem Blendbogen, aus der 1.Bauzeit um 1300. – *Kanzelaltar*, steiler klassizist. Säulenaufbau unter Einbeziehung älterer Renaiss.Teile von 1690; polyg. Kanzel, in den Muschelnischen der Brüstung zwischen gedrehten Ecksäulchen die gemalten Sitzfiguren der schreibenden Evangelisten. In der Predella Gemälde des Abendmahls, im knorpelwerkgerahmten Aufsatz das der Himmelfahrt, an der Treppenwange die gemalten Figuren von Paulus, Petrus und Johannes d.T. Das isoliert gerahmte *Gemälde* der Kreuzigung wohl ein ehem. Altarblatt, dat. 1697. Hölzerne *Taufe* inschr. 1695, sechseckig auf 4 Brettfüßen. *Inschr.Grabstein* für P.M.G.E.Cadermann †1638 (hinter dem Altar). *Grabmal* des Ehepaares Reiniger, errichtet 1795 (im Turm). – Außen an der OWand *Grabstein* von 1703 mit Relief eines schwebenden Posaunenengels, an der SWand *Grabstein* M.18.Jh. mit den seitlichen Figuren von Fides und Spes.

Pfarrhaus. Erbaut 1782 in Ziegelfachwerk mit Krüppelwalmdach, 2geschossig, Tür und Fenster erneuert. – Im Ort einige 2geschossige **Fachwerkhäuser** in Traufenstellung aus dem 18.Jh. erh., z.T. modernisiert.

UHYST Bez. Cottbus, Ldkr. Hoyerswerda. – Inv. Prov. Schlesien, Reg.Bez. Liegnitz, Hoyerswerda

Dorf-K. Großer rck. Putzbau, unter J.R.v.Metzradt bis 1716 errichtet, mit Walmdach, querschiffartigen, 2geschossigen Anbauten im S und N sowie quadr. WTurm mit 8eckigem verbrettertem Aufsatz unter bar. Haube und Spitze. An den Schiffslangseiten Pilastergliederung und 2reihig übereinander angeordnete Stichbogenfenster, an der OSeite 2 hohe Fenster. Erneuerung der

K. 1837. Im Inneren Hufeisenempore, zwischen hölzerne korinthische Pilaster eingespannt, durch die Bemalung Marmor vorgetäuscht. Über dem Gebälk *Stuckdecke* mit Kartuschenrahmungen und zarten Ranken, die Malerei nur in Resten erh. — *Altaraufsatz* 2.H.17.Jh., Säulenädikula aus Holz mit den Gemälden des Abendmahls, der Kreuzigung und der Auferstehung übereinander, in den Seitenwangen die Bilder des Ölbergs und der Geißelung; Knorpelwerk. Die übrige Ausstattung aus der Erbauungszeit: Hölzerne *Kanzel* mit gebauchtem Korb auf schwerer Volutenkonsole, die Voluten auf dem Schalldeckel von Allegorie des Glaubens bekrönt. Aufwendige *Taufe*, 8eckiges Becken mit Deckel, von Säulenschaft getragen; der Rokokodekor, Fransen und Lambrequins, weltlich wirkend. Die zugehörige *Taufschale*, Messing, mit hl.Georg 17.Jh. (im Pfarrhaus). Auf der vorschwingenden Orgelempore mit Balusterbrüstung der *Orgelprospekt* jünger, M.19.Jh. An der N- und SSeite des Altarraumes 2geschossige, im Oberteil verglaste *Logen* angefügt, in der Mitte des Abschlußgesimses beiderseits Allianzwappen. Im Untergeschoß der Logenprospekte 2 aufwendige *Grabdenkmäler*, Sandstein und Stuck, z.T. Holz mit Stuckmarmor vortäuschender Bemalung: Auf der NSeite für *J.R.v.Metzradt* †1716, große vergoldete Inschr.Kartusche, bekrönt und flankiert von 3 weiblichen Allegorien, die linke, die Hoffnung, mit dem Porträt des Verstorbenen, die rechte, der Glaube, mit Kelch und Kreuz, die seitlichen Figuren auf aufwendigen Postamenten; in den Seitenfeldern des Prospektes gerahmte Tafeln aus schwarzer Marmorimitation mit vergoldeten Aufsätzen. Auf der SSeite des Schiffes Grabdenkmal für *J.H.v.Hund* †1717, großes Tuchgehänge, Sandstein, mit Inschr. unter Doppelvolute, auf der 2 weibliche Genien ruhen, auf den rahmenden seitlichen Sockeln schwere Rokoko-Vasen; über den flankierenden Türen des Prospektes hölzerne Wappen. Unter der WEmpore *Inschr.Epitaph* für das Ehepaar C.v.Metzradt †1656 und A.H.v.M. †1671, Knorpelwerkrahmung in Retabelform. Fragment eines *Epitaphs* von 1671, mit Stifterfiguren in Ädikularahmen mit Auszug. — Qualitätvolles *Altarkruzifix* fr.18.Jh. (beschädigt, in der Sakristei). Lebensgroßes *Porträt* C.v.Nostitz †1607, rest. 1720. *Kollektenbrett* 18.Jh., mit Bild eines Bittenden. — Außen an der K. mehrere *Inschr.Grabsteine* mit Reliefdekor, 17. und 18.Jh. Auf dem Kirchhof nö der K. quadr. **Gruftbau** mit ovalen Öffnungen und Zeltdach, für die Familie v.Gersdorf, M.18.Jh. An seiner WSeite 2 *Grabplatten* für F.C.v.Gersdorf †1751, offenbar die Erstbestattung, und, später nachgetragen, Frau D.Ch.L.v.G. †1794.

Ehem. **Schloß** (Krankenhaus). Großer rck. Putzbau von 3 Geschossen auf hohem Sockelgeschoß sowie Mansardwalmdach, 1738–42 unter Reichsgraf F.C.v.Gersdorf errichtet, angeblich von einem italienischen Architekten. Die Hofseite von 17 Achsen mit 5achsigem übergiebeltem Mittelrisalit; daran auf Säulen vortretender Balkon mit steinerner Brüstung; im Dreiecksgiebel von Adlern gehaltenes Allianzwappen. Die Obergeschosse mit vertiefter Rahmengliederung, über den Fenstern des 1. Obergeschosses im Risalit Reliefkartuschen. Die gesamte Hoffassade offenbar A.20.Jh. übergangen, die Rahmen etwas verändert, die plastischen Teile neu geschaffen. In der originalen Form erh. die Gartenfront von 15 Achsen mit 3achsigem Mittelrisalit, ebenfalls mit Reliefkartuschen und Rahmengliederung. — Im anschließenden großen **Park** die urspr. Mittelachse noch erkennbar. Darin einige bar. *Gartenplastiken* auf Sockeln erh.: musizierender Putto, Apoll und Venus, seitlich der Achse Ceres, wohl alles Dresdener Arbeiten, 2.V.18.Jh.

V

VETSCHAU Bez. Cottbus, Ldkr. Calau

Am SRand des Spreewaldes an einer alten Straßenkreuzung gelegen. 1302 die deutsche Herrschaft erwähnt, die Gründung der Burg jedoch vermutlich 100 Jahre älter. Der Ort im Ma. wendischer Marktflecken, erst seit dem 17.Jh. ein größerer deutscher Bevölkerungsanteil, 1548 auf Betreiben des E.v.Schlieben zur Stadt erhoben und die Burg zum Schloß umgebaut. Burg und Ort zur Niederlausitz gehörig, mit wechselnden adligen Ortsherren bis ins 19.Jh. Das im SW gelegene Schloß erst seit 1920 im Besitz der Stadt. — Annähernd rck. Ortskern mit 2 Straßen, 4eckigem Markt und Kirchplatz im SO. Auf diesem die beiden Kirchen für die deutsche und die wendische Bevölkerung. Hauptgewerbe Leineweberei. Seit Errichtung des Großkraftwerkes 1960—67 der Ort von industrieller Bedeutung.

Wendische K. (**Land-K.**). Auf dem Kirchplatz, auffälligerweise unmittelbar nebeneinander gebaut, die deutsche Stadt-K. und die wendische Land-K. Letztere urspr. die Hauptkirche, ein großer verputzter Rck.Saal unter Satteldach mit hohen Spitzbogenfenstern, 1853 auf den alten Fundamenten im wesentlichen neu errichtet. Ihr mächtiger quadr. WTurm im Untergeschoß aus Feldstein, spätgot., der 8eckige Oberteil aus Backstein mit Schweifhaube und Laterne von 1709. — Das Innere nach 1853 mit Holztonne im Mittelschiff und 2geschossigen Emporen im N und S klassizierend eingerichtet. Steiler *Kanzelaltar* und neugot. *Orgelprospekt. Grabstein* für E.v.Schlieben †1686, die Vita in Akanthusrahmen. Ein weiterer *Grabstein* 1.V.18.Jh., mit 3 Schriftkartuschen und Akanthusornament. — Zu beiden K. gehörig die 2jochige kreuzgratgewölbte Sakristei im O der Deutschen K.

Deutsche K. (**Stadt-K.**). 1690—94 n der wendischen angefügt, ein rck. Backsteinsaal mit 2- und 3geteilten Rundbogenfenstern. WVorhalle 19.Jh. — Das Innere von schöner Einheitlichkeit der *Ausstattung* aus der Bauzeit: hochgewölbte hölzerne Tonne, im Langhaus doppelgeschossige Emporen auf der S-, W- und z.T. auf der NSeite, die untere im W vorschwingend mit gesägten Balustern, an ihrer Brüstung teils geschnitzte, teils gemalte Wappen. Im W große *Orgel.* Auch auf der SSeite des leicht eingezogenen Chores bevorzugte *Loge* von bewegtem Umriß mit reicher geschnitztem Dekor und gemalten Wappen. – *Altaraufsatz* wohl von Abraham Jäger aus Doberlug, Holz, mit Weinlaubsäulen und Medaillonwangen; als Altarblatt Gemälde des „Zinsgroschen", darüber „Der 12jährige Jesus im Tempel", im 2. Auszug gemalte Initialen, auf dem Gebälk Putten. Polyg. *Kanzel*, unten in einem Pinienzapfen endend, mit gedrehten Ecksäulchen. Aufwendiger Schalldeckel, kronenförmig mit Posaunenengel. 8seitige hölzerne *Taufe* in Kelchform. Spätgot. *Taufstein* mit runder, tiefer Kuppa (aus Schönfeld, Ldkr. Calau). *Opferkasten*, inschr. 1645.

Ehem. **Wasserschloß** (Rat der Stadt). Auf einem kleinen Hügel offenbar auf dem Gr. eines ma. Vorgängerbaues um 1540 durch Eustachius v. Schlieben errichtet. Dreigeschossiger, 7seitiger Putzbau um einen kleinen Innenhof, mit Mansarddach und Rck.-Fenstern. Der Gesamteindruck bestimmt von der Rest. 1860–70 durch Veränderung der Fassaden. Aus dieser Zeit u.a. der Mittelrisalit der Vorderfront. Der 8seitige Fachwerkturm darüber mit Haube und Laterne wohl 18. Jh. Im rck. Binnenhof der Holzsäulengang an den n und s Seitenflügeln zugesetzt; Portal und Treppenaufgang neubar. – Das Innere mehrmals umgestaltet: Nach 1880 ein schöner 3achsiger *Saal* im 1. Obergeschoß im Rückflügel zur Gartenseite historisierend ausgestattet, mit kannelierten Wandpilastern und Stuckdecke, die Régence-Ornamentik dem Stile des 1. V. 18. Jh. nachempfunden; der Kamin auf Koren im Stile der Zeit um 1820; ein weiterer Kamin, urspr. zu einem Saal an der Hofseite gehörig, mit Konsolaufsätzen und bekrönendem Baldachim, wohl gleichzeitig. *Vestibül* mit Wandvertäfelung und *Keramikbrunnen* um 1920. – Nö des Schlosses 2geschossiges **Nebengebäude** des 18. Jh. unter Walmdach.

Wohnhausbau. Im stark veränderten Stadtbild hier und da ältere Traufenhäuser des 18./19. Jh. erh., zu nennen: *Markt 6/Ecke Kirchstr.* (Ratskeller), 2geschossiger Putzbau des 18. Jh. unter Mansarddach; das Erdgeschoß um 1900 verändert. *Kirchstr. 7* (Alte Apotheke), 3geschossiger Putzbau des 18. Jh., Portal und Fenster korbbogig geschl. Weiterhin ein Fachwerkhaus der gleichen Zeit, *Schloßstr. 8*, unter Walmdach, das Erdgeschoß massiv.

VIERRADEN Bez. Frankfurt/Oder, Ldkr. Angermünde. – Inv. Prov. Brandenburg, Angermünde

An einer Furt der Straße Schwedt–Stettin nahe der Mündung der Welse in die Oder gelegen. Das 1515 gegr. Städtchen entwickelte sich aus einer Gruppe von Siedlungen in der Nachbarschaft einer schon 1265 urk. genannten Mühle („Vierradenmühle") im Schutze der wohl seit E. 13. Jh. bestehenden pommerschen Grenzburg. Der Stadtgrundriß bestimmt durch die Führung der Straßen von Schwedt und Heinersdorf zur Welse, mit Marktplatz im Kreuzungspunkt. N davon die Kirche. Keine Befestigungen. Ehem. 3 Tore.

Stadt-K. Der 1788 von Georg Wilhelm Berlischky errichtete Bau mit WTurm und polyg. Apsis seit 1945 nur noch in den Umfassungsmauern erh.
Burgruine. Im Ma. pommersche Grenzfeste gegen Brandenburg. Urk. 1323 erwähnt, seit 16.Jh. in Verfall. Von der fast quadr. Anlage aus Backstein, urspr. mit Feldsteinverkleidung, nur Mauerreste und Turm in der NO-Ecke erh. Dieser im unteren Teil Feldstein, der hohe runde Aufbau in Backstein. Im Erdgeschoß kreuzgewölbt, der jetzige Zugang jünger, der urspr. darüber.

VOGELSDORF Bez. Frankfurt/Oder, Ldkr. Strausberg. — Inv. Prov. Brandenburg, Niederbarnim
Dorf-K. Rck. Putzbau von 1714, über dem WGiebel Dachturm mit Schweifhaube; 1937/39 durchgreifend rest. — Guter *Kanzelaltar* aus der Bauzeit, Holz, zwischen Doppelsäulen polyg. Korb mit Schriftfeldern, gesprengter Volutengiebel.

W

WAHRENBRÜCK Bez. Cottbus, Ldkr. Liebenwerda. — Inv. Prov. Sachsen, Liebenwerda
An einem Flußübergang über die Schwarze Elster wohl im sp.12.Jh. eine Burg errichtet, die in ihrem Schutze entstandene straßendorfartige Siedlung 1199 villa gen., 1340 oppidum; bis in das 19.Jh. reines Ackerbürgerstädtchen. Seit etwa 1200 Sitz der Herren von Eilenburg, seit 1383 kursächsisch, seit 1815 preußisch. — Anstelle der ma. Burg unter kursächsischer Herrschaft ein Rittergut erbaut.
Pfarr-K. Grundlage des heutigen Baues wohl ein Quaderbau aus Raseneisenstein des sp.12.Jh., davon eine vermauerte rundbogige Pforte in der NWand des rck. Schiffs erkennbar; mehrfache Umbauten und Erweiterungen: Der eingezogene oblonge Chor M.13.Jh., an seiner NSeite schmale tonnengewölbte Sakristei; wohl E.15.Jh. erneute Verlängerung des Chores mit 3/8Schluß, Anbau des rck. WTurmes und einer Kap. s des frühgot. Chores. Von 1715 der Turmabschluß mit verschiefertem 8eckigem Aufsatz, Haube und Laterne, die Vergrößerung der Fenster und die Patronatsloge über der Sakristei sowie die Treppe dazu. Die K. nach Brand 1814 erneuert. Im Inneren Balkendecke und 3seitige Empore. Die flachgedeckte SKap. durch großen Rundbogen und die Patronatsloge mit 2 Segmentbögen zum Schiff geöffnet. — Hölzerner *Altaraufsatz* 2.H.17.Jh., Säulenaufbau mit Ohrmuschelwangen, im Hauptfeld Tafelbild der Auferstehung, im Aufsatz das der Himmelfahrt, bekrönt von kleinem geschnitztem Kruzifix. *Kanzel* wohl etwas älter, Holz, zwischen Ecksäulchen diamantierte Rundbogennischen, darin gemalt die 4 Evangelisten.

Hölzerne 8eckige *Taufe* 2.H.17.Jh., am Becken 4 große Engelsflüchte zwischen Fruchtgehängen. – Außen *3 Inschr.Grabsteine* mit plastischer Rahmung sp.17. und 18.Jh., u.a. für H.F.Ertel †1773.
Rathaus. 2.H.19.Jh. 2geschossiger Putzbau mit Satteldach in nachklassizist. Formen.
Am Marktplatz noch einige ältere **Fachwerkhäuser** in Traufstellung, 2geschossig mit seitlicher Durchfahrt, z.T. verputzt: *Markt 3* mit massivem Erdgeschoß von 1821, *Markt 5* und *Graunplatz 6*.
Auf dem Markt **Denkmal** für den Komponisten C.H.Graun, Büste auf hohem Sockel, 1869.
Am ö Ortsausgang sächsische **Postmeilensäule** 1730.

WALDDREHNA Bez. Cottbus, Ldkr. Luckau. – Inv. Prov. Brandenburg, Luckau (Wendisch Drehna)
Dorf-K. Ma. Feldsteinbau mit Apsis, wohl 13.Jh., die Apsis mit bar. Schweifhaube gedeckt. Vor der WSeite eine nach 3 Seiten hin offene Vorhalle als Glockenträger mit massivem Kegelhelm aus Backstein, ihre hohen Spitzbogenarkaden im W auf 2 gemauerten Rundpfeilern ruhend. Das WPortal über 3stufigem Rücksprungsockel aus Raseneisenstein, wohl ein Rest des urspr. Portals, die Archivolten in Backstein mit vielteiligen, zarten Profilen (Kehlen zwischen Birnstab, Rundstab und Birnstab) eine Erneuerung des 15.Jh. Gleichzeitig wohl das jetzt vermauerte Achsfenster der Apsis. Die übrigen niedrigen Spitzbogenfenster got. Verbreiterungen älterer Lanzetten, ähnlich das SPortal geformt, dazu im S zwei bar. Stichbogenfenster. Das Innere des Schiffes mit Bretterdecke, die Apsis mit Halbkuppel. WEmpore, der Raum darunter als Winter-K. abgetrennt. – *Altaraufsatz* sp.17.Jh., mit gedrehten Säulen und Schnitzwangen, die Ovalbilder des betenden Christus im Hauptfeld und des Gekreuzigten im Aufsatz im 19.Jh. zugefügt. Mit dem Altaraufsatz wohl gleichzeitig die hölzerne *Kanzel*, in den ovalen Füllungen des Korbes ein gemalter Zyklus, der auf das Legat einer Verstorbenen hinweist: Leichenfeier einer Frau, Auferstehende, Jüngstes Gericht, Fegefeuer. Schwebender *Taufengel*, handwerkliche Arbeit vom A.19.Jh. An der NWand *Schnitzfigur* eines sitzenden Jacobus major, letztes V.15.Jh., Fassung modern.

WALDOW b. Lübben. Bez. Cottbus, Ldkr. Lübben. – Inv. Prov. Brandenburg, Luckau
Dorf-K. Fachwerkbau mit 3seitigem OSchluß, am urspr. SPortal dat. 1709. Fenster und Türen stichbogig mit altem Sprossenwerk. Quadr. verbretterter WTurm mit Walmdach, wohl E. 18.Jh., gleichzeitig mit der verputzten Patronatsloge an der NSeite. – Im Inneren Bretterdecke über Voute. In der NWand Patronatsloge, E. 18.Jh., in 5 gotisierenden verglasten Fenstern

geöffnet. WEmpore aus der Bauzeit, mit vortretendem polyg. Mittelteil auf gedrehten Säulen. Im O schönes Ensemble von Altarretabel, Chorempore, Pfarrstuhl und Kanzel, A.18.Jh., neu gefaßt. Das *Retabel* mit Weinlaubsäulen und Akanthuswangen, in der Mittelbahn Gemälde des Abendmahls und – schmal hochrck. – der Kreuzigung, darüber Skulptur des auferstehenden Christus zwischen Putten und Blumenvasen. *Chorempore*, *Pfarrstuhl* und ein *Lesepult* mit geschnitzten durchbrochenen Füllungen. *Kanzel*, polyg. Korb auf gedrehter Säule, in den Brüstungsfeldern Gemälde des Salvators und der 4 Evangelisten, bäuerliche Arbeit. Von gleicher Hand am Pfarrstuhl Petrus. *Epitaph* für J.J.Jaeckel †1794, kannelierter Säulenschaft mit bekrönender Vase, Inschr.-Tafel und Wappen; das Schutzgitter gleichzeitig. Unter dem Kanzelfuß bar. *Grabstein* des J.H.v.Stutterheim, des Erbauers der K.

WALTERSDORF Bez. Cottbus, Ldkr. Luckau. – Inv. Prov. Brandenburg, Luckau

Dorf-K. Spätrom. Granitquaderbau aus Langhaus, eingezogenem quadr. Chor, OApsis und leicht vortretendem WQuerturm, 2.V.13.Jh. Auf der NSeite des Schiffes möglicherweise das Wandstück eines älteren Baues um 1200 mit einem Portal erh.: gestuftes Rundbogenportal mit schönen Profilen (Schiffskehle) und Kämpfern. Sämtliche Öffnungen sonst leicht spitzbogig in Quaderrahmung, über den Apsisfenstern Flachschicht. Die Priesterpforte original erh., das alte SPortal vermauert, das kleinere SPortal wohl 19.Jh. Der Turm mit kleinem Kreisfenster auf der WSeite, das Glockengeschoß mit schlichten spitzbogigen Schallöffnungen etwas jünger; der Dachreiter auf dem Walmdach von 1790. Im Inneren Bretterdecke, in der Apsis Halbkuppel. Steilspitzbogiger Triumph- und Apsisbogen. Die große Öffnung zum Turm vermauert. Im Schiff Hufeisenempore 1.H.19.Jh. In der Apsis s und n zwei rck. Nischen. – *Altaraufsatz* 3.V.17.Jh., seine 2geschossige Ädikulaform im 18.Jh. durch Hinzufügung von Akanthuswangen und bekrönender Strahlenglorie leicht verändert; die 3 mittleren Gemälde moderne Kopien. *Kanzel* 3.V 17.Jh., der Korb mit Ecksäulchen auf Balusterstütze; Schalldeckel mit bekrönendem Pinienzapfen. *Sandsteintaufe* dat. 1766, achtseitige Vasenform mit Rocailledekor, an den Hauptseiten Wappenkartuschen und Engelsköpfe; der zugehörige hölzerne Deckel zugleich Lesepult, jetzt beiseite gestellt. *Orgelprospekt* mit Rokoko-Dekor, dat. 1794. An der NWand *2 Gemälde*: Auferstehung und Himmelfahrt Christi, 18.Jh. – Außen im zugesetzten NPortal *Inschr.Grabstein* des C.S.v.Muschwitz †1708. – Im ehem. Pfarrhaus *4 Schnitzfiguren* der Evangelisten, M. 18.Jh.

Ehem. **Gutshaus** (Krankenhaus). Schlichter 2geschossiger Putzbau von 11 Achsen mit Mansardwalmdach, 1790. Beidseitig zarte 1achsige Eck- sowie 3achsige Mittelrisalite, diese auf der Hofseite mit Altan auf dorischen Säulen, auf der Gartenseite mit 3achsiger

Rck.Rahmung der Fensterportale sowie mittlerer Freitreppe zum Park. – Das ehem. Parterre des **Parks** mit axialem Fernblick noch erkennbar; von der *Gartenplastik* erh.: Bronzenachguß des „Betenden Knaben" und „Kugelspielerin", Marmor. Die *Wirtschaftsgebäude* des 18.Jh. z.T. noch erh. Am Eingang zum Gutshof *2 Torpfeiler*, auf schmuckvollem Sockel stilisierte Pinienzapfen, Neurokoko.

WANDLITZ Bez. Frankfurt/Oder, Ldkr. Bernau. – Inv. Prov. Brandenburg, Niederbarnim

Dorf-K. Spätgot. flachgedeckter Feldsteinbau mit WQuerturm von Schiffsbreite und 3seitigem OSchluß von 1716. Der verbretterte w Turmaufsatz mit schlankem Dachreiter von 1570; der s Fachwerkvorbau im Kern 1716. 1859 die 3 hohen Spitzbogenfenster im w Schiff eingebrochen. Das spitzbogige WPortal mit profiliertem Backsteingewände des sp.14.Jh. erh. Innen hölzerne Empore an der W- und SSeite. – *Kanzelaltar* 1716, der bauchige Kanzelkorb von gedrehten Säulen und reichen Akanthuswangen flankiert, zu seiten des kronenartigen Schalldeckels Putten auf den Giebelansätzen. In der Predella Abendmahlsgemälde. Kleines hölzernes *Kruzifix*, wohl 15.Jh., im 19.Jh. neu gefaßt und montiert. Schönes *Leuchterpaar* aus Berliner Porzellan, um 1848.

Heimatmuseum

WANDLITZ (WANDLITZSEE)

Bahnhof. 1927–28 von Wilhelm Wagner. Klinkerbau mit Putzteilen. Regelmäßige Anlage im Stil der Neuen Sachlichkeit mit Vorplatz, Pergolen und symmetrischen seitlichen Nebenbauten.

WARTIN Bez. Frankfurt/Oder, Ldkr. Angermünde. – Inv. Pommern, Reg.Bez. Stettin, Randow

Dorf-K. Flachgedeckter Rck.Bau aus Feldsteinquadern, M. bis 3.V.13.Jh., mit leicht vortretendem WTurm, der verbretterte Aufsatz mit origineller schlanker Helmspitze 1.H.18.Jh. Im N spätma. Sakristei. An der SSeite Vorhalle 2.H.17.Jh. Alle Fenster bis auf das zugesetzte mittlere OFenster 1853 verändert, gleichzeitig der OGiebel. Original das 3fach gestufte spitzbogige WPortal und eine Spitzbogenpforte vom Turm ins Langhaus. Das Innere mit WEmpore von 1865, rest. 1968. – Stattlicher *Kanzelaltar* 1715, gute Arbeit, vermutlich aus einer Stettiner Werkstatt; gerahmt von einer Säulenarchitektur und geschnitzten Wangen; der polyg. Korb auf Akanthuskonsole, geschmückt mit Engelsköpfen und Eckvoluten; oberhalb des gerundeten Abschlußgebälks Bekrönung aus Wolkenkranz, Strahlenglorie und Engelsflüchten. Die *Altarschranke* in reicher durchbrochener Schnitzerei. *Orgelprospekt* um 1745 vom ortsansässigen Christian Friedrich Voigt, bekrönt von Posaunenengeln und Wappen. *Taufengel* 1707 (aus Blumberg, Ldkr. Angermünde), fast lebensgroß auf kleiner Wolke schwebend. Vom *Patronatsgestühl* Aufsatz mit reicher Akanthusschnitzerei erh.

Ehem. **Gutshaus** (Gemeindeamt, Wohnungen). 2geschossiger Putzbau mit kurzen Seitenflügeln, im Kern 18.Jh., um 1830 gotisierender Umbau mit zinnenbekrönter Attika und Ecktürmchen an den Flügeln.

WEESOW Bez. Frankfurt/Oder, Ldkr. Bernau

Dorf-K. Rck. flachgedeckter Feldsteinbau mit mächtigem, etwas eingezogenem WTurm. Das Schiff gegen M.13.Jh., der Turm spätgot. mit rundbogigen Schallöffnungen und Pyramidendach. Rest. 1786, aus dieser Zeit die stichbogigen Fenster. An der SSeite vermauerte Rundbogenpforte; spätgot. WPortal. *Emporen, Kanzelaltar* und *Gestühl* 1786. – Ma. polyg. *Sandsteintaufe.*

WEGENDORF Bez. Frankfurt/Oder, Ldkr. Strausberg

Dorf-K. Feldsteinbau gegen M.13.Jh., mit eingezogenem Rck.-Chor und Apsis; der quadr. Backsteinturm 19.Jh. Im NO spätma. Anbau. Von den urspr. rundbogigen Öffnungen nur 2 Fenster in der Apsis und ein vermauertes Portal in der n Schiffswand erh., alle übrigen im 19.Jh. verändert. Das Schiff flachgedeckt, mit WEmpore; rundbogiger Triumphbogen, im Chor spätgot. Kreuzrippengewölbe über Kopfkonsolen aus Ton. – *Altaraufsatz* 1.V.17.Jh., Holz, 3geschossiger Aufbau mit 3 Reliefs (Abendmahl, Kreuzigung und Auferstehung), seitlich von Säulen gerahmte Muschelnischen; reiches Roll- und Beschlagwerk. Hölzerne *Kanzel* mit gebauchtem Korb, 1.H.18.Jh. *Epitaphwand* für den Pfarrer Ph.A.Martini †1750, Sandstein, über der Inschr.-Tafel Vasenaufsätze und gemaltes Porträt des Verstorbenen in Wolkenkranz. *Glocke* um 1300.

WEHNSDORF Bez. Cottbus, Ldkr. Luckau. – Inv. Prov. Brandenburg, Luckau

Dorf-K. Spätma. rck. Feldsteinbau mit verbrettertem w Dachturm mit Zeltdach; dieser von 1835. Die beiden s Anbauten und die Öffnungen von einer bar. Erneuerung. Im Inneren flache Putzdecke auf mittlerem Unterzug; Empore an der W- und NSeite, die n 17.Jh. – Bar. *Altaraufsatz*, im Hauptfeld Gemälde des Gekreuzigten mit Maria Magdalena, seitlich Fruchtgehänge und Akanthuswangen, als Bekrönung Strahlenglorie. Einfache polyg. *Kanzel*, Holz, auf schwerem steinernem Fuß, 17.Jh. Primitiver runder *Taufstein* auf quadr. Fuß, dat. 1673, wohl gleichzeitig mit dem Kanzelfuß. Hinter dem Altar *Kirchenschrank* mit den Bildern der 4 Evangelisten, diese 1.H.18.Jh. und vielleicht von den Füllungen eines Kanzelkorbes stammend.

WEISSAGK Bez. Cottbus, Ldkr. Forst. – Inv. Prov. Brandenburg, Sorau/Forst
Dorf-K. Spätma. rck. flachgedeckter Feldsteinbau, verputzt. Die Fenster bar. Der quadr. WTurm mit 2 Fachwerkobergeschossen 1952/53 erneuert. – *Altaraufsatz* 2.H.17.Jh. mit Weinlaubsäulen und Knorpelwerkwangen. Im Hauptfeld modernes Gethsemane-Gemälde; Predellen- und Auszugsgemälde verloren. Hölzerne *Kanzel* 1.V.18.Jh. Gußeiserne *Taufe* von 1868. – Außen an der K. 2 *Grabsteine* 18.Jh. sowie *Grabsäule* für H.R.v.Bomsdorf †1804.
Ehem. **Gutshaus** (Kindergarten, Wohnungen). Sp.17.Jh. Der 2geschossige Fachwerkbau von 6:3 Achsen mit hohem Walmdach; 1932 verputzt.

WEISSWASSER Bez. Cottbus, Ldkr. Weißwasser
Der Ort erst 1935 zur Stadt erhoben. Die moderne Industriestadt an ein sorbisches Waldbauern- und Fischersdorf angegliedert, gen. 1381, urk. 1452. Erst seit 1860 rasche Entwicklung durch den Braunkohlentagebau und seit 1872 durch die bedeutende Glasindustrie, da die aus Böhmen und Schlesien zugewanderten Glasbläser hier gute Rohstoffe vorfanden. Seit etwa 1890 Herausbildung eines städtischen Zentrums ö des Dorfes im Bereich des Bahnhofs mit quadr. Marktplatz und Rathaus. Die Stadt 1945 schwer kriegszerstört, nach 1960 rasches Wachstum mit neuer Wohnstadt.
Kreuz-K. (ev. Pfarr-K.) Romanisierender Backsteinbau von 1893, 1sch. mit kurzen Kreuzarmen und quadr. WTurm.
Kath. Pfarr-K. 1901. Gotisierender Backsteinbau, gewölbter Saal mit polyg. Apsis und quadr. WTurm.
An der WSeite des Marktplatzes **Rathaus** und **Kreisgericht** von 1911/12, leicht klassizierend mit neubar. Portalen.

WELLMITZ Bez. Frankfurt/Oder, Ldkr. Eisenhüttenstadt
Dorf-K. Neugot. Backsteinbau mit Apsis und quadr. WTurm um 1850. Im Inneren Balkendecke und 3seitige Empore. Die *Ausstattung* aus der Bauzeit. – Auf dem Friedhof *3 Sühnekreuze* 17.Jh.

WELSOW Bez. Frankfurt/Oder, Ldkr. Angermünde. – Inv. Prov. Brandenburg, Angermünde
Dorf-K. Flachgedeckter rck. Feldsteinbau 13.Jh., mit verbrettertem Dachturm im W von 1777. Nur das spitzbogige WPortal urspr., alle anderen Öffnungen bei der Rest. 1.H.18.Jh. verändert. Im Inneren *Orgelempore* im W und ö *Altarwand* 1.H.18.Jh., mit architektonisch gegliedertem Kanzelaltar und seitlichen Durchgängen. Am Kanzelkorb, handwerklich gemalt, Christus und die Evangelisten. Der gesprengte Giebel von Strahlensonne bekrönt.

WELZOW Bez. Cottbus, Ldkr. Spremberg

Im Niederlausitzer Braunkohlenrevier zwischen Schwarzer Elster und Spree gelegen. Seit 1890 Glasindustrie. Im 20.Jh. Auftrieb des Ortes durch den Braunkohlentagebau und den Aufbau des Kombinates Schwarze Pumpe. 1969 zur Stadt erklärt.

Dorf-K. 1740–42. Rck. Putzbau mit Pilastergliederung; der rck. WTurm von 1908/09. Innen die flache Decke auf hölzerner Voute. Die Ausstattung schlicht, einheitlich aus der Erbauungszeit. Hufeisenempore mit vorschwingendem WTeil. — *Kanzelaltar* aus Stein, von korinthischen Säulen gerahmt, der hölzerne Korb mit zurückhaltendem pflanzlichem Dekor. 8eckige hölzerne *Taufe* auf Balustersäulchen. Reizvoll geschwungener kleiner *Orgelprospekt* 2.H.18.Jh. *Gemälde* der hl. Familie von Fr. Correns 2.H.19.Jh.

WERBEN Bez. Cottbus, Ldkr. Cottbus — Inv. Prov. Brandenburg, Cottbus

Dorf-K. Spätgot. Backsteinbau, die stattlichste Land-K. in der Niederlausitz. Das flachgedeckte Schiff 1.H.15.Jh., durch Choranbau mit 3seitigem OSchluß 1743 verlängert; der schwere, wenig eingezogene quadr. WTurm 2.H.15.Jh. Die K. 1945 ausgebrannt und in Anlehnung an die alte Form bis 1962 wiederaufgebaut. Der Turm ähnlich dem in Papitz (Ldkr. Cottbus), bestehend aus glattem Sockel, 3 Obergeschossen mit gereihter Blendengliederung, darüber Zinnenkranz und steinerner Spitzhelm; davon erneuert Glockengeschoß und Turmabschluß. Am Schiff tonnengewölbte SVorhalle mit Pfeilergiebel sowie spitzbogige Portale außen und innen, wohl aus der Bauzeit des Schiffs; weiter w vermauerte SPforte. Die Fenster 1740 bar. verändert. Bei der Rest. von 1911 das WPortal sowie Maßwerkfries und Traufgesims am Schiff erneuert. Die Turmhalle mit kuppligem Kreuzrippengewölbe spitzbogig zum Schiff geöffnet. 1960 die bemalte Balkendecke und Emporen an 4 Seiten rekonstruiert, im S und N 2geschossig. — Die jetzige hölzerne Ausstattung aus *Retabel* und *Kanzel* sowie schwebendem *Taufengel* 1.H.18.Jh., urspr. in der Dorf-K. Riedebeck (Ldkr. Luckau). Das Retabel in Ädikulaform mit Weinlaubsäulen und schmalen Wangen, in der Mitte übereinander die Gemälde von Abendmahl, Salvator und Auferstehung. Das Hauptfeld urspr. an der Kanzeltür; Bekrönung durch Gottesauge. Die Fassung 1958 erneuert. Der quadr. Kanzelkorb mit Kreuzigungsbild; verbunden mit dem vergitterten Pfarrstuhl. Bar. *Kelch* von 1606, Silber vergoldet. — Außen an der NWand *8 Grabsteine* der Familien v.Schönfeldt, v.Pannwitz und v.Stutterheim, 18.Jh.

WERBEN (BRAHMOW)

Ehem. **Gutshaus** (Verwaltung). A.19.Jh. Klassizist. 1geschossiger Putzbau mit Mansarddach und Krüppelwalmen. Auf der Hofseite in der Mitte eingezogener Vorraum auf toskanischen Säulen, Dreieckgiebel; gartenseitig die mittleren 5 Achsen 2geschossig erhöht.

WERBIG Bez. Frankfurt/Oder, Ldkr. Seelow

WERBIG (LANGSOW) – Inv. Prov. Brandenburg, Lebus
Schule und **Betsaal** unter einem Dach, rck. Fachwerkbau von 1832. Schlichteste Form der von Schinkel entwickelten „Normal-Kirche". Der Betsaal innen durch 2 Reihen dorischer Säulen in 3 Schiffe unterteilt. Die *Ausstattung* aus der Erbauungszeit.

WERCHAU Bez. Cottbus, Ldkr. Herzberg. – Inv. Prov. Sachsen, Schweinitz
Dorf-K. Rck. flachgedeckter Feldsteinbau des 14. Jh. Der NAnbau in Backstein 1783, gleichzeitige Vergrößerung der Fenster und Türen im Schiff. Kleiner WTurm A. 20. Jh. Das Mittelfenster der frühgot. Dreifenstergruppe der OWand bar. vergrößert. Im Inneren W- und NEmpore, 19. Jh. – Steiler *Kanzelaltar* E. 18. Jh., mit Pilastern und Abendmahlsgemälde nach Leonardo in der Predella. *Taufstein* inschr. 1590, Pokalform mit 2 aufgelegten Wappen. *Brüstungstafel* mit Wappen von 1735, zur ehem. Patronatsloge (1783) gehörend. 2 querrck. *Tafelbilder*: Abendmahl A. 17. Jh., wohl eine ehem. Predella, sowie Sippenbild von einem Epitaph, inschr. 1602 von Balthasar Waltrab aus Luckau. Kleiner *Gedenkstein* für Frau S. A. v. Krakau †1806. – An der s Außenwand des Turmes 2 *Figurengrabsteine* für M. v. Drandorf E. 16. Jh. und Frau †1613.

WERDER Bez. Frankfurt/Oder, Ldkr. Strausberg. – Inv. Prov. Brandenburg, Niederbarnim
Dorf-K. Feldsteinbau M. 13. Jh., aus rck. Schiff mit 1/2kr. Apsis; der quadr. WTurm mit spitzbogigen Schallöffnungen und Zeltdach spätgot. Die Apsisfenster vermauert, 1841 dort eine Tür eingebrochen und die Schiffsfenster verändert. An den Eckquadern des Turmes *Ritzzeichnungen* aus dem 16. Jh.: Narrenbüste, Marterwerkzeuge Christi. Das Innere flachgedeckt, mit WEmpore; der Apsisbogen 1888 verändert. – Spätgot. runder *Taufstein.*

WERENZHAIN Bez. Cottbus, Ldkr. Finsterwalde. – Inv. Prov. Brandenburg, Luckau
Dorf-K. Im Kern 1sch. Granitquaderbau mit eingezogenem Rck. Chor und WQuerturm von Schiffsbreite, M. 13. Jh. Die oberen Geschosse des Turmes in Backstein 15. Jh., wohl gleichzeitig die tonnengewölbte Sakristei im N und die Vorhalle an der s Chorwand. In urspr. Form erh. 2 spitzbogige Stufenportale

an der SSeite; die Chorpforte mit ma. Türblatt und reichem, schmiedeeisernem Beschlag. Die ö Giebelwand mit pyramidal gestaffelter 3Fenstergruppe und ähnlicher Blendengruppe darüber, auch das Giebelkreuz erh. Das spätgot. Glockengeschoß durch spitzbogige Putzblenden mit schmalen Schalluken und Zahnschnittfriesen gegliedert. Das Quersatteldach des Turmes mit seitlichen Blendengiebeln und verschiefertem polyg. Dachreiter, letzterer von 1907. – Im Inneren der Triumphbogen rundbogig verändert, die Öffnung zum Turm spitzbogig. Chor und Schiff mit Holztonne gedeckt. Diese mit bar. *Malerei*: Im Schiff Wolkenhimmel und Ädikulen, im Chor Lamm Gottes in Wolken und Akanthusranken. Die Hufeisenempore im Schiff von 1688, im W doppelgeschossig, auch im Chor schmale Empore. An der Chor-SWand innen Rest eines spitzbogigen *Dreisitzes*, daneben und darin Spuren von *Wandmalereien* des 15.Jh. – *Altaraufsatz* 2.V.18.Jh., im Hauptfeld plastischer Kruzifixus zwischen Doppelsäulen, in der Predella Abendmahlsgemälde, in den Giebelstücken gemalte Tondi der Grablegung und Auferstehung, umgeben von tubablasenden Putten und Blumenvasen, darüber der Gottesname im Strahlenkranz. Hölzerne *Kanzel* 3.V.17.Jh., Aufgang, Korb, Rückwand und Schalldeckel ornamental bemalt, am Korb in Rundbogenarkaden zwischen Ecksäulchen Bilder der 4 Evangelisten. *Taufstein* wohl 1.V.16.Jh., die runde Kuppa von gekreuzten Bändern umflochten; auf gekehltem 6Paßfuß (z.Z. in 2 Teilen).

WERNEUCHEN Bez. Frankfurt/Oder, Ldkr. Bernau

An der Straße Berlin–Königsberg. Die Kirche 1240 urk. erwähnt. 1300 oppidum. Anscheinend als Stadt gegr., aber erst 1865 zur Stadt erhoben. Kleiner, nie befestigter Ortskern in Gitterform an der angerartig verbreiterten Durchgangsstraße, die Kirche an der NW-Ecke. Weitere Ausdehnung längs der Ausfallstraßen, besonders in Richtung Freienwalde.

Pfarr-K. Backsteinbau von 1873/74 unter Einbeziehung des Rck.Chores eines spätrom. Feldsteinbaues. Dieser mit 2jochigem Netzgewölbe 1.H.16.Jh. Rest. 1958/59. – W der Kirche **Mausoleum** für die Familie Petitjean, klassizist. Putzbau in den strengen Architekturformen der Gilly-Schule A.19.Jh., angeblich Frühwerk von Karl Friedrich Schinkel. Gußeisernes *Grabkreuz* für den Dichter F.W.A.Schmidt †1838.

WERNSDORF Bez. Frankfurt/Oder, Ldkr. Fürstenwalde

Dorf-K. Rck. Putzbau mit eingezogenem WTurm 1803. Die *Ausstattung* mit Kanzelaltar gleichzeitig.

WESENDAHL Bez. Frankfurt/Oder, Ldkr. Strausberg

Dorf-K. Schiff und gleichbreiter WTurm des spätrom. Feldsteinbaus, M.13.Jh., nur in den Umfassungsmauern erh., der eingezogene Chor nach 1945 wiederhergestellt und als K. genutzt, seine ehem. Apsis abgetragen. Alle Fenster spitzbogig erweitert; original erh. 3 Portale, das s vermauert. Im Inneren des Chores kuppliges Gewölbe mit Rundstabrippen, die nicht bis zum Scheitelpunkt geführt sind. – *Glocke* 2.H.13.Jh.

WIEDERAU Bez. Cottbus, Ldkr. Herzberg. – Inv. Prov. Sachsen, Liebenwerda

Dorf-K. Rck. flachgedeckter Feldsteinbau mit eingezogenem WQuerturm. Das Schiff sp.13.Jh., der Turm aus Raseneisenstein und Findlingen wohl 15.Jh., abgeschlossen von abgewalmtem Quersatteldach. Nach Brand 1631 Erneuerung der K. 1661–71. Rest. 1958. Zwei ma. Rücksprungportale mit Backsteingewände n und s im W des Schiffes. Die Fenster bar. verändert, die drei ö wohl auf eine ma. Dreifenstergruppe zurückgehend. In der OWand seitlich 2 Eingänge, der s 20.Jh., der n 17.Jh. mit Allianzwappen. Der Anbau im NO fr.20.Jh., Ersatz eines bar. mit Patronatsloge. Im Inneren kurze Hufeisenempore, im W gerundet vortretend, E.17.Jh. – *Kanzelaltar* inschr. 1672, mit gedrehten Säulen und Engelsflüchten an den Wangen und in der Bekrönung. Neben der Predella mit Spruchkartusche die Stifterwappen. 6eckiger *Taufstein* um 1675, bar. Pokalform mit 3 Wappen an der Kuppa. *Patronatsloge* des ehem. Gutes Neudeck, um 1675, als Einbau in die SO-Ecke auf Balustersäulen hochgerückt, an der Brüstung Spruchkartuschen. Die 4 stichbogigen Öffnungen urspr. verglast, an der Decke der Loge *Gemälde* der Dreieinigkeit. An der Chor-NSeite 4 verglaste Öffnungen zur ehem. *Patronatsloge* des ehem. Gutes Wiederau. – An der SWand außen *Grabmal* für M.J.Hayne †1713, mit Lamm Gottes im Sockel, über der Vitentafel Johannes an der Brust Christi unter Strahlenglorie. Auf dem Friedhof *Grabmal* in Form eines Eichenstammes, um 1800.

WIEPERSDORF Bez. Cottbus, Ldkr. Herzberg. – Inv. Prov. Sachsen, Schweinitz

Dorf-K. Rck. flachgedeckter Granitquaderbau 2.H.13.Jh., mit querrck. WTurm wohl des 14.Jh., dieser nur an der SSeite bündig an das Schiff anschließend mit je einer spitzbogigen Schallöffnung nach 4 Seiten, von Walmdach abgeschlossen. Von den urspr. Öffnungen nur ein spitzbogiges Stufenportal aus Raseneisenstein im S erh., außerdem das mittlere Lanzettfenster der ehem. Dreifenstergruppe im O. Die übrigen Fenster später stichbogig vergrößert. – Die Ausstattung 19.Jh.: Flachdecke, W- und NEmpore. Spätgot. *Taufstein*, runde Kuppa auf jüngerem Fuß.

WILDAU-WENTDORF Bez. Cottbus, Ldkr. Luckau

Dorf-K. (Wildau). Bruchsteinbau A.13.Jh., in schöner Staffelung aus Schiff, eingezogenem Chor, Apsis und leicht eingezogenem quadr. WTurm, dessen Fachwerkoberteil mit stumpfem Pyramidendach von 1690. Das mittlere Apsisfenster in urspr. Form erh., die übrigen Öffnungen bar. Im Inneren das Schiff mit Balkendecke, durch rundbogigen Triumphbogen zum urspr. kreuzrippengewölbten, in bar. Zeit kreuzgratgewölbten Chor geöffnet; die Apsis mit Halbkuppel. An Apsis- und Triumphbogen die urspr. Kämpfer aus Platte und Schräge erh. (vgl. Rosenthal, Ldkr. Luckau). Im Schiff NEmpore von 1617 und halbrund vorschwingende WEmpore von 1748. — *Kanzel* sp.17.Jh., am Korb zwischen Ecksäulchen die Bilder des Salvators und der 4 Evangelisten; kronenartiger Schalldeckel. *Sandstein-Taufe* dat. 1588, an der 8seitigen flachen Kuppa urspr. 4 Evangelistenreliefs (Ev. Johannes fehlt) und Bibelsprüche, der Fuß mit Diamantierung und Kannelierung. *Orgelprospekt* um 1700, dreiteilig mit Musikengeln und ovalen Reliefmedaillons mit Moses und Anbetung der Hirten in Akanthuswangen. *Triumphkreuzgruppe* sp.17.Jh., vom ehem. Altaraufsatz. *Gestühl* von 1697. — Außen an der SWand *Inschr.-Grabstein* für J.G.Fischer †1746, in schöner Rokoko-Kartusche. — Im Pfarrhaus *Sakramentshäuschen* aus Holz, wohl A.15.Jh., mit Satteldach und 3 Fialen sowie Gittertür. 3 ma. *Schnitzfiguren* aus Liedekahle (Ldkr. Luckau): Weibliche Heilige um 1430/40; eine weitere Heilige sowie ein hl. Bischof um 1470, etwas größer.

WILDENAU Bez. Cottbus, Ldkr. Herzberg. — Inv. Prov. Sachsen, Schweinitz

Dorf-K. Im Kern frühgot. rck. Granitquaderbau gegen 1300, im sp. Ma. erhöht und nach W verlängert. In der Barockzeit die Öffnungen verändert. Im W quadr. Dachturm in Ziegelfachwerk mit geschweiftem Zeltdach, wohl 19.Jh., erneuert 1953. Innen Balkendecke, Empore im W und N, die w in der Mitte vorschwingend, 18.Jh. — Bescheidener *Kanzelaltar* in Ädikulaform, 1.V. 18.Jh., mit gedrehten Säulen und ausgesägten Wangen, auf dem Gebälk 2 kleine *Schnitzfiguren* aus einem spätgot. Altar, Petrus und Paulus, gegen M.15.Jh. *Taufstein* um 1600, Kelchform mit Beschlagwerk an Fuß und Kuppa. Im S *Pfarrstuhl*, n die ehem. *Patronatsloge*, in verglastem Korbbogen geöffnet. — Zahlreiche *Grabsteine* an der Außenmauer der K. Im S: 2 große figürliche Grabsteine 1.V.17.Jh., unter modernem Dreiecksgiebel die Verstorbenen in Rüstung mit Ahnenprobe. 2 kleinere figürliche Grabsteine der gleichen Zeit, der eine von 1601 (beschädigt). Im W: 3 figürliche Grabsteine A.17.Jh., davon 2 Frauen- und ein Kindergrabstein. 4 bar. Inschr.Grabsteine A.18.Jh. (1700 bis 1726). Im N: 6 Inschr.Grabsteine um 1700, der eine ein Kindergrabstein für G.H.v.Leipzig †1685, die übrigen verwittert.

WILHELM-PIECK-STADT GUBEN Bez. Cottbus, Ldkr. Guben

Entstanden als Brückenort an der Lausitzer Neiße am Schnittpunkt der Handelswege Leipzig—Posen und Frankfurt/Oder—Görlitz. Be-

siedlung seit der Bronzezeit. 1222 erstmalig erwähnt, 1235 oppidum mit Magdeburger Recht, seit 1286 civitas. Die ma. Stadt auf dem rechten Neiße-Ufer, heute zur VR Polen gehörend, planmäßig angelegt mit Markt, Kirche und Rathaus sowie Stadtmauer. Auf dem linken Neiße-Ufer ein früh gegr. Benediktinerinnen-Klst. und die Klst.-Vorstadt. Die Stadt im Ma. mächtig. Weinbau und Tuchmacherei seit dem 13.Jh., der Weinbau seit M.19.Jh. durch Obstanbau ersetzt; die Tuchmacherei etwa gleichzeitig nach Anschluß an das Eisenbahnnetz zur Großindustrie entwickelt. 1945 Teilung der Stadt; der w der Neiße liegende Teil wurde 1961 nach dem in ihr geborenen Arbeiterführer und 1.Präsidenten der DDR, Wilhelm Pieck, benannt. Wichtigste Produktionsstätte das 1964 gegründete Chemiefaserkombinat.

Pfarr-K. (sog. Kloster-K.). Das Benediktiner-Nonnenklst. 1235 erstmals erwähnt, doch bereits im 12.Jh. gegr., 1564 verlassen, seit 1676 Salzsiederei, 1874 abgebrochen. Die K. bereits 1862 als neugot. Backsteinbau von Karl Emil Alexander Flaminius neu errichtet; 3sch. mit WTurm. Der Innenraum eine pseudobasilikale Halle mit spitzbogigen Holzarkaden und offenem Scheindachstuhl, nur die polyg. Apsis gewölbt.

Alt-lutherische K. Wilhelm-Pieck-Str. 44. 1903 von Otto Wilhelm Spalding und Alfred Grenander, Berlin. Putzbau mit Sandsteinformteilen.

WILHELM-PIECK-STADT GUBEN NORD (ehem. GROSS BREESEN)

Dorf-K. 1sch. flachgedeckter Putzbau 1.H.19.Jh. Der quadr. WTurm 2.H.19.Jh. hinzugefügt, ebenso die flankierenden Treppentürme und die SVorhalle. Die großen Rundbogenfenster entstellend modern verglast. Innen umlaufende hölzerne Emporen, an den Langseiten doppelgeschossig. – Steiler *Kanzelaltar* 1.H.19.Jh., unter Verwendung einer polyg. Kanzel vom E.16.Jh. mit reich geschnitzten Reliefauflagen: die Ganzfiguren dreier Evangelisten (?) in ornamentierten Rundbögen zwischen Ecksäulchen unter Engelsflüchten und auf Löwenmasken. Darunter Abendmahlsbild um 1620. *Taufstein* dat. 1852, mit Akanthusvoluten (vgl. Taufe in Grano, Ldkr. Guben). 2 *Grabsteine* in der Vorhalle für A.K.v.Haugwitz †1707 und K.v.Bomsdorf A.18.Jh.

WILKENDORF Bez. Frankfurt/Oder, Ldkr. Strausberg

s. GIELSDORF

WILLMERSDORF Bez. Frankfurt/Oder, Ldkr. Bernau

Dorf-K. Relativ gut erh. Granitquaderbau des 2.V.13.Jh. aus WQuerturm, Schiff und eingezogenem längsrck. Chor mit Apsis, im sp.15.Jh. eingewölbt. Der doppeltürmige Abschluß des WBaus E.19.Jh. romanisierend in Backstein, aus dieser Zeit wohl auch die SVorhalle. Die Fenster spätgot. bzw. im 19.Jh. vergrößert. Innen der stumpfspitzbogige Triumph- und Apsisbogen erh. Das Schiff auf 2 Sechseckpfeilern 2sch. kreuzrippengewölbt, nur das ö Joch mit Sterngewölbe; der Chor 2jochig kreuzrippengewölbt. – Ausstattung 2.H.19.Jh. Die polyg. *Kanzel* sp.17.Jh. Spätgot. *Sandstein-Taufe* in Pokalform, 1.H.16.Jh.

WILLMERSDORF-STÖBRITZ Bez. Cottbus, Ldkr. Luckau

Dorf-K. (Stöbritz) Rck. Feldsteinbau mit WQuerturm, fr.15.Jh. Vom Ursprungsbau noch die Zwillingsöffnungen unter Stufenblende im Glockengeschoß des Turmes erh. und das mittlere schmale OFenster erkennbar. Die übrigen Öffnungen bar. erneuert. Aus bar. Zeit auch der n Anbau mit Fachwerkgiebel unter Quersatteldach. Am *Türblatt* der Priesterpforte im N ma. Eisenbeschlag mit Lilienendungen. Das Schiff 1952 renoviert.

WILMERSDORF Bez. Frankfurt/Oder, Ldkr. Angermünde

Ehem. **Gutshaus** (Volkseigenes Gut). Stattlicher Fachwerkbau, wohl M.18.Jh. Doppelgeschossig mit Krüppelwalmdach, an der Rückseite 1geschossige Flügel, eine gestreckte Hofanlage begrenzend.

WILMERSDORF Bez. Frankfurt/Oder, Ldkr. Fürstenwalde. – Inv. Prov. Brandenburg, Lebus

Dorf-K. 1881–83, neugot. Bau aus Schiff, polyg. Apsis und quadr. WTurm unter Verwendung von Resten eines ma. Granitquaderbaues. – Hölzerner *Altaraufsatz* gestiftet 1703, einfacher Säulenaufbau mit den Gemälden der Kreuzigung, Auferstehung und des Abendmahls, gerahmt von wappengeschmückten Akanthuswangen; auf dem Gebälk stehend die Schnitzfiguren der Apostel Petrus und Paulus, möglicherweise spätgot., bar. gefaßt. Der Aufsatz bekrönt durch die Figuren von Fides und Caritas. Hölzerne *Kanzel* 2.H.17.Jh. mit Knorpelwerkbaldachin, am polyg. Korb Beschlagwerk, in den Feldern die 4 Evangelisten gemalt. Schwebender geschnitzter *Taufengel* 1.H.18.Jh. Qualitätvolle *Schnitzfigur* einer Anna selbdritt als Sitzgruppe A.16.Jh., durch bar. Bemalung entstellt. – Außen an der SWand *2 Inschr.Grabsteine* für A. Thuem †1584 und für G.A.Schindler †1728.

WITTICHENAU Bez. Cottbus, Ldkr. Hoyerswerda. – Inv. Prov. Schlesien, Reg. Bez. Liegnitz, Hoyerswerda

Landstädtchen an einer Straßengabel an der Schwarzen Elster gelegen; 1248 villa, seit 1349 Marktrecht, bis 1843 dem Kloster Marienstern gehörig. – Planmäßig im 13.Jh. angelegt, mit rck. Markt an der Straßengabelung, nö davon die Pfarr-K.; sö die Kreuz-K., neben dieser das 1780/81 errichtete Jakubetzsche Hospitalstift. Der Ort im Ma. nur durch Wall und Graben befestigt, die 3 Tore – Hoyerswerdaer, Bautzener und Kamenzer Tor – 1823 abgetragen. In neuerer Zeit Ausdehnung nach W.

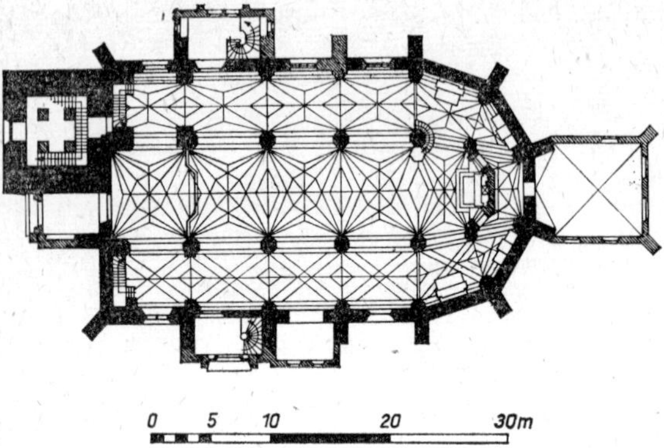

Wittichenau, Pfarrkirche Mariä Himmelfahrt

Kath. Pfarr-K. Mariä Himmelfahrt. 3sch. Pseudobasilika von einheitlicher Planung, nach dem Brand von 1429 angeblich in 2 Etappen errichtet, bis 1440 und um 1527; eher wohl alles 15.Jh. und möglicherweise nur die Gewölbe um 1527 eingebracht. Weitere Rest. 1933/34 und nach 1945. – Der WTurm asymmetrisch nach N verschoben, sein quadr. Unterbau wohl 14.Jh., vielleicht urspr. einem älteren 1sch. Bau zugeordnet. Das kurze folgende Geschoß beim Bau der spätgot. K. aufgesetzt; der jetzige hohe oktogonale Aufsatz von 1846, das folgende „Attika"-Geschoß und der Turmhelm 1867. – Die Kirche 4jochig, mit 5seitigem Schluß, die Arkaden 2jochig im Chor weitergeführt, in der Art der Lausitzer Schule auf das schmalere Mittelfeld schräg zulaufend. Das Maßwerk der Fenster erneuert; auffällig das bis zum Gewölbe hochgeführte ö Scheitelfenster im Chor, das Mittelschiff abschließend, dadurch eine besondere Dachkonstruktion erfordert. Außen abgetreppte Strebepfeiler, davon die an der Stelle der 1933 abgebrochenen NSakristei ergänzt. Diese Sakristei war der Rest eines älteren Baues, der in das n Seitenschiff der spätgot. Halle einsprang. Am OEnde der K. 1904 eine aufwendige neue Sakristei auf quadr. Gr. hinzugefügt. 1906 im S die ehem. Taufkap., jetzt Beichtkap., am 3. und 4. Joch von W angebaut; von den 3 Vorhallen im S, N und W nur die s im Kern ma., ihr Obergeschoß von 1678; die n Vorhalle von 1933, die w von 1905/06. Vor dem Obergeschoß der SVorhalle *Sandsteinfigur* eines segnenden Christus auf der Weltkugel, 1710 gestiftet und vermutlich von Georg Vater gefertigt. – Im Inneren tragen Achteckpfeiler 3fach gestufte Spitzbogenarkaden, an den Seitenschiffswänden Halbpfeiler. Die gesamte Wölbung wohl von 1527: Im überhöhten Mittelschiff schöne Sterne auf gekehlten Rippen, diese spitz verlaufend, eine Scheitelrippe in der Gewölbemitte weitgehend durchgeführt; in den Seitenschiffen Stern-Netz-Gewölbe, ihre Rippen entwickeln sich aus den Halbpfeilern. Die Seitenschiffsjoche der w Travée mit unterwölbten Emporen, s ein wohl spätgot. Zellengewölbe, n ein Kreuzgratgewölbe von 1614. Die verbindende Emporenbrücke modern, darauf die große *Orgel* von 1981. Der Bau durch Zementputz in seiner äußeren Erscheinung beeinträchtigt, das Innere in den 70er Jahren in lichten Farben gefaßt, wobei ma. Befunde berücksichtigt wurden. Die Ausstattung weitgehend barock. – *Hauptaltar*, zwischen den ö Freipfeilern nischenartig eingefügt als hoher Ädikula-Aufbau mit durchbrochenen Seitenflügeln und Auszug, Stuckmarmor, 1722/23 von Mathias Wenzel Jäckel, Prag; das Mittelgemälde „Mariä Himmelfahrt" 1870 von Heinrich Ledschbor, in den Durchsichten der Seitenflügel die vollplastischen Figuren Johannes d.T. und des hl. Georg, im Auszug Gemälde der Trinität flankiert von den Figuren des hl.Donatus und des hl.Benno; als Bekrönung das Auge Gottes in Strahlenglorie. Zugeordnet die beiden *Skulpturen* an den seitlichen Freipfeilern, *Johannes v. Nepomuk* von 1758 und *Bonifatius* von 1756. *Rosenkranzaltar* (im s Chorumgang) 1675, in rck., von Weinlaubsäulen flankiertem Holzrahmen das 1674 gestiftete Gemälde der Rosenkranzmadonna, angeblich von einem italienischen Künstler; die Madonna begleitet von den anbetenden Heiligen Dominikus und Katharina v.Siena, beide in Ordenstracht, die Szene umkränzt von gemalten Medaillons mit den 15 Geheimnissen des Rosenkranzes; die schmalen Knorpelwerkwangen mit Engelsflüchten. Auf dem Retabel die Schnitzfiguren von Joachim und Anna. *Krippenaltar* (im n Chorumgang), hölzernes Retabel von 1681 mit figurenreichem *Schnitzrelief* einer Anbetung der Könige, dieses vermutlich um 1520/30; an der Predella 2 kleine *Heiligenfiguren*, gegen 1500. Die schmalen Seitenwangen mit den Figuren der Heiligen Sebastian und Bonifatius z.Z. in Rest.; desgl. die beiden Schnitzfiguren über dem Gesims. *Taufe*, Holz, runde Schale mit Lambrequindekor auf 6eck. geschwungenem Fuß; der aufwendig verzierte Deckel mit 3 Volutenfüßen, darauf die vorzüglich geschnitzte Gruppe der Taufe Christi 1724 wohl von Mathias Wenzel Jäckel.

PLASTIK und GEMÄLDE: An den 3. Freipfeilern von W je 1 Schnitzfigur, am n Pfeiler *betende Heilige* (Maria ?), M.15.Jh.; am s Pfeiler *hl.Veronika* mit Vera icon, A.16.Jh. An der n Seitenschiffswand: *Kruzifixus* in reichem ovalem Akanthusrahmen, darauf 4 Medaillons mit Passionsszenen (Ölberg, Geißelung, Dornenkrönung, Kreuztragung), gestiftet 1719; der Kruzifixus möglicherweise um 1500 (aus einer ma. Triumphkreuzgruppe ?). Schnitzgruppe einer *Pietà* mit alter Fassung, um 1500. Im n Seitenschiff hängend *Doppelmadonna* im Strahlenkranz, 2.H.17.Jh. oder um 1480 mit bar. Ergänzungen (?). In der n Vorhalle Schnitzrelief einer *Ölbergszene*, E.15.Jh. Auf der Orgelempore *Madonna* mit Krone und Szepter, um 1670/80. In der Sakristei: Bar. *Kruzifixus* mit alter Fassung, sp.17.Jh.; *Gemälde* der Taufe Christi, 1597 von Andreas Dreßler aus Kamenz (sign. und dat.), ehem. Hauptbild des Taufaltars; *Christusbild* mit Inschr., 1600. Außen über der Sakristeitür *Gemälde* der Muttergottes, 2.H.17.Jh. Seitlich davon im Chorpolyg. *2 Erinnerungstafeln*, Holz, die eine für Pater J.G.Schimon v.Willenberg von 1732, mit Reliquienkapsel; die andere eine Herz-Jesu-Tafel ohne Inschr., wohl gleichzeitig, beide in Akanthusrahmen. *4 Vortragekreuze*: Eines davon mit Kreuzarmen aus Akanthus um 1700, zwei Corpora 18.Jh., das vierte Corpus wohl 19.Jh. Weitere Skulpturen und Gemälde z.Z. in Rest.

LITURGISCHES GERÄT: *2 Frühbar.Kelche*, Silber vergoldet, der eine davon mit Relief einer Kreuzigungsgruppe auf dem 6Paßfuß, am Nodus dat. 1646, die Kuppa modern; der andere M.17.Jh. mit Kuppa des 18.Jh. *4 Bar.Kelche*, Silber vergoldet, mit reichem Dekor: 1. gestiftet 1701, runder Fuß mit Pflanzendekor, am Nodus Engelsflüchte, die geschwungene Kuppa mit durchbrochenem, vegetabilem Korb, darauf Medaillons mit Christus, Maria und Joseph; 2. gestiftet 1703, mit Engelsflüchten am 6Paßfuß, Nodus mit Medaillons, am durchbrochenen Korb 4 Engelsflüchte; 3. ohne Inschr., A.18.Jh., runder Fuß mit durchbrochenen Reliefs, Wappen und 2 Signaturen, der durchbrochene Korb mit Weintrauben und anderem pflanzlichem Dekor; 4. gestiftet 1748, auf dem 6Paßfuß die Reliefs dreier hl. Jungfrauen, am Korb der Kuppa 3 Heilige. Ein 5. schlichter *Kelch* M.18.Jh. Silbernes *Ziborium* von 1706. Zwei *Monstranzen*, Silber vergoldet: Die große Strahlenmonstranz sp.17.Jh., auf dem ovalen Fuß Ranken mit 2 aufgenieteten Engelsflüchten sowie kreuztragender und dornengekrönter Christus, am durchbrochenen Rahmen des Ostensoriums links der Auferstandene, rechts hl.Georg, oben Maria sowie Leidenswerkzeuge, als Bekrönung in Oval Kreuzigungsgruppe und segnender Gottvater. Die kleinere Monstranz dat. 1701, am Überfang des Ovalfußes Rankendekor, der Kranz des Ostensoriums aus durchbrochenem Rankenwerk, darin Engel mit den Leidenswerkzeugen, oben Gottvater mit der Taube, alles in Relief. Silberner *Weihrauchkessel* um 1700, mit Akanthusdekor. Mit ähnlichem Dekor 1 silbernes *Weihrauchschiffchen* von 1658, als Schaft ein Delphin. Silbernes *Tablett mit 2 Meßkännchen* von 1658. *Tablett mit 2 Meßkännchen*, Silber vergoldet, der Rand des ovalen Tabletts mit getriebenen Blumen und Engelsflüchten, die blattwerkgeschmückten Kännchen dat. 1694 bzw. 1695.

In der Westvorhalle: 2 qualitätvolle *Grabmäler*, gefertigt 1754, für F.E.Reichsgraf zu Solms †1752 und Frau M.C. † um 1760, beide Denkmäler ähnlich im Aufbau, mit Inschr. auf Tuchgehänge, darüber Wappen, im Aufsatz Kruzifixus in Wolkenglorie bzw. Ölbergszene. Zwischen beiden das *Grabmal* für F.J.Graf zu Solms †1748 und Frau M.W. †1758, auf Sarkophagsockel mit Totenschädel und Schlange ein Tuchgehänge mit Inschr., von Putten gehalten, darüber Kruzifixus mit Wolkenaufsatz. — Außen an der SW-Ecke der Sakristei *Grabstein* J.G.Jacob †1713, Inschr. in Akanthusrahmen. Im SO der K. *Grabdenkmal* für die Eltern des Bischofs Vitzk von Meißen, Georg und Katharina V., 1706 errichtet, die Verstorbenen in Ädikula-Nische vor Kruzifixus kniend, über dem Gebälk Fama-Engel zwischen Giebelsegmenten, deren allegorische Aufsätze zerstört. — Der K. gegenüber das **Pfarrhaus** mit Krüppelwalmdach, im Kern 17.Jh.

Kath. Kreuz-K. Schlichter rck. Putzbau mit mittlerem Glockentürmchen, 1780/81. — Spätgot. *Schnitzaltar*, letztes V.15.Jh., im Schrein gekrönte Madonna, in den Flügeln die Heiligen Christophorus und Anna; auf den Flügelrückseiten gemalt die Verkündigung. *Mondsichelmadonna* um 1470, mit modernen Ergänzungen. — Außen an der W- und NWand 3 ma. *Steinkreuze*.

Ev. Kirche. Kleiner rck. Putzbau von 1908, mit w Glockenträger zwischen Voluten, teils in klassizierenden, teils in Jugendstil-Formen.

Eckhaus am Markt (Gasthaus „Gute Quelle") mit *Johann-Nepomuk-Figur* des 18.Jh.

Postmeilensäule auf dem Markt, 1732, vierseitig abgestumpfter Pfeiler mit kursächsischem Wappen.

WITTMANNSDORF-BÜCKCHEN Bez. Cottbus, Ldkr. Lübben

Dorf-K. (Wittmannsdorf). Im Kern spätgot. 1sch. Feldsteinbau, nachträglich verputzt, der leicht eingezogene, schwere, annähernd quadr. WTurm mit Längssatteldach. Durchgreifender Umbau 1889 in neugot. Formen in Backstein, dabei Erneuerung des OGiebels und Anfügung des Rck.Chores und der SVorhalle. — Das flachgedeckte Innere ebenfalls vom Umbau E.19.Jh. bestimmt. Rest. 1962.

WÖLSICKENDORF-WOLLENBERG Bez. Frankfurt/Oder, Ldkr. Freienwalde

Dorf-K. (Wölsickendorf). Rck. Feldsteinbau mit eingezogenem Rck.Chor, M.13.Jh. Aus dieser Zeit 3 rundbogige SPortale erkennbar. Wiederherstellung E.17./A.18.Jh. Der verbretterte w Dachturm 18.Jh., erneuert 1935. Die w Vorhalle 1863. Das Innere flachgedeckt mit spitzbogigem Triumphbogen, der ö Teil des Chores als Sakristei abgetrennt, die Kanzel vor der Trennwand. Rest. des Inneren um 1960. — *Gemälde* des Gekreuzigten 1723 (beschädigt).

Dorf-K. (Wollenberg). Rck. flachgedeckter Feldsteinbau M.13.Jh. Der verbretterte w Dachturm mit Pyramidenhelm und massiver WWand wohl 18.Jh. Das spitzbogige WPortal und die 3 schmalen rundbogigen Fenster der OWand original erh.; im übrigen der Bau 1738 und im 19.Jh. erneuert. — *Altaraufsatz* 1608, erneuert 1698; architektonischer Aufbau mit Säulen und Dreieckgiebel, übereinander 3 Gemälde: Abendmahl, Kreuzigung, Himmelfahrt; ausgesägte Wangen mit gemaltem Rankenwerk. *Kanzel* 1608, am polyg. Korb die Bilder der Evangelisten. *2 Patronatslogen* 1.H.17.Jh., mit gemalten Wappen in den Brüstungsfeldern.

WOLKENBERG Bez. Cottbus, Ldkr. Spremberg
Dorf-K. (abgebrochen). 1sch. Rck.Bau aus Feldstein, wohl 1.H. 15.Jh. Im O Dreifenstergruppe, der Stufengiebel darüber aus Backstein um 1910. In der SWand 2 kräftig profilierte Portale in Vorlagen aus Backstein. Die Fenster bar. erweitert; w verbretterter Glockenstuhl. Im flachgedeckten Inneren Hufeisenempore sp.18.Jh. – Hölzerner *Kanzelaltar* 1.V.18.Jh. mit gedrehten Weinlaubsäulen und Akanthuswangen. Am gebauchten Kanzelkorb Spruchmedaillons, seitlich ländliche Figuren des Evangelisten Lukas und des Apostels Petrus. Auf den Giebelschrägen Putten mit Kelch und Hostie. In der OWand spätgot. *Sakramentsnische* mit Tür. Bar. hölzerne *Taufe. Kruzifixus* wohl 2.H.16.Jh., das Kreuz erneuert. Spätma. *Truhe* mit starken Eisenbeschlägen. – Außen an der NWand der K. *Grabstein* mit Inschr.Medaillon von 1707.

WOLTERSDORF Bez. Frankfurt/Oder, Ldkr. Angermünde. – Inv. Prov. Pommern, Reg.Bez. Stettin, Randow
Dorf-K. Flachgedeckter Feldsteinbau mit leicht eingezogenem Rck.Chor M. bis 2.H.13.Jh.; der WTurm abgebrochen, seine breite Spitzbogenarkade zum Schiff vermauert in der WWand erh.; nach N und S abgetreppte spitzbogige Portale, schlanke spitzbogige, im O rundbogige Fenster. 1953 die Kirche rest. – Hölzerne *Kanzel* um 1700, der polyg. Korb mit Ecksäulchen und Rankenornament, kronenförmiger Schalldeckel. Gleichzeitig w *Orgelempore* und *Gestühl.* Spätgot. *Bronzekronleuchter* 15.Jh., aus Ranken mit Vierpaßblättern und bekrönender Marienstatuette; ein zweiter Kopie des 19.Jh. *Inschr.Grabstein* für C.F.v.Sydow †1763.

WORIN Bez. Frankfurt/Oder, Ldkr. Seelow. – Inv. Prov. Brandenburg, Lebus
Dorf-K. Spätgot. rck. Feldsteinbau mit eingezogenem quadr. WTurm. Die Öffnungen bar.; ein ma. Spitzbogenportal an der SSeite erkennbar. Innen Flachdecke und kleine NEmpore. An der NSeite außen *3 Inschr.Grabsteine* E.17./A.18.Jh.

WORIN (ALTROSENTHAL)
Dorf-K. Flachgedeckter, im Kern spätma. Rck.Bau, Feldstein mit Backstein gemischt, mit quadr. WTurm, z.T. in das Schiff einbezogen. Eingreifender Umbau 1697/98, aus dieser Zeit die s Vorhalle mit darüberliegender Patronatsloge (jetzt Winterkirche). Nach Kriegsschäden 1950 wiederhergestellt.

WORIN (GÖRLSDORF)
Dorf-K. Flachgedeckter rck. Feldsteinbau mit WQuerturm, A.14.Jh. Das Turmobergeschoß wohl jünger. Die Stichbogenfenster von einer Erneuerung des 18.Jh. In urspr. Form erh. die spitzbogigen Stufenportale im W und S; an der SSeite 3 urspr. Spitzbogenfenster erkennbar. Nach Kriegsschäden 1945 wiederhergestellt.

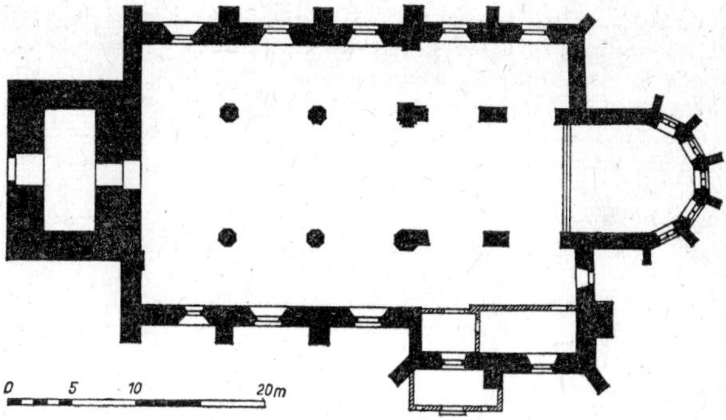

Wriezen, St.Marien

WORMLAGE Bez. Cottbus, Ldkr. Calau.
Dorf-K. 1sch. Putzbau mit 3seitigem OSchluß, um 1765, mit rundbogig geschl. Fenstern. Der eingezogene quadr. WTurm mit halbrunden Treppentürmchen von 1914. – Innen flache Putzdecke mit Profilen. Die *Ausstattung* einheitlich von 1768 mit Hufeisenempore, ö in den Schluß eingepaßtem 2geschossigem Logenaufbau, den Altar umrahmend, sowie 1geschossigen Logen s und n im Chor, im S die Kanzel einbezogen. Der *Altaraufsatz* eine strenge Pilaster-Ädikula, das Altarblatt ein spätnazarenisches *Gemälde* des segnenden Christus, 2.H.19.Jh. *Gemälde*, hl. Magdalena, nazarenisch beeinflußt, M.19.Jh. In der Turmhalle *Grabstein* für C.W.Rauchfuß †1743. – An der n Außenwand stark verwitterter *Grabstein* eines Ritters, 17.Jh.

WRIEZEN Bez. Frankfurt/Oder, Ldkr. Freienwalde
An der „Alten Oder" am Kreuzungspunkt der Straße Frankfurt–Stettin mit der von Berlin in die Neumark führenden Straße gelegen. Entstanden nach 1230 aus einer askanischen Marktsiedlung. 1303 civitas, Stadtrecht 1337. – Planmäßige Anlage von rck. Gr. mit dem Markt als Mittelpunkt, an seiner WSeite die Pfarr-K. St.Marien. Die Stadtbefestigung (nur an der Landseite vorhanden) im 30jährigen Krieg verfallen. Die 3 Stadttore aus Fachwerk 1768 abgebrochen. Starke Zerstörungen im 2.Weltkrieg.
Stadt-K. St.Marien, seit 1945 Ruine, nur das s Seitenschiff unter Dach. Stattliche spätgot. Backsteinhalle aus 3sch., 3jochigem Langhaus, abgesetztem niedrigerem 3sch. Chor von 3 Jochen mit polyg. Apsis sowie querrck. WTurm; an der SSeite des Chores 2geschossige Anbauten und Vorhalle. – Von einem Vorgängerbau St.Nikolaus, einer Feldsteinbasilika der 2.H.13.Jh. mit 1sch. Chor, erh. Reste der Turmostwand, ein Fenster in der SWand ihres Chores sowie ein – wohl versetztes – Portal im jetzigen

s Chorseitenschiff. Im 15.Jh. Veränderung des Chores durch Anfügung eines Apsispolygons und Anbau der Chorseitenschiffe. A.16.Jh. Errichtung des 3sch. Hallenlanghauses, Erhöhung des WTurms um 1 Geschoß und Aufhöhung der Chormauern in Backstein, um das einheitliche steile Satteldach aufzubringen. – Die beiden Portale im N und S des Langhauses sowie die Fenster durch Taustäbe und Stufungen ungewöhnlich reich profiliert, seitlich über den breiten Fenstern Kreisblenden mit 6- und 8Pässen; gestufte Strebepfeiler. Am Apsispolygon die Fenster relativ schmal und steil. – Der WTurm nach Zerstörung 1778 als Putzbau teilweise neu aufgeführt. An seiner OWand jetzt die urspr. durch das Dach der spätgot. Halle verdeckte WWand der ehem. Feldsteinbasilika mit ihrem Giebel und die schöne frühgot. Gliederung des wohl wenig jüngeren Turmes aus Zwillingsblenden zwischen Sägefriesen sichtbar. Noch reicher das spätgot. Geschoß darüber mit Rosettenschmuck wie am Langhaus. – Das Innere urspr. mit Sterngewölben, im Langhaus auf 8eckigen Pfeilern, im Chor auf abgetreppten Konsolen; erh. die Pfeiler mit ihren profilierten spitzbogigen Arkaden und den Gewölbeansätzen sowie die Sterngewölbe des s Seitenschiffes. Im Chor niedrige, schlicht rck. profilierte Arkaden. Die s Chorabseite mit der ehem. Sakristei zur Notkirche ausgebaut.
Ehem. **Magazin** (Speicher) in der Magazinstr. 1791/92; 3geschossiger Putzbau von 9 Achsen mit Rahmengliederung und Krüppelwalmdach im Stil der preußischen Landbauschule.

WÜRDENHAIN Bez. Cottbus, Ldkr. Liebenwerda. – Inv. Prov. Sachsen, Liebenwerda
Dorf-K. Im Kern spätgot. Backsteinbau mit 3seitigem OSchluß. Der querrck. WTurm in Schiffsbreite 1577 angefügt, der ungleichseitig 8eckige Turmaufsatz mit Zwiebelhaube von 1747; gleichzeitig die Öffnungen erweitert. Der Bau modern verputzt. Sakristeianbau am Chor von 1699. Die s spitzbogigen Schiffsfenster vermauert. Im flachgedeckten Inneren Emporen im N und W. In der NWand Portal mit kräftigem Stabwerk A.16.Jh., zur ehem. tonnengewölbten Sakristei. – Ma. *Blockaltar*, das Retabel aus einem *Schnitzaltar* der Zeit um 1470 und dem aufgesetzten *Mittelschrein* eines kleinen Schnitzaltars um 1430/40 bestehend. Im unteren Schrein die Marienkrönung, flankiert von 4 weiblichen Heiligen, links Barbara und Margarete, rechts Katharina und Ursula, in den Flügeln je 4 Heilige; alle Figuren unter Maßwerkbaldachinen. Auf den Flügelaußenseiten gemalt die Verkündigung. Im oberen Schrein Madonna und ein Heiliger zwischen je 2 Heiligen, in nicht urspr. Aufstellung; der Aufsatz bar. gerahmt. Schlichter hölzerner polyg. *Kanzelkorb* E.16.Jh. *Sandsteintaufe* mit großem rundem Becken auf kurzem Schaft, 15.Jh. *Schnitzfiguren* des Apostels Petrus um 1430 und des hl. Wolfgang (?) um 1440 (im Pfarrhaus). Ehem. *Altargemälde* der Kreuzigung 1.H.17.Jh. (im Pfarrhaus). *Orgelprospekt* um 1780.

Hölzernes *Epitaph* für das Ehepaar C.G. und J.E.Haucke †1776 bzw. †1768, eine Art Stele über Sarkophag, bekrönt von Gesetzestafeln und Kelch (Altes und Neues Testament). An der WWand *Grabstein* in Kartuschenform, 2.H.18.Jh.

WÜSTERMARKE Bez. Cottbus, Ldkr. Luckau. – Inv. Prov. Sachsen, Schweinitz

Dorf-K. Kleiner rck. Feldsteinbau, 15.Jh. An der SSeite 2 vermauerte Portale erkennbar. 1787 eingreifend erneuert, dabei das w verbretterte Dachtürmchen hinzugefügt. Der n Backsteinanbau wohl von 1856. Im Inneren Balkendecke und Hufeisenempore. – Schlichter zopfiger *Kanzelaltar* mit polyg. Korb und flankierenden Säulen, das Gebälk stichbogig hochgezogen, bekrönt von Strahlensonne; seitlich Durchgänge und flankierende *Chorstühle* mit Gitteraufsätzen. Hölzerne kelchförmige *Taufe* der gleichen Zeit. Klassizist. *Grabdenkmal* für G.L.v.Phul †1787 und Ch.F.W.v.Phul †1803, auf schwerem unterem Teil Sarkophag, auf seinem Deckel die Familienwappen sowie eine große Flammenvase, an deren walzenförmigem Leib festongerahmte Inschr.-Tafeln.

WULFERSDORF Bez. Frankfurt/Oder, Ldkr. Beeskow

s. GIESENSDORF

WULKOW b. Booßen. Bez. Frankfurt/Oder, Ldkr. Seelow. – Inv. Prov. Brandenburg, Lebus

Dorf-K. Flachgedeckter rck. Backsteinbau mit s Vorhalle und w Dachturm, 1687. Dem Bau vorgelegte Holzständer ergeben den Eindruck einer Fachwerkkirche. – *Altaraufsatz* sp.17.Jh., Abendmahlsgemälde flankiert von gedrehten Säulen und Engelfiguren, als Bekrönung zwischen gesprengtem Giebel der Auferstandene. Schwebender *Taufengel* 18.Jh., neu gefaßt. Rest eines *Patronatsstuhls* sp.17.Jh. An der NWand *Epitaph* C.v.Burgsdorff †1713, große kartuschenförmige Inschr.Tafel vor Draperie, seitlich die Gestalt des Todes und Allegorien von Hoffnung und Stärke sowie weitere kleine Figuren. *Ölgemälde* mit Kruzifix vor Landschaft, sp.17.Jh.

Gruft-Kap. auf dem Friedhof für J.E.v.Burgsdorff. Kleiner quadr. Putzbau mit Eckpilastern und Zeltdach, 1695. Der Eingang flankiert von Pilastern mit aufgelegter Blattwerkranke und bekrönt von Allianzwappen in reicher Stuckrahmung; seitlich Okuli. Im Inneren Flachgewölbe mit Resten eines runden Deckengemäldes.

Ehem. **Gutshaus** (LPG). Der Kern von 1697. Der urspr. 7achsige Putzbau um 1900 verbaut, jetzt verwahrlost.

WUSCHEWIER Bez. Frankfurt/Oder, Ldkr. Seelow
Schule und **Betsaal** unter einem Dach. Langgestreckter niedriger Fachwerkbau mit Strohdach, an seiner Schmalseite quadr. Glokkenturm mit verbrettertem Oberteil, E.18.Jh. Rest. 1959/60. Im Betsaal umlaufende Empore und kleiner spätklassizist. *Orgelprospekt.*
An der Dorfstraße noch einige alte **Fachwerkhäuser** in Giebelstellung zur Straße erh.

WUSTROW Bez. Frankfurt/Oder, Ldkr. Freienwalde. – Inv. Prov. Brandenburg, Königsberg/Neumark
Dorf-K. Annähernd quadr., verputzter Fachwerkbau mit Krüppelwalmdach, 1789. Rck.Fenster in 2 Reihen übereinander. Der quadr. WTurm mit Spitzhelm 1832. Rest. nach 1945. – Die reizvolle Ausstattung aus Holz einheitlich aus der Erbauungszeit: *Kanzelaltar*, der runde Korb flankiert von Pilastern und vorgestellten Säulen, die Wangen aus Rankenwerk, am Kanzelkorb Rocaillekartusche mit Lamm Gottes, auf dem Gebälk 2 Posaunenengel, den runden Schalldeckel flankierend. Schwebender *Taufengel*. Die *Hufeisenempore* auf ionischen Säulen bis zur OWand vorgezogen, mit Girlandendekor in den Brüstungsfeldern. Das *Kastengestühl* mit durchbrochenem Rankenwerk als oberer Rahmung. *Orgel* 1845.

Z

ZAGELSDORF Bez. Cottbus, Ldkr. Luckau
Dorf-K. Rck. Putzbau, der eingezogene quadr. WTurm mit Spitzhelm, im Kern 14.Jh., das Schiff nach 1680 erneuert. Im Inneren Flachdecke auf gefelderter Voute; WEmpore. – Als Altaraufsatz *Schriftkartusche* von 1708 in reich geschnitzter Ornamentrahmung. Schlichte *Kanzel* um 1680. *Taufstein* dat. 1733, in Form einer Balustersäule mit Inschr.Kartuschen, zugehörig die *Taufschale* aus Zinn. Verglaste *Patronatsloge* an der NSeite. – Auf dem Friedhof klassizist. *Grabstele*, 1832.

ZAUE Bez. Cottbus, Ldkr. Lübben

s. RESSEN-ZAUE

ZECKERIN Bez. Cottbus, Ldkr. Finsterwalde. – Inv. Prov. Brandenburg, Luckau
Dorf-K. Spätgot. Feldsteinbau aus kurzem Schiff und eingezogenem, 3seitig geschl. Chor. Im W 8eckiger bar. Dachturm aus Backstein, verputzt, mit Haube; auch die Öffnungen bar.

bis auf 2 Spitzbogenfenster im Chor und das vermauerte SPortal im Schiff. Das WPortal 1799 dat. Bar. SVorhalle vor der spitzbogigen Priesterpforte, ihr Türblatt mit spätgot. Beschlägen. Im flachgedeckten Inneren 3seitige Empore, bis in den Chorraum reichend, der WTeil vorschwingend. – *Altaraufsatz* 1.H.17.Jh., Ädikulaform mit gedrehten Säulen und Ohrmuschelwerk-Wangen; im Hauptfeld Gemälde des Gekreuzigten, im Auszug Gottvater und hl.Geist über den Wassern. *Kanzel* A.18.Jh., mit den Gemälden Christi und der Evangelisten. *Taufstein* von 1582, 8eckiger Schaft mit flacher Kuppa und Majuskelinschr. über Eierstabkranz. *Kuppa* eines großen Taufsteines mit Rundbogenfries, gegen 1200.

ZEPERNICK Bez. Frankfurt/Oder, Ldkr. Bernau. – Inv. Prov. Brandenburg, Niederbarnim

Dorf-K. Feldsteinbau 2.V.13.Jh., urspr. aus WQuerturm, Schiff von gleicher Breite, eingezogenem Chor und Apsis bestehend, durch An- und Umbauten 1889 seiner urspr. Wirkung beraubt. Der WTurm in Backstein erhöht und mit 2 Spitzen abgeschlossen, im O Kreuzarme, polyg. Sakristeien und 3seitige Apsis angefügt. Das Schiff im 15.Jh. auf rundem Mittelpfeiler kreuzgewölbt mit Birnstabrippen, der 2. Pfeiler unter dem rundbogigen Triumphbogen 1889 beseitigt. Im Chorraum ein 8strahliges Rippengewölbe.

ZERKWITZ Bez. Cottbus, Ldkr. Calau

Dorf-K. Großer 1sch. Putzbau mit 4seitigem OSchluß, 2.H.18.Jh., der quadr. WTurm um 1840, sein Spitzhelm 1906 erneuert. Hohe Stichbogenfenster und Mittelportale im N und S. – Innen flache Putzdecke, bis zur OWand durchlaufende Hufeisenempore, im N und S 2geschossig, im N z.T. als Logen verglast, im W 1geschossig vorschwingend, M.19.Jh. In den zwei ö Polygonseiten *Glasmalereien*, Kreuzigung und Auferstehung, A.20.Jh. – *Kanzelaltar* fr. 18.Jh., Ädikulaform mit Weinlaubsäulen und Akanthuswangen, geschnitzter ovaler Aufsatz, darin jetzt Glasmalerei, Christus mit Dornenkrone, A.20.Jh. Auf dem Gebälk 2 Engel mit Leidenswerkzeugen. Der rck. Kanzelkorb mit reicher Schnitzerei, anscheinend jünger, M. bis 3.V.18.Jh. Großer *Taufstein* 13.Jh., steile gewölbte Kuppa auf niedrigem Sockel. Stattliche *Orgel*, 19.Jh. – Außen an der SSeite *Inschr.Grabstein* für S.Krüger †1736.

Fachwerk-Wohnhaus ö der K. an der Luckauer Str., um 1800, 1geschossig unter Krüppelwalmdach mit Fledermausluke, die w Giebelwand in Backstein.

ZERPENSCHLEUSE Bez. Frankfurt/Oder, Ldkr. Bernau. – Inv. Prov. Brandenburg, Niederbarnim

Dorf-K. Unverputzter rck. Ziegelfachwerkbau 1844/45 mit Anklängen an den Schweizer Stil der Schinkel-Nachfolge, der quadr. Chor und der quadr. WTurm nur zur Hälfte vortretend. Flache Balkendecke im Schiff, von den Stützen der 3seitigen Empore getragen. Der Chor flachgiebelig unter offenem Dachstuhl, von hochliegendem Fensterband beleuchtet. – Ausstattung aus der Erbauungszeit mit *Altarbild* der Geburt Christi, wohl Kopie nach einem flämischen italianisierenden Meister des 17.Jh.

ZICHOW Bez. Frankfurt/Oder, Ldkr. Angermünde. – Inv. Prov. Brandenburg, Angermünde

Dorf-K. auf einer Anhöhe gelegen, M.–3.V.13.Jh. Flachgedeckter Feldsteinbau mit eingezogenem Rck.Chor und WTurm von der Breite des Schiffes, sein quadr. Aufsatz aus Backstein mit Pyramidenhelm 1883. Den Kernbau bezeugend das spitzbogige abgetreppte WPortal und darüber ein kleines Kreisfenster, Lanzettfenster im Schiff sowie die 3Fenstergruppe der Chorostwand. Das Innere 1961 rest. – Neugot. *Retabel* 1881. Schwere *Kanzel* aus Holz mit Treppe, wohl 1713; der 4seitige Korb mit Stifterwappen auf 2 kräftigen Voluten. Gleichzeitig schöne architektonische *Türrahmung* mit Akanthus und Putten. Qualitätvoller geschnitzter *Kruzifixus* A.16.Jh., das Kreuz ergänzt. Fünf *Figurengrabsteine* der Familie v.Arnim, 1568, 1571 (Flachrelief eines Ehepaares), 1578, nach 1591 (Kindergrabstein) und 1598. Vier *Wappenschilde* der Familie v.Arnim, 1568, 1578, 1591 und 1595. Von der 1354 genannten **Burg** ein ma. Rundturm mit seinem hochgelegenen Einstieg erh. Obergeschoß und Helmabschluß zerstört. Auf dem Gelände der Burg unter Verwendung ma. Fundamente das ehem. **Schloß** (Schule) errichtet. Doppelgeschossiger Putzbau 1745 aus 2 rechtwinklig zueinander stehenden Flügeln mit Mansardwalmdächern. Die Hauptfront zum Garten 7achsig mit 3achsigem, durch Kolossalpilaster gegliedertem Mittelrisalit, im abschließenden Dreiecksgiebel Wappenkartusche der Familie v.Arnim.

ZIECKAU Bez. Cottbus, Ldkr. Luckau. – Inv. Prov. Brandenburg, Luckau

Dorf-K. Rck. Feldsteinbau des 14.Jh. mit w vorgelegtem verbrettertem Glockenturm des 18.Jh. Wohl gleichzeitig der 2geschossige s Logenanbau aus Fachwerk mit Krüppelwalmdach. Das mittlere OFenster in urspr. Lanzettform erh., alle übrigen Öffnungen bar. erneuert. Das Innere flachgedeckt. *Hufeisenempore* mit verkürztem s Arm, im W als Orgelempore vorschwingend, sowie *OEmpore*, alles wie auch die sonstige Ausstattung nach Kriegszerstörung 1945 durch das Inventar der ehem. Hospitalkirche zu Luckau aus der Zeit nach 1726 ersetzt. Unter der n Empore *Wandmalerei*: Rck.Feld mit Kruzifixus, 16./17.Jh. – *Kanzelaltar* vor der OEmpore, polyg. Korb mit Blütengehängen an den Ecken zwischen doppelter Säulenstellung, die abschließende Strahlenglorie jetzt vor das Gebälk gesetzt. Gleichzeitig das *Gestühl* mit vergitterten Brüstungen. *Grabstein* O.v.Bomstorff †1623, mit der gerüsteten Relieffigur des Verstorbenen. – Vor der SW-Ecke der K. ma. *Sühnekreuz*.

ZINNDORF Bez. Frankfurt/Oder, Ldkr. Strausberg. – Inv. Prov. Brandenburg, Niederbarnim

Dorf-K. Großer rck. Feldsteinbau M.13.Jh., mit leicht eingezogenem WQuerturm, seine oberen Geschosse mit spitzbogigen Schallöffnungen und Quersatteldach spätma. Aus gleicher Zeit wohl auch der 1909 erneuerte OGiebel mit 3 großen Blenden. An originalen Öffnungen die 3Fenstergruppe in der OWand erh., außerdem je 1 rundbogiges Portal im N und S erkennbar. Innen erneuerte Balkendecke, ihre Bemalung wie die von Gestühl und Empore von der Rest. 1908/09. – *Altaraufsatz*, Holz, qualitätvolle Arbeit von 1606. 4geschossiger Aufbau mit reichem Beschlagwerk. Die übereinander angeordneten Reliefs zeigen Abendmahl, Auferstehung, Himmelfahrt und Weltgericht; seitlich säulchengerahmte Muschelnischen mit Luther und Melanchthon sowie außen Ecclesia und Synagoge; auf den oberen Gebälkenden urspr. die 4 Evangelisten (die Aufstellung geändert), auf der Bekrönung Pelikan, vgl. die Gruppe der Altäre in und um Reichenow, Ldkr. Strausberg. Geschnitzte *Kanzel* um 1600, an der Brüstung Reliefs der Evangelisten in Nischen zwischen Ecksäulchen; Beschlagwerk. Unter dem Schalldeckel an der Rückwand Relief des lehrenden Christus. Spätma. pokalförmiger *Taufstein*, modern bemalt. Spätgot. *Sakramentshäuschen* aus Backstein, 2 verschieden geformte Nischen übereinander, die untere mit neuzeitlicher Gittertür, in der oberen *Anna selbdritt*, bäuerliche Schnitzarbeit E.15.Jh. (modern ergänzt). *WEmpore* und *Kastengestühl* 17.Jh.

ZINNITZ Bez. Cottbus, Ldkr. Calau

Dorf-K. Rck. Putzbau von 1818/19 mit neurom. WTurm von 1900. Über der STür halbrundes Oberlicht. Rck. Fenster. – Das Innere in seiner *Ausstattung* einheitlich aus der Bauzeit. Balkendecke, ihre beiden Unterzüge von schlanken toskanischen Holzsäulen getragen, die Hufeisenempore darin eingepannt, im W 3seitig vorspringend. Im O *Altarwand* mit Empore, im Mittelfeld des ehem. einfachen Kanzelaltars jetzt nazarenisches *Christusbild*, sp.19.Jh., Brandmalerei auf Holz; die ehem. zugehörige *Kanzel* jetzt seitlich aufgestellt.

Ehem. **Gutshaus** (LPG). Zweigeschossiger Rck.Bau mit seitlichem Belvedereturm. Vom Kern des 18.Jh. nichts mehr sichtbar, die heutige Erscheinung vom Umbau 1864 in Formen der späten Schinkel-Schule, schon dem Historismus zuneigend. Die Hauptfassade 9achsig mit 3achsigem übergiebeltem Mittelrisalit, von korinthischen Pilastern gegliedert. Im Obergeschoß 2 Räume mit spätklassizist. Dekor.

ZÖLLMERSDORF Bez. Cottbus, Ldkr. Luckau. – Inv. Prov. Brandenburg, Luckau

Dorf-K. Rck. Feldsteinbau E.13./A.14.Jh. Die polyg. OApsis von einer umfassenden Erneuerung 1911; desgl. die Öffnungen und der verbretterte Dachturm. Das Innere flachgedeckt, der w Teil als Vorhalle abgetrennt. Hufeisenempore 18.Jh. Die Ausstattung von 1911.

ZÜTZEN Bez. Cottbus, Ldkr. Luckau. – Inv. Prov. Brandenburg, Luckau

Dorf-K. Rck. Feldsteinbau des 15.Jh., mit vorgelegtem schwerem WTurm von 1769/70. Gleichzeitig eingreifende Erneuerung des Schiffes und Anbau der schmalrck. Patronatsloge im NO; vom ma. Bau nur noch das s Stufenportal erh. Der OGiebel des Schiffes bar. geschweift. Der Turm verputzt, im niedrigen Unterteil quadr., der obere Teil ins Achteck übergehend und 2geschossig, Abschluß durch Schweifhaube mit Spitze. Das Innere mit Balkendecke und mittlerem Unterzug auf Holzstütze. Im W schlichte hufeisenförmige Orgelempore um 1770, die Mitte 1/2kr. vorschwingend; der Orgelprospekt 1913. – Reicher *Altaraufsatz* 1710 von Christian Zimmermann aus Luckau; 3geschossiger architektonischer Aufbau mit den Gemälden des Abendmahls, der Kreuzigung, Auferstehung und Himmelfahrt Christi, das Hauptfeld flankiert von gedrehten Doppelsäulen, in den dazwischenliegenden Nischen die Figuren des Salvators und des Moses, in den seitlichen Knorpelwerkwangen Wappenkartuschen; in der urspr. von Engeln begleiteten Kartusche des Aufsatzes Sakramentssymbole (Abendmahls- und Taufkanne). Wohl gleichzeitig die *Kanzel*, der Korb auf gedrehter Säule, mit den Bildern des Salvators und der Evangelisten zwischen gewirtelten Ecksäulchen; kronenartiger Schalldeckel. *Sandsteintaufe* 1809, in Empireformen mit reliefiertem flachem Becken und zugehöriger *Taufschale*, Zinn. – An der SWand aufwendiges gutes *Grabdenkmal* für K.W.v.Kleist †1766 und seine Frau E.E.L.v.K. geb. v.Schlomach †1813; auf gestuftem Sockel Vitentafel, flankiert von 2 lebensgroßen allegorischen Frauenfiguren, als Bekrönung Allianzwappen, 3 Putten und kriegerische Embleme. An der NWand *Grabdenkmal* für G.E.G.v.Langen †1812; über hohem Inschr.Sockel Relief einer sitzenden Trauernden neben Urnenvase, Schwert und Schild mit Allianzwappen. *2 Inschr.Grabsteine* 2.H.17.Jh. – Außen an der K. weitere Grabdenkmäler: Neben dem SPortal *Gedenksteine* für Frau E.M.Greiffenhagen †1820 sowie für den Prediger Chr.F.Zehe †1820 und seine Frau S.D. †1812: stelenartiger 3geteilter Aufbau, unten mit säulengerahmter Muldennische, darin Urne auf antikem Altar. Am Turm *4 Inschr.-Grabsteine*, 2.H.17.Jh. W. der K. *Grabmal* E.18.Jh., Säulenpostament mit Urne.

ZÜTZEN Bez. Frankfurt/Oder, Ldkr. Angermünde. – Inv. Prov. Brandenburg, Angermünde

Dorf-K. Kleiner rck. Feldsteinbau sp.13.Jh., mit 2 Lanzettfenstern und kleinem Kreisfenster dazwischen in der OWand sowie vermauertem Spitzbogenportal im S. Um 1830 der w Stufengiebel errichtet. Im N halbrunder Anbau A.20.Jh., urspr. Zugang zur Patronatsloge. Im Inneren *WEmpore* von 1695, rest. 1962. – Polyg. *Kanzel* aus Holz A.18.Jh., mit Laubstäben; Rest des 1962 abgebrochenen Kanzelaltars. Kelchförmige *Taufe* aus Sandstein, 18.Jh. (aus Flemsdorf, Ldkr. Angermünde). Geschnitzter *Taufengel* 1703. – Außen an der Kirche *Figurengrabstein*, 1513 für W.v.Greiffenberg und Frau; das Ehepaar in flachem Relief, einander zugewandt betend; darunter Wappen, dazu Rankendekor. – Auf dem Friedhof kleiner **Gruftbau** von 1792/93, quadr. mit Eckpilastern und Pyramidendach, straßenseitig gerahmt von 2 bar. Pfeilern.

Ortsverzeichnis

geordnet nach Bezirken und Landkreisen

Bezirk Cottbus

Ldkr. Calau. Altdöbern. Alt-Petershain, s. Neupetershain. Bischdorf. Bronkow. Buckow. Gahlen, s. Missen. Gliechow. Gollmitz. Groß Beuchow. Groß Jehser. Groß Lübbenau. Groß Mehßow. Hindenberg. Calau. Kalkwitz, s. Saßleben. Kemmen. Laasow. Lehde, s. Lübbenau/Spreewald. Leipe. Lipten, Lübbenau/Spreewald. Mallenchen, s. Gliechow. Missen. Neudöbern, s. Schöllnitz. Neupetershain. Ogrosen. Pritzen. Reddern. Repten. Ressen. Reuden, s. Saßleben. Saßleben. Schöllnitz. Vetschau. Wormlage. Zerkwitz. Zinnitz.

Ldkr. Cottbus. Brahmow, s. Werben. Briesen. Burg/Spreewald. Burg Kauper, s. Burg/Spreewald. Dissen. Drachhausen. Drebkau. Groß Döbbern. Groß Gaglow. Groß Lieskow. Groß Oßnig. Guhrow. Gulben. Hänchen. Illmersdorf, s. Casel. Kahren. Casel. Kathlow. Klein Döbbern. Kolkwitz. Komptendorf. Krieschow-Wiesendorf. Laubst. Leuthen. Neuhausen. Papitz. Peitz. Schlichow. Schorbus. Sergen. Sielow. Steinitz. Werben.

Stkr. Cottbus. Cottbus mit den eingemeindeten Ortsteilen Branitz und Madlow.

Ldkr. Finsterwalde. Arenzhain. Babben. Betten. Breitenau. Buchhain. Doberlug-Kirchhain. Dollenchen. Dübrichen. Eichholz. Finsterwalde. Fischwasser. Frankena. Friedersdorf b. Brenitz. Friedersdorf b. Oppelhain. Gahro. Göllnitz. Goßmar b. Sonnewalde. Großkrausnik. Gruhno. Lieskau. Lindena. Lugau. Massen. Nehesdorf, s. Finsterwalde. Nexdorf. Oppelhain. Prießen. Rückersdorf. Sallgast. Schadewitz. Schilda. Schönborn. Schönewalde b. Brenitz. Sonnewalde. Sorno. Staupitz. Trebbus. Tröbitz. Werenzhain. Zeckerin.

Ldkr. Forst. Döbern. Dubrau. Eichwege. Eulo, s. Forst/Lausitz. Forst/Lausitz. Groß Bademeusel. Groß Kölzig. Groß Schacksdorf. Heinersbrück. Klinge. Mulknitz. Naundorf. Noßdorf, s. Forst/Lausitz. Preschen. Sacro, s. Forst/Lausitz. Weißagk.

Ldkr. Guben. Atterwasch. Deulowitz. Drewitz. Grano. Grießen. Groß Breesen, s. Wilhelm-Pieck-Stadt Guben. Guben, s. Wilhelm-Pieck-Stadt Guben. Horno. Jänschwalde. Kerkwitz. Krayne. Lübbinchen. Pinnow. Reicherskreuz. Sembten. Tauer. Wilhelm-Pieck-Stadt Guben.

Ldkr. Herzberg. Ahlsdorf. Alt Herzberg, s. Herzberg. Arnsnesta. Bahnsdorf. Beyern. Drasdo. Dubro. Falkenberg/Elster. Fermerswalde. Frauenhorst. Gräfendorf. Grassau. Großrössen. Herzberg/Elster. Hillmersdorf. Hohenbucko. Hohenkuhnsdorf, s. Ahlsdorf. Jeßnigk. Kleinrössen. Knippelsdorf. Körba. Kolochau. Kolpien, s. Schöna-Kolpien. Krassig, s. Schlieben. Langennaundorf. Lebusa. Löhsten. Mahdel. Malitschkendorf. Neudeck, s. Bahnsdorf. Proßmarke. Schlieben. Schmerkendorf. Schöna-Kolpien. Schönewalde. Stechau. Stolzenhain. Übigau. Werchau. Wiederau. Wiepersdorf. Wildenau.

Ldkr. Hoyerswerda. Bluno. Dörgenhausen. Geierswalde. Groß Särchen. Hoyerswerda. Kotten. Lauta. Lauta Dorf, s. Lauta. Lohsa. Saalau, s. Kotten. Schwarzkollm. Sollschwitz. Spreewitz Tätzschwitz. Uhyst. Wittichenau.

Ldkr. Jessen. Annaburg. Axien. Battin. Düßnitz. Elster/Elbe. Gadegast. Gehmen. Gentha. Gerbisbach. Gorsdorf. Grabo. Hemsendorf. Jessen/Elster. Kleindröben. Klöden. Kremitz. Labrun. Lebien. Linda/Elster. Lindwerder. Löben. Mellnitz. Morxdorf. Mügeln. Plossig. Prettin. Rade. Ruhlsdorf. Schützberg, s. Klöden. Schweinitz/Elster. Seyda. Steinsdorf.

Ldkr. Liebenwerda. Altbelgern, s. Martinskirchen. Altenau. Bönitz. Boragk, s. Altenau. Burxdorf. Dobra. Döllingen. Dreska. Elsterwerda. Fichtenberg. Gorden. Gröden. Großthiemig. Hirschfeld. Hohenleipisch. Kahla. Kauxdorf. Kosilenzien. Koßdorf. Kröbeln. Langenrieth. Liebenwerda. Martinskirchen. Möglenz. Mühlberg. Oschätzchen. Plessa. Prösen. Saathain. Saxdorf. Stolzenhain. Wahrenbrück. Würdenhain.

Ldkr. Luckau. Altgolßen. Beesdau. Bornsdorf. Dahme. Drahnsdorf. Drehna. Duben. Egsdorf. Falkenberg. Falkenhain. Frankendorf, s. Görlsdorf. Gebersdorf. Gehren. Gießmannsdorf. Görlsdorf. Görsdorf. Golßen. Goßmar. Hohendorf, s. Sellendorf. Jetsch. Cahnsdorf. Kasel-Golzig. Kemlitz. Kreblitz. Krossen. Kümmritz. Langengrassau. Liedekahle. Luckau. Mahlsdorf. Mehlsdorf. Niendorf. Paserin. Pelkwitz. Pitschen-Pickel. Prensdorf. Riedebeck. Rietdorf. Rosenthal. Schenkendorf. Schlabendorf. Sellendorf. Stöbritz, s. Willmersdorf-Stöbritz. Terpt. Uckro. Walddrehna. Waltersdorf. Wehnsdorf. Wildau-Wentdorf. Willmersdorf-Stöbritz. Wüstermarke. Zagelsdorf. Zieckau. Zöllmersdorf. Zützen.

Ldkr. Lübben. Freiwalde. Groß Leine. Groß Leuthen. Groß Lubolz. Hohenbrück-Neu Schadow. Krausnick. Krugau. Kuschkow. Leibchel. Lübben/Spreewald. Neu Schadow, s. Hohenbrück-Neu Schadow. Neu Zauche. Niewitz. Pretschen. Ressen-Zaue. Rietzneuendorf-Friedrichshof. Schlepzig. Schönwalde. Steinkirchen, s. Lübben/Spreewald. Straupitz. Waldow b. Lübben. Wittmannsdorf-Bückchen. Zaue, s. Ressen-Zaue.

Bezirk Frankfurt/Oder

Ldkr. Eberswalde. Althüttendorf. Amt Chorin, s. Chorin. Bölkendorf. Britz. Brodowin. Chorin. Eberswalde-Finow. Eichhorst. Finow, s. Eberswalde-Finow. Friedrichswalde. Glambeck, s. Parlow-Glambeck. Golzow. Groß Ziethen. Grüntal. Hohenfinow. Joachimsthal. Klein Ziethen. Klobbicke. Lichterfelde. Liepe. Lüdersdorf. Lunow. Neuendorf, s. Oderberg. Niederfinow. Oderberg. Parlow-Glambeck. Parstein. Pehlitz, s. Brodowin. Senftenhütte. Serwest. Stolzenhagen. Sydow, s. Grüntal. Tornow. Trampe. Tuchen.

Ldkr. Eisenhüttenstadt. Bomsdorf. Fünfeichen. Göhlen. Groß Lindow. Grunow. Henzendorf. Mixdorf. Möbiskruge. Müllrose. Neuzelle. Rießen. Steinsdorf. Wellmitz.

Stkr. Eisenhüttenstadt. Eisenhüttenstadt mit dem eingemeindeten Ortsteil (Stadt) Fürstenberg.

Stkr. Frankfurt/Oder. Frankfurt/Oder mit den eingemeindeten Ortsteilen Booßen, Güldendorf, Hohenwalde, Kliestow, Lichtenberg, Lossow, Rosengarten.

Ldkr. Freienwalde. Altglietzen. Altlewin, s. Alttrebbin. Altmädewitz. Altranft. Altreetz. Alttrebbin. Altwriezen-Beauregard. Beiersdorf. Biesdorf. Bliesdorf. Bralitz. Brunow. Dannenberg. Falkenberg. Frankenfelde. Freienwalde. Haselberg. Heckelberg. Hohensaaten. Cöthen, s. Falkenberg. Kruge-Gersdorf. Kunersdorf. Leuenberg. Lüdersdorf. Möglin. Neuenhagen. Neuküstrinchen. Neulitzegöricke. Neutornow, s. Schiffmühle. Schiffmühle. Schulzendorf. Steinbeck. Sternebeck-Harnekop. Wölsickendorf-Wollenberg. Wriezen. Wustrow.

Ldkr. Fürstenwalde. Alt Madlitz. Arensdorf. Beerfelde. Behlendorf, s. Heinersdorf. Berkenbrück. Biegen. Briesen. Buchholz. Demnitz. Erkner. Falkenberg. Fürstenwalde/Spree. Grünheide/ Mark. Hasenfelde. Heinersdorf. Jacobsdorf. Jänickendorf. Ketschendorf, s. Fürstenwalde/Spree. Kienbaum. Kleinschönebeck, s. Schöneiche b. Berlin. Markgrafpieske. Neu Golm. Neu Zittau. Petersdorf b.Briesen. Pieskow, s. Saarow-Pieskow. Pillgram. Rauen. Reichenwalde. Rüdersdorf. Saarow-Dorf, s. Saarow-Pieskow. Saarow-Pieskow. Schöneiche b.Berlin. Schönfelde. Sieversdorf. Spreenhagen. Steinhöfel. Tempelberg. Trebus. Wernsdorf. Wilmersdorf.

Stkr. Schwedt/Oder. Schwedt/Oder mit dem eingemeindeten Ortsteil Heinersdorf.

Ldkr. Seelow. Altbarnim. Altfriedland. Alt Mahlisch. Altrosenthal, s. Worin. Alt Zeschdorf. Bärwinkel, s. Quappendorf. Diedersdorf. Dolgelin. Falkenhagen. Friedersdorf. Görlsdorf, s. Worin. Gusow. Hohenjesar, s. Alt Zeschdorf. Jahnsfelde. Langsow, s.

Verzeichnis der benutzten Inventare

Inventar der Bau- und Kunstdenkmäler in der Provinz Brandenburg. Bearb. von Rudolf Bergau. Berlin 1885.

Die Kunstdenkmäler der Provinz Brandenburg. Hrsg. vom Brandenburgischen Provinzialverband. Berlin

Band 3, Teil 3. Angermünde. Bearb. von Friedrich Solger, Otto Korn und Paul Eichholz. 1934.
Band 3, Teil 4. Niederbarnim. Bearb. von Heinrich Jerchel und Joachim Seeger. 1939.
Band 5, Teil 1. Luckau. Bearb. von Wilhelm Jung und Willy Spatz. 1917.
Band 5, Teil 3. Cottbus. Bearb. von Kurt Reißmann. 1938.
Band 5, Teil 6. Sorau und Forst. Bearb. von Erich Kubach und Joachim Seeger. 1939.
Band 6, Teil 1. Lebus. Bearb. von Wilhelm Jung, Friedrich Solger und Willy Spatz. 1909.
Band 6, Teil 2. Stadt Frankfurt/Oder. Bearb. von Wilhelm Jung, Willy Spatz und Friedrich Solger. 1912.
Band 7, Teil 1. Königsberg (Neumark). Bearb. von Friedrich Solger, Willy Hoppe und Georg Voß. 1928.

Die Bau- und Kunstdenkmäler der Provinz Pommern. Band 2. Regierungsbezirk Stettin. Bearb. von Hugo Lemcke. Stettin 1901. Heft 5. Randow.

Beschreibende Darstellung der älteren Bau- und Kunstdenkmäler der Provinz Sachsen und angrenzender Gebiete. Halle/S.

Heft 15. Kreis Schweinitz. Bearb. von Gustav Schönermark. 1891.
Heft 24. Kreis Liebenwerda. Bearb. von Heinrich Bergner und Heinrich Nebelsieck. 1910.

Verzeichnis der Kunstdenkmäler der Provinz Schlesien. Der Regierungsbezirk Liegnitz. Bearb. von Hans Lutsch. Breslau 1891.

Band 3. Markgrafschaft Oberlausitz. Kreise Rotenburg und Hoyerswerda.

Die Bau- und Kunstdenkmale in der DDR. Hrsg. vom Institut für Denkmalpflege. Bezirk Frankfurt/Oder. Bearb. von der Abteilung Forschung: Heinrich Trost, Beate Becker, Horst Büttner, Ilse Schröder, Christa Stepansky. Berlin 1980.

Künstlerregister

Kleines Lexikon der Fachausdrücke

→ = siehe

Abgefast: Abgeschrägt.

Achse: Gedachte Linie durch ein Gebäude, meist Symmetrie-Achse. Im Aufriß: Fassadenelement, aus dessen gleichartiger Reihung sich der Fassadenaufriß ergibt.

Achtort: → Oktogon.

Achtpaß: → Paß.

Ädikula: Giebelbekrönte Rahmung von Tür, Fenster usw.

Akanthus: Pflanze (Bärenklau) mit stark gezackten Blättern, als Zierform z. B. am → korinthischen Kapitell und seinen Abwandlungen.

Altaraufsatz: Tafel oder Schrein auf dem Altartisch, meist mit „Altar" gleichgesetzt, auch Altarretabel.

Altarauszug: Oberer, gesonderter Teil eines → Altaraufsatzes.

Altarblatt: Altargemälde.

Ambo: In frühchristlicher Architektur ein Lesepodium, Vorläufer der Kanzel.

Antependium: Frontverkleidung des Altartisches.

Apsis: Chorhaupt, im Grundriß meist halbkreisförmig, Standort des Altars.

Architrav: Durchlaufender Stein„balken" über der Säulenstellung; Hauptteil des → Gebälks.

Archivolte: Profilierter Bogenlauf; über Portalen meist ausgeziert.

Arkatur: Bogenstellung, von Säulen oder Pfeilern getragen.

Atrium: Vorhalle, Vorhof.

Attika: Mauerzone über dem Gesims der Säulenreihe.

Attische Basis: Säulen- oder Pfeilerfuß aus Hohlkehle zwischen zwei Wülsten.

Aufgehendes Mauerwerk: Oberirdisches, d. h. sichtbares Mauerwerk.

Baptisterium: Taufkirche.

Barbakane: Außentor einer mehrteiligen Torbefestigung.

Basilika: Kirchenbau, dessen Mittelschiff höher als die Seitenschiffe, durch eigene Fenster beleuchtet. Wenn über den Seitenschiffen Emporen, dann Emporenbasilika. Wenn im Mittelschiff keine eigenen Fenster, dann Pseudobasilika. → Säulenbasilika. → Pfeilerbasilika.

Basis: Fuß einer Säule, Grundmauer, oft reich geschmückt.

Bergfried (Bergfrit): Hauptturm einer Burg.

Beschlagwerk: Ornament in Nachahmung bandeiserner Zierbeschläge.

Blendarkade: Unmittelbar der Wand aufliegender Zierbogen;

auch Blendbogen (Blend = blind, d. h. nicht durchfenstert, nicht freistehend).

Blendmaßwerk: Unmittelbar der Wand aufliegendes → Maßwerk.

Biforium: Zwillingsarkade.

Birnstab: Rippe von birnförmigem Querschnitt.

Böhmische Kappe: Kuppel, deren Basis ein gedachtes Grundquadrat umschreibt. Die überstehenden Kuppelteile gekappt.

Bosse: Unbehauener, roher Stein; unbearbeitete Stirnfläche eines Quaders.

Bruchstein: In seiner Rohform versetzter Stein.

Busig, gebust: Scheitel der Gewölbekappen übersteigt den der → Gurtbögen.

Chor: Der Geistlichkeit vorbehaltener Raum vor dem Hochaltar. Dort das Chorgestühl. Der Chor oft nicht von gleicher Breite wie das Schiff: eingezogener Chor. Der Chorumgang führt um den Chor und das Chorhaupt herum; von ihm gehen die Chorkapellen ab. → Mustergrundriß am Schluß.

Dachreiter: Dem Dachfirst aufsitzendes Türmchen, meist über der → Vierung.

Diamant: Ornament, geschliffenen Edelsteinen nachgebildet.

Dienst: Plastische, im Querschnitt halb- oder dreiviertelrunde, bisweilen auch rechteckige Bauglieder, die der Wand vorgelegt erscheinen. Sie „tragen" die Gewölbe. → Vorlage.

Diptychon: Zwei durch Scharniere verbundene Tafeln. → Triptychon, → Polyptychon.

Doppelkapelle: Kapelle von zwei Geschossen.

Dorisch: Eine der antiken Architektur„ordnungen". Die Säulen haben keine Basis; flaches Kapitell.

Ecklösung: Bewältigung ästhetischer Probleme, wie sie vor allem an Gebäude-Ecken auftreten.

Eingezogen: → Chor.

Emblem: Sinnbild.

Emporenbasilika: → Basilika.

Enfilade: Zimmerflucht, bei der die Verbindungstüren in einer Achse liegen.

Epitaph: Wanddenkmal.

Fassung: ein- oder mehrfarbige Oberflächenbehandlung, auch in verschiedenen Materialien.

Fiale: Gotisches Ziermotiv, Bekrönung des Strebepfeilers in Form eines Türmchens.

Gaden: eigentlich Stockwerk, Geschoß, dann auch Zone, z. B. Fensterzone. – In Franken außerdem: Speicherbauten im Schutze der Ringmauer einer Kirchhofbefestigung.

Ganerbenburg: Burg, die einer Erbengemeinschaft gehört.

Gaube, Gaupe: Stark vortretendes Dachfenster mit eigenem Dächlein → Zwerchhaus.

Gebälk: Über der Säulenordnung durchlaufende Steinlage aus → Architrav, Fries und Gesims.

Gebundenes System: Einem im Grundriß quadratischen → Joch des Mittelschiffs entsprechen jederseits zwei quadratische Joche in den Seitenschiffen.

Gebust: → busig.

Gesprenge: Bekrönung des Altarschreins.

Gewände: Flanken des Portals.

Gewirtelt: Pfeiler mit einem plastisch vortretenden Ring um den Schaft: Schaftring.

Gewölbe: Tonnengewölbe, meist von halbkreisförmigem Querschnitt. Kreuzgratgewölbe: Durchdringung zweier Tonnengewölbe; die Schnittstellen sind gratig. Kreuzrippengewölbe: anstelle der Grate Rippen. Netzgewölbe: netzartige Anordnung der Rippen ohne Rücksicht auf Jocheinteilung. Klostergewölbe, dessen Kappen auf der Umfassung in ganzer Breite ansetzen und die zum Scheitel konvergieren.

Grisaille: Malerei mit Graufarben.

Gurtbogen: Verstärkungsbogen, quer zur Längsachse. In der Wandzone entsprechen ihm starke Vorlagen. Der Gurtbogen verdeutlicht die Jocheinteilung.

Halbsäule: Nur zur Hälfte aus der Wand hervortretende, im Querschnitt halbkreisförmige → Vorlage.

Hallenkirche: mehrschiffige Kirche, die nur von Fenstern in den Umfassungsmauern beleuchtet wird, da kein Schiff das oder die andern mit einem durchfensterten Obergaden (→ Gaden) übersteigt.

Halsgraben: Bei Burgen in → Spornlage die künstliche Trennung vom Landrücken; Zugang über Zugbrücke.

Haustein: Naturstein, dessen Oberfläche in Steinmetzarbeit behauen ist.

Ionisch: Eine der antiken Architektur„ordnungen". Die Säulen tragen ein → Volutenkapitell.

Joch: Gleichartiges Gewölbeelement, bestimmt häufig vom Grundmaß der → Vierung. Die Einteilung in Joche durch die Wandgliederung und durch → Gurtbogen verdeutlicht.

Kämpfer: Steinlage am Ansatz des Bogens oder des Gewölbes, gegebenenfalls über dem → Kapitell.

Kaffgesims: Außen unter den Fenstern durchlaufendes, abgeschrägtes Gesims.

Kalotte: Kuppelschale.

Kapellenkranz: den → Chor umgebende Kapellenfolge.

Kapitell: Haupt einer Säule oder eines Pfeilers.

Karner: Beinhaus.

Karnies: Architektonisches Schmuckelement mit schwach S-förmig gekrümmtem Profil.

Kartusche: Gerahmte Fläche, oft phantastisch ausgebildet, Träger von Wappen, Initialen, → Emblemen.

Kemenate: heizbares Wohngemach, dann der ganze, das Wohngemach enthaltende Bau.

Klangarkaden: Schallöffnungen im Glockengeschoß des Kirchturms.

Klausur: den Konventualen (Klosterangehörigen) vorbehaltener, nur beschränkt zugänglicher Teil eines Klosters.

Kleeblattbogen: Bogen mit kleeblattförmigem Umriß.

Klostergewölbe: → Gewölbe.

Konche: Nische aus halbkreisförmigem Grundriß, von Kugelsegment überwölbt.

Korbbogen: Gedrückter Rundbogen.

Korinthisch: Eine der antiken Architektur„ordnungen". Die Säulen tragen das → Akanthus-Kapitell.

Krabbe: Gotisches Zierelement in Form gekrümmter Blätter, an → Fialen, → Wimpergen usw. häufig.

Kragstein: Aus der Fläche vorragender Stein, meist als Konsole oder Auflager gedacht.

Kreuzarm: → Mustergrundriß am Schluß.

Kreuzgang: Umgang um den Klosterhof innerhalb der → Klausur, an einer Seite an die Kirche anschließend.

Kreuzgrat: → Gewölbe.

Krüppelwalm: Satteldach mit angeschrägten Giebelspitzen, wie z. B. beim Schwarzwaldhaus.

Krypta: Gewölbter Raum unter dem Chor; Ort des Heiligengrabs.

Kymation: gerundet oder geschwungen (gewellt) profilierte Abschlußleiste.

Langhaus: → Mustergrundriß am Schluß.

Laterne: Turm- oder Kuppelaufsatz in Form einer monumentalen Laterne.

Lettner: Steinerne Schranke, scheidet in Kloster- oder Stiftskirchen die Geistlichkeit von den Laien.

Ligatur: Zusammenziehung von Buchstaben, in Inschriften häufig.

Lisene: Der Wand flach und bandförmig aufliegendes Gliederungselement, ohne Basis und Kapitell.

Maßwerk: Gotische Zierform, ornamental ausgebildete, geometrische Fensterteilung.

Mensa: Deckplatte des Altars.

Mezzanin: Zwischengeschoß, Halbstock.

Mittelrisalit: → Risalit.

Netzgewölbe: → Gewölbe.

Nodus: Verdickung am Schaft des Kelchs.

Narthex: Vorhalle der Kirche.

Nut: → Rille.

Obergaden: → Gaden.

Oblong: Längsrechteckig.

Oculus: Rundfenster.

Oktogon: Achteck.

Oratorium: Kleine, meist private Kapelle.

Ordnung: Architektursysteme der Antike, die — in sich abgewogen und typisch — in Art und Aufbau einer Regel folgen. → Dorisch, → ionisch, → korinthisch, → toskanisch.

Palas: Herrschaftlicher Wohn- oder Saalbau einer Burg.

Paradies: Umfriedeter Bezirk vor der Kirche, als → Vorhalle oder → Atrium ausgebildet.

Paß: Eigentlich Zirkelschlag, dann Zierform aus mehreren Kreissegmenten.

Pendentif: Sphärisch ausgebildete Gewölbekappe, die zwischen rechteckigem Unterbau und Rund einer Kuppelkonstruktion vermittelt.

Pfeilerbasilika: Die → Arkatur des Schiffs ruht auf Pfeilern.

Pietà: → Vesperbild.

Pilaster: Pfeilerförmige → Vorlage, der Säule analog mit Basis und Kapitell ausgebildet.

Piscina: Taufbecken; Becken an der Wand des Altarraums zum Auswaschen des Altargerätes.

Polychrom: Vielfarbig.

Polygon: Vieleck.

Polyptychon: Mehrere, durch Scharniere miteinander verbundene Tafeln → Diptychon, → Triptychon.

Predella: Sockel des Altaraufsatzes, auch Staffel genannt.

Profan: Weltlich. Profaniert: dem kirchlichen Zweck entfremdet.

Prospekt: Bei Orgeln die sichtbare, kunstvolle Front.

Protom: Vorderteil (eines Tieres).

Pseudobasilika: → Basilika.

Querhaus, Querarm: → Kreuzarm. → Mustergrundriß am Schluß.

Randschlag: Sorgfältige Randglättung bei Quadern.

Refektorium: Speiseraum.

Retabel: → Altaraufsatz.

Risalit: In voller Höhe des Gebäudes vortretender Bauteil.

Rocaille: Muschelrand einer asymmetrischen Kartusche, Leitform des Rokoko.

Rustika: Mauerwerk aus Quadern, deren Stirnseite rauh geblieben oder, bisweilen kunstvoll, „roh" bearbeitet ist.

Sakral: Kirchlich, geistlich.

Säulenbasilika: Kirchenbau, dessen Arkatur von Säulen getragen wird.

Sargwand: Die Hochwand über den Arkaden einer Basilika.

Schaftring: → Gewirtelt.

Schallarkaden: → Klangarkaden.

Scheidbogen: Raumkompartimente scheidender Bogen.

Scheitelrippe: Nebenrippe bei sechs- oder mehrteiligen Gewölben.

Schildbogen: Bogen im Schnitt zwischen Gewölbe und Wand.

Schluß: Form des → Chorhauptes, das im Grundriß rechtwinklig, halbrund oder mit Teilen eines Vielecks schließen kann (3 oder 5 Seiten des Achtecks usw.: 3/8- oder 5/8-Schluß).

Schlußstein: Formal ausgebildeter Schnittpunkt der Rippen; Stein im Scheitel des Bogens.

Schwibbogen: Freistehender Bogen zum Ableiten des Gewölbeschubs oder zum Abstützen einer Mauer.

Sepulchrum: Grab, bei Altären die Einlassung, in der die Reliquie ruht.

Sgraffito: Fassadendekoration in Kratzputztechnik. Verschiedenfarbige Putzschichten übereinander, Zeichnung entsteht durch Einritzen oder Ausschaben.

Sohlbank: Fensterbank, nach außen meist abgeschrägt.

Spiegel: Geglättete Stirn des Quaders.

Spolie: Älteres Bauglied, in neuem Zusammenhang wiederverwendet.

Spornanlage: Burg auf Bergnase.

Sterngewölbe: → Gewölbe.

Staffel: → Predella.

Stipes: Träger des Altartisches.

Stufenhalle: Mittelschiff ist höher als Seitenschiff, aber ohne eigene Beleuchtung.

Stufenportal: Das → Gewände tritt stufenförmig zurück.

Stützenwechsel: Regelmäßiger Wechsel von Säule und Pfeiler innerhalb einer → Arkatur.

Suppedaneum: Fußstütze.

Supraporte: Dekoratives Feld über dem Türsturz.

Tabernakel: Gehäuse zur Aufbewahrung der Hostie.

Terme: Ein → Pilaster, der sich nach oben verbreitert.

Tonnengewölbe: → Gewölbe.

Toskanisch: Eine der Architektur„ordnungen“, in der römischen Antike den griechischen Ordnungen hinzugefügt. → Ordnung.

Tourelle: Der Mauer aufsitzendes, erkerartiges Türmchen.

Trakt: Größerer, abgesetzter Teil eines Gebäudes; Flügel.

Traufsims: Sims längs der Traufe, gelegentlich mit Wasserspeiern oder -durchlässen besetzt.

Travée: → Joch; gewöhnlich die drei zusammengehörige Joche in der Querachse einer Kirche (gotische Travée).

Triforium: Laufgang über den Arkaden; durchfenstert oder blind (wenn Dachstuhl der Seitenschiffe dahinter).

Trikonchos: Gebäudeteil oder Gebäude von kleeblattförmigem Grundriß.

Triptychon: Drei durch Scharniere verbundene Tafeln, als → Altaraufsatz häufig.

Triumphbogen: Ehrenbogen; in der mittelalterlichen Kunst der Transversalbogen zwischen Schiff und → Vierung.

Triumphkreuz: Monumentaler Kruzifixus am Triumphbogen oder auf einem Querbalken darunter.

Tumba: Über den Boden sich erhebender Grabkasten, Grabmal dieser Form.

Türsturz: Waagerechter Abschluß der Türöffnung.

Tympanon: Türbogenfeld über dem Türsturz.

Vera icon: Wahres Bild (Christi).

Vesperbild: Figur der Muttergottes, den toten Christus auf dem Schoß haltend. → Pietà.

Vierung: Raumteil der Kirche, in dem sich Langhaus und Querhaus durchdringen, → Mustergrundriß am Schluß.

Vierungsturm: Turm über der Vierung.

Volto Santo: Heiliges Antlitz, Kopie eines berühmten Kruzifixus in Lucca, 11. Jh.

Volute: Schneckenförmiges Schmuckelement.

Vorlage: Der Wand zur Verstärkung und Gliederung aufliegender → Pilaster, → Dienst usw.

Wasserschlag: Schräge an senkrechten Bauteilen, z. B. an Strebepfeilern, dem Wasserablauf dienend.

Westwerk: Monumental ausgebildeter Westbau an karolingischen, ottonischen und romanischen Kirchen. Oft in Verbindung mit eigenem Altar.

Wimperg: Gotische Zierform, giebelartige Bekrönung.

Würfelkapitell: Kapitell von kubischer Form; seit dem 11. Jahrhundert.

Zäsur: Einschnitt, Lücke.

Zahnschnitt: Friesartige Reihung klötzchenähnlicher Elemente.

Zentralbau: Bauteile sind im Grundriß auf ein gemeinsames Zentrum bezogen.

Ziborium: Monumentaler Baldachin über dem Altar; auch sakramentaler Deckelkelch für die Hostie.

Zwerchhaus: Giebelartig ausgebildetes Dachfenster, → Gaube. (Zwerch = quer, zum First nämlich).

Zwerggalerie: Kleiner Laufgang mit eigener → Arkatur, meist unter dem Dachansatz umlaufend.

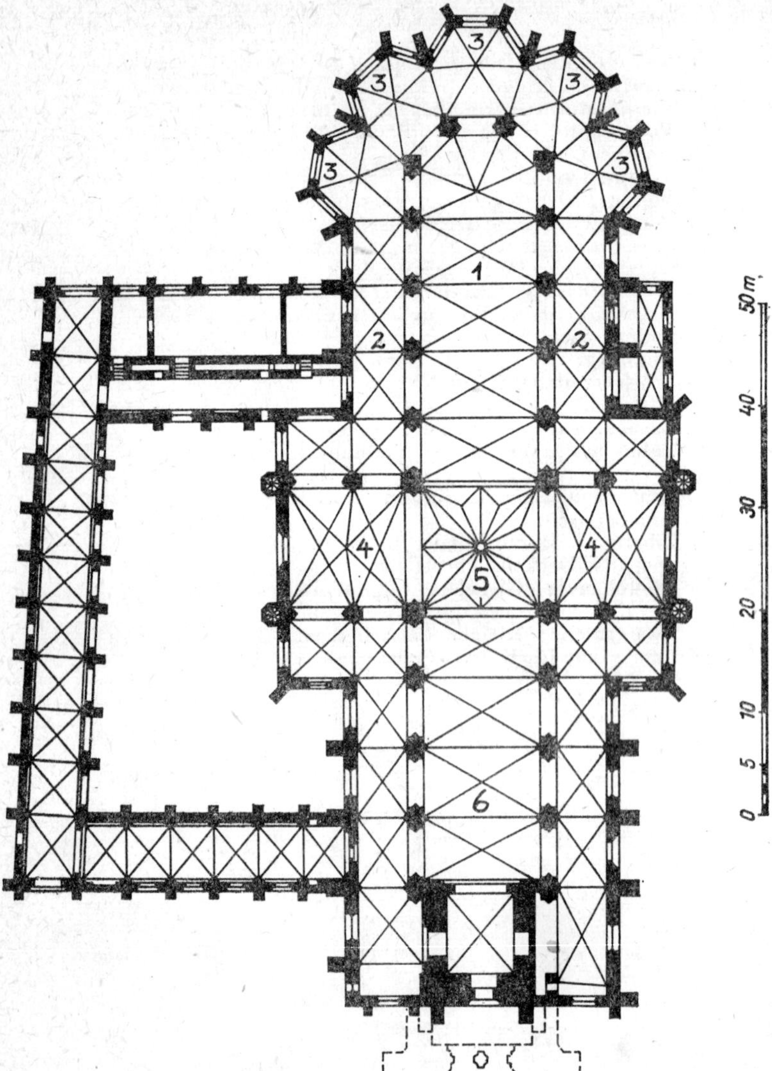

1 Chor
2 Umgang
3 Kapellenkranz
4 Kreuzarm
5 Vierung
6 Langhaus

Erschienen 1987 im Deutschen Kunstverlag GmbH,
München—Berlin
in Zusammenarbeit mit dem Akademie-Verlag Berlin
ISBN 3 422 00384 3
Gesamtherstellung: VEB Druckhaus „Maxim Gorki",
DDR-7400 Altenburg
Printed in GDR